국외편

재만 조선인 통제(2)

1910~1920년대 재만 조선인 문제의 발생과 조선인의 대응

국외편

일제침탈사
자료총서 76

재만 조선인 통제(2)

−1910~1920년대 재만 조선인 문제의 발생과 조선인의 대응

동북아역사재단 일제침탈사 편찬위원회 기획

이명종 편역

동북아역사재단
NORTHEAST ASIAN HISTORY FOUNDATION

| 발간사

　일본이 한국을 침탈한 지 100년이 지나고 한국이 일본의 지배로부터 벗어난 지 70년이 넘었건만, 식민 지배에 대한 청산은 이루어지지 못하고 있다. 일본의 독도영유권 주장은 도를 넘어섰다. 일본은 일본군'위안부', 강제동원 등 인적 수탈의 강제성도 인정하지 않고 있다. 일본군'위안부'와 강제동원의 피해를 해결하는 방안을 놓고 한·일 간의 갈등은 최고조에 이르고 있다. 역사 문제를 벗어나 무역 분쟁, 안보 위기 등 현실 문제가 위기 국면을 맞고 있다.

　한·일 간의 갈등은 식민 지배의 역사를 어떻게 볼 것인가 하는 역사 인식에서 기인한다. 역사는 현재와 과거의 대화이며 이를 기반으로 미래로 나아갈 수 있다. 과거 침략의 역사를 미화하면서 평화로운 미래를 말하는 것은 불가능하다. 식민 지배와 전쟁 발발의 책임을 인정하지 않고 반성하지 않으면 다시 군국주의가 부활할 수 있고 전쟁이 일어날 위험성도 배제할 수 없다. 미래 지향적 한일 관계를 형성하고 나아가 동아시아의 평화와 번영의 기틀을 조성하기 위해 일본은 식민 지배의 책임을 인정하고 그 청산을 위해 노력해야 할 것이다.

　식민 지배의 역사를 청산하기 위해서는 식민 지배가 어떻게 이루어졌는지 그 실상을 명확하게 규명하는 일이 긴요하다. 그동안 일본 제국주의에 맞서 조국의 독립을 위해 헌신한 독립운동가들의 활동을 찾아내고 역사적으로 평가하는 일에서는 상당한 성과를 거두었다. 반면 일제 식민 침탈의 구체적인 실상을 규명하는 일에는 충분한 노력을 기울이지 못하였다. 제국주의가 식민지를 침탈하였다는 것은 너무나 당연한 사실로 여겨졌기 때문에, 굳이 식민 지배에서 비롯된 수탈과 억압, 인권 유린을 낱낱이 확인할 필요가 없었는지도 모른다. 그러는 사이 일본은 식민 지배가 오히려 한국에 은혜를 베푼 것이라고 미화하고, 참혹한 인권 유린을 부인하는 역사 부정의 인식을 보이는 데까지 이르고 있다. 일제의 통치와 침탈, 그리고 그 피해를 종합적으로 조사하고 편찬할 필요성이 여기에 있다.

　일제침탈사를 체계적으로 정리하는 일은 개인이 감당하기 어렵다. 이에 우리 재단은 한국 학계의 힘을 모아 일제침탈사 편찬위원회를 꾸렸다. 편찬위원회가 중심이 되어 일제의 식민지 침탈사를 정치·경제·사회·문화의 모든 방면에 걸쳐 체계적으로 집대성하기로 하였다. 일제 식민 침탈의 실체를 파악하기 위해 2020년부터 세 가지 방면으로 사업을 추진하고 있다. 하나는 일제 침탈의 실상을 구체적이고 생생한 자료를 통하여 제공하는 일로서 〈일제침탈사 자료총서〉로 편찬한다. 다른 하나는 이 자료들을 바탕으로 연구한 결과물을 〈일제침탈사 연구총서〉로 간행한다. 그리고 연구의 결과를 대중들이 이해하기 쉽게 〈일제침탈사 교양총서〉를 바로알기 시리즈로 간행한다. 자료총서 100권, 연구총서 50권, 교양총서 70권을 기본 목표로 삼아 진행하고 있다.

〈일제침탈사 자료총서〉에서는 정치·경제·사회·문화의 모든 방면에 걸쳐 침탈의 역사를 자료적 차원에서 종합하였다. 침략과 수탈의 역사를 또렷하게 직시할 수 있도록 생생한 자료를 제공하는 데 목표를 두었다. 그동안 관련 자료집이 여러 방면에서 편찬되었지만 원자료를 그대로 간행한 경우가 많았다. 이번에 발간되는 자료총서는 해당 주제에 대한 침탈의 실상을 체계적으로 이해할 수 있는 구성 방식을 취하였으며, 지배자의 언어로 기록된 자료들을 독자들이 쉽게 읽을 수 있도록 모두 번역하였다. 자료총서를 통해 일제 식민 지배의 실체와 침탈의 실상을 있는 그대로 이해할 수 있게 되기를 기대한다.

2022년
동북아역사재단 이사장

| 편찬사

1945년 한국이 일제 지배로부터 해방된 지 77년의 세월이 지났다. 그럼에도 불구하고 일본 사회 일각에서는 여전히 일제의 한국 지배를 합리화하고 미화하는 주장이 나오고 있으며, 최근에는 한국 사회 일각에서도 일제 지배를 왜곡하고 옹호하는 주장이 나오고 있다. 이는 한국과 일본 사회, 한일 관계와 동아시아 국제 관계의 미래를 위해서도 결코 바람직하지 않은 일이다.

이에 동북아역사재단은 일제의 한국 침략과 식민 지배에 대한 학계의 연구 성과를 총정리한 〈일제침탈사 연구총서〉를 발간하기로 하였다. 이에 따라 2019년 9월 학계의 전문가를 중심으로 편찬위원회를 구성하였으며, 편찬위원회는 학계의 연구 성과를 토대로 정치·경제·사회·문화 부문에서 일제의 침탈이 어떻게 이루어졌는지 정리하여 연구총서 50권을 발간하기로 하였다.

주지하듯이 1905년 일제는 러일전쟁에서 승리한 뒤, 한국에 군대를 주둔시키면서 한국의 외교권을 빼앗고 통감부를 두어 내정에 간섭하였다. 1910년 일제는 군사력으로 한국 정부를 강압하여 마침내 한국을 강제병합하였다. 이후 35년간 한국은 일제의 식민 통치를 받았다.

일제는 한국의 영토와 주권을 침탈하였을 뿐만 아니라, 군사력과 경찰력으로 한국을 지배하면서 정치·경제·사회·문화의 모든 부문에서 한국인의 권리와 자유, 기회와 이익을 박탈하거나 제한하였다. 정치적으로는 군사력과 경찰력, 각종 악법을 동원하여 독립운동을 탄압하고, 한국인의 정치 활동을 억압하고 참정권을 박탈하였으며, 집회와 결사의 자유를 억압하였다. 경제적으로는 일본 자본이 경제의 주도권을 장악하고, 일본인 위주의 경제 정책을 수행했으며, 식량과 공업 원료, 지하자원 등을 헐값으로 빼앗아 갔고, 농민과 노동자 등 대다수 한국인의 경제생활을 어렵게 하였다. 사회적으로는 한국인들을 차별적으로 대우하고 한국인에게 교육의 기회를 제한하고 한국인으로서의 정체성을 박탈하여, 결국은 일본의 2등 국민으로 만들고자 하였다. 문화적으로는 표현과 창작의 자유, 종교와 사상의 자유를 억압하고, 한글 대신 일본어를 주로 가르치고, 언론과 대중문화를 통제하였다. 중일전쟁, 아시아태평양전쟁을 도발한 뒤에는 인적·물적 자원을 전쟁에 강제동원하고, 많은 이들을 전장에 징집하여 생명까지 희생시켰다.

〈일제침탈사 연구총서〉는 침탈, 억압, 차별, 동화, 수탈, 통제, 동원 등의 단어로 요약되는 일제의 침략과 식민 지배의 실상 및 그 기제를 명확히 밝히고자 하였다. 이를 통해 일제의 강제병합을 정당화하거나 식민 지배를 미화하는 논리들을 비판·극복하고, 더 나아가 일제 식민 지배의 특성이 무엇이었는지, 식민 통치의 부정적 유산이 해방 이후에 어떤 영향을 미쳤는지를 밝히고자 하였다.

편찬위원회는 연구총서와 함께 침탈사와 관련된 중요한 주제들에 관하여 각종 법령과 신문·잡지 기사 등 자료들을 정리하여 〈일제침탈사 자료총서〉도 발간하기로 하였다. 아울러 일반인과 학생들이 보다 쉽게 읽을 수 있는 〈일제침탈사 교양총서〉를 바로알기 시리즈로 발간하기로 하였다.

일제의 한국 침략과 식민 지배의 역사는 광복 후 서둘러 정리해 냈어야 했지만, 학계의 연구가 미흡하여 엄두를 내기 어려웠다. 이제 학계의 연구가 어느 정도 축적되어 광복 80주년을 맞기 전에 이와 같은 작업을 할 수 있게 된 것을 다행으로 생각한다. 한일 양국 국민이 과거사에 대한 올바른 역사 인식을 갖고 성찰을 통해 미래를 향해 함께 나아갈 수 있기를 기대하면서 삼가 이 책들을 펴낸다.

2022년
동북아역사재단 일제침탈사 편찬위원회

| 차례

▎일러두기

1. 일제침탈사 자료총서는 가급적 일반 시민들이 읽고 이해할 수 있는 현대적인 문장과 내용으로 구성하였다.

2. 인명 및 지명 등 고유명사는 처음 등장할 때 원어를 병기하고 이후에는 한글만 표기하였다. 한글 표기는 국립국어원 외래어표기법에 따랐다.

3. 연도는 서력 표기를 원칙으로 하고 관련 연호는 병기하였다. 날짜는 자료의 원문 그대로 하고 음력과 양력 여부를 알 수 있는 경우에만 '(음)' 또는 '(양)'으로 기재하였다.

4. 숫자는 천 단위까지 아라비아 숫자로 표기하고 만 단위 이상은 '만' 자를 넣어 표기하였다. 도표 안의 숫자는 가급적 그대로 표기하였다.

5. 국한문혼용체와 같이 탈초만으로 문장을 이해하기 힘든 경우 가급적 현대어에 가깝게 윤문하였다. 단 풀어 쓰기 어려운 낱말이나 문구는 원문을 병기하거나 편역자 주를 이용하였다.

6. 낱말이나 문구에 대한 설명이 필요한 경우 또는 편찬 사업의 취지에 따라 자료 해설이 필요한 경우 편역자 주를 적극 활용하였다. 편역자 주는 1, 2 등으로 표기하였다.

7. 판독이 불가한 글자의 경우 '■'로 표기하였다.

| 편역자 서문

    1910년 일제의 한국 강제 병합 이후 식민 지배에 불만을 품거나 또는 경제적 빈곤을 이유로 수많은 조선인이 만주(滿洲)로 이주하였다. 일제는 간도(間島) 등 만주로 이주한 조선인을 관리·통제하기 위한 정책을 지속적으로 펼쳤다. 왜냐하면 만주로 이주한 조선인들이 일제의 조선 침략과 만주 침략에 반대하는 운동을 적극적으로 펼쳐 나갔기 때문이다. 만주에 거주하는 조선인에 대한 일제의 통제와 관리는 조선을 지배하기 위해서뿐만 아니라 만주 대륙을 침략하기 위해서도 매우 필요한 정책이었다.

    그런데 일제의 만주 침략이 본격화되면 될수록 소위 '재만 조선인 문제(在滿朝鮮人問題)'라는 것이 불거졌다. 일제의 침략을 저지하려는 중국 당국이 재만 조선인들을 일제의 앞잡이로 간주하고 거주와 토지상조권(土地商租權), 재판권, 국적, 교육 등 여러 가지 면에서 가혹한 제한과 압박을 가하기 시작하였고, 독립운동가나 공산주의운동가에 대한 취체(取締)[1]를 강화하였기 때문이다. 이렇듯 일제가 침략적인 만주 정책을 추진하는 과정에서 재만 조선인을 둘러싸고 중국 측과 충돌을 일으킨 문제를 보통 '재만 조선인 문제'라고 하였다.

    재만 조선인 문제는 일제의 침탈로부터 국권을 지키려는 중국뿐만 아니라 대륙 침략을 본격화하는 일본으로서도 신속히 해결해야 할 최대의 과제가 되었다. 재만 조선인 문제로 인해 일본과 중국의 충돌이 격화되면 만주에서 일제의 세력 기반이 불안해 질 것이기 때문이다.

    이뿐만 아니라 재만 조선인 문제는 조선인에게도 매우 커다란 관심사가 되었다. 일제의 식민 지배에서 벗어나 새로운 삶을 개척하기 위해 만주로 이주한 조선인이 그곳에서

---

1 '취체(取締)'란 '규칙, 법령, 명령 따위를 지키도록 통제하다'라는 뜻이다. 일제는 독립운동가를 감시하고 탄압하기 위한 규칙이나 법령에 '취체'라는 용어를 사용하였다. 이 용어를 보통 '통제'나 '단속'으로 번역하는 경우가 있지만, '취체' 정책은 일반적인 '통제'나 단속'보다 더 폭력적이고 억압적인 것이었다. 따라서 여기서는 이러한 의미를 살리기 위해서 원문 그대로 '취체'라고 옮겼다.

도 중국 당국의 박해를 받기 시작했기 때문이다. 이렇게 이중적인 구조를 가진 재만 조선인 문제는 조선을 중국과 일본으로부터 해방시키려는 독립운동가들에게 반드시 풀어야할 과제로 다가왔다. 식민지 조선을 해방시키고 만주에서 민족평등주의에 입각한 국제 질서를 확립하기 위해서 재만 조선인 문제야말로 반드시 극복해야 할 시급한 과제로 인식되었다.

이러한 관점에서 지금까지 재만 조선인의 이민사와 생활사, 항일민족운동사에 대해 많은 연구가 진행되었다. 재만 조선인 정책에 관해서도 미쓰야협정(三矢協定) 문제와 만주국 시기의 집단 이민 정책이나 북간도 조선인에 대한 토지 정책과 교육 정책 또는 친일단체에 대한 연구가 이루어졌다. 재만 조선인 문제에 대해서도 1920년대 말 중국 관헌의 조선인 박해 사태에 대한 연구가 진행되었다. 이와 같이 재만 조선인 문제는 일제 식민 지배의 수탈을 규명하기 위한 연구의 중요 과제가 되어 왔다. 그럼에도 1910년대, 1920년대 재만 조선인 문제에 대한 전반적인 실태를 규명하고 이해하기 위해서는 아직도 많은 연구가 필요한 실정이다.

따라서 이 자료집에는 1910년대와 1920년대 재만 조선인 문제의 전반적인 실태를 파악하는 데 필수적인 자료들을 선별하여 수록하였다. 자료집은 다음과 같이 크게 네 개의 장으로 분류하여 구성하였다. 제 I 장은 1915년 '남만동몽조약(南滿東蒙條約)'과 만주 이주, 제 II 장은 재만 조선인의 법적·경제적 지위, 제 III 장은 1920년대 재만 조선인에 대한 취체와 박해, 제 IV 장은 1920년대 재만 조선인 문제와 조선인의 대응이다.

각 장의 구체적인 자료 내용과 그 의미를 살펴보면, 먼저 제 I 장에서는 재만 조선인 문제의 연원을 밝히기 위한 것으로 1915년 '남만동몽조약'의 주요 내용과 쟁점 그리고 조선인의 만주 이주와 만주 인식에 관한 자료들을 수록하였다. 강제병합 이후 식민지 조선에서는 일제로부터 정치적·경제적 압박을 피해 만주로 이주하는 자가 급증하였다. 만주로 이주한 조선인은 대개 빈농이었기에 만주는 가난한 조선인 빈농의 활로가 되었다. 이들 가운데에는 특히 간도를 '영생처(永生處)', '요지정토(瑤池淨土)', '낙토 이상향', '자유천지' 등으로 생각하고 이주하는 자가 많았다. 이리하여 1914년에 이르면 간도는 '배일(排日) 조선인의 소굴'이라고 불릴 정도가 되었다. 이 때문에 당시 조선총독부 기관지 《매일신보》에서는 간도를 '사지(死地)'라거나 '생지옥(生地獄)'이라고 하면서 조선인의 간도 이주를 적극 반대하

였다.[2]

그런데 일제는 1914년경부터 식민지 조선인의 만주 이주를 적극 권장하기 시작하였다. 1914년 7월 제1차 세계대전이 일어나자 일본은 만주에서의 이권 확대를 위하여 11월 11일 중국에 '21개조 요구'를 강박하였고, 이로 인해 이듬해 5월 25일 중국이 남만주와 동몽고에서 일본의 광범한 권리와 이익을 인정한 이른바 '남만주 및 동부내몽고에 관한 조약'(이하 '남만동몽조약')이 체결되었다. 조약의 주요 내용은 만주에서 일본인의 토지상조권, 잡거권(雜居權), 농공업의 합병경영권(合併經營權) 등을 인정한 것이다.

조약이 체결되고 며칠 지나지 않아 경성의 유지들은 '남만척식단(南滿拓殖團)'을 조직하였다. 목적은 남만주에서 토지를 매수하고 농작권을 획득하여 조선 농민을 이주시켜 척식에 종사케 하려는 것이었다. 이에 상응하여 《매일신보》는 사설을 통해 만주에 대해 '조선인의 활동할 목적지'라거나 '조선인의 발전할 지점'이라고 강조하면서 '남만동몽조약'이 '조선인의 만주로의 발전을 기약하는 복음'이라고 선전하였다.[3]

'남만동몽조약'을 계기로 만주로 이주한 조선인의 수는 전에 비해 크게 증가하였다. 이즈음 조선인 지식인들도 신문과 잡지를 통하여 만주를 '조선인의 고토', '식민지', '낙토'로 지칭하는 등 전형적인 관념을 표출하였다. 이러한 이유에서 제Ⅰ장에서는 '남만동몽조약'의 내용과 쟁점, 그리고 조약 이후 조선인의 만주 이주와 만주 인식에 관한 자료를 수록하였다.

제Ⅱ장에서는 '남만동몽조약'으로 인해 중·일 간 대립과 분쟁으로 비화한 재만 조선인의 치외법권과 토지상조권 문제에 관한 자료를 수록하였다. 재만 조선인의 치외법권과 토지상조권 문제는 '남만동몽조약'이 재만 조선인에게나 간도 지역에도 적용되는지의 문제와 관련되어 발생하였다.

중국은 재만 조선인의 경우 간도협약에 의하여 간도 지역에서만 토지를 소유할 수 있으며 법권은 중국에 있다고 주장하였다. 중·일 간의 현행 각 조약은 '남만동몽조약'에 별도로 규정한 것을 제외하고는 계속 유효하다고 보았기 때문이었다. 반면 일본은 '남만동몽조약'이

---

2 이명종, 2016, 「1910년대 조선 농민의 만주 이주와 《매일신보》 등에서의 '만주식민지'론」, 《한국근현대사연구》 제78집, 138·148쪽.

3 위의 논문, 149~151쪽.

재만 조선인에게도 일본인과 똑같이 적용되어야 한다고 주장하였다. 일본의 주장은 재만 조선인을 대륙 침략에 효과적으로 이용하기 위해서였다. 이에 대한 대응으로 중국은 재만 조선인에게 귀화 정책을 펼쳤으나, 일제는 조선인이 일본 국적을 포기하는 것을 인정하지 않았다. 이 때문에 재만 조선인은 중국에 귀화하더라도 일본 국적을 가지는 이중국적 상태가 되었다.[4]

이렇게 '남만동몽조약'으로 인해 불거진 재만 조선인의 치외법권·토지상조권·이중국적 문제는 이후 재만 조선인 문제를 구성하는 핵심 사안이 되었다. 따라서 제Ⅱ장에서는 재만 조선인의 치외법권·토지상조권·이중국적 문제를 야기한 재만 조선인의 법적·경제적 지위에 관한 자료를 수록하였다. 이는 재만 조선인 문제의 발생 원인을 규명하는 연구에 도움이 될 것으로 기대한다.

제Ⅲ장에서는 1920년대 재만 조선인에 대한 취체 정책과 박해 실태에 관한 자료를 수록하였다. 3·1운동 이후 만주에서 항일무장투쟁이 활발해지자 일·중 양측으로부터 재만 조선인에 대한 취체가 강화되었다. 일제는 영사경찰분서 및 조선인 민회(民會)를 확충·설치하였으며, 국경 지대에 병영을 짓고 국경 경비 경찰관을 증가시켰고, 조선총독부 경찰관을 월경시켜 독립군을 탄압하도록 하였다. 이에 중국 관헌도 일본 관헌의 영토 침입을 저지하기 위해 재만 조선인에 대한 취체 정책을 펼쳤다.[5]

일제의 재만 조선인에 대한 취체는 일본 군부와 외무성 그리고 중국 정부가 사전에 협력하여 이루어졌다. 중국 지방 당국과의 긴밀할 협력 속에서 이루어진 취체 정책의 대표적인 예가 1925년 조선총독부 경무국장 미쓰야 미야마쓰(三矢宮松)와 봉천전성(奉天全省) 경무처장 우진(于珍) 간에 맺은 '불령선인(不逞鮮人)의 취체 방법에 관한 조선총독부와 봉천성 사이의 협정'(일명 '미쓰야협정')이다. 주 목적은 일본 관헌이 중국 영토로 월경하지 않는 대신에 일본 측이 지명한 독립운동가를 중국 관헌이 체포하여 일본 측에 인계한다는 것이었다. 조선

---

4 박영석, 1995, 「일본제국주의하 재만한인의 법적 지위에 관한 제 문제-1931년 만주사변 이전을 중심으로-」, 《한국민족운동사연구》11, 한국민족운동사연구회, 51~53쪽.

5 신규섭, 2004, 「1920년대 후반 일제의 재만 조선인 정책-'선만일체화(鮮滿一體化)'의 좌절과 '미쓰야(三矢)협정'-」, 《한국근현대사연구》제29집, 173~180쪽.

독립운동의 탄압을 둘러싼 일·중의 공동 협정이라고 할 수 있다.[6] 이렇듯 재만 조선인에 대한 취체 정책의 기저에는 조선 독립운동 세력과 일·중 관헌 세력 간의 대립 관계가 기본적으로 자리하고 있었다. 재만 조선인에 대한 취체 정책 자료는 재만 조선인 문제의 기본적인 대립 관계가 어디에 있는지를 보여 주는 것이라고 할 수 있다.

더욱더 중요한 점은 '미쓰야협정'을 계기로 이후 중국 관헌이 평범한 재만 조선인에게도 제한과 압박을 가하기 시작하였다는 것이다.[7] 재만 조선인의 거주를 제한하는 정책을 취하였고, 재만 조선인을 치외법권으로부터 배제코자 하였으며, 재만 조선인에게 여러 가지 구실을 붙여 부당한 벌금과 수수료를 부과하여 금전도 착취하기 시작하였다.[8]

1927년 봄부터 중국 관헌은 재만 조선인 일반에게 본격적인 박해를 가하기 시작하였다. 여기에는 일본의 만주 침략 정책이 중요한 원인으로 작용하였다. 일본 정부는 1927년 4월에 산동 출병을 단행하였고, 6월에는 이른바 동방회의를 개최하고 8개 항의 중국 정책 강령을 발표하여 만주에 대한 적극 정책을 공식화하였다. 10월에는 장작림(張作霖)으로부터 돈화, 장춘, 길림, 해림 등의 철도 부설권도 획득하여 북만주로 진출할 수 있는 길을 확보하였다.[9]

이와 더불어 일본이 만주 중국인의 민족 감정을 크게 자극한 것은 동변도(東邊道) 임강현(臨江縣) 모아산(帽兒山)에 영사관을 설치하려 한 사건이었다. 1927년 3월 일본이 동변도 임강에서 조선인을 보호한다는 명분 아래 영사관을 설립하려고 하자, 중국 관민이 이에 반대하는 운동을 일으켰다. 이후 중국인의 반일운동이 만주 전역으로 전파되었고, 재만 조선인에 대한 박해와 추방으로 이어졌다. 이러한 '재만 조선인 박해 문제'는 1927년 일제가 이른바 '만몽 현안'의 해결을 서두르는 가운데 중국 정부와 동북지방 당국을 압박해 많은 권익을 요구함에 따라 평소 재만 조선인을 일제 만몽 침략의 '전위', '선봉' 또는 '첨병'으로 간주하던 중국 관헌이 이들을 직접 박해하고 추방하면서 발생한 것이다.[10]

---

6   위의 논문, 193쪽.
7   이명종, 2018, 『근대한국인의 만주인식』, 한양대학교출판부, 287쪽.
8   이훈구, 1932, 『만주와 조선인』, 평양숭실전문학교경제학연구실, 240·241쪽.
9   황민호, 1995, 「1920년 후반 재만한인에 대한 중국 당국의 정책과 한인사회의 대응」, 《한국사연구》 90, 한국사연구회, 229쪽.
10 손춘일, 2001, 「만주사변 전후 재만 조선인 문제와 그들의 곤경」, 《정신문화연구》 83, 한국학중앙연구원, 153~154쪽.

이와 같은 이유로 제Ⅲ장에 수록한 '재만 조선인 취체 정책'과 '재만 조선인 박해 상황'에 관한 자료들은 일제의 만주 침략으로 빚어진 재만 조선인 문제가 가지고 있는 폭압적·수탈적 성격을 극명하게 보여 줄 것이다.

끝으로 제Ⅳ장에서는 일본 정부 측이 '재만 조선인 문제'에 관해 작성한 문건들, 그리고 '재만 조선인 문제'에 대한 조선인의 인식을 보여 주는 자료들을 수록하였다. 전자는 재만 조선인 문제에 대한 일본 정부의 정책방침을 보여 주는 자료이고, 후자는 재만 조선인 문제에 대한 조선인의 인식과 대응이라고 할 수 있다. 이를 통해 재만 조선인 문제에 대한 일본 정부의 방침과 조선인의 인식이 어떻게 달랐는지를 선명하게 보여 주고자 하였다.

일본 정부는 이미 1910년대 초부터 만주의 조선인 문제에 대한 정책방침을 정하였다. 1913년 아베(阿部) 정무국장을 비롯하여 조선총독부, 일본 봉천영사관, 일본 외무성 등이 모두 재만 조선인 문제에 대한 정책방침을 갖고 있었던 것이다. 1910년대 초 일본 정부 측의 재만 조선인 문제에 대한 정책방침은 대체로 다음과 같았다. 조선인의 만주 이주는 일본인의 조선 이주에 도움이 될 뿐만 아니라 수전(水田) 등의 만주 개발과 일본의 쌀값 조정에도 이익이 된다. 영사재판권 아래에 있는 조선인의 만주 이주를 싫어하는 중국 관헌은 장차 조선인을 퇴거시킬 것이다. 따라서 만주 내지에서 조선인의 토지상조권, 거주권 및 영업권을 공인시키고, 영사재판권을 보장하고, 중국으로의 귀화를 방지해야 한다는 것이었다. 이러한 방침은 이후 일본 정부의 재만 조선인 문제에 대한 정책의 기본 원칙으로 계속 유지된다.

3·1운동 이후 일제의 재만 조선인 정책은 대체로 다음과 같은 특징을 보여 주었다. 교육·구료·금융 등 이른바 '보호'시설의 설치에 나섰다. 또한 '불령선인'에 대한 취체를 강화하는 동시에 보민회(保民會)나 민회 등 친일단체를 지원하고 육성하였다. 그뿐만 아니라 영사관과 영사경찰관을 확장하고 중국 관헌과 긴밀한 관계를 유지하는 데 힘썼다. 그러면서도 재만 조선인의 이중국적 문제를 해결하지 않은 채 토지상조권을 관철시키는 데 주력하였다. 이러한 일제의 재만 조선인 정책은 재만 조선인 문제를 더욱 심화시켰고, 결국 중국 관헌이 재만 조선인을 대대적으로 박해하는 사태를 야기하였다.

이 때문에 국내 언론에서 재만 조선인이 박해당하는 사태의 원인과 대책에 대한 논의가 활발히 전개되었다. 《매일신보》는 일본 정부나 일본 육군, 조선총독부처럼 재만 조선인 문제가 '남만동몽조약' 제2조의 토지상조권이 해결되지 않았기 때문에 일어났다고 보았다.

따라서 재만 조선인의 중국 귀화를 반대하고, 토지상조권 시행을 계속 주장하였다. 《조선일보》는 재만 조선인 문제 사태는 중국인의 반일운동, 중국 군벌의 탄압정치, 일제의 만몽 침략 등이 동시에 빚어낸 결과로 보았다. 일제가 만몽을 침탈하는 가운데 조선인이 일본의 국적을 가지고 만주로 이주하고 있었기 때문에 중국 관민으로부터 박해를 당한다고 파악한 것이다.[11]

그리고 재만 조선인 문제의 해결 방안에 대해서 《매일신보》는 이것이 토지상조권의 조속한 실시에 있다고 주장하였다. 토지상조권의 시행이 불가능하다는 현실을 알면서도 시종일관 이러한 주장을 고집하였다. 조선인의 중국 귀화에 대해서도 극력 반대하였다. 《매일신보》의 주장은 일본의 이익을 위해서 재만 조선인의 처지를 더욱 악화시키는 방식이었다. 그러나 《조선일보》는 재만 조선인이 중국 국적을 취득하여 '조선인의 자치와 공권'을 획득하는 것이 재만 조선인 문제를 해결하는 방안이라고 주장하였다. 재만 조선인으로 하여금 집단적으로 중국 입적을 단행하여, 중국 법령하에 '민족 평등 권리의 원칙'을 가지고 시민으로서의 정치적·경제적 및 일반적 법익을 확보할 것을 주문하였다.[12]

《동아일보》도 재만 조선인 문제의 해결을 위해서는 '재만 조선인의 중국 시민권 획득'이 백년지대계라고 하였다. 중국의 시민권을 누리면서 번창하는 것이 정당한 진로라고 하면서 재만 조선인에 대한 근본책은 일본 국적 이탈과 중국 귀화를 허용하는 것이라고 주장하였다. 재만 조선인의 중국 귀화를 위해서는 일본의 국적법을 조선에 시행해야 하고, 이것이 상조권 문제보다 더 먼저 시급히 해결할 과제라고 하였다. 또한 일본 정부가 재만 조선인의 이중국적 문제를 해결하지 않고, 조선인 보호를 명분으로 영사관을 설치하고 경찰·군대를 파견하거나 또 상조권의 해결을 기다리는 방식으로 문제를 해결하려는 정책은 부당하며 인식착오라고 비판하였다. 요컨대 재만 조선인은 일본의 대륙 정책에 있어 수단이 아니며 재만 조선인 그 자체가 목적이어야 한다고 보았다.[13]

이상 살펴본 바와 같이 재만 조선인 문제는 재만 조선인이 일제의 대륙 침략 정책에 이용

---

11 이명종, 『근대한국인의 만주 인식』, 327~328쪽.
12 위의 책, 348~349쪽.
13 본 자료집의 자료 34·41·44·48 참조.

당함으로써 발생한 것이었다. 나아가 이는 중국 관헌에 의해 재만 조선인이 대대적으로 박해를 당하는 사태로 이어졌다. 그럼에도 일제는 재만 조선인을 대륙 정책의 수단으로 계속 이용하여 문제를 더욱 악화시켰다. 이를 보면, 일제가 재만조선인을 '보호'한다고 선전하였지만 실제로 이것은 재만 조선인을 대륙 침략 정책의 수단으로 이용한다는 방침을 은폐하기 위한 허울이었음을 알 수 있다.

재만 조선인 문제는 기본적으로 일제가 재만 조선인에 대하여 민족 차별 정책을 취함으로써 발생하였다고 할 수 있다. 이에 대하여 국내외 조선인들은 재만 조선인이 일제 대륙침략의 앞잡이가 되어 핍박을 받으며 살아갈 것이 아니라 민족평등권에 입각한 중국시민권을 획득하여 안정된 삶을 영위할 것을 주장했다.

이런 점에서 재만 조선인 문제와 그에 대한 조선인들의 대응에 관한 자료들은 만주에서 조선인이 일제의 민족 차별 정책을 극복하고 민족평등주의에 입각한 질서를 만들어 간 역사를 보여 준다. 따라서 이 자료집은 일제 강점 이후 만주에서 일제와 중국 관헌으로부터 받은 민족 차별의 고난의 역사와 마침내 이러한 이중의 억압을 극복하고 민족 평등적인 시민권을 획득한 조선 민족의 역사를 함께 보여 주는 의미를 갖고 있다.

편역자
이명종

1915년 '남만동몽조약'과 만주 이주

해제

제I장 제1절에는 '남만동몽조약(南滿東蒙條約)'의 내용과 쟁점에 관한 자료, 그리고 제2절에 조약 이후 조선인의 만주 이주와 만주 인식에 관한 자료를 수록하였다.

일본과 중국 간에 체결된 「남만주(南滿洲) 및 동부내몽고(東部內蒙古)에 관한 조약」(자료 1)은 1915년 5월 25일 북경에서 조인되어 같은 해 6월 8일에 공포(公布)되었고, 그 부속 공문은 같은 해 5월 25일에 서로 교환되어 같은 해 6월 9일에 고시(告示)되었다. 이 조약은 1915년 1월 18일부터 일본이 중국에 강박한 '21개조 요구' 사항의 대부분을 중국이 같은 해 5월 9일 승낙한 것을 계기로 이루어졌다. 조약은 모두 9개 조문이고, 주요 내용은 다음과 같다.

여순·대련의 조차(租借) 기한과 남만주철도(南滿洲鐵道) 및 안봉철도(安奉鐵道)에 관한 기한을 모두 99개년으로 연장하고,(제1조) 일본국 신민은 남만주에서 각종 상공업상 건물을 건설하거나 농업을 경영하기 위해 필요한 토지를 상조(商租)할 수 있고,(제2조) 일본국 신민은 남만주에서 자유로이 거주·왕래하고 각종 상공업과 기타 업무에 종사할 수 있고,(제3조) 일본국 신민이 동부내몽고에서 지나국(支那國) 국민과 합판(合辦, 合弁)하여 농업 및 부수 공업을 경영할 때에는 지나국 정부가 이를 승인해야 한다는 것(제4조) 등이었다.

부속 교환공문은 모두 8개인데, 그 내용은 '여순·대련 조차 기한과 남만주철도·안봉철도 기한', '동부내몽고에서의 도시 개방', '남만주에서의 광산채굴권', '철도 또는 각종 세과(稅課)에 대한 차관', '외국 고문·교관의 용빙', '상조(商租)의 해석', '경찰법령 및 과세(課稅)의 결정', '조약의 실시 연기' 등에 관한 것이다.

'남만동몽조약'을 계기로 해서 조선총독부 측에서는 조선인의 만주 이주를 적극 권장하기 시작하였다. 예컨대 조약이 체결되고 며칠 지나지 않아 경성의 유지들로 하여금 '남만척식단'을 조직하게 하고, 남만주에서 토지를 매수하고 농작권을 획득하여 조선 농민을 이주시켜 척식에 종사하도록 하였다. 또한 조선총독부의 기관지 역할을 한 《매일신보》도 사설을 통해 만주에 대해 '조선인의 활동할 목적지'라거나 '조선인의 발전할 지점'이라고 강조하면서 조선인의 만주 이주를 부추겼다. 강제병합 직후에는 조선인의 만주(간도) 이주에 적극 반대하던 논조가 조약 체결에 즈음해서는 조선인의 만주 이주를 권장하기 시작한 것이다. 이러한 조선총독부의 방침으로 1919년경 만주로 이주한 조선인의 수는 1910년경에 비하여 2배 이상 증가하였다.[14]

이렇듯 '남만동몽조약'은 조선인의 만주 이주를 증가시키는 중요 원인이었다. 조약의 내용을 보면, 장차 발생하는 '재만 조선인 문제'의 핵심 요소인 재만 조선인의 상조권이나 주거권이 모두 여기에서 배태된 것이었다. 따라서 조약의 조문 내용은 '재만 조선인 문제'의 법제도적 기초 자료로서의 성격을 갖기 때문에 자료집의 맨 처음에 수록하였다.

「남만주 및 몽고에 관한 일지조약(日支條約)과 부속 공문(公文)의 해석」(자료 2)은 이케베(池邊) 조신총독 비서관이 1915년 8월에 작성한 문건이다. 조약 성립의 경과를 되돌아보고 대개는 일본의 요구가 관철되지 않았던 점을 언급하면서 약간의 의문점을 제시하고 있다. 또한 본 조약에서 간도의 지위에 대해서 논급하고, 중국 측이 간도 조선인을 차별하여 취급한 것에 대해 언급하고 있다. 결론 부분은, 이 조약의 성립에 의해서 종래 일본 국적을 가진 자에 대한 보호가 충분히 행해지지 않았던 것이 개선되었는지의 여부를 문제로 삼고 있다. 이 관점에서, 조약은 확실히 하나의 진보를 보였지만 그것의 유효성을 확보하는 문제는 어떠한 기관을 설치하여 어떻게 그것을 기능하도록 만드는가에 달렸다고 보았다. 조선 측에서 바라본 조약관(條約觀)으로서 흥미 있는 내용을 담고 있다.[15]

〈일지조약(日支條約)과 간도(間島) – 조선인이 문제의 중심〉(자료 3)은 1915년 9월 25일 자 《매일신보》 기사이다. 기사의 내용은 '남만동몽조약'이 간도에는 적용되지 않는다는 중국 측

---

14 이명종, 앞의 논문, 142·148·150~151쪽.
15 「寺內正毅關係文書(書類編) 解題」, 22쪽.

주장에 대한 반론을 담고 있다. 이 조약으로 왜 간도 내지 만주에 있는 조선인이 중국과 일본 두 정부 사이의 문제로 대두하는지에 대해 살펴볼 수 있는 자료이다.

「신조약(新條約) 실시 후 간도(間島)의 형세」(자료 4)는 1915년 11월에 작성된 문건으로, 필자는 밝혀지지 않았다. '남만주 및 동부내몽고에 관한 조약' 이후 간도 문제의 구체적인 실상의 일단을 간파할 수 있게 해 주는 사료이다. 조약이 성립된 이후에도 간도에서는 중국과 일본 양자 사이에 분쟁이 끊이지 않았다. 이런 가운데 간도에 거주하는 조선인도 배일파(排日派)와 친일파(親日派)로 나누어졌는데, 이렇게 복잡하게 뒤얽힌 관계 속에서 일어난 사건들을 자세히 기록하고 있는 자료이다.[16]

「간도협약(間島協約)과 1915년 일지조약(日支條約)의 관계에 관한 계쟁(係爭) 문제의 경위」(자료 5)는 1931년 4월 일본 외무성의 아세아국 제2과에서 제작한 보고서 『간도문제조서(間島問題調書)』의 총 10장 가운데 제3장에 기술된 것이다. 1931년도에 작성되었지만, 1915년(大正 4) 당시의 '남만동몽조약'이 가지고 있는 쟁점을 정리한 자료이다. 『간도문제조서』에 수록된 내용을 보면, 제1장 간도의 귀속에 관한 청한(淸韓) 양국 쟁의(爭議) 연혁, 제2장 간도협약 교섭 경과, 제3장 간도협약과 1915년 일지조약의 관계에 관한 계쟁 문제의 경위, 제4장 혼춘(琿春)에서의 일본 경찰기관의 연혁, 제5장 간도에서의 일본 경찰권 행사에 관한 방침, 제6장 혼춘 지방에서의 비적(匪賊)의 활동 상황, 제7장 지나(支那) 관헌의 조선인에 대한 태도와 그 보안 능력, 제8장 지나 측과의 연락 협조에 관한 대지(對支) 일반 교섭 경과, 제9장 간도 지방 공비(共匪)사건의 경과, 제10장 간도에 재주(在住)하는 조선인의 생활 상황 등이다.

〈만주(滿洲) 이주 선인〉(자료 6)은 1914년 7월 18일 자 《매일신보》의 사설이다. 이 자료는 강제병합 직후 조선인의 만주 이주에 대하여 적극 반대하던 《매일신보》의 논조가 극력 장

---

16 위와 같음.

려하는 쪽으로 변화하는 면모를 보여 주는 사설이다. 이 사설을 통해 조선인의 만주 이주를 '일본의 대륙 경영의 밑바탕'으로 간주하고 "만주 이주 조선인의 증가는 결코 우려할 현상이 아닌 줄 생각하노라"라며 논지를 바꾸었던 것이다. 조선인의 만주 이주는 일본 식량의 공급지인 만주의 수전 개척으로 이어지므로, 이를 장려하는 것이 일본 국익에 유익하다고 주장하였다. 이러한 가운데 만주의 표상이 '지옥'에서 '낙토'로 바뀌었다.[17]

〈만몽(滿蒙)과 조선인〉(자료 7)은 1915년 6월 17일 자 《매일신보》의 사설이다. 이 사설은 '남만동몽조약'을 조선인에게 "일대 복음"이라고 하면서 조약의 성립이 "만몽에서 활동하는 조선인을 위하여 경축할 만한 일"이라고 선전하고 있다. 이제 조선인은 '일본국 신민'이 된 이상 '남만동몽조약'의 조문을 이용하여 만주에서 자유로이 활동할 수 있게 되었으며, 이렇게 조선인이 만주에서 거주하고 왕래하는 것은 조선인이 "고토를 회복"하는 것과 같다고 비유하고 있다. 일본이 조선인을 만주로 이주시키기 위해서 '남만동몽조약'을 이용하는 동시에 정서적으로 조선인의 고토 회복 의식에도 호소하였음을 보여 주는 자료이다.

〈나의 북진론(北進論)〉(자료 8)은 잡지 《반도시론(半島時論)》 1917년 8월호에 실린 글이다. 이 기사의 필자 김형부(金亨復)는 잡지 《신문계(新文界)》와 《반도시론》에서 활동한 기자다. 그는 이 글에서 만주를 '조선인의 식민지'로 보았다. "근 100만 명이 되는 다수의 조선인이 각지에 산포하여 혹은 황지를 개간하며 혹은 수전을 잘 인도하면, 내지에 고려촌이 있는 것과 같이 간도, 봉천, 남만 각지는 이미 우리 조선인의 식민지 되는 모양이 없지 않다"라고 하였다. 이뿐만 아니라 만주 이주를 '북진'으로까지 표현하였다. 조선인의 만주 이주가 "10년, 20년을 지나게 되면 동삼성 각지에는 조선인의 촌락이 곳곳에 개척되어 거의 국가와 북진주의가 암합할 것 같으니, 나의 북진 주장이 어찌 헛됨에서 나왔겠는가"라고 하였다. 그에게

---

17 이명종, 앞의 논문, 148·150쪽.

만주 이주는 만주를 조선인의 식민지로 만드는 북진이었던 것이다. 이는 '남만동몽조약' 이후 조선인 가운데에는 만주를 식민지로 보면서 만주 이주를 북진으로 생각한 경우가 있었음을 보여 준다.

〈만주(滿洲)에 대하여〉(자료 9)는 잡지 《학지광(學之光)》의 1918년 3월호에 실린 글이다. 《학지광》은 '재(在)일본 도쿄 조선유학생학우회'의 기관지로 1914년 4월 2일에 창간되었다. 이 기사를 쓴 최팔용(崔八鏞)은 와세다대학 재학생이고 1918년 당시 주필로 활동하였다. 1919년 2월 8일 일본 도쿄 조선기독청년회관에서 독립선언식을 거행하였고, 이 사건으로 체포되어 9개월간 복역하였다.

이 글은 보기 드물게 조선인의 만주 이주에 대해 염려스러운 점을 논급한 자료이다. 조선인의 만주 이주가 조선 내지의 인구를 감소시키고 외인(外人)의 유입을 가져올 것이라는 점, 조선의 산업 장래에 방해가 될 수 있다는 점, 황무지로 이주하는 것은 문명(文明)의 진로(進路)에 역행한다는 점, 중국인의 악감정을 살 수 있다는 점, 정치 당국의 의심을 야기한다는 점 등을 말하고 있다. 이러한 염려 속에서도 결국은 궁민(窮民)이 만주로 이주할 수밖에 없는 현실이므로 조선인 자본가가 만주 농업에 투자하여 궁민들의 처지를 구제하는 데 나설 것을 주장하고 있다. 무엇보다 조선인의 만주 이주를 다섯 가지 측면에서 비판했다는 점에서 의미가 있는 자료라 하겠다.

〈시베리아와 만주에 있는 한인의 장래 ­ 우리는 인종 중 우등의 민족, 이·김·최·안·정·박〉(자료 10)은 1919년 2월 27일 자 《신한민보(新韓民報)》의 논설이다. 《신한민보》는 1909년 2월 미국 샌프란시스코에서 교민들이 결정한 독립운동단체인 국민회(國民會)의 기관지이다. 국민회는 샌프란시스코의 공립협회(共立協會)와 하와이의 한인합성협회(韓人合成協會)가 합동하여 결성된 것인데, 이를 계기로 공립협회의 기관지 《공립신보》(1905년 11월 22일 창간)가 1909년 2월 11일에 《신한민보》로 제호를 변경한 것이다.

이 논설은 만주로 이주한 동포들의 장래가 희망적일 것이라고 내다보며 인종상, 경제학상, 역사상 근거를 제시한 글이다. 이 글도 만주가 한인의 식민지가 될 수 있다고 보고 있다. 그러한 가운데 만주와 시베리아에서 우리 민족이 다른 민족과의 경쟁, 더욱이 일본과의 경쟁에서 승리할 것이라고 내다본 점이 특색이라고 할 수 있다.

1. '남만동몽조약'의 내용과 쟁점

⟨자료 1⟩ 남만주(南滿洲) 및 동부내몽고(東部內蒙古)에 관한 조약과
　　　　부속(付屬) 교환공문(交換公文)[18]

남만주(南滿洲) 및 동부내몽고(東部內蒙古)에 관한 조약

1915년(大正 4) 5월 25일 북경(北京)에서 조인
1915년　　　　6월 7일 비준
1915년　　　　6월 8일 도쿄(東京)에서 비준서 교환
1915년　　　　6월 8일 공포

일본국(日本國) 황제 폐하 및 지나공화국(支那共和國) 대통령 각하는 남만주 및 동부내몽고에서 양국 간의 경제 관계를 발전시킬 것을 바라며 그 목적으로 조약을 체결하기로 결정하고, 이를 위해 일본국 황제 폐하는 특명전권공사 종4위(從四位) 훈2등(勳二等) 히오키 에키(日置益)를, 지나공화국 대통령 각하는 중경1등(中卿一等) 가화훈장(嘉禾勳章) 외교총장 육징상(陸徵祥)을 각기 전권위원으로 임명하였다. 따라서 각 전권위원은 서로 그 전권위임장을 보이고 이것이 양호하고 타당한 것임을 확인하고 다음의 조항을 협의하여 결정하였다.

제1조 두 체약국(締約國)은 여순(旅順)·대련(大連)의 조차(租借) 기한 그리고 남만주철도(南滿洲鐵道) 및 안봉철도(安奉鐵道)에 관한 기한을 모두 99개년으로 연장할 것을 약속한다.

---

18 자료 출전: 「南滿洲及東部內蒙古に關する條約」, 日本外務省 편찬, 『日本外交年表竝主要文書』(上), 原書房, 1965, 406~407쪽.

제2조 일본국 신민은 남만주에서 각종 상공업상의 건물을 건설하기 위해 또는 농업을 경영하기 위해 필요한 토지를 상조(商租)할 수 있다.

제3조 일본국 신민은 남만주에서 자유롭게 거주·왕래하고 각종의 상공업과 그 밖의 업무에 종사할 수 있다.

제4조 일본국 신민이 동부내몽고에서 지나국 국민과 합판(合辦)에 의해 농업 및 부수 공업을 경영하려고 할 때에는 지나국 정부가 이를 승인해야 한다.

제5조 전 3조의 경우에서 일본국 신민은 예규(例規)에 의해 발급받은 여권을 지방관에게 제출하여 등록을 받고, 또 지나국 경찰법령 및 과세에 복종해야 한다.

민형소송(民刑訴訟)은 일본국 신민이 피고인 경우에는 일본국 영사관이, 또한 지나국 국민이 피고인 경우에는 지나국 관리가 이를 심판하고 서로 인원을 파견하여 임석(臨席), 방청(傍聽)시킬 수 있다. 단 토지에 관한 일본국 신민 및 지나국 국민 사이의 민사소송은 지나국의 법률 및 지방 관습에 의해 양국에서 인원을 파견하여 공동으로 심판해야 한다.

장래 동(同) 지방의 사법제도가 완전히 개량되었을 때에는 일본국 신민에 관한 일체의 민형소송은 완전히 지나국 법정의 심판에 귀속시킨다.

제6조 지나국 정부는 되도록 빨리 외국인의 거주와 무역을 위해 자진하여 동부내몽고에서 적당한 여러 도시를 개방할 것을 약속한다.

제7조 지나국 정부는 종래 지나국과 각 외국 자본가 사이에서 체결한 철도차관 계약의 규정 사항을 표준으로 삼아서 신속하게 길장철도(吉長鐵道)에 관한 여러 협약과 계약을 근본적으로 개정할 것을 약속한다.

장래 지나국 정부에서 철도차관 사항에 관하여 외국 자본가에게 현재의 각 철도차관 계약에 비해 유리한 조건을 부여했을 때에는 일본국의 희망에 의해, 앞에서 말한 길장철도의 차관 계약을 다시 개정해야 한다.

제8조 만주에 관한 일지(日支) 현행 각 조약은 본 조약에 별도로 규정한 것을 제외한 일체를 종전대로 실행해야 한다.

제9조 본 조약은 조인한 날로부터 효력을 발생한다.

본 조약은 일본국 황제 폐하와 지나공화국 대통령 각하가 비준하고, 그 비준서는 되도록 신속하게 도쿄에서 교환해야 한다.

위의 증거로서 양국 전권위원은 일본문과 지나문으로 작성된 각 2통의 본 조약에 서명 날인한다. 1915년 5월 25일, 즉 중화민국 4년 5월 25일 북경에서 이를 작성한다.

일본제국 특명전권공사 종4위 훈2등
히오키 에키 (서명) 인
지나공화국 중경1등 가화훈장 외교총장
육징상 (서명) 인

동(同) 부속(付屬) 교환공문(交換公文)[19]

여순(旅順)·대련(大連)의 조차(租借) 기한 그리고
남만주철도(南滿洲鐵道) 및 안봉철도(安奉鐵道)의 기한 등에 관한 교환공문

1915년(大正 4) 5월 25일 북경에서
1915년   6월 9일 고시(告示)

(중국 외교총장이 일본 전권공사에게 보낸 서한)

서한으로 말씀드립니다. 오늘 조인한 남만주 및 동몽고에 관한 조약 제1조에 규정한 '여순·대련 조차 기한의 연장'은 민국(民國) 86년, 즉 서기 1997년에 만기가 되고, 남만주철도 환부(還附) 기한은 민국 91년, 즉 서기 2002년에 만기가 될 것입니다. 또한 그 원조약 제12조

---

19 아래의 부속 공문들은 양국이 교환한 2편의 서한 중에서, 일부의 공문은 중국 외교총장이 일본 전권공사에게 보낸 서한을 일본 외무성 측에서 일본어로 작성한 자료를 번역한 것이고, 일부의 공문은 일본 전권공사가 중국 외교총장에게 보낸 서한을 번역한 것이다.

에 기재한 '운전 개시일로부터 36년 후에 지나국 정부가 다시 매수할 수 있다'라는 구절은 무효로 할 것이며, 또 안봉철도의 기한은 민국 96년, 즉 서기 2007년에 만기가 될 것입니다.

이상 조회하오니 양해를 바랍니다. 삼가 아룁니다.

1915년(民國 4) 5월 25일

지나공화국 외교총장

육징상 (서명) 인

일본제국 특명전권공사

히오키 에키 귀하

동부내몽고에서의 도시 개방에 관한 교환공문

1915년(大正 4) 5월 25일 북경에서

1915년   6월 9일 고시(告示)

(중국 외교총장이 일본 전권공사에게 보낸 서한)

서한으로 말씀드립니다. 오늘 조인한 남만주 및 동부내몽고에 관한 조약 제6조에 규정한 '개방할 여러 도시 및 상부(商埠) 장정(章程)'은 지나국 정부가 스스로 이를 입안하고 미리 일본국 공사에게 협의한 뒤에 결정하겠습니다.

이상 조회하오니 양해를 바랍니다. 삼가 아룁니다.

1915년(民國 4) 5월 25일

지나공화국 외교총장

육징상 (서명) 인

일본제국 특명전권공사

히오키 에키 귀하

남만주에서의 광산채굴권에 관한 교환공문

1915년(大正 4) 5월 25일 북경에서

1915년　　　6월 9일 고시

(중국 외교총장이 일본 전권공사에게 보낸 서한)

서한으로 말씀드립니다. 일본국 신민이 남만주에서 아래의 표와 같은 각 광산[이미 시굴 또는 채굴된 각 광구(鑛區)를 제외함]을 신속히 조사한 뒤에 선정한 것은, 지나국 정부가 그 시굴 또는 채굴을 윤허하겠습니다. 단 광업조례가 확정되기까지는 현행 변법(辨法)에 준거하겠습니다.

1915년(民國 4) 5월 25일

지나공화국 외교총장

육징상 (서명) 인

일본제국 특명전권공사

히오키 에키 귀하

1. 봉천성(奉天省)		
소재지	현명(縣名)	광종(鑛種)
우심대(牛心臺)	본계(本溪)	석탄
전십부구(田什付溝)	본계(本溪)	석탄
삼송강(杉松崗)	해룡(海龍)	석탄
철창(鐵廠)	통화(通化)	석탄
난지당(暖池塘)	금(錦)	석탄
안산참(鞍山站) 일대	요양현(遼陽縣)에서 본계현(本溪縣)까지 걸쳐 있다.	철

2. 길림성(吉林省) 남부		
소재지	현명	광종
삼송강(杉松崗)	화룡(和龍)	석탄, 철
항요(缸窯)	길림	석탄
내피구(來皮溝)	화전(樺甸)	금

남만주 및 동부내몽고에서의 철도 또는 각종 세과(稅課)에 대한 차관(借款)에 관한 교환공문

1915년(大正 4) 5월 25일 북경에서
1915년　　　6월 9일 고시

(중국 외교총장이 일본 전권공사에게 보낸 서한)

서한으로 말씀드립니다. 본 총장은 지나국 정부의 이름으로 이에 아래와 같이 귀국 정부에게 성명(聲明)하는 영광을 누립니다.

지나국 정부는 장래 남만주 및 동몽고에서 철도를 부설할 경우에는 자국의 자금으로써 하고, 만약 외자를 필요로 할 때는 먼저 일본국 자본가에게 차관을 상의할 것입니다. 또 지나국 정부는 앞에서 기술한 지방의 각종 세과(稅課)(단 이미 지나 중앙정부 차관의 담보가 된 염세, 관세 등의 종류를 제외함.)를 담보로 하여 외국으로부터 차관을 일으키려 할 때는 먼저 일본국 자본가에게 상의할 것입니다.

이상 조회하오니 양해를 바랍니다. 삼가 아룁니다.

1915년(民國 4) 5월 25일

지나공화국 외교총장

육징상 (서명) 인

일본제국 특명전권공사

히오키 에키 귀하

남만주에서의 외국 고문(顧問)·교관(敎官)에 관한 교환공문

1915년(大正 4) 5월 25일 북경에서

1915년   6월 9일 고시

(중국 외교총장이 일본 전권공사에게 보낸 서한)

서한으로 말씀드립니다. 본 총장은 지나국 정부의 이름으로 이에 아래와 같이 귀국 정부에게 성명(聲明)하는 영광을 누립니다.

지나국 정부는 장래 남만주에서 정치, 재정, 군사, 경찰에 관한 외국 고문·교관을 용빙(傭聘)하려고 할 때에는 가장 먼저 일본인을 용빙할 것입니다.

이상 조회하오니 양해를 바랍니다. 삼가 아룁니다.

1915년(民國 4) 5월 25일

지나공화국 외교총장

육징상 (서명) 인

일본제국 특명전권공사

히오키 에키 귀하

남만주 및 동부내몽고에 관한 조약 제2조에 규정한
'상조(商租)'의 해석에 관한 교환공문

1915년(大正 4) 5월 25일 북경에서

1915년   6월 9일 고시

(일본 전권공사가 중국 외교총장에게 보낸 서한)

서한으로 말씀드립니다. 오늘 조인한 남만주 및 동부내몽고에 관한 조약 제2조에 기재한

'상조(商租)'의 문자에는 30개년까지 오랜 기한부로 또 무조건적으로 갱신할 수 있는 조차(租借)를 포함한 것으로 요해합니다.

이상 조회하오니 양해를 바랍니다. 삼가 아룁니다.

1915년 5월 25일

일본제국 특명전권공사

히오키 에키 (서명) 인

지나공화국 외교총장

육징상 귀하

남만주 및 동부내몽고에 관한 조약 제5조에 규정한
'일본국 신민이 복종해야 할 경찰법령 및 과세(課稅)'의 결정에 관한 교환공문

1915년(大正 4) 5월 25일 북경에서

1915년　　　6월 9일 고시

(일본 전권공사가 중국 외교총장에게 보낸 서한)

서한으로 말씀드립니다. 오늘 조인한 남만주 및 동부내몽고에 관한 조약 제5조의 규정에 의해, 일본국 신민이 복종해야 할 경찰법령 및 과세는 미리 지나국 관헌이 일본국 영사관과 협의한 뒤에 시행해야 하는 것입니다.

이상 조회하오니 양해를 바랍니다. 삼가 아룁니다.

1915년 5월 25일

일본제국 특명전권공사

히오키 에키 (서명) 인

지나공화국 외교총장

육징상 귀하

남만주 및 동부내몽고에 관한 조약 제2조 내지 제5조의 실시 연기에 관한 교환공문

1915년(大正 4) 5월 25일 북경에서

1915년   6월 9일 고시

(중국 외교총장이 일본 전권공사에게 보낸 편지)

서한으로 말씀드립니다. 오늘 조인한 남만주 및 동부내몽고에 관한 조약 제2조, 제3조, 제4조, 제5조는 지나국 정부가 제반의 준비를 정리할 필요에서 동 조약 조인 후 3개월간 그 실시를 연기하시기 바라므로, 귀국 정부의 동의를 얻고 싶습니다.

이상 조회하오니 양해를 바랍니다. 삼가 아룁니다.

1915년(民國 4) 5월 25일

지나공화국 외교총장

육징상 (서명) 인

일본제국 특명전권공사

히오키 에키 귀하

〈자료 2〉 남만주 및 몽고에 관한 일지조약(日支條約) 및 부속 공문(公文)의 해석[20]

이번 새롭게 일지(日支) 양국 간에 체결된 조약 및 공문서는 만몽(滿蒙)에서의 제국신민의 거주 및 토지 등에 관한 권리, 광산·철도에 관한 사항 등에 관한 현행 조약의 규정을 변경하였다. 신조약 규정의 정확한 의의에 대해서는 다시 일지 간에 세목(細目) 협정이 이루어지지 않고는 알 수 없으므로, 여기에서는 대체로 어떠한 변경을 하였는지를 기술하는 데 그친다.

---

20 자료 출전: 「南滿洲及蒙古ニ關スル日支條約及付屬公文ノ解釋」(池邊 朝鮮總督祕書官, 1915), 『寺內正毅關係文書(首相以前)』, 京都女子大學, 1984, 386~405쪽.

제1절 만몽(滿蒙)에서의 제국신민(帝國新民)의 지위

제1항 거주 및 토지에 관한 권리

제1관 거주 및 영업

만주 및 몽고에서 제국신민은 종래 개항지[통상장(通商場)을 포함한다. 이하 동일]와 철도부속지 이외에서 거주 또는 영업을 할 수 없다. 이들 특수 지역 이외에서 상용(商用) 또는 유력(遊歷)의 목적으로 여행하는 경우에는 반드시 제국영사관이 발급한 여권에다가 지나 지방관헌의 서명을 받아서 이를 지니고 다녀야 하는 것은 지나의 다른 지방과 다를 것이 없었다. 그런데 이번 신조약은 현행의 규정을 변경하여, 남만주(南滿洲) 및 동부내몽고(東部內蒙古)에서 종래보다 더 광범한 범위에 제국신민의 거주 및 영업의 자유를 인정하였다. 그런데 그 범위 및 정도는 아래의 두 지역에 따라 차이가 있다.

갑. 남만주

제국신민은 종래 남만주에서는 개항지 및 철도부속지 이외의 지역에서 거주·영업하는 권리를 인정받지 않았기에, 신조약은 일정한 조건하에 이들 지역상의 제한을 없애고, 제국신민에게 일반적으로 거주·왕래하고 상공업과 기타 업무에 종사할 수 있는 자유를 주었다. 즉 동 조약 제3조는 "일본국 신민은 남만주에서 자유롭게 거주·왕래하고, 각종의 상공업과 기타 업무에 종사할 수 있다"라고 규정했는데, 동 조약 제5조 제1항에 "일본 신민은 예규에 의해 발급받은 여권을 지방관에 제출하여 등록을 받고, 지나국 경찰법령 및 과세에 복종해야한다"라는 제한을 하여, 남만주 전부를 개방한 것이라고 말할 수 있다.

을. 동부내몽고

동부내몽고에 관한 규정은 앞에서 말한 남만주에 관한 것과 조금 취지를 달리해서, 동부내몽고의 전부를 개방한 것이 아니었다. 이 점에 대해서는 동부내몽고에서 개항지와 기타 지역을 구별할 필요가 있다.

가) 개항지

동부내몽고에서는 이미 두세 곳의 개항지가 있어서 내외인(內外人)이 거주하고 있다. 지나는 신조약에 의해 새로운 많은 개항지를 설정할 것을 약속하였다. 즉 동 조약 제6조는 "지나국 정부는 되도록 빨리 외국인의 거주·무역을 위해 자진하여 동부내몽고에서 적당한 여러 도시를 개방할 것을 약속한다"라는 것을 규정하고, 아울러 위의 규정에 의해 "개방할 여러 도시 및 상부 장정은 지나국 정부가 스스로 이를 정하고, 미리 일본국 공사와 협의한 뒤에 결정할 것"을 부속 공문에서 약정하였으므로, 어느 도시를 개방할지는 머지않아 양국 정부 간에 결정하여 실행할 것이다. 따라서 제국신민이 이들 개방 도시에 왕래·거주하고 무역에 종사하고 각종의 사업을 영위할 수 있도록 한 것은, 동 지방에서 이미 개방된 여러 도시, 남만주 및 지나 타 지방의 여러 개항지와 아무런 차이가 없어야 한다. 즉 일지통상항해조약(日支通商航海條約) 제4조 "일본국 신민은 그 가족, 고원(雇員) 및 비복(婢僕)과 함께, 지금 외국인의 거주·무역을 위해 개방했거나 또는 장차 개방할 곳의 청국 여러 항구와 도시에 왕래하고 거주하고, 상공업과 제조업을 영위하고, 또는 기타 모든 합법적 직업에 종사하고, 또 그 상품과 휴대품을 탑재하고 전기(前記) 여러 개항지 사이를 뜻대로 왕래할 수 있다. 운운"의 규정은 당연 이들 몽고에서이라는 개방 도시에 적용되는 것이다.

나) 동부내몽고 내지(개방 도시를 제외)

동부내몽고 내지에 있어서 제국신민은 일반적으로 거주·왕래의 자유를 갖지 않는다. 그 영업에 관해서도 역시 일정한 제한을 받을 수밖에 없다. 즉 신조약 제4조에 "일본국 신민은 동부내몽고에서 지나 국민과 합판[合弁]에 의해 농업과 부수(附隨) 공업의 경영을 하려고 할 때에는 지나국 정부가 승인해야 한다"라고 규정했으므로, 본방인은 농업 및 부수 공업에 한해서, 일지(日支) 양국인의 공동 사업을 하는 경우에 지나 관헌의 허가를 얻어야 이를 경영할 수 있는 것이다. 원래 제국정부는 당초 만몽에서의 제국신민의 권리를 동일한 기초에 둘 것을 희망하고 "일본국 신민은 만주 및 동부내몽고에서 자유롭게 거주·왕래하고, 각종의 상공업 등 업무에 종사할 수 있다"라는 뜻을 제안했는데, 지나가 몽고의 개방에 이의를 주장하였기 때문에 끝내 만몽을 분리하여 동부내몽고에 관해서는 개방 도시에 거주할 수 있는 것 외에 단지 양국 신민 합판에 의한 농업 및 부수 공업 경영의 권리만을 인정하도록 한 것은 유감이라고 하지 않을 수 없다. 그럼에도 이 규정은 적법한 농업 및 부수 공업의 목적을 위해서는 제국신민이 개방 도시 이외에도 자유로이 거주·왕래하고 또는 주택, 공장 등 필요한 건물을 건설·임차하고 또는 이들 공업에 필요한 재료들의 매매에 종사하는 자유를 인정한 것으로 해석할 수 있고, 또한 이렇게 해석하지 않으면 안 된다. 대개 농업 및 부수 공업은 오히려 항상 도시 이외에서 경영하고 있고 또 이들 사업의 경영을 인정한 이상은 그 경영에 필요한 제반의 행위를 금지할 이유가 없게 되었다.

이제 이를 조약의 규정에서 살펴보면, 동 조약 제5조 제1항은

> 전 3조의 경우에서 일본국 신민은 예규에 의해 발급받은 여권을 지방관에 제출하여 등록을 받고, 또 지나국 경찰법령과 과세에 복종해야 한다.

라고 규정하였다. 그리고 이 규정 중 '전 3조의 경우에서'라고 한 것은 제2조, 제3조 및 제4조의 경우를 가리키는 것으로, 그 가운데 제4조는 제국신민이 동부내몽고에서 지나인과 일정한 사업을 합판에 의해 경영하는 경우에 관한 것이므로, 본항의 규정은 바로 합판사업을 경영하는 제국신민은 일정한 여권을 지방관에 제출하여 등록을 받고 또 지방 경찰법령과 과세에 복종할 것을 조건으로 하여, 내몽고 내지에서 거주하고 소정의 사업에 종사할 수 있도록 용인한 것으로 해석할 수 있다. 왜냐하면 제국신민이 동부내몽고에서의 여러 개방 도시에 거주하고 각종의 사업에 종사할 수 있는 권리는 지나의 다른 지방에 존재하는 개항지의 경우와 마찬가지로 일반 통상조약에 의해 이미 인정받고 있어서, 구태여 본 조약의 규정에 기댈 필요가 없기 때문이다. 따라서 본항은 내몽고에서의 여러 개방 도시 이외의 내지에서 농업 및 그 부수 공업을 경영함에 있어서, 그 경영의 필요상 제국신민으로서 이들 내지에 거주하는 경우에는 여권을 갖고 다니며 등록을 받고 과세 및 경찰법령에 복종해야 한다는 취지를 분명히 한 것이라고 해석하지 않을 수 없다.

제2관 토지에 관한 권리

지나에서 제국신민이 향유하는 권리는 개항지와 그 이외의 지역이 각각 다른 바가 있다.

제1. 개항지

일지통상항해조약 제4조에 의하면 "일본국 신민은 … 실제로 외국인의 거주·무역을 위해 개방했거나 또는 장래 개방할 곳인 청국의 여러 항구와 도시에 왕래하고 … 그 땅에서 외국인의 사용 및 점유를 위해 이미 선정했거나 또는 장래 선정할 지구(地區) 내에서 가옥을 대차(貸借)·매매하고, 대지를 대차하고, 사원·묘소·병원을 건설할 수 있다"라고 했으므로, 개항지에서 일정한 거류지를 설정한 것에 있어서는 그 지구의 차지(借地)에 대해 각 거류지 협정서[取極書]에 상세한 규정을 항상 만들어 놓았다. 그렇지만 개항지이면서 어떠한 거류지도 설정하지 않은 것에 있어서는, 종래 외국인에게 토지의 소유를 허용해 왔다. 남만주 및 몽고에서 제국신민도 역시 위의 예에 비추어, 그 개항지에 있는 자는 거류지 내에서 지구를 차지하고, 거류지 이외의 지역 및 거류지 없는 개항지에서 마찬가지로 토지를 소유할 수 있었다. 이와 같이 개항지에서 무제한으로 토지 소유를 인정한 것은 대개 개항지에서 일정한 거류지를 설정하기까지는 잠시 외국인의 잡거를 허용했는데 그들이 점차 토지를 구매하게 되었고 마침내 관행이 되었기 때문이다. 또 한편으로 그들은 치외법권(治外法權)을 가지기 때문에 지나의 여러 법령으로 복종을 강제할 길이 없고, 따라서 지나 정부에서도 그러한 토지 소유를 전적으로 금지하는 것이 불가능하게 되었기 때문이라고 생각된다.

제2. 개항지 이외의 내지

만몽의 내지에서는 토지의 소유는 물론 차지(借地)일지라도 전혀 공인되지 않았다. 그런데 이런 상태가 신조약에 의해 약간 변경되었다.

갑. 남만주

신조약 제2조는

> 일본국 신민은 각종 상공업의 건물을 건설하기 위해 또는 농업을 경영하기 위해 필요한 토지를 상조(商租)할 수 있다.

라고 규정하였다. 그래서 소위 '상조'라는 문자는 동 조약 부속 공문에 의해 "30개년까지 오랜 기한부로 또 무조건으로 갱신할 수 있는 조차(租借)를 포함한다"라고 해석할 수 있기 때문에 사실상 영대(永代) 차지의 성질을 가져서, 제국신민은 남만주 각지에서 각종의 목적을 위해 자유로이 영대 차지를 할 수 있게 되었다.

이에 전술한 '상조'라는 것의 성질에 대해 깊이 연구할 점이 있다. 생각하면 상조는 "30개년까지 오랜 기한부로 또 무조건으로 갱신할 수 있는 조차를 포함한다"라는 것으로 해석해야 함을 부속 공문에서 분명히 말한 것이다. 그렇더라도 상조가 원래 지나 정부로부터 조차한다는 의의를 가지는 것인지 아닌지의 문제가 생긴다. 만약 상조가 지나 정부로부터 조차해야 하는 것이라고 하면, 관유지를 상조하는 경우에는 하등의 논할 것이 없다. 그렇지만 사유지에 대해서는 절대로 상조할 수 없다면 몰라도, 만약 그렇지 않고 제국신민이 사유지도 취득할 수 있다고 하면, 그 경우에 상조는 어떤 상태에 있는 것인지? 제국신민은 토지소유권을 인정받지 못하기 때문에 개인으로부터 사유지를 매수함과 동시에 그 소유권이 곧바로 상조권으로 변하는 것인지? 또는 등록이나 다른 일정한 수속에 의해 상조로 다시 고쳐야 하는 것인지? 다음으로 또한 상조가 개인으로부터의 조차도 포함한다면, 토지소유자인 지나인은 바로 그 소유권을 보유하고 또는 상속에 의하거나 매매 등에 의해 이를 남에게 이전할 수 있고, 그리하여 상조자(商租者)인 제국신민에 있어서도 또한 그 상조지(商租地)를 남에게 이리저리 양도할 수 있기 때문에 그 상호의 관계는 이전(移轉) 횟수와 연월을 거듭함에 따라서 더욱 복잡하게 된다. 또는 서로 토지소유자 및 상조자가 누군지를 알 수 없어서 끝내 상조할 방법이 없게 될 것이라고 생각된다. 상조의 정확한 의의를 분명히 하고 또 상조의 수속을 잘 알리기 위해서는 머지않아 상당한 규칙을 제정하고 발표할 것으로 믿으므로 여기에서는 단지 의문점을 제시하는 것으로 그친다.

을. 동부내몽고

동부내몽고에서 관해서는 상조에 관한 규정이 없으므로, 제국신민은 동부내몽고의 내지에서는 토지에 관해 하등의 권리를 향유하지 못하는 것으로 해석해야 한다. 제국정부는 제국신민의 영업 및 거주의 자유와 마찬가지로 토지에 관한 권리에 대해서도 만몽과 동일한 취급을 받기를 희망해서, 조약 원안에서 "만주 및 동부내몽고에서 … 각종 상공업상의 건물을 건설하거나 경작하기 위해 필요한 토지의 임차권 또는 그 소유권을 취득할 수 있다"라는 내용을 규정하려고 했지만, 이 또한 지나는 절대적으로 허용하지 않았다. 결국 동부내몽고에서의 농업 및 부수 공업을 영위할 권리를 인정하는 데 그쳤다. 토지에 관한 규정은 완전히 삭제하였기 때문에 이를 조약의 규정으로부터 추측하면, 제국신민은 내몽고에서 농업 또는 그 부수 공업을 위해 토지를 필요로 하는 경우에는 자기의 명의로 토지를 소유하거나 차지(借地)할 수가 없다. 필시 지나인의 명의로 또는 합판사업 주체의 이름으로 이를 차지 또는 소유할 수밖에 없다. 이와 같은 것은 실제로 매우 궁색한 방법이지만, 조약의 해석으로는 어쩔 수 없는 것이라고 생각된다. 그렇지만 다른 방면에서 위의 규정을 해석하자면, 조약 중 그 제2조에 남만주에서 토지를 상조할 수 있다고 규정하였고, 제3조에 남만주에서의 거주·왕래 및 영업의 자유를 인정하였고, 제4조에 동부내몽고에서의 농업 및 부수 공업의 합판경영을 규정하였고, 더욱이 제5조에는 그 제1항에 위와 같이 3개조의 경우에서의 경찰법령 및 과세에 복종할 것을 규정하였고, 제2항에 민형소송의 심판을 규정하고 또 토지에 관한 소송에 대해서

　　(전략) 단 토지에 관한 일본국 신민 및 지나국 국민 간의 민사소송은 지나국의 법률 및 지방 관습에 의해 양국에서 요원을 파견하고 공동 심판해야 한다.

라고 규정하였다. 그러므로 만약 동부내몽고에서는 제국신민은 차지 또는 토지 소유의 권리를 갖지 않는다고 전술한 해석이 정곡을 찌른 것이라면, 이 제5조의 제2항 토지 소송에 관한 규정은 단지 남만주 내지에서만 적용돼야 하는 것으로 말하지 않을 수 없다. 그렇지만 동부내몽고의 내지에서는 동 조약 제4조에 의해서 제국신민에게 합판에 의한 농업 및 부수 공업의 경영을 용인한 이상에는 제국신민이 그 사업을 위해 거주하는 데 차지·차가(借家) 등의 문제가 당연히 있을 것이다. 이렇기 때문에 제국신민과 지나인의 사이에서 토지에 관한 소송이 발생할 수 있다는 것을 예상한 것으로 봐야 하지 않을까. 이 점에 대해서는 명백한 해답을 내리기가 쉽지 않다. 따라서 본 문제에 대해서는 가장 유력한 해석을 간절히 기다린다.

제2항 경찰, 과세 및 재판 관할

가) 경찰 및 과세

제국신민으로서 지나 개항지에 있는 자는 그 제국의 전속관할 거류지에서의 경우와 이외 거류지의 경우에 따라서 경찰 및 과세에 관한 취급을 다르게 받았다. 1896년(明治 29) 북경 의정서 제1조는 "새로 개방한 통상시항장(通商市巷場)에 일본 전유(專有)의 거류지를 둘 것을 타결하고, 도로관할권 및 지방경찰권은 일본 영사에 전속(專屬)하는 것으로 한다"라고 규정 하고, 그 외 제국의 전속관할 거류지에 관한 다수의 의정서에는 "거류지에서의 도로개통권, 경찰권 및 제반 행정권은 모두 일본 정부의 관할에 속하게 한다"라는 의미를 가지는 규정 을 게시했다. 즉 제국신민은 거류지에 있어서는 지나의 경찰권 및 과세에 복종하지 않는 것 을 예로 삼았다. 그런데 개항지에서 거류지 이외의 지역에 있는 자에 대하여는 아무런 명문 (明文)이 없으므로, 이러한 지역에 있는 제국신민은 이론상 지나 정부의 경찰권 및 과세권에 복종해야 한다고 말하지 않을 수 없다. 그런데 사실은 이와 다르게, 제국신민은 하등 납세를 하지 않고, 또 경찰법령에 복종당하는 일이 없다. 이는 아마도 그들은 치외법권을 가지고, 지나의 재판관할을 받지 않으므로, 가령 그들이 납세의 의무를 이행하지 않고 또는 경찰법 령을 위반해도, 이에 제재(制裁)를 가하거나 강제할 길이 없었기 때문이다. 그리하여 개항지 이외의 내지에서의 경우에 관해서는 현행 일지(日支)통상조약 중 간신히 제6조에 "만약 여 행자로서 여권을 휴대하지 않고, 또는 법률을 범했을 때에는 이를 가장 가까운 영사관에 인 도해야 한다. 단 그때 오로지 필요한 구속을 가할 뿐이고 결코 학대해서는 안 된다"라는 규 정을 만들었을 뿐이다. 그런데 이제 지나 정부는 제국신민의 만몽 내지에서의 거주 또는 토 지에 관한 권리를 인정했으므로, 이 대가로서 새롭게 경찰법령, 과세 및 재판권에 관한 규정 을 요구하는 것은 본래 자연스런 결과이다. 그래서 이번 신조약 체결에 당면하여 지나의 요 구를 기초로 하고, 그 제5조에

전 3조의 경우(남만주에서의 토지를 상조하고, 거주·왕래하고, 상공업 및 기타 업무에 종사하고, 동부 내몽고에서 농업 등의 경영을 하는 경우)에서 일본국 신민은 예규에 의해 발급받은 여권을 지방관 에 제출하여 등록을 받고, 또 지나국 경찰법령 및 과세에 복종해야 한다.

라는 명문을 만든 까닭인 것이다. 이에 한마디하자면, 개항지에서 거류지 외에 거주하는 제국신민에 대해서는 이 규정이 적용되지 않는다는 것이다. 생각건대 개항지에 거주할 수 있는 것은 현행 통상조약의 규정상 당연한 일에 속하고, 본 조약이 간여할 바가 아니다. 다음에 위의 지나국 법령 및 과세는 지나 관헌 단독으로 결정할 수 없어서 반드시 미리 지나 관헌이 제국영사 관헌과 협의한 뒤에 시행해야 할 것은 부속 공문에 의해 약정되었다. 그러므로 장래에는 남만주 내지 및 동부내몽고 내지에 있는 제국신민은 제국영사관이 승인한 지나 경찰법령 및 과세에 복종할 것을 요구받게 되었다.

더욱이 경찰권에 관해서는 애초 제국정부는 "종래 일지(日支) 간에 경찰 사고의 발생이 많았고 불쾌한 논쟁을 자아내는 일도 적지 않았기에 이 기회에 필요한 지방에서 경찰을 일지 합동으로 하든가 또는 이들 지방에서의 경찰관청에 일본인을 용빙(傭聘)하여서 일면 지나 경찰기관의 쇄신·확립을 도모하는 데 이바지할 것"을 제의하였지만 지나가 받아들이지 않았다. 그 결과로 끝내 앞서 말한 규정을 만들게 되었고, 또 남만주에 관해서는 정치, 재정, 군사, 경찰 등에 관한 외국 고문·교관을 용빙할 때에는 가장 먼저 일본인을 용빙해야 한다는 뜻을 지나 정부로 하여금 부속 공문에 의해 성명하도록 하는 데 그치고 말았다.

나) 재판권

지나에서의 재판관할권에 관해서는 현행 통상항해조약에서

(ㄱ) 지나국에 있는 일본국 신민의 신체, 재산에 관한 재판권관할은 해당 일본국 관리에 전속하고,(제20조)

(ㄴ) 지나국 사람이나 그 재산에 관한 민사소송은 지나국 관리가, 또 일본국 신민이나 그 재산에 관한 민사소송은 일본국 관리가 심리 판결해야 한다.(제21조)

(ㄷ) 지나국에서 범죄 피고인이 된 일본국 신민은 일본국의 법률에 의해 일본국 관리가 심리하고, 이와 마찬가지로 지나국에 있는 일본국 신민에 대하여 범죄의 피고가 된 지나국 신민에 대해서는 지나국 관리가 심리 판결 및 처벌하는 권리를 가진다.(제22조)

라고 하였다. 즉 민형소송은 피고의 소속국 관헌이 관할권을 가지지만(간도에서의 조선인의 경우는 크게 다른데 후술할 것이다.) 이번 신조약 제5조는 이 현행 규정을 약간 변경하고, 남만주 및 동부내몽고에서 토지에 관한 민사소송에 대해 새로이 회동하여 심판하는 제도를 인정하였다. 동조에서 말하기를

민형소송은 일본국 신민이 피고인 경우에는 일본국 영사관에서, 또 지나국 국민이 피고인 경우에는 지나국 관리가 심판하고, 서로 요원을 파견하여 임석 방청시킬 수 있다. 단 토지에 관한 일본국 신민 및 지나국 국민 간의 민사소송은 지나국의 법률 및 지방 관습에 의하고, 양국에서 요원을 파견하여 공동 심판해야 한다.

장래 동 지방의 사법제도가 완전히 개량될 때에는 일본국 신민에 관한 일체의 민형소송은 완전히 지나국 법정의 심판에 귀속해야 한다.

라고 하였다.

그러므로 토지에 관한 일지 양국인 간의 민사소송에 대해서는 피고의 소속관리가 관할권을 가지지 않고 모두 공동 심판에 부쳐야 한다. 그리하여 일지 양국 교섭 중 지나 정부는 남만주에서 "일본인과 일본인의 소송 및 일본인과 지나인의 소송으로 토지나 조계(租契)에 관한 다툼은 지나 관헌의 심판에 귀속시키고, 일본국 영사관에서 요원을 파견하여 방청할 수 있다"라는 뜻을 제안했는데, 끝내 이를 배척하고 만몽 양 지역에서 공동 적용할 본 규정을 만들었던 것이다. 다만 여기서 의심스러운 점은 위의 소위 회심제도의 성질·조직 및 권한 여하에 있다. 즉 공동 심판의 판결은 여하한 정도 및 방법으로 당사자 또는 그 소속국 관헌을 구속할 수 있는지, 장차 또 공동 심판원은 누구로 배당할 것인지, 대개 이들 사항을 살펴보기 위해서는 본래 세밀한 규정의 발포를 기다릴 수밖에 없다.

제3항 광업권

종래 지나는 특수 조약 또는 협정으로 만들지 않으면 외국인에게 광업권을 허여하지 않았고, 그 광업조례에는 지나인 또는 지나국의 법률에 의해서 성립한 법인에 한하여 광업권

을 취득할 수 있다는 뜻을 규정하고, 또 지나인과 외국인 합자에 의해 광업을 경영하는 경우에는 외국인의 출자액이 자본금 전체의 10분의 5를 초과하지 못할 것을 필요로 하였다. 이번 일지 교섭에서 제국정부는 최초로 "지나국 정부는 남만주 및 동부내몽고에서의 광업 채굴권을 일본국 신민에게 허여한다"라는 조항을 제의하였는데, 지나 정부는 그 수정안 중 "본 협약이 조인된 날로부터 1개년 이내에 일본 자본단이 동삼성 남부에서 광업 경영을 희망할 때에는 이미 시굴 또는 채굴에 착수한 광산을 제한 외에 지나국 정부는 해당 지방에서 광산 시굴의 특권을 1개년 기한으로 해당 자본단에 부여할 것을 승낙한다. 조사한 광산에 대해서는 그 반수를 선택하게 하고, 지나광업조례에 비추어 채굴 실행을 허락하고, 기타 각 광산은 지나 스스로 조치를 행한다"라는 규정을 만들려고 하고, 결국 봉천성 및 길림성 남부에서의 아래 특정한 광산에 관해서는 "일본 신민이 속히 조사한 뒤에 선정한 것은 지나국 정부는 그 시굴 또는 채굴을 윤허할 것이고, 단 광업조례 확정에 이르기까지는 현행 변법에 준거할 것임"을 부속 공문으로 약정하게 되었다. 그러므로 이들 일정한 광산에 대해서만 지나 현행 규정의 예외로 하여 제국신민에게 경영할 수 있도록 하고, 그리하여 그 납세, 광업자 간의 권리, 의무, 기타 사항에 대해, 지나광업조례가 확정에 이른 때에는 모두 동 조례에 의해 지배를 받아야 한다.

1. 봉천성

소재지	현명(縣名)	광종(鑛種)
우심대(牛心台)	본계(本溪)	석탄
전십부구(田什付溝)	본계(本溪)	석탄
삼송강(杉松崗)	해룡(海龍)	석탄
철창(鐵廠)	통화(通化)	석탄
난지당(暖地糖)[21]	금(錦)	석탄
안산참(鞍山站) 일대	요양현부터 본계현에 걸침	철

---

21 『日本外交年表竝主要文書』에서는 '난지당(暖池塘)'으로 표기되었다.

2. 길림성 남부

소재지	현명	광종
삼송강(杉松崗)	화룡(和龍)	석탄, 철
항굴(缸窟)[22]	길림(吉林)	석탄
내피구(來皮溝)	화전(樺甸)	금

제4항 압록강 대안 및 간도에서 조선인의 지위

이상은 동부내몽고 및 남만주의 제국신민에게 적용되어야 할 신조약의 규정이다. 그리고 조선인도 또한 제국신민으로서 똑같이 이들 규정의 적용을 받는 것은 본방 내지인과 하등 차이가 없다. 즉 그들은 동부내몽고에 왕래하고 농업 및 부수 공업을 경영하고 또 동일 목적으로 그 내지에 거주하며, 남만주에서는 종래대로 철도부속지 또는 개항지에만 거주함을 요하지 않고 자유로이 내지에 왕래하고 토지를 상조하고 각종의 업무에 종사할 수 있다. 이에 특히 한마디 말할 것은 압록강 대안의 국경 지방 및 간도에서 조선인의 지위이다.

제1. 압록강 대안 지방에서 조선인의 지위에 관해서는 1899년(光武 3) 한청조약 제12조에 "본 조약 체결 후 국경 무역을 정리하기 위해 관세 및 제 규칙을 제정해야 하고, 이미 국경을 넘어서 개간지를 가진 자는 계속 그 생업의 영위를 허용받아야 하고, 장래에 월경 이주는 분쟁을 피하기 위해 금지해야 하고, 아울러 개방할 시장은 머지않아 곧 결정해야 한다"라고 규정했는데, 이에 기초하여 양국 간에 하등의 협정이 없으므로 이주 및 이주민을 다스릴 규칙이 제정되지 않았고 사건이 일어날 때마다 양국 관헌이 편의적인 조치를 취해 왔다. 그래서 장래에 이주의 금령도 또한 실행되는 일이 없었고, 새로 이주하는 조선인에 대하여 때로 토지를 취득하는 것을 금지한 경우가 있었지만 대체로 그들은 토지를 조차하고 개간하는 데 사실상 중대한 장애를 받은 일이 없이 계속해서 한국병합 후 금일에 이르렀다. 그렇지만 법률상에서 그들의 지위

---

22 『日本外交年表並主要文書』에서는 '항요(缸窯)'로 표기되었다.

가 극히 불안정했음은 말할 필요도 없다. 그 생활은 전적으로 지나 관헌의 의사에 좌우되고, 특히 지방경찰법령 및 과세는 말할 것도 없고 그 재판관할마저 무조건의 복종을 요구당하는 것이 예사였다. 어쨌든 일지 양국 간에 이들 이주민의 지위 및 이주에 관하여 적당한 약정을 할 필요가 있음은 일찍이 당국으로부터 제창되었던 바이다. 이번에 체결된 신조약은 바로 이에 의하여 그들의 지위를 확보하고, 그들에게 적용될 경찰법령, 과세의 성질을 정하고, 또 재판관할이 원칙적으로 제국영사관에 있다는 것을 명시함으로써 이들 이주 선인 및 장래 이주하려는 자의 지위는 실로 종전에 비해 현저한 차이가 나게 되었다.

제2. 간도[여기에서 간도는 소위 도문강(圖們江) 북쪽 지방의 잡거 구역을 지칭하고, 남쪽은 도문강, 동쪽은 알아하(嘎呀河), 서북은 일대의 산맥을 따라 정해진 선으로 구획된 지역으로서 간도에 관한 일지협약 부속 도면에 명시하였다]에서는 일찍이 체결된 간도협약에 의해 조선인의 지위를 확정하였다. 그리하여 위 조약의 규정상 조선인에 관하여 간도를 상부지(商埠地) 및 개간지[墾地] 둘로 나눌 수 있을 것이다.

갑. 상부지

간도협약에 의해 지나 정부는 간도에서 용정촌·국자가·두도구·백초구 등 일정한 도시를 개방하여 상부지로 하고 외국인의 거주 및 무역을 허용하였으므로, 조선인도 본방 내지인 및 외국인과 대등하게 이들 도시에 관해서는 법률상 본방 내지인과 다를 바 없었고 계속하여 한국 병합 후 금일에 이르렀다.

을. 개간지

상부지 이외의 지역, 즉 소위 개간지에 있어서 조선인은

1. 거주의 자유를 인정받는다. 간도협약 제3조의 규정에 "청국 정부는 종래대로 도문강 북쪽의 개간지에서 한민(韓民)의 거주를 승인한다"라고 하였다.
2. 토지소유권을 향유할 수 있다. 동 조약 제5조에, "청국 정부는 도문강 잡거 구역 내에서의 한민 소유의 토지·가옥을 청국 인민의 재산과 똑같이 완전하게 보호해야 한다"라고

한 규정에 의해 조선인은 종래 간지에서 토지 소유를 인정받고, 그 토지 및 가옥에 대해 보호를 받았던 것이다.

3. 다음으로 그들은 "지나의 법권에 복종하고, 지나 지방관의 관할 재판에 귀속한다. 그래서 민사소송은 지나 관헌이 지나국의 법률을 안조(按照)하여 공평하게 재판해야 하고, 일본 영사관 또는 그 위임을 받은 관리는 자유롭게 법정에 입회할 수 있다. 단 인명에 관한 중요한 안건에 대해서는 모름지기 먼저 일본 영사관에 조회해야 한다. 일본 영사관에서 만약 법률을 안조하지 않고 판단한 점이 있다고 인정한 때에는, 공정한 재판을 기하기 위해 따로 관리를 파견하여 복심(覆審)해야 할 것을 지나국에 청구할 수 있다"(제4조) 이상의 규정에 의해 간도에 있어서는 상부지에서의 조선인은 제국신민과 동일한 취급을 받지만, 상부지 외의 소위 간지에 있어서는 지나의 재판관할권에 복종하고 경찰법령 및 과세에 복종함을 조건으로 하여 이 지역에 거주하고 또 토지소유권을 향유할 것을 인정받았던 것이다.

이제 간도가 남만주의 일부라고 하면, 남만주에 관한 신조약의 규정은 압록강 대안 지방에서와 마찬가지로 당연하게 간도에 적용되며, 그 결과로 현행 규정이 신조약의 범위에서 변경되어야 할는지 또는 간도가 특수한 지역이어서 종래 특수한 조약을 필요로 하였으므로 이번 조약에 의한 일반적 규정의 예외로 삼는 것으로 해석해야 할는지는 의문이다. 이 점에 대한 제국정부 그리고 지나 정부의 견해는 아직 알 방법이 없다. 다만 신조약이 간도에 적용되는 것으로 한다면 다음의 결과를 가져올 것이다.

(가) 남만주에 관한 조약에 의하면, 민형소송은 피고인 소속국 관헌의 관할에 속하므로, 간지에서의 조선인이 피고인 경우에는 종래처럼 지나 관헌의 재판관할을 벗어나서 제국영사관의 관할로 복귀해야 하고, 토지에 관한 민사소송에 대해서는 공동 심판에 맡겨야 한다.

(나) 조선인은 종래와 같이 토지를 소유할 수 없어서 장래 토지를 상조할 수밖에 없다.

(다) 조선인은 종래와 같이 지나 관헌이 단독으로 결정·시행하는 경찰법령 및 과세에 복종함을 요하지 않는다. 반드시 제국영사관의 승인을 얻는 것의 적용을 받아야 하는 것이다.

이들 경우에 발생하는 의문의 주요한 것은 아래와 같다.

(가) 종래 이미 조선인이 소유한 토지는 금후 모두 상조로서 취급해야 하는가, 아니면 기
득권으로 계속 존속할 수 있는가.

(나) 기득한 토지소유권이 존재한다고 하면, 이러한 토지에 관한 소송의 관할은 종래와
같이 지나 관헌에 있는가, 아니면 상조의 경우과 마찬가지로 공동 심판에 맡겨야 하
는가.

(다) 이러한 토지소유자에 대하여 적용해야 할 경찰법령 및 과세는 여하한가.

남만주 및 동부내몽고에 관한 신조약이 간도에도 적용된다고 하면, 간도의 선인 소유 토
지에 관해 전술한 세 가지 의문점은 일지 양국의 교섭에 의해 용이하게 해결되겠지만, 만
약 간도는 남만주의 일부임에도 불구하고 또 조선인은 금일 일본 신민임에도 불구하고, 간
도협약은 남만주에 관한 일지신조약의 예외로 하여 그 효력을 존속시키고 신조약은 간도에
적용하지 않으면, 단지 동 조약의 법문 해석으로서 정당함을 얻지 못할 뿐만 아니라, 남만주
에서의 내지인 및 조선인 사이 그리고 조선인 상호간에 그 취급상 큰 차이점을 가져오고, 나
아가 제국정부가 간직한 조선 통치의 정책에 큰 지장을 가져오지 않을 수 없다. 왜냐하면 간
도라고 칭함은 지형상 편의의 총칭에 지나지 않고, 화룡현 및 연길현의 전부와 왕청현의 일
부로 이루어진 지역을 말하며, 조선인은 동 지방에만 밀집한 것이 아니다. 이 3개 현에서 동
쪽으로 연속한 혼춘현과 서쪽으로 안도현(安圖縣)[23]·돈화현 이하 16개 현에 걸쳐서 거주하
고, 그 총수는 개략 30만에 달한다. 이의 약 반수는 소위 간도에 거주하고 있기 때문에, 간도
가 압록강 및 두만강의 대안인 조선인 거주 지방의 사이에 끼어 있음에도 불구하고 이 지역
에 있는 조선인만 간도협약에 의한 특별한 취급을 받고, 두 강 대안 일대의 지방에 거주하는
조선인 가운데 일부는 신조약에 의해 우리 법권 아래에 있고 다른 일부는 지나 법권에 복종
시키는 것은 본디 그 정당함을 얻지 못할 것이다. 이뿐만 아니라 그 조선인이 한 현에서 다
른 현으로 이동함에 따라서 피아가 달라진 법권에 복종한다는 불편이 있는 것은 물론이다.

---

23 자료에는 '安閣縣'이라고 되어 있지만 '안도현'이라고 옮겼다.

그리고 소위 간도 내 여러 현과 이와 인접한 여러 현의 거주 조선인 상호간에 착종한 사건 또는 간도에서의 내선인(內鮮人) 사이의 소송사건은 어느 법권에 의해 처리해야 할런지. 또한 소송사건 이외의 일상관계에서도 동일한 번잡함에 봉착하게 되어서 이를 해결하는 데에도 비상한 곤란을 가져올 것이다.

게다가 제국정부는 한국 병합 때 조선인의 국법상 지위에 대해, 1910년(明治 43) 8월 7일 각의에서 조선인을 법령 또는 조약으로써 특별히 취급할 것을 정한 경우 외에는 전적으로 내지인과 동일한 지위를 가지는 것으로 결정하였고, 그 소위 조약이라는 것은 장래에 일반적인 제외례를 예상한 것이 아니다. 당시 갑자기 개정하기 어려운 사정이 있었던 간도협약이 존재했기 때문에 이것의 제외례를 가리킨 것이지, 처음부터 조약으로써 조선인에게 차등을 만들려고 한 취지가 아니다. 구미 각국에서도 그 식민지 또는 보호국 인민이면서 외국에 거주하는 자에 대해서는 모국민과 똑같이 보호하는 것을 예사로 삼았다. 하물며 조선인처럼 제국 정부가 내지인과 똑같은 취급을 하는 자에 대하여, 지나에서 내지인과 다른 지위를 두고 또 압록강 및 두만강 대안에 거주하는 동일한 조선인 사이에 전술한 대로 차등을 만들려고 하는 것은 재외 조선인 사이에 악감을 가져오는 데 그치지 않고, 재조선 전반의 인민으로 하여금 제국의 성의와 위신을 의심케 하여 통치상 적지 않은 영향을 미칠 염려가 없다고 할 수 없다. 또 하물며 간도는 조선에 접양했다는 것과 우리 법권이 미치지 않는 관계로 인해서, 종래 우리 정책에 불만을 가진 조선인이 이주하는 경우가 많다. 특히 근래 러시아에서 제국에 호의를 표하고 조선인의 취체를 엄중히 했기 때문에, 불령 조선인이 간도로 모여들어 이곳을 배일운동의 근거지로 삼는 상태이다. 그럼에도 불구하고 압록강 및 두만강 대안의 다른 일대에서 조선인은 우리 법권의 아래에 두고 유독 간도의 조선인을 제외하는 결과로 만드는 경우에는, 평생 제국의 정책에 불만을 품은 조선인이 간도를 배일운동의 책원지로 삼는 기세를 더욱더 조장하게 될 것이다. 원래 간도는 압록강 및 두만강 대안 일대 지방의 일부로서 본디 남만주의 일부라는 것을 의심할 것 없고, 또 금일 조선인이 일본국 신민인 사실에 비추어 남만주 및 동부내몽고에 관한 일지조약은 당연히 간도의 조선인에게도 적용하는 것으로 본다. 또 간도협약 중 당시 한국과 지나국의 국경을 확정한 제3조와 같은 것은 원래 토지의 영유 및 그 경계에 관한 국제협약이므로, 국제법상 다른 조약으로써 이를 변경하지 않는 한에는 유효하게 존속할 제4조의 한민(韓民)의 관할 및 법권에 관한 규정은 신조약에 의해 당연 소멸되는 것으로 해석하는 것이 적당하다고 생각한다.

끝으로 1905년(明治 38) 일지(日支) 간 만주에 관한 조약[24] 제11조에는 "만한 국경 무역에 관해서는 상호 최혜국 대우를 해 주어야 한다"라고 규정하였다. 이 규정과 이미 기술한 국경 지방에서 이주민의 지위 및 상태를 고려하여, 국경 무역에 관해 어떤 필요한 협정을 만들 필요가 있을 것이다. 이 점에 대해서는 훗날에 연구 기회가 있을 것으로 믿는 바이다. 신조약 제8조는 "만주에 관한 일지 현행 각 조약은 본 조약에 따로 규정한 것 외 일체를 종전대로 실행해야 한다"라고 규정하였다. 이 때문에 이상 기술한 각 사항에 관해서, 과연 어떤 점에 대해 현행 규정이 신조약에 의해 변경되는지를 결정하는 것은 신중한 연구를 기다릴 수밖에 없다고 믿는다.

제2절 철도

1. 남만주철도(南滿洲鐵道) 및 안봉철도(安奉鐵道)

남만주 및 동부내몽고에 관한 조약 제1조에 "두 체약국(締約國)은 여순·대련의 조차 기한 그리고 남만주철도 및 안봉철도에 관한 기한을 모두 90개년으로 연장할 것"을 약속하고, 부속 공문에서 "남만주철도 환부(還付) 기한은 서기 2002년[25]까지를 만기로 하고, 또 그 원조약 제2조에 기재한 운전 개시일로부터 36년 후에 지나국 정부가 되살 수 있다는 일절(一節)은 무효로 하고, 또 안봉철도의 기한은 서기 2007년까지를 만기로 할 것"이라는 뜻을 규정하였다.

2. 길장철도(吉長鐵道) 및 길회철도(吉會鐵道)

남만주 및 동무내몽고에 관한 조약 제7조에 말하기를,

지나국 정부는 종래 지나국과 각 외국 자본가 사이에 체결한 철도차관 계약의 규정 사항

---

24 「일청의 만주에 관한 조약(日淸滿洲に關する條約)」의 '부속 협정'을 말한다.
25 자료 원문에는 '2003년'으로 되어 있으나 '2002년'의 잘못이다.

을 표준으로 삼고, 신속히 길장철도에 관한 여러 협약과 계약을 근본적으로 개정할 것을 약속한다.

장래 지나국 정부에서 철도차관 사항에 관하여, 외국 자본가에게 현재의 각 철도차관 계약에 비하여 유리한 조건을 부여했을 때에는 일본국의 희망에 의해 다시 위 길장철도의 차관 계약을 개정해야 한다.

라고 하였다.

그런데 지나 정부는 간도에 관한 협약 제6조에 의하여 "장래 길장철도를 연길 남쪽 경계까지 연장하여, 한국 회령에서 한국 철도와 연락해야 하고, 그 일체의 변법(辨法)은 길장철도와 동일하게 다루어야 한다. 개변(開辨)의 시기는 청국 정부가 정황을 참작해서 일본국 정부와 상의한 뒤에 정한다"라는 뜻을 약속하였으므로, 위의 길장철도에 관한 여러 협약과 계약을 근본적으로 개정할 때에는 길회철도에 관한 변법도 역시 자연히 이에 수반하여 변경해야 한다.

3. 끝으로 철도에 관하여 "지나국 정부는 장래 남만주 및 동부내몽고에서 철도를 부설할 경우에는 자국의 자금으로 해야 하고, 만약 외자가 필요한 때에는 먼저 일본국 자본가에게 차관을 상의(商議)해야 한다"라는 취지를 부속 공문에서 성명하였다.

제3절 차관

차관에 관해서는 앞 절의 철도에 관한 차관 외에 똑같이 부속 공문으로 "지나국 정부는 남만주 및 동부내몽고 지방의 각종 과세(단 이미 지나 중앙정부 차관의 담보가 된 염세, 관세 등의 종류를 제한다)를 담보로 하고, 외국에서 차관을 얻으려고 할 때에는 먼저 일본국 자본가에게 상의할 것"을 성명하였다.

제4절 고문 및 교관

"지나국 정부는 장래 남만주에서 정치·재정·군사·경찰 등에 관한 외국 고문·교관을 용빙할 때에는, 가장 먼저 일본인을 용빙해야 한다."라는 뜻을 부속 공문에서 성명하였다.

애초 제국정부의 목적은 지나 중앙정부에 정치·재정 및 군사고문으로 유력한 일본인을 용빙하도록 만드는 데 있었지만, 이 제의는 받아들여지지 않았고, 위와 같이 단지 남만주에서의 고문에 대해 우선권을 가지게 되었다.

결론: 신일지조약(新日支條約)과 만몽

이상 신조약을 기초로 만몽에서의 제국의 이권, 특히 제국신민의 지위에 대해 설명하였다. 종래 나라의 안식을 가진 사람으로 뜻을 만몽의 땅에 펼치려는 자는 정주(定住)의 자유와 토지에 관한 권리에 대해 어떠한 조약상의 보장을 향유하지 못하였다. 이 때문에 철도부속지나 개항지 이외의 지역에서 때로는 지나 관헌의 박해를 받고, 또는 입국을 거절당하거나 토지에 대한 투사를 상실하고, 사업 경영상의 불편과 불안은 정말 식자로서 우려하지 않을 수 없었다. 특히 남만주 각지, 그중 압록강 연안의 수십만의 조선인처럼 조선 국경에서 가장 근접하고 직접 조선총독부의 권위의 비호에서 벗어나 멀고 후미진 내지로 이주한 자의 경우에는 사실상 전적으로 지나의 국권에 복종을 요구받았고, 제국 관헌의 위력으로는 도저히 그들의 지위를 안전하게 만들 수단이 없었음에 괴로워하였다. 어쨌든 내몽고는 원래 열국이 주목하고 제국이 세력권을 이룩한 남만주에서조차 각종의 시설을 완전히 기획하는 것이 거의 불가능하여, 헛되이 입으로 만몽 개발의 필요를 주장해도 행동을 함께할 수 없어 유감이었다. 이제 만몽에서 제국의 세력을 수립하고 경제적 이익을 진척하는 기운이 다가왔다. 제국신민은 만몽의 내지에 거주할 수 있고 그 어느 땅에 있어도 치외법권의 특권이 속인적으로 뒤따라올 뿐만 아니라, 제국영사관이 승인하지 않은 법령과 과세에는 단연코 복종하지 않을 수 있는 권리를 가졌다. 생명·재산은 이로부터 안정적일 수 있고, 사업 경영의 편리는 이로부터 각 방면에서 구할 수 있게 되었다.

이제 신조약은 본년 6월 8일 조인한 날로부터 곧바로 효력을 발생했지만, 제국신민의 거주·왕래·과세·토지 상조 등에 관한 조항은 지나국 정부에서 제반의 준비를 정돈할 필요상 동 조약 조인 후 3개월간 그 실시를 연기하기로 부속 공문에서 약정했으므로, 해당 기간이 끝날 때까지는 의연히 현재 상태를 지속할 것이다.

그렇더라도 돌이켜 생각하면 이 조약상의 권리는 사실 보호하고 또 유감없이 이용하게 하는 기관이 없다면, 결국 효과 없이 끝나게 될 것이다. 생각하건대 동부내몽고에서 개방될 수많은 도시에는 반드시 제국영사관을 설치해야 하고, 이리하여 제국의 이익과 제국신민의 권리가 충분히 옹호될 수 있을 것이다. 남만주에 있어서도 역시 내지의 주요 도시에서 지나 정부의 승낙을 얻어 영사관을 설치하는 것은 시각이 급한 일이라고 말하지 않을 수 없다. 그 중 이주 선인이 집단을 이룬 주요한 각 지점에 제국경찰관 및 헌병대를 상주시키는 것은 그들의 보호 및 취체상에서 극히 유효한 수단이다. 이뿐만 아니라, 영사관 소재지와 함께 이들 지점을 근거로 삼으면 그들에 대한 제반의 시설도 역시 기획·실행할 수 있는 편의가 있다. 그래서 두 강 연안 일대의 지방에 대해서는 이 점을 특별히 고려하지 않으면 안 되는 것이다. 이제 이들 지역에서의 조선인은 실제 그 수가 30만이라고 한다. 그렇지만 거의 그들의 전부는 아직도 조선에 대한 신정(新政)의 본의(本義)를 깨닫지 못하고 있다. 때로는 공상에 사로잡혀 배일의 행동에 분주한 자가 있다. 또는 아직 몽매함에 방황하여 문화의 혜택을 받지 못하는 자가 있다. 그들을 제어하고 그들을 지도하여 충량한 제국신민으로서 만몽에서 제국의 세력으로 굉장한 기여를 하도록 만드는 것은 단지 신조약의 취지를 관철하는 데 필요한 조치일 뿐만 아니라, 한국 병합의 목적을 수행하는 데에도 역시 중대한 일이라고 말하지 않을 수 없다. 따라서 잠잠히 생각하면, 월경 조선인들이 거주하는 변경 지방이 갖고 있는 사실상의 세력은 그 근저가 자못 깊은 것이다. 오히려 이들 지역은 조선 영토의 연장이라고 이해되기 때문에 비로소 그들이 당면해야 할 정당한 방책을 구해야 한다. 그래서 이런 견지에서 본다면, 이들 지역에서 조선인을 은혜와 위엄으로 제어하고 지도하며 그들로 하여금 제국의 충량한 신민임을 자각시키는 수단과 방법에서 조선총독부의 치하에 있는 조선인에게 대하는 것과 어떠한 차이가 있어서는 안 된다. 이에 조선총독부 당국에서 이에 기초하여 신속히 연구할 필요가 있는 약간의 사항을 제시함으로써 본문을 끝맺고자 한다.

1. 제국영사관 및 분관을 설치해야 할 주요한 도시의 연구
2. 경찰서 및 헌병대 주재 지점의 연구

3. 선만(鮮滿) 제국경찰 관헌 및 헌병대의 공동 동작 및 상호 연락, 나아가 그 인원의 배치 등에 관한 편의 방법

4. 지나 경찰고문 용빙

5. 불량선인의 퇴지(退支) 처분 및 그 실행의 경우 선만 제국 관헌의 상호 연락

6. 영사재판과 본부재판소의 관계

7. 교육기관의 설치

8. 산업 개발상의 시설

9. 금융기관의 설치

10. 의료 구휼 등에 관한 사항

11. 본부와 영사관의 사무 연락

〈자료 3〉 일지조약(日支條約)과 간도(間島) - 조선인이 문제의 중심[26]

일지신조약(日支新條約)이 간도(間島)에 적용되는 문제에 관하여, 간도의 지나(支那) 관헌인 연길청(延吉廳) 도윤(道尹) 도빈(陶彬)은 간도협약(間島協約)의 유효를 주장하여 신조약의 적용을 거부하고 북경정부(北京政府)도 이번에 우리 정부에 대하여 위와 동일한 취지로 항의를 제출한 결과로, 마침내 간도 문제에 대하여 일지간(日支間)에 신교섭(新交涉)을 개시하게 되었다. 원래(原來) 남만주(南滿洲)에 간도도 포함되는 것은 지리상(地理上)에 당연한 일이다. 혹자는 간도를 동만(東滿)이라 칭하나 도문강(圖們江) 좌안 일대의 땅인 간도를 만주로부터 제외하기 불능한 것은 논할 필요도 없는 바이다. 지나 관헌은 간도를 남만주 이외에 특수지역이라 하여 일지신조약의 적용을 거부하고자 하니, 금일은 신조약 중에 특히 간도협약은 무효로 한다는 규정이 없음을 유일한 수단으로 삼아 간도협약의 유효를 주장하고 그 협약 유효하에 신조약의 적용을 거부하는 것이다. 그러나 이는 곡해(曲解)와 강변(强辯)에 불과하니 이것은 아마도 표면상의 이유이다. 실제 지나 관헌이 간도를 특히 신조약 적용 이외에 두고 싶어 하는 진의(眞意)는 간도에 대다수의 조선인이 있기에 조선인에게 순일본인(純日本人)과 균등한 조약상의 여러 권리를 부여하는 것을 기피하여, 고의로 이야깃거리를 만들어 간도협약의 유효를 주장하고, 지금까지와 같이 조선인을 지나의 권력 또는 지배 아래에 두려고 하는 듯하다. 원래(元來) 지나 관헌 그리고 간도에 있는 지나인은 지금도 오로지 조선인을 열등으로 멸시하고 있다. 간도협약에 의하여 선인(鮮人)에게 옛날과 같이 압박을 가하기는 불능하지만 결코 이를 우대하지 않고 있다. 종래의 관계상으로 조선인에게 토지 소유를 허용하고 개간에 종사케 하나, 그 소유권이라는 것이 극히 박약(薄弱)한 것이라 때때로 까닭 없이 그 권리를 치탈(褫奪)하는 일이 있다. 그렇지 않더라도 이를 확고히 맡기지 않은 결과로 조선인으로 하여금 부득이하게 소작인으로 떨어지게 만들고 있는 중이다. 일지신조약에 의하여 이제는 이 조선인에게 토지 소유와 별로 차이가 없는 토지상조권(土地商租權)을 위시하여 거주, 영업, 여행의 자유는 물론이고 토지에 관한 사건을 제외하고는 민형사소송권(民刑

---

26 자료 출전: 〈日支條約과 間島-朝鮮人이 問題의 中心〉, 《每日申報》 1915년 9월 25일 자, 1면.

事訴訟權)을 자유로이 일본의 영사법정(領事法廷)에서 할 수 있게 된 것을 자못 좋지 않은 일로 생각하고, 신조약 적용을 거부하고 또 항의하게 되었던 것이라 할 수 있다. 또한 더한층 깊이 관찰하건대, 조선인의 권리를 일지신조약에 의하여 확장하게 되면 종래 압박을 가하던 반동의 결과로 조선인이 갑자기 발호(跋扈)하여 자연히 지나 관헌의 위엄을 실추시킬 것이라는 지나 일선(一線)의 기우(杞憂)를 품고, 신조약의 적용을 간도에서 제외시키려고 하는 것은 아닌지 모르겠다. 이와 같은 것은 가소로운 일이다. 선인이 발호하는 일이 있지 않을 것으로 생각하나 지나인의 심리는 때때로 상식으로 판단하기 어려운 경우가 있으니 도대체 알 수 없으나, 요컨대 이번 문제는 전적으로 조선인을 중심으로 하여 일어난 것이니, 만주에 있는 30여만의 조선인을 위하여 다만 간도에 국한할 문제가 아니라, 이 기회에 깊이 주의하는 동시에 어디까지든지 지나 정부의 잘못을 바로잡고 신조약의 효력을 충분히 있게 만드는 것이 옳다고 하겠다(간도 사정에 정통한 모씨의 말).

〈자료 4〉 신조약(新條約) 실시 후 간도(間島)의 형세[27]

1915년(大正 4) 11월 9일 조헌기(朝憲機) 제438호

　　　신조약 실시 후 간도의 상세

　간도에서 신조약 실시 후 정세(情勢)에 대해서는 그때마다 보고해온 바이지만, 이번 간도 파견장교 스에마쓰(末松) 중위로부터 별지대로 정리한 보고가 올라왔으므로 참고하시도록 제출합니다.

　　이상

　　　본서 발송선

　총독, 정무총감, (총무국장), 육군대신, 참모총장, 관동도독, 군사령관, 사단장, 헌병사령관, 내각서기관장, 내무차관, 외무차관

신조약 실시 후 간도의 형세

목차

제1 신조약과 간도

제2 일본 측의 태도

　1. 간도협약과 신조약의 관계

　2. 신조약 실시의 상황

제3 지나 측의 태도

　1. 신조약에 대한 지나 측의 견해

　2. 도윤(道尹)의 길림성 출장

　3. 지나 측의 반항적 태도

27　자료 출전: 「新條約實施後ニ於ケル間島ノ狀勢」(1915. 11), 『寺內正毅關係文書(首相以前)』, 京都女子大學, 1984, 369~380쪽.

제1 신조약과 간도

　1915년(大正 4) 5월 25일 체결된 「남만주 및 동부내몽고에 관한 조약」의 대부분은 조약 조인 후 3개월간 유예를 주고 실시하기로 연기하였기 때문에 8월 25일 이후에야 비로소 실시하게 되었다.

28　자료 원문의 목차에서는 '5. 선인에 대한 지나 관헌의 태도'가 빠져 있으나 본문의 내용과 일치시키기 위해서 부기하였다.

그런데 유독 간도에 대해서는 당초부터 일지(日支) 양국 정부 상호가 신조약의 실시 지역에 대한 견해를 달리하였다. 이후 양국의 관헌이 분규와 쟁의를 일삼고, 해(該) 조약 실시 후의 일로 2개월여를 경과한 금일에 의연히 견해의 정부(正否)를 결정하지 못하고, 문제는 다시 중앙의 교섭 테이블 위에 올라갔다. 그런데 지나 정부는 간도에 신조약 적용에 관해 일본 정부에 항의하는 동시에, 한편 9월 23일 연길도윤 앞으로 '신조약은 간도협약과 저촉(抵觸)하는 것이 없다. 이주(移住) 선인(鮮人)의 취급은 종래와 다를 것 없다.'라는 뜻을 전칙(電飭)했다고 한다. 이에 지나 측의 태도가 갑자기 강경해지고, 완강하게 우리 법권의 행사를 유린하고, 또 될 수 있는 한 꺼리지 않고 방해를 시도하고, 고의로 각종 요언비어(謠言蜚語)를 유포시켜서 선인이 우리에게 친근히 하려는 것을 가로막아 왔다.

제국이 당초의 성명에 따라 이것을 실시하는 목적을 관철할 것은 조금도 논의할 여지가 없는 당연한 일이다. 그렇지만 지나 측은 항의를 하면서 간도협약에 의해 변리(辨理)해야 한다고 주장하며 종전처럼 실행하고 있다. 이 때문에 이들 쟁의 중간에서 쫓을 곳을 잃어버린 20만 이주 선인이 입은 영향이 얼마나 심대한가는 일찍이 보고한 이주 선인의 신조약에 대한 청원서 등으로 인해서도 명료한 바이다.

요컨대 간도에서 신조약의 실시는 기껏해야 일지 양국의 친선을 저해하는 좋지 않은 분쟁 자료를 제공해서 도리어 선인의 경요동요(驚擾動搖)를 불러온 데 그쳤다. 지금에는 실제의 권리 행사는 다시 중앙의 해결을 기다리지 않을 수 없는 상태가 되었다.

이상 진술한 바는, 8월 25일 이후 10월 25일까지에 걸친 2개월 동안의 신조약 실시에 수반한 일반적 상황의 대체적인 줄거리이다.

제2 일본 측의 태도

1. 간도협약과 신조약의 관계

1909년(明治 42) 9월 4일 성립한 소위 간도협약은 신조약 성립의 결과로 우리 제국정부는 정책상 및 실제상의 이해에 비추어 해당 협약을 소멸시키고, 전적으로 신조약을 실시한다는 방침이다. 그러므로 이를 실시하기 위해 취한 수단으로서 '간도협약이 개폐(改廢)되어야 함은 당연하기 때문에 별도로 지나 정부에 통지 또는 협의할 필요가 없는 것으로 이해하고,

간도재류의 조선인에게는 시행 기일 이후 일률적으로 만몽신조약을 적용하고, 실제 문제가 일어난 경우에야 비로소 지나 측에 설명한다는 방법을 채용한다'라는 취지로, 8월 14일 이미 외무대신이 재간도 총영사대리에게 훈령을 내렸다.

이는 대체로 간도에서의 신조약 실시에 대한 제국의 방침인 동시에, 이후 2개월간에 일(日)·지(支)·선(鮮) 3국 관민이 미도(迷圖) 안에서 미친 듯이 떠들어대는 상태를 연출한 원동력을 만들었던 것이다.

2. 신조약 실시의 상황

9월 6일, 처음으로 총영사관에서는 상부지(商埠地) 밖[연길현(延吉縣) 모아산(帽兒山) 앞]의 선인에 대해 구인장(拘引狀)을 집행하였다. 이후 영장 집행을 한 자는 14명, 선인의 소송 수리 건수는 형사 63건, 민사 150건이었다. 10월 초순에 들어 소송 출원 건수는 크게 감퇴하고, 동월 중순에는 완전히 모두 없는 상태가 되었다. 이것의 원인은 지나 관헌이 극력 우리 법권 행사를 방해하고 일본 관헌에 소송을 제기한 자에게는 곧바로 불법의 박해를 가하였으며 그뿐만 아니라 하급 지방관리로 하여금 각종 요언(謠言)을 유포시키는 등으로 인하여, 일반 선인들이 갑작스럽게 두려워해서 출소(出訴)를 주저하게 되었기 때문이다.

그런데 이상 각 건의 소송은 주로 지나 관헌의 불법 심판과 아울러 그 사유가 승소를 예상할 수 없는 것들이 대부분을 차지하고 있는 것 같고, 신조약의 실상(實相)이 아직 일반에게 철저히 알려지지 않아서 새로이 제소하는 자가 없게 된 것 같다. 아무튼 지나 관헌이 우리 신조약의 실시를 방해하는 데 힘쓰고 있는지를 추측하기에 어렵지가 않다.

신조약 실시 후, 실로 우리 관헌이 집무한 것이 14명의 영장 집행과 150건의 민사소송, 63건의 형사소송을 수리한 것 외에는 다른 어떤 것도 획득한 바가 없게 되어서, 우리 법권 시행이 비약(菲弱)하고 한심하기 짝이 없게 되어 버렸다.

제3 지나 측의 태도

1. 신조약에 대한 지나 측의 견해

지나 측의 신조약 실시에 대한 견해는 당초부터 간도가 아예 신조약의 범위 바깥이라고 이해하고 있었던 것 같다.[길림(吉林) 교섭사(交涉使)의 내훈으로부터] 9월 3일 용정촌 고(高) 상부분국장(商埠分局長)은 총영사를 방문하여, 일본 경찰관이 잡거지에 거주(居住)하는 선인에게 재판 수속을 집행하는 것에 대하여 간도협약은 신조약에 의해 그 효력에 어떠한 차이도 없다는 이유를 들며 이의(異議)를 신청하였다.

9월 4일 도(陶) 도윤(道尹)은 국자가(局子街) 분관에 이르러, 9월 3일 길림 교섭사로부터 간도협약은 의연히 전부 그 효력을 가진다는 뜻의 전훈(電訓)이 있었다고 하면서 일단 일본 외무성에 청훈(請訓)하기를 바란다고 신청하였다.

이상에 대해 당시 우리 영사는 감히 훈령을 요청할 필요도 없이 간도는 당연 신조약이 적용되어야 한다는 뜻을 언명하였다.

이는 대체로 간도에서 신조약 실시에 대한 일지 양국 정부의 견해가 전혀 서로 용납되지 않았음을 사실적으로 증명한 제1보라고 생각한다.

2. 도윤(道尹)의 길림성 출장

지나 측은 신조약 실시에 대하여 9월 2일에 이르기까지 상세한 공문을 접하지 않았던 것 같다. 8월 25일 이래 일본 영사관에서는 선인의 소송을 수리하였다. 따라서 갑자기 9월 2일 도(陶) 도윤이 길림순안사(吉林巡按使)에게 실시방침에 대해 전청(電請)하였던 것 같다.

이보다 먼저 8월 30일, 맹(孟) 순안사로부터 소전(召電)이 있었다. 도 도윤은 외교과장을 수행으로 삼고, 9월 5일 국자가를 출발하여 길림으로 향하였다.

출장의 중요한 임무는 분명하지 않지만 신조약 실시에 대한 협의일 것이다. 지나 측은 물론, 국자가 부근의 배일(排日) 선인들은 도(陶) 도윤의 진성(晉省)이 실로 간도에서의 신조약 시부(施否)의 해결을 가져올 사명을 가진 것으로 생각하고, 되돌아올 때의 상황에 따라 간도의 천지는 일변할 것이고, 따라서 전 간도의 선인이 이제 당연히 거취를 결정해야 할 날이라고 주시하는 초점이 되었다.

3. 지나 측의 반항적 태도

9월 중순이 되자 지나 측의 태도는 점점 일변하였다. 우리 신조약 실시에 대해 반항의 기세를 보여 오면서 배일 선인을 사주하여, 이주 선인은 의연히 간도협약에 의해 지배되어야 한다는 뜻을 유포시키고 영사관에 소송을 제기하려는 자를 공갈하는 등 사태의 불온한 상황을 드러내 왔다.

9월 17일 지금 태랍자(太拉子)에 거주하는 선인에 대한 우리 소환장을 동지(同地) 순경국(巡警局)에서 압수하였다. 이것이 지나 측에서 반항한 사실의 제1착일 것이라고 본다.

9월 17일, 18일 양일에 걸쳐, 국자가에서는 연길현 권학소(勸學所) 안 및 연극장에서 애국연설회를 열어 극단적인 배외적 연설을 하고,「권고국민애국설(勸告國民愛國說)」이라는 인쇄물을 배포하여 민간의 배일적 기세를 환기하는 데 힘썼다.

9월 하순 태랍자·용정촌·두도구(頭道溝)·국자가·백초구(百草溝) 방면의 지나 관헌은 순경 또는 선인 통역으로 하여금 신조약이 간도에 어떤 효력도 미치지 않을 것이고, 일본 관헌의 잡거지 거주 선인에 대해 영장의 집행 등을 하는 것은 완전히 위법한 행위이므로, 이들 경우는 속히 지나 관헌에 신고해야 한다는 뜻을 포달(布達)시켰다.

9월 23일 용정촌 상부국(商埠局)에서 선인 강도 4명을 검거하고, 국자가 심판청(審判廳)으로 호송하였다.

9월 19일 왕청현(汪淸縣) 춘화사(春華社) 거주 선인은 그 친아들이 일본 관헌에게 구인장을 집행당했음을 동지 지나 관헌에게 고지하지 않았다고 해서 동지 민병(民兵)이 그를 구타 감금하였다.

이상과 같이 지나 관헌은 선인에게 자국법권을 행사하는 데 거리낌이 없고, 나아가 우리 법권의 행사를 방해하고, 일본 측에 대하여 소송 관계를 가진 자들을 박해하기에 이르렀다.

9월 28일 총영사관 순사는 태랍자에 이르러 형사피고인을 구인하려는데 동지 지나 순경국이 피고인을 감싸고 숨겨 집행을 방해하였고, 그뿐만 아니라 순경 수명은 피고를 데리고 원고(영사관에 고소한 자)의 가택으로 가서 그에게 폭행을 가하도록 하였다. 원고는 더욱이 그 박해를 두려워하여 용정촌으로 피난해 왔다.

9월 25일 민사사건으로 두도구 분관의 공문을 가지고, 총영사관에 가서 출소(出訴)하는 도중에 용정촌 상부국 순경은 강제로 끌고 갔다.

10월 1일 화룡현 지나 순경은 우리 관헌에게 고소를 제기한 선인을 감금하였다. 총영사관 경찰관의 교섭에 대하여, 지사(知事) 유준(兪駿)은 '해당 선인은 무고죄로 감금하였다. 잡거지에 거주하는 선인에 대한 지나 측의 법권 집행에 대하여 일본 측의 간섭을 받을 필요가 없다'라고 거절하였다.

10월 13일 현재 용정촌 지나관립학교 교사 지나 귀화 선인에 대하여 구인장을 집행하려고 했는데, 해당 선인을 상부국 안에 숨기고 감쌌다.

4. 지나 측에서 나온 뜬소문

지나 관헌은 우리 신조약 실시를 방해할 목적으로 선인 순경 및 통역으로 하여금 지방 선인에게 다음 같은 뜬소문을 유포시켰다.

1) 일본 관헌이 판결한 것은 완전히 위법한 심판이므로 장래에 그 효력을 갖지 못한다.
2) 일본 관헌은 협약을 무시하고 일부러 위법한 심판을 하였기에 금후 피해자에 대해 상당한 손해배상의 책임이 있을 것이다.
3) 독지동맹(獨支同盟)이 성립했으므로 머지않아 독일은 지나와 연합하여 일본과 개전하게 될 것이다.
4) 피고인을 끌고 갈 때 방자하게 발포를 위협하는 것과 같은 일은 일본 관헌의 행동이 위법함을 입증하는 것이다.
5) 일본 관헌에게 소송을 제기한 자는 훗날 모두 엄벌에 처할 것이다.

5. 선인(鮮人)에 대한 지나 관헌의 태도

지나 관헌은 일찍부터 신조약 실시 후 20만 이주 선인의 거취에 다대한 권리 득실의 영향을 미치고 또 일지(日支) 분규는 반드시 이주 선인을 중심으로 야기할 것임을 예지했듯이 신조약 성립 후 이주 선인에 대한 태도가 점차 고압(高壓)을 버리고 회유를 베풀려고 함에 이른 것은 분명하고 또렷하게 사실을 증명하는 것이다. 실제로 실시기에 가까이 다가온 8월 16일 연길현지사 장이(張詒)가 관하에 알린 유고(諭告)의 아래 역문 요지와 같이, 이전에는 그 예를 찾을 수 없는 것으로 분명히 지나 관헌이 선인에 대해 취하려는 태도의 방침을 표시한 것이라고 말할 수 있을 것이다.

연길현지사 장(張) 포고

정도(政道)에서 가장 큰 걱정은 관민이 동떨어져서 상하의 사정이 통하지 않기 때문에 폐단이 백출하는 데 있다. 옛날의 양리(良吏)는 수레에서 내려 먼저 민간의 병고(病苦)를 묻고, 식사할 때 쌀알의 신고(辛苦)를 잊지 않았다. 그래서 교화는 일반에게 행해지고 민심에 부응함으로써 정치가 융성해짐을 보게 되는 것은 참으로 이치가 있는 것이다. 본 지사가 처음 이곳에 착임해서 백성의 괴로움을 알고자 하는 일을 기본 소망으로 삼으려 한다. 지방의 휴척(休戚)과 인민의 어려움을 두루 자세히 알고 있지 않으면, 그 지방에서 여러 가지의 사업을 일으킬 수 없고 또 어떠한 일도 개혁할 수 없을 것이다. 특히 지금 시국이 험난하여 인민의 고단함이 심한 때이랴. 그러므로 상하 동심협력하여 크게 진작을 도모하지 않으면 안 된다. 우리 관내에 재주하는 노인, 젊은이, 상인과 일반민들은 지인(支人)과 선인(鮮人)에 구애되지 말고, 장래 공익사업 및 곤란한 사정이 있으면 언제라도 현서(縣署)에 와서 직접 말하고, 본 지사는 반드시 접견하여 서로 성의를 피력하고, 무리한 요구가 아니면 그 의견을 채용하고 실행할 것이다. 따라서 너희들은 힘써 이 취지를 본받고 무슨 일이라도 은폐해서는 안 된다. 본 지사는 서정(庶政)을 준비하여 착수하기를 기대하며 몸소 각향을 순회하고, 실지를 시찰하여 횡포한 사람을 제거하고 선량한 백성을 평안하게 함으로써 일시동인(一視同仁)을 보이려고 한다. 이에 특별히 포고한다.

1915년(中華民國 4) 8월 16일

바로 지금 연길현공서에는 본 포고의 주지에 기초하여 응접실을 신설하고, 선인 통역 방진성(方眞成)으로 하여금 응대를 하도록 하였다.

6. 지나 측의 선인 회유

1) 학제(學制)의 통일

연길도윤 도빈(陶彬)은 앞서 「획일간민교육변법(劃一墾民敎育辨法)」을 제정하고, 연길도 관하에서 이주 선인의 사숙(私塾)·사립학교에 대하여 이를 자국 학제 아래에 통일하도록 각 현지사에 명하여 거의 강제적으로 시행하게 하였다.

본건 통일은 신조약 실시기 이전에 착수하였는데, 실시기 이후 여전히 야소교(耶蘇敎) 학교 일부에서 이의를 제기하는 곳도 있었다. 일지 양국 관헌이 신조약 실시에 관하여 분규를 일으키게 되자 선인 측의 주장을 수용하고, 해당 변법의 일부 개정을 승인하였다. 이리하여 이제 간도에서의 선인 경영의 학교는 모두 해당 변법의 주지에 의해 통일을 완료하였다.

본건에 관해서는 8월 28일 외무대신으로부터 간도 총영사대리 앞으로 '지나 측의 이주 선인 학제 통일의 건은 외무성에서 북경 주차 공사에게 지나 정부와의 교섭 방안을 훈령하였다'라는 뜻의 전보가 있었다.

2) 화룡현(和龍縣)의 향사(鄕社) 통폐합

지금 화룡현시(태랍자)에 거주하는 진천장(陳天章, 유력 지나인)·마진(馬晉, 유력 배일 선인) 등의 종용으로 9월 초순 화룡현지사 유준(兪駿)은 우리 내선(內鮮)에서의 지방행정기관(면사무)을 본받고 각 사에 사무소를 신설하고 사장(社長) 이하를 임명하였다. 이로써 이주 선인을 자국의 지배하에 두는 한편, 우리 세력을 견제하려고 하였다.

본 통폐합은 주로 통감부시대에 우리 관헌에 의해 임명되었던 각 사장 등을 도태시키고, 친지나파 선인을 끌어들여 자유롭게 선인을 통치하려는 것이다. 도(陶) 도윤은 본건을 크게 칭찬하고, 점차 다른 현에 그 틀을 모방해 볼 계획이라고 한다.

따라서 사장 이하는 거의 전부를 선인으로 임명한 것은 지나 관헌이 얼마나 그 회유에 힘쓰고 있는지를 엿보기에 충분할 것이다.

3) 선인귀화운동

선인 회유책으로서 국자가에 있는 연길현 권학소 인원 정난간(鄭蘭幹) 등은 10월 12일 연길도윤공서에 다음과 같이 건백(建白)을 하였다.

이제 일본은 우리 영토 내에 교거(僑居)하는 선인에게 자국의 법권을 행사하려고 한다. 이때 이것의 거취는 중대한 영향을 가지므로 선인에 대한 귀화 방법을 강구함은 중요한 급무라고 할 수 있다. 특히 입적(入籍)에 관하여는 규정을 만들어 보증인을 요하지 않고도 자유로 이를 허용하고 수수료를 징수하지 않으며, 귀화 선인에게는 각자에게 토지소유권을 승인하고 집조(執照)를 발급하여 이를 증명한다. 이로써 영구히 안고(安固)한 기초를 준다면, 그들은 늙도록 우리 치하에 모일 것이라고 운운.

이상에 의해 지나 관헌은 선인 통역 등으로 하여금 귀화의 유리함을 권유하도록 하고 있다.

제4 이주(移住) 선인의 거취

1. 신조약 실시에 대한 선인의 희비 두 모습 관측

9월 초순에는 아직 일반 선인에게 우리 신조약 실시의 진상이 두루 알려지지 않았고, 반신반의하는 상황 속에 있는 것 같다. 즉 신조약이 간도에 실시되는지 않는지의 사실을 의문스러워하고 있다. 왜냐하면 아직 일본 측에서 관리를 늘리거나 기관을 확장하지 않았고, 특히 재판권을 실시한다고 말하지만 재판관이 도래했다는 얘기를 듣지 못했다. 일반 선인 사이에 실시의 진위·정도 및 그 이해(利害)는 쉽게 예측하기 어렵다고 하는 여론이 있다. 하지만 종래 친(親)지나를 표방하고 또는 배일을 고취하고 있는 선인들은 실시하지 못하게 되어 만드시 일본의 반발적 위압이 심해질 것이라고 내심 은근히 크게 두려워하고 있다. 이에 반하여 이전 통감부파출소시대에 우리의 보호를 받았거나 우리에게 친근히 하려는 선인들은 지나 관민의 불법한 압제를 면하고 엄정한 보호 아래 안도할 수 있는 기운을 만났다고 기뻐하는 자가 있다. 이와 같이 그 사상, 경우에 따라서 우려하거나 또는 기뻐하면서 다대한 주의를 기울이고 그저 사건의 추이를 관측하고 있다.

2. 배일(排日) 선인의 동요

일본 관헌의 구인장 집행(개방지 외) 및 도(陶) 도윤의 진성(晉省) 등에 의해 일반 선인들은 점점 신조약 실시의 분규가 초래할 것임을 알았다. 동시에 국자가 부근에서 배일 선인들이 삼삼오오 여러 군데 모여서 신조약 실시에 대한 일지(日支) 양국 관헌의 태도에 관해 견문을 교환하거나 또는 장래의 행동에 관해 토의하였다. 특히 일본 관헌의 배일 선인에 대한 취체(取締) 태도에 관해 더욱 주의를 기울였는데, 이 내용을 탐사하는 데 힘써서 실제로 8월 25일 이후 9월 중순에 걸쳐, 국자가 방면에서 여러 명의 탐자(探者)를 용정촌에 파견하여 내정(內

偵)시킨 형적이 있다. 또 다른 데로 전주(轉住)를 꾀하거나 일지 개전(開戰) 등의 요언을 유포하는 등 배일 선인들은 일시(9월 중순) 두려워 안심하고 편안히 지낼 수 없는 상태였다.

3. 이주 선인의 실망

우리 신조약 실시의 소식이 일단 도착하자, 일반 이주 선인은 통감부파출소시대와 같이 엄정한 우리 보호 밑에 안도할 수 있는 기회를 다시 만났다면서 비상한 희망을 걸고 기뻐하고 있다. 하지만 그 실시 후 우리 관헌의 상황이 예전과 다를 바 없을 뿐 아니라 지나 측의 박해가 심해지고 우리 보호기관이 정비되지 않았기 때문에, 9월 중순에 이르러서는 이미 일반 선인이 우리 신조약 실시를 의심하고 게다가 출소(出訴) 청원을 주저하게 되었다. 실제로 출소를 위해 각 방면에서 용정촌으로 왔던 선인들이 우리의 실시 상태를 현장에서 견문하고, 도리어 나중에 어려움에 처할 것을 두려워하여 출소를 중지하고 귀환한 자도 다수가 있다. 더구나 9월 하순부터 10월 상순에 이르러, 지나 측의 태도가 더욱 강경해지고 영사관에 제소한 선인을 불법적으로 구타하고 감금하는 등 점점 극히 신랄해졌다. 심한 경우에는 우리 신조약 실시의 성명이 허언이라고 평하고, 일반에게 우리 보호가 충분하지 않음을 비난하게 되었다. 10월 중순에 들어서는 실망한 결과 도저히 일본 관헌을 신뢰할 수 없다고 평하기에 이르렀다.

4. 이주 선인의 청원

전항의 반향으로 이주 선인이 우리 당국에게 다음과 같은 청원을 하였다.

1) 10월 1일 회령·간도의 전제권(全濟權) 이하 25명은 연서하여, 일본 영사관에 소송을 출원한 이주 선인에 대한 지나 관헌의 박해가 심하므로 엄정한 보호가 있기를 바란다는 뜻의 청원서를 스즈키 요타로(鈴木要太郎) 영사 앞으로 제출하였다.

2) 10월 3일 화룡현 신흥평(新興坪)의 김이호(金利昊) 이하 18명이 지나 관헌의 불법 행위에 대해 총영사 앞으로 경찰관 파견을 청원하였다.

3) 10월 5일 간도 각 지방 선인 대표자 153명이 연서하고 간도조선인회(용정촌)를 경유하여, 신조약 실시에 관한 청원서를 총영사 앞으로 제출하였다.

5. 배일 선인의 행동

1) 공교회(孔敎會)의 행동

국자가에 있는 공교회는 일지(日支) 양국의 신조약 실시에 대한 분규로서 지나 관헌을 선동하고, 공교회 세력을 부식하기 위한 좋은 기회로 삼고 각 방면에서 비약을 시도하였다. 실제로 9월 초순 화룡현에 특파한 동교 회원 홍자문(洪子文)은 현지사 유준(兪駿)을 방문하고, "중일 신조약 실시를 맞이하여, 일본 측 시천교(侍天敎) 및 조선인회(용정촌)는 새 회원이 수백 명에 달하며 갑절의 갑절로 확장하기 위해 성원하고 있다. 이는 바로 일본이 간도 선인에 대한 통치권을 점령하려고 하는 전제이다. 만약 중국 관헌이 수수방관한다면 선인의 통치권은 근본에서부터 이에 부수된 각종의 이권마저 갑자기 그들에게 횡탈당할 것이라고 운운" 하며 선동하여 동 방면에서 크게 신세력을 얻었다.

2) 학제 통일에 대한 선인의 태도

'제3'의 '6'의 '1)'에서 기술한 지나 측의 학제 통일에 대하여는, 8월 중순 이래 주로 야소교 계통의 선인 사립학교 교사들이 여러 차례의 회의를 거듭하고, 결국 "지나 측의 학제에 복종하지 않는 경우에는 일본 관헌의 간섭을 받아, 오히려 지나 학제 이상의 구속에 난처할 것이므로, 일부 교육변법의 개정을 요구하고 복종하는 것이 낫다"라는 결의를 하고, 일부 개정에 관해서는 교섭 위원을 파견하여 지나 측 당국과 회견하여 승인을 얻었다고 한다. 더구나 조선 지리·역사의 교육에 관해서는 "일본 관헌의 교섭이 있을 경우에 변명할 말이 없으므로 공인할 수 없다. 다만 비밀로 교육하는 경우는 묵허할 것이다"라는 조건으로 타협하고, 차츰 그 실시에 복종하기에 이르렀다.

6. 선인의 저항

지나 관헌은 이주 선인에 대하여, 만약 일본 관헌이 소환 또는 구인하려는 경우에는 극력 거절하는 동시에 그 사정을 속히 지나 관헌에 신고해야 한다는 뜻을 공시하였다. 이에 따라 일부 선인은 우리에게 반항을 시도하고자 하였다.

실제로 10월 10일 총영사관 순사가 화룡현 풍락동(豐樂洞)에 와서 구인장을 집행하려는

데, 부근 부락의 선인들이 운집해 와서 저항하였다. 이 때문에 권총을 발사하고 위협 수단을 써서 가까스로 그 목적을 달성하였다. 그런데 해당 피고의 가족이 바로 태랍자 순경국에 급보하여 지나 순경 약 15명이 무장하여 추적해 왔다. 그러나 이미 2시간여를 경과한 뒤였으므로 순경들은 허탕 치고 되돌아갔다고 한다.

7. 선인의 뜬소문

우리 신조약 실시에 관하여 선인 사이에 다음과 같은 뜬소문이 어지러이 유포되고, 이 때문에 지금 더욱더 민심의 향방이 결정되지 못하고 있다.

1) 신조약 실시에 관하여 아직 일본 관헌이 일반에게 어떠한 공시도 하지 않았다. 이는 간도에서의 조약 실시가 아직 애매하다는 증거이다.

2) 지나 관헌은 이주 선인을 종래와 동일하게 취급하고 있지만, 일본 측이 어떠한 항의를 했다는 것을 듣지 못했다. 이는 신조약이 간도에 미치지 않는다는 것을 증명하는 것이다.

3) 일본 관헌은 선인의 소송 사건을 수리하지만, 재판 경찰기관은 어떠한 시설도 확장하지 않았다. 다만 장부에 기재하여 등기해 둘 뿐이고 아무런 판결도 없다.

4) 일본 관헌이 지나 측에 권리를 침해받고 묵시하는 것은 정부의 명에 의해 간도에서의 권리를 방기했기 때문이다.

5) 일본 정부는 당초부터 간도에서의 신조약은 지나 측이 반항하지 않을 경우에는 이를 실시하고, 반항할 경우에는 이를 실시하지 않을 의사였다.

6) 일본 영사관에 구금된 상부지(商埠地) 외의 선인 피고인은 조만간 지나 관헌에게 인도될 것이다.

7) 일본 영사관에 소송을 제기하는 자에 대하여 지나 관헌은 그 소유 토지를 몰수하고 퇴거를 명할 것이다.

제5 간도의 현상과 장래

전 각항의 상황에 의해 우리 신조약 실시의 현상, 지나 측의 태도, 이주 선인의 귀추 등의 개요를 알 수 있다.

지나 측은 입으로 '교섭 중'이라 핑계대고, 실제로 신조약을 무시하고, 우리의 실시에 반항을 시도하고, 각종의 유언비어를 유포시켜 선인이 우리에게 접근하는 것을 방해하고, 한편 여러 종류의 회유책을 강구하여 이주 선인을 유인하려고 하여 조금도 거리끼는 바가 없다. 가능한 한 빨리 상당한 위력을 증가하고, 우리 당초의 주장을 관철하는 조치에 나서기를 바라마지 않는다.

〈자료 5〉 간도협약(間島協約)과 1915년 일지조약(日支條約)의 관계에 관한 계쟁(係爭) 문제의 경위[29]

1915년(大正4) 5월 25일 「남만주 및 동부내몽고에 관한 일지조약(日支條約)」(별지 제1호) 체결 후 같은 달 18일 간도 스즈키[鈴木] 총영사대리가 간도협약(間島協約) 제3조 및 제4조[30]에 대해서 위 신조약(新條約)의 규정에 의해 당연히 소멸하는 것으로 해석해도 지장이 없는지에 대해 청훈(請訓)한 상황이어서 본성(本省)에서 깊이 연구한 결과, 이에 대하여

공평하게 말하면, 간도협약은 특별한 지방에 관한 특수한 협정이므로 그 제3조 및 제4조도 신조약 제8조("만주에 관한 일본과 지나의 현행 각 조약은 본 조약에 별도로 규정한 것을 제외한 일체는 종전대로 실행해야 한다.")의 결과 종전대로 실행되는 것으로 해석하는 것이 지당하다고 할 수 있을 것이다. 하지만 신조약과 간도협약의 관계에 관한 해석 문제는 될 수 있는 한 당분간은 명확히 결정하지 않은 채로 두는 게 좋다고 생각하므로 그런 의도로서 만사를 조치하기 바란다.

라고 회훈(回訓)하였다.

그런데 위 본성의 방침을 데라우치(寺內) 조선총독에게 통보하자, 총독이

---

29 자료 출전: 「間島協約ト大正四年日支條約トノ關係ニ關スル係爭問題經緯」, 『間島問題調書』, 日本外務省亞細亞局 第2科, 1931년 4월, 75~99쪽. 日本外務省 外交史料館. アジア歴史資料センタ— Ref. B04013458900.

30 간도협약의 제3조의 조문은 "청국정부는 종래대로 도문강(圖們江) 북쪽의 개간지에서 한민(韓民)의 거주를 승인한다. 그 지역의 경계는 별도의 지도로 제시한다"이고, 제4조의 조문은 "도문강 북쪽 지방의 잡거지 구역 내 개간지에 거주하는 한민은 청국의 법권에 복종하고 청국지방관이 관할하는 재판에 귀속한다. 청국관헌은 위 한민을 청국민과 동등하게 대우해야 하고, 납세 기타 일체 행정상의 처분도 청국민과 동등해야 한다"는 제1항과 함께 "위 한민에 관계한 민사·형사 일체의 소송사건은 청국관헌이 청국의 법률에 근거하여 공평하게 재판해야 하고, 일본국 영사관 또는 그 위임을 받은 관리는 자유로이 법정에 입회할 수 있다. 단 인명에 관한 중대한 안건에 대해서는 마땅히 사전에 일본국 영사관에 통지해야 한다. 일본국 영사관에서 만약 법률을 살피지 않고 판단한 점이 있는 것을 확인한 때는 공정한 재판을 기하기 위해서 별도로 관리를 파견하여 복심할 것을 청국에게 청구할 수 있다"라는 제2항으로 구성되어 있다.

(1) 만일 간도협약의 일부가 신조약에 의해 아무런 영향을 받지 않는다면, 지역적으로 서로 연속된 강안(江岸) 일대의 지나 지방에 거주하며 또한 그 생활 상태에서 거의 동일한 조선인에 대하여, 일부에게는 우리 치외법권의 은전을 주고 일부에게는 이를 주지 않는다는 변태를 낳게 된다. 이 때문에 조선인에게 시정상 다대한 영향을 미칠 것은 물론이고, 제국정부가 조선인을 내지인과 똑같이 제국신민으로서 취급하려는 근본 방침에도 부응하지 못하는 것이다.

(2) 재지(在支) 조선인은 하나의 현에서 다른 현으로 옮김에 따라서 이쪽과 저쪽이 다른 법권에 복속하는 불편이 있는 것은 물론이고, 서로 관계를 가진 사건이 어느 쪽의 법권에 복종해야 하는지도 문제이다. 설사 간도의 여러 현과 이와 인접한 여러 현에 거주하는 선인 사이에는 서로 착종하는 사건이 자주 발생하지 않는다고 해도, 간도에서는 내선인(內鮮人)이 잡거하기 때문에 그 사이에 소송사건이 일어날 기회도 많을 것이다. 이런 경우에 동일 국민이면서도 한쪽은 우리 법권에 복종하고 다른 쪽은 지나 법권에 복종하게 되어서 그 처리상 비상한 곤란을 낳을 것이다.

(3) 우리의 정책에 불만을 품은 조선인이 간도를 배일운동의 책원지로 삼는 기세를 더욱더 조장하게 될 것이다.

라는 이유로, 간도협약의 일부는 신조약에 의해 당연히 효력을 상실해야 하는 것으로 해석하는 것이 득책이라고 생각하므로 재고해 주기 바란다는 취지의 의견을 구신(具申)하였다. 이어 7월 스즈키 총영사대리도 위와 똑같은 의견을 품신(稟申)해 왔다. 이에 정부는 현지에서 조선인에 대한 시정과 관련하여 두 조약의 관계에 대해 다시 신중히 논의한 결과, 위 조선총독의 의견과 같은 해석을 채택하는 것이 지당한 득책이라고 인정하여 같은 해 8월 13일 각의에서 다음과 같이 결정하고 바로 그 취지를 관계된 파견 공관에 부연(敷衍)하여 훈령하였다(별지 제2호).[31]

정책상 및 실제상 편리 여부를 생각해 보고 또한 신조약의 명문에 비추어, 필경 간도협약

---

31 자료의 원문에는 '별지 제3호'로 되어 있으나 '제2호'의 오기로 판단된다.

제3조 및 제4조의 전부와 제5조[32] 규정의 대부분은 소멸해야 하는 것으로 보는 것이 제국에게 유리하고 또한 이론에 적합한 것이라고 생각한다. 그러므로 제국정부는 이 기회에 지나 정부에게 특히 이것의 폐기에 관해 통고 또는 의논을 하지 말고, 일지신조약(日支新條約)과 저촉하는 규정은 당연히 소멸되는 것으로 해석하여 만몽에 관한 신조약 실시 기일 이후에는 간도의 조선인에게도 일률적으로 위 신조약을 적용하고, 훗날 지나 측에서 우리 관헌의 조치에 대해 항의를 제출하는 등 실제 문제가 발생한 경우에나 비로소 설명해 주기를 바란다.

그 후 간도에서 상부지(商埠地) 외에 거주하는 조선인에 대한 민형사건의 심리에 대해 일지(日支) 관헌 간에 분쟁이 일어나자, 지나 정부는 9월 10일부로 외교부 각서로써 재지(在支) 오바타(小幡) 대리공사에게

신조약 제8조의 규정에 의해 간도협약은 아무런 영향을 받지 않기 때문에 도문강 북쪽 잡거 구역 내 개간지에 거주하는 한민(韓民)은 여전히 중국의 법권에 복종해야 함에도 불구하고, 간도의 일본 영사가 근래 갑작스럽게 상부지 밖 한인의 소송을 수리하여 관리를 부외(埠外)로 파견하여 소환을 행하는 일이 있었다. 이는 무언가의 오해에서 나온 것이라고 생각되므로 귀 공사가 간도 영사에게 신칙하여 종전대로 처리하도록 해 주기 바란다.

라는 내용의 항의를 제출하였다.

따라서 우리 쪽에서는 동 대리공사로 하여금 9월 18일 외교부에 대하여

지나 측은 신조약 제8조의 규정을 근거로 간도협약이 신조약에 의해 아무런 영향을 받지 않는다고 주장한다. 하지만 우리 쪽에서는 동 조항의 규정을 가지고 반대로 간도협약의 일

---

[32] 간도협약의 제5조는 다음과 같다. "도문강 북쪽의 잡거 구역 내에서 한민이 소유한 토지, 가옥은 청국 정부가 청국 인민의 재산과 똑같이 완전하게 보호해야 한다. 또한 그 강 연안에는 장소를 택하여 도선장(渡船場)을 설치하고, 쌍방 인민의 왕래는 자유롭게 해야 한다. 단 병기를 휴대한 자는 공문이나 호조(護照) 없이 국경을 넘을 수 없다. 잡거 구역 내에서 산출한 미곡은 한민의 판매와 운송을 허락한다. 다만 흉년이 들었을 때에는 금지할 수 있고 시초(柴草)는 구례에 의거하여 처리한다."

부가 영향을 받아야 한다는 근거로 삼으려 한다. 생각건대 동 조항에는 만주에 관한 일지(日支) 현행 각 조약은 본 조약에 별도로 규정한 것을 제외한 일체를 종전대로 실행해야 한다고 하여서, 그 반대로 말하면 만일 신조약에 별도로 규정한 것이라면 이와 동일 사항에 관한 다른 조약 중의 규정은 종전대로 실행될 수 없고, 신조약의 규정이 이를 대신해야 한다. 즉 간도협약 중 제4조의 규정과 같은 것은 신조약의 실시와 함께 당연히 효력을 상실해야 하는 것이다. 그렇다면 재간도 제국영사가 신조약 실시와 함께 도문강 북쪽 지방 잡거 구역 내의 개간지에 거주하는 제국신민인 조선인의 소송을 수리하고 또한 관리를 파견하여 이의 소환을 행하게 되는 것은 원래 당연하다. 따라서 제국정부로서는 본건에 관해 유감이지만 지나 정부의 희망에 따를 수 없다.

라는 내용으로 반박하도록 하였다.

외교부는 이에 대하여 9월 25일부 각서로써 다시 대강 다음과 같이 항의해 왔다.

본부(本部)가 보는 바로는 간도협약과 신조약은 하등 충돌하는 바 없고, 그 이유로 3개가 있다.

(1) 간도협약은 동삼성 5안건에 관한 약정과 교환하는 의미로 체결된 것으로, 즉 지나가 철도·광산에 관해 많은 양보를 한 것에 대해 일본에서는 간도가 지나의 영토에 속한다는 것 그리고 개간지 거주 조선인이 지나의 법권에 복종할 것을 승인한 것이다. 그런데 지금 다시 조선인 관할권을 요구하는 것은 체결 당시의 본지에 반한다.

(2) 간도 잡거 구역 내의 조선인은 한일 병합 후 일본국 신민이지만, 다른 일본인과 달라서 특수한 권리를 향유하고 또한 특수한 의무를 지닌 자이다. 즉 일본국 신민은 남만에서 겨우 토지를 상조할 수 있는 데 불과하지만, 조선인은 간도의 잡거 구역 내에서는 토지를 소유할 수 있으므로, 조선인이 다른 일본인과 달리 지나의 법권에 복종한다고 해석해도 부당한 것이 전혀 없다.

(3) 신조약 제5조 제1항에 의하면 "일본국 신민은 예규에 의해 발급받은 여권을 지방관에게 제출하여 등록을 받고" 운운하여서 신조약이 미치는 바의 일본국 신민은 여권을 발급받은 사람이라고 보기에 충분하지만, 간도협약의 규정에 의한 조선인은 아직 전혀 여권을

발급받지 못한다. 양자는 확실하게 혼효를 허용하지 않는 것이다.

요컨대 신조약에는 조선인에 관해 어떠한 특별한 규정이 없기 때문에 신조약 제8조의 규정에 따라서 간도협약은 신조약에 의해 아무런 변경도 받지 않는 것으로 해석해야만 한다.

이런 사이에 간도에서는 지나 관헌이 조선인을 설득하거나 위협하는 등 모든 방법으로 실제로 우리 법권을 배제하는 데 힘쓰고 있는 상황이다. 그러므로 제국정부는 재지(在支) 대리공사에게 만약 지나 측에서 위와 같은 태도로 나오면 우리 쪽에서도 어쩔 수 없이 실력에 호소해서라도 우리 조약상의 권리를 방호하는 수단을 취해서 이에 대항할 수밖에 없다는 뜻을 엄중히 지나 측에 제의하도록 훈령하였다. 동 대리공사는 곧바로 조(曹) 외교차장을 면회하고 경고하였지만 상대방은 쉽게 수긍하지 않고 도리어 전술한 지나 측의 제2회 항의에 대해 일본 정부의 회답을 촉구하였다.

이에 제국정부는 재지 대리공사로 하여금

지나 측에서는 신조약과 간도협약은 충돌하는 것이 전혀 없다는 이유로 3가지 점을 들고 있는데,

(1) 제1에서, 가령 간도협약에 규정한 조선인에 대한 지나의 관할권은 당시 안건이었던 광산·철도 문제 등의 양보에 대한 우리의 대가라고 해도, 이런 사실은 전혀 간도협약을 신조약 제8조 규정의 적용에서 벗어나게 하는 이유가 되지 않는다. 사실상 신조약에도 간도협약에도 재판관할권에 관한 규정이 있다. 그리고 간도협약이 신조약 제8조에 소위 만주에 관한 일지(日支) 현행 각 조약의 하나임에 있어서는 동 조항의 규정에 의해 구조약이 영향을 받아야 하는 것은 당연하다. 게다가 실제론으로도 가령 지나의 소위 이익 교환의 견지에서 보더라도, 지나의 소위 철도·광산에 대한 보상이라고 해서 제국이 양보한 것은 간도 지방의 영토권 그 자체이다. 그런데 영토권을 양보한 결과로 당시 사실상 동 지방에 거주·왕래하는 다수의 조선인이 갑자기 동 지방에서 퇴거하지 않으면 안 되게 되었기 때문에 어쩔 수 없이 편법으로 지나에서는 이들 조선인에게 거주 및 기타의 권리를 승인하고, 우리는 다시 이것의 대가로 일정한 조건 아래 조선인에 대한 지나국

법권의 행사를 인정하기로 했던 것이다. 그런데 이제야 신조약에 의해서 조선인일지라도 동등하게 동 지방에 거주·왕래할 수 있게 되었다. 그렇다면 가령 지나 측이 말하는 것처럼 이익 교환의 견지에서 보면 이제 지나 정부가 의연히 조선인에게 재판권을 행사하려고 하는 것은 대가 없이 특별한 권리를 지켜 나가려고 하는 것이라고 말할 수 있을 것이다.

(2) 지나 측은 제2의 주장에서 조선인은 다른 일본국 신민과 다르게 특별한 권리·의무를 가진다고 말하고 있지만, 이는 신조약의 결과로 간도협약이 개폐될지 아닐지의 문제와 직접 관계가 없다. 애초에 신조약 제2조, 제3조 및 제5조 등은 그 규정에 비추어 남만주 전부 및 일본 신민 전부에 적용돼야 하는 것이 명백하다. 따라서 간도 잡거지 내에 있는 조선인에게도 적용돼야 함은 말할 것도 없다. 그리고 간도협약 중에는 위 신조약의 규정과 동일 사항에 관한 규정이 있기 때문에 신조약 제8조의 규정에 기초해 간도협약 중 이들의 규정은 당연히 효력을 상실해야 하는 것이다. 그리고 지나 측 각서 중에 지적한 토지에 관한 권리는 애당초 우리의 제안에 따르면 남만주 일대에서 소유권을 인정할 것을 희망했지만, 타협의 정신에 기초해 특히 상조권(商租權)으로 만들기까지 한 것이지, 본래 간도라는 지역을 구별하려는 취지가 있었던 것이 아니다. 따라서 간도협약 제5조의 한민 소유의 토지 운운한 규정 등도 재판에 관한 규정과 마찬가지로 신조약의 규정에 의해야 할 것은 제국정부에서 이론(異論)을 두지 않는 바이다.

(3) 지나 측 제3의 주장인 신조약 제5조 제1항 여권의 규정은 단지 여권을 발급하는 절차의 형식을 정한 것에 지나지 않고, 제2항의 적용을 받아야 할 일본 신민의 범위를 한정하려는 취지가 아니다. 특히 여권 발급의 건도 제국정부에서는 일본국 신민으로 하여금 이것의 제출·등록의 의무를 부담시키는 것은 바라지 않는 바였지만, 이 또한 특히 상호 양보의 정신에 기초해 지나 측의 희망을 수용하기까지 한 것이고, 이를 가지고 간도 재류 조선인과 다른 일본국 신민을 구별하려고 한 취지는 아니었다.

이상 기술한 바에 의해서 제국정부는 지난번의 각서에서 말한 대로 간도협약 중 규정 사항의 어떤 것은 신조약에서 별도로 규정한 것이므로 제8조에 의해서 그 효력을 상실해야 한다는 주장을 바꿀 수 없다.

라는 취지의 회답을 하도록 하였다. 이와 동시에 위 회답문 제출에 즈음하여 간담(懇談)하여, 본 문제는 이론상으로 보아도 지나 측의 주장이 아무리 생각해도 불철저한 것이고, 잠시 논의를 떠나 실제상의 편부(便否) 및 정책상 등의 입장에서 보아도 제국은 무슨 일이 있어도 간도 재류 조선인을 그 법권 아래에 두어야 할 이유가 있다. 그러므로 이를 위해서는 어떠한 수단에 호소해도 굳이 사양할 바가 아니지만, 이렇게 하면 혹시 쉽지 않은 사태에 이를지도 모르기 때문에 더 이상의 의논은 중지하고 대체적인 사정을 보아 신속히 우리 쪽의 주장을 인용해 주기를 바라마지 않는다는 뜻을 아울러 제의하도록 하였다.

따라서 오바타 대리공사는 11월 9일 위 훈령에 기초하여 작성한 각서를 외교부에 송부하는 동시에 동 15일 조(曹) 외교차장을 방문하여 간절히 우리 쪽의 주장을 제의하였다. 그런데 동 차장은 지나 정부에서도 충분히 성실한 연구를 수행할 것이지만, 어쨌든 신조약 실시 후 간도에 들어간 조선인에게는 신조약을 적용하고 종래부터 간도에 재류하는 조선인에 대해서는 어떤 적당한 방법을 고안해 내기 바라는 생각에서 목하 강구 중이라는 취지로 답하였다. 그리고 동 차장이 말한 방법이라는 것은 북경에서의 본건 교섭과 거의 동시에 연길도윤(延吉道尹)이 재간도 스즈키(鈴木) 총영사대리에게 제기한 방법, 즉 (1) 간도 재류 조선인으로서 1913년(大正 2)까지 지나의 국적을 취득한 자에게는 일본 정부가 그 귀화를 인허할 것, (2) 신조약 실시 때 간도에 재주한 조선인으로서 장래 지나에 귀화하려는 자가 있을 때에는 일본정부가 이를 인허할 것 등의 2가지 조건을 승낙하면 지나 정부는 신조약으로 인한 간도 협약 일부 실효를 인정할 것이라는 제안과 동일한 취지인 것임이 판명되었다. 이 때문에 오바타 대리공사는 (1) 조선에는 아직 국적법을 적용하지 않는다는 것, 그리고 (2) 조선인을 우리 법권 아래 두어야 하는 것이 정책상 필요하다는 것 등의 2가지 이유에 의해서 이러한 방법에는 도저히 동의하기 어렵다는 취지로써 거절하였다.

그 후 지나 측에서는 이론상 다툼을 반복함은 무익하므로 사실상 간도 재류 조선인을 그 법권 아래에 두려는 방침을 취하기로 결정한 것 같다. 이에 우리 영사관에 소송을 제기하려는 자에게 방해를 가하거나 혹은 여러 가지 수단을 가지고 귀화를 권유하거나 혹은 교육에 간섭하는 등 여러 가지 방법을 획책하였다. 만일 그대로 사태의 추이를 내버려둔다면 중대한 결과를 가져올 우려가 있으므로, 1916년(大正 5) 4월 제국정부는 재지 히오키(日置) 공사에게 훈령하여 지나 정부에게 신조약 실시 이후에는 재간도 조선인이 이제 지나의 법권에 복종해야 할 것이 아니라고 하는 우리 주장에 관해서 지나 측으로부터 항의가 있었고, 그때마다 하나하나 자세한 사정을 밝혀서 설명하는 바였다. 특히 최후로 지난해 11월 15일 오바타 대리공사와 조(曹) 외교차장의 회견 이래 제국정부로서는 그때 동 차장이 진술한 경위와 이후 지나 측으로부터 어떠한 제의가 없었던 사실을 돌아보아 지나 측이 내실 우리 주장의 정당함을 인용할 것으로 요해하고 있었다. 그럼에도 불구하고 한편 간도 지방 관헌은 변하지 않고 우리에게 반대하는 태도를 고집하고 있는 것이다. 살펴보면 지나 정부는 정면 논쟁을 피하고 간도에서의 우리 영사관원들의 허술함을 틈타서 사실상의 시설에 의하여 우리의 조약상의 권리를 저해하려고 한다. 정말 그렇다면 우리도 상당한 수단을 강구하지 않을 수 없고, 그리하면 간도에서 어떠한 혼란을 보게 될지 가늠하기 어렵다. 이 때문에 누차 말한 대로 지나 정부가 종래에 가던 길을 버리고 제국정부의 주장을 받아들여 간도 지방 관헌에게 제국의 법권 집행을 방해하는 일이 없도록 신속히 훈령하기 바란다.

라는 취지를 제의하도록 하였다.

이후 일지 쌍방의 사이에 다시 공공언한 논쟁을 하는 일이 없었다. 그렇지만 지나 측은 속으로는 의연히 그 태도를 고치지 않고, 사실상으로 조선인에 대한 법권을 유지하는 데 부심(腐心)하여 오늘에 이르렀다.

별지 제1호

남만주 및 동부내몽고에 관한 조약

(1915년 5월 25일 조인)

제1조 양(兩) 체약국은 여순(旅順)·대련(大連)의 조차(租借) 기한 그리고 남만주철도(南滿洲鐵道) 및 안봉철도(安奉鐵道)에 관한 기한을 모두 99개년으로 연장할 것을 약속한다.

제2조 일본국 신민은 남만주에서 각종 상공업상의 건물을 건설하기 위해 또는 농업을 경

영하기 위해 필요한 토지를 상조(商租)할 수 있다.

제3조 일본국 신민은 남만주에서 자유로이 거주·왕래하고 각종의 상공업과 그 밖의 업무에 종사할 수 있다.

제4조 일본국 신민이 동부내몽고에서 지나국 국민과 합판(合辦)에 의해 농업 및 부수 공업을 경영하려고 할 때에는 지나국 정부가 이를 승인해야 한다.

제5조 전 3조의 경우에서 일본국 신민은 예규(例規)에 의해 하부(下附)받은 여권을 지방관에게 제출하여 등록을 받고, 또 지나국 경찰법령 및 과세에 복종해야 한다.

　민형소송(民刑訴訟)은 일본국 신민이 피고인 경우에는 일본국 영사관이, 또한 지나국 국민이 피고인 경우에는 지나국 관리가 이를 심판하고, 서로 인원을 파견하여 임석·방청하게 할 수 있다. 단 토지에 관한 일본국 신민 및 지나국 국민 사이의 민사소송은 지나국의 법률 및 지방 관습에 의해 양국에서 인원을 파견하여 공동으로 심판해야 한다.

　장래 동(同) 지방의 사법제도가 완전히 개량되었을 때에는 일본국 신민에 관한 일체의 민형소송은 완전히 지나국 법정의 심판에 귀속시킨다.

제6조 지나국 정부는 되도록 빨리 외국인의 거주와 무역을 위해 자진해서 동부내몽고에서 적당한 여러 도시를 개방할 것을 약속한다.

제7조 지나국 정부는 종래 지나국과 각 외국 자본가 사이에서 체결한 철도차관 계약의 규정 사항을 표준으로 삼아서 신속하게 길장철도(吉長鐵道)에 관한 여러 협약과 계약을 근본적으로 개정할 것을 약속한다.

　장래 지나국 정부에서 철도차관 사항에 관하여 외국 자본가에게 현재 각 철도차관의 계약에 비해 유리한 조건을 부여했을 때에는, 일본국의 희망에 의해 앞에서 말한 길장철도의 차관 계약을 다시 개정해야 한다.

제8조 만주에 관한 일지(日支) 현행 각 조약은 본 조약에 별도로 규정한 것을 제외한 일체를 종전대로 실행해야 한다.

제9조 본 조약은 조인한 날로부터 효력을 발생한다.

　본 조약은 일본국 황제 폐하와 지나공화국 대통령 각하가 비준하고, 그 비준서는 되도록 신속하게 도쿄에서 교환해야 한다.

별지 제2호

1915년(大正 4) 일지신조약(日支新條約)과 간도협약의 관계에 관한 해석에 대하여
재간도 총영사에 대한 훈령

[1915년 8월 14일]

간도 재류 조선인에 대하여 만몽에 관한 일지신조약 적용에 관한 건

(전략) 신조약 제8조에서 소위 만주에 관한 일지(日支) 현행 각 조약이라는 것은 특종 협약인지 여부와 관계없이 모두 이에 포함되는 것으로, 간도협약도 그 하나라고 보는 것이 온당하다고 할 것입니다. 그래서 간도협약의 규정 사항 중에는 신조약에서 별도로 정한 것이 있으므로 이들 사항에 관한 범위에서 간도협약 중의 규정 즉 동 제3조 및 제4조의 전부 그리고 제5조의 대부분은 폐지하여 없애고 만몽에 관한 신조약 규정이 이에 대신하게 하는 것이 정당한 해석이라고 판단합니다. 따라서 (중략) 신조약 실시일 이후는 동 조약 제5조의 규정대로 원칙적으로 조선인을 피고로 삼은 민형소송사건은 제국영사관에서 이를 심판하는 것으로 결정했습니다.

하지만 전술한 해석의 결과, 간도 재류 조선인에 대해 모두 신조약을 적용하게 되면, 간도협약 시행 당시에 취득한 토지 등에 관한 기득 권리는 별문제로 해도, 혹시 종래 새로 간도로 이주해서 영업하려는 조선인에 대해서도 여권 소지를 요구하고 토지에 대해서 상조(商租)인 것임을 주장하게 (중략) 될지도 모릅니다. 이는 이론상 어쩔 수 없는 형편입니다만, 지나 측이 청구할 때까지는 귀관이 이들 사항에 관해 우리 쪽부터 자진해서 절차를 집행할 필요는 없습니다. 운운.(후략)

2. 조약 이후 조선인의 만주 이주

〈자료 6〉 만주(滿洲) 이주 선인[33]

근년 조선인(朝鮮人)이 만주(滿洲)로 이주(移住)하는 경우가 많은 것은 이미 세인(世人)이 모두 잘 아는 바이다. 이에 이주자(移住者) 증가에 관하여 시비득실(是非得失)을 논(論)하는 자가 있는데, 어떤 이는 이 때문에 이제부터 노동력이 부족할 것이라고 우려하고 어떤 이는 이것을 자연의 추세라고 하여 그 논하는 바가 일정하지 못하다. 그러나 우리의 견해로 보면, 그 시비(是非)는 고사(姑捨)하고 조선인이 생활상의 편의(便宜)로 만주의 인연(人烟)이 희소(稀疎)한 땅에 이주하여 농사를 경영(經營)하는 것은 자연한 추세이므로 인위(人爲)로 이를 막아서지 못할 일이다. 하물며 그 이주로 인하여 우리 일본(日本)의 대륙(大陸) 경영(經營)에 도움이 되는 바가 있어서랴. 노국(露國)은 인연이 희소한 시베리아의 주민에게 국경 밖으로 이주할 것을 장려하며, 이주자가 가는 곳에는 관헌도 추수(追隨)하여 이들을 보호하여 국위(國威)의 발양(發揚)에 노력이 미치지 않는 곳이 없다. 그 이주자는 노인(露人) 됨과 타타르인(韃靼人) 됨과 기타 토인(土人) 됨에 관계없이 노국의 영민(領民)이 되며, 이주를 장려하여 이를 동방(東方) 경영 진전(進展)의 정략(政略)으로 삼고 있는 상태이다.

우리는 방만히 노국의 이러한 경략(經略) 활동을 옳다고 말하는 것이 아니다. 조선인의 이주는 우리 대륙 경영상 결코 우려할 일이 아니다. 그뿐만 아니라 그 경제적 세력권이 확장상진(擴張上進)하니 이것을 장려하는 것이 옳을는지 아직 모르겠다. 나아가 장려하지는 않을지라도 우리 국기(國旗)의 광위(光威)에 욕(浴)하게 할 필요가 있을 것이다. 또 현재의 이주지는 대개 인가(人家)가 희박(稀薄)한 후미지고 구석진 땅으로 제국영사관(帝國領事館)의 소재지와 거리가 멀리 떨어져 있기 때문에 그 보호가 주도(周到)치 못하다. 따라서 지나 관헌의 횡포한 억압을 받기 쉬운바, 실제 지나 관헌의 횡포에는 이주 선인도 매우 참기 어려워하는

---

33 자료 출전: 〈滿洲移住鮮人〉, 《每日申報》 1914년 7월 18일자, 1면 사설.

것 같다. 그러나 현재 호소할 곳이 없어서 부득이 침울하나 만약 저들로 하여금 우리 국기의 광위에 욕(辱)하게 하면 저들의 경영은 반드시 더욱 거대한 발전을 보게 될 것이다. 그러므로 우리는 이 점에서라도 만주 이주 선인에게 상당한 보호를 줄 필요가 있다고 하겠다.

만주 이주 선인의 경영은 대개 수전(水田)이므로 제국의 경제상에도 좋은 영향이 있을 것이다. 그 수전에서 수확하는 쌀은 현재에는 만주 내에서 소비될지나, 점차 수확이 증가하면 판로(販路)는 우리 제국 본토(本土)에서 구하지 않을 수 없을 것이다. 만약 만주에 조선인 수전 경영자가 점차 증가하면 조선산 쌀과 함께 본토의 부족액을 전보(全補)하여 외국 쌀의 수입을 저지할 수 있게 될 것이니, 만주의 조선인 수전 경영은 결코 등한히 여길 것이 아니다. 우리는 각 방면으로 보아 만주 이주 선인의 증가가 결코 우려할 현상이 아닌 줄 생각한다.

〈자료 7〉 만몽(滿蒙)과 조선인[34]

　　조선(朝鮮)은 만주(滿洲)에 접(接)하고 만주는 몽고(蒙古)에 접했으니 지리상(地理上)으로 보면 선(鮮)·만(滿)·몽(蒙)은 가(可)히 분리하지 못할 관계를 이루었도다. 그렇지 않아도 옛적 고구려(高句麗)의 국토를 고징(考徵)하면 만주 일대가 고구려의 판도(版圖)였던 것이 명백하고, 상고(上古) 이래로 조선인이 만몽(滿蒙)에 이주하며 만몽인(滿蒙人)이 조선에 내주(來住)하여 공동생활을 하던 사실은 가히 부인하지 못할 바이다. 그런데 이조(李朝)에 이르러 압록(鴨綠)·두만(豆滿)의 한 줄기 강으로 국계(國界)를 정하고 서로 월경(越境)함을 엄중히 단속하는 동시에 조선은 구래(舊來)의 판도였던 만주를 포기하였으니, 경국지사(經國志士)의 유한(遺恨) 됨이 과연 어떠하였을까. 우리도 실로 향우(向隅)의 탄(歎)을 금하지 못하겠다.

　　그러나 그 영주(領主) 되는 지나(支那)도 내우외환(內憂外患)이 거듭함으로 인하여 변계(邊界)가 되는 만몽을 돌볼 여력이 없었으므로 이 역시 마찬가지로 똑같이 포기하게 되었다. 그리하여 황무지를 개척하지 못하고 광산을 채굴하지 못하고 기타 이권(利權)을 거두지 못하다가, 마침내 구인(歐人)의 기유(覬覦)[35]를 유치(誘致)하여 북만(北滿) 일대는 노국(露國) 동아철도(東亞鐵道)의 연선지(沿線地)로 바뀌었고 서세동점(西勢東漸)의 입구가 되었다. 다행히 근래 폐관주의(閉關主義)에서 탈출된 조선인은 사반공배(事半功倍)의 낙토를 발견하고 육속(陸續)히 국경을 넘어 황지(荒地) 개척에 종사(從事)하나, 거의 모두 개개별별(個個別別)의 행동을 취하고 보호자의 지도유액(指導誘掖)함이 없기 때문에 소위 지나인(支那人) 지주(地主)의 가혹한 주구(誅求)를 감내하지 못하여 중도에 돌아오는 자도 있고, 또는 목적과 방향이 없이 아주 적은 노자로 이주를 꾀하다가 도리어 전전발섭(轉輾跋涉)하여 고국으로 돌아오는 자가 있었다. 그런데 이번의 일지신조약(日支新條約)은 우리 조선인에게 광명한 전도(前途)를 열었고 무상(無上)의 복음(福音)을 전(傳)하였도다.

　　조선인도 역시 일본국 신민(臣民)이다. 우리 일본국 신민은 만주와 내몽고(內蒙古)에서 자

34　자료 출전: 〈滿蒙과 朝鮮人〉, 《매일신보》 1915년 6월 17일자, 1면 사설.

35　기유(覬覦): 분수에 넘치게 야심을 품고 기회를 노림.

유로이 거주·왕래하며 또한 지나인과 공동하여 농업을 경영하는 권리를 득(得)하였으니 이는 일지신협약의 조문에 명시한 바이다. 신조약(新條約)의 일본국 신민 중에는 우리 조선인도 포함하는 것이 아닌가. 이미 일본국 신민이 된 이상에는 능(能)히 신조약의 명문(明文)을 활용하여 자유로이 활동할 수 있을지니 우리 조선인이 활동할 목적지는 만몽을 버리고 달리 구할 곳이 없으며, 역사상 지리상의 관계로 말할지라도 우리 조선인이 만몽에서 거주·왕래함은 곧 고토를 회복한 위엄이 있을지니, 일본인이 이에 대하는 것과는 가히 동일(同日)로써 말하지 못하리로다.

원래(元來) 조선은 산지가 많고 평원과 광야가 적어 척토(瘠土)의 민(民)은 낙세(樂歲)에 종신(終身) 괴롭고 흉년에 사망을 면하지 못했기에 항상 옥토(沃土)를 발견하기에 급급(汲汲)하나니, 이는 사반공배 됨을 얻기 위함이고 또한 인정(人情)의 상(常)이다. 누가 옥토에 나아가고 척토를 버리지 않겠는가.

그러므로 연래(年來)에 조선 빈농(貧農)은 조선의 보고(寶庫) 되는 북간도(北間島) 및 서간도(西間島)로 이주하는 자가 많아 거의 십수만을 헤아리고, 이 이주자 중에는 조선 본토(本土)에 있을 때보다 더 유족(裕足)한 생계를 얻은 자도 많으니, 이들을 보호·지도하여야 조선인의 영구한 만몽 활동을 보지(保持)할 것이다. 물론 정부에서 보호·지도할 것은 우리의 췌설(贅說)을 기다리지 않겠거니와, 지난번 소위 만몽척식단(滿蒙拓殖團) 등이 건실히 성립하여 만몽 이주민이 귀의(歸依)할 중심 구실을 만들면 어찌 훌륭하지 않겠는가. 과연 척식단의 성립은 이들을 보호·지도하는 책무가 있음을 자각(自覺)한 것이 아닌가.

결국 만몽척식단의 발기(發起)는 일지신조약에 기인한 것이다. 일지신조약은 만몽 이주 조선인에게 일대 복음(福音)을 가져온 것이니, 이미 많은 이주민이 있는 이상에 막대한 편의를 주는 신조약이 성립된 것은 만몽에서 활동하는 조선인을 위하여 축하해야 할 일이라고 할 것이다. 우리 조선인이 발전할 지점은 만몽 이외에 더 이상은 없을 것이다.

〈자료 8〉 나의 북진론(北進論)[36]

'사람이 궁하면 근본으로 돌아간다(人窮反本)'라고 할까, 아니면 '사물이 극에 달하면 반드시 되돌아온다(物極則返)'라고 할까. 여러 해 전부터 우리 조선인이 북진(北進)하는 자가 해마다 증가하여 서북간도(西北間島)와 봉천(奉天) 방면과 만주 부근 내지 철령(鐵嶺), 영고탑(寧古塔) 등지에 이주하여 흩어져 있는 수가 거의 100만 명에 못하지 않는다고 하니, 이 다수의 이주자는 민족의 팽창적(膨脹的) 추세라고 해야 할지 아니면 민족의 도태적(淘汰的) 현상이라 해야 할지 모르겠다.

그 팽창적 추세되며 도태적 현상됨과 또한 그 동기(動機)가 자동적이며 또는 피동적임을 막론하고 우리는 생각하되, 반도에서 구차하게 가난한 생활을 하던 다소의 사람들이 이에 자만하지 않고 뛰어올라 대륙의 활천지(闊天地)로 비상하고자 착착 북진하는 보무(步武)를 취한 것은 어떻든 간에 희현상(喜現象)이라 말할 수 있고, 그 이주[37]는 차라리 장려할지언정 저지할 필요는 없다고 하겠다.

왜냐하면 요하(遼河) 이남의 광막하고 비옥한 수백 리 지대는 원래 우리 조선의 옛 강토인데, 하루아침에 당(唐)에게 견수(見輸)한 이후로는 송(宋)도 잠시 가지고 돌려주지 않고 원(元)과 명(明)·청(淸)도 역시 그리하여 오늘에 이르렀고, 그래서 요즘 사람들은 강역(疆域) 관념을 모두 잃어버려 그 땅에 이주하는 것을 외국으로 이주하는 것과 동일하게 간주하지만, 그 실제로는 곧 반본(反本)이고 환원(還元)된 것에 불과한 것이기 때문이다.

그렇지만 이것은 논리적 논법이고, 실제상 사실은 그렇지 않아 그 땅은 오히려 지나령(支那領)이요, 그 거주자도 오히려 지나인(支那人)이다. 그래서 연래 다수의 선인(鮮人) 이주가 있다 하더라도 대저 성공담은 매우 적고 실패담이 다수여서 말하기를 간도는 거주할 수 없다,

---

36 자료 출전: 金亨復, 〈余의 北進論〉, 《半島時論》 1권 5호(8월호), 1917, 48~50쪽.
이 기사의 필자인 금당(錦堂) 김형부는 1914년부터 1917년까지 잡지 《신문계(新文界)》와 《반도시론(半島時論)》에 여러 편의 기사를 기고하였고, 1921년 11월 27일 조선인 기자들이 모여 조직한 '무명회(無名會)'에 간사로 참여하였다. 국사편찬위원회 한국역사정보통합시스템 참조.

37 자료의 원문에는 '移任'으로 되어 있으나 '移住'의 오식(誤植)으로 판단하였다.

봉천의 수리(水利)는 희망이 없다, 만주는 기후가 맞지 않다고 하여, 여러 가지 풍설이 실정(實情)을 파악할 수 없게 하는 점이 역시 많으니, 모르겠네. 선인의 북진은 과연 성공의 희망이 없을까.

먼저 그곳 선이주자(先移住者)의 실패 원인을 살펴보면, 첫째는 토지의 소유권을 불허(不許)한 것이고, 둘째는 무자본가(無資本家)의 이주가 많은 것이고, 셋째는 관헌의 보호가 소극적인 것이고, 넷째는 이주자 상호 간의 시기와 의심이 없지 않았던 것이고, 다섯째는 상지(相地)[38]가 적당하지 못했던 것이고, 여섯째는 농촌의 조직적 경영이 없었던 것에 귀착한다고 말할 수 있다. 이제 차례차례로 개설한 뒤에 이후의 상황을 논급하고자 한다.

제1원인으로 말하면 지나(支那)는 예로부터 국법상(國法上) 외국인에게 토지의 소유권을 불허하기에, 여러 해 전부터 그곳의 이주자 중에는 어느 정도의 재산을 휴대한 사람도 적지 않되, 어느 정도 연월을 경과하고 또한 지나에 귀화하여 그 국적을 취득하지 않으면 첫 번의 토지 경영에는 부득불(不得不) 7년이나 10년 기간의 환퇴(還退) 계약으로써 토지를 권매(權買)하여 경농사업(耕農事業)에 착수할 수밖에 달리 방법이 없었다. 이 같은 단기간으로는 수익을 확보하기 매우 어려울 뿐 아니라 안심하고 투자하기도 어렵기 때문에 전전이주(轉輾移住)하는 중간에 보통 자본을 다 내버려 남은 것이 없게 되는 것이 실패하는 원인의 하나이다. 제2원인으로 말하면 1푼의 영농 자금도 휴대하지 못해 정말 불쌍한 출가자(出稼者)이기에 부득불 지나 장주(庄主)의 소작인이 되고, 이미 소작인이 되었으니 부득불 그 사람의 구사(驅使)를 받게 될 뿐 아니라 불행(不幸)히 1년, 2년의 영농(營農)이 여의치 못하면 농채(農債)는 갚을 방법이 없고 가족은 배고픔과 추위가 닥쳐오기에 왕왕(往往)[39] 유리상실(遊離相失)하는 것이 이 때문이다. 제3원인으로 말하면 왕년(往年) 일지신협약(日支新協約)이 체결되기 전까지는 일본 제국 관헌의 선인에 대한 취급이 다소 차가웠다는 혐의가 없지 않아서, 토지 및 기타의 계쟁(係爭) 사건으로 인하여 선인의 자진(自進) 구호(求護)가 없으면 주재 영사(領事)의 간섭이 별로 없었던 것처럼 소극적 정책 때문에 이주 선인의 발전상 정도가 빠르게 나아가지 못한 것도 사실이다. 제4원인으로 말하면 이주자 중에도 각기 파당(派黨)을 지어서 갑

---

38 상지(相地): 풍수지리에서, 땅의 생김새를 보고 길흉을 판단하는 일.
39 자료의 원문에는 '住住'로 되어 있으나 '往往'의 오식으로 판단하였다.

은 을의 사업을 저주하며 을은 병의 사업을 헐뜯은 결과로 선내(鮮內) 자본가의 투자를 유치할 도리가 없다고 하는 것도 연전(年前)의 소문대로 같다. 그리고 '상지(相地)가 적당하지 못했다.'라고 하는 것은 3년 전 의주(義州) 자산가의 봉천(奉天) 토지 경영이 대체로 실패하여 성공하지 못한 것인데, 거의 모두 이런 잘못이 있다. 또 '조직적 경영이 없다'라고 한 것은, 내지인(內地人, 일본인)의 경우에는 각기 자본을 모아 회사조직으로 대규모의 대농■(大農■)을 경영함이 다수를 차지하는데도, 선인은 그렇지 않게 농촌의 조직적 경영이 전혀 없으니 척식상(拓殖上) 용이하게 접족(接足)하지 못함이 예사라고 말할 수 있을 것이다.

여러 해 전부터 북진자(北進者)의 토지개척사업이 다소 틀어지게 된 것도 그 원인이 하나가 아닌 것은 대체로 상술한 바와 같다. 그러면 이제부터 추세가 더욱더 선농(鮮農)의 북진을 재촉할 터이니 어떻게 하면 만의 하나라도 실패가 애초 없고 충분한 성공을 기약할 수 있을까? 이에 대한 설명이 또한 길 것이지만, 요사이 북에서 전해 온 소식을 가려내어 나의 의견을 약간 덧붙여 적어 둔다. 봉천에는 모모인씨(某某人氏)의 발기로 조선거류회(朝鮮居留會)라는 단체적 대표 기관이 이미 조직되었고, 철령(鐵嶺) 등지에는 선인 아동(兒童)의 교육기관이 설립되었으며, 간도(間島) 등지에도 역시 그러하여 이주자의 자각성(自覺性)이 해마다 환기(喚起)되는 동시에, 당국 관헌의 두호(斗護)[40]는 미불용극(靡不用極)[41]하여 그 취급은 전일과 똑같이 논할 것이 아니라고 한다. 그러니 만약 불귀화자(不歸化者)의 토지소유권은 없다고 하더라도 거의 100만 명이 되는 다수의 선인이 각지에 산포(散布)하여 혹은 황지(荒地)를 개간하며 혹은 수전(水田)을 이도(利導)하면 내지(內地, 일본)에 고려촌(高麗村)이 있는 것과 같이 간도, 봉천, 남만(南滿) 각지는 이미 우리 선인의 식민지 되는 모양이 없지 않을 것이다.

이제 헤아려보건대, 각지의 이주자는 서로 시기하고 의심하지 말며 서로 헐뜯지 말고 동병상련의 정성을 서로 베풀되, 선거자(先去者)는 후래자(後來者)를 지도하고 유자자(有資者)는 무자자(無資者)를 두호하며, 농촌의 생활을 점차 조직적으로 만들고 수전의 개척은 지리(地利)를 잃지 않게 하며, 게다가 공동 단결의 정신으로 착착 진행하여 요하 일대의 광막한 황무지를 남김없이 개척하게 되면, 지금부터 수만, 수십만의 선인 이주자를 수용할 수 있을 것

---

40 두호(斗護): 남을 두둔하여 보호(保護)함.
41 미불용극(靡不用極): 마음과 힘을 다하여 함.

이다. 만약 이후의 이주는 비교적 적더라도 이미 거의 100만이 되는[42] 선이자(先移者)의 어린이가 장자(壯者)가 되고, 장자가 아들을 낳고 아들이 손자를 낳아 10년, 20년을 거치게 되면, 동삼성(東三省) 각지에는 조선인의 촌락 곳곳이 개척되어 거의 국가와 북진주의(北進主義)가 암합(暗合)할 것 같으니 내가 북진을 주론(主論)함이 어찌 헛된 것에서 나왔겠는가.

다만 희망하는 바는 건실하고 유능한 이주자가 증가하게 되면 좋다고 할 것이니, 따라서 일필(一筆)을 초(草)하여 세상의 고명(高明)에게 취질(取質)하는 동시에 이주 각인의 이타(耳朶)를 일경(一警)하노라.

---

42 자료에는 '近百方'으로 되어 있으나 '近百万'의 오식으로 판단하였다.

〈자료 9〉 만주(滿洲)에 대하여[43]

서기 1898년[44] 지나(支那) 의화단(義和團)의 난[45] 이후로 열국의 정치적 논쟁의 대상물이 되었던 만주(滿州)는 근래에 이르러 일본의 단독 연구 대상물이 되어 어느 신문, 어느 잡지를 막론하고 만주에 대한 정치상 또는 경제상 의견이 기재되지 않은 것이 없다. 이에 일본이 대륙 발전에 전력을 꾀하고 있음을 추측할 수 있으며, 그뿐만 아니라 일본이 이미 만주에 대하여 철도를 부설하고 광산을 채굴하며 토지를 소유하고 금융기관을 설치하며 경찰권을 시행하는 등 여러 가지 이권을 취득하여 착착 실행하니, 이제 만주의 일대는 벌써 실질적으로 일본의 세력에 지배되고 있음을 알겠다. 따라서 만주 대륙에 대하여 이와 같은 기도(企圖)와 시설을 필요로 하지 않을 수 없는 사정이 일본에 절박한 것을 추측할 수 있다. 그 사정이란 무엇인가. 일본은 근년에 이르러 인구가 비상히 증■(增■)한다. 그러나 유한한 토지는 협소하여 먹을 것은 반비례로 부족하게 된다. 이에 인구 정책상 불가불(不可不) 광대한 토지를 엽구(獵求)할 것이다. 또한 일본은 열강에게 지위를 보전받기 위하여 국력의 충실을 도모해야 하겠고, 국력을 충실하게 만들기 위해서는 국내의 산업을 진흥해야 되겠고, 국내의 산업을 진흥시키기 위해서는 원료와 연료가 있어야 하겠다. 그러나 일본에는 그 희망을 만족시킬 만한 원료와 연료가 없다. 이에 산업 정책상 불가불 어디서든지 풍요한 원료 공급지를 탐구해야 될 사정이다. 이것 외에도 여러 가지 동기가 있을 터이다. 그러나 이 두 가지가 최중최절(最重最切)의 사정이며 동기일 것이다.

---

43 자료 출전: 崔八鏞, 〈滿洲에 對하야〉, 《學之光》 15호(3월호), 1918, 14~21쪽.
　　최팔용(崔八鏞, 1891. 7. 3.~1922. 9. 14.)은 함경남도 홍원(洪原)에서 태어났다. 서울 오성학교(五星學校) 졸업 후 일본으로 건너가 와세다대학(早稻田大學) 정치학과에 입학하였다. 와세다대학 재학 중 조선유학생학우회에 가입하여 지도적 역할을 하였다. 1918년 《학지광》의 주필을 맡았으며, 1919년에는 조선청년독립단을 결성하였다. 이어 2월 8일 조선기독청년회관에서 유학생 600여 명이 모인 가운데 독립선언식을 거행하였다. 이 사건으로 체포되어 스가모형무소에서 9개월간 복역하였다. 출감 후 고국에 돌아와 서울에서 요양하였으나, 회복하지 못하고 1922년 32세의 나이로 병사하였다. 1962년 건국훈장 독립장이 추서되었다. 한국역사정보통합시스템 참조.
44 자료에는 '1878년'으로 되어 있으나 '1898년'의 오식으로 판단하였다.
45 중국 청나라 말기에 일어난 외세배척운동. 1900년 6월, 북경(北京)에서 교회를 습격하고 외국인을 박해한 의화단을 청나라 정부가 지지하고 대외 선전 포고를 하였기 때문에, 미국을 비롯한 8개국의 연합군이 북경을 점령·진압한 사건이다.

그런데 만주의 일대로 말하면 일본의 이 사정과 이 동기에 가장 적합한 대상인 것을 알 수 있다. 만주의 대부분은 지나의 소위 변경으로, 고래(古來)로 폐기 상태로 있었다. 그러나 그 천야(川野)의 광대함과 지미(地味)의 비옥함은 종자(種子)만 뿌리면 동아(東亞)의 곡창(穀倉)이 될 것이며, 그 산악의 거대함과 광맥(鑛脈)의 선부(善富)함은 괭이만 던지면 동아의 광고(鑛庫)가 될 것이다. 만주는 이와 같은 경우에 처했으므로 구주(歐洲) 열국(列國)에게 극동(極東) 문제의 대상이 되었으며, 일본에게는 대륙 발전의 대상이 된 것이다. 그러나 구주 열강은 극동(極東) 시험에 낙제하였고 일본은 대륙 시험에 급제하였다고 간주할 수 있다.

그러면 지금의 만주는 어떤 운명에 처하였는가. 나의 소견(所見)은 이러하다. 종전의 만주는 폐쇄(閉鎖)에 있었으나 지금의 만주는 개방(開放)에 귀착했으며, 종전의 만주는 천연(天然)에 방임되었으나 지금의 만주는 인위(人爲)에 조절될 것이며, 종전의 만주는 황무적요(荒蕪寂寥)하였으나 지금의 만주는 개발번창(開發繁暢)할 것이다. 다시 말하면 지금부터의 만주는 남북 인구의 유집연(流集淵)이며 동서 자본의 집합점(集合點)이며 산업 경쟁의 활무대(活舞臺)일 것이다.

이때를 당하여 역사상으로 깊은 인연이 있고 또 지리상으로 연륙(連陸)의 관계가 있는 우리 조선 사람, 이뿐만 아니라 이미 25만 3,000여 명의 동포를 피안(彼岸)에 보내고 있는 우리 조선 사람은 만주에 대하여 어떠한 의견을 가질 것이며 또는 어떠한 행동을 취할 것인가. 다시 구체적으로 말하면 조선인의 만주 이전이 조선에게 좋은 일인가 또는 좋은 것의 반대인가. 이 문제는 조선에게 가장 엄중한 문제이며 또한 가부(可否)를 가벼이 단안(斷案)할 수 없는 대문제일 것이다. 그러므로 본 기자와 같이 미숙한 지혜로 감히 간여할 바가 아님은 자인(自認)하는 바이다. 그렇지만 오히려 제현(諸賢)의 고견(高見)을 찾아낼 의사로, 이에 먼저 '조선인이 만주에 이주(移住)하는 경과'의 영향 여하를 생각한다고 보니 좋은 점보다 염려되는 점이 먼저 생각된다.

첫째로, 우리의 이주는 외인(外人)의 내주(來住)[이주와 내주는 모두 경제학상 술어이니 이주라 함은 내지인(內地人)이 외지(外地)로 이사(移徙)함을 말하고, 내주라 함은 외지인(外地人)이 내지(內地)로 이사함을 말함.]를 불러일으키지 않을까 하는 염려이다. 원래(元來) 이주라 하는 사실에는 여러 가지 원인이 있다. (1) 가혹한 정치의 고통을 당하여 이주하는 일도 있을 것이며, (2) 종교상 반목(反目)으로 이주하는 일도 있을 것이며, (3) 불완전한 경제조직하에서 취직하기 어려우므로 직업을 탐득(探得)하기 위하여 이주하는 일도 있을 것이며, (4) 내국(內國)의 인구 밀도가 최고한도에 달하여 생활 유지상 할 수 없이 이주하는 일도 있을 것이다. 그런데 이제 우리의 이주가 제4원인에 있다고 할진대 내주를 불러일으킬 염려는 조금도 없을 것이다. 그러나 조선의 인구 밀도로 말하면, [1915년(大正 4) 조사] 1평방리(平方哩)에 대하여 180인(人)이라. 이것을 동일 면적에 대하여 백이의(白耳義)[46]의 671인과 화란(和蘭)[47]의 471인과 독일의 319인과 일본의 333인 등에 비하면 가장 희박할 뿐 아니라, 맬서스 씨(氏)[48]가 논한바 경지 1평방리의 가용(可容) 인구 207인에도 미치지 못한 것임을 알 수 있다. 조선의 인구 밀도가 이와 같기에 벌써 외인의 내주를 유치(誘致)함이 적지 않았는데도, 이제 다시 다른 데로 이주한다 하면 원래 희박한 인구 밀도는 더더욱 희박하게 되고, 따라서 외인의 내주는 그와 정비례로 증가할 것이다. 이와 같은 현상이 극도까지 계속된다고 가정하면 최종의 결과는 어떠할까. 조선의 주인은 조선인 대신에 다른 사람이 될 것이다. 이것이 나의 제1염려점이다.

둘째로, 우리의 만주 이주가 조선의 산업 장래에 방해되지 않을까 하는 염려이다. 한 나라의 산업을 진흥함에 자본과 노동력이 필요한 요소임은 경제학상 원칙이다. 또한 바로 지금의 조선 산업으로 말하면 삼경(三更)은 지났다 할지라도 상명(爽明)은 넘지 못하였으며 발육시대(發育時代)라고 하기보다는 발아시대(發芽時代)라고 함이 맞겠다. 그런데 이제 조선 사람이 이주한다 하면 이는 인구의 감소를 의미하는 동시에 노동력의 이전(移轉)과 자본의 이출(移出)을 의미함이다. 이처럼 산업의 요소인 노동력과 자본이 이동됨은 내지(內地) 산업의 진흥에 직접·간접으로 피해가 없을 수 없다. 이것이 나의 제2염려점이다.

셋째로, 우리의 만주 이주는 문명(文明)의 진로(進路)에 역행함이 아닌가 하는 염려이다. 원래 문명의 발단(發端)과 집중은 교통의 편의에 수반하는 것이다. 그러므로 예로부터 문명의 중심[49]은 산간에 있지 않고 평야에 있으며, 평야보다도 더욱 해안에 있었다. 20세기에 있어서는 더욱 그렇다. 그러면 한 나라를 문명 보급에 인도하려 할진대 반드시 산간을 몰아 평야화(平野化), 해안화(海岸化)해야 하겠다. 그런데 지금 만주로 말하면 그 대부분은 교통의 편

---

46 백이의(白耳義): '벨기에'의 음역어.
47 화란(和蘭): '네덜란드'의 음역어.
48 『인구론』(1798)의 저자 맬서스(Thomas Robert Malthus, 1766~1834)를 가리킨다.
49 자료에는 '心中'으로 되어 있으나 '中心'의 오식으로 판단하였다.

의가 없어 황무(荒蕪)한 미간지(未墾地)로, 미개지(未開地)의 일종이다. 이러한 땅에 이주한다 하면 이는 분명히 평야와 해안을 몰아 산간화(山間化)하는 것, 즉 문명 진로의 역행일 것이다. 이것이 나의 제3염려점이다.

넷째로, 우리의 만주 이주는 지나인(支那人)으로부터 악감(惡感)을 사지 않을까 하는 염려이다. 외인의 내주로 말미암아 내국인의 감정을 손상한 실례는 역사상에 매우 많다. 또한 최근의 미주(米洲)에서도 이러한 실례를 발견할 수 있다. 신문과 잡지에 공포(公布)된 것처럼 수년 전부터 미주에서는 황색 인종의 배척열(排斥熱)이 성하였다. 그 원인으로 말하면 인정과 풍속이 서로 다른 나머지 이해관계가 상반(相反)한 것에 있었을 것이다. 독자(讀者) 제군이 공지[50]하는 바이거니와 미주는 지금부터 427년 전에 이국인(伊國人) 콜럼버스 씨가 온갖 죽음의 위험을 무릅쓰고 일편(一片)의 목선으로 하늘 끝이 보이지 않는 대서양을 횡단하여 발견한 신대륙으로, 지금도 오히려 개척 중이다. 그러므로 이 대륙에서는 노동의 수요가 많다. 이에 먹을 것이 풍족하지 못한 황인(黃人)들은 맨손 빈주머니로 만리를 멀리 여기지 않고 몰려 들어간 것이다. 또 그 밖에 서로 접촉하고 보니 이편의 노골적 이기심은 저편의 은연적(隱然的) 타애심(他愛心)을 아프게 하며 이편의 무질서·무규율한 행동은 저편의 유질서·유규율한 행동을 침해하는 등, 정신상 충돌이 일어난 나머지 물질상으로 막대한 이익이 국외에 유출됨을 즐기지 아니한 결과 마침내 '황인 배척'이라는 말까지 생긴 것이다. 이것은 하나의 예에 불과한 것이나 두말할 것 없이 우리의 땅에 언어도 다르고 풍속도 같지 않은 남들이 살기 위하여 몰려든다면 이에 대하여 우리의 마음이 기쁠 것이냐 아플 것이냐. 아마 기쁠 수는 없겠다. 이와 마찬가지로 우리가 만주로 간다면 그네들이 우리에게 대하여 어떠한 감정을 품을는지, 이것이 나의 제4염려점이다.

다섯째로, 우리의 만주 이주는 정치 당국의 의심을 야기하지 않을까 하는 염려이다. 선인(鮮人)의 만주 이동의 통계표를 보면 1910년(隆熙 4) 일한 합병을 전후하여 가장 많은 이동이 표시(表示)되었다. 그러므로 어느 조사보고서와 기타 잡지 등에서 만주는 불평선인(不平鮮人)의 집합처(集合處)라고 기재된 것도 있다. 이것은 혹 사실이라 할 수도 있다. 그러므로 그네들이 이 방면에 대하여 항상 주의를 게을리하지 않고 경계를 엄중히 하는 것도 사실이겠다.

---

50 자료에는 '共和'로 되어 있으나 '共知'의 오식으로 판단하였다.

만주는 이와 같이 당국의 주의처(注意處)이며 경계처(警戒處)이거늘, 이제 또 만주 이주라고 하면 이에 대하여 어떠한 의심이 날는지도 모른다. 이것이 나의 제5염려점이다.

그러나 나는 이에 돌쳐 생각한다. 당연히 염려할 경우에는 염려하는 것이 당연하며 당연히 주저할 경우를 당해서는 주저하는 것이 역시 당연한 일이겠지만, 이 염려와 이 주저가 될 일을 못 되게 하는 원인의 하나인 것도 사실이겠다. 생각해 보자. 우리의 과거를 염려하다가 오는 이익을 잃어버린 일이 얼마나 되며 주저하다가 오는 기회를 놓친 일이 얼마나 되는가라고.

그러므로 나는 우리 민족의 생활 현상을 보고 또한 만주 그 사물의 현상을 보아 만주 이주에 대하여 염려하기보다는 주저하기보다는 주장하며 단정하기를 마지않는다. 먼저 우리 민족의 생활 현상이 어떠한가를 생각하자. 유산계급의 생활로 말하면 일시적이고 또 불확실할지라도 안전(安全) 향상의 기운이 있다. 그러나 노동자의 생활은 그와 반대로 망측한 비운(悲運)에 퇴화한다 하겠다. 기골이 장대하여 무슨 노동이든지 노동이라 하면 못할 노동이 없는 남아로서도 1무(畝)의 전토(田土)가 없으므로 먹을 것을 땅에 바랄 수 없으며, 주위의 경제조직이 불완전하므로 노력을 판매하고자 하나 판매할 길이 없으며, 노력의 수요처(需要處)가 있다 할지라도 아는 것이 적으므로 판매의 방향을 모르며, 방향을 안다 할지라도 노잣돈의 관계로 자유적(自由的) 금고자(禁錮者)가 된다. 그리하여 언 몸을 수그리며 주린 배를 끌어안고 고통의 눈물과 비운의 한숨으로 한갓 세월을 최촉(催促)하는 사람이 방방곡곡에 없는 데 없다.[51] 그 가운데에도 경성(京城)과 같이 생활 경쟁이 극렬한 도회(都會)에서는 매년 얼어 죽고 굶어 못 사는 사람이 부지기수이다. 올 겨울이 되어서는 이 현상이 더욱 심하여 경성구세군영(京城救世軍營)의 주최로 구제사업(救濟事業)에 착수함이 요사이의 소식이 아닌가. 이것은 모두 우리나라 무산계급이 앉아 당하는 현상이다. 이제 다시 움직이며 당하는 현상을 보자. 오는 비운을 견디다 못하여 약간의 소유(所有)를 모두 팔아서 노잣돈을 꾸리고는 부모처자에게 이별을 고한 후에 사방으로 이산(離散)한다. 남선(南鮮)의 대다수는 일본으로 건너가며 북선(北鮮)의 대다수는 시베리아로 들어떤다. 자세한 통계를 못 보았기에 확실한 수다(數多)는 모르나 어떻든 간에 남으로 도해(渡海)한 자가 수만 명 이상이며 북으로 월강(越江)

---

51 자료에는 '법다'로 되어 있으나 '업다(없다)'의 오식으로 판단하였다.

한 자가 100만 명 이상 될 줄로 짐작한다. 이 사람들의 생활에는 일정한 정업(定業)이 없으며 일정한 근거가 없다. 도해자(渡海者)들은 '요보'[52]라는 한 명사(名詞) 하에서 오늘은 목공장, 내일은 철공장으로, 작년은 시모노세키(下關), 올해는 오사카(大阪)와 고베(神戶)로, 이와 같은 현상으로 전전유이(轉轉流移)하여 요행히 노명(露命)을 유지하되 생활비의 채비며 무절조(無節操)의 결과 모아둘 것은 한푼도 없다. 이러한 현상은 시베리아에서 더욱 심하다. 시베리아로 이동한 노동자의 대다수는 홀아비의 신세로서 내외에 모두 주소가 없다. 해삼위(海參威)에서 활동하다가 여의치 못하면 불개미시크로 들어 뛰며 불개미시크에서 여의치 못하면 허바리캐로 내뛴다.[53] 들어뛰고 내뛰는 사이에 세월은 다 달아나고 마침내 귀국할 노잣돈이 없어 백골을 시베리아의 불모지에 버리고 만다. 이것은 곧 우리 민족이 움직여 당하는 운명이다. 원래 많지 않은 민족 중에서 적지 않은 생명이 이와 같이 앉아 굶고 움직여 이산하고 보니, 그네들을 위해서 학문을 가르칠 수도 없으며 통일적 제도를 베풀 수도 없다. 제군아 어떠한 의견을 가졌느냐. 저 현상의 구제 방도는 어떤 것이냐. 무엇이 가장 이상적 방책이며 또는 근접한 방책이 될 것이냐. 제군 중에는 이렇게 제안할 자가 있을 것이다. 내국(內國)의 산업 진흥을 최촉(催促)하여 경제제도를 개량하는 수밖에 다른 방도가 없다고. 물론 그러하다. 나 역시 동감이다. 내국에서 공업으로 상업으로 농업으로 어업·광업으로 모든 산업을 진흥하여 노동력 판매를 자유롭게 하여야 되겠다. 이것이 가장 영구한 방법이며 또한 무산계급을 위할 뿐만 아니라 국가 전체를 위하여 급무 중 급무이겠다. 그러나 이에 한 가지 생각할 것은 산업의 진흥이라는 그 일이 우리가 상상하는 바와 같이 그렇게 쉬운 일이냐, 또 산업이 진흥하면 따라서 무산계급의 생활이 반드시 안전할 것이냐 하는 것이다. 생각건대 산업의 진흥은 결코 쉽게 일조일석에 될 것이 아니다. 주먹을 부르쥐고 이를 강무는 유능한 실업가가 방방곡곡에 없는 데 없으며 또한 상당한 권력의 보호·장려가 있다 할지라도, 오히려 수십 성상(星霜)을 허비하고야 될 것이다. 하물며 기차나 기선이나 큰 굴뚝을 보고 그것의 장관은 경찬(驚贊)하되 그것의 의미가 무엇인지를 모르는 사회에서야 산업의 진흥이 다 무엇인고. 또한 산업이 진흥한다고 반드시 무산자의 생활에 안전이 오는 것이 아니다. 산업의

---

52 일제 강점기에 일본인이 조선인을 멸시하여 불렀던 명칭. 한국어 '여보세요', '여보'에서 왔다고 한다.
53 '불개미시크'와 '허바리캐'는 어디를 가리키는 지명인지 불명확하여 자료에 표기된 그대로 옮겼다.

진흥은 도리어 무산자계급의 범위를 확대하여 생활 곤란을 일층 심하게 하는 경향도 없지 않다. 그러니 산업 진흥이 장래의 구제책은 된다 할지라도 현재의 응급수단은 될 수 없다.

그래서 나는 이렇게 생각한다. 어디서든지 우리 조선에서 가장 가까운 땅, 먹을 것이 많은 땅, 교통의 장래가 있는 땅, 조선에 비하여 인구 밀도가 썩 희박한 땅, 또한 조선에서 1평(坪) 사는 돈으로 10평, 20평을 살 수 있는 땅, 이러한 땅만 있다 할진대 그곳으로 이주하기를 권고하며 지도하는 것이 현재를 위하여 또는 장래를 위하여 가장 필요하며 급무일 것이다. 그러면 그러한 이상적 땅이 어디 있을 것이냐. 만주가 바로 그 땅이다. 만주 중에도 더욱 북만주가 그 땅이다. 조선과 만주의 지리상 관계는 지도 1장이면 넉넉히 이해할 수 있으며, 먹을거리의 관계는 논문 끝의 만주 농작물 편을 보면 알 수 있을 것이며, 교통의 관계로 말하면 원산항(元山港)에서 청진항(淸津港)까지는 지금 철도 부설 중이며 청회철도(淸會鐵道)는 벌써 개통되었으며, 북만주의 망망옥야(茫茫沃野)를 관통하여 남·북만주를 꿰뚫은 동청철도(東淸鐵道)와 연결될 길회철도[吉會鐵道, 길림성 길림(吉林)과 회령(會寧) 간 철도]도 예정되어 있어 가까운 장래에는 개통을 볼 것이다. 인구 밀도를 비교하여 보면 아래와 같다[1915년도(大正 4) 조사].

조선(朝鮮)	1평방리	1,152인
봉천성(奉天省)	동(同)	832인
길림성(吉林省)	동	349인
흑룡강성(黑龍江省)	동	58인

땅값에 대해서는 확실한 통계가 없다. 그러나 조선 땅값에 비하여 10분의 1 내지 20분의 1 됨은 이미 매수한 사람들에게서 들었을 뿐 아니라, 개척의 초보(初步)인 까닭이 그러한 이유이다.

이 형편, 저 사정을 생각하고 보니, 조선의 연경(連境)에 오늘의 만주가 있음은 실로 우연한 일이 아닌 듯하다. 지금 가령 조선의 북쪽에 만주가 있는 대신에 벌써 문화가 고도로 발전하고 산업이 정점에 달한 영국이나 독일이 있다고 생각하자. 이것이 사실이었다면 우리의 궁상(窮狀)은 다시 여망(餘望)이 없을 것이다. 참으로 상제(上帝)께옵서 현재의 조선을 위하여 아울러 장래의 조선을 위하여 천혜(天惠)를 베푸신 듯하다. 아닌 것이 아니라 참으로 천혜를 베푸신 것이다. 그러면 이제 우리의 궁경(窮境)을 구제하기 위하여 이 천혜의 문(門)을 열 사람은 누구인고. 다시 말하면 앉아 굶고 움직여 이산하는 동포로 하여금 이 천혜 속으로 인도하여 생활의 근거를 만들 수 있는 사명은 누가 가졌는고. 서양 사람이냐, 지나 사람이냐, 또는 일본 사람이냐. 아니다. 다만 우리일 뿐이다. 우리 중에도 자본을 가진 그 사람뿐이다. 그러므로 나는 자본가 제씨(諸氏)에게 다대한 요구를 가지고 만주에 대한 농작의 일반을 소개하려 한다.

제1. 만주에 대한 농작물의 생산지 만주에 대한 농작물의 주요 산지는 3부(部)로 대별할 수 있으니 (1) 요하(遼河) 유역, (2) 송화강(松花江) 유역, (3) 압록강과 두만강 유역이 바로 그것이다.

요하 유역. 요하는 남만주 유일의 대하(大河)라. 청하(淸河), 시하(柴河), 혼하(渾河), 대자하(大子河) 등의 지류를 가졌고, 길이가 350여 리[里, 일본 이수(里數)]이다. 그 유역의 면적은 3,500방리(方里) 이상인데, 옥야 만주에서 가장 먼저 개간되어 예로부터 유명한 농산지로서 그 산액(産額)이 만주 중 제1위를 차지한다.

송화강 유역. 송화강은 길림(吉林), 흑룡(黑龍) 양성(兩省)에 걸쳐 있는 대강(大江)이라. 그 길이는 530여 리, 양안(兩岸)의 옥토는 소위 북만주의 곡창인데 동서남북이 4,000방리에 걸쳤다.

압록강과 두만강 유역. 이 유역의 일대로 말하면 대개 산악으로 유린(蹂躙)되어 경작에 제공할 만한 평야는 여기저기에 흩어져 있으며, 앞의 2곳에 비하여 농산액은 조금 열등하되 지미(地味)는 오히려 우월하다 한다.

제2. 만주의 천연 요소와 농작물

1. 기온과 농작물 만주의 기후는 소위[54] 대륙적 기후라. 추위와 더위의 차도가 심하여 겨울철 엄한(嚴寒)에 강설(降雪)은 적지만 추위가 세차서 토지의 표면이 수척(數尺)씩 동결한다. 이에 반하여 여름철에는 더운 기운이 고도에 달하여 여러 가지의 곡물이 가장 왕성

---

54 자료에는 '所調'라고 되어 있지만 '所謂'의 오식으로 판단하였다.

하게 생육한다. 4월 초순부터 하순까지는 곡우(穀雨)가 연속하여 이때에 여러 곡물이 발아(發芽)하기 시작한다. 5, 6월의 알맞은 온도가 되어서는 점차 발육하여 7, 8월에는 발육의 정점에 달하며, 9월이 되어서는 천기(天氣)가 연청(連晴)하며 기온이 급강하여 건조한 공기가 발육 작용을 방지하는 대신에 성숙 작용으로 인도하여, 9월 하순 추분(秋分)을 전후하여 수확을 마치는 것이 통상이다.

2. **토양과 농작물** 만주에 대한 토양은 거의 모두 하천의 범람에 의하여 충적(沖積)된 제4기 신층(新層) 혹은 고층(古層)으로 이루어져서 농업상 가장 양호한 종류에 속하였다. 이들 토양은 식토(埴土)[55] 혹은 식질양토(埴質壤土)[56]로서 발육력(發育力)이 풍부하며, 그 하층은 모래나 조약돌로 이루어졌으므로 배수(排水) 작용이 양호하다. 그중 요하 유역의 토양 성질은 대개 동일하여 본류와 지류의 범람에 의하여 조성된 제4기 신층(新層)에 속하며 하천의 양안 부근에는 토양이 모래알을 조금 함유하였으나 하천으로부터 멀어짐에 따라 점차 모래알은 적고 식토 혹은 식질양토가 많으며, 이들 토양이 함유한 유기물질은 그 분량이 적지 않아 이상적 농토라고 칭할 수 있겠다. 그러나 하나가 이로우면 하나가 해로운 것은 피할 수 없는 일의 형편이다. 이에 한 가지 유감인 바는 우리나라처럼 삼림을 난벌(亂伐)하여 수원(水源)이 불량하므로, 여름철이 되어 강우(降雨)가 연일하면 여러 하천이 범람하여 하류 연안 지방은 농작물의 피해가 적지 않다. 송화강 유역의 토성(土性)으로 말하면 요하의 유역과 별로 큰 차이가 없으나 요하에 비하여 토질이 매우 유순(柔順)하다. 원래 만주의 토양은 남에서 북으로 나아감에 따라서 유기물질의 분량이 점차 증가하므로 흑룡강성(黑龍江省) 일대의 땅은 거의 흑색으로 뒤덮이게 된 것이다.

3. **병충해와 농작물** 기후가 불순(不順)한 예외의 해[歲]를 제외하면 충재(蟲災)를 당하는 일이 매우 적다. 그 이유는 가장 명확하다. 첫째, 만주의 기후는 1년을 통하여 건조한 상태

---

55 식토(埴土): 점토가 절반 이상 포함되어 있는 흙. 점착력이 강하고 공기 유통과 배수가 잘 안 되어 경토(耕土)로는 좋지 않으나 모래를 섞어 양토로 이용함. 치토(埴土).

56 식질양토(埴質壤土): 양토 중에서 점토의 함량이 27~40%, 모래의 함량이 20~45% 정도인 토양. 점착성이 높고 수분에 의한 습윤과 건조 작용이 일어나면 팽창과 수축을 반복하는 등 경작이 쉽지 않은 측면이 있지만, 식물의 영양성분과 물을 유지하는 능력이 커서 경작물의 재배에 적합하다. 벼 경작을 위한 논의 토양은 대부분 식질양토로 구성되어 있다.

에 있으며, 둘째, 겨울철 추위가 혹심하여 토양의 표층이 깊게 동결하므로 해충병균은 도저히 월년번식(越年蕃殖)할 수 없는 까닭이다. 요컨대 만주 대륙은 기후로 보든지 토양으로 보든지 해충 관계로 보든지 어디로 보든지, 농업지(農業地)로서 다른 곳과 비교할 종류가 아님을 알 수 있겠다.

주요한 농작물로 말하면 대두(大豆), 속(粟), 소두(小豆), 소맥(小麥), 두박(豆粕), 두유(豆油), 고량(高粱), 미(米), 옥수수[玉蜀黍], 승미(勝米), 패자(稗子), 마자(麻子), 소자(蘇子), 지마(芝麻), 낙화생(落花生), 과자(瓜子)[57] 등인데, 그 가운데 대두, 두박, 두유 및 마자유(麻子油) 같은 것은 세계적 수요물(需要物)이다. 상세한 것은 전문대가(專門大家)에게.

1918년 1월 31일 마침.

---

[57] 두박은 콩깻묵, 패자는 패자미(稗子米)로서 돌피쌀, 마자는 삼, 소자는 들깨, 지마는 참깨, 낙화생은 땅콩을 말한다.

〈자료 10〉 시베리아와 만주에 있는 한인의 장래
- 우리는 인종 중 우등의 민족, 이·김·최·안·정·박[58]

우리 동포 가운데 역사적 지식이 없는 이들은 시베리아와 만주에 있는 우리 동포 200여 만 명의 장래를 위하여 근심하는바, 혹 어떤 이들은 저 동포들이 의지할 곳이 없고 빈들에서 방황하며 신개척에 비상한 곤란을 받는다는 말을 듣고 생각하기를 '저 동포들이 그렇게 막심한 고초생활을 하다가 필경 스스로 잔멸하지 않을까' 할 듯하나, 그러나 저 동포들의 장래는 비관보다 낙관이 많으며 낙망보다 희망이 많도다. 이와 같이 말함은 저 동포들의 생존을 경쟁하는 뜨거운 피가 이 글 쓰는 자의 혈관에 끓는 피와 빛이 같으며 품질이 같은 고로, 편벽되이 자기 동족이 잘되기를 바라는 가운데에서 나온 말이 아니오, 온전히 (1) 인종학상, (2) 경제학상, (3) 역사상으로 관찰하는 가운데에서 얻은 말이라.

첫째, 우리 민족이 만일 세계 인종 중의 우등한 인종이 아니면 곧 황인종 중의 우등 되는 것은 의심 없도다. 그러면 왜? 남에게 나라를 빼앗기고 노예가 되었는가 하는 의문이 없지 않을지나, 그러나 나라를 잃어버리는 것은 어느 민족이든지 그 역사에 한 번씩 다 있은 즉, 이는 온전히 그 민족의 우열에 딸림이 아니요 성쇠흥망의 기회를 인하여 면치 못하는 일이라. 오늘날 독일[59]의 실패한 것을 보아도 가히 짐작할 것은 독일 민족이 열등이 되어 그렇게 실패를 당한 것이 아니요 곧 쇠잔할 시기를 당한 연고라. 이제 우리 민족이 남보다 우승한 것을 비교하여 보기 위하여 몇 나라 민족의 역사를 간단히 들어 말하는바, 잉글랜드의 소위 제일 유명하다는 족속 조너선 에드워즈[60]의 계통 사기를 보건대, 그 시조 되는 에드워즈가 1703년에 강생(降生)한 후로 1900년까지 200년 동안에 생산한 그 자손이 겨우 1,394명인데, 그 총수의 절반이 가장 쟁쟁한 명예와 칭송이 있으며 능히 세계의 인도자가 될 만한

---

58 자료 출전: 〈싸이베리와 만쥬에 잇는 한인의 쟝래 - 우리는 인종 듕 우등의 민족, 리·김·최·안·뎡·박〉,《신한민보》1919년 2월 27일 자, 1면.

59 자료에 '쩌맨'으로 표기되어 있는 것을 '독일'로 옮겼다.

60 자료에 '썩니틴 엘웓쓰'로 표기되어 있는데, 이는 미국의 신학자 조너선 에드워즈(Jonathan Edwards, 1703~1758)를 지칭한 것이다.

자격이 많은 가운데 대학교 졸업생이 295명이오, 목사와 전도사가 100여 명이오, 법률사가 100명이오, 고등관리가 80명이오, 해육군 장관이 76명이오, 유명한 저술가가 60명이오, 재판관이 30명이오, 대학교 교장이 13명이라. 그러므로 잉글랜드의 에드워즈 족속이 잉글랜드를 확장하는 큰 주초(柱礎)라 하는 말이 있었으며 잉글랜드 사람들은 그 민족이 우등이라고 자랑하는 터이나, 이(李), 김(金), 최(崔), 안(安), 정(鄭), 박(朴)과 같은 거성대가(巨姓大家)의 그 생산의 수효가 200년 동안에 어찌 1,000여 명에만 멎을 리가 있으며, 명현신사(明賢紳士)가 어찌 10명, 100명만 될 리가 있으리오. 이씨와 같은 거족은 다만 한국의 대성이 될 뿐 아니요 동양의 거족이니, 잉글랜드의 에드워즈와 같은 족속은 같이 어깨도 가까이하지 못할 형편이라. 이 6대성이 그렇게 번성함은 실로 그 종자가 양호하여 옥토에 심거나 석박지에 심거나 쓰러지지 않고 번성한 연고라.

우리가 만일 남의 나라의 좋은 민족과만 비교하여 보면 응당 우리 민족이 과연 선량한 것을 깨닫기 어려운 고로, 아래에는 못된 족속과 비교하여 보고자 하노라.

뉴욕의 주크스(Jukes)[61] 족속은 75년 동안에 1,200명을 생식(生殖)하였는데 한평생 벌어먹지 못하다가 죽은 자가 310명이오, 간음으로 생활한 자가 52명이오, 살인죄로 형벌에 처한 자가 7명이오, 도적놈이 60명이오, 보통 형사범죄인이 160명이라. 그러므로 정부에서 주크스 족속을 위하여 소비한 돈이 평균수로 매명에 1,000달러라 하였으니, 이렇게 못된 족속은 저 일본 족속 가운데에도 없거든 하물며 우리 신성한 배달민족 가운데 이완용, 이용구 같은 역적이 있기는 하지마는 그 수효가 저와 같이 많지 않은즉 과연 우리 민족은 생존 경쟁에도 우등이 될 뿐더러 덕의상(德義上)에도 우등이로다.

둘째, 시베리아와 만주에 있는 우리 족속이 능히 다른 민족과 경제전쟁의 우등이 될 만한 점이 있다. 저곳들에 접족(接足)한 몇 나라 인민 가운데 그 기후와 풍토와 인정과 풍속에 서투르므로 비록 거생한다 할지라도 번성치 못하고, 회수(淮水)의 물을 건너다 심은 귤나무 모

---

61 자료에는 '쩍쓰(Jukes)'라고 표기되었는데, 이는 미국의 맥스 주크스(Max Jukes)를 가리킨다. 미국의 교육가 앨버트 윈십(Albert E. Winship)은 1900년 '주크스 가문-에드워즈 가문: 교육과 유전에 관한 연구(Jukes-Edward: A Study in Education and Heredity)'라는 제목으로 논문을 발표하였는데, 이 논문에서 미국의 저명한 신학자로서 제1차 대각성운동(1735~1755)을 주도한 조너선 에드워즈, 그리고 그와 같은 시기에 생존한 개척자 맥스 주크스, 이 두 사람의 후손들의 삶을 교육과 유전 측면에서 분석하였다.

양으로 큰 귤이 열리지 못하고 조그마한 열매가 맺은 것처럼, 물밭에 심었던 벼를 뭍밭에 옮겨 심으면 좋은 결과를 얻지 못하는 것같이 될 것이다. 하지만 한인은 원래 저곳이 옛 나라 강토(만주와 시베리아의 한쪽은 옛날 우리 강토이었음)가 될 뿐 아니라 그 지경이 한국 본방과 인접하였다. 그러므로 우리는 특히 그 지경(地境)의 환요(Eenvironment)에 심히 관숙(慣熟)한 고로 백인이나 일인보다 번성할 희망이 많다. 이런 가운데 더구나 백인이나 일인들은 생활의 고등(高等)을 요구하므로 한인 노동자들과 경쟁하는 마당에 자연히 퇴보할 것은 분명하다. 또 만주의 36만 방(方) 마일(mile)이 되는 가운데 능히 경작할 만한 토지가 전 면적의 5분의 1(70만 방 마일)이상이며, 그 토지에서 서속(黍粟)과 목화와 담배와 아편과 감자 등 농산물을 심을 수 있는 중에 아직도 그 경안은 땅이 많은즉 100만 명 한인이 농작할 수 있다. 또 삼림과 광산은 조물주가 풍성하게 만들어 놓은 대로 그냥 남아 있으니 과연 한인의 식민지가 될 만하며, 시베리아의 총면적이 480만 방 마일에 비록 기후가 차갑기 때문에 농작에 별로 상당치 못하나 그러나 풍부한 광산은 아직도 캐기를 시작하지 않은 곳이 많으며, 시베리아의 철도는 유라시아 모스크바를 경유하여 페트로그라드 경성으로 직통하였은즉 동양과 유럽에 상업을 발전시킬 수 있으며, 시베리아의 장강이 많은 가운데 북빙양(北氷洋)으로 흘러가는 강물들은 1년에 얼음 없는 때가 심히 짧은즉 상업상 교통과 운수의 큰 가치가 없으나 그러나 태평양으로 흘러가는 아무르강은 그 길이가 2,400마일이며 1년에 얼음 있는 때가 3, 4삭밖에는 되지 않은즉 가히 상업의 항로로 쓸 만한지라. 그러므로 일인들이 '옴스크'에 상업의 중심 지단을 정하고 시베리아를 먹으려 하나, 유라시아의 북풍한설에 나폴레옹의 10만 대병이 얼어 죽었거든 어찌 일인이 그 추위를 이기고 생존 경쟁에 우승자가 될 수 있으리오. 오직 그 환요에 한숙(嫺熟)히 사귄 한인들이 장차 그 토지의 주인옹(主人翁)이 되며, 잠시 손으로 왔던 자들은 필경 집으로 돌아가든지 스스로 잔멸하든지 하리로다.

셋째, 역사상(상고사는 말고)으로 관찰하건대 우리 민족은 다만 국 남방에 시작하여 북으로 이민하였으며, 북으로 들어갈수록 번성하였도다. 가령 증거하자면 전주 이씨는 함경도로 이거하였다가 이씨조의 500년 왕업을 창조하였고, 그 외에 김해 김씨와 청산 김씨와 경주 최씨와 반남 박씨와 연일 정씨와 기타 몇몇 거성이 다 남도에서 발원하여 북으로 번성하여 들어갔은즉 우리 민족이 중고 몇 백 년 동안에 그와 같이 이민하여 번성된 것은 사실이라. 1911년(나라 망한 후)에 경상남도 한 도에서 10만여 명이 한꺼번에 고향을 떠나 서북간도로 들어간 것은 사실이라(조선총독부 연종 보고를 참조). 그 10만여 명의 자손이 장차 번성하여 몇 백 년 후에 오늘 우리가 부르는 경주 최씨나 연일 정씨와 같이 경주서 간 김씨면 경주 김씨가 되리며 박씨면 박씨가 되리니 이는 장차 역사가들의 말할 바요, 이 글 쓰는 자의 목적한 바는 우리 민족이 남으로부터 북으로 가면 복덕방이 되므로 의심 없이 번성할 것을 증거할 뿐이라.

우리 민족이 그렇게 인종학적으로 우등의 지위를 점령하며 경제적 생존을 경쟁할 만하며 역사적으로 번성한 증거가 있는 동시에 시베리아와 만주의 무궁한 재원이 눈앞에 놓였은 즉, 이제 다만 현대적 학문을 많이 배워 정치나 경제 현상에 눈이 열리게 되면, 만주와 시베리아의 우리 옛 강토는 다시 우리 것이 될 희망의 광선이 노근(露根)에 은연히 비추기를 새벽의 동편 하늘과 같을 것이니 힘쓸지어다. 우리 신성한 민족이여!

II

재만 조선인의
법적·경제적 지위

해제

　제II장에서는 제1절에서 재만(在滿) 조선인의 사법적 지위에 관한 자료, 그리고 제2절에서는 재만 조선인의 토지 상조(商租) 상황과 문제에 관한 자료를 수록하였다.

　먼저 제1절의 「간도(間島) 재주 선인에 대한 사법(司法) 관계」(자료 11)는 고쿠부(國分) 조선총독부 사법부(司法部) 장관이 1915년 8월 23일에 작성한 문건이다. 간도에는 「남만동몽조약」이 적용되지 않는다면서 일본 내지의 법률을 적용하기에도 부적당한 점이 있다고 보고, 이를 어떻게 하는가에 대해 기술한 것이다. 고쿠부 산가이(國分三亥, 1863~1962)는 일본 내지 재판소에 근무한 후, 1908년(明治 41) 2월에 대한제국 정부의 초빙으로 검사총장을 지내고, 1909년 11월 통감부 고등법원검사장, 1910년 10월 조선총독부 검사, 고등법원검사장을 거쳐서, 1913년(大正 2) 10월에는 사법부 장관을 겸임하였다. 또한 1919년 8월에는 법무부장(法務部長)을 겸임하였고, 1920년 9월에 의원면관(依願免官)하였다. 후에 궁중고문관(宮中顧問官)이 되었다.[62]

　「간도 재주 선인에 대한 사법 관계의 건」(자료 12)은 아키야마(秋山) 조선총독부 참사관이 1915년 9월 22일에 작성한 문건으로, 남만동몽조약 체결 이후 간도에 거주하는 내선인(內鮮人)의 법 적용에 대해 논술한 것이다. 조선총독부의 시정권(施政權)이 조선에만 미칠 수 있기 때문에, 간도에 있는 자에게는 내지의 법률을 미치게 해야 하는가 혹은 여러 법률 중 어느 것을 적용하고 어느 것을 제외할 것인가 등에 대해서 논한 것으로, 속인법(屬人法)의 입장에서 조선의 법령 중에도 적용할 수 있는 것이 있다는 점을 강조하였다.

　아키야마 마사노스케(秋山雅之介, 1866~1937) 참사관은 1890년(明治 23) 도쿄제국대학을 졸업하고, 외무성에 들어가서 참사관으로 승진하여 1903년에 퇴관(退官)하였다. 다음해부터 육군참사관, 이어서 법제국 참사관을 겸하였고(~1911), 1912년 4월부터 조선총독부 참사관

---

62 『寺內正毅關係文書(首相以前)』, 京都女子大學, 1984, 23쪽.

과 육군참사관을 겸하였고(~1922), 1916년 11월에는 조선총독부 중추원(中樞院) 서기관장(書記官長) 사무취급(事務取扱)을 역임하고, 1917년 이후에는 청도(靑島)로 옮겼고[민정장관(民政長官) 등], 만년에는 호세이대학(法政大學)에서 학장을 지냈고, 법학박사 학위를 받았다.[63]

「간도에서 영사관(領事館)의 재판에 관한 법령의 개정」(자료 13)은 조선총독부 기관지《조선휘보》1916년 2월호에 게재된 자료로서 간도의 영사관 재판에 대한 법령 개정에 관한 내용이다. 그 요지는 1916년 1월 16일부터 간도 일본 영사관의 예심을 거친 사형, 무기 또는 단기(短期) 1년 이상의 징역, 또는 금고에 해당하는 죄의 공판은 함흥지방법원이 관할하고, 민형사(民刑事)의 재판에 대한 공소(控訴) 또는 항고(抗告)는 경성복심법원이 관할하게 되었다는 것이다.

그리고 제2절에서 「남만주(南滿洲)에서의 본방인(本邦人) 토지 상조(商租)의 상황」(자료 14)은 1923년 조선총독부가 간행한 『재만주조선관계영사관타합회보고(在滿洲朝鮮關係領事館打合會報告)』라는 책에 부록으로 수록된 자료이다. 사이토(齋藤) 조선총독은 이주인(伊集院) 일본 외무대신의 승인을 얻어 재만주조선관계영사관(在滿洲朝鮮關係領事官)을 초청하고, 일본 외무성 척식사무국 서기관, 관동청 경무국장·식산과장, 조선군참모장, 조선헌병대사령관, 관동헌병대장 그리고 만철 이사도 참석하게 하여, 1923년 11월 20일부터 3일간 경성부(京城府) 정동(貞洞) 중추원에서 협의회를 개최하였는데, 이때의 회의 결과를 모아 정리한 것이 위의 책이다. 「남만주에서의 본방인 토지 상조 상황」은 이 책의 부록으로 수록된 자료인데, 봉천총영사관(奉天總領事官), 요양영사관(遼陽領事官), 철령영사관(鐵嶺領事官), 장춘영사관(長春領事官), 길림총영사관(吉林總領事官), 정가둔영사관(鄭家屯領事官), 안동영사관(安東領事官)의 각 관내에서 일본인과 조선인의 토지 상조에 관한 상황을 기록한 것이다.

---

63 같은 책, 22쪽.

「만몽(滿蒙) 토지의 상조 문제」(자료 15)는 만주조선인친애의회(滿洲朝鮮人親愛義會) 본부 간사인 다하라 시게루(田原茂)가 1923년 6월 봉천에서 발행한 『만주(滿洲)와 조선인(朝鮮人)』의 제7장에 수록된 글이다. 이 책은 조선어문으로 되어 있는 까닭에 경성에 있는 대화상회인쇄소(大和商會印刷所)에서 인쇄하였다. 모두 13개 장, 즉 만주 일반 정세, 재만 동포의 사정(事情) 연구, 만몽 동포의 분포와 지방 정세, 북만동로연해주(北滿東露沿海州) 동포와 지방 정세, 남만(南滿)의 수전(水田) 경작 및 경영법, 북만(北滿)의 수전 경작 및 경영법, 만몽 토지의 상조 문제 연구, 만주 수전의 면적과 수확고, 만몽 수전 가경지(可耕地), 수도(手稻)의 품종과 시작(試作) 성적, 관동주(關東州) 내 토지와 만주미(滿洲米) 수출 해금(解禁), 만주 수요미(需要米)의 수입액, 만주의 정미사업(精米事業) 등으로 구성되었다. 본 자료 「만몽 토지 상조 문제」는 '제7장 만몽 토지의 상조 문제 연구'로 수록되었다. 중국인 지주와 조선인 농민 간 토지 상조의 절차와 이 과정에서 일어나는 여러 가지 문제점들을 열거하고 있다.

I. 재만 조선인의 사법적 지위

〈자료 11〉 간도(間島) 재주 선인에 대한 사법(司法) 관계[64]

1915년(大正 4) 8월 23일

사법부장관 고쿠부 산가이(國分三亥)

조선총독백작 데라우치 마사타케(寺內正毅) 귀하

간도 재주 조선인에 대한 사법 관계

명에 의해 기안해 올리니 살펴보시기 바랍니다.

간도 재주 선인에 대한 사법 관계

1. 1909년(明治 42) 9월 4일 일청협약(日淸協約)에 의해, 도문강(圖們江) 북방 개간지 안에 선인(鮮人)이 자유로이 거주할 수 있음을 인정하고, 용정촌(龍井村)·국자가(局子街)·두도구(頭道溝)·백초구(百草溝)를 제외한 잡거 구역에 거주하는 선인은, 지나(支那)의 법권(法權)에 복종할 것을 약정하였다.

2. 1910년(明治 43) 8월 29일, 병합으로 인해 선인은 일본 신민(臣民)의 신분을 취득하였지만, 이 협약은 여전히 그 효력을 보유하고 있다.

3. 1915년 5월 25일, 남만주 및 동부내몽고에 관한 조약 제5조에 의해, 해당 지방에서 발생하는 민형(民刑)소송사건으로 일본 신민이 피고가 된 경우는 일본 영사가 재판해야 하는 것으로 정하고,(토지에 관한 소송에 대한 특례가 있다.) 이 조약은 간도(間島)에 거주하

---

64 자료 출전: 「間島在住鮮人ニ對スル司法關係」, 『寺內正毅關係文書(首相以前)』, 京都女子大學, 1984, 406~410쪽.

는 선인에 대해서도 적용한다고 이해되는 결과, 전술한 일청협약 중 이에 반하는 부분은 그 효력을 잃게 되었다.

4. 따라서 간도에 거주하는 선인으로 장래 (가) 형사사건에 대해 피고가 된 경우, (나) 민사사건에 대해 내지인(內地人)·지나인(支那人) 또는 외국인으로부터 피고로 소송을 당한 경우, (다) 선인 상호 간에서 민사소송은 모두 일본 영사의 재판을 받는 것으로 한다(토지에 관한 일본과 지나 국민 간의 민사소송은 양국 관리의 공동 심판에 맡긴다). 단 간도 내의 국자가 외 3개소의 개방지에 거주하는 선인에 대해서는 본래 일본의 재판권이 실행되는 것이어서, 본 조약으로 인해 처음 이런 결과가 생긴 것은 아니다.

5. 간도에 있는 선인은 그 수가 자못 많으므로, 조선과의 관계가 자연히 다른 곳과 다른 점이 있다. 그렇지만 법률상의 견지에서 보면, 모두 똑같이 제국(帝國)의 치외법권(治外法權)을 가지는 지역의 하나이다. 그래서 간도 영사가 행사하는 재판권은 특별한 규정이 있는 것을 제외하고는 제국의 치외법권을 가지는 다른 지역과 마찬가지여서 본국, 즉 내지(內地)에 실행되는 일반법에 따라야 할 것은 물론이다. 그러므로 선인에게도 일본 신민에게 대하는 보통법으로 대하고, 일본 법권이 미치는 범위 내에서는 당연 일본 신민에 준하여 그 효력을 가진 내지의 형법·형사소송법·민법·상법·민사소송법(특별히 제외하고 있는 것은 제함)을 적용해야 하는 것이다. 조선의 제령(制令)·부령(府令)은 지역의 제한을 가진 법령이어서, 조선 내에 한하여 그 효력을 가지는 데 불과한 것은 의심할 것이 없다. 그러므로 간도에 있는 선인에게 적용하지 않는 것은 매우 명백하고, 따라서 선인이 내지에 거주하거나 또는 지나 혹은 태국[暹羅]처럼 제국의 치외법권을 가진 나라에 거주하는 경우에도, 마찬가지로 똑같이 이것을 적용하지 않는 것이다.

6. 간도 거주 선인의 재판에 대해, 상술한 바와 같이 조선의 법령을 적용하지 않는다면, 과연 어떠한 결과를 낳을 것인지에 대해 그 주요한 것을 고찰하면,

1) 조선형사령(朝鮮刑事令)에 의하면, 선인이 범법한 모살(謀殺)·고살(故殺)·존속친장살(尊屬親長殺)·강절도상인(强竊盜傷人)·강도강간(强盜强姦)·강도(强盜)의 여러 죄에 대해서는 구한국(舊韓國) 『형법대전(刑法大全)』의 형률을 사용하고, 또 유사한 소행이 있을 때에는 인율비부(引律比附)하여 처벌할 수 있다. 그럼에도 불구하고 이런 규정을 적용할 수가 없어서 내지의 형법에 의해 처단하지 않으면 안 되므로, 형의 경중

과 범죄의 구성 조건에 다소의 차이가 생기는 것을 면할 수 없다.

2) 내지법(內地法)은 태형(笞刑)을 인정하지 않으므로 조선태형령(朝鮮笞刑令)처럼 선인에게 태형을 과할 수 없다. 반드시 그 본형(本刑)인 징역, 구류 또는 벌금에 처해야 한다.

3) 보안법(保安法)을 적용하지 않기 때문에, 동법에서 규정한 정치에 관한 불온 언론·동작을 하고 또는 타인을 선동하여 교사(敎唆)하거나 사용하고 또는 타인의 행위에 간섭하여 이로 인하여 치안을 방해하는 자도 보안법에 의해서 처벌할 수 없다. 단 이 가운데 모종의 행위에 대해서는 치안경찰법(治安警察法)을 적용한다.

4) 조선민사령(朝鮮民事令)을 적용하지 않은 결과, 선인의 능력, 친족 및 상속에 대해서도 조선의 관습에 의할 수 없다. 모두 민법의 규정에 따르지 않을 수 없다.

5) 또 선인 상호 간의 법률 행위에 대해 공적 질서와 관계없는 규정과 다른 관습이 있는 경우라도 항상 이 관습에 의할 수 없어서, 단지 민법 제92조[65]에서 정한 경우로 제한되어야 한다.

6) 소송 수속에 대해 조선에서 특별히 만든 예외 규정, 예컨대 범죄즉결에 관한 건, 민사쟁송조정에 관한 건, 그 밖에 민사령, 형사령 중에 있는 수많은 변례(變例)는 어느 것도 시행될 수 없기 때문에 신속하고 간단한 수속을 꾀하는 데 다소의 불편이 없을 수 없다.

7. 이상 중에서 실제상 불편한 점은 보안법을 적용하지 않는다는 것이다. 또 가장 참을 수 없는 것은 선인의 친족, 상속 또는 능력 관계에 대해 내지 법규를 적용한다는 점이다. 그래서 이 때문에 민사상 종종의 난문제가 속출하고, 선인의 사권(私權) 보호상 심한 결함을 낳은 것이다. 그래서 이것의 구제책으로서는 칙령으로써 간도 재주 선인에게 적용할 특별 규정을 만드는 것 외에는 없을 것이다(간도는 제국헌법의 시행 지역 바깥이므로, 헌법의 법률 사항이더라도 칙령으로써 규정할 수 있다는 것은 말할 것도 없다). 하지만 이를 압록

---

65 1896년 4월 27일 공포된 일본 법률 제89호인 민법의 제92조에는 "법령 중의 공공질서에 관계없는 규정과 다른 관습이 있는 경우에 법률 행위의 당사자가 그 관습에 의한 의사를 가지고 있다고 인정될 때에는 그 관습에 따른다."라고 하였다.

강 하류의 대안에 거주하는 선인을 상대로 지금 내지 법규를 적용해서 이상하지 않게 생각된다면 과연 법제국(法制局)에서 칙령의 발포에 동의할지 자못 의아스럽지 않을 수 없다.

부언

1911년(明治 44) 법률 제51호(간도에서의 영사관 재판에 관한 건)에 의해, 조선총독부재판소의 관할에 속한 범죄사건에 대해 동 재판소가 적용할 실체 법규가 간도에서 시행되는 법규인가 또는 조선에서 시행되는 법규인가는 하나의 의문에 속하는 것 같지만, 자세히 연구하면 사리가 자연히 명백하므로 의심할 여지가 없음을 알 수 있다. 생각건대 범죄는 제재(制裁)를 부가한 법규를 위반한 행위이므로, 간도에서의 범죄는 간도에서 시행되는 법규를 위반한 것이 아니면 안 됨은 물론이고, 이 이론은 그 재판관할의 소속 여하에 따라서 변경될 수 있는 것이 아니다. 그리하여 간도에서 시행되는 법규는 그 피고가 내지인인 경우는 물론이고 조선인인 경우라도 내지 법규인 것은 본문에서 설명한 바와 같으므로, 총독부재판소가 적용해야 할 법규도 역시 내지 법규인 것은 물론이다. 혹자는 조선총독부재판소가 조선에서 시행되지 않는 법규를 적용할 권한이 없다고 비난할 것이다. 어찌 이해할 것인가, 전술한 법률 제51호가 총독부재판소에게 간도에서 시행되는 법규를 적용할 권한을 줄 수 있다는 것을. 만약 이에 반해 총독부재판소에 있어서 조선에서 시행되는 법규를 적용해야 하는 것으로 한다면, 그 적용 법규는 간도 영사가 적용한 법규와 상이하므로, 공소(控訴) 제기로 인해 영사 재판은 항상 취소당하지 않을 수 없을 것이다. 이뿐만 아니라, 간도에 시행되는 법규와 조선에 시행되는 법규가 그 규정의 내용을 달리하는 경우에는 구제할 수 없는 기괴한 결과를 초래할 것임은 설명을 요하지 않을 것이다.

〈자료 12〉 간도 재주 선인에 대한 사법 관계의 건[66]

1915년(大正 4) 9월 22일 참사관실
참사관 아키야마(秋山) 인(印)

간도(間島) 재주(在住) 선인(鮮人)에 대한 사법(司法) 관계의 건

별지 사법부 의견[67] 제1항 내지 제4항은 종래 간도에서의 사법 관계 및 1915년 5월 24일 만몽(滿蒙)에 관한 일지조약(日支條約)의 결과를 기술한 것으로서 이에 대해서는 의심할 여지가 없고, 제5항에 대해서도 제국이 치외법권(治外法權)을 가지는 지역인 간도에서 시행되는 법령은 특별한 규정이 없는 한은 제국의 일반법이 되는 것이 이론상 명백하다고 생각한다. 단 이 점에 대해서는 1899년(明治 32) 법률 제70호로써 영사관의 직무에 관한 제도를 규정하여, 영사재판에 관해서는 동 법률 제3조에서 "영사관 등 본법에 의해 직무를 행하는 자는 법령 및 조약의 규정에 따라서 그 직무를 행해야 한다"라고 규정하였다. 이 법령이라고 하는 것은 원래 제국의 법령이고, 조선에서 시행되는 제령(制令) 등의 법령도 또한 제국의 법령의 일부이다. 그래서 간도 영사관은 필요에 따라 제령에 기초하여 간도 재주 내선인(內鮮人)의 민형(民刑)사건을 재판할 수 있어야 한다고 논하지만, 유감스럽게도 조선총독부관제(朝鮮總督府官制) 제1조에 총독은 조선을 관할한다고 되어 있어서, 총독의 직권이 행해지는 범위는 조선 지역 내에 국한된다. 또 제령권(制令權)에 관한 1911년(明治 44) 법률 제30호 제1조에도 "조선에서는 법률을 요하는 사항은 조선총독의 명령으로 이를 규정할 수 있다"라고 규정하고 있어서, 간도는 조선총독의 관할 지역 외에 속하고, 제령 등 조선총독의 명령은 여기에 미치지 않는다. 그러므로 위 영사재판에 관한 법률에서 게시한 '법령'이라는 문자에는

---

66 자료 출전: 「間島在住鮮人ニ對スル司法關係ノ件」, 『寺內正毅關係文書(首相以前)』, 京都女子大學, 1984, 380~386쪽.
67 사법부장관 고쿠부 산가이(國分三亥)의 「간도 재주 선인에 대한 사법 관계」 문서의 내용을 가리킨다.

제령 등 총독의 명령은 자연히 이에 포함되지 않는다고 해석하지 않을 수 없다.

게다가 또 간도에서의 영사관의 재판에 관한 1911년(明治 44) 법률 제51호 제1조에 "간도에서 제국영사관의 예심을 거친 사형·무기 또는 단기 1년 이상의 징역, 혹은 금고에 해당하는 죄의 공판은 조선총독부재판소가 관할한다"라고 하고, 제4조에 간도에 주재하는 제국영사관이 행한 재판의 공소(控訴) 또는 항고(抗告)는 조선총독부재판소가 관할하는 것으로 하고, 간도에서 민형사건에 관한 재판의 통일은 조선총독부재판소로 하여금 담당하게 하는 것으로 하였다. 그러므로 총독부재판소에서 하는 재판은, 제령 등 조선의 법령에 의해야 한다고 논하는 자가 있겠지만, 이 견해도 역시 타당한 것이라고 말할 수는 없다. 왜냐하면 무릇 민사사건이나 형사사건을 불문하고, 일정한 법령에 의해서 그 행위를 규제하고 또는 그 법령을 어겨서 형벌에 처하려고 하는데 있어서는 당사자한테 그 법령을 준수할 의무가 있다는 것을 전제로 하기 때문이다. 제령 등 총독의 법령이 간도에서 행해지고 여기에서 내선인이 이를 준수해야 한다는 전제를 하지 않고서 제령 등에 의해서 재판을 받을 수 있는 것이 아니다. 말할 것도 없이 간도재판소에서도 외국인의 신분 관계 등에 대해서는 우리 민법 등에 의하지 않고, 반대로 해당 외국인의 본국법에 의하는 것이다. 또한 우리나라에 있어서 치외법권을 가진 나라에 주재하는 영사관은 그 직권에 속하는 사항으로 법률에 저촉되지 않는 범위에서는 주재지의 제국신민에 대해 명령을 발하고, 법률 규정을 요하는 사항인데 법률의 규정이 없을 때에는 명령으로 필요한 규정을 설치할 수 있고, 그 위반 등에 관하여 만주에서의 영사재판의 상소(上訴)는 관동도독부(關東都督府) 지방법원에서 관할하며, 기타 지나 지방에서의 영사재판의 공소(控訴) 및 항고(抗告)는 나가사키(長崎) 공소원(控訴院) 및 지방재판소에서 관할하는 것으로 하고 있다. 그런데 이들 내지 또는 관동주의 재판소가 이러한 영사재판의 상소·항고 등의 심판을 맡은 것은 재판 통일의 구실을 내지 또는 관동주 법령에 의거하고, 도리어 해당 지방영사관의 명령권에 의한 법규를 무시할 수 있는 이유가 없기 때문이다.

간도에서의 민형사건 일체에 대해서는 제령 등 조선총독부 법령을 적용할 수 없어서, 모두 내지법이 행해지는 것으로 한다면 대체로 사법부 의견 제6항에 열거한 것과 같은 결과를 가져올 것이다. 지금 제6항에 기술한 견해가 모두 정당한지 아닌지는 잠시 제쳐놓고, 사법부는 제7항에서 그 불편 중 가장 참을 수 없는 것은 선인의 친족·상속[68] 또는 능력 관계여서 이 점에 대해서는 선인의 사권 보호상 심한 결함을 낳을 것이므로, 이의 구제책으로서는 칙령으로 간도 재주의 선인에게 적용할 특별 규정을 설치할 수밖에 없을 것이라고 말하고 있다. 그러나 칙령으로써 간도에서의 조선인의 친족·상속 및 능력 관계에 대해서 민사령의 규정을 적용하는 것으로 해도, 선인의 친족·상속 등에 관한 사항 등은 단순히 간도에 그치는 것이 아니다. 사법부 의견에서 말한 바의 압록강 하류의 대안 지경, 기타 만몽은 물론이고 내지에서의 조선인에 대해서도 마찬가지여서 모든 조선인은 어느 지역에 있더라도 그 신분 및 능력 관계 등은 내지의 민법에 의거할 수 없는 것이다. 따라서 이 점에 관한 민사상의 난문제를 해결하고 선인의 사권 보호에 결함을 없앨 수 있는 법규를 설치하려고 한다면, 특별한 법률로써 조선인의 친족·상속 및 능력 관계에 대해서는 민법의 규정에 의하지 않고 민사령의 규정과 같이 관습에 의한다는 것을 규정할 필요가 있다. 단순히 칙령으로써 간도 재류 조선인에 대해 이 규정을 설치하는 것만으로는 불충분하고, 조선인 사권 보호의 목적을 달성하는 방법이 아닐 것이다.

그렇지만 선인의 친족·상속 및 능력 관계에 대해서는 위와 같이 제국정부에서 특별 법률을 제정하지 않더라도, 우리 현행 법규의 해석 적용상 내지·조선·대만 또는 관동주의 재판소에서 조선총독의 제령인 민사령의 규정에 의해 심판해야 할 것으로 생각하지 않을 수 없다. 왜냐하면 제령이 조선에서는 법률에 대신하는 법규인 것이 1911년(明治 44) 법률 제30호로써 규정되었고, 이 법률은 제국재판소에서는 일반적으로 존중해야 할 것이기 때문이다. 동일한 제령인 민사령 제11조에서 민법 등 내지의 법률 중 능력·친족 및 상속에 관한 규정은 조선인에게 적용하지 않아서 이 사항에 관해서는 관습에 의한다는 명문이 있다. 이에 조선인이라 칭하는 것은 제국신민 중 조선에 본적을 가진 조선 토착의 인민을 말한다. 위 규정은 조선인이라는 신분을 가지는 한 속인적(屬人的) 성질을 가지는 것에 속하고 형법 등은 속지적(屬地的) 성질을 가져서 그 지역의 안녕질서만을 목적으로 하는 것과는 그 성질을 크게 달리한다. 그러므로 징병령 및 소집조례가 조선의 지역에 시행되지 않음에도 불구하고, 그 규정이 내지인에 대한 속인적 성질이라는 이유로 총독부재판소는 그 위범자(違犯者)를 처

---

68 자료에는 '相族'으로 되어 있으나 '相續'의 오식으로 보인다. 이하의 '상속'도 동일하다.

벌하기로 하였다. 이와 마찬가지로 조선인인 이상은 가령 내지·대만·만몽·간도 내지 외국에 있어도 이 제령의 규정에 의하는 것이 당연해서, 제국재판소는 조선인의 신분 관계에 있어서는 이 제령의 규정에 의하여 재판해야 할 것으로 인정된다. 논자는 제령의 효력은 조선 지역 외에 미치지 않으므로, 조선인의 신분·능력에 대해서도 제령의 규정은 조선 지역 외의 조선인에 대해서 효력이 없다고 말하지만, 원래 개인의 신분·능력 관계는 여러 국가 간에 모두 본국법에 의함을 국제사법이 통칙으로 삼고 있고, 우리나라의 법례[1898년(明治 31) 법률로 조선에 시행하고 있는 것]에서도 사람의 능력 및 친족·상속의 관계는 본국법에 의한다는 원칙을 제정하고 있기 때문에, 조선인의 신분 및 친족·상속의 관계는 위 법례의 해석상 그 규정의 취지에 비추어 그 개인의 본적지인 조선의 법령에 의하는 것이 지당하다고 본다. 대심원 이하 내지 재판소에서는 대만에서의 법령 및 조선에서의 제령의 효력이 대만 또는 조선 지역에 국한한 법령으로서 그 재판상 마치 외국법과 동일시하고 있는 것이기는 하나, 형벌법과 같이 그 지역의 안녕질서를 유지하는 것을 주안으로 삼는 법규는 대만 또는 조선 외에 그 효력을 인정할 이유가 없고 또 그 필요가 없음에도 불구하고, 위와 같은 속인적인 법규는 대만 및 조선의 법규를 외국법과 똑같이 간주하는 이상은, 법례의 해석에서 신분 관계 등의 법규상 더욱 그 개인 본속지(本屬地)의 법규에 의해 재판하지 않을 수 없을 것이다. 이상의 이유 때문에, 내지 재판소의 견해 여하는 잠시 제쳐두고, 적어도 총독부재판소에서 조선인의 능력 및 친족·상속 관계를 심판할 때에는 현행법의 해석 적용상 그 조선인이 간도 또는 만주 재주자인지 아닌지의 구별 없이 모두 민사령의 규정에 의해 심판하는 것이 당연하다고 생각한다.

위 견해를 정당하다고 한다면, 사법부 의견 제6항에서 게시한 내지 법규와 저촉되는 불편은 그 주요한 점에서 일소(一掃)될 것 같다. 제6항 중 1) 모살(謀殺)·고살(故殺) 등에 대해 『형법대전』의 규정에 의할 수 없다는 것 등은 사법부 연래의 주장이다. 그래서 조선 내에서도 조선형사령 중 이런 조선인에 관한 『형법대전』의 작은 부분을 운용한 예외를 필요가 없다고 인정하고 그 폐지를 희망하는 바여서, 간도 등 만주의 조선인에게는 내지 등의 조선인과 마찬가지로, 형법(일본 형법)에 의한다고 해도 전혀 큰 지장이 없을 것이다. 2) 태형(笞刑) 등도 원래 경미한 징역·구류 또는 벌금과료를 본형(本刑)으로 하고 태형은 편의상 이에 대체할 수 있을 형벌의 한 방법에 속하며 조선의 관습에 기초하여 반도 지역 내에 국한한 법칙이기 때문에 내지 기타에서의 선인에게는 이를 적용할 필요가 없는 것과 마찬가지이고, 간도·만주 등에서의 조선인은 태형에 처하지 않고 각기 본형에 의해 처벌해도 조금도 지장이 없다. 3) 간도에서 조선인에게 보안법이 적용되지 않는 것은 약간 불편할지라도, 원래 보안법은 1907년(光武 11)의 법률로서 조선인에게만 적용하고 내지인에게는 통감부령의 보안규칙이 오늘날에도 적용하고 있다. 이 두 법령은 원래 병합 후 통일하여 새로운 하나의 제령으로 만들어, 조선 내의 보안상 내선인 일반에게 적용해야 할 법칙을 제정하는 것이 당연하다. 하지만 반도의 현상은 아직 과도기에 속하고, 이들 법령의 규정은 집회 또는 신문·잡지의 발행에 관한 것이므로, 이를 통일하여 내지의 법규보다도 엄중한 제령을 만드는 것은 쓸데없는 문제를 낳을 뿐이고 실익이 없기 때문에 보안법·보안규칙 양자는 그대로 존속하고 있는 상태이다. 간도에서 선인에게 보안법의 적용을 필요로 한다면, 동지에 있는 내지인에게는 보안규칙의 적용을 필요로 한다고 말하지 않을 수 없을 것이다. 그러나 이 두 법령은 본디 조선 지역 내의 보안을 유지하는 데 필요한 법령이고, 모두 속지적 법률이기에 금일에도 제국 영토 외에 시행할 필요가 없다. 그러므로 억지로 간도 등 압록강 하류 대안 지방 또는 만주에 이를 미치게 하려는 것은 적당하지 않다. 이뿐만 아니라 이들 지역에는 내지의 법률이 미치기 때문에 치안경찰법처럼 치안법에 비하여 취체상 큰 차이가 없는 내지 법규를 시행하고 있다. 또 이들 지역에서는 행정적인 이들 내지 법령이 미치지 않는다고 하면, 영사관은 1899년(明治 32) 법률에 의해 그 지역에서 법률의 규정을 요하는 사항에 대해 법률의 규정이 없는 때에는 명령으로써 필요한 규정을 설치할 수 있으므로, 간도에 재주하는 내선인에 대해서 취체상 필요한 명령은 본부(本府)의 청구에 의해서 발하도록 하고 그 위범(違犯)은 총독부재판소에서 처벌할 수 있을 것이다. 4)에 기술한 바는 조선인의 행위에 대해, 재판소에서 그 관습을 인정한 경우에 그 관습은 제령인 민사령에 의해서 이를 인정할지, 그렇지 않으면 민법의 정조(正條)에 의해서 이를 인정할지의 논의에 불과하여, 모두 그 관습을 인정하는 점은 마찬가지이므로, 실제상 조금도 불편함이 없다. 6)의 소송 수속에 대해서는 총독부재판소의 수속은 본래 조선의 법규에 의함과 동시에 간도에서는 영사재판의 수속법에 의해야 하고, 간도에서는 경찰관이 범죄즉결 또 민사쟁송조정 등을 행하지 못하기에 조금도 지장이 없다.

이상의 이유에 의해 간도 재주의 조선인에 관한 민형사건을 총독부재판소에서 심판함에 있어, 제령 등 총독부의 법령에 의해 심판하려고 하면 이의 전제로서 간도에서의 제국신민, 즉 내지인과 조선인은 제령 등 총독부의 법령하에서 항상 그 법령을 준수해야 한다는 것을 확실히 하지 않으면 안 된다. 그런데 간도는 오늘 아직 제국의 영역이 아니다. 또 조선총독의 통치 범위는 조선의 지역을 벗어나지 못한다. 그럼에도 불구하고 제령 등 총독의 명령을 간도에 미치게 하고 동지에 재주하는 내선인을 제령 등 총독부의 법규 밑에 두도록 하는 것은, 국제 관계에 있어서도 온당하지 않다. 그뿐만 아니라 만일 조선 지역의 통치상 그 필요가 있다고 하면, 다만 간도에 그치지 않고 압록강 하류 대안에 재주하는 다수의 조선인 및 내지인에 대해서도 동일한 필요가 있을 것이니, 총독부재판소 관할을 확장함과 동시에 이들 지방의 제국신민도 간도와 동일한 지위에 둘 것을 주장하지 않으면, 그 논의의 일관성이 없게 될 것이다. 결국 조선의 법령을 간도에 미치도록 하지 않으면 조선의 통치를 해친다고 하는 것은 국가로서 또 총독으로서 자국 영역에 대한 자기의 권력이 불충분하다고 말하는 것과 다르지 않다. 왜냐하면 자국 영토에 대해서는 절대권력인 주권의 작용에 의해 완전히 통치할 수 있어야 하고, 이웃나라의 국경에 어떠한 소요가 있더라도 자국 영토 내로는 한발자국도 들어오는 것을 허락하지 않아야 하기 때문이다. 자국 영역에는 어떠한 영향이 미치지 않도록 하는 것은 독립국의 체면상 필요한 것이다. 만일 이웃나라 접양(接壤)[69] 지역에서 자국의 통치에 위험한 해를 미칠 행동을 하는 자가 있을 때에는 그 이웃나라에 대해 엄중한 취체를 요구할 수 있어야 하고, 이웃나라가 그 요구에 응하지 않을 때에는 스스로 병력을 파견하여 이를 소탕할 수 있어야 하는 것은 국제법의 통칙이기 때문이다.

요컨대 일지(日支) 간의 만몽신조약(滿蒙新條約)을 간도에도 미치도록 하고, 동지의 조선인은 내지인과 균일하게 치외법권하에 두는 것으로 하고, 민형사건에 대해 조선인이 피고로 된 경우는 내지인과 똑같이 영사관에서 재판하고 그 재판의 공소(控訴)·항고(抗告)는 총독부재판소로 오는 것으로 하였다. 이러한 오늘에 있어서 그 조선인 및 내지인의 재판은 지금 간도에서 행해지는 내지법 및 영사관에서 발한 법령에 의해 심판해도 큰 지장이 없고, 사법부 의견 제6항 가운데 선인의 능력 및 친족·상속의 관계를 제외하고는 조선 통치상에 큰 관계가 없는 것 같다. 그리고 이 조선인의 신분 관계에 대해서 내지법에 의하지 않고 민사령의

---

69 자료에는 '接壤'로 되어 있으나 '接壤'의 잘못이다.

규정에 의해야 하는 것은 단지 간도의 조선인에 국한하지 않고 속인적 법률로서 조선인인 이상은 어느 지역에 있더라도 전술한 이유에 따라 제국재판소가 이에 의하여 재판해야 하는 것으로 생각하지 않을 수 없다.

〈자료 13〉 간도에서 영사관(領事館)의 재판에 관한 법령의 개정[70]

일찍이 조선총독부재판소령(朝鮮總督府裁判所令)을 개정하고 재판소의 조직과 권한 및 명칭을 변경한 결과, 1915년(大正 4) 12월 법률(法律) 제29호 및 1916년(大正 5) 1월 조선총독부령(朝鮮總督府令) 제2호로써 1911년(明治 44) 법률 제51호 및 동년(同年) 부령 제47호를 개정하는 동시에 올해 1월 16일부터 시행하게 되었다. 이리하여 바로 간도(間島)에 주재(駐在)하는 제국영사관(帝國領事館)의 예심(豫審)을 거친 사형(死刑), 무기(無期) 또는 단기(短期) 1년 이상의 징역(懲役), 또는 금고(禁錮)에 해당하는 죄(罪)의 공판(公判)은 함흥지방법원(咸興地方法院)이 관할하고, 동 영사관이 행한 민형사(民刑事)의 재판에 대한 공소(控訴) 또는 항고(抗告)는 경성복심법원(京城覆審法院)이 관할하게 되었다.

간도에서의 영사관 재판에 관한 제(制)

[1911년(明治 44) 3월 법률 제51호, 개정 1915년(大正 4) 12월 법률 제29호]

짐(朕)은 제국의회(帝國議會)의 협찬을 거쳐 간도에서의 영사관 재판에 관한 법률을 재가(裁可)하고 이에 공포(公布)한다.

제1조 간도에 주재하는 제국영사관의 예심을 행한 사형, 무기 또는 단기 1년 이상의 징역이나 금고에 해당하는 죄의 공판은 조선총독부지방법원(朝鮮總督府地方法院)이 관할한다.

제2조 간도에 주재하는 제국영사관의 관할에 속한 형사(刑事)에 관하여 외무대신(外務大臣)이 필요하다고 인정한 때에는 그 사건을 관할하지 말 것을 해당 영사관에 명(命)하고, 또 피고인을 조선의 감옥(監獄)으로 이송(移送)시킬 수 있다.

---

70 자료 출전: 〈間島に於ける領事館の裁判に關する法令の改正〉(1916. 2. 1.), 《朝鮮彙報》 2월호, 조선총독부, 1916, 212~213, 233쪽.

제3조 전조의 규정에 의해 피고인을 조선의 감옥에 이송하는 경우에 조선총독(朝鮮總督)은 피고인이 압송(押送)되는 감옥 소재지를 관할하는 조선총독부복심법원(朝鮮總督府覆審法院)의 검사(檢事)로 하여금 재판관할지정(裁判管轄指定)의 신청을 그 복심법원(覆審法院)에 하도록 해야 한다.

　　전항의 신청 및 재판에 관해서는 형사소송법(刑事訴訟法) 제33조의 규정을 준용한다.

제4조 간도에 주재하는 제국영사관이 행한 재판에 대한 공소 또는 항고는 조선총독부복심법원이 관할한다.

제5조 제1조 및 제4조의 경우에서 관할권을 가져야 할 조선총독부재판소(朝鮮總督府裁判所)는 조선총독이 정한다.

부칙(附則)

본법은 공포한 날로부터 시행한다.

본법 시행 전에 수리(受理)한 소송사건(訴訟事件) 및 비송사건(非訟事件)에 관해서는 종전의 예에 따른다.

2. 재만 조선인의 토지 상조(商租) 상황과 문제

〈자료 14〉 남만주(南滿洲)에서 본방인(本邦人) 토지 상조(商租)의 상황[71]

(가) 봉천총영사관(奉天總領事館) 관내(管內)의 토지 상조 상황

1. 토지 상조에 관한 사항

토지 상조에 관해 지나(支那) 측 현행의 상조잠행변법(商租暫行辨法)과 상조수지(商租須知)(별지 갑·을호 참조)는 본래의 상조권(商租權)에 커다란 제한을 가하여 조약 체결 정신에 상반하는 규정이기 때문에 제국정부로서는 이에 대하여 어떠한 동의도 하지 않은 형편이다.

따라서 일본 측에서는 상조 계약 체결과 동시에 상조(商租)가 성립하고 제3자를 상대하기 위해 영사관에서 계약 인증(認證)을 거치는 정도로만 토지를 이용해 왔다. 그렇지만 지나 측에서는 모두 허가주의(許可主義)를 채택하여 별지 갑·을호와 같은 규정에 적합하지 않은 계약은 일절 허가하지 않는다는 방침으로 나오고 있다.

이에 현재 봉천(奉天) 지방 일선인(日鮮人) 토지의 관계자는 대부분 일본 영사의 인증에만 그치고 지나 측에 대해 어떠한 수속을 밟지 못하고 있다. 하지만 일부 당사자는 지나 측의 법규와 변법(辨法) 등에 준거(準據)하여 계약을 체결하고, 지나 측의 정식 허가를 받은 자도 있다. 지나 관헌도 정식 수속을 거쳐 출원(出願)하는 자에 대해서는 아무런 지장이 없는 한 그동안에 상조허가증(商租許可證)을 발급하고 있었다.

이와 같이 일지(日支) 양국 간에 아직 일정한 준거법(準據法)을 협정하지 않았기 때문에 일본인은 지주와 임의 계약에 의해 상조권을 행사하고 있다. 그렇지만 한편 지나인(支那人)은

---

71 자료 출전:「南滿洲ニ於ケル本邦人土地商租狀況」,『在滿洲朝鮮關係領事館打合會報告』, 조선총독부, 1923, 107~133쪽.

자국의 법규에 맞추어 처리하기 때문에 지나 관헌을 상대하기 위해서는 특히 상조 형식의 명칭을 피하려는 경향이 있다.

그래서 일본인은 조약에 의해 획득한 상조권을 행사하고 있지만 어쨌든 납세 의무의 이행에 대하여 과세세칙(課稅細則)이 협정되지 않았다는 이유로 납세를 거부하는 자가 있다. 그 결과로 지나 측에서는 국세(國稅)와 지방세(地方稅)의 감수(減收)로 바로 재정의 근본에 영향이 미치는 것이 두려워 작년 이래 별지 병호(丙號)와 같이 상조 제한의 훈령을 포고했던 것이다.

위 훈령에 대하여 엄중히 항의하였지만 해당 훈령은 출조인(出租人)인 지주로부터 징수(徵收)하는 것이고 승조인(承租人)에 관한 내용이 아니라고 변명하고 아직도 취소하지 않고 있는 것이다.

살펴보면 지나 관민(官民)일지라도 일선인의 토지에 관계하는 것을 특히 배척하고 방해하려는 의도는 아니었다. 일선인이 지나 현행 규정에 의거한 수속을 이행하지 않는 동시에 의무 부담을 지지 않기 때문에 일선인의 토지 상조를 좋아하지 않는 경향을 초래한 것이다. 지금 바로 이곳 지나 관헌에 있어서도 이러한 상태로 변해가는 것은 국교(國交)상 즐거운 일이 아니므로 빨리 양국 간에 일정한 준거법, 즉 상조세칙협정(商租細則協定)을 성립시킬 필요를 인정하지 않을 수 없다.

(별지 갑호)

지나(支那) 측 상조규칙(商租規則)

1. 토지 상조에 관한 사항은 조약이 규정하는 바에 의해서 지방 관리는 마땅히 다음 각조에 비추어 주의해서 이를 처리해야 한다.

2. 토지 상조는 저당권(抵當權)[72]·질권(質權)[73] 매매의 의의를 포함하지 않고 단지 수익(收益)과 사용(使用)의 두 권리만 있다.

   그 토지소유자의 권리는 지주에게 속하고 조차인(租借人)은 이를 가질 수 없다.

---

[72] 저당권(抵當權): 채무가 이행되지 않을 경우 채권자가 저당물에 대해서 일반 채권자에 우선해 변제를 받을 수 있는 권리.

[73] 질권(質權): 채무자가 돈을 갚을 때까지 채권자가 담보물을 간직할 수 있고, 채무자가 돈을 갚지 아니할 때에는 그것으로 우선 변제받을 수 있는 권리.

3. 상조(商租)는 평화로이 협상해서 지주가 이에 동의한 것을 말한다. 만약 강박으로 교섭하면 이를 상조라고 말할 수 없다.

4. 기한은 각자의 계약을 허용하지만 30년을 최대한으로 삼는다. 기간이 만료해서 지주가 상조를 바라지 않으면 자유로이 상조를 정지할 수 있다.

5. 토지 상조는 상공업용 가옥과 공장을 건축하거나 또는 농업 경영을 위한 것에 한정해야 한다.

   그 토지 상조의 범위는 그 응용(應用) 또는 수용(需用)의 정도를 넘을 수 없다.

   전항의 농업에는 어업을 포함하지 않는다.

6. 토지 상조에 대해서 지주는 상조 시에 그 관할 지방관서에 대해 토지조용계(土地租用屆) 용지를 발급받아 상조 사항을 양식에 비추어 기입하고 신고해야 한다. 관할 관서는 이를 조사한 뒤에 각기 조계(租契)를 발급해야 한다.

7. 토지 상조에는 반드시 별도로 정한 계약용지 및 조지용지(租地用紙)를 사용하고 또 인지를 붙여야 한다.

8. 토지의 대출(貸出)은 그 소유권이 의연히 지주에게 있지만, 단 토지에 관한 일체의 과세는 조차인(租借人)이 규칙에 따라서 지주에게 지급할 조차료(租借料) 내에서 공제하여 지주를 대신해서 납부해야 한다.[지나안(支那案)][74]

9. 토지를 상조한 지주가 사망하여 절호(絶戶)한 경우에 그 토지는 바로 관할 관청에서 조사한 뒤에 국유로 하여 상조 기간을 만료하고, 만약 계속해서 조차하려면 제11조에 따라 처리하는 것으로 한다.

10. 저당(抵當),[75] 질입(質入)[76] 등의 토지는 원소유주가 이를 수려(受戾)[77]한 뒤가 아니고서는 대출할 수 없다.[지나안(支那案)]

11. 관유지(官有地)의 상조(商租)는 조차인(租借人)이 관할 지방관에게 파견원과 조사를 신

---

74 제목을 '지나 측의 상조규칙'이라고 달았는데도 조문 말미에 '(支那案)'이라고 부기되어 있어서 원문 그대로 옮겨 놓았다. 이하의 경우에도 동일하다.

75 저당(抵當): 부동산이나 동산을 채무의 담보로 잡거나 잡힘.

76 질입(質入): 돈을 빌리기 위하여 물건을 저당 잡힘.

77 수려(受戾): 빌린 돈을 갚고 저당 잡힌 것을 되찾음. 빌려준 돈을 받고 저당 잡은 것을 돌려줌.

청하고, 또 달리 수용(需用)하는 것들이 없을 때 바로 협상해서 상조로 이용[租用]해야 한다. 만약 농업상에 관한 관유(官有) 황지(荒地)이라면 지방관은 확실히 조사한 뒤에 파견원이 측량[측량에는 '부척(部尺)'[78]을 사용하고, 또한 외국척(外國尺)을 부기한다]하여 이를 대여하고, 조차료 외 그 측량비는 조차인이 규칙에 따라 납부해야 한다.

12. 청(淸) 황실 사산(私産)과 왕공부(王公府) 소유 기산(旗産)의 원래 소작인으로부터 종래보다 조차료를 늘리거나 또는 소작권을 빼앗을 수 없다. 만약 소작인이 소작을 사양하지 않으면 그 지주는 이를 다른 데로 대출할 수 없다.

13. 토지 상조에 대해 건축물에 관한 사항으로 주의해야 할 것은 다음과 같다[지나안(支那案)].

갑. 토지를 빌려 가옥을 건축하는 데에는 먼저 지주와 상담(商談)하여 동의를 얻어야 한다. 만기가 되면 그 건축한 가옥은 모두 지방의 관습에 따라서 지주의 소유에 속한다.

을. 토지를 빌려 가옥을 건설하거나 또는 가옥을 빌려 수리하는 데에는 먼저 지주와 상의(商議)하여 그 동의를 얻어야 한다. 만기가 된 후는 그 건설한 가옥 및 수리한 것은 철거함을 원칙으로 한다. 만약 지주가 이것의 인수를 바랄 때에는 허용한다. 단 철거의 경우에는 원래 상태로 복귀함을 요한다.

병. 농공업을 위해 토지를 빌려서 그 조차자(租借者)가 만든 가옥·우물, 그리고 가설(假設)된 교량, 제방 등이 있으면, 만기한 경우에 만약 지주가 필요하다고 인정하여 매수할 때에는 쌍방이 평가자를 세워 이를 평가해야 한다. 만약 지주가 그냥 인정하고 매수할 뜻이 없는 때에는 매수를 강요할 수 없다. 또 이를 철거하여 훼손할 수 없다.

정. 농업상에 관한 여러 종류의 시설은 인가(隣家)의 경작을 방해하지 않음을 원칙으로 한다.

14. 이상의 규정은 계속 조차한 경우에 똑같이 적용한다.

[별지 을호(상조토지잠행규칙)과 병호(포고훈령)는 생략함.]

---

78 부척(部尺): 청대의 건축용 자의 일종.

(나) 요양영사관(遼陽領事館) 관내 토지 상조의 상황

1. 토지 상조에 관한 사항

(ㄱ)

남만주에서 토지의 상조(商租)는 본건(本件) 조약부속교환공문(條約附屬交換公文)에 의해 「30개년까지 장기간의 기한으로 또 무조건적으로 갱신할 수 있는 토지 상조를 포함한다」라고 했음에도 불구하고, 이후 여러 사정에 의해 상조에 관한 세칙을 협정하지 못하였다. 또 '무조건'이라는 글자의 의의가 불명료함을 틈타서 북경정부(北京政府) 내무부(內務部)는 상조권이 소유권과 동일시됨을 우려하여 상조지무수지(商租地畝須知)[79] 및 동(同) 해석을 제정하고, 이를 봉천(奉天)과 길림(吉林) 두 성(省)의 관헌에게 내훈(內訓)하였다. 그런데 그것의 제4조에 의하여 상조 만기(滿期) 후에 출조인(出租人)이 계속 상조를 희망하지 않는 경우에는 자연히 상조를 정지할 수 있도록 하였다. 이는 바로 조약에서 말하는 '무조건'을 계약 당사자 간의 무조건이 아니라 지나 관헌 대 당사자의 무조건, 즉 당사자의 상조 계속과 상조 정지에 대해 지나 관헌은 어떠한 간섭을 가하지 않는다는 말이라고 해석한 것이다. 따라서 상조 계속의 경우에는 새로 상조하는 것과 마찬가지로 평화로이 협상하고 일체의 정규 수속을 이행해야 하고, 만기로 상조를 정지할 때 지주의 자주권이라는 것은 결코 방기할 수 없는 것이었다. 이로 보건대 상조권자가 만기 때에 출조인의 의사를 절대적으로 확보할 수 없는 이상 상조권도 역시 영속적인 보장이 없는 형편이어서, 특히 지나 관헌이 만기 시에 이면(裏面)에서 출조인에게 압박하여 본방인(本邦人)의 상조 계속을 곤란하게 만들 것임은 상상하기 어렵지 않다. 종래 본방인의 상조에는 계약서에 대개 만기 때에는 무상(無償)·무조건으로 갱신할 뜻을 지주로 하여금 기재하도록 하고 있는데, 지나 관헌이 보면 이는 지주가 방기해서는 안 될 자주권을 미리 방기한 것이라고 논할 수 있을 것이다.

---

79 토지 상조에 관해서 지방관리가 반드시 주의해야 할 기본적인 사항을 정한 규칙이다.

(ㄴ)

상조지무수지 및 이에 기초한 봉천성 관헌이 제정한 상조규칙의 조문은 다음과 같다.

〈상조지무수지〉

① 토지 상조(商租) 사항에 관해서는 조약이 규정한 바에 근거하여 지방관리는 당연히 다음 각조에 비추어 주의해서 처리해야 한다.

② 조지(租地)는 저당(典押, 전압) 또는 매매의 의의를 포함하지 않는다. 단지 수익사용권을 가질 뿐이고, 그 토지 소유의 권리는 바로 지주에게 속하고 영조인(永租人)은 이를 향유할 수 없다.

③ 상조란 평화로이 협상하여 지주의 동의를 얻는 것을 말하고, 강박으로 교섭하는 것은 상조라고 말할 수 없다.

④ 기한은 인민 스스로의 약정에 맡기고 30년을 최장의 기한으로 한다. 만기에 이르러서 지주가 상조를 바라지 않을 때에는 자유로이 상조를 정지할 수 있다.

⑤ 토지를 상조하고 상공업의 건물을 건설하거나 또는 농업을 경영하는 것은 그 상조토지의 범위를 한계로 삼고, 그 응용(應用) 및 수용(需用)의 정도를 넘어갈 수 없다.
  전항 농업에는 임업 및 어업을 포함하지 않는다.

⑥ 토지의 상조는 지주가 상조 시에 해당 관할 지방관서에서 조용토지전전보용지(租用土地墳填報用紙)를 수령하고 서식에 따라 기입하고 해당 관할 지방관서에 보고한다. 해당 관서는 조사한 뒤에 각기 조계(租契)를 교부해야 한다.

⑦ 토지를 상조할 때에는 별도로 정한 계지(契紙) 및 조지용지(租地用紙)를 준용(遵用)하고 인지(印紙)를 붙여야 한다.

⑧ 토지를 출조(出租)하지만 그 소유권은 바로 지주에 있는 것으로 한다. 단 납부해야 할 토지에 관한 일체의 과세는 승조인(承租人)이 규정을 살펴서 지주에게 교부할 조가(租價) 내에서 지주를 대신하여 납부하는 것으로 한다.

⑨ 토지를 상조하고 지주가 사망하거나 절가(絶家)로 된 때에는 그 토지는 해당 관할 지방관이 조사한 뒤에 국유로 귀속시키고 상조 만기로 다시 계속 상조를 요할 때에는 제11조의 방법에 의하기로 한다.

⑩ 저당권(抵押權, 저압권), 조권(租權) 또는 전권(典權)[80]을 설정한 토지는 원지주가 회수한 이후가 아니고는 출조할 수 없다.

⑪ 관유지의 상조에 있어서는 승조인이 해당 관할 지방관에게 신청하고, 지방관이 관원을 보내 실시(實施)를 조사시켜서 다른 데에 수요(需要)가 없는 경우에는 협상하여 조용(租用)하도록 한다. 만약 농업용으로 제공할 관유 황지인 때에는 지방관의 조사를 거쳐 확인한 뒤에 다시 인원을 보내 토지를 측량하여[측량에는 '부척(部尺)'을 사용하고 아울러 외국척(外國尺)을 열기(列記)해야 한다.] 출조시키고 조가(租價)[81] 외 그 측량 비용은 조지자(租地者)[82]에게 규정에 비추어 납부하게 한다.

⑫ 청 황실 사산(私産) 및 왕공부(王公府) 제기(第旗)의 사산으로서 원래 소작인(佃戶, 전호)이 있어 증조(增租), 탈전(奪佃)할 수 없는 것은 소작인이 조관계(租關係)를 탈퇴하지 않은 한 그 지주는 이를 출조할 수 없다.

⑬ 상조한 지상의 건축물에 관한 사항은 다음과 같이 주의해야 한다.

　(갑) 땅을 빌려 가옥을 건축함에는 지주에게 상의(商議)하여 그 동의를 얻어야 한다. 기한이 만료한 때에는 해당 건축 가옥은 지방의 관습에 따라서 지주의 소유로 귀속시킨다.

　(을) 땅을 빌려 가옥을 건축하고 또는 가옥을 승조(承租)하거나 혹은 이를 수리함에는 지주에게 상의하여 그 동의를 거쳐야 하고, 기한 만료 후에는 해당 건축 또는 수리 가옥의 철거를 원칙으로 한다. 지주가 그 양수(讓受)를 희망하는 것은 이를 허용해야 하고, 그 철거할 때에는 원상으로 회복해야 한다.

　(병) 농공업용 조지(租地)에서 조지자(租地者)가 스스로 건조한 가옥·우물 및 가설(假設) 교량과 제방 등에 대하여 기한 만료 후 지주가 반드시 매수하려고 하는 것은 쌍방이 평가자를 선발하여 이를 평가한다. 만일 지주가 그대로 인정하며 매수할 의사가 없는 것은 이를 강제할 수 없고 또한 철거하지 않아야 한다.

80　전권(典權): 저당가격[典價]을 지급한 후 타인의 부동산을 점유하여 전권(典權) 설정자가 회속(回贖)할 때까지 전물(典物)을 사용·수익하는 물권(物權).
81　조차료(租借料)와 같다.
82　조차인(租借人)과 같다.

(정) 농업상 각가지를 건설할 때에는 이웃의 경작을 방해하지 않는 것을 원칙으로 해야 한다.

⑭ 이상의 규정은 속조(續租) 시에도 적용한다.

〈상조규칙〉

상조 수속을 함에는 계거호관량령집조(契據戶管糧領執照)에 기재한 것과 본인의 실제 씨명이 상위하지 않아야 한다. 또 경계를 분명히 하여 갈등이 없도록 해야 한다. 발급한 상조용지(商租用紙)에 필요 사항을 기입하고 지도를 첨부하여 해당 관할구의 관리 및 측량원의 실측증명을 받아 정부(正副) 및 인가(隣家)의 승인을 받아 지주와 승조인이 함께 계지(契紙)를 수령하고 규정의 경비, 측량 비용, 지대금(紙代金), 인지세 및 상조 기한 내의 부과무손방연량표연표(賦課畝損房捐糧票捐票)를 예납(豫納)하여 비로소 유효한 것으로 한다.

위의 여러 비용 금액은 재정청(財政廳)의 허가를 받아 이미 공포되었지만 각인이 아직 알지 못하기 때문에 중개인 또는 본서원(本署員) 등에서 규정 이외의 금액을 탐하는 등의 일이 없도록 주의해야 한다.

위를 어긴 자는 임중히 처벌할 것이다.

위와 같이 포고한다.

〈상조세칙〉

본서(本署)는 상조징수처(商租徵收處)를 설치하고 다음 각항에 관해 징세(徵稅)하고, 재무청(財務廳)의 재가를 거쳤으니 상조 관계자는 이를 준수해야 한다.

기(記)

1. 상조를 행한 자는 그 연한에 따라 국가에서 부과한 무손(畝損)을 일시에 납입함을 요한다. 가옥 차용 시에도 그 세금은 이에 준한다.

1. 상조에 관해서 국가에서 부과한 양표(糧票)는 1매(枚)에 대해 대양(大洋)[83] 5푼[分], 무손방연(畝損房捐)의 연표(捐票)는 1매에 대해 동원(銅元) 2매(枚)씩을 징수한다.

---

83 대양(大洋) : 1원(元)짜리 은화.

1. 상조 경비는 그 연한에 의해 구별하여 징수한다.

   1년 이상의 것은 무(畝)마다 대양 1원(元) 2각(角)

   5년 이상의 것은 무마다 대양 1원 6각

   10년 이상의 것은 무마다 대양 2원

   15년 이상의 것은 무마다 대양 2원 4각

   20년 이상 30년까지의 것은 무마다 대양 2원 9각

1. 상조의 측량비는 무마다 대양을 징수한다.

1. 상조용지 1매에 대해 대양 5푼을 징수한다.

1. 정식 조계(租契) 수수료는 1매에 대해 대양 5각으로 한다.

1. 상조용지 및 조계지에는 인지를 붙여야 한다.

   1917년(民國 6) 11월 사법부(司法部)에서 검정(檢定)한 봉천상조토지등기규칙(奉天商租土地登記規則) 및 각 부책서식령(簿冊書式令) 그리고 일반에 행해진 계약서 양식 등은 생략한다. 당 지방에서 행해진 상조 계약의 사례에 2종이 있다. 하나는 전적으로 지나 규칙에 따라 체약(締約)한 것으로 대부분은 표면상 조선인 명의(名義)를 가지고서 한다. 다른 하나는 지나 관헌이 내밀(內密)하게 지나인 지주와의 사이에서 체약한 것이다. 전자에서 조선인 명의를 이용하는 일이 많음은 지나 관헌의 허가를 얻음에 용이한(때로는 지나 관헌이 조선인이 단지 명의인에 지나지 않는 사정을 숙지하면서 허가하는 일이 있다.) 데 따른 것이고, 후자는 지나 관헌의 허가를 거치지 않고 단지 우리 영사관의 인증을 받은 것에 그친 것이다. 하지만 표면상 전자의 방법이어서 그중에는 상조에 대해 지나 공서(公署)의 허가를 얻어 다시 당사자 간에 이면에 별개의 특약을 맺고, 만기 시에 무상(無償)·무조건 갱신, 또 훗날 일지(日支) 간에 상조세칙을 만들었을 때에는 이에 기초해 개정할 것 등의 조항을 넣는 것도 있다.

(ㄷ)

   지나 지방관헌이 본방인(本邦人)의 상조권(商租權) 취득을 즐거워하지 않는 것은 현재도 여전히 변화가 없는 것 같다. 최근 어느 방인이 지나인에 대한 대금(貸金)의 담보로 지나인의 지권(地券)을 입수하고 또 납세자력(納稅資力)이 없음을 보고 대신 지세(地稅)를 납부하여 그 영수증[세단(稅單)]을 보류(保留)했는데, 지나 관헌은 사태가 상조(商租)로 될 것을 염려하여 지주에게 다그쳐서 그 친족에게 설명하여 반금(返金)하도록 한 실례가 있다. 또 전술한 상조세칙에 의해 상조 기간 내의 지세, 기타 각종 공과(公課)까지를 일시에 징수하는 것은 고정(固定)적인 자금으로 농업 경영을 주로 하는 승조인에게 현저하게 타격해서 상조권 취득을 방해하는 바가 컸다. 특히 봉천성장은 최근 성내 각 현지사(縣知事)에게 민간 일선인에 대해 자유로 토지·가옥을 조용(租用)하는 자를 취체(取締)해야 한다는 뜻을 훈령했다고 한다. 상조권의 취득은 불이익을 참고 지나 측의 규칙에 따른 경우에는 비교적 원만히 행해지고 있다. 특히 황무지 또는 해마다 침수 우려가 있는 땅의 상조에 관해서는 지나 관헌의 허가를 받는 일이 조금 쉬운 것 같다. 취득한 상조권은 지나 관헌의 허가를 거치지 않은 경우에 승조인은 지주로부터 지계(地契) 및 지세영수증(地稅領收證)[세단(稅單)]을 인도받아서 이를 보존하고, 또한 계약서 중에 장래 상조물건에 대해 다른 일로 사고가 생긴 부분은 출조인 및 보증인이 일체의 책임을 인수한다는 뜻을 기재하도록 하는 등에 의해 권리의 보유를 꾀하고 있다.

원래 상조 계약은 조약의 취지에 반하지 않는 한 성립과 동시에 효력을 발생하고, 관청에 대하여 수속을 했는지의 여부는 효력의 발생에 직접 아무런 관계가 없는 것이다. 그렇지만 당사자인 지나인이 자국의 관계 관헌에 대하여 수속을 게을리한 때에는 지나 측은 이로써 국토의 도매(盜賣)라 하고 해당 지나인에게 엄벌을 가하는 일이 있어서 이상(異常)한 분규를 야기할 우려가 있다. 그리하여 관헌의 가혹한 조건을 감수하고 계약을 성립한 뒤에는 상조토지등기규칙에 의해 등기해야 해당 상조 기간 내에 승조인의 권리가 확보될 수 있다.

(ㄹ)

조선인의 상조는 내지인보다도 비교적 쉽게 성립하는 것 같다. 그들이 자기에게 유리하다고 인정한 경우에는 지나인에게 일본인으로서 권리를 주장하지만, 보통은 마치 독립국한국의 신민이라는 생각을 지나인에게 품게 함으로써 그 반감을 완화했기 때문일 것이다.

그리하여 조선인의 상조는 전연 자기의 출자에 의한 것과 전기한 대로 단지 계약서상의 명의인(名義人)임에 그치고 사실은 내지인의 출자에 의한 것 등의 2종이 있다.

당 영사관 내에서 조선인의 상조 토지는 다음과 같이 많이 있다.

승조인 씨명	상조지	면적	비고
이헌녕(李憲寧)	요양현(遼陽縣) 괴성둔(魁星屯)	3,781무(畝) 6	자가(自家) 출자 수전 경영
상동	요양현 단장자(單莊子)	456무 1	상동
김창호(金昌鎬)	요양현 변장자(邊墻子)	11,308무	방인(邦人) 출자는 농업 경영을 목적으로 했지만 미착수
이학원(李學元)	요양현 단장자	1,089무 7	자가 출자 수전 경영
상동	요양현 고대자소가절책 (高臺子蘇家竊柵)	4,142무 87	상동
김일■(金逸■)	요양현 삼가자(三家子)	5,128무 5	방인 출자금 계약의 명의인 수전 경영

위 가운데 김창호의 상조 토지에 관해 분의(紛議)가 발생하여, 출조인 측은 김창호가 계약 중보인(中保人)인 지나인과 공모하여 해당 토지의 지계를 위조하여 멋대로 사약(私約)을 맺었다고 하여 계약의 무효를 주장하였다. 이는 전적으로 출조인이 지나 관헌 때문에 박해당해 괴로운 나머지 이렇게 무망(誣妄)한 말을 하는 것이라고 하지만, 과연 누구의 말이 옳다고 해야 할는지. 아니면 김창호는 정말 선의로 중보인에게 사기를 당한 것인가. 이것들은 가벼이 판단할 수 없으므로 목하 사실을 조사 중이다.

또한 요양현 관내 내지에 재주하는 하층 선인(鮮人)이 지나인의 토지를 차수(借受)하여 개간하고 3년 또는 4년의 기간을 한계로 소작을 하고 수확을 균분하고 불리한 경우를 감수하고 있지만, 이들에 대해서는 상술을 생략한다.

(ㅁ)

상부지(商埠地) 외 및 만철부속지(滿鐵附屬地) 외에 있는 방인(邦人)은 소수이다. 이들은 모두 여러 해 내지 재주자로서 대개 평온하게 거주하며 영업하고 있어서 사고가 나는 일이 극히 드물다. 하지만 일본인에 대하여 토지·가옥의 임대를 거부하고 또 이들의 계약 기한이 만료한 경우에는 다른 곳으로 옮기도록 하고, 가능한 한 신규의 계약 성립을 방해하는 일이 왕왕 벌어지고 있다. 대개 은밀하게 행해지기기 때문에 그때마다 항의하기가 곤란하다. 하지만 일본인의 경우에도 집세를 지불하지 않거나 기타 부덕한 행위를 하는 자가 있는 것 등도 이의 원인이 된다.

조선인으로서 만철부속지 외에서 농공상업에 종사하는 자는 대개 하층의 생활을 감수하고, 따라서 지나인으로부터 내지인에 비해 열등시 당하고 있다. 그런데 조약 각조의 적용에 관해서는 일본인에 비해 약간 자유로운 입장에 있는 것 같다. 다만 공과(公課)와 같은 것은 지나인과 같은 금액을 납부해야 하는 상태이다.

〈그 밖의 영사관 관내의 조선인 토지 상조 상황〉[84]

1. 철령영사관(鐵嶺領事館) 관내의 조선인 토지 상조 상황

조선인의 현재 토지상조자(土地商租者)는 극히 적고, 그 상조를 한 자는 그 방법이 본방인과 대동소이하다. 그렇지만 현재 만주에 거주하는 조선인은 그 대부분이 무자력자(無資力者)여서 상조할 자력(資力)이 없어서 그들은 해마다 지나인과의 사이에서 분익법(分益法)에 의해 소작 계약을 하는 자가 많다. 그중에는 2년, 3년의 단기(短期) 상조를 하는 자도 있다.

2. 장춘영사관(長春領事館) 관내의 조선인 토지 상조 상황

조선인의 지나 내지 거주자는 주로 농업에 종사하는 자인데, 그들이 지나인 지주와의 사이에 체결한 토지 대차 계약에는 대차 기간이 대개는 3, 5년에 한정되어 장기(長期)의 것은 적다. 또 그들은 계약 중 특히 상조의 형식에 의거한 것 같은데, 조선인에 관한 한 이들 계약의 증명 등을 당 영사관에 신청한 것이 없어 상세한 사정이 분명하지 않다.

3. 길림총영사관(吉林總領事館) 관내의 조선인 토지 상조 상황

당 영사관 내에서는 선인(鮮人)이 일지조약(日支條約)의 규정에 따라서 토지를 상조한 실례가 없다.

---

[84] 「南滿洲ニ於ケル本邦人土地商租狀況」, 『在滿洲朝鮮關係領事館打合會報告』, 조선총독부, 1923, 116~128쪽.

4. 정가둔영사관(鄭家屯領事館) 관내의 토지 상조 상황

조선인 상조권 획득의 수단은 본방인과 같은 방법이지만, 당 영사관 내에서의 실례에 비추어보면 그 규모가 매우 협소할 뿐만 아니라 자금이 빈약하기 때문에 스스로 사업을 경영할 능력이 없는 형편이다. 단지 상조의 권리를 획득하고 이를 대기업가에게 전매하고 그 중간에서 이익을 잡아채려고 계획하고 있다. 따라서 관내의 수전과 기타 농업을 경영하여 토지를 상조하고 직접 경영에 종사하는 조선인의 사업은 지금 전무하다.

5. 안동영사관(安東領事館) 관내의 토지 상조 상황

당 영사관 관내에서의 이주 선인의 밀도는 압록강 상류 각 현에 많고 하류 방면은 그 수가 희박하다. 일반적으로 농업 자금이 부족하여 장백(長白), 임강(臨江), 집안(輯安), 관전(寬甸) 각 현에서는 선인의 인구가 비교적 많지만 지나인의 토지를 상조하는 자는 많지 않다. 소위 소작농이 과반을 차지하는 관내 선인의 상조 전면적은 약 8천 천지(天地)이다.[1천지는 6무(畝)여서 우리의 3반(反) 6무(畝)] 상조 기한은 상류 지방에서는 3년 내지 30년까지이고 하류 지방은 이보다 긴 기한이 많다. 그리하여 상조 금액은 전지(田地)이든 전지(畑地)이든 지미(地味)의 비척(肥瘠)에 따라 균일하지 않지만 1천지에 대해 은 100원(元) 내지 150원이다.

상조한 토지는 자신이 경작하기도 하지만, 또한 소작인에게 소작시키는 것이 통례이다.

〈자료 15〉 만몽 토지의 상조 문제[85]

만몽 토지의 상조 문제에 대하여는 대강을 자세히 설명한 바와 같이 지난 1915년(大正 4) 5월 25일 중일(中日) 양국 간에 체결한 만몽신조약(滿蒙新條約)[86] 제2조에

　　일본 국민은 남만주에 있어서 각종 상공업의 건물을 건설하기 위하여 또는 농업을 경영하기 위하여 필요한 토지를 상조(商租)할 수 있음.

라고 하고, 또한 제4조에

　　일본 국민이 동부내몽고(東部內蒙古)에서 지나국(支那國) 국민과 합판(合辦)에 의하여 농업 및 부수(附隨) 공업을 경영하려 할 때에는 지나 정부는 이를 승인할 것.

라고 하고, 또한 동 조약의 공문에

　　서한으로 계상(啓上)하나이다. 본일 조인한 만주 및 동부내몽고에 관한 조약 제2조에 기재한 상조의 문자에는 30개년까지의 오랜 기한부로 또 무조건으로 갱신을 할 수 있는 조차도 포함한 것으로 요해(了解)하옵기에 이에 조회하나이다. 삼가 아룁니다.

라고 함에 대하여 민국정부의 공문 응답이 있어 다시 일본 정부는

　　서한으로 계상(啓上)하나이다. 본일 귀한(貴翰)으로써 본일 조인한 남만주 및 동부내몽고에 관한 조약 제2조, 제3조, 제4조 및 제5조에 지나 정부에서 제반의 준비를 정제(整制)할 필

85　자료 출전: 田原茂, 「滿蒙土地商租問題」, 『滿洲와 朝鮮人』, 滿洲朝鮮人親愛義會本部, 1923년 6월, 194~198쪽.
86　「남만주 및 동부내몽고에 관한 조약」을 말한다.

요상 동 조약 조인 후 3개월간 그 실시를 연기하자는 뜻을 조회하심에 대하여 제국정부에서는 사정의 피치 못할 것으로 인정하고 위에 동의하여 이에 회답하나이다. 삼가 아룁니다.

이러한 공문으로써 이 실시를 3개월간 연기하여 그동안 이에 부수한 세칙 협정을 보려던 것이 밑도 끝도 없이 되어 버리고, 그 후 민국(民國) 정부는 말을 이랬다 저랬다 하며 이 세칙을 협정하지 않고 금일에 이르러 작년 이래 이상의 조약과 기타를 보태어 소위 21개조를 철회하여 최후의 승리를 과시하려 한다.

이것을 중일(中日) 국제 간의 확집(確執)에 의거하여 승부를 결정하려 한다. 하지만 먼저 동포(同胞)의 토지 상조는 동포의 민국 귀화(歸化)에 의거하여 해결하고, 또한 귀화치 않았다 할지라도 직접 교섭을 가진 민국인(民國人) 지주는 아주 쉽게 이 상조에 응하는 자가 있다. 그래서 원래부터 이것으로써 만전(萬全)치 못하다 할지라도 수전(水田) 경작에 대한 행사권, 즉 소작권은 상조의 형식에서 이행하고 있으며 해당 상조는 당초 민국인(民國人) 토지소유자와 동포 간 상호 선의의 양해를 기초로 하여 상조의 계약을 한다. 그리고 관할 일본 영사관에 출두하여 별항의 인증원(認證願), 상조권설정계약서, 일화(日華) 양문(兩文) 도면(圖面)을 각 4통씩 첨부하여 그 토지의 소유자 각자 지권(地券)을 휴대하고 일일이 지권번호와 계약서에 기재된 지권번호와 도면을 대조하며 정확한지 아닌지 또한 그 지권이 민국 관헌이 발행한 것인지 아닌지를 확인하고 해당 계약서의 기재 사항을 상호 간 일일이 선의의 이해를 하여 이를 행사함을 입증한다. 그리고 다시 지방 관계자를 보증인으로 하여 완전히 상조 수속을 마치고 일본 영사관에서 이를 인증(認證)하며 일화 양문 각 1통씩 당국 영사관과 출조인(出租人), 승조인(承租人)이 소지한다. 또 필요한 경우에는 본 계약서류의 사본을 제작할 수 있다. 이렇게 상호의 계약에 기초하여 지권(地券)[대조(大照) 혹은 집조(執照)], 장초(丈草), 양표(糧票) 교환으로 상조 요금 등 부대 비용금의 전부 혹은 일부를 교부하더라.

이리하여 상조권자 손의 한 지권은 그 토지 그것과 동일한 유가증권으로, 본래로 말하면 민국 관헌도 이를 인증하여 토지대장에 등기하는 동시에 상조권자, 즉 토지소유자의 명의를 서환(書換)함으로써 완전 무의(無疑)라 할지나, 민국 관헌은 상조세칙 미협정을 구실로 삼아 일절 상관하지 않는 태도를 고집하고 있다. 그러나 일조(一朝) 해당 토지에 관하여 상호 간 확집을 생(生)한 경우에는 일본 영사관은 민국인 지주에 대하여 또 민국 관헌에 대하여 해당 계약의 이행을 다그치며, 이에 따른 손해배상의 교섭을 시도하여 우리에게 유리한 해결을 이룩한 전례가 적지 않다 할 것이다. 또한 일부 부도덕한 민국인은 당초부터 거짓의 수단으로 위조지권을 만드는 자가 있으며, 자기의 소유가 아닌 지권을 전당 등 담보물건으로 임치한 것이 수수(授受) 미해결인 채로 있는 것을 자기 소유지처럼 만들어서 상조에 응하는 자가 있고, 기타 피아의 계약은 완전히 성립하였으나 상조권자 동포가 그 토지의 경작에 종사하려는 데 이르러 여러 가지 폭해(暴害)를 가하는 민국 관헌이 있다. 또 상조지에 관한 문제를 두고 민국인은 비열한 수단으로 얼마간의 금품 뇌물에 의거하여 해결하려고 한다. 그러나 해결했을지라도 민국 관헌이 그들이 싫어하는 토지 상조에 응한 것을 불가하다고 하며, 승조인을 투옥하거나 기타 각종의 핍박 수단을 멋대로 하여 이에 직간접의 영향이 미쳐서 토지의 경작 행사상에 다대한 지장과 손해를 초래하는 경우가 없지 않다. 그러므로 이러한 문제들에 대하여 당초부터 극히 세심한 주의를 하지 않을 수 없을 것이다.

더욱이 일반의 고려를 요하여 세심하게 주의할 것은 봉천성(奉天省) 반산현(盤山縣) 아래의 광범한 수전가경지(水田可耕地)이다. 요하(遼河) 이서(以西), 요하 본지(本支) 유역 지방은 러시아의 세력 범위 바깥이기에, 자연히 러시아의 만몽특종지역(滿蒙特種地域)을 계승한 일본에서 볼지라도 만몽특종지역 바깥이라는 견해하에 당업자(當業者)는 중일조약을 무시하여 절대로 토지의 상조에 응치 않는 경향이 있다. 또 동부내몽고 가운데 몽고왕부(蒙古王府)의 소유지는 그 토지의 소유권이 몽고왕부에 있으나, 이를 개전(開田) 경작하는 경우에는 일부 봉천성 요원현(遼源縣)에, 일부 흑룡강성(黑龍江省) 열하도(熱河道)의 관할에 속하므로 몽고왕이 그 토지를 매매 혹은 대여한 경우이며, 이를 경작할 때에는 해당 요원현지사 및 혈하도윤의 양해하에 사업에 종사하지 않을 수 없을 것이다.

끝으로 한마디 드리고 싶은 말은, 만몽에 있는 토지의 소유권은 해당 민국 관헌이 발행하는 확실한 지권(地券)의 유무에 의거하여 해결되며, 지권의 수수(授受)는 그 토지의 소유권 이동이 될 것이 물론이므로, 동척회사(東拓會社) 등 만몽 토지 관계의 제 회사와 은행은 지권 담보(地券擔保)로 우선 상조 계약 매매가격, 토지의 사정(事情), 수리관개 및 수전 등 경영상의 요소를 참작하여, 상당한 농경 자금을 대출하고 있다는 것이다. 따라서 대체로 이에 의거하면 유리한 경영을 하는 편리가 있다.

한마디를 더 보태면, 이상은 만몽 토지의 상조 문제에 대한 소위 일종의 표면관(表面觀)이다. 다시 이면(裏面)의 소식을 연구하면 최근 중일(中日) 양국 정부 간에 확집하고 있는 소위 21개조 문제에 대해 먼저 민국 정부는 앞의 1915년(大正 4) 5월 25일 「만몽신조약」 체결 후 얼마 지나지 않아 같은 해 6월 22일 대총통명(大總統命)으로 전문 8개조로 되어있는 국적조례(國賊條例)를 발하였다.

　　사사(私事)로이 외국인과 계약을 체립(締立)하고 본국 국가의 권리에 손해를 끼치는 자를 매국죄로 함.
　　매국죄를 범한 국적(國賊)은 사형에 처함.
　　공모자는 사형에 처하고 사정을 알고 은비(隱庇)하는 자는 무기도형(無期徒刑) 혹은 일등(一等) 유기도형(有期徒刑)에 처함.
　　사형은 총살에 의하여 집행할 수 있음.

　　이어서 전문 14개조로 된 상조수지(商租須知)라는 것을 발포(發布)하고, 다시 이듬해 1916년(大正 5) 12월에

　　외국인에게 저당(抵當)하거나 방매(放賣)한 지권(地券)은 무효로 함.

이라고 하는 명령을 발하고, 또 이듬해 1917년(大正 6) 12월에는 봉천성 의회(議會)의 건의에 의하여

　　1918년(大正 7) 1월 7일 이후 토지를 몰래 외인(外人)에게 대여하며 혹은 지권 등의 증빙서류를 사용하여 이기적으로 외채를 차용하는 자는 도매국사차외채(盜賣國私借外債)의 율(律)로 처벌함.

이라고 하였다. 이와 같이 몇 번이든지 이런 종류의 엄중한 포고 훈령을 발하여, 민국인의 토지 상조를 방해하며 더 나아가 목하 중일(中日) 간 국제 문제로 된 21개조의 철폐를 부르짖게 되었다. 그러나 이상은 민국 관헌의 습관적인 수단이고 결코 일고의 가치가 없는 것이

며, 또한 ■이 이를 염두에 두고 천천히 그 되어가는 데 의거하여 출소진퇴(出所進退)의 요(要)가 있을 것은 물론이다. 어찌하여 그러냐 하면 만주 수전의 성부(成否)는 동포의 사활(死活)을 결정할 대(大)문제인 까닭이다.

1920년대 재만 조선인에 대한 취체와 박해

해제

　제Ⅲ장에서는 제1절에서 1919~1925년까지 재만 조선인에 대한 취체(取締) 정책, 제2절
에서 1927년경부터 본격화된 재만 조선인의 박해 문제에 관하여 일본 외무성과 조선총독
부, 만철 등의 자료들을 번역하여 수록하였다.

　먼저 재만 조선인에 대한 취체 정책에 관한 자료에서 「불령선인(不逞鮮人) 취체(取締)에 관
한 건」(자료 16)은 1919년 10월 5일 관동청 사무총장 스기야마(杉山)가 봉천총영사 아카쓰카
(赤塚)에게 의뢰한 조회(照會) 내용을 10월 9일에 관동군참모장 하마오모테 마타스케(濱面又
助)가 육군차관 야마나시 한조(山梨半造)에게 보낸 문건이다. 내용의 요지는 만주, 특히 조선
국경과 길림 지역의 조선인을 취체하기 위하여 일본 육군과 관동군이 외무성으로 하여금
장작림 등 중국 당국과 협의하여 취체 방법을 강구하도록 한다는 것이다. 재만 조선인에 대
한 취체가 일본 군부와 외무성 그리고 중국 정부의 사전 협력하에 이루어졌음을 보여 주는
자료이다.

　「만주에서의 불령선인 취체에 관한 계획」(자료 17)은 조선총독부에서 재만 조선인을 취체
하기 위한 방안을 계획한 문건이다. 아카쓰카 봉천총영사의 계획안을 참조한 것으로, 제1의
취체 방안으로는 조선인 5명을 1조로 구성하여 2개조의 시찰단을 만들어 중국 순경과 협력
하여 각지를 시찰하며 '불령선인'을 체포한다는 것이다. 이 밖에도 보민회를 보호하고, 봉천
총영사에게 기밀비를 지급하며, 대련·안동·장춘 간의 왕복 열차에 사복 순사를 탑승시켜서
조선인을 시찰·취체하고, 또한 조선 경찰관을 만주 각지에 파견하고 관동청의 경찰관으로
서 집무하도록 한다는 것이다. 조선총독부의 재만 조선인에 대한 취체 정책이 일본 외무성
을 비롯하여 중국 지방 당국과도 긴밀한 협력 속에서 계획되었음을 보여 주는 자료이다.

　「만주 및 연해주 이주 선민 보호취체안(保護取締案)」(자료 18)은 1921년경 일본 외무성에서
작성한 문건이다. 만주와 연해주에 거주하는 조선인이 독립운동과 공산주의운동에 참여하
는 것을 방지하기 위하여, 이들에 대한 '보호와 취체'의 구체적 방안을 약술한 자료다. '보호'

안으로는 교육시설과 위생시설을 설치할 것, '취체'안으로는 봉천 및 블라디보스토크에 특별 기관을 설치할 것, 특별 경찰비를 지출할 것, 보민회와 민회를 조직하고 보조할 것, 조선총독부·관동청·영사관·보민회 및 중국 측 협력 아래에 조사반을 조직하여 각지의 조선인을 시찰할 것 등에 대해 기술하였다.

「만주 방면의 선인 취체」(자료 19)는 1921년 일본 제45의회 설명 자료로 작성된 문건이다. 일본군이 1920년과 1921년 서간도 일대와 봉천성 각 현에서 최창규(일명 최정규) 등 보민회를 이용하여 중국 지방경찰관과 함께 조선인 독립운동가들을 수색하였다는 내용을 담고있다.

「경찰관 간도(間島) 파견 경과 상황」(자료 20)은 조선총독부가 200여 명의 경찰관을 충청남북도, 전라남북도, 강원도에서 선발하여, 1922년 7월 11일 원산(元山)에 집합시켜 16일, 17일에 걸쳐서 혼춘(琿春), 용정(龍井), 두도구(頭道溝), 국자가(局子街)로 파견하는 상황을 정리한 것으로, 경무국장의 훈시도 부기되어 있다. 조선총독부 경찰관의 간도 파견은 1922년 6월 28일 간도 두도구에서 170여 명의 '마적단'이 중국인 마을, 상부국과 일본 영사관을 습격하여 방화한 사건에 대응하여 출병 대신에 이루어진 조치였다.

「불령선인의 취체 방법에 관한 조선총독부와 봉천성(奉天省) 사이의 협정 및 동 세칙(細則)」(자료 21)은 남만 지역(서간도 지역)을 근거지로 삼는 조선인의 취체를 규정한 협정이다. 남만지역의 조선인 독립운동이 압록강을 건너 조선으로 진입하는 작전을 전개하여 조선총독부가 자주 압록강을 넘어 조선인들을 취체했는데, 이런 조선총독부의 행위는 중국 측의 주권을 침해하는 것이었기 때문에 중국 측으로부터 항의가 끊이지 않았다. 그래서 1925년 조선총독부 경무국장 미쓰야 미야마쓰(三矢宮松)와 봉천전성(奉天全省) 경무처장 우진(于珍) 간에 맺은 협정이 이것이다. '미쓰야협정'에 의해서 중국 영내의 조선 독립운동단체에 대한 취체를 중국 측에 위임하고, 중국 측은 체포한 조선인을 조선총독부 측에 인도하였다. 1920년대 후반에는 중국 측이 재만 조선인을 구축(驅逐)하는 정책으로 이용하였다.[87] 주요한 내용을 보면, ① 재류 조선인에 대해 중국 관헌이 호구를 조사하고 패(牌)를 편성해서 상호 연대 책임을 지우고, ② 중국 관헌은 재류 조선인이 무기를 들고 조선으로 들어가는 것을 엄금하고 위반하면 체포하여 조선총독부 측에 인도하고, ③ 조선 독립운동단체를 해산시키고 휴대한 총기를 몰수하여 무장을 해제시키고, ④ 조선인이 소유한 총기(수렵용은 제외)와 화약을 수시로 수색하여 몰수하고, ⑤ 조선총독부가 지명한 조선인 독립운동가를 체포하여 인도하고, ⑥ 중일 양국의 관헌은 조선인의 독립운동 취체 상황을 서로 통보한다는 것 등이었다.

그리고 재만 조선인 박해 문제에 관한 자료로는, 먼저 개괄적인 전개 상황의 자료로서 남만주철도주식회사 인사과에서 1928년 3월에 발행한 『재만선인압박사정(在滿鮮人壓迫事情)』의 제1장인 「재만 선인에 대한 압박 상황」(자료 22)을 번역, 수록하였다. 내용을 보면, 재만 선인의 압박 문제가 1927년 11월, 12월에 정점에 달하였고, 종래 봉천성에 한정되었던 압박이 1927년 9월경부터 길림성에서도 발생하였으며, 지주보다는 중국 관헌에 의한 압박이 대다수를 차지하였고, 압박 종류로는 퇴거 명령이 가장 많았다. 자료에 의하면 봉천성에서 압박의 근거 법령들 4개 가운데 3개는 이미 1925년에 제정된 것들이었다. 이는 재만 조선인에 대한 취체와 박해가 서로 밀접하게 연관되어 진행되었음을 보여 준다.

「재만 선인에 대한 압박과 배척」(자료 23)은 조선총독부 경무국에서 1930년 7월에 간행한 『극비(極祕) 고등경찰자료(高等警察資料) 재만(在滿) 선인(鮮人)과 지나(支那) 관헌 부(附) 만주에서의 배일운동(排日運動)』의 제4장 제4절 「재만선인압박배척(在滿鮮人壓迫排斥)」을 번역한 것이다. 내용은 '민회 배척', '귀화 문제', '소작 문제', '토지·가옥에 관한 문제', '거주에 관한 문제', '압박 사례' 등으로 구성되어 있다.

---

87 貴志俊彦·松重充浩·松村史紀 編, 『20世紀滿洲歷史事典』, 吉川弘文館, 2012, 209~210쪽.

「지나(支那) 관헌의 조선인에 대한 태도와 보안 능력」(자료 24)은 1931년 4월 일본 외무성 아세아국 제2과에서 작성한 『간도문제조서(間島問題調書)』의 제7장에 수록된 것으로, 이것의 제1절에 1928~1930년 중순까지 지나 관헌의 조선인 압박 상황이 기술되어 있다. 주로 토지 소유권의 제한, 조선인 사립학교에 대한 간섭과 압박, 민회 배척 등에 관한 것이다. 이 밖에도 제2절에는 지나 관헌의 경찰력과 국방력, 제3절에는 지나 군경의 조선인에 대한 비행 등이 기술되어 있다.

1. 조선총독부의 재만 조선인 취체(取締) 정책

〈자료 16〉 불령선인(不逞鮮人) 취체(取締)에 관한 건[88]

1919년(大正 8) 10월 9일 관동군참모장(關東軍參謀長) 하마오모테 마타스케(濱面又助)
육군차관 야마나시 한조(山梨半造) 귀하

수제(首題)의 건에 관해 관동청(關東廳) 사무총장(事務總長)으로부터 재봉천(在奉天) 아카쓰카(赤塚) 외무부장(外務部長) 앞으로 다음의 조회(照會)가 있었으므로 통첩(通牒)합니다.

다음
아카쓰카(赤塚) 총영사 앞, 스기야마(杉山) 사무총장

불령선인 취체에 관한 건을 명(命)에 의해 조회

만주(滿洲)에서의 불령선인의 행동에 관해서는 이미 충분한 주의를 가지고 취체하고 있습니다. 그런데 알고 계시는 것처럼 근래 만주, 노령(露領) 및 상해(上海) 등에서 불령선인은 서로 연락하여 불온(不穩)의 도(度)를 점점 증가시켜 왔습니다. 특히 조선의 접양(接壤) 지방 그리고 길림(吉林) 방면 등에서는 군중이 집단을 이루어 기맥(氣脈)을 통하여 조선 국경 안으로 습격을 계획하는 등 이 때문에 조선의 평온을 점점 크게 위협하는 상황을 보게 되었습니다. 이는 정말로 우려해야 할 사정인데, 그들 불령선인 집단의 장소는 대다수 국경 등 변경 지대이기에 우리 경찰력으로 어찌할 수 없습니다. 만일 그들이 조선 영토 안으로 침범하는 일이

---

88 자료 출전: 「不逞鮮人取締に關する件」(1919), 『朝鮮騷擾事件關係書類』, 所藏館 防衛省防衛研究所. アジア歷史資料センター Ref. C06031114000.

생기면 우리나라로서도 자위상 당연히 국경 밖으로 어쩔 수 없이 출병하게 될지도 모릅니다. 이와 같은 일은 국교(國交) 관계에서 말할 것도 없이 바람직하지 못한 상황입니다. 이뿐만 아니라 불령선인이 만약 마적(馬賊)과 연계하여 행동을 함께 하게 된다면 사태가 매우 쉽지 않게 될 것입니다. 이런 점들에 관해서는 지나 관헌의 경우도 충분히 주의해야 할 필요가 있을 것으로 생각합니다. 그러므로 이 기회에 지나 관헌으로 하여금 저들 선인(鮮人)의 불온한 행동의 기도(企圖)를 미연에 방지시키는 방법을 강구하는 것은 일지(日支) 양국을 위해 가장 시의적절한 조치라고 생각합니다. 본건에 관해서는 지나 관헌도 종래 상당한 취체 방법을 강구하고 있는 것 같습니다만, 아직 철저하다고 볼 수 없어 유감입니다. 또한 이번 별지에 옮긴 대로 육군대신으로부터의 전보도 있었습니다. 따라서 다치바나(立花) 군사령관과 잘 협의한 결과, 이 기회에 철저하게 취체를 하도록 지나 관헌과 교섭하기로 결정하였습니다. 그러므로 위에서 말한 주지(主旨)에 따라서 장작림(張作霖)과 교섭할 방법을 알맞게 조치하시기를 바라면서, 이에 대해 명에 의해서 조회합니다.

10월 5일

(별지)

전보(電報) 번역문
1919년(大正 8) 10월 2일 오후 3시 20분 발(發), 오후 7시 25분 착(着)
하야시(林) 장관 앞, 육군대신

관동군(關東軍)사령관에게 다음과 같이 전보해 두었으니 군사령관과의 협동에 관해 특별히 배려해 주시기 바랍니다.

만주 지방에서의 불령선인의 행동에 관해서는 충분한 주의를 하고 계신 것으로 믿습니다. 그런데 근래 불온한 도(度)가 더욱더 심해졌기 때문에 조선 내의 평온을 크게 위협하고 있습니다. 그러므로 이 기회에 한층 더 경계와 취체를 엄중히 하는 동시에 관동장관(關東長官)과 협의한 뒤에 장작림과 교섭하여 지나 관헌으로 하여금 힘을 다해 만주, 특히 조선의 접양 그리고 길림 방면에서의 불령선인의 행동을 취체하도록 하여 그들의 불온한 행동의 기도를 미연에 막아내도록 하는 일에 배려해 줄 것을 바랍니다. 또한 지나 영토 내에서의 불령선인의 취체방법에 관해서 외무성으로부터도 지나 공사(公使)를 거쳐 북경정부(北京政府)와 교섭할 예정입니다.

〈자료 17〉 만주에서의 불령선인 취체에 관한 계획[89]

만주에서 불령선인(不逞鮮人)들이 시베리아 방면의 질서 문란에 편승하여 무기, 기타를 획득하여 대오를 정비하고 소위 무력 침입을 시도하고 있어, 함경북도와 평안북도의 국경 방면에서 불온한 정세를 자주 전해 오고 있다. 따라서 이 기회에 지나(支那) 관헌의 협력을 얻어 이들을 진압하고 취체(取締)하기 위한 방법을 강구할 필요가 있다고 판단하고 총독부에서 각기 연구하고 있는 중인데, 지난달 중순 아이바(相場) 통역관, 아카쓰카(赤塚) 총영사의 계획을 가져왔기에 이를 참조하여 대체로 다음과 같은 계획을 세웠다.

1. 시찰단(視察團)의 조직

선인(鮮人) 5명을 1조로 만든 단체 2조를 조직하고, 그 단장은 봉천총영사관의 촉탁으로 하고 단원에게는 권총 및 호■(護■)를 소지시킨다. 본단은 장작림(張作霖)과 협의를 거쳐, 장(張)이 지나 순경 5명을 붙여서 지방관에게 맡긴 보호 및 취체 방법의 공문을 건네주고, 각지를 순회하며 서명한 불령선인을 체포하여 무기와 금품을 압수하기로 한다.

2. 보민회(保民會)의 보호

이인수(李寅秀)[90] 등의 보민회는 불령선인과 양립할 수 없고, 자위상 무력의 적대 행위를 하지 않을 수 없으므로 이를 보호, 이용할 것.

3. 기밀비의 보급

봉천총영사에게 기밀비 2만 원을 보충하고 자유로이 사용하도록 할 것.

---

89 자료 출전: 「滿洲ニ於ケル不逞鮮人取締ニ關スル計劃」,『齋藤實文書』제11권, 高麗書林, 1999, 537~542쪽.

90 이인수(李寅秀): 생몰년 미상. 서울 출신. 1906~1909년 11월까지 일진회 충청남도 지부 회장을 역임하고, 1920년 2월 김택현·김유영·최정규 등과 함께 제우교(濟愚敎)를 설립하였다. 1920년 3월 만주 보민회 발기인으로 참여하고, 1920년 5월부터 1922년 10월까지 보민회 본부 총회장을 맡아 독립운동 세력을 탄압하였다. 1921년 4월 제우교 부교령에 이어서 1923~1926년까지 대교령을 지냈으며, 1938년 대동일진회의 상담역에 선출되었다. 친일인명사전편찬위원회,『친일인명사전』3, 민족문제연구소, 2009, 89쪽.

4. 열차승조대(列車乘組隊)의 조직

봉천을 중심으로 대련, 안동, 장춘 간 왕복 열차에 사복 순사를 탑승시켜서 봉천경찰서장 지휘 아래 시찰, 취체를 하도록 한다. 이 경우 순사의 신분과 급여는 총독부 순사이지만 겉으로는 관동청(關東廳) 순사로 할 것.

5. 조선 경찰의 확장

조선 경찰관을 지나 각지에 파견하고 관동청의 경찰관으로서 집무하도록 한다. 아카쓰카(赤塚) 총영사의 제안은 35개소에 경찰관 76명이지만 당분간 11개소에 24인을 파견할 것.

이어서 지난달 28일 밤 아카이케(赤池) 경무국장은 시라카미(白上) 사무관을 대동하고 봉천으로 가서 1주일여 체재하며 장(張), 포(鮑),[91] 여(汝) 등 지나 측과 교환(交驩)하고 또한 아카쓰카(赤塚) 총영사, 모리타(森田) 영사, 이리에(入江) 영사, 사이토(齋藤) 대좌 등과 협의한 결과, 원안을 기초로 삼아 되도록 신속히 실행에 착수하기로 결정하였다.

이에 관하여 경찰서장의 이름으로 각 경찰관에게 아래와 같은 훈령을 발하였다.

1. 불령선인을 취체할 것.
2. 보민회의 보호를 두터이 할 것.
3. 불령선인을 비호하거나 또는 이와 결탁하는 관리를 징계, 면직할 것.

그리고 성(省)의 이름으로 지현(知縣)에 대해서도 같은 내용의 훈령을 발하도록 하고, 조사반에게 1번 항목은 우에다(上田) 경시를, 나머지는 정가둔(鄭家屯)의 후쿠모토(榎本) 고문을 감독으로 위임할 것을 장작림과 교섭하여 대체로 승인을 얻었다. 본 회의에 참가했던 포(鮑)도 봉천성의 형식을 쫓아서 길림성 내에서도 똑같은 일을 하겠다는 뜻을 분명히 말했다고 한다.

---

91 봉천파(奉天派) 군인 포귀경(鮑貴卿, 1867~1934)을 가리킨다. 1917년에 흑룡강독군(黑龍江督軍) 겸 성장(省長)이 되었으며 1919년에는 길림독군(吉林督軍), 1920년에 길림성장(吉林省長)이 되었다.

또 시찰반(視察班)은 통과하는 지방의 순경을 회유할 필요가 있다고 보고, 우선은 5,000원의 기밀비를 가지고 다니도록 하였다.

북간도 방면에 대해서는 외무성(外務省)에서 니시자와(西澤) 사무관이 조선에 와서 북간도 지방의 경비를 위해 조선에서 경찰관을 응원하는 일에 대해 교섭하였는데, 당장은 지장이 없다는 뜻을 회답해 두었다. 만주의 조선인은 예상했듯이 궁핍하고 게다가 독립운동에 싫증난 자가 많기 때문에 이 기회에 양민을 보호하고 불령자(不逞者)를 취체하는 것은 시의적절하고, 보민회를 보호하는 성명 같은 것도 양호한 효과가 있을 것이라고 한다.

〈자료 18〉 만주 및 연해주 이주 선민 보호취체안(保護取締案)[92]

조선인(朝鮮人)이 만주(滿洲) 및 연해주(沿海州)로 이주(移住)한 자는 지금 100만 명 이상에 달하고, 더구나 점차 증가의 경향을 보이고 있다. 이들 이주 선민(鮮民)은 일찍이 조선의 병합(倂合)에 의해 제국신민(帝國臣民)으로 승인받았음에도 불구하고, 의연히 국가의 어떠한 혜택도 입지 못하고 있다. 그 대다수는 매우 빈곤하여서 이주 지방의 주민으로부터 끊임없이 여러 가지 압박을 받고, 항상 불안한 지경에서 방황하는 등 가련한 상태에 있다. 따라서 소위 불령선인(不逞鮮人) 및 노국(露國) 과격파의 선동에 편승하기 쉽고, 만일 이대로 방임한다면 그들이 제국에 대하여 점차 험악한 사상을 품게 될 것은 당연한 추세일 것이다. 게다가 그들은 제국(帝國)과 러시아·지나 양국의 사이에 개재하여 자칫하면 국제 관계 분규를 야기하는 원인을 조성하고, 장래 우리 외교 그리고 국방상에 적지 않은 화근이 될 것임은 기왕의 형세에 비추어보면 분명하다. 즉 만주 및 연해주의 이주 선민의 보호·취체는 이제 하루도 등한히 대할 수 없는 현실로 닥쳐 왔다. 그리하여 이 해결의 방책으로서는 이때 제국이 나아가 경제상에서 그들을 부축하여 먼저 생활의 기반을 확립함과 함께 위생 그리고 교육에 관한 시설도 강구하고, 동시에 그 취체를 엄히 하여 그들도 역시 제국신민이라는 긍지와 복지(福祉)를 줌으로써 불량선인 및 노국 과격파로부터 받는 위협에서 벗어나도록 하는 수밖에 없다.

그렇다. 그래서 이들 선인(鮮人)에 대한 경제적 구제 방법은 다소 항구적 시설을 필요로 하는 것이다. 이는 따로 연구하기로 하고, 당분간 실행을 필요로 하는 교육 및 위생에 관한 시설 및 취체에 대해서 그 구체안을 다음과 같이 약술하겠다.

---

92 자료 출전: 「滿洲及沿海州移住鮮民保護取締案」(1921), 『朝鮮人ニ對スル施政關係雜件』, 日本外務省 外交史料館. アジア歷史資料センター Ref. B03041597500.

제1 교육시설 및 위생시설

1. 교육시설

(1) 이주 선민의 자제(子弟)를 교육할 목적으로 당분간 봉천(奉天), 간도(間島) 및 블라디보스토크[浦潮斯德] 3곳에 보통학교(普通學校)(조선공립보통학교규정에 준함)를 설립할 것.

보통학교는 이주 선민의 자제에게 국민교육의 기초인 보통교육을 하는 것을 목적으로 삼아서 아동 신체의 발육에 주의하고 국어를 가르치며 덕육(德育)을 베풀어 국민다운 성격을 양성하여, 그 생활에 필수인 보통의 지식과 기능을 전수한다.

수업 연한은 3개년으로 하고, 입학할 수 있는 자는 연령 8세 이상으로 한다.

우선은 봉천, 간도, 블라디보스토크 3곳에 두지만 장래에는 전술한 선민구제회사사업(鮮民救濟會社事業)의 발전으로 일정 지방에 다수의 선민이 정주하면 이에 따라 점차 각지에 증설하도록 한다.

(2) 보통학교의 설립 비용은 정부가 지불하고 유지 비용은 당분간 정부의 보조금 및 기부금에서 지불할 것.

보통학교의 설립비는 1학교의 아동 수용을 약 300명으로 하여 부지(敷地) 매수비, 건축비, 설비비 등을 합하여 1학교 약 4만 원이 필요하고, 유지비(維持費)는 직원의 봉급(俸給)·여비(旅費) 등 제(諸) 급여 및 교비(校費)를 합하여 1학교 1개년에 약 2만 원이 필요하다. 설립비는 전부 정부의 지출에 의지하고 유지비는 당분간 정부 보조금 및 기여금에서 지출하지만, 장래 이주 선민의 경제력 증진에 따라 학교 구내의 거주민에게 부담시키도록 한다.

(3) 보통학교의 감독에 관한 사무는 봉천, 간도 및 블라디보스토크 총영사관에서 취급하도록 할 것.

2. 위생시설

(1) 이주 선민의 병자(病者) 구제(救濟)를 위해서 당분간 봉천, 간도 및 블라디보스토크

3곳에 시료소(施療所)를 두고, 또 봉천, 간도, 블라디보스토크 이외 선인에 대해서는 이들 시료소에서 순회시료(巡廻施療)의 방법을 취할 것.

이주 선민의 병자 구제를 위해서 지금 아무런 시설이 없으므로 그들이 갑자기 병환에 빠지자 그 참담함은 우마(牛馬)에도 미치지 못하는 상황이다. 따라서 이에 대하여 지급(至急)히 적절한 시설을 강구할 필요가 있다. 이 때문에 우선은 봉천, 간도 및 블라디보스토크에 시료소를 개설하고 다시 각 시료소 내에 순회시료반(巡廻施療班)을 두어 시기를 정해서 각 지방의 이주 선민에 대해 순회시료를 하도록 한다.

(2) 시료소 설립비는 정부가 지출하고 유지비는 당분간 정부의 보조금 및 기부금에서 지출할 것.

시료소 설립비는 부지 매수비, 건축비, 설비비 등을 합하여 1개소에 약 2만 원이 필요하고, 유지비는 직원의 봉급·여비 등 제 급여 및 기계·약품 보충비 등을 합하여 1개소 1개년에 약 3만 원이 필요하다.

유지비는 당분간 절반을 정부가 보조하고 절반은 만철병원(滿鐵病院), 조선자혜병원(朝鮮慈惠病院), 일본적십자사(日本赤十字社) 등 일반에서 약품 및 금품 등의 기부를 받아 보충하도록 한다. 그렇더라도 장래에는 이주 선민의 경제력 증진에 따라서 각 시료소 구내의 거주민에게 부담시키도록 한다.

(3) 위 시료소의 감독에 관한 사무는 봉천, 간도 및 블라디보스토크 총영사관에서 취급하도록 할 것.

부기(附記)

이상 여러 시설에 관해 정부의 지출을 필요로 하는 금액은 다음과 같다.

	임시비(원)	경상 보조금(원)
교육시설	120,000	60,000
위생시설	60,000	45,000
합계	180,000	105,000

제2 불령선인취체안(不逞鮮人取締案)

만주(滿洲)와 시베리아[西比利亞]의 이주(移住) 선인(鮮人) 문제가 우리 조선의 통치 및 만주 정책에서 하루도 소홀히 해서는 안 되는 것임은 지금 또다시 말할 필요도 없다. 그리고 이들 재외 선인에 대한 우리 근본 방책은 주로 경제적, 문화적 시설에 의거하여 경제에서부터 그들을 도와서 생활의 기초를 확립시키는 동시에 문화의 혜택을 입도록 함으로써 제국신민 이라는 긍지와 복지를 향유하도록 하는 것임도 역시 말할 것도 없다. 그렇더라도 단지 많은 자금을 투자하여 이들 시설을 만드는 데 그친다면 지금 상태에서는 어쩌면 불령배(不逞輩) 에게 좋은 먹잇감을 주는 결과로 되어 참 목적을 달성하지 못할 염려가 없다고 할 수 없다. 그러면 한편 이주 선인의 구제(救濟)를 다하는 동시에 다른 한편 불령배의 취체(取締)를 엄히 하여 그 폭거(暴擧)를 막아서 양민(良民)으로 하여금 불량배의 위협에서 벗어나 안정하게 우리 시설의 혜택을 누릴 수 있는 상태에 있도록 만들고, 더 나아가 양민의 자치(自治)와 자위(自衛)를 장려하고 조장하여 우리 구제시설(救濟施設)의 효과를 점점 크게 할 수 있는 방도를 강구하지 않으면 안 된다. 다음은 이의 취체실행안(取締實行案)을 약술한 것이다.

1. 봉천 및 블라디보스토크에 특별 기관을 설치

만주 및 시베리아에 있는 선인에 대한 경제적 구제, 문화적 유도(誘導) 및 철저한 취체의 통일과 연락을 도모하고 그 목적을 충분히 달성시키기 위해서 이들 여러 시설에 정통한 자를 외무성(外務省), 조선총독부(朝鮮總督府) 및 관동청(關東廳) 등에서 선발해 임무를 맡기고, 이들 여러 요원으로 조직한 특별 기관을 봉천 및 블라디보스토크에 설치하여, 봉천 및 블라디보스토크 총영사의 지도·감독 아래에 각지 여러 기관의 통할(統轄)과 지도의 임무를 맡도록 하는 것이 득책이라고 판단한다. 그리고 특별 기관의 조직 세목(細目)에 대해서는 관계 관청의 협의에 의해서 입안해야겠지만, 대체로

    (1) 경찰부

    (2) 교육부

    (3) 구제부[식산과(殖産課), 금융과(金融課)]

등의 3부(部)로 하고, 각 관계 방면에서 각기 각부의 사무에 정통한 자를 선발하여 당분간 부(府) 및 청(廳)의 관리로서 봉천 및 블라디보스토크 출장의 형식으로 집무하도록 한다. 본 기관의 경비는 초안을 만들어 청구할 것이다.

2. 특별 경찰비

일금 23만 3,840원

블라디보스토크, 간도 지방 그리고 기타 만주 각지에서 우리 경찰력이 재류 방인(邦人)의 보호와 불령선인의 취체를 충분하게 유감이 없도록 하는 데 도저히 만족할 수 없는 것은 말할 것도 없다. 그럼에도 이것의 대체적인 확충은 재정상 또는 장차 대지(對支) 관계상 급속히 실행하기 곤란한 사정이다. 따라서 차츰 확장하는 방침을 취하는 동시에 각지 영사관에서 첩보기관을 확장하여 끊임없이 밀정(密偵)을 파견하여 그 부근 지방을 정찰시켜서 선인의 동정을 밝히고 각지 경찰서와의 연락을 밀접하게 하여 선인 양민의 지도·보호를 충분히 하여 사건의 발생을 미연에 방지하도록 할 필요가 있다. 또 한편 압록강 연안의 서간도(西間島) 일대에서 활동하는 불령자(不逞者)에 대하여 지나 관헌의 이름으로 현상금을 걸어 체포하게 히여 수괴배(首魁輩)의 근절을 기약하는 것은 불령선인의 취체에서 효과가 현저할 것이라고 판단한다. 그리고 이들 특별 경찰비에 속하는 경비는 연액(年額) 23만 3,840원이고, 이는 되도록 신속히 실행에 착수할 필요가 있기 때문에 본년도의 예비금에서 지출해 주기 바란다.

3. 보민회(保民會), 민회(民會)의 조직과 보조(補助)

소요 경비 17만 2,580원

우리 선인에 대한 구제와 취체를 충분한 효과가 있도록 해서 소정의 목적을 달성하는 것은 단지 관헌의 힘만으로 할 수 없는 바이다. 이 때문에 한편 선인 자신이 기꺼이 우리에게 순응, 협력하도록 만드는 길을 강구하지 않으면 안 된다. 이를 위해서 선인이 집중해서 거주하는 지방에 선인으로 하여금 조직적 단체를 설립시켜서 관헌의 감독·지휘 아래에서 우리 방침에 따르고 관헌의 시설을 조장(助長)하고 다시 서로 돕고 이끌어 주어, 안으로 단체의 복리를 증진하고 밖으로 불령배의 침해에 대비하도록 하지 않으면 안 된다.

(1) 선인 민회(民會)

이런 목적에 대하여 우리 관헌의 감독·취체가 비교적 충분한 지방에는 선인 민회를 설치하도록 하여 주로 선인의 복리 증진을 꾀하도록 한다.

(2) 보민회(保民會)

우리 관헌의 힘이 충분히 미치지 못하고 있는 지방에서 제우교도(濟愚敎徒)를 중심으로 하는 보민회를 설치하여, 지나 관헌의 양해 아래에 어느 정도의 무력을 가진 자위단(自衛團)으로 만들어 불령배의 침해에 대비해나가며, 수사와 체포를 맡겨서 불령배가 준동(蠢動)할 여지가 없도록 만든다. 또한 부화뇌동(附和雷同)하는 무리를 경계하여, 강제에 의해 어쩔 수 없이 불령배의 대오에 들어간 의지박약한 자에 대하여 귀순을 유도하고 아울러 단체의 복리 증진에 도움이 되고자 한다. 그리고 이들 보민회의 소재는 벽지(僻地)이기에 구제안(救濟案)의 시료소 혜택을 받을 수 없는 지방이 많다. 이 때문에 총본부[흥경(興京)], 기타 8개소의 지부에 각 의사 1명을 배치하는 외에, 제우교(濟愚敎)의 본거인 흥경에 교도의 열망으로 교회당을 건축하여 보민회 설립의 취지를 철저히 하도록 한다. 이 시설에 필요한 경비는 임시비(臨時費) 2만 원, 경상비(經常費) 연액 15만 2,580원인데, 이 또한 본년도 예비금 중에서 지출하기를 희망한다.

4. 조사반안(調査班案)

소요 경비 9만 8,915원

이와 같이 선인의 구조(救助), 취체(取締) 및 자조(自助)에 관하여 여러 가지 기관을 만들어 불령배의 폭거를 방지하고 양민 생활의 안정을 꾀하도록 한다. 이 외에 더욱더 적극적으로 일지(日支) 공동 동작(動作)의 형식으로 조선총독부, 관동청, 영사관, 보민회 및 지나 측 협력 아래에 조사반(調査班)을 조직하여, 이를 여러 반으로 나누어 불령배가 많이 모여 있는 각지를 순회하도록 하여 그들의 소재를 조사하고 그 행동의 근거지를 공격하여 수괴를 체포하고 그들로 하여금 획책의 여지가 없도록 하고 나아가 그들에게 귀순의 기회를 주도록 한다. 그리고 이에 필요한 경비는 1회에 9만 8,915원이다. 본안은 일찍이 관계 관헌 협의에서 제

1회 실행에 착수하려고 했지만 지나 측의 방해로 인해서 진척되지 않게 되었던 것이다. 하지만 되도록 가까운 시기에 실행을 도모하기 바란다.

긴급 구제비

소요 경비 19만 원

작년 가뭄으로 인해서 봉천을 중심으로 긴급 구제를 요하는 궁핍한 선인 농민은 약 5,000호이다. 1호에 대해 파종기 6월부터 수확기 9월까지 4개월간 1개월에 9원 50전을 지급하는 것으로 해서 1호 4개월분 38원, 5,000호분 19만 원이 필요하다.

조선인 보호취체비(保護取締費)

	비용 세목	경상비	임시비	합계
구제비 (救濟費)	교육시설비	60,000	120,000	180,000
	위생시설비	45,000	60,000	105,000
	합계	105,000	180,000	285,000
취체비 (取締費)	특별 경찰비	233,840	-	233,840
	보민회·민회 조직 보조비	152,580	20,000	172,580
	조사반 실행비	98,915	-	98,915
	합계	485,335	20,000	505,335
총계		590,335	200,000	790,335
긴급 구제비			190,000	190,000
총합계				980,335

〈자료 19〉 만주 방면의 선인 취체[93]

혼춘(琿春) 사건으로 인하여 제국(帝國)이 북간도(北間島)에 출병(出兵)한 결과 달아난 불령선인(不逞鮮人)이 당연히 남만주(南滿洲), 특히 압록강(鴨綠江) 강안으로 숨어들어 갔을 것으로 예상하였다. 이에 1920년(大正 9) 11월 공주령(公主嶺)에서 기병(騎兵), 철령(鐵嶺)에서 보병(步兵)의 일부를 내한행군(耐寒行軍)의 명분으로 장작림(張作霖) 순열사(巡閱使)의 양해 아래 서간도(西間島) 일대에 걸쳐 행군시켜서 보민회(保民會)를 이용하여 다수의 불령자(不逞者)를 처단한 결과 일시 그들의 종식(終熄)을 보게 되었다. 그렇지만 원래 그 행군은 큰 바람이 한번 지나간 것에 불과하므로 다시 조선 독립을 핑계로 금품을 강청(强請)하는 불량선인의 발호(跋扈)를 보게 되었다. 때로는 평안북도 강안을 침입한 일도 있었기 때문에, 봉천총영사(奉天總領事)는 조선 측과 협의하여 장(張) 순열사의 양해를 얻어 조사반(調査班)이 1921년(大正 10) 5월과 6월 2번에 걸쳐 지나(支那) 지방경찰관(地方警察官)을 원조하는 형식으로 또한 보민회원을 이용하여 불령자의 수사를 실행하여 상당한 효과를 거두었다. 그렇지만 1921년 10월 26일 홍경현(興京縣)에서 지방 선전(宣傳)을 위해 출장 중이던 보민회 총회장 이인수(李寅秀) 일행 8명이 불령자의 야습(夜襲)을 받아 수명의 사상자를 내는 등 다시 불온한 상황이 되었다. 이 때문에 11월 하순부터 약 50일간 보민회 고문 최창규(崔昌圭) 등으로 다시 조사반을 조직하여 출장시킨 동시에 각 현에 보민회 지부를 증설하기로 하여 목하 실행 중이다. 또한 봉천성 무송(撫松), 안도(安圖) 2현(縣)이 근래 불령선인의 소굴이 되고 있다는 정보가 자주 전해지고 있다. 아울러 워싱턴회의[華府會議]에 즈음하여 조선 국경에 무력 침입을 기획하고 있다는 소문이 있으므로 조선총독부에서는 봉천총영사를 통하여 장(張) 순열사의 양해 아래 사복 경찰관 약간 명을 정찰(偵察) 목적으로 밀행(密行)시키기로 하고 그들의 흉포(兇暴)를 미연에 막아내는 데 힘쓰고 있다.

---

93 자료 출전: 「滿洲方面ノ鮮人取締」(1921), 『第四十五議會說明資料』, 日本外務省 外交史料館. アジア歷史資料センター Ref. B13081105700.

〈자료 20〉 경찰관 간도(間島) 파견 경과 상황[94]

이번 두도구(頭道溝) 사건에 대하여 이곳의 급변에 대응하기 위해 조선에서 응원하러 경찰관을 파견했는데, 그 경과 상황은 다음과 같다.

만주(滿洲) 지방과 마적단(馬賊團)은 결코 떨어질 수 없는 관계에 있고, 만주라고 하면 바로 마적을 연상하고 마적이라고 하면 바로 만주를 상상할 수 있다. 이렇게 유명한 마적이 봉직전(奉直戰)[95] 때문에 지방군병을 철수하는 결함을 틈타서 동삼성(東三省) 일대에 사나운 위세를 마음껏 부려서, 각지에서 이의 피해가 빈번하여 대응이 쉽지 않은 상황이 되었다. 간도(間島) 지방에서도 안도현(安圖縣) 등의 산지대, 기타에 근거를 가진 마적단들이 각지에 출몰하여 맹위를 부린다는 소문이 있지만, 아직 각 영사관 소재지 부근에는 모습을 드러내지 않았다. 그런데 6월 28일 미명(未明)에 약 170명의 마적단이 과연 두도구에 내습(來襲)하여 3대로 나뉘어 1대는 지나인(支那人) 마을을, 1대는 상부국(商埠局)를 습격하고, 다른 1대는 영사관에 쇄도하여, 방화하고 재화를 탈취하는 등 수많은 참학(慘虐)을 멋대로 부렸다.

사건 후 적도(賊徒)들이 끊임없이 각지에 출몰하여 멋대로 약탈하여 간도, 혼춘(琿春) 지방의 긱 싱부지(商埠地)가 언제 다시 내습을 당할지 가늠할 수 없는 상황이어서, 거주민의 불안이 극에 달하여 전전긍긍하며 거의 안도할 수 없게 되었다. 애당초 이 지방에는 지나(支那) 측의 군경이 주로 지방의 치안을 유지하고 있지만, 기강과 규율이 매우 엄숙하지 못하고 훈련도 또한 충분하지 않고, 게다가 그 수도 많다고 할 수 없었다. 그래서 한편으로 우리 영사관 경찰도 그 목적과 편성에서 보면 집단적 적도의 위협에 대해서는 이를 방비하는 데 유감스러운 점이 적지 않았다. 지나 지방관헌이 이러한 적도의 습격에 유감을 품고 이후는 충분

---

94 자료 출전: 〈警察官間島派遣經過狀況〉,《朝鮮》제89호(8월호), 조선총독부, 1922.

95 봉직전쟁(奉直戰爭) 또는 직봉전쟁(直奉戰爭)은 북양군벌(北洋軍閥)의 파벌인 직례파(直隸派)와 봉천파(奉天派)가 북양정부의 패권을 놓고 1922년과 1924년 두 차례에 걸쳐 일으킨 전쟁이다. 1차 전쟁은 북경정부를 장악한 직례군벌이 승리하였으나 2차 전쟁에서 최종적으로 봉천군벌이 승리하였다. 그 결과 총통 조곤(曹錕)을 위시한 직례파가 실각하였으며, 안휘파(安徽派)의 단기서(段啓瑞)가 풍옥상(馮玉祥), 장작림(張作霖) 등의 추대로 임시 집정으로 취임하였다. 그러나 전쟁 이후에도 군벌 세력 간의 반목이 그치지 않아 1920년대 중국의 정치적 혼란은 지속되었다.

하게 경비를 맡겠다고 약속했지만, 재주민(在住民)은 이렇게 미덥지 못한 군경에게 귀중한 생명과 재산을 맡길 수는 없다면서, 정부 그리고 본부, 기타 요로에 출병(出兵)을 요청한 것이 실로 빈번하였다. 그 충정은 정말로 차마 헤아릴 수 없는 정도이고 게다가 위험도 시시각각 절박해서 두도구를 다시 습격한다는 설이나 국자가(局子街), 혼춘 지방을 내습한다는 정보도 또한 정말 무수히 많이 잇따르고 있다.

만일 그냥 이대로 간과하면 다년간 동포가 심혈을 쏟아 고심하여 경영한 이 지역의 사업도 마침내 포기하지 않을 수 없는 위기에 빠질 것이다. 그러므로 이 지방의 치안 유지는 가장 시급을 요하는 것이지만, 그렇다고 해서 출병은 제국의 사정상 쉽게 결정할 수 없는 일이다. 따라서 먼저 조선 경찰관으로 하여금 응급하게 이곳의 지방관헌을 원조하여 지역을 방어하고 거주민을 보호하도록 하였던 것이다.

본부에서는 이렇게 위급에 처했기 때문에 먼저 가장 근접한 함경북도에서부터 약간의 경찰관을 2회에 걸쳐서 급히 원조하여, 우선 용정촌(龍井村), 두도구, 국자가, 혼춘 지방의 방비를 맡도록 하였다. 그런데 원래 함경북도 국경 경비상 필요했던 수많은 경찰관을 오랫동안 다른 곳에 파견해 둘 수는 없기 때문에, 다시 남선(南鮮) 여러 도(道)에 명하여 응원요원을 파견하고, 그 지역의 경비를 맡도록 했던 것이다.

응원대는 경기도를 비롯하여 충청남북도, 전라남북도 및 강원도 등 5도에서 선발하였는데 그 수가 200여 명이었고, 이들을 7월 11일 원산(元山)에 집합시켜 각 파견지마다 나누어 수개의 부대를 조직하였다. 이튿날 12일 오후 6시 원산발 나남호[羅南丸]로, 허다한 인사가 출발을 떠나보내는 씩씩한 만세소리 속에서 청진(淸津)으로 떠나갔다. 떠나가기에 앞서서 이들 경찰관을 원산수비대 병영에 집합시켜 점검을 행하고 경무국장의 훈시와 기타 응원시 주의 사항을 경무국 가와사키(川崎) 사무관이 전달하고, 집총(執銃) 등 조련(操鍊)을 행하며 사기를 진흥시켰다. 이번에 파견된 경찰관은 군대 출신자가 다수를 차지하고 게다가 장년들이 모였기 때문에 기율이 가장 엄숙하게 지켜졌고, 원기도 차고 넘쳐났다.

7월 14일 오전 7시 나남호는 무사히 청진항에 도착하고 대원 일행은 하세가와(長谷川) 경시의 인솔하에 그곳의 수많은 관민의 환영을 받으며 만세소리 속에서 상륙하였다. 9시 47분 기차로 회령(會寧)을 경유하고, 16일, 17일 이틀에 걸쳐서 혼춘, 용정, 두도구, 국자가 등 각기 목적지에 도달하였다. 도착 후 대원의 원기는 더욱더 왕성해지고, 곧바로 각 대장의 조치에 따라 제각기 해당 부서로 가는 한편, 영사관 측 경찰관은 물론이고 지나 측과도 연락을 취하기 위해 힘쓰고 있다. 그런데 여기에 우스운 풍설이 지나인 사이에 유포되고 있는데, 그것은 바로 우리 조선 경찰관의 규율이 철두철미하게 엄숙해서 일사불란한 상태인 것을 보고 또한 그 부대의 훈련도 유감이 없음을 보자, 이는 경찰관이 아니라 군대가 경찰관으로 가장한 것이라고 평하는 자도 있다는 것이다. 어떤 훈련이나 절제가 없는 지나 순경들과 비교하면 이런 의혹을 품는 것은 무리가 아니지만, 이렇게 웃을 수밖에 없는 의혹을 품을 만큼 우리 선내(鮮內) 경찰관의 교양과 훈련은 잘 행해지고 있다고 말할 수 있다. 우리는 정말로 자신을 가지기에 충분한 동시에 주민의 환호도 정말로 상상 이외이다. 이전에 피난했던 내선(內鮮) 거주민도 응원대의 도착에 안도하여 속속 돌아오고 시가지도 금세 옛 모습을 되찾아서 실로 유쾌함이 극에 달하였다.

이전 제1차 응원대 파견 당시에는 혼춘, 국자가 등에서 여전히 마적이 부근에서 출몰하고, 그 위협을 느낀 적도 적지 않았다. 그렇지만 점차 퇴각하여 본대 도착 후에는 멀리 산지대로 달아나 숨은 자가 많아 일반적으로 안도할 수 있게 되었다. 그렇더라도 그들은 항상 기회를 엿보고 있어서 만일 우리가 틈을 보인다면 언제 내습할지 짐작할 수 없기 때문에, 파견대는 그 동안의 소식에 대해서 가장 깊이 주의를 기울이고, 다시는 이전과 같은 참사를 반복하지 않도록 직책을 수행하고 있다.

장도의 행군에 여러 재료도 충분하지 못하고, 위생 설비도 유감스러운 점이 많았기 때문에 대원의 보건에 대해서 가장 우려하고 있는 바이다. 다행히 각 대원이 자중한 결과, 가는 길에 1명의 이질 환자가 발생했을 뿐이고, 그 밖에는 사소한 질환자도 없었다. 그리고 해당 환자도 극히 가벼운 경과를 겪고 겨우 1주간에 완전히 치유하여 근무하게 된 것은 다 함께 경축하는 바이다.

간도 파견 경찰관에 대한 경무국장 훈시

봉직전쟁 이후 지나 동삼성에서는 마적의 출몰이 점차 잦아지고, 최근에 간도 그리고 노지(露支) 국경 방면에서는 이들의 횡행이 심해져서 지방민의 피해도 빈번하였던 것이다. 우리 영사관 경찰 및 지나 군경이 협력하여 그 방호에 힘썼음에도 불구하고 두도구 영사분관은 마침내 적도가 습격하게 되었고, 이어서 혼춘, 용정, 국자가 등도 위험이 임박하게 되어서 거주민의 생명과 재산의 안전을 지켜내지 않을 수 없게 된 것은 실로 유감이 아닐 수 없는 바이다.

이곳의 치안 유지는 당면한 급무이지만 출병은 제국의 사정상 급속히 결정할 수 없으므로 긴급한 필요에 응하기 위해서 조선 안에서 경찰관을 응원파견하기로 하였다. 이에 제군은 각 소속 도지사의 명을 받아 특별히 선발되어 중책을 짊어지고 이제 임지로 나아감에 실로 전도의 노고를 충분히 헤아릴 수 있다.

애초에 이번 응원경찰관의 임무야말로 용정·혼춘·국자가·두도구의 각 영사관 소재지의 치안을 유지하고, 내선 거주민의 생명과 재산을 보호해야 하는 것이다. 그러나 임무가 자진해서 마적을 공벌하는 것이 아니라고 하더라도, 갑자기 마적의 내습을 받는 경우에는 가장 용감하게 방어에 힘써야 한다. 그러므로 제군의 행동 여하는 곧바로 주민의 안위에 관한 바이고, 그 직책은 가장 장렬하고 중대한 것이다. 따라서 제군은 이 점을 잘 감안해서 판단하고, 언동을 조심하고 규율을 엄수하여, 항상 사기를 진작하여 조선총독부 경찰관의 명성을 발양(發揚)하기를 바란다.

또한 시기도 마침 매우 더운 때를 맞이해서 풍토가 다른 간도 땅은 간간이 악성 전염병이 발생한다는 소문이 있다. 따라서 제군이 자중하여 몸조리를 잘하고 신체를 더욱더 건강히 하여서 이런 중대한 임무에 부응해 줄 것을 기대하고 싶고 출발에 임하여 거듭 제군의 노고를 생각하는 바이다.

〈자료 21〉 불령선인의 취체 방법에 관한 조선총독부와 봉천성(奉天省) 사이의 협정 및 동 세칙(細則)

불령선인의 취체 방법에 관한 조선총독부와 봉천성(奉天省) 사이의 협정[96]
[일명 '미쓰야협정(三矢協定)' 또는 '쌍방상정취체한인법강요(雙方商定取締韓人法綱要)']

1925년(大正 14) 6월 11일

1. 중국에 재류(在留)하는 조선인(朝鮮人)은 중국 관헌의 청향장정(淸鄕章程)에 의해서 호구(戶口)를 엄히 조사하고 패(牌)를 편성하여 서로 보증하고 연대 책임을 지도록 한다.

2. 중국 관헌은 각 현(縣)에 통령(通令)하여 재류 선인이 무기를 휴대하고 조선에 침입하는 것을 엄금하고, 위반하는 자는 체포하여 조선 관헌에게 인도해야 한다.

3. 불령선인 단체를 해산하고, 소유한 총기를 수색하여 몰수하고 무장을 해제해야 한다.

4. 조선인이 소유한 총기 화약(단 농민이 새나 짐승을 쫓기 위해 소유한 총기를 제외함)은 해당 관서에서 수시로 엄중하게 수색하여 몰수한다.

5. 조신 관헌이 지명한 불령단(不逞團) 수령을 체포하여 조선 관헌에게 인도해야 한다.

6. 중일(中日) 양국 관헌은 불령선인 취체(取締)의 실황을 서로 통보해야 한다.

7. 중일 두 경찰은 함부로 월경할 수 없다. 만일 필요할 때에는 서로 통보하여 대신 처리할 방법을 청구해야 한다.

8. 종전(從前)의 현안은 쌍방 성의를 가지고 기한을 정하여 해결해야 한다.

      1925년(中華民國 14) 6월 11일

      1925년 6월 11일

      봉천교섭서(奉天交涉署)에서

---

96 자료 출전: 「不逞鮮人の取締方に關する朝鮮總督府奉天省間の協定」(1925), 日本外務省, 『日本外交年表竝主要文書』하, 原書房, 75쪽.

조선총독부(朝鮮總督府) 경무국장

미쓰야 미야마쓰(三矢宮松)

봉천전성(奉天全省) 경무국장

우진(于珍)

취체한인판법시행세칙(取締韓人辦法行細則)[97]
(일명 '미쓰야협정 세칙')

1925년(大正 14) 7월 8일 조선총독부(朝鮮總督府) 경무국(警務局)과 봉천전성(奉天全省) 경무처(警務處)의 협정

1. 중국 봉천성(奉天省) 동변도(東邊道) 관할 구역 내에 거류하는 조선인으로서 중국 당국에서 청향장정에 의해 취체한 결과 선량민(善良民)임을 확인한 자에 대해서는 우선 거류증서(居留證書)를 발급하고 다시 명부를 작성함으로써 감사(監査)에 도움이 되게 한다(거류증서는 별도로 정한다).

2. 중국 봉천성 동변도 관할 구역 내에 거류하는 조선인의 호구는 제1차 정밀조사 완료 후 매월 수시로 정밀조사하고 변동이 있으면 별도의 명부를 작성하며, 또한 매년 봄가을 2회 이내로 전체 정밀조사를 행한다.

3. 중국 봉천성 동변도 관할 구역 내의 조선인으로서 만일 이전(移轉)하여 출경(出境)할 사정이 있는 자는 5일 전 해당 관할 경찰소로 찾아와서 원래 내주었던 거류증서를 반환하고 이전증서(移轉證書)를 수령함으로써 조사하는 데 도움이 되도록 해야 한다(이전증서는 별도로 정한다).

4. 협정판법(協定辦法)에 의거하여 장래 쌍방에서 선인 취체에 관해 발생하는 바의 청구통

---

97 자료 출전: 「取締韓人辦法施行細則」(1925), 『在滿鮮人壓迫事情』, 南滿洲鐵道株式會社 社長室 人事課, 1928년 3월, 102~105쪽.

지(請求通知), 체포, 인도 등은 모두 신속간이(迅速簡易)를 본지로 삼고 지방관헌의 지휘 아래 경찰관리가 행한다.

5. 중국 봉천성 동변도 연강(沿江)의 각 현에서 수사한 결과 무기를 휴대하고 조선에 침입하려고 하는 불령선인을 발견한 때에는 이를 체포하고, 심사 후에 중국 지방관은 협정 판법에 의거하여 조선 연강의 도지사에게 인도해야 하고, 우선 대안의 가장 가까운 일본 경찰서에 이를 인도해야 한다.

봉천성 오지(奧地) 각현에서 불령선인을 체포한 때에는 우선 해당 관할 교섭서(交涉署)에 이를 인도하고, 교섭서는 다시 이를 일본 영사에 인도해야 한다.

6. 중국 봉천성에 거류하는 조선인은 어떠한 명분에 의거하여 만든 결사인지를 따지지 말고, 모두 사전에 해당 도(道)의 지방관아에 신청하여 허가를 얻어야 한다. 무릇 일지(日支) 양국의 지방 치안을 방해하는 일 또는 정당하지 않은 계획은 일절 엄금하고, 종전에 이미 만들어진 조직이라도 이를 해산하여 폐해를 방지하여 취체에 도움이 되게 한다. 공공연한 기관을 설립하여 대오를 꾸려서 시위하는 자에 대해서는 힘을 다해 기필코 섬멸하고, 체포했을 때에는 제5항의 규정에 따라서 이를 인도하기로 한다.

7. 조선 관헌이 불령선인의 이름을 지시하여 이의 수사·체포 방안을 지나 측에 청구한 자를 중국 당국이 토벌하여 붙잡았을 때에는 심문한 후에 제5항의 규정에 의해서 인도하기로 한다. 만일 그런 사람이 없을 때에는 곧바로 서면으로 그 내용을 통지해서 오해를 방지해야 한다.

8. 협정 제7항의 청구는 쌍방이 통지를 접수하고 나서 곧바로 상당한 조치를 취하여 시의에 적합하도록 해야 하고, 그리고 처리한 결과는 상호 통지하기로 한다.

9. 쌍방이 임시로 구두로 하는 통지는 2인 이하의 무기 휴대자가 피차 도강하여 서로 통고하고 아울러 통지표(통지표는 별도로 정함)를 교부하기로 한다. 서면으로 통지하는 방식에 관해서는 바로 중국 경찰소장, 일본 경찰서장을 최저 계급으로 삼는다.

10. 협정정신을 관철하고 힘써 행할 것을 기약하기 위해서 쌍방의 감독 관헌 및 하급 경비기관은 의사 전달의 연락을 도모하고 피차 성의로써 통보(通報)를 교환함으로써 협조의 증진에 도움이 되도록 한다.

11. 동변도에서 쌍방의 종전 현안은 본 세칙 체결일로부터 5개월 안으로 지방관헌이 성의

를 가지고 공평한 해결에 힘쓰고, 만일 장래 다시 교섭안건이 발생할 때에는 지방관
헌이 공평한 태도로써 교섭하여 해결에 나서기로 한다.

12. 본 세칙은 체결일로부터 쌍방의 공문으로써 공포하여 시행한다.

교거증서(僑居證書)

(앞면)

거류증서(居留證書)

봉천성(奉天省) 신민현(新民縣) 경찰 제3구 분소

거류증서 발급을 허(許)하는 건

이에 조사하니, 경찰 3구 관내 주민 방만재(方萬才)가 모집한 소작인인 선인(鮮人) 거류민
유봉세(劉鳳世), 연령 43세, 원적 조선 평안도 영변면. 이 사람은 지금 가족(남자 3인, 여자 3인)
을 이끌고 자진하여 후술한 규정을 준수하고 입경(入境)하여 거류하며 업무에 종사할 것을
청원하였다. 따라서 청향규정(淸鄕規程)의 부칙 보증 조항에 의해서 연대 보증서를 받아 등
록하고 아울러 문패를 교부하는 외에 거류증서를 발급하여 소지할 것이니 이에 증명한다.

위 선인 거류민 유봉세에게 주어 소지하도록 한다.

중화민국 14년 10월 1일

(뒷면)

1. 거류 선인은 매년 호마다 초기에 호구조사를 할 때 반드시 교부한 거류증서를 제시하
   여 조사를 준비해야 한다. 그 증서가 없이 거류하는 자가 만약 조사 결과 다른 데에서
   범죄 행위를 한 자는 위령벌법(違令罰法)에 비추어 처벌하는 외에 경법(境法)으로 추방
   한다.

1. 거류 선인은 반드시 완전히 해당 지방관청 일체의 법령 및 납세 규정에 복종하고, 그 복
   종을 바라지 않는 자라면 마땅히 호구정사(戶口精査) 시에 스스로 신고하여 즉시 이전
   증명서를 교부받아서 국경을 떠나가야 한다.

1. 거류 선인으로서 불법으로 병기를 은닉하고 당인(黨人)을 붙잡고 여러 가지 명분 아래

회합하여 결사를 만드는 등 치안법에 위배하는 자는 법에 의해 처벌하고 아울러 연대 보증인에게 책임을 묻는다.

1. 거류 선인으로서 만일 이전하여 출경하는 등의 경우에는 반드시 5일 이전에 거류증서를 해당 관할의 가장 가까운 경찰주재소에 반납하고 이전증서를 하부(下付)받고, 도로 연변의 경관이나 보갑(保甲)의 조사에 대비해야 한다. 만약 신고하지 않고 임의로 이전하는 자가 있으면 해당 이전인(移轉人)을 도로 연변에서 발견한 경관이나 보갑이 구류, 유치하여 처벌하는 외에 원래 거주지 현에 통지하여 연대 보증인도 아울러 엄중히 처벌한다.

1. 거류 선인이 만일 용무 때문에 현외(縣外)로 여행하려고 할 때에는 반드시 사전에 연대 보증 대표자를 동도(同道)에서 가장 가까운 경찰소에 가서 여행증서를 하부 받고, 도로 연변의 경관이나 보갑의 조사에 대비해야 한다.

1. 거류 선인의 출생, 사망, 혼인 등의 경우는 반드시 경찰 규정에 의해 해당 관할 경찰주재소에 신고하여 등록을 받아야 하고, 출산·사망의 경우에는 반드시 사후 3일 이내에 신고하고(비명으로 사망한 때에는 반드시 즉시 신고해야 한다), 혼인은 사전 5일 이내에 신고해야 한다. 위배한 때에는 규정에 의해 처벌한다.

1. 거류승서는 1매마다 수수료로 봉천양(奉天洋) 1원(元)을 징수한다.

1. 거류증서의 유효 기간은 1년으로 하고, 단 최초로 하부한 것은 1년을 채우지 않았더라도 1년으로 간주하여 정리에 준비한다.

1. 거류증서 유효 구역은 현의 경계로써 한계로 삼는다. 갑현(甲縣)에서 을현(乙縣)으로 이전하는 때에는 반드시 전에 하부한 갑현 이전증서를 가지고 다시 을현에 가서 거류증서의 하부를 신청해야 한다.

1. 거류증서는 마땅히 소중히 보존하고 만일 재앙이나 변고 때문에 훼손되거나 손실됐을 때에는 곧바로 신고해야 하고, 연대 보증 대표자가 연대 보증함으로써 원래 발급한 관서에 다시 하부를 신청해야 한다. 단 다시 하부를 신청할 때의 수수료는 배액을 징수한다.

2. 중국 관헌의 재만 조선인에 대한 박해 상황

〈자료 22〉 재만 선인에 대한 압박 상황[98]

총설

제1장 압박 상황

제1절 압박 시기

재만 선인의 압박 문제는 1927년(昭和 2) 9월, 10월의 교체기부터 점차 그 칼끝을 드러내고 11월, 12월 두 달에 이르러 마침내 정점에 달하였다. 1928년(昭和 3) 1월이 되자, 조금 시들해져서 건수가 격감하고 새로 발행한 사건이 거의 없어 계속적 사건, 예컨대 해결되지 않은 소작 계약 문제가 존재하는 정도이고, 다시 음력 2월 1일 가옥의 임대 계약 갱신기가 지나는 동시에 일단락된 상태였다. 압박사건 수를 월별로 보이면 아래의 〈표 1〉과 같다.

<표 1> 월별 압박 건수표

월별 성별	1	2	3	4	5	6	7	8	9	10	11	12	1	2	계
봉천	4	2	4	8	2	3	1	0	3	9	43	22	1	3	105[99]
길림	0	0	0	0	0	0	0	0	2	1	25	35	0	0	63
계	4	2	4	8	2	3	1	0	5	10	68	57	1	3[100]	168[101]

---

[98] 자료 출전:「第一章 壓迫狀況」,『在滿鮮人壓迫事情』, 南滿洲鐵道株式會社 社長室 人事課, 1928년 3월, 1~14쪽.

[99] 자료에는 '107'로 되어 있지만 '105'로 교정하였다.

제2절 압박 범위

압박의 범위는 종래 봉천성(奉天省)에만 한정되었지만, 작년(1927년) 9월경부터 길림성(吉林省)에도 미치게 되었다.

(1) 봉천성에서는 신민(新民), 심양(瀋陽), 본계(本溪), 통화(通化), 흥경(興京), 무순(撫順), 철령(鐵嶺), 개원(開院), 법고(法庫), 강평(康平), 휘남(輝南), 해룡(海龍), 창도(昌圖), 서안(西安), 유하(柳河), 청원(淸源), 임강(臨江), 안동(安東), 집안(輯安), 관전(寬甸), 봉성(鳳城), 환인(桓仁), 영구(營口), 해성(海城), 복주(復州)[102] 등 여러 현으로 성 전반에 미치고, 그중에서도 신민, 개원, 관전, 휘남, 서안, 임강, 집안 등은 압박 사실이 많이 보였다.

(2) 길림성에서는 반석(磐石), 길림(吉林), 액목(額穆), 동녕(東寧), 서란(舒蘭), 오상(五常), 유수(楡樹), 화전(樺甸), 장춘(長春), 쌍양(雙陽), 이통(伊通)의 여러 현은 압박 사실이 상당히 많았다.

건수별로 각 현(縣)의 압박 상황을 보이면 아래의 〈표 2〉와 같다.

〈표 2〉 현별·방법별 압박 건수표

방법별 현별	관헌 직접 압박	지주 가주 압박	퇴거 명령	귀화 명령	소작권에 관한 건			개풍 역속	금전에 관한 건				폭행	학교 폐쇄	합계
					소작료 불수령	계약의 파기 금지	조지 기간 제한		교거 증서	집조	벌금	과세			
신민	8	11	8		4	1					2		4		19
심양	2		1						1						2
본계	1											1			1
통화	4			3				1							4

---

100 자료에는 '1'로 되어 있지만 '3'으로 교정하였다.
101 자료에는 '170'으로 되어 있지만 '168'로 교정하였다.
102 자료 원문에는 '復等'으로 되어 있으나 '復州等'의 오기로 보인다.

무순	2		1										1		2
봉천합계	17	11	10	3	4	1	0	1	1	0	2	2	4	0	28
철령	1		1												1
개원	10	1	6			1		1			1		1		10[103]
휘남	7		4			1						2			7
해룡	1		1												1
법고	2		2												2
서안	6		3	1		2									6
청원	1		1												1
철령합계	28[104]	1	18[105]	1	0	4	0	1	0	1	0	3	0	0	28[106]
임강	6	1	3				1	2							6
안동	3		2											1	3
집안	6	1	2			1			1			2	1		7
관전	16		3			1		2	4		2	3	1		16
봉성	4		1						1			1	1		4
환인	4			1					1			1	1		4
안동합계	39	1	11	1	0	2	1	4	7	0	2	7	5	0	40
영구	1	4				3								2	5
해성	1	1				1						1			2
복주	2					2									2

---

103 자료에는 '11'이나 실제 합계인 '10'으로 교정하였다. 그럼에도 '관헌 직접 압박' 건수와 '지주·가주 압박' 건수의 합인 '11'과 맞지 않으나 앞의 〈표 1〉의 봉천성 합계 건수와 일치시키기 위해서 '10'으로 교정하였다.

104 자료에는 '29'로 되어 있으나 실제 합계인 '28'로 교정하였다.

105 자료에는 '20'으로 되어 있으나 실제 합계인 '18'로 교정하였다.

106 자료에는 '30'으로 되어 있으나 실제 합계인 '28'로 교정하였다. 그럼에도 '관헌 직접 압박' 건수와 '지주·가주 압박' 건수의 합인 '29'와도 맞지 않으나 앞의 〈표 1〉의 봉천성 합계 건수와 일치시키기 위해서 '28'로 교정하였다.

영구 합계	4	5	0	0	0	6	0	0	0	0	0	1	2	0	9
봉천성 총계	88[107]	18	39[108]	5	4	13	1	6	8	1	4	13	11	0	105[109]
길림	8		2	6											8
반석	1		2	6											1
액목	2		1	1											2
동녕	1												1		1
서란	3		1	1									1		3
오상	2			1									1		2
유수	1												1		1
화전		1		1											1
길림 합계	18	1	4	11	0	0	0	0	0	0	0	0	4	0	19
장춘	28		16	11									1		28
쌍양	6	1	5	2											7
농안	2		2												2
이봉	7		3	3										1	7
장춘 합계	43	1	26	16	0	0	0	0	0	0	0	0	1	1	44
길림성 총계	61	2	30	27	0	0	0	0	0	0	0	0	5	1	63
총합계	149[110]	20	69[111]	32	4	13	1	6	8	1	4	13	16	1	168[112]

---

107 자료에는 '89'로 되어 있으나 실제 합계인 '88'로 교정하였다.

108 자료에는 '41'이나 실제 합계인 '39'로 교정하였다.

109 자료에는 '107'이나 실제 합계인 '105'로 교정하였다. 그럼에도 '관헌 직접 압박' 건수와 '지주·가주 압박' 건수의 합인 '106'과 맞지 않으나 앞의 〈표 1〉의 봉천성 합계 건수와 일치시키기 위해서 '105'로 교정하였다.

110 자료에는 '150'이나 실제 합계인 '149'로 교정하였다.

111 자료에는 '71'이나 실제 합계인 '69'로 교정하였다.

112 자료에는 '170'이나 실제 합계인 '168'로 교정하였다. 그럼에도 '관헌 직접 압박' 건수와 '지주·가주 압박' 건수의 합인 '169'와 맞지 않으나 앞의 〈표 1〉의 전체 합계 건수 '168'과 일치시키기 위해서 '168'로 교정하였다.

제3절 압박 방법

이번 압박 사실에 대해 점검하면 압박의 방법은 성(省)에 따라, 지방에 따라 다소 다르지만, 전체 건수 약 170건 중 관헌이 직접 압박한 것은 150건이고 지주가 압박을 한 것은 겨우 20건에 지나지 않는다. 그것도 지주의 압박 방법에 대해 보자면

(1) 관헌의 명령이라고 칭하여 지주가 퇴거(退去)를 강요하는 것.
(2) 내년도 토지소작료를 받지 않는 것.

이라는 두 가지이다. 지주의 퇴거 요구든 토지소작료 내지 집세 수령 거절이든 모두 지주로서는 도리어 불이익한 일이므로 지주 자신의 발의로 할 리가 없고, 지주·가주(家主)들이 관헌의 협박을 두려워한 결과인 것은 어렵지 않게 알 수 있다. 특히 지나 관헌이 선인 압박에 힘쓰지 않는 지주에 대해서 협박하고 벌금을 매기고 구류시키는 등의 사실을 보면, 지주의 선인 압박도 요컨대 관헌의 선인 배척의 계획에 기초한 것임을 미루어 알 수 있을 것이다. 단지 지나 관헌이 직접 선인에 대하여 가옥의 인도, 토지 계약의 파기를 요구하지 않는 것은 우리 관헌의 항의를 피하려고 하는 영구현(營口縣), 신민현(新民縣) 관헌의 노회한 수단에 지나지 않는다. 즉 170건의 압박사건 중 지주가 압박을 한 20건의 사실도 결국은 관헌의 압박에 지나지 않는다. 이번 압박이 모두 관헌의 의도에서 나온 것임은 명료하다. 그리고 이처럼 압박이 관헌의 손에 의해서 모든 성(省)에서 일제히 행해진 것은 더욱이 중앙에서부터 압박 명령이 있었다는 증거이지 않을 수 없다.

또한 압박 내용에서 보자면 압박 건수 170건 중, 퇴거 명령은 71건이고, 압박 건수 전체에서 수위를 차지한다. 이 가운데는 물론 귀화(歸化)하지 않은 이유로 혹은 불령(不逞)하다는 이유로 퇴거 명령을 발한 것도 있지만, 무조건 퇴거 명령을 발한 예가 자못 많고, 이같이 퇴거 명령이 많은 것은 중앙에서 선인 배척의 명령이 있었다는 것을 말해 주는 것이고 중앙에서 선인을 철저하게 배척하려는 의도가 있었다는 것을 어렵지 않게 미루어 알 수 있다.

다음으로 귀화 명령은 32건으로, 그중 5건은 봉천성에서, 27건은 길림성에서 실례를 볼 수 있다. 그리고 길림성에서는 압박 건수 63건 중 약 반수를 차지한다. 특히 이상은 보고에

나타난 숫자에 지나지 않고, 실지에 가서 청취하면 길림성에서의 선인 압박 사건은 외견상 다르더라도 그 진짜 목적은 모두 귀화 강요에 있었던 것이다.

그렇다면 무엇 때문에 귀화 명령이 봉천성에는 적고 길림성에는 많았는가 하면, 중앙으로부터의 선인 압박에 관한 명령이 두 성에 다르게 왔을 리가 없으므로, 주로 두 성의 정부 당국의 사고 판단의 차이에서 기인했을 것으로 본다. 즉 길림성정부(吉林省政府)는 종래 일선인(日鮮人)과 교섭이 비교적 적고 게다가 당국이 비상하게 소심하였기 때문에 문제를 진지하게 생각하고 일선인을 나쁘게 생각하지 않았고, 귀화하려는 선인까지도 내쫓을 정도의 반감을 갖지 않았던 것이다. 이에 비하여, 봉천성에서는 일선인의 교섭이 빈번하고 대일감정 상당히 악화하여, 최고로 철저한 배척감을 가지고 있었던 것이다. 이 점이 이번 압박에서 필연적으로 반영된 것이다. 즉 두 성이 동시에 선인 배척을 했지만, 길림성에서는 이중국적이어도 지장이 없고 주권을 지키기 위해서 입적을 하면 충분하였고, 봉천성에서는 이중국적은 당치도 않았으며 국적이탈증을 지참해야 하고 지나의 풍속에 따라야 하며 서약을 해야 한다는 등을 주장하여 엄격하게 선인을 배척하려고 한 것이다.

또한 근래 지나인의 대일감정이 악화된 것은 놀랄 정도인데, 이는 주로 일선인 스스로의 부덕(不德) 때문에 초래한 것 같다. 길림 같은 곳도 결국은 대일감정의 악화를 보게 되어서 걱정된다. 이 점은 꼭 고려해야 할 점이라고 생각한다. 또 최근처럼 봉천 당국과 일본 관민의 사이가 어쨌든 원만하지 못한 사실은 정말 우려하지 않을 수 없는 바로서 예를 들면 동일한 내용의 사건에 대해 봉천 지나 측과 교섭한 것이 봉천에서는 해결되지 않았지만 다른 지방에서는 해결된 예조차 있다.

다음으로 풍속을 고치도록 명령한 것은 봉천성뿐으로 6건인데, 이것도 봉천성이 선인 배척을 엄격히 행하고 있다는 증거이다.

교거증서(僑居證書)에 관한 사건도 봉천성에만 국한되어 8건에 달한다. 이는 미쓰야협정(三矢協定)으로 규정한 조항을 악용하고 있는 것이다. 당시 순경의 월급이 돈으로 환산하면 2원도 되지 않는다는 거짓말 같은 사실은, 그들로 하여금 배척 명령을 기화로 지주에게 혹은 선농에게 갖가지 명목 아래 금전을 강박하도록 했던 것이다. 봉천성의 압박이 격렬했던 원인의 절반은 실로 봉천표(奉天票)의 하락에 있다고 말할 수 있다.

이상에 의하여 이번 압박에 대해서는,

(1) 중앙에서 압박 명령이 내려진 것.

(2) 지주는 반드시 마음속에서 선인을 배척하려는 것이 아님.

(3) 봉천성과 길림성은 압박의 방법을 달리 함.

(4) 길림성은 귀화에 의해 주권을 지키려 하고, 봉천성은 방축(放逐)에 의해 주권을 지키려 함.

(5) 미쓰야협정이 의연히 영향을 미치고 있음.

(6) 봉표(奉票)의 하락이 영향을 미침.

등의 사실이 있음을 알 수 있다.

제4절 압박에 대한 지나 측의 태도

이번의 압박이 중앙정부의 명령에 의한 것은 이미 명료한 사실로서, 1927년(昭和 2) 10월 7일 길림성 개부지(開埠地) 외의 일선인(日鮮人) 호구조사 및 그 거주 금지의 명령을 한 것을 시초로, 10월 유(劉) 봉천성장이 신임할 때에 성내(省內) 근래 불량선인이 많으므로 선인을 취체해야 한다는 내훈을 내리고, 11월 20일에는 교육부에서 봉천, 길림 두 성(省)에 선인학교 취체령을 내리고, 동 23일에는 길림성의 요청으로 내무부(內務部)에서 지나입적허가집조발급규칙(支那入籍許可執照發給規則)의 취급 방법에 관한 명령이 있었다. 다시 12월 4일에는 길림성 앞으로 불령선인이 적로(赤露)와 통하여 동삼성(東三省)의 치안 교란을 행하는 자가 많으니 취체할 것을 명령해 왔고, 기타 각 성(省)에 대해 선인배척령을 발하였다. 이에 따라 양성(兩省)에서는 대체로 도윤 또는 현지사에게 훈령하여 호구 등 조사, 토지 소작 계약의 조사, 각종 선인취체규정의 여행(勵行)을 명했는데, 이에 관해 입수한 주된 훈령은 아래의 표와 같다.

	조사 명령	퇴거 명령	취체 명령	개풍역속, 각종 계약에 관한 명령	계
봉천성	8	2	7	4	21
길림성	5	6	3	0	14
계	13	8	10	4	35

다시 그 내용을 보면, 봉천성은 입적(入籍) 상황·고용 계약·귀화 상황·부동산 대차 계약·호구수·계통(系統)·입경 연월일 등의 조사를 명했던 것이 8, 추방을 명했던 것이 2, 아편 재배자·대도회(大刀會) 사주자(使嗾者) 등 불령선인의 취체를 명한 것이 7, 부동산 대여 금지 또는 제한, 개풍역속(改風易俗), 귀화 금지(본국의 국적이탈증을 필요로 한다.) 등을 명한 것이 4에 달한다. 길림성은 영업의 정부(正否), 입적 유무, 수전 계획 상황, 호구수 조사를 명한 것이 5, 용의자·미귀화자·부정영업자의 퇴거를 명한 것이 6, 토지 대차·불령선인의 취체를 명한 것이 3이다.

그리고 그 명령을 발하는 데 이유로 삼은 것을 보면 아래의 표와 같다.

	분규 삼제	치안 유지	주권 보호	계
봉천성	8	10	3	21
길림성	4	5	5	14
계	12	15	8	35

위의 표와 같이 봉천성에서는 각종 계약, 불령선인 취체에 일지(日支) 분규를 일으킨 것이 여러 번이었기 때문에 이를 피하려고 했다는 것이 8, 부정영업자·불령단들이 치안을 어지럽힌 것이 많았기 때문에 치안을 유지하지 않으면 안 되었던 것이 10, 선인은 일본의 선구(先驅)이기 때문에 일본의 침략을 막기 위해서는 선인을 취체·배척할 수밖에 없다는 이유의 것이 2, 길림성에서는 분규 삼제(芟除)를 위한다는 것이 4, 치안 유지를 위한다는 것이 5, 주권 보호를 위한다는 것이 5이다.

이어서 선인 압박에 관한 규칙에 눈을 돌리면, 봉천성에서 주된 것은

관리한교장정(管理韓僑章程)

관리고용한교간종도전판법(管理雇傭韓僑墾種稻田辦法)

강방인원상벌장정(江防人員賞罰章程)

재만선인거주취체규칙(在滿鮮人居住取締規則)

등 4개로서, 앞의 3개는 모두 1925년(大正 14)에 이미 제정되었고 1925년 조선, 봉천 두 경찰 당국이 협정한 상정취체한인판법(商定取締韓人辦法), 즉 소위 미쓰야협정(三矢協定)의 결과로 봉천성이 제정한 것이고, 맨 뒤의 재만선인거주취체규칙은 1928년(昭和 3) 1월 1일 실시하였던 것으로 실로 매우 상세하다.

길림성에서 주된 것은

조선인입경자취체판법(朝鮮人入境者取締辦法)

조선인취체판법(朝鮮人取締辦法)

조선인토지조차규정(朝鮮人土地租借規程)

취체한교판법(取締韓僑辦法)

제한선인거류판법(制限鮮人居留辦法)[동성특별구(東省特別區)]

선농구축판법(鮮農驅逐辦法)

연길·화룡·왕청·혼춘4현경단연합방지선비당판법(延吉和龍汪淸琿春四縣警團聯合防止鮮匪黨
辦法)

협통선농구금판법(協通鮮農驅禁辦法)

등이다. 모두 1927년(昭和 2) 9월부터 1928년 1월까지 제정되었던 것이어서, 이에 따르면 길림성이 종래 선인에 대하여 너무 관심을 갖지 않았음을 알 수 있을 것이다. 이제 봉천, 길림 두 성에서의 압박에 대한 태도를 약술하자면,

(갑) 길림성

길림성에서는 종래 선인에 대해서는 될 수 있는 한 귀화시키는 방침을 취하고, 이번 압박

에 대해서도 부정행위가 없는 입적 선인은 구축하지 않는다고 규정하고[선농구금판법(鮮農驅禁辦法)] 선인의 귀화를 철저히 하도록 한다는 훈령을 내고, 도윤(道尹) 회의의 결의에 따르면 이중국적 여부를 불문하고 지나법에 근거하여 입적할 수 있도록 하고, 귀화를 권유하기 위해 선인들이 신청한 귀화 권유원(勸誘員)의 존치를 인정하고, 기타 귀화·미귀화를 조사하고 미귀화 선인의 추방을 꾀하는 등 이중국적이라도 상관하지 않고 귀화·입적시키려 하고 있다. 귀화 수수료는 대양(大洋) 23원(元)으로 값비싼 고율이므로, 이것에 의해서 군비를 염출하려는 의도가 있기는 하지만 이것이 귀화 강제의 참 목적은 아니다. 길림성 관민(官民)이 수전(水田)의 경제적 가치를 알고서 지나 국적에 들어간 일본인이 아닌 선인을 경작에 종사시키기 위해서였던 것이다. 머지않아 길림성에서도 입적을 허가하지 않게 될 것이다. 토지 조차에 대해서는 귀화 선인에게만 허용하고 기간은 1개년으로 하고, 매년 갱신할 것을 요하고, 그때마다 새로운 집조(執照)의 하부를 청원할 것을 요하고, 집조 요금으로 길림 대양 6원(元)을 징수하기로 규정하고 있다(조선인토지조차규정). 거주 문제에 대해서는 귀화 선인에게만 허용하고, 미귀화 선인은 간도잡거지 및 개부지(開埠地) 이외에 거주를 허용하지 않고 있다. 또 교육에 대해서는 교육권 회수의 의미와, 선인학교가 많으면 불령선인의 비밀결사라는 느낌이 있기 때문에, 이를 폐쇄할 의향을 가져서 훈령, 규칙 등에도 그런 뜻이 여기저기 보인다. 1927년(昭和 2) 7월에는 북간도 선인교육에 관해 길림공서는 다음의 결의를 하였다.

1. 교사에게 조선어 교육 실시. 연길 제4사범학교 과정에 조선어과를 두어 장래 직접 선인을 교육, 지도하는 데 도움이 되도록 할 것.
2. 사숙(私塾) 취체. 선인 사립소학교는 지나 교육 규정에 근거하지 않았기 때문에 이를 취체함으로써 선인이 조국을 그리워하게 하는 사상을 제거하는 데 도움이 되도록 할 것.
3. 선인교육 독사원(督査員)을 두어서 교원의 간민(墾民) 교육을 감독, 사찰할 것.

또한 도윤 회의의 결의에 따르면 선인에게 고등교육을 가르치는 것은 위험하므로 금지해야 하고, 조선인 설립 학교에 대해서는 일률적으로 취소하여 교육을 통일해야 한다고 하였다. 이제부터 선인학교, 특히 사숙은 폐쇄해야 하고 지나인을 교원으로 삼아, 지나 교과서를 사용하는 선인학교의 설립을 보게 될 것이다. 길림의 지나 관헌은 선인 문제에 관해 이와 같은 의견을 가졌지만, 아직도 본 문제가 이렇게 매우 소란스럽게 된 것은 극히 근년의 일에 속한다. 이것에 대한 각 지방관헌과의 연락이 부족하고 또한 방침이 확립되지 않아서, 길림성 당국은 이를 유감으로 삼아서 그 방침을 확립할 필요가 있다고 보고, 또한 직례성과 산동성[直魯] 이민의 유입도 점점 많아졌기 때문에 이것의 처치를 연구하는 것이 급무임을 느끼고, 한편으로는 국권 옹호, 또 한편으로 산업 개발을 위해 지난 2월 14일부터 도윤 회의를 소집하고, 이것들에 관해 논의하였다. 이에 따라 먼저, 길림성 농회장(農會長) 사우생(謝雨生)은 이런 목적을 위해 마침내 이민 정책을 기안(起案)하여 성회의(省會議)에 제출하고, 또한 성장(省長) 재주 신상(紳商) 곽내령(郭乃岺)은 동성(東省) 이민건의서를 성장공서(省長公署)에 제출하여 무릇 산업 개발, 국권 옹호, 난민구제책을 건백하였다.

길림성 도윤 회의는 지난 1월 28일 성장대리 정무총장 성윤(誠允)과 독판(督辦)대리 참모총장 희흡(熙洽)과 협의한 결과 결정한 것이다. 2월 14일부터 길림성장공서에서 개최되어 성장대리 성윤, 독판대리 희흡, 길장도윤(吉長道尹) 손기창(孫其昌), 빈강도윤(濱江道尹) 채운승(蔡運升), 의란도윤(依蘭道尹) 장계괴(章啓槐), 연길도윤(延吉道尹) 도빈(陶彬), 전성(全省) 경무처장 왕보선(王寶善), 교육청장 유수춘(劉樹春), 실업청장 마덕은(馬德恩) 등 기타가 참석하여 2월 21일에 종료하였다. 회의 내용은 조선인 문제, 남만 및 동부내몽고에서의 일본인 잡거 제한 문제, 내정 및 외교 문제 등이었다.

길림성 당국의 조선인 문제에 관한 태도는 봉천성에 비해 진지한 태도를 가지고, 선인 문제에 관해서는 수전 개발, 지나인의 수전기술 습득, 이익 증진이라는 경제적 입장에서 선인 그 자체는 배척하지 않지만, 정치적으로 볼 때에는 치외법권(治外法權)을 가진 외국인이 오지에 잡거하여 토지를 구입하거나 상조하고 수전을 경작하는 것은 국권의 침해가 되기 때문에 국권 옹호와 산업 개발이라는 두 가지를 양립시키기 위해서는 선인을 귀화시킬 수밖에 없다. 그래서 근래에는 이중국적 같은 모습을 드러내는 귀화에 대해서 일본 측도 이러한 귀화 선인을 일본인이라고 강하게 주장하지 않는 상태이므로 이중국적이어도 상관하지 않는다. 다만 이후 아무리 수전 개발 때문이라고 하지만 새로이 선인을 들이는 것은 좋지 않으니 이것을 제한하고, 오히려 종래의 선인이라도 장래 지나인이 수도(水稻) 경작기술을 습득한 때에는 점차 방축하는 방침을 취할 것이다. 이때가 되면 비로소 이중국적의 불가함을 주장할 것이다. 현재 법문에 구애되지 말고 이중국적을 인정하는 것은 이런 의미에서 가장 현명한 방책이라고 생각한다. 이것이 내가 추단한 길림 지나 측의 선인 방침이다.

(을) 봉천성

봉천성에서는 선인을 배척하는 열기가 맹렬하여 귀화에 대해서는 이미 이중국적을 인정하지 않는다. 실례를 들면,

1. 귀화하려는 자는 본국의 국적이탈증서를 요하고 동성(同姓)의 화인(華人)이 있다면 구두로 증명을 신청하고 동시에 촌장에게 신고해야 한다(성 훈령).
2. 귀화자에게는 현 한도에서 임시 집조(執照)를 발급한다(동변도윤 훈령).
3. 봉천 재주 선인 노인(盧仁) 외 6명은 1927년 12월 귀화 청원서를 제출한바, 1월 상순이 되어 당국에서 일본의 국적이탈증서를 첨부하여 청원하라며 되돌려 주었다.
4. 봉천 대동호주(大同號主) 최사림(崔士霖)은 17년 전 이미 귀화하여 내무부가 발급한 귀화증을 가졌다. 그런데 영구(營口)에 토지를 구입하려고 하자, 해당 지역 관헌이 탈적증서(脫籍證書)를 지참하지 않으면 부동산 매매는 금지한다고 응답하였다.
5. 봉천 나경석(羅景錫)은 1월 16일에 교섭서(交涉署)에서 제1과장을 방문하였는데, 귀화하려고 한다면 먼저 본국의 탈적증명서를 지참해야 한다.

라고 하였다. 봉천성에서는 귀화도 할 수 없고 토지 구입도 거의 불가능하여서, 소작 계약도 맺을 수 없어서 1년 기한의 고용 계약에 의해 경작을 허용하는 방침을 취한다(현재 항의로 인해 종래의 소작 계약은 맺어져 있다). 교육 문제도 선인들만에 의한 학교 경영을 허용하지 않고, 미쓰야협정에 의해 교거증서 요금 징수, 개풍역속 강제 등을 하고, 길림성에 비해 봉천성 당국의 조선인 문제에 대한 태도는 음험성(陰險性)을 띠었고, 타협성이 없다. 봉천성에서는 인구로 보아도 경지면적으로 보아도 비교적 여유가 없는 수치를 보이고, 또한 일지(日支) 관헌의 감정이 소원하여 원만하지 않다. 항의를 하면 말을 좌우로 핑계 대며 사실을 부인하고, 선인이 진정하려고 하면 면회조차 회피하고 도리어 선내(鮮內)의 화교박해사건(華僑迫害事件)을 과대하게 선전한다. 귀화에 관해서는 본국의 탈적증서를 요하면서 이를 허용하지 않고, 착취는 멋대로 하고 단연코 배척하려고 한다. 그리하여 미쓰야협정을 이용하여 1925년

(大正 14)에 관리한교장정(管理韓僑章程), 관리고용한교간종도전판법(管理雇傭韓僑墾種稻田辦法), 강방인원상벌장정(江防人員賞罰章程)을 제정한 외에 1928년(昭和 3) 1월에 재만조선인취체규정(在滿朝鮮人取締規程)을 제정하여 오로지 배척에 노력하고 있다.

〈자료 23〉 재만 선인에 대한 압박과 배척[113]

제1. 민회(民會) 배척

○ 조선인회(朝鮮人會)는 관헌의 허가를 받아야 한다. 1921년(大正 10) 6월.

화전(樺甸), 반석(盤石) 두 현(縣) 지방에서의 조선인회 지부 설립의 풍설이 전하여, 지나(支那) 관헌은 대략 다음과 같은 밀령을 발하였다.

조선인회(朝鮮人會)라 칭하는 하나의 영사관 기관은 최근 각 현 아래의 선인(鮮人)에게 감언(甘言)으로 입회(入會)를 권유하고, 각지에 지부 설립을 계획하였다. 이는 봉천성(奉天省)에서 보민회(保民會)와 같은 성질의 것이어서 일반 선인(鮮人) 복리(福利)에는 장애가 된다. 대개 우리 국토 내에 거주하는 선인은 그 국적(國籍) 여하를 불문하고, 우리 국법(國法)을 준수하고 우리 관헌의 명(命)에 복종하지 않으면 안 된다. 지금부터 각지에서 선인회(鮮人會)의 지부 설립에 당해서는 우리 관헌의 허가를 필요로 한다. 그리고 모든 집회들도 또한 반드시 관할 관헌의 허가를 받지 않으면 절대로 이를 금지하고, 만일 이 명에 위반하는 자는 엄벌에 처할 것이다.

○ 조선인 민회(民會)는 해산해야 한다. 1921년 6월.

왕청현지사(汪淸縣知事)는 관내 순시(巡視)를 위해 알아하(嘎呀河)에 이르렀을 때 조선인(朝鮮人) 민회장(民會長)을 불러서 지나 영토 내에서 일본 측의 제도인 민회(民會) 조직은 그지없이 부적합하므로 신속히 해산해야 한다고 명령하였다.

---

113 자료 출전: 「在滿鮮人壓迫排斥」, 『極祕 高等警察資料 在滿鮮人ト支那官憲 附 滿洲ニ於ケル排日運動』, 朝鮮總督府 警務局, 1930년 7월, 195~328쪽.

○ 민회는 비밀결사이다. 1922년 4월.

화룡현지사(和龍縣知事)는 무산(茂山) 대안(對岸)의 길지(吉地) 승소(承所)에서 사장(社長) 및 각 동(洞) 유력자를 집합시켜 다음과 같이 훈시하였다.

일본 관헌의 인가에 의해 조직한 거류민회(居留民會)는 나의 승인을 받지 않았으므로 비밀결사로 인정한다. 거류민은 비밀결사에 회비 등을 납부해서는 안 된다. 만일 범하는 자가 있는 때에는 엄벌에 처한다.

○ 상부지(商埠地) 외의 조선인을 지나(支那) 측에서 지배하려고 한다. 1922년 5월.

지나 측의 간도(間島) 대책은 종래의 미온적 행동을 버리고 점차 노골적이고 극단적인 수단을 부려서 일본 측에 대항하고, 간도 지방 상부지(商埠地) 외의 선인을 절대로 자신이 지배하기 위해 길림성장(吉林省長)은 연길도윤(延吉道尹)에게 다음과 같이 훈령하였다.

1. 연길도(延吉道) 관내에서 중국인 및 간민(墾民)이 조직한 각종의 모임에서 도(道) 행정방침에 상반(相反)하는 것은 금지하고, 새로 조직하려고 하는 것은 허가하지 않을 것.
2. 일본의 원조하에 조직한 부외(埠外) 조선인(朝鮮人) 민회(民會)는 관할 도윤 혹은 현지사(縣知事)의 지휘·명령을 받을 것 그리고 그 명칭을 간민회(墾民會)로 개칭하도록 할 것.
3. 부외(埠外)에 거주하는 간민의 집회, 결사, 언론 등을 행하는 경우는 일일이 지나 관헌의 허가를 받도록 하고, 또한 그때마다 현장에 임하여 감시할 것.
4. 부외 거주 간민의 교육기관인 학교와 서당은 관할 도윤 및 현지사의 지휘·감독을 받도록 할 것. 또한 교과서는 중국 교육부(教育部) 지정 교과서, 또는 도윤·현지사가 지정한 교재를 사용하도록 할 것.

○ 민회를 압박하여 지나 측에 의지하게 하려고 한다. 1922년 5월.

만주에 재주(在住)하는 선인은 우리 세력의 소장(消長) 여하에 의해 그 향배 거취를 정하는 자가 적지 않은 것이 사실인데, 일본 관헌이 재주하는 간도 지방 역시 이와 같다. 그런데 간도 지방 지나 관헌은 최근에 이르러 자못 우리 관헌의 행동을 방해하고, 혹은 조선인 민회에 대해 불법한 간섭 또는 압박을 하고, 혹은 일본 측 보조서당 등에 대해 폐쇄를 명하고, 혹은 여러 가지 배일(排日) 선전(宣傳) 수단을 부려서 선인을 지나에 의지하게 하려는 사실이 너무 많아 일일이 셀 수가 없다.

○ 민회에 출생, 사망 등의 신고를 해서는 안 된다. 1922년 7월 18일.
흑정자(黑頂子)의 고등경찰서 요원은 백가장(百家長)을 집합시켜 한창 배일 선전을 행하고 다음과 같이 명령하였다.

흑정자 조선 거류 민회에 출생·사망 신고를 하고, 또 수수료 20전을 납입하는 것을 엄금한다.

○ 간도(間島) 거주 선인(鮮人)은 조선 관헌에게 복종의 의무가 없다. 1922년 7월.
흑정자 고등경찰서 요원은 동지(同地) 조선인 민회 부회장에게 다음과 같이 분부하였다.

1. 간도 거주 선인은 일본 내지 관헌에게 어떠한 복종의 의무가 없고, 따라서 그 명에 복종하지 말 것.
2. 조선인 민회의 부과(賦課)를 갹출(醵出)하지 말 것.
3. 일본 영사관에 소송을 제기하지 말 것.
4. 우리나라에서 생활을 영위하는 자는 신속하게 귀화의 절차를 밟을 것.
5. 이상에 복종하지 않는 자는 엄벌에 처한다.

○ 민회 의원을 힐문(詰問)하여 구류(拘留)하다. 1922년 7월.
흑정자 경찰서장은 부하를 하여평(下汝坪) 대안의 수신사(守信社) 회룡봉(回龍峯) 민회 의원에게 출장시켜서, 근래 민회에서 송부한 서류가 3통이 있다는 것을 듣고 바로 경찰서에 출두할 것을 명하였다. 그런데 사정이 있어서 며칠 출두가 늦었기에 경찰서장이 노기를 품고 말하기를 "민회에서 송부한 서류가 다수 있는가. 또한 너는 지나 영토에 거주하면서 일본 관헌에 속하는 민회의 사무를 행하는 이유가 무엇인가?"라고 힐문하고, 게다가 호출 기일에 출두하지 않은 것은 우리 관헌을 모멸한 것이라고 하면서 5일간의 구류에 처하였다.

○ 민회비(民會費)의 납입을 금지하다. 1924년 3월.

혼춘(琿春) 재류 선인(鮮人) 민회에서는 민회비를 1호(戶)에 1원(圓) 80전(錢)을 징수하고 있다. 그런데 고소성(高小城) 고등경찰서는 같은 지역의 홍인사(興仁社) 사장을 소환하여 "우리 영토 내에 거주하는 자는 내선인(內鮮人)을 불문하고 당연히 우리 관헌의 명에 복종해야 하는데, 혼춘 민회 및 일본 관헌의 명에 준수하고 회비 등을 납부하는 것 등은 우리 관헌을 무시한 것"이라고 하여, 벌금 20원에 처하였다. 또한 위와 같은 행위가 있는 경우 지나 관헌에 신고하지 않으면 지나 땅에서 퇴거를 명할 것이라고 엄명하였다.

○ 선인 단체 취급방침. 1929년 4월.

길림성(吉林省) 주석 장작상(張作相)은 다음과 같이 훈령하였다.

1. 자위(自衛)를 목적으로 삼은 단체조직은 일반적으로 묵인해도 가(可)하지만, 총기 소지를 엄금할 것. 단 묵인 후에라도 치안(治安)에 폐해가 있다고 인지했을 때에는 곧바로 해산(解散)을 명할 것.

2. 선인 비적(匪賊)의 횡행이 심한 지방의 관할 현지사(縣知事)는 지방비(地方費)로써 화인(華人) 및 선인의 자위기관으로 이루어진 보위부단(保衛附團)을 특설하여 비적의 섬멸(殲滅)을 기(期)할 것.

3. 사상운동을 목적으로 삼은 단체조직의 출원(出願)에 대해서는 절대로 허가하지 말 것.

4. 허가 없이 전항의 목적하에 단체를 조직한 자에 대해서는 공산주의운동 취체법(取締法)에 준하여 처벌할 것.

5. 정치운동을 목적으로 삼은 단체를 조직하고, 또는 이를 조직하려는 자에 대해서는 전제3항, 제4항에 준거하여 취급해야 한다. 단 다음에 해당하는 자에 대해서는 묵인해도 가(可)하다.
   1) 귀화(歸化) 권유를 목적으로 삼은 것.
   2) 중화민국 교육제도에 기초하여 교육 통일을 목적으로 삼은 것.

3) 산업의 개량과 증식을 목적으로 삼은 것.

○ 민회(民會) 상황의 조사. 1929년 6월.

연길공안국(延吉公安局) 제1총서장(總署長)은 국민정부(國民政府)의 내훈(內訓)을 받들어 다음의 훈령을 발(發)하였다.

일본인은 각지에 거류 민회를 설립하여 그 상황이 극히 복잡하게 되었다. 이 가운데 연변(延邊) 일대의 조선인 민회는 특히 심하다. 해당 회가 간민(墾民)을 농락하여 우리 지방행정에 저항하고, 오로지 선인(鮮人)의 입회를 강제하고, 부과금(賦課金)을 징수하고 있는 것은 실로 주권을 침해하는 위법에 속한다. 이제 외교(外交)를 진행하고 있는 가을을 맞이하여, 조용하고 고식적인 수단을 끊어 버리고 적극적으로 나아가서, 이것을 취체(取締)하지 않으면 안 된다. 각 관리는 관하 일대에 본령을 전달하여 각지 선인 민회의 내정(內情) 및 위법 행위를 상세히 조사하여 보고하도록 하고, 외교 교섭 재료의 수집에 힘써야 한다.

제2. 귀화(歸化) 문제

요령성(遼寧省)

○ 귀화자(歸化者)와 비귀화자(非歸化者)의 대우(待遇). 1922년 9월.

만주(滿洲) 보민회(保民會) 지부장 회의에서 '지나(支那)에 귀화(歸化)한 자가 있는지. 또 귀화자와 비귀화자에 대하여 지나 관헌의 대우는 어떤지'에 대해서 자문(諮問)하였는데 답변은 다음과 같다.

1. 장백(長白) 지부: 지나 관헌의 권유에 의해 약 200명 귀화했는데, 그 후 대우에 어떠한 특이점이 없기 때문에 1918년(大正 7)부터 점차 귀화를 취소하여 현재 겨우 6, 7명의 소수에 지나지 않는다.
2. 통화(通化) 지부: 1913, 1914년경은 지나 관헌의 권유에 의해 다수 귀화했지만, 그 후 대

우에 어떠한 차별이 없기 때문에 퇴적(退籍)한 자가 많다.

3. 환인현(桓仁縣): 위와 같음.

○ 귀화는 성장공서의 허가를 받아야 한다. 1926년 6월.

교섭서장(交涉署長)은 각 현지사(縣知事)에게 다음과 같이 훈령하였다.

귀화 희망 선인(鮮人)에 대해서는 충분한 조사를 수행하고 성장공서(省長公署)의 허가가 있은 뒤에 허가하고, 현장의 현지사(縣知事)가 직접 허가하는 일이 있어서는 안 된다.

○ 한교동향회(韓僑同鄉會)의 청원. 1930년 2월.

동성귀화한교동향회(東省歸化韓僑同鄉會)는 대표자를 국민정부(國民政府)에 파견하여 정부 당국에 대해 재만 조선인의 궁상(窮狀)을 호소하는 동시에 다음과 같이 청원을 하였다.

1. 현행 국적법(國籍法)을 개정하여 입적수수료를 면제시키고, 동북(東北) 각 성정부(省政府)에 칙령(飭令)하여 신속하게 실행할 것. 입적을 출원한 조선인에게는 일률적으로 허가하고 중국 국민으로서 권리와 의무를 향유하도록 할 것.

2. 몽장(蒙藏) 동부(同部)의 예를 이용하여 중앙 및 동북 각 성정부 관하에서, 입적한 조선인 중에서 중국어에 정통한 자를 선발하여 입적조선인부(入籍朝鮮人部)를 설립하여 중앙 및 지방 정부에서 전문위원을 두고, 동부(同部)의 사무를 지도하고 당화훈련(黨化訓練)을 하여 조선인의 자치 사무를 처리하도록 할 것.

3. 봉천(奉天) 당국이 주장한 '조선인 중 입적을 원한 자는 일본 내무성에서 탈적증서(脫籍證書)를 취득해야 한다.'라는 조건을 취소하도록 중앙에서 봉천 당국에 칙령하기 바란다.

4. 1914년(民國 3) 12월 30일부로 공포한 수정(修正) 국적법 제2조를 개정하여 입적민의 공권 행사 제한을 철폐하여 평등한 대우를 부여할 것.

5. 간도조약, 미쓰야협약(三矢協約) 등을 취소할 것.

6. 중앙 및 동북정부는 입적조선인의 교육에 주의하고, 조선문 및 한문을 번역하여 국민교육을 부여하고 조선인 아동의 학교를 증설할 것.

7. 중앙 및 동북 지방정부는 입적조선인의 경제적 시설에 주의하고, 농민은행을 설립하여 농업자본을 융통하여 농민회 등 농민계발기관을 설치할 것.

○ **귀화하여 각종의 권리를 향유해야 한다. 1930년 4월 25일.**

회덕현(懷德縣) 공안국에서는 동현(同縣) 오가자(五家子) 거주 선인에 대해 "관내 거주 선인은 모두 지나에 귀화하지 않으면 안 된다. 귀화한 경우에는 지나인과 같은 대우를 받고 각종의 권리를 향유할 수 있지만, 귀화하지 않으면 일본 관헌이 자국인(自國人) 조사를 위한다고 칭하고 들어오기 때문에 퇴거(退去)시키지 않을 수 없다"라고 하여 귀화를 강요하고 있지만, 수수료 2, 30원을 요구하기 때문에 아직 절차를 밟는 자가 없다.

○ **교민조사처(僑民調査處). 1930년 4월 28일.**

동삼성(東三省) 행정회의에서는 교민조사처 설립을 결정하고 총처장(總處長)을 임명하여 이미 준비가 이루어졌는데, 주요 목적은 선인(鮮人)의 지나 입적 권유에 있다. 입적비는 가족의 많고 적음에 상관없이 1호(戶) 10원(元)을 징수하기로 하였다.

길림성(吉林省)

○ **선인(鮮人)의 귀화는 정치적 필요에서 생활적 필요를 향해 나아간다. 1922년 5월.**

당초 선인의 귀화는 생활상의 필요조건으로서 행해졌다. 그 후 불령자(不逞者)가 자기 신변의 안전을 얻기 위해 한창 귀화하였고, 또한 지나도 취조상(取調上) 크게 이를 환영하였는데, 이제 상술한 정치적 의미를 벗어나서 생활 필요 수단으로 행해지고 있다. 즉 귀화를 명분으로 토지를 쉽게 입수(入手)하고 지나인과의 교제에 원만을 기하려고 하는 데 있다.

○ **차별적 대우. 1922년 7월.**

지나 관헌은 길림성 농안현(農安縣)에서 농사 경영에 착수한 여러 명의 귀화선농(歸化鮮農)을 추방하고, 농사 경영을 끝내 하지 못하게 했다. 따라서 여러 명의 선인(鮮人) 유력자가 집합하여 "차별적 대우를 하지 말라는 취지의 종래 성명에 어긋나는 것이고, 이와 같은 불법

처분은 우리들 귀화 선인의 장래에 큰 영향을 주는 것이기 때문에 철저하게 해결하지 않으면 안 된다"라고 외쳐서 회중(會衆)에게 큰 감동을 주었다.

○ 귀화 선인의 태도. 1922년 7월.

종래 지나 관헌이 하는 대로 복종해 왔던 선인(鮮人) 귀화 농민들도 근래 점차 증가함에 따라 저들 국민성(國民性)과 지나의 현상이 서로 어울려서 지나에 대한 경모(輕侮)의 생각을 더욱 크게 만들어서, 지나 관헌의 처치(處置)에 대해 반항적(反抗的) 태도를 보이게 되었다.

○ 귀화 권유와 퇴거 명령. 1922년 8월.

화룡현(和龍縣)에서 개최된 각 사(社) 사장회의(社長會議) 열석(列席) 후에 사장이 둔장(屯長)에게 경고한 내용은 다음과 같다.

화룡현 거주 선인으로서 전(畑) 1일경(日耕, 1,000평) 이상을 가진 자는 이 기회에 귀화를 권유하고 만일 이에 응하지 않는 자는 퇴거시켜야 한다.

○ 역복(易服)에 힘써 행할 것을 명령하다. 1923년 11월.

혼춘현(琿春縣)의 1분주소(分駐所)에서는 남별리(南別里) 이하 6사(社)의 사장(社長)을 소집하고, 역복(易服)은 당분간 아동 및 청년에게 힘써 행하고 점차 부녀에게 미치도록 하고, 또한 조선인 민회원(民會員)에 대해서는 탈회(脫會)를 권고하여 수긍하지 않는 자는 그 내용을 보고해야 한다고 명령하였다.

○ 지나(支那) 의복(衣服) 착용. 1923년 11월.

혼춘현지사(琿春縣知事)는 관하 각 현장(縣長)에게 다음과 같은 요지를 영달(令達)하였다.

귀화 조선인은 한편 일본 측의 기관인 조선인거류민회(朝鮮人居留民會)에 들어가 관할을 받고, 그 이용을 달가워하고, 우리 국정(國情)을 내사(內査)하여 세력의 신장(伸張)에 조력하고 있다. 이와 같은 것은 전적으로 일거양득의 이익을 획득하려는 간책(奸策)에서 나온 것으로 우리나라에 귀화한 것이 아니다. 이제 귀화 선인은 일률적으로 가족에 이르기까지 우리나라의 복장을 착용시키고, 법을 살펴서 판별하여 처리하고 정말 교활한 꾀를 부린다고 하면 엄중히 처분해야 한다.

○ 귀화하지 않은 자의 토지를 몰수하다. 1924년 6월 19일.

혼춘현지사(琿春縣知事) 주(朱) 씨 착임(着任) 이래 재주(在住) 선인에 대해 귀화를 강요하고, 비귀화자(非歸化者)에 대해서는 몰래 차별적 대우를 하고, 또한 비귀화자 중 귀화자의 명의를 빌려 토지를 구입한 자에게는 절대로 토지관리권 및 지상권(地上權)을 인정하지 않는 동시에 그 토지를 무조건 몰수한다는 취지를 전달함으로써 계속하여 귀화 수속을 하고 있다. 본월 5일 이후 귀화인(歸化人) 수는 다음과 같다.

춘화향(春化鄉) 26일, 숭례향(崇禮鄉) 5인, 덕혜향(德惠鄉) 11인, 용지향(勇知鄉) 7인.

○ 귀화와 토지권(土地權)에 관한 규정. 1926년 5월.

연길도윤(延吉道尹)은 혼춘현지사 앞으로 다음과 같은 내훈(內訓)을 발하였다.

조선 내지에 있는 선인(鮮人)은 지금 일본의 경제적 압박과 각종의 가렴(苛斂)을 참지 못하고, 날마다 우리 영토 안으로 이주하는 자가 점점 많아지고 있는 시기이다. 그런데 그들 생활의 기초라 할 수 있는 토지에 관하여 매매, 전지(典地), 차지(借地) 등을 할 때 그 권리와 의무의 소재를 명확히 하지 않는 경우, 스스로 신성한 영토 권리를 손상시키고 나아가 귀화(歸化) 선인의 불평을 초래하여 시정상(施政上) 지장을 가져오는 것이 적지 않다. 이에 관해 각 지방관은 다음의 각항을 엄수함으로써 우환(憂患)을 일소하기에 힘써야 한다.

  1. 비귀화 선인이 귀화자의 명의(名義)를 빌려서 토지를 매입한 사실을 알았을 때에는 곧 바로 귀화의 수속을 밟도록 해야 한다. 그리하여 일정한 기간 내에 귀화자로서 구입한 위 토지는 본인의 소유로 옮기고 만일 수속을 하지 않았을 때에는 해당 토지를 관(官)에 몰수할 것.

  2. 본령 발포 후 토지 매매에 관하여 귀화자로서 비귀화자에게 명의를 대여한 자가 있을

때에는 이미 정한 법규에 비추어 처벌할 것.

3. 본령 발포와 동시에 종래의 비귀화자의 전지(典地) 관례를 폐지한다['전지 관례'란 비귀화 자가 채권(債權)에 의거하여 토지를 담보(擔保)로서 취득, 경작 또는 소유하는 것을 말한다].

4. 이제부터 귀화자가 아니면 토지를 담보로서 취득할 수 없다.

5. 토지 담보 수속은 매매의 예에 의할 것.

6. 본령 발포 전에 비귀화자가 취득한 담보 토지에 대해 지주가 기한 내에 채무를 갚을 수 없을 때에는 관에서 해당 토지를 공매(公賣) 처분에 부쳐서 채무를 지불할 것.

7. 1년 이상의 차지(借地)는 귀화자가 아니면 허락하지 않을 것.

8. 조지(租地) 수속의 경우에는 반드시 향장(鄕長)의 입회를 요하고, 입회하지 않은 조지에 관해서는 재산상의 소송을 인정하지 말 것('조지'란 지주에게 차용금을 치르고 1년 기한으로 경작을 하는 것을 말한다).

○ 귀화 강요. 1926년 6월.

지나 관헌의 이주 선인에 대한 귀화 강요는 점차 적극적이어서 최근 토지 문제 등을 핑계로 여러 종류의 수입을 꾀하고 있다. 이에 대해 선인은 "지나 당로(當路)의 진의(眞意)는 귀화 강요에 있어서, 만일 귀화의 수속을 하면서 입적의 신고 및 토지소유권 인정의 신청 등을 하지 않은 자는 외국인으로 간주되고 위반자가 되어서 소유 토지를 몰수·퇴거 등의 처분을 받기 때문에 종래 그대로는 도저히 피할 수 없다고 생각하여 어쩔 수 없이 여러 수속을 받아들이고 있다"라고 말하고 있다.

○ 귀화와 토지 문제. 1926년 8월.

화룡현지사(和龍縣知事)의 명을 받은 화룡현 총사장(總社長) 겸 농무회장(農務會長) 지나인 진천장(陳天璋)은 선인의 토지소유권 문제에 관련하여 맹렬히 선인의 귀화를 강요하고 이면에서는 극성스럽게 뇌물을 바라서 만일 응하지 않는 경우에는 군경을 파견하여 위협하는 등 악랄한 불법 행위를 반복하고 있다. 그리하여 지나 관헌의 횡포는 거의 상투적이어서, 굳이 진천장에게만 보이는 현상이 아니지만 지금 기왕의 그들의 행동을 탐지하면 항상 수명 내지 수십 명의 군경을 대동하고, 이들이 무지한 선인을 위협하여 귀화 수속을 완료시키는 외에 일행의 출장·체재에 필요한 경비 등도 전부 그 사(社)에 부담시킨다. 동시에 일본은 선인 보호를 구실로 간도(間島) 각지에서 다수의 경찰관을 주재시키고 혹은 조선인 민회(民會)를 조직시키고 있지만, 그 목적이라는 것이 조선의 독립운동을 저지하는 것 외에 교묘하게 친일 선인을 조종하여 만몽(滿蒙)에 세력 발전의 밑바탕을 만든다는 야심과 다르지 않다고 말하고 있다.

이번에 길림성장(吉林省長)은 선인의 토지소유자를 전부 중국에 입적시켜야 한다는 취지를 발령(發令)하고, 입적한 뒤에는 중국 국민으로서 토지소유권을 가지는 것은 물론이고, 참정권(參政權) 등 모든 공권(公權)을 부여받게 되는 특전을 가지고, 한편 일본 관헌 때문에 체포·구금당하는 등의 일이 없어 일거양득이라고 선전하고, 입적자(入籍者)에게는 다음의 조건을 확실히 지킬 것을 요구하고 있다.

1. 조선인 민회에서 탈회(脫會)하고 현재 동회(同會)의 역원(役員)·의원(議員) 직(職)에 있는 자는 곧바로 사직해야 한다.
2. 신속하게 일본의 국적(國籍)을 이탈(離脫)해야 한다.
3. 귀화하지 않는 자이라도 조선인 민회 회비의 부담을 거절해야 한다.
4. 중국의 국적을 갖지 않고 지금 여전히 토지를 소유하려고 하는 자가 있다. 이런 경우에 지급(至急)히 수속을 이행(履行)해야 한다. 뒷날에 이런 사실이 발견되었을 때에는 토지를 몰수함은 물론 엄벌에 처해야 한다.

○ 비귀화자에게도 토지소유권을 인정하다. 1926년 12월.

연길현(延吉縣)에서는 종래 귀화 선인이 아니라면 토지소유권을 인정하지 않았고, 이 때문에 이주 선인의 대다수는 겉으로 귀화 선인을 명의인(名義人)으로 삼아 토지를 소유해 왔다.

그런데 최근 연길현지사(延吉縣知事)는 이 제도를 고쳐서 귀화와 비귀화의 구분 없이 일률적으로 토지소유권을 인정할 것이므로 종래 귀화인을 명의인으로 삼아 토지를 소유해 왔던 자는 신속히 그 수속을 밟아야 한다는 훈령을 발하였다. 동시에 등기료(登記料)도 1일경(약 1,000평)에 50전(錢)쯤으로 취급하였다. 일반 선인은 지사의 이러한 태도에 대해 대단한 호감을 가지고 있다고 말하지만, 과연 연길현에서 본건과 같은 훈령을 발했는지의 여부에 관해서는 의심스러운 점이 적지 않다. 혹시 일반 관헌이 비귀화 선인 소유의 토지를 조사하는 방책의 하나로서 이와 같은 간계를 부린 것이 아닐까라고 생각된다.

○ 도윤회(道尹會) 결의. 1928년 2월.

길림성장공서(吉林省長公署)에서 개최 중이던 도윤회의(道尹會議)에 제출되었던 각 의안의 내용은 다음과 같다.

1. 선인회(鮮人會) 조직의 제한

   (결의) 재주(在住) 선인들이 회를 조직하여 귀화입적(歸化入籍) 수속을 처리하는 기관으로 삼는 것은 정권(政權)과 저촉하는 바 있으므로 단연코 윤허(允許)할 수 없다.

1. 귀화권유원(歸化勸誘員) 설치

   (결의) 재주 선인이 추천한 선인의 귀화권유원(歸化勸誘員)이 진실로 재주 선인의 대표자로서 자격이 있는지에 관해서는 신중한 조사를 요하고, 성장공서에서 각 현(縣)의 상세한 조사와 보고를 기다려 결정해야 한다. 그 유폐(流弊)를 방지할 방법수단으로,

   1) 해당 선인 대표에게 이력서와 함께 원적, 현주소, 직업, 길림에 온 연월일 등을 상세히 보고하도록 함으로써 자격 유무의 심사에 이바지할 것.

   2) 중국 상민의 보증인을 붙임으로써 확실하다는 것을 분명히 할 것.

   3) 4촌(寸) 크기의 사진 3매를 관할 현공서(縣公署)와 경무처(警務處), 성장공서 등에 제출하도록 하여 검열에 대비할 것.

   4) 선인 대표의 책임은 귀화의 권유, 귀화에 관한 사건에 대해 관청과 접촉하는 외에 다른 행위를 할 수 없다. 위반자는 경찰에서 그 대표 자격을 취소하고 상당한 죄에 처한다.

1. 이중국적자의 대우

   (결의) 이중국적자인지 아닌지를 논하지 말고, 이미 우리 국적에 입적한 자는 마땅히 우리나라 법령에 준수하고 복종시킬 것을 요한다. 이에 따르지 않는 자는 국적을 취소하고 거주를 허락하지 않는다.

1. 화선(華鮮) 양민(兩民)의 의사소통과 선인의 동화(同化)

(결의) 해당 제안을 수용하여 제1항에 준하여 처리한다.

1. 화선민(華鮮民)의 수전(水田) 공동 경영과 공동 생활

(결의) 화선인(華鮮人)의 수전 공동 경영, 그리고 선민(鮮民)으로 하여금 일상적으로 화민(華民)과 똑같은 생활을 영위케 하는 것은 제안과 같이 시행한다.

1. 선인 취체(取締)에 대한 일본 측의 항의를 피하고, 우리 권리를 잘 지켜 유지한다.

(결의) 일본은 중국 내에서의 조선인의 거동에 대해 상당한 공포심을 품고 있지만, 또한 한편으로는 이를 식민 정책에 이용한 것이 다년간 사실로 훤히 드러났다. 이번 우리 관헌이 재만(在滿) 선인을 압박한다고 해서 항의하였다. 그러므로 이 시기에 우리 쪽도 철저하게 해결을 계획하지 않는 경우에는 장래 점점 분규를 일으켜 곤란에 빠질 것이고, 그 근본적 해결 방법으로 성장공서는 몇 년 전부터 일본 측에서 청구한 불령선인(不逞鮮人) 취체에 관한 조회문안(照會文案)을 정리하고 의견을 붙여서 외교부(外交部)에 보냈고, 그리하여 일본 공사(公使)에게 질문하여 그 회답을 얻었다. 또한 임시 처리방도로는 일지(日支) 분규를 피하기 위해서 표면상 구례(舊例)에 비추어 처리하고, 대개 취체를 할 각 항목에 관해서는 각 지방관에서 그 지방 상황을 짐작(斟酌)하여 신중하게 처리하고, 특히 잡거(雜居) 구역에서의 각 현(縣)은 가장 신중히 해야 함은 물론이고, 이에 의해서 일본이 주목하거나 교섭 문제를 야기한 때에는 해당 현지사(縣知事)에게 책임지도록 하였다. 당분간 이와 같이 실시하고 중앙정부의 해결을 기다렸다.

1. 잡거 구역 외의 선인 거주에 대한 현지사(縣知事)의 책임

(결의) 잡거 구역이 아닌 현(縣)에 거주하는 선인에 대해서는 모름지기 지방관이 귀화를 권유하는 데 힘쓰고, 때때로 선인 대표에 접근하여 귀화 청원(請願)에 대한 모든 수속을 명백히 고지(告知)하고, 그 출원자(出願者)는 신속하게 성장성서(省長省署)에 전보(轉報)하고 또한 내무부(內務部)에 대해 귀화집조(歸化執照)의 발급을 신청해야 한다.

1. 만철연선(滿鐵沿線) 지방의 선인 이식(移殖)에 대한 방지책

(결의) 만철연선의 각 현은 일본 측의 이민(移民) 장려, 이권 확장을 방지하지 않으면 안 된다. 그 가장 중요한 처리방식은 곧 화민(華民)에게 밀령을 발하여 미입적선인(未入籍鮮人)에게 토지·가옥을 대여하지 않는 것이다. 이렇게 실행하면 자연히 그 세력을 잃고 그리하여 그 발전을 방지할 수 있을 것이다. 단 신중하고 비밀스럽게 처리함으로써 일

본 측에게 구실을 주지 않도록 노력할 것을 요한다.

1. 6개월 이내에 귀화하지 않는 자에 대한 처리방식

(결의) 미입적자(未入籍者)에 대해서는 곧바로 구축(驅逐)하지 않는다. 단 각 현은 관내 경단(警団)에게 명하여 다음 예의 방식을 좇아서 처리하도록 한다.

1) 화민(華民)에게 밀령하여 미입적자에게는 토지와 가옥을 대여하지 않는다.

2) 경찰이 각 지방의 여관, 하숙집에 고지하여 신래자(新來者) 혹은 미입적(未入籍)의 선인에게 체재(滯在)와 숙박을 허락하지 않는다.

3) 대체로 잡거지(雜居地)가 아니면 외국국적인(外國國籍人)의 생명·재산에 대해 보호의 책임을 지지 않는다는 것을 미입적의 선인에게 경단에서 유고(諭告)해야 한다.

4) 입적(入籍)하려 하지 않고 거류(居留)하려고 하는 자는 반드시 어떠한 용의(用意)가 있는 자이므로 불령선인(不逞鮮人)으로 간주하고, 필요하다고 인지했을 때에는 체포해야 한다.

○ 일본의 여러 시설을 견제(牽制)해야 한다. 1928년 6월.

길림성장(吉林省長)은 재만선인(在滿鮮人)의 귀화(歸化)를 강요하고, 만일 응하지 않는 자는 곧바로 구축(驅逐)을 명하고, 또한 귀화인에게는 다음 사항을 실행시켜서 일본의 여러 시설을 견제해야 한다고 명령하였다.

1. 조선인(朝鮮人)은 조선인 거류 민회(民會) 및 동류(同類)의 각 단체와 신속히 관계를 단절할 것.

1. 일본 측 경영의 금융기관에 빚을 지지 않을 것.

1. 조선인의 자제(子弟)는 중국 현립(縣立) 각 학교에 입학시킬 것.[114]

1. 중국의 의복을 착용할 것.

---

114 자료에는 '入學セザルコト'로 되어 있지만 문맥상 오기로 판단하고 '입학시킬 것'으로 번역하였다.

○ 귀화 강요 훈령. 1928년 9월.

길림성장(吉林省長)은 관하 각 현지사(縣知事)에게 다음과 같이 훈령하였다.

1. 1928년(民國 17) 7월 1일부터 같은 해 12월 말일까지 재주 선인의 귀화(歸化) 기간으로 한다.
2. 성장공서에서 각 현지사(縣知事)에게 통령(通令)하여 그대로 처리하도록 하는 외에 각 성(省)의 선교(鮮僑) 대표(귀화권유원)에게 밀령하여 전항의 기간 내에 선민의 귀화 수속을 완료하도록 할 것.
3. 도윤회의(道尹會議)에서 결의한 처리방식을 기밀로 해서 그대로 실행할 것.
   1) 길림성 각 현에 일률로 실행할 것.
   2) 6개월 이내에 일률로 귀화시키고 지나복(支那服)을 착용하도록 할 것.
   3) 귀화 후 조선인은 지방단체의 선거 및 피서거권을 가지고 지나인과 똑같은 대우를 받을 것.
   4) 미귀화자(未歸化者)는 성내(省內, 집거지를 제외)에 거주를 허락하지 않는다. 또한 나중에 들어오는 자의 입경(入境)을 거절한다.
   5) 귀화의 한성 기간 내에 입적비(入籍費)를 적게 줄일 것.

○ 귀화원서(歸化願書)의 취급. 1929년 1월.

길림성장(吉林省長)은 각 현지사(縣知事) 앞으로 다음의 훈령을 발하였다.

북경정부(北京政府) 폐멸(廢滅) 후에 재주 선인의 귀화 출원에 대한 처치에 관하여 본 성장(省長)은 고려한 바가 있어 일찍이 지방장관에게 귀화원서 수리(受理) 중지를 명하는 동시에, 한편 장(張) 총사령(總司令) 앞으로 이것의 취급에 관해 지시 방안을 청훈(請訓)해 두었다. 그런데 재주 선인의 귀화 허가는 동삼성 자체의 문제에 속해서 굳이 남경정부의 의도를 받들어 처리해야 할 것이 아니다. 그래서 현재 동삼성 내에 있는 수십만의 비귀화 선인(非歸化鮮人)을 배척하는 것은 대외 관계상 그리고 인도상(人道上) 이상하지 않은 조치임에 비추어 오히려 이들을 중국에 귀화시켜서 일본의 간접적 침략 정책을 저지하는 것이 득책(得策)이라고 생각된다. 다만 귀화증서(歸化證書)를 발행하는 기관은 총사령(總司令) 혹은 성장(省長)이 모두 할 수 있을지는 목하 심의 중이기 때문에 결정되는 대로 다시 통달할 것이니, 각 성에서는 종래의 예에 따라 취급해야 한다는 회훈(回訓)을 접수하였다. 그러므로 각 지방장관은 위 훈령의 취지에 따라 조치해야 한다.

○ 귀화(歸化) 제한. 1929년 3월.

귀화 제한에 관해 길림성정부는 다음과 같은 훈령을 발하였다.

성내 재주 선인의 귀화원서(歸化願書) 취급 방안에 관해서는 이미 영달(令達)해 두었다. 산동(山東), 하북(河北) 등 방면에서 빈민의 성내 이주가 예전대로 다수를 헤아리고, 이 때문에 본성 인구는 해마다 격증의 추세를 보이고 있는 금일에 무제한으로 조선인의 귀화를 용인할 때에는 마침내 장래에 성민(省民)의 생활에 위협을 초래할 우려가 있으므로, 향후 그들의 귀화 제한의 방침에 대해서는 각 지방장관이 이 점에 깊이 주의하여 현재 귀화자 및 지금 이후 귀화하려는 자에 대해 이제 다음에 의거하여 취급해야 한다.

1. 귀화를 허용하는 경우에는 3년 이상 계속해서 우리 중국 영토 내에 거주한 자일 것.
2. 전항에 해당하는 자이더라도 현재 조선 또는 노국(露國)에 적(籍)을 가진 자인 때에는 귀화원서를 수리(受理)하지 않을 것.
3. 현재 귀화증서(歸化證書)를 가진 자로서 조선 또는 노국으로 이귀(移歸)하는 자에게는 귀화증서의 반납을 명할 것.
4. 현재 귀화증서를 가진 자로서 조선 또는 노국에 적을 가진 것으로 밝혀졌을 때에는 귀화증서를 회수할 것.
5. 현재 관공리(官公吏)의 직(職)을 받드는 자로서 전항에 해당하는 자에게는 신속히 이전 국적(國籍)을 이탈(離脫)하는 수속을 밟도록 할 것.
6. 전 4항에 해당하는 자로서 토지를 소유한 자인 때에는 시가(時價)에 의해서 관에서 이를 매수할 것.
7. 종래 해당 현지사(縣知事)는 귀화원서 제출자에 대하여 각 본인에게 빙거(憑據, 임시 증서)를 교부했지만 이제 이를 폐지할 것(종래 귀화출원자에게 해당 현지사가 임시 증서를 교부하는

것이 통례였는데, 이 때문에 교부를 받은 자는 정식으로 증서를 수급하기 전에도 자유로이 토지를 구입할 수 있었다).

위에 의거하여 각 소속 기관에서도 각 관내 재주 선인의 상황을 살펴서 취급하는 데 유감이 없도록 기해야 한다.

○ 돈화현장(敦化縣長)의 입적(入籍) 명령. 1929년 8월 16일.

돈화현장 곽은파(郭恩波)는 다음과 같이 입적 명령을 발하였다.

1. 1929년(民國 18) 8월 20일부터 9월 30일까지 재돈(在敦) 한민(韓民)은 중국에 입적 수속을 요한다. 만일 이에 응하지 않는 자는 퇴거할 것.
2. 중국에 입적한 한민은 중국 국민과 똑같은 권리를 가지고 중국 국민과 똑같이 대우할 것.
3. 중국에 입적한 한민은 중국 의복을 착용할 것.
4. 중국에 입적한 한민은 중국 국민과 결혼해도 지장이 없다. 언어는 중국어를 사용할 것.
5. 만일 이에 응하지 않는 자는 신속히 퇴거 준비를 하고, 각 관할 관청은 이들 무리를 조사하여 신속히 보고할 것.

○ 일본의 침략을 방지하기 위해 선인(鮮人)의 귀화를 허가하지 않는다. 1929년 8월.

길림성정부(吉林省政府) 주석 장작상(張作相)은 각 현장(縣長)에게 다음의 훈령을 발하였다.

이전에 연길현장(延吉縣長)의 품청(稟請)에 의하면, 성내(省內)에 재주하는 선인(鮮人)은 이미 50여만의 다수를 보이고, 또한 장래 이주자(移住者)가 격증할 것은 과거의 사례로 보아 분명하다. 이때에 이의 방지책을 강구하지 않는 경우에는 이주 격증의 추세가 멈출 줄을 모르고, 성민(省民) 경제생활의 발전에 지장을 초래하는 것이 매우 커질 것이다. 게다가 그 배경에 있는 저 일본제국주의(日本帝國主義)는 이들 이주 선인을 이용하여 심각한 침략을 시도하려고, 온갖 간책을 부리고 있다. 현재 연길 지방에서의 국토도매사건(國土盜賣事件) 같은 것도 그 일단을 실증(實證)하는 것으로, 실로 한심하지 않을 수 없는 일이다. 이제 선인의 이주를 방지하고 일본의 침략적 마수(魔手)를 저지하기 위해서는,

1. 선인의 귀화를 허용하지 않을 것.

2. 선인에게 토지소유권을 부여하지 않을 것.

등의 수단을 선택하는 외에는 다른 방도가 없을 것이다.

위의 품청에 대해서는 본 주석도 지극히 동감(同感)하는 바이다. 그렇더라도 일본은 재주선농(在住鮮農)에 대한 우리 쪽의 태도에 대해서는 항상 중대시하고 있는 것 같고, 만일 우리 쪽에서 급격히 이런 수단을 취할 때에는 일본의 반감을 사서 목전에 가로놓인 중일조약(中日條約) 개정 문제에 영향을 줄 우려가 있다. 이뿐만 아니라, 선농(鮮農)의 큰 동요를 가져와서 마침내 일본 및 선농이 대항하는 책동(策動)의 호기회(好機會)를 주는 결과를 초래하게 될 것이다. 나아가 성내 각 현장에 있어서는 성정부에서 어떠한 지시가 있을 때까지 구례(舊例)에 따라 행하고, 또한 일본의 침략 행위에 대해서는 이미 발령한 훈령 등에 의거하여 저지에 힘써서 결코 함부로 나서는 일은 절대로 피하도록 해야 한다.

○ 입적우대변법(入籍優待辨法) 취소. 1929년 8월.
길림성정부(吉林省政府)는 아래의 밀령을 발하였다.

길림성정부는 조선인 다수가 빈곤한 점을 생각해서 입적비(入籍費)를 1명에 대해 길림 대양(大洋) 30원(圓)에서 특히 2원 40전(錢)으로 경감시켰다. 그런데 부담액의 경감이 도리어 폐해를 낳아 최근 각지에서 귀화 선인이 귀화의 이름을 이용하여 국토를 매수하여 이를 일본에게 전매(轉賣)하는 경우가 있다. 또는 겉으로는 입적했더라도 실제로는 일본 영사관이나 일본 자본가의 출자(出資)에 의해서 국토를 매수하는 자가 적지 않다. 만약 이를 엄중히 취체(取締)하지 않는 경우에는 여러 가지 분규를 낳고 국권 상실을 불러올 우려가 있다. 그러므로 조선인 입적우대변법(入籍優待辨法)은 즉일로 취소하고, 금후라도 조선인이 입적을 출원하는 경우에는 규정에 의해 길림 대양 30원을 징수하고, 또한 중국 국법을 준수하고 일본과 결탁하지 않는다는 보증인을 세워서 이에 위반하는 조선인에게는 국토 도매(盜賣)에 관한 벌칙을 적용해야 한다.

○ 입적 선인의 지권(地權) 획득 금지. 1930년 2월.

빈강현정부(濱江縣政府)는 길림성정부(吉林省政府)로부터 다음과 같은 밀령을 받았다.

1. 입적(入籍)한 선인(鮮人)이 복장, 말과 행동을 바꾸지 않는 경우에는 입적증(入籍證)을 회수해야 한다.
2. 선인은 입적의 유무에 관계없이 지권(地權)을 획득할 수 없다.
3. 미등기(未登記) 선인에게는 토지의 개간을 허가하지 않는다.
4. 지주(중국인)는 선인에게 토지를 대여할 수 없다.
5. 선인사립학교(鮮人私立學校)는 모두 중국 관헌의 허가를 거치고 또한 중국의 표준 과정에 따라야 한다.
6. 선인은 입적의 유무에 관계없이 집회, 결사를 조직할 수 없다. 치안 유지에 반하는 자는 곧바로 국외로 구축(驅逐)해야 한다.

○ 선인 귀화의 목적은 일본 침략주의(侵略主義)의 선구(先驅)를 만드는 데 있다. 1930년 3월 5일.

조선인(朝鮮人) 귀화의 목적은 일본 침략주의의 선구가 되어 우리 국토를 점유하려는 간사한 계책에서 나왔다. 이를 허용하는 것에 관해서 상당한 취체(取締)가 필요하다고 해서 혼춘현정부(琿春縣政府)는 길림성정부(吉林省政府)의 훈령에 기초하여 다음과 같이 훈령하였다.

생각건대 선인(鮮人)의 입적(入籍) 및 가입적(假入籍)의 목적은 일본으로 하여금 우리 국토를 구매(購買)하려는 간사한 계책에 있다. 그러므로 선인의 귀화는 현행 국적법 외(外)에 별도로 제한을 가하고, 해당 관할 장관은 엄중히 이를 심사하여 그들이 귀화 명의(名義)를 이용하여 토지를 도매(盜賣)하는 행위가 없도록 취체를 하는 데 힘쓰기를 바란다. 또한 향구갑장(鄕區甲長) 및 경구(警區)에 명하여 그들의 부정행위를 조사·발견하고 징계하는 데에 이바지해야 한다. 또한 이런 종류의 사건이 자주 나타나는 연길(延吉), 화룡(和龍), 왕청(汪淸), 돈화(敦化) 각 현에는 연길시정주비처(延吉市政籌備處)를 경유하여 엄중한 조사와 취체 방안을 통령(通令)하였다. 따라서 본 지령을 받들어 이를 전령(轉令)함으로써 공안국(公安局)에서 각 경구에 전칙(轉飭)하여 선인 및 그의 부정행위에 대해 내사(內査)를 잘 완수하고 취체를 하는 데 유감이 없도록 기해야 한다.

○ 공민권(公民權) 획득운동. 1930년 3월 28일.

조선인(朝鮮人)으로 지나(支那)에 귀화(歸化)한 자는 단지 지나에 귀화한 이유만으로는 공민권을 인정받지 못한다. 이 때문에 늘 이중(二重)의 정치적 간섭을 받아 여러 점에서 불편과 불이익을 감수한다. 이 공민권 획득에 대해서는 귀화 선인 사이에 이미 누차 논의되었던 것인데, 이번 다시 국자가(局子街)에서의 귀화 선인 중 유지들이 합법적 운동으로 완전한 공민권을 얻을 목적하에 '신화민회(新華民會)'를 조직해야 한다면서 목하 발기인을 모으는 한편 '요강[簡章]'을 기초하는 중이다. 이 요강 중 주요한 몇 항목을 들어보면,

1. 국민정부(國民政府)의 현행 법령 및 기타 각 법장(法章)에 비추어 신화민(新華民, 귀화 선인 이라는 것)을 지도하고 동등한 공권(公權)을 향유하도록 할 것.

1. 신화민을 권유하여 종래의 관습, 풍속을 개량하도록 할 것.

1. 일반 신화민은 모든 법률 빛 규칙에 관한 상식을 순회강연(巡廻講演)하며 민지(民智)를 계발할 것.

1. 삼민주의(三民主義)를 강습할 것.

1. 관민(官民) 간의 의사소통과 신구화민(新舊華民) 간의 친목을 꾀할 것.

1. 인민의 은닉사실(隱匿事實)을 관청에 보고하여 관민 간의 소격(疏隔)을 없게 할 것.

1. 일반 불량배를 배제하고 연변(延邊)의 주권(主權)을 보호하고 유지할 것.

1. 본 회원은 조선인 민회(民會)에 가입할 수 없다. 또한 일본의 금전(金錢)을 차용(借用)할 수 없다.

○ 조선인판사처(朝鮮人辨事處). 1930년 4월 19일.

혼춘현(琿春縣) 내 각 사장(社長)은 향사갑(鄉社甲)연합회 집행위원회를 개최하고 현(縣) 농회(農會) 내에 조선인판사처를 설립하였다.

1. 설립 취지

당 현내(縣內)에 조선인의 유일한 단체로서 선인(鮮人) 민회(民會)가 있지만, 일본 측에 속하는 단체이기 때문에 지나(支那) 측에서 어떠한 편익을 받는 일이 없다. 따라서 거주 선인의 대지(對支) 관계상 장해(障害)를 가져오는 현상이므로 이 기회에 지나 측의 지휘·감독 아래에 간민판사처(墾民辦事處)를 설치하여 현내 선농(鮮農)에게 모든 이익을 향유케 하고 그리하여 지나 측의 철저한 보호를 받게 하고자 한다.

2. 판사처의 업무

1) 현내 거주 선인의 귀화를 장려하기 위해 현내 각 사장은 귀화 권유에 힘쓰는 동시에 다음의 귀화 수속에 관한 사무를 취급한다.

2) 현내 재주하는 선인 자제의 지나 학교 입학을 권유하고 지나식 교육의 보급에 힘쓴다.

3) 지나 교육을 받아 상당한 학식을 가진 자로서 지나 관공리(官公吏)에 취직하려고 하는 자는 당 판사처를 경유하여 관공서에 조회한다.

4) 선내(鮮內) 선농의 토지 매매에 관한 사무를 취급한다.

3. 위 각항의 사무를 처리하기 위해 선인 서기 2명을 둔다.

○ **귀화(歸化)의 금지 및 취소. 1930년 5월 1일.**
연길(延吉), 혼춘(琿春), 화룡(和龍), 왕청(汪清) 4현 행정감독 장서한(張書翰)이 혼춘현장(琿春縣長) 앞으로 훈령을 발했는데, 그 요지는 다음과 같다.

재주 선인으로서 귀화한 자 또는 귀화하려는 자에 대한 주의 사항에 관해서는 누차 훈달(訓達)해 둔 상황이다. 그렇지만 우리 경찰기관이 그들의 평소 태도 및 행동 등에 대한 사찰이 불철저했기 때문에 귀화 선인 중에는 의연히 친일배지(親日排支)의 분자가 있다. 그래서 일본의 우리 쪽에 대한 침략 정책에 영합하고 우리 대일(對日) 정책에 반대하는 자가 있게 된 것은 매우 유감스런 바이다. 대개 우리 쪽에서 그들 선농(鮮農)의 귀화를 허락하지 않는 까닭은 그들로 하여금 우리 쪽에 귀의(歸依)하도록 하는 동시에 일본의 간접적 침략의 마수(魔手)를 저지시키기 위한 것이다. 그런데 일본 관헌이 조종하는 친일분자(親日分子)의 귀화를 허용하고 귀화자로 삼아 국민적 대우를 주는 것은 우리 쪽의 취지에 반할 뿐만 아니라 스스로 우리를 욕되게 하는 바이다. 따라서 해당 현장(縣長)은 소속기관을 독려하여 그들의 행동에 관해 충분이 사찰(査察)하고, 다음의 각항에 해당하는 자에 대해서는 귀화를 허용하지 않는 것은 물론이고 이미 귀화한 자이더라도 그 귀화를 취소하는 수속을 하도록 조치해야 한다.

1. 삼민주의(三民主義)에 반대하는 자.

1. 친일(親日) 행동을 취하는 자.

1. 공산사상(共産思想)을 품은 자.

1. 일본 간첩인 자 및 그런 의혹이 있는 자.

1. 직접·간접으로 일본의 침략 정책에 편리를 제공하는 자.

1. 국토를 도매(盜賣)했거나 또는 도매하려고 했던 자.

위에 의거하여 소속기관에서도 항상 관내 재주 선인의 행동에 대해 엄밀히 조사하고 우리 정책을 수행하는 데 유감이 없도록 기해야 한다.

○ 한교문제대책변법(韓僑問題對策辨法). 1930년 5월 6일.

길림성정부(吉林省政府) 비서처(祕書處)가 이번 개최된 길림성행정회의에 참가한 각 현장(縣長)에게 본 정부의 한교문제대책변법으로 제시한 것은 다음과 같다.

한교(韓僑) 문제는 현재 동성(東省) 유일의 잠복한 재난이고, 특히 길림성은 그 관계가 중요하다.

종래 일본은 선인을 관용적으로 침략의 선구(先驅)로 삼았다. 지금 적아(赤俄)[노국(露國)]는 선전공작을 빙자하여 다시 위기가 닥치고 있어, 선인의 구제를 도모하는 일이 참으로 급무이라고 본다. 본 정부는 일찍이 여러 번 성정부위원회(省政府委員會)의 결의에 의해서 대내(對內) 방법으로 먼저 한교 호구(戶口)를 조사하고, 이들 대책의 근거로 삼았다. 그리고 새로 이주(移住)한 선인에 대하여, 작년 9월 민정청(民政廳)은 연길(延吉), 혼춘(琿春), 화룡(和龍), 왕청(汪淸) 4현의 특종 지역을 제외한 각 현에 일체의 제한을 가해 절실히 힘껏 일하도록 전칙(轉飭)하였다. 이 외에도 시찰원(視察員)을 임명하여 각각 사찰(査察)을 행하고 협동으로 일을 처리했는데, 또한 최근에는 기한을 정해서 관리(管理)를 실시하기로 하였다. 이는 요령성(遼寧省)의 공문을 근거로 하였고, 한교 귀화에 대해서는 엄중한 제한주의에 따라야 한다. 더욱이 수속 방면에서는 철저하게 연구한 뒤에 다시 동북정무위원회(東北政務委員會) 회의에 비밀리에 올려서 그 결의를 거쳐 명을 받들어 급속히 위원회를 조직하여 구체적인 방책을 연구·논의하고, 다시 요령성과 흑룡강성 두 성정부와 의논하여 그 동의를 거쳐 이를 결정하며, 그러고 나서 본부에서 종래의 방법에 의해 이를 통령(通令)해야 할 것이다.

또한 현재 동녕현(東寧縣) 보고에 의하면, 재로(在露) 선인의 월경(越境) 사실에 대해, 이미 국경 부근의 각 현정부(縣政府)에 통전(通電)을 발하고, 공안국으로 하여금 그 월경 침입을 막도록 함으로써 적기(赤氣)의 방지에 힘쓰고 있다. 기타 조선인의 수전(水田) 도작(稻作)의 폐해를 방지하기 위해서 건설청(建設廳)에서 「관리도전수리장정(管理稻田水利章程)」의 범위로 엄밀히 한정하고, 각 현에 도전시장(稻田試場)을 설치하여 종도(種稻) 방법을 시험하고, 사람을 선정하여 이곳에 들여서 교습(教習)을 행함으로써 외인(外人) 농단(壟斷)의 폐해를 두절하고자 한다.

○ 최근 선인의 지나 귀화 상황. 1930년 5월.

길림(吉林) 한교동향회(韓僑同鄕會) 간부 연변간민대표자(延邊墾民代表者)의 귀화운동에 의해서 이미 귀화한 조선인은 1928년 봄 이후 올해 3월 말까지 5,457명[호주(戶主)]이다. 바로 지금 수속 중인 자를 포함할 때에는 그 수가 1만 6,263명이라는 다수에 달하는 상황인데, 이들 조선인의 거주 현별(縣別) 분류는 다음과 같다.

거주 현별	귀화자	귀화 수속 중인 자	계
연길현(延吉縣)	1,657	3,943	5,600
화룡현(和龍縣)	1,786	2,696	4,482
왕청현(汪淸縣)	975	1,892	2,867
혼춘현(琿春縣)	1,039	2,275	3,314
계	5,457	10,806	16,263

비고: 본 표는 호주의 수를 계산한 것이다.

국적법(國籍法) 관계

○ 중화민국(中華民國) 국적법.[115] 1929년 2월 1일.

1929년 2월 1일 국무회의(國務會議)에서 통과한 국적법(國籍法) 전문(全文)은 다음과 같다.

제1장 고유국적(固有國籍)

제1조 다음 각인(各人)은 중화민국 국적에 속한다.

    1. 태어날 때에 아버지가 중국인(中國人)인 자.

    2. 아버지가 사망 후에 태어난 자로서 그 아버지가 사망한 때에 중국인인 자.

    3. 부적(父籍)이 조사 불능이거나 무적(無籍)인 경우 그 어머니가 중국인인 자.

    4. 중국에서 태어나고 부모의 적(籍)이 모두 조사 불능이거나 혹은 어떤 나라도 갖
       지 않은 자.

제2장 국적의 획득

제2조 외국인(外國人)으로서 다음 각항 하나에 해당하는 자는 중국적(中國籍)을 획득한다.

    1. 중국인의 아내[단 그의 본국법에 의해 국적을 보류(保留)하는 자는 예외로 한다].

    2. 중국인인 아버지에 의해서 인지(認知)를 받은 자.

    3. 부적(父籍)이 조사 불능이거나 혹은 인지를 받지 못했더라도 어머니가 중국인이
       고 또한 어머니에게 인지를 받은 자.

    4. 중국인의 양자(養子).

    5. 귀화(歸化)한 자.

제3조 외국인 혹은 무국적인(無國籍人)이 내정부(內政部)의 허가를 거쳐 귀화할 수 있다.

    귀화를 청원한 자는 다음 각항의 조건을 구비하지 않은 경우에 내정부는 전항의 허
    가를 할 수 없다.

---

115 본 자료 「중화민국 국적법」을 번역하는 데에는 《國際時報》 제4권 제4호(1929. 2. 25.)의 〈資料 支那國民政府國
    籍法及國籍法施行條例の公布〉라는 자료도 함께 참조하였다.

1. 계속해서 5년 이상 중국에 거주한 자.

2. 연령 만 20세 이상이고 중국법 및 그의 본국법에 의해 유능력자로 인정을 받은 자.

3. 품행이 단정한 자.

4. 상당한 재산 혹은 예능(藝能)을 가지고 자립할 수 있는 자(개정). 각 국적인(國籍人)이 귀화하는 때 전항 제2관(款)의 조건은 오로지 중국법(中國法)으로써 정한다.(본항 개정)

제4조 다음 각관(各款)의 외국인으로서 현재 중국에 주거(住居)를 가진 자는 계속 5년 이상을 경과하지 않아도 귀화할 수 있다.(일부 개정)

1. 아버지 혹은 어머니가 예전부터 중국인인 자.

2. 아내가 예전부터 중국인인 자.

3. 중국 땅에서 태어난 자.

4. 예전에 중국에 거주하여 10년 이상 계속한 자.

전항 제1관, 제2관, 제3관의 외국인은 계속 3년 이상 중국에 거주하는 자가 아닌 경우에는 귀화할 수 없다. 단 제3항의 외국인으로서 그 아버지 혹은 어머니가 중국 땅에서 태어난 자는 예외로 한다.(단서 부가)

제5조 외국인으로서 현재 중국에 주거를 가지고 그 아버지 혹은 어머니가 중국인인 자는 제3조 제2항 제1관, 제2관 및 제4관의 조건을 구비하지 않더라도 귀화할 수 있다.

제6조 외국인으로서 중국에 재산을 가진 자는 제3조 제2항 각관 조건을 구비하지 않더라도 역시 귀화할 수 있다. 내정부는 전항의 귀화를 허가하는 때에는 국민정부(國民政府)의 조사와 비준을 거칠 것을 요한다.(개정)

제7조 귀화는 모름지기 국민정부공보(國民政府公報)에 공포함을 요하고 공포한 날로부터 효력을 발생한다.

제8조 귀화인의 아내, 딸 및 그의 본국법에 의한 미성년 아들은 모두 동일하게 중국적을 획득할 수 있다(단 아내 혹은 미성년 아들로서 그 본국법에서 반대의 규정이 있는 경우에는 예외로 한다).

제9조 제2조의 규정에 의해 중화민국 국적을 획득한 자, 그리고 귀화인에 따라서 같이 중화민국 국적을 획득한 아내와 자식은 다음 각관의 공직(公職)을 맡을 수 없다.

1. 국민정부(國民政府)의 위원(委員), 각 원장(院長), 각 부장(部長), 각 위원회 위원장

2. 입법원(立法院) 입법위원 및 감찰원(監察院) 감찰위원

3. 전권대사(全權大使), 공사(公使)

4. 육해공군 장관[116]

5. 각 성(省), 구(區) 정무위원(政務委員)

6. 각 특별시 시장(市長)

7. 각급 지방자치 직원[117]

전항의 제한은 제6조 규정에 의한 귀화자는 국적 획득의 날로부터 만 5년 후, 기타는 국적 획득부터 만 10년 후에 내정부, 국민정부에 청원하여 해제할 수 있다.

제3장 국적의 상실

제10조 중국인으로서 다음 사항의 하나에 해당하는 자는 중화민국 국적을 상실한다.

1. 외국인의 아내가 되어 스스로 국적 이탈을 청원하여 내정부의 허가를 거친 자.

2. 아버지가 외국인이면서 그 인지(認知)를 거친 자.

3. 부적(父籍)의 조사 불능이거나 혹은 아직 아버지가 인지하지 않고, 어머니가 외국인이면서 그 인지를 거친 자.

전항 제2관, 제3관의 규정에 의해서 국적을 상실하는 자는 중국법에 의한 미성년자 혹은 비중국인의 아내에 한정한다.

제11조 스스로 외국 국적 입적을 청원하는 자는 내정부의 허가를 거쳐서 중화민국 국적을 상실할 수 있다. 단 만 20세 이상이면서 중국법에 의해 유능력자로 인정받은 자에 한정한다.

제12조 다음 각관의 사항의 하나에 해당하는 자는 내정부가 국적의 상실을 허가할 수 있다.

1. 병역 복역 연령에 달하고 병역 의무를 면제받지 않고서 아직 병역에 복종하지 않은 자.

---

116 자료에는 '將軍'으로 되어 있으나 '長官'의 잘못이다.
117 자료에는 '委員'으로 되어 있으나 '職員'의 잘못이다.

2. 현재 병역에 복종하는 자.

3. 현재 중국 문관 관직에 있는 자.

제13조 다음 각항의 하나에 해당하는 자는 제10조, 제11조의 규정에 합치하는 자일지라도 국적을 상실하지 않는다.

1. 형사(刑事) 혐의인(嫌疑人) 혹은 피고인(被告人)이 된 자.

2. 형사 선고(宣告)를 받아 집행(執行)이 아직 종결되지 않은 자.

3. 민사(民事) 피고인이 된 자.

4. 강제집행(强制執行)을 받고 아직 종결되지 않은 자.

5. 파산(破産)의 선고를 받고 아직 복권(復權)되지 않은 자.

6. 조세(租稅)를 체납(滯納)하여 체납조세처분(滯納租稅處分)을 받고 아직 종결되지 않은 자.

제14조 국적을 상실한 자는 중국인이면 향유할 수 있는 권리를 상실한다. 국적상실자의 국적 상실 전에 향유하는 전항의 권리는 만일 국적 상실 후 1년 이내에 중국인에게 양여하지 않은 때에는 국고(國庫)에 속하는 것으로 한다.

제4장 국적의 회복

제15조 제10조 제1항 제1관의 규정에 의해 국적을 상실한 자는 혼인 관계 소멸 후, 내정부의 허가를 거쳐 국적을 회복할 수 있다(개정).

제16조 제11조의 규정에 의해 국적을 상실한 자로서 만약 중국에 주소를 가지고 게다가 제3조 제2항 제3관의 조건을 구비한 때에는, 내정부의 허가를 거쳐 중국 국적을 회복할 수 있다. 단 귀화인 및 이에 따라서 국적을 얻은 자는 예외로 한다(개정).

제17조 제8조의 규정은 제15조, 제16조에도 준용한다.

제18조 국적을 회복한 자는 회복한 날로부터 3년 이내에는 제9조 각관의 공직을 맡을 수 없다.

제5장 부칙

제19조 본법 시행조례(施行條例)는 별도로 정한다.

제20조 본법은 공포한 날로부터 시행한다.

○ **국적법시행조례(國籍法施行條例).**[118] **1929년 2월 1일.**

제1조 국적법 및 본 조례 시행 전에, 전 국적법 및 그 시행규칙에 의해 획득, 상실 혹은 회복한 중화민국 국적자는 일률로 유효로 한다.

제2조 국적법 제2조 제1관부터 제4관 및 제8조에 의해 중화민국 국적을 획득한 자는 본인 혹은 부모가 거주 지방의 관할 관서에 신청하고, 해당 관서는 이를 전의(詮議)하여 인가한 뒤에 내정부(內政部)에 전보(轉報)하고, 내정부는 이를 기록하고 또한 국민정부공보(國民政府公報)에 공보(公報)한다. 외국에 거주하는 자는 가까운 중국 공사관(公使館) 또는 영사관(領事館)에 전보를 신청할 수 있다.

제3조 국적법 제2조 제5관에 의해 중화민국 국적을 획득하려고 하는 자는 본인이 다음의 서류를 작성하여 거주 지방의 관할 관서에 청원해야 한다. 해당 관서는 이를 내정부에 전보하여 조사(調査), 변리(辨理)를 청한다.

　1. 원서(願書)

　2. 거주 지방 공민(公民) 2명 이상의 보증서

　내정부는 이를 조사하고 입적을 허가한 때에는 허가증서를 발급하고 또한 국민정부공보에 공포해야 한다.

제4조 국적법 제10조 제1항 제2관, 제3관에 의해 중화민국 국적을 상실한 자는, 본인 혹은 부모가 거주 지방의 관할 장관에게 보고하고, 관할 장관은 이를 내정부에 전보한다. 내정부는 이를 기록하고 또한 국민정부공보에 공포한다. 외국 거주자는 가까운 중국 공사관 또는 영사관에 보고할 수 있다.

제5조 국적법 제11조의 규정에 의해 중화민국 국적을 상실하고자 하는 자는 본인이 청원서로써 거주 지방의 관할 관서에 청원해야 한다. 관할 관서는 이의 조사·변리 방안을 내정부에 전보한다. 외국 거주자는 가까운 중국 공관에 보고하여 내정부의 허가

---

118 본 자료 「국적법시행조례」를 번역하는 데에는 《國際時報》 제4권 제4호(1929. 2. 25.)의 〈資料 支那國民政府國籍法及國籍法施行條例の公布〉라는 자료도 함께 참조하였다.

를 받을 수 있다. 국적을 상실했을 때에는 허가증서를 발급하고 또한 국민정부공보에 공포해야 하고 공포일부터 효력을 발생한다.

제6조 국적법 제6조 제5관 및 제11조의 규정에 의해 중화민국 국적을 획득 혹은 상실한 때에는, 내정부는 2종의 신문지를 지정하여 청원인으로 하여금 획득 혹은 상실의 사실을 등재하도록 해야 한다.

제7조 국적법 제15조에서부터 제17조까지의 규정에 의해 중화민국 국적을 회복한 자는 본 조례 제2조 제3조 및 제6조의 규정을 준용한다.

제8조 중화민국 국적을 획득, 회복 혹은 상실한 후에 국적법 규정을 위반한 사정이 있는 것을 발견한 때에는, 그 내정부의 허가를 받은 자는 이미 발급한 허가증서를 취소하고, 내정부에 기록된 자는 원안을 무효로 하고 또한 국민정부공보에 공포한다.

제9조 국적법 시행 전에 중국인으로서 이미 외국 국적에 입적한 자로서 아직 전 국적법 및 그 시행규칙에 의해 성명(聲明)을 청원하지 않은 자는 본 조례 제5조의 규칙에 의해 변리(辨理)해야 한다.

제10조 국적법 시행 전 및 시행 후 중국인으로서 외국 국적에 입적하여 중화민국 공직에 있는 자는 해당 관할 장관이 이를 사명(査明)하여 그 공직을 해제한다.

제11조 본 조례에서 보고서, 원서, 보증서 및 허가서의 형식은 별도로 이를 정한다.

제12조 본 조례는 공포일로부터 시행한다.

국적법 신구(新舊)의 차이

1. 구법(舊法)에서는 지나인(支那人)의 처(妻)가 된 자는 이에 따라 중국의 국적을 취득하게 되었지만, 개정법에서는 그의 본국법에 의해 국적을 보유한 자는 중국 국적을 취득할 수 없다[신법(新法) 제2조 제1호].

2. 구법 제3조에서는 외국인이 인지(認知)로 인하여 국적을 취득하는 조건으로 (1) 그의 본국법에 의해 미성년일 것, (2) 외국인의 처가 아닐 것을 필요로 했지만 개정법에서는 위와 같은 제한 규정이 없다.

3. 구법 제4조 제5호에서는 본국 국적 상실을 귀화의 조건으로 했기 때문에, 종래 우리 국적법을 적용받지 않음에 따라서 타국으로의 귀화에 의해 본국 국적을 상실하지 않은

조선인(朝鮮人)은 정식 귀화가 인정되지 않았다. 그런데 개정법에서는 본국 국적 상실을 필요로 하지 않기 때문에 조선인도 지나 측 국적법상의 귀화가 가능하게 되어 더욱 더 이중국적 문제가 발생할 것이어서 특히 주목을 요한다.

4. 구법 제5조는 외국인의 처의 귀화는 남편과 함께 함을 조건으로 했지만 개정법에서는 이런 규정이 없다.

5. 구법 제10조 제2항에서는 귀화인의 처 및 그 미성년 아들로서 본국법에 반대 규정이 있기 때문에 함께 귀화할 수 없는 자에 대해서는 후일 단독 귀화 경우의 조건에 대해서 경감 규정이 있었지만, 개정법에서는 이런 규정이 없다.

6. (생략)[119]

7. 구법 제12조 제1항 제5호는, 허가가 없이 외국의 관리 또는 군인이 되어 지나 정부의 사직(辭職) 명령에 따르지 않는 자의 국적 상실을 규정했지만, 개정법에는 이런 규정이 없다.

8. 구법 제15조에는 국적상실자의 처 및 아들이 함께 외국 국적을 취득했을 때에는 지나 국적을 상실하는 규정이 있었지만, 개정법에서는 이런 규정이 없다.

○ 외인(外人)의 귀화입적(歸化入籍)에 관한 자격. 1929년 12월 3일.

요령성정부(遼寧省政府)는 각지 시정주비처(市政籌備處)에 대하여 다음의 훈령을 내렸다.

내정부의 조회에 의하여 국적법 제7조 제3관[신(新) 국적법에 해당 조항 없음]을 살펴보니 외인의 입적귀화는 아래의 자격 및 사실을 갖추어야 한다.

1. 우리나라에 거주한 지가 5년 이상인 자.
2. 우리나라에서 5만 원(元) 이상의 재산을 가진 자.
3. 현재 우리나라 학교에서 자발적으로 교육을 받은 자.
4. 일찍이 우리나라의 형사처분을 받은 일이 없는 자.
5. 평소 품행이 단정하고 확실히 상농(商農)에 영위하는 자.
6. 우리나라 관서에 근무한 지가 5년 이상인 자.

---

[119] 자료의 원문 그대로이다.

동성(東省)은 사정이 특수하여서 특별히 관대한 취급을 해 왔는데, 근래 이들 다수의 선인(鮮人) 중에는 불량분자가 있어서, 우리나라 영토 내에서 불령(不逞) 행위를 감행하여 국제 관계를 파괴하려는 자가 있다. 만약 엄히 취체(取締)를 가하지 않으면 앞길이 매우 걱정스럽기 짝이 없으므로, 이제부터 선인의 입적(入籍)에 대해서 조금이라도 국적법 제7조 제1항 및 제2항(신 국적법에 해당 조항 없음)의 자격이 있는 자에 한하여 입적을 허가하고, 그렇지 않은 자는 입적을 거절하여 엄중히 감시하여 사고를 방지해야 한다.

○ 내정부의 「국적 취득자 제한 해제 심사규칙」. 1930년 2월 24일.

제1조 무릇 중화민국(中華民國) 국적법(國籍法)에 의해 국적을 취득하여 현행 국적법의 규정에 적합한 자는 본 규칙에 의해 각종의 제한 해제를 청원(請願)할 수 있다.

제2조 제한 해제 청원자는 다음 각항의 조건을 구비할 것을 요한다.

　　　1. 국적 취득 후 중국에서 일정한 주소를 가지고 또한 현재 중국에 거주하는 자.

　　　2. 연령 만 20세 이상이고 중국법에 의한 능력을 가진 자.

　　　3. 품행이 방정(方正)한 자.

　　　4. 중국의 언어와 문자에 능통한 자.

　　　5. 당(국민당)과 나라(중국)에 충실한 자.

　　　6. 상당한 재산과 기능을 가져서 자립할 수 있는 자.

제3조 제한 해제 신청자의 국적 취득 연한은 내정부가 허가증을 발급한 날 및 내정부에서 허가를 등기한 날로부터 기산(起算)한다.

제4조 제한 해제 신청인은 본인 자필의 신청서에 내정부에서 수령한 허가증, 본인 최근의 4촌 크기의 반신사진 1장을 첨부하여 거주지의 지방장관서(地方長官署)에 신청해야 한다.

제5조 지방관서는 전조의 서류를 수리한 때에 곧바로 충실하게 신청 사항의 진부(眞否)를 조사하고 의견서를 붙여서 신청서를 관할 상급 관서를 경유하여 내정부에 제출해야 한다.

제6조 지방관서는 본 규칙에 의해 사무를 처리하면서 비용을 징수할 수 없다.

제7조 내정부가 신청서 제한을 해제할 자로 인정한 경우에는 국적법의 규정에 의해 행정

원(行政院)을 경유하여 전청(轉請)해서 국민정부(國民政府)가 이를 해제한다.

제8조 무릇 제한 해제의 허가를 받은 국적 취득자는 내정부로부터 매달 표로 열기하여 국민정부에 제출하고 똑같이 등재하여 공포하고 알린다.

제9조 본 규칙에 만일 불비(不備)한 점이 있다면 내정부로부터 허가를 얻어 수정한다.

제10조 본 규칙은 내정부가 공포한 날로부터 시행한다.

○ **귀화 선인의 등록. 1930년 3월.**

요령성정부(遼寧省政府)는 귀화 선인의 등록에 관해 다음과 같은 훈령을 발하였다.

동북성(東北省) 거주의 조선인은 그 수가 극히 많으며 이들 가운데에는 귀화자가 있고 귀화하지 않은 자가 있다. 그리고 귀화자는 귀화 후 10년을 경과하면 각종 제한을 해제받게 된다. 그러므로 1929년(民國 18, 昭和 4)까지 중국 거주 5년 이상인 자는 이 기회에 귀화시켜서 그 관리(管理)를 편하게 하는 동시에 귀화 선인의 의무를 확정할 필요가 있기 때문에, 각 지방관서는 이미 미귀화선인조사표(未歸化鮮人調査票)에 의해 조사, 등록해 두어야 한다.

○ **지나 측 국적 취득자의 공권(公權) 해제 규칙. 1930년 4월 22일.**

길림성정부(吉林省政府) 민정청(民政廳)에서 연길현정부(延吉縣政府) 앞으로 다음과 같이 훈령하였다.

성정부(省政府) 제947호 훈령, 내정부(內政部) 통첩 제334호에 의하면, 국적법 제9조 제2항의 규정에 의해서 중국의 국적을 취득한 자 및 귀화자에 따라서 같이 중국 국적을 취득한 처자(妻子)는 다음 각항의 공직에 취임할 수 없다.

　1. 국민정부(國民政府)의 위원, 각 부장, 각 위원장

　2. 입법원(立法院) 및 감찰원(監察院) 위원

　3. 전권대사(全權大使)

　4. 육해공군의 장관(將官)

　5. 각 성(省) 구정부(區政府) 위원

6. 각 특별시 시장

7. 각급(各級) 지방자치 직원

전항의 제한은, 제6조의 규정에 의한 귀화자는 국적 취득일로부터 만 5년 후, 그 밖의 자는 국적 취득일로부터 만 10년 후에는 내정부에서 국민정부로 신청하여 해제한다. 우리나라 국적조례(國籍條例)는 청조(淸朝) 선통(宣統) 원년(1909)에 발포한 것이고, 각국 인민(人民) 및 무국적(無國籍) 인민으로서 청조의 국적조례 및 민국(民國)의 국적법에 의해 지나의 국적을 취득한 자 가운데 이미 제한 해제 연한(年限)에 달한 자는 그 수가 적지 않다. 지금은 훈정기(訓政期)이기에 자치(自治) 준비기에 즈음하여 이들 입적(入籍) 인민의 권리와 의무에 대하여 적극적으로 확정할 필요가 있다. 국적법 제9조 제1항의 각 제한으로서 동조 제2항의 규정에 의해 내정부에서 국민정부로 신청해서 이루어진 해제는 먼저 행정원(行政院)의 허가·공포·시행의 명령에 관하여 내정부가 제정한 '국적 취득자 제한 해제의 자격을 심사하는 규칙'에 의하여, 각 지방 정청(政廳)에 통령(通令)하여 최단 기간 내에 본■(本■) 국적법 제9조 제1항 제한을 해제할 입적 인민을 조사하여 통보·처리하고, 이로써 장래 지방자치 실시를 맞이하여 각급 자치직원(自治職員) 선임(選任) 시에 이들 입적 인민의 오해가 없도록 해야 한다.

○ 입석 선인의 권리의무규정(權利義務規定)에 관한 성정부(省政府)의 의향. 1930년 5월 24일.

성정부수석(省政府首席) 장작상(張作相)으로부터 입적 선인의 권리·의무에 관한 강구(講究)를 명령받은 비서장(祕書長)은 관계과(關係科)와 함께 다음 3항에 대해 협의하였다.

1. 귀화 선인에게 부여할 각종 권리·의무의 제한(制限) 방법.

2. 불령(不逞) 귀화 선인이 취득한 권리·의무를 이용하려고 하는 것에 대한 예방 수단.

3. 귀화 선인에게 부여한 권리·의무로서 길림성(吉林省)에 적합하지 않은 것은 어떻게 제거할 것인가?

본건은 자못 중대하여 특히 길림성에서 가장 주의를 요하는 것이다. 즉 일본 측 동삼성(東三省) 침략 방책이 오로지 선인을 선구(先驅)로 삼으며, 또 선인은 일본의 압박과 생활 문제 때문에 지나에 귀화하지만 일본 측은 그가 지나인이라는 것을 인정하지 않고 의연히 통제와 간섭을 가하는 동시에 불령선인(不逞鮮人)을 매수하고 이용하여 몰래 치안을 교란시키고 있다. 그리하여 이들 불령선인 가운데, 상급자(上級者)는 일본 측에 이용당하는 것이 아니라 독자(獨自)의 입장에서 독립운동(獨立運動)을 하는 것이라고 스스로 자랑하지만 치안을 교란하는 점에서는 전혀 차이가 없다. 또 그 하급자(下級者)는 자기의 이해에 의해 때에 따라서 일지(日支) 두 국적을 이용하는 실정이어서 이와 같아서는 순전히 일본인으로 간주할 수밖에 없다. 만일 지나가 국적법에 의해 완전히 향유할 권리·의무를 부여하고 그 국적의 제한을 해제할 때에는, 수십만의 양다리 걸치는 고약한 선인이 선량한 민중 사이에 끼어들게 되어 그로 인한 폐해를 충분히 짐작할 수 있을 것이다. 입적 문제가 몇 년 전부터 해결되지 않은 원인이 실로 여기에 있다. 동성(同省)에서는 아직 이것을 해결할 좋은 방법이 없기 때문에 본건은 당분간 이것의 확정을 연기하고, 입적 문제에 관해 좋은 방법을 발견하고 실시하여 해로움이 없는지를 끝까지 지켜본 뒤에 정황에 따라 내정부(內政部)와 협상하는 것이 타당하다고 생각되므로, 그 취지를 내정부에 개진하고자 한다.

이상과 같은 진정서를 장(張) 수석에게 제출하고 위의 취지를 성정부가 내정부로 진언(進言)하였다.

제3. 소작(小作) 문제

요령성(遼寧省)

○ **토지 상조(商租)는 등록시킨다. 1924년(大正 13) 1월.**
지나 관헌은 토지 상조에 관한 세칙(細則)의 미협정(未協定) 전부터 여러 가지 금령(禁令)을 발하고 이로써 상조가 불가능하도록 하였다. 그런데 올해 봄 이래 '일선인(日鮮人)에 대한 단기(短期) 소작 등의 계약일지라도 중국 관헌의 인가(認可)를 요한다'라는 뜻의 취체(取締) 규정을 발포하고, 위반자에 대해 상당한 처분을 하여 점차 토지 상조를 곤란하게 하였다.
최근에 이르러 왕(王) 성장대리(省長代理)는 다시 11월 28일부로 조선인 거주자가 많은 장백(長白), 무송(撫松), 안도(安圖), 임강(臨江), 통화(通化), 집안(輯安), 관전(寬甸), 수암(岫岩), 안동(安東) 등의 각 현에 대하여, 해당 지방의 선인으로서 중국 인민의 토지를 소작하는 자는 왕왕 소작 연한(年限) 종료 후라도 그 토지를 지주에게 반환하지 않고 또한 소작료를 체납하는 자가 있어서, 이런 이유 때문에 장래 선인으로 위의 각 현에서 중국 인민의 토지를 소작하는 자가 있는 때에는 각 현공서(縣公署)에 가서 등록을 신청하게 해야 한다는 취지를 엄중히 시달하였다.

그런데 이달 7일부터 9월까지 중국 인민이 중국 관헌의 허가를 얻지 않고 사사로이 토지를 선인에게 임대 또는 소작시킨 것이 발각되어 처벌을 받은 자가 안동현 내에서만 52명의 다수에 달하는 상황이어서, 우리 당국은 물론 재만(在滿) 동포 일반 토지 기업자(企業者)가 가장 주의해야 할 것으로 생각된다.

○ 상조(商租) 만기 시에 재계약을 거부한다. 1924년 3월.

신의주(新義州) 경찰서 관내 대안(對岸) 삼도랑두(三道浪頭) 창부동(昌富洞)에는 종래 이주 선인이 농사를 경영해 왔다. 그런데 지나인 지주는 상조(商租) 만기 시에 재계약을 거부하는 경우가 많고, 또 선인(鮮人)에 대한 태도가 일변하여 선인을 배제하는 분위기가 농후해져서, 새로 차지(借地)하는 것이 불가능하여 이수자가 매우 곤란을 당하고 있다. 이러한 때에 지주가 소작료를 올려 더욱더 곤궁에 빠져서 결빙기를 앞두고 자못 힘들어졌다.

○ 선인에게 토지를 대여(貸與)하는 데에는 허가를 받아야 한다. 1925년 1월.

통화현(通化縣) 경찰서장은 다음 같이 훈령하였다.

당현(當縣) 내 조선인의 이주가 매년 증가하고 따라서 불령(不逞)의 무리가 발호(跋扈)하여, 우리 치안(治安)을 해치고 국교(國交)의 분규를 초래하는 일이 심해지고 있다. 이는 요컨대 경내(境內) 지주(地主)가 한교(韓僑) 인물의 성행(性行)을 고려하지 않고 분별없이 한교(韓僑)를 불러오도록 했기 때문이다. 따라서 이후 선인에게 토지를 대여하려는 자의 경우에는 일률로 촌구(村區)에 신고를 하도록 하고 충분히 조사한 뒤에 규정된 계약서에 의해 대차(貸借) 계약을 허가한 것이 아니면, 선인을 입경(入境), 차지(借地)하게 하는 것을 허락하지 않는다. 만약 이를 위반한 자는 엄히 처벌할 것이다.

○ 토지임대차(土地賃貸借)에 관한 규칙. 1925년 2월.

혼춘현지사(琿春縣知事)는 토지임대차에 관해 다음의 훈령을 발하였다.

1. 무릇 임대차는 모두 관청의 증명을 받는 것을 요한다.

2. 임대차 증명은 3통을 작성하여 1통은 관청에, 2통은 당사자 쌍방이 보관한다. 증명용지는 각 면장(面長)이 위탁발매(委託發賣)하고, 각 면장은 매월 말 발매 상황을 본 현서(縣署)에 보고하여 그 원부(原簿)와 대조하도록 한다.

3. 임대인과 임차인은 본 면장이 전기(前記) 증명용지를 구매하여 당사자 쌍방, 입회인 및 제5조의 보증인이 서명 날인한 뒤에, 1통마다 면장의 증명인을 날인하고, 당사자 쌍방이 인지를 붙인 뒤에 각각 보관해야 한다.

4. (생략)

5. 지주가 토지를 임대하는 경우에는 임차인으로 하여금 본현에 주소를 가진 보증인 1인 혹은 2인으로 계약의 내용을 보증하도록 해야 한다.

6. 지주가 토지를 임대했을 때, 토지에 대한 공과(公課)는 어느 쪽이 부담할지를 계약에 분명히 정하여 조세 징수에 장애가 없도록 해야 한다.

7. 임차인은 대차 기한 내라도 토지를 타인에게 전대(轉貸)하거나 혹은 그 청전(靑田)을 타인에게 저당할 수 없다. 쌍방이 합의하여 계약을 해제했을 때에는 증명을 관청에 바치고, 기한을 갱신할 때에는 새로 수속을 밟아야 한다.

8. 지주가 토지를 임대한 후, 임차인은 그 토지를 채무를 위한 담보로 제공할 수 없다. 또한 임차인이 임대인에 대하여, 채권을 자긴 경우에도 마찬가지로 빌린 토지를 담보로 제공하게 할 수 없다. 지주가 제3자의 채권 때문에 임대한 토지를 타인에게 담보로 제공하고 또한 매도하는 경우에는 임차인의 기한 내의 이익을 해칠 수 없다.

9. 지주가 토지를 임대했을 때 그 토지 내에 있는 가옥 및 임차인이 빌린 뒤에 지은 가옥의 거주 수익에 관해서는, 계약할 때 그 권리 관계를 분명히 정할 것을 요한다.

10. 지주, 임차인이 본 규칙에 위반했을 때에는 위령벌(違令罰) 제2조, 벌칙령(罰則令) 제

3항의 규정에 의해서 1달 이하의 구류, 혹은 10전(錢) 이상 60원(圓) 이하의 과료(科料)에 처한다.

11. 본 규칙은 공포일로부터 시행한다.

○ 토지상조권(土地商租權)의 실행을 불가능하게 만들려고 한다. 1925년 5월.

지나 관민의 재만(在滿) 선농(鮮農)에 대한 주의가 날이 갈수록 예민해지고 있다. 재만 선인을 일본의 만주 침략의 선구라고 생각해서 이들의 구축(驅逐)을 기도하며, 동아권업(東亞勸業)의 활동, 총독부 관리의 만주침략론 등이 날마다 신문지상을 떠들썩하게 하고 있다. 북경정부는 동성(東省) 당국에 대하여 누차 국토(國土) 도매(盜賣)를 취체(取締)하는 훈령을 엄중히 시달하고, 장작림(張作霖)의 동북 간둔(墾屯) 계획의 실행과 어울려서 결국 만몽(滿蒙)에서 일본이 토지상조권을 실행하는 것을 불가능하게 만드는 동시에 재만 선농을 모두 다 구축하려는 저의를 가진 것 같다.

○ 소작에는 자유 계약을 인정하지 않는다. 1925년 7월.

봉천성 내의 이주 선인의 소작 계약은 종래 법정 표준이 없이 자유 계약이어서 어떤 것은 7~8년을 한도로 하고 어떤 것은 매년 계약을 갱신하였다. 그런데 장기 계약에 있어서는 보증금을 예납하고 그 금리를 소작료로 충당하고 있을지라도, 기간 만료로 해약할 때에는 이를 반환할 수 없고 문제를 만들어 내기 쉬워서 그대로 방임하기 어렵기 때문에 성내(省內) 각 지사에게 다음과 같은 명령을 발하였다.

1. 조선인에게 토지소유권을 인정하지 않는다. 따라서 향후는 물론 기왕의 토지에 대한 자유 계약은 무효로 한다.

2. 조선인에 대하여 종래 보증금을 거두고 그 금리의 인당(引當)으로 소작 계약을 하는 관행이 있지만, 이제 이를 엄금한다.

3. 조선인의 토지 경작 계약은 종래 지주 대(對) 소작인 간의 자유 계약이어서 그 연한(年限) 등도 어떤 제한이 없었지만, 이제는 다음의 항목대로 정한다.

1. 조지(租地) 연한은 1년을 초과할 수 없다.

2. 조지 계약은 개인 간의 체결을 무효로 한다. 반드시 관할 순경국(巡警局)에 신고하고 그 계약에 대하여 인가받을 것을 요한다.

3. 조지계약서는 관청이 정한 용지를 사용하지 않으면 무효로 한다.

○ 고용선인도전간종변법(雇傭鮮人稻田墾種辨法). 1925년 8월.
봉천성장은 각 현지사(縣知事)에게 다음의 훈령을 발하였다.

1. 수전업자(水田業者)가 수전을 개간·경작하려고 할 때에는 몰래 선인의 고용을 허용하거나, 전지(田地)를 조대(租貸)하거나, 혹은 사사로이 각종 계약을 할 수 없다.

2. 선인을 고용하는 것은 오직 전지를 경작하는 데 국한하고, 경작 이외의 다른 사업을 영위할 수 없다.

3. 수전업자가 수전을 경작하기 위해 선인을 필요로 할 때에는 모름지기 선량한 사람인지를 확인한 뒤에 고용해야 한다. 만일 불법 행위가 있을 때에는 고용주가 완전히 책임을 져야 한다.

4. 선인을 고용하려고 할 때에는 노임 및 고용 기간을 정하여 계약서를 만들어 쌍방이 보관하고, 이로써 신의를 지키는 데 도움이 되도록 해야 한다.

5. 선인을 고용했을 때에는 그의 성명, 나이 그리고 경작 개시 연월일, 경작하는 수전의 무수(畝數)·소재지를 구장(區長)에게 보고하고, 구장이 현공서와 수리분국(水利分局)에 보고해야 한다.

6. 고용된 선인이 질서를 방해하거나 혹은 소요 등을 일으켰을 때에는 고용주 혹은 구장이 조사하여 관서에 보고하고, 아무때고 그 계약을 폐지하고 즉시 출경시켜야 한다. 만약 고용주가 비호, 은닉 등을 한 사실을 발견했을 때에는 엄중히 처벌할 것이다.

7. 선인이 중국 국적에 입적한 자가 매우 많다. 입적한 선인이 확실히 두 국적을 갖지 않을 때에는 중국 복장을 착용하도록 해야 한다.

○ 종래의 소작 계약을 폐하고 고용 계약으로 고치도록 하다. 1926년 6월.
유하현지사(柳河縣知事)는 봉천성장의 명이라면서 현하(縣下) 선농의 종래 수전 소작 계약을 폐하고, 일률적으로 지나인 지주와의 고용 계약으로 고쳐야 한다는 뜻을 일반에게 포고하였다. 이로써 각지 지나 측 백가장(百家長)[구장(區長)]은 위 포고에 기초하여 일반 재류 선인에게 고용 계약을 체결하도록 직접 강요하고 있다. 그리고 고용 조건은 아직 결정되지 않았지만 남자 1명이 1년에 소양(小洋)[120] 80원(元), 여자는 20원 가량이 되도록 하였다. 위 명령의 실시는 재류 선인의 사활 문제이므로 선인들은 결속을 다져서 대항책을 강구하는 중이다. 그 의견은 강경·온건의 2파로 나뉘어, 강경파는 본건 해결을 보지 않는 한 결코 농경에 종사하지 않고 끝까지 지나 측의 횡포에 대항하여 싸우려 하고, 온건파는 이러한 불법적인 명령은 도저히 실시되어서는 안 되고 우리 관헌이 엄중히 교섭한 뒤에는 곧 만족스러운 해결을 보게 될 것이기 때문에 농경 포기는 조계(早計)라고 주장하고 있다. 그런데 전술한 강경파의 배후에는 불령선인단의 선동이 있는 것 같고 목하 농경기에 임박한 시기에 사태가 점차 악화하는 경향이 있기 때문에, 이달 6일 하라다(原田) 경부보(警部補)는 여(呂) 유하현 지사대리에게 본건의 엄중한 교섭을 시도하였고, 여(呂)는 소금천(小金川)에 체재 중인 진(陳) 지사와 협의하였다. 그 결과 지나인 지주의 선농에 대한 소작 계약에 관해서는 지나 관헌이 종래의 계약을 묵인하고 이후에는 당사자의 합에 맡겨서, 결코 간섭하지 않을 방침이라는 뜻을 일반 선인에게 시달하였다. 이러한 사정이므로 본건은 어쩌면 이것으로 사실상 해결된 것이 아닌가라고 생각된다. 그렇지만 근래 선농의 이주자가 격증하는 동시에 지나의 수전경작자도 점점 증가하는 경향이어서, 수전경작권의 쟁탈이 상당히 격렬해지려는 추세에 있고, 아울러 지나 관헌 내지 지나 지주의 선농에 대한 태도는 점점 횡포화하게 될 것이다. 본건 금후의 형편 여하에 따라서는 다시 엄중히 교섭할 예정이다.

○ 토지와 가옥의 대차(貸借)는 허가를 요한다. 1926년 6월.

통화현(通化縣) 경찰소장은 시내 및 지방의 지나인 자산가를 불러들여 다음과 같이 훈령하였다.

1. 선인에 대한 대가(貸家) 또는 토지 대차는 신고하여 허가를 받지 않으면 일절 계약할 수

---

120 소양(小洋) : 10전·20전짜리 작은 은화. 대양(大洋)의 보조화폐.

없다.

2. 선인의 거주 이전은 이주증명서를 소지한 자로서 종래 당현(當縣) 내에 거주하고 있는 자에 한한다.

3. 새로이 다른 현 또는 조선에서 이주한 자는 절대로 이주를 허락하지 않는다. 이를 범한 자는 상당한 제재를 가하고 현인(縣人)은 현 밖으로 방축한다.

○ 선농(鮮農)의 방축(放逐)에 관해 지주 측이 완화 방안을 상신(上申)하다. 1927년 9월 27일.

집안현(輯安縣) 경찰 제3구에서는 최근 외분구(外岔溝) 거주 선인에게, 지나 측의 어떠한 상황이라도 일본 관헌에게 누설하지 말아야 하며, 만일 누설한 사례가 밝혀졌을 때는 즉시 국외로 추방할 것이라는 뜻을 경고한 중이다. 또한 이주 선인이 우리 관헌과 면담한 사실을 발견했을 때에는 면담 사항을 상세히 심문하여 지나 관헌의 비행 폭로 방지에 힘쓰게 하고 있다.

또한 동 현공서에서 관한 각 구장(區長)을 소집하여 이주 선인의 추방에 관해 훈령을 발하고 실시 방안에 대해 협의하고, 그 후 제3구 구장은 관내 촌장(村長), 백가장(百家長) 회의를 개최하였다. 여기서 먼저 지나의 각 촌장은 이주 선인의 소작 문제에 관해 무릇 지주회의를 열고 협의한 결과, '일시에 이주 선인을 방축하는 것은 타당하지 않을 뿐만 아니라 지주 측이 받는 손해가 크다고 하여, 모두 각자의 소작 선인에 관해서는 대저 지주 측에서 불온하거나 부정한 행동, 기타 총괄하여 신원을 보증할 것이므로 종래 소작인은 그대로 해두게끔 상신할 것'에 일치하였다. 따라서 지나인 촌장회의에서 전술한 지주 협의 사항을 제의하였는데, 동회에서도 찬성하여 결국 이제 선인 소작인이 다른 데로 이주하여 다른 지주와 새로 소작 계약을 맺는 자에 대해서는 일제히 소작을 금지하고 국외로 방축하기로 결정하였다. 그러므로 동 구장은 본지를 지사공서에 보고하고, 봉천성장에 청훈(請訓)하기로 결의하였다.

이주 선인 백가장회의에서 이(李) 구장의 훈시는

1. 이번 지나 땅 이주 선인을 모두 지사의 훈령에 기초하여 소작을 금지하고 국외로 방축해야 한다. 그렇지만 지주 측의 간절한 제의에 의해 우리 신원을 지주 측에서 보증하고 종래의 소작인은 종래대로 하고, 지금 다른 데로 이주하여 다른 지주와 새로 소작 계약

을 맺는 자만 방축하기로 하였으므로 이후 지주 측에 대해 성의를 다해야 한다.

2. 우리의 신원을 지주가 보증했기 때문에 지주 측에서 미혹(迷惑)하지 않도록 주의해야 한다. 만일 선비(鮮匪) 등을 경찰이나 보갑소(保甲所)에 신고하지 않고 은닉 혹은 편의를 제공하고, 또한 일본 관헌과 연락을 통하는 것과 같은 일이 있으면 곧바로 방축할 것이므로 미리 각오해야 한다.

3. 우리를 국외로 방축하려고 했던 까닭은 모아산(帽兒山) 영사분관을 설치한 데에 기인한 것이다. 왜냐하면 일본이 점차 동삼성에 세력 부식을 도모하여 이민을 장려하고 또한 이민 보호를 핑계로 점차 영사관을 증설하는 것을 우려했기 때문이다.

라고 말하고, 다시

1. 호세(戶稅) 분담의 건

구내 이주 선인 각호에 대해 봉천 대양(大洋) 16원 63전씩 이달 말일까지 징수하여 납부해야 한다.

2. 전화비 부담의 건

올해 모아산 영사분관 사건 때문에 전신비·전화비가 많이 올랐다. 본 사건은 결국 이주 선인 거주에 기인한 것이기 때문에 이주 선인 측에서도 각 구에서 봉천 대양 30원씩을 부담해야 한다.

라고 협의하여 결정하였다.

○ 토지 상조 계약의 만기와 동시에 토지를 반환하고 출경(出境)하도록 해야 한다. 1928년 7월.

동변도윤공서(東邊道尹公署)는 봉천성장공서로부터 다음의 훈령을 접수하였다.

동변(東邊) 각 현에 거주하는 선인(鮮人)이 많고 토지를 조용(租用)하여 경작한다. 그중에는 만기에 이르러도 토지를 반환하지 않는다. 이 때문에 교섭 문제를 야기하는 자가 많다. 이후 선인 토지조용자(土地租用者)에게는 계약 기간의 만료와 동시에 반드시 해당 토지를 반환시키고 구축(驅逐)하여 출경시키는 동시에, 항상 경갑(警甲)으로 하여금 선인의 행동을 정찰시켜서 정황을 보고하도록 해야 한다.

○ 소작 계약을 제한한다. 1928년 8월.

신유한교변법(新逾韓僑辨法)

살펴보면 우리 봉천성 각 현민(縣民)의 다수는 선인(鮮人)을 이용하여 논을 개간하여 이익을 도모하고 있기 때문에 선인이 우리 땅에 와서 거주하는 자가 해마다 증가하고 이미 10여 만을 넘었다. 만일 우리 인민이 소작인을 철폐(撤廢)하지 않으면 반드시 큰 손실을 초래할 것이다. 그럼에도 만일 관헌이 취체를 엄중히 하면 곧바로 일지교섭사건(日支交涉事件)을 야기하므로 이에 취체변법(取締辨法) 4조를 만든다.

1. 초전(招佃) 계약은 1개년에 한하여 경종(耕種)한다. 산지(山地)의 소지주는 다시 초래(招來)를 허용하지 않는다.
2. 각호에서 소작 선인 10호 이상을 가진 자는 해마다 3호 이상을 철거하고 기타는 점차 제한해야 하며, 위반하는 자는 처벌한다.
3. 일본인으로부터 선비(鮮匪)를 숙박, 존류(存留)시키고 있다고 지적을 받은 자는 곧바로 관외로 추보(追報)해야 한다.
4. 무릇 불법 행위 및 위법의 사건이 있는 자도 역시 관외로 구축하여 정류(停留)를 허용하지 않는다.

이상의 변법은 지극히 간단하지만, 오랫동안 이를 행하면 선인이 차츰 감소하여 능히 후환을 방지하여 인민을 이롭게 하고 교섭을 감소시킬 것이다.

○ 도전경작이주선인고용관리변법(稻田耕作移住鮮人雇傭管理辨法)(봉천성정부 훈령). 1928년 8월.

1. 농가의 도전 경작을 위한 이주 선인의 고용에 관해서는 전지(田地) 대차(貸借)에 관한 여러 가지 계약을 해야 한다.
1. 이주 선인을 고용하는 것은 단지 전전(田畑)의 경작만으로 하고, 그 밖의 모든 영업에 고용해서는 안 된다.
1. 농가는 가전(家田) 경작에 종사하는 이주 선인의 신원을 확실하게 조사하고 고용할 것

을 요한다. 만약에 불법 행위가 있었을 경우에는 농가가 모든 책임을 진다.

1. 이주 선인을 고용하는 데에는 반드시 고용의 목적, 기한의 두 사항을 계약해야 한다.

1. 고용 이주 선인의 성명, 연령, 경작을 시작한 연월일 및 도전의 무수(畝數)를 빠짐없이 구장(區長)에게 신고해야 한다. 구장이 현공서 및 수리분국(水利分局)에 보고하는 것으로 한다.

1. 고용한 이주 선인이 질서를 방해하고 치안을 어지럽히는 등의 행위가 있을 때에는, 농가 혹은 구장이 관서에 신고하여 아무때고 해고하여 경외(境外)로 떠나도록 해야 한다. 만약 농가에서 은닉한 경우에는 조사한 뒤에 엄중히 처벌한다.

1. 이주 선인으로 지나에 호적을 가진 자가 매우 많음에 따라서, 입적한 이주 선인은 국적을 두 나라에 걸치지 않았다는 것을 조사하고 지나 복장을 입도록 해야 한다.

도서(道署)는 본 규정을 성(省)에 제출하여 각 현에 명령하여 시행한다.

○ 수정(修正) 동변각현선인소작장정(東邊各縣鮮人小作章程). 1928년 8월.

제1조 무릇 화민(華民) 지주로서 재류 선인(鮮人)을 불러서 황지를 개간하고 숙지(熟地)를 소작시키려고 하는 자는 다 같이 본 규칙의 규정을 준수해야 한다.

제2조 이후 화인(華人) 지주로서 선인을 불러서 소작시키려고 하는 자는 자유로이 계약을 맺을 수 없다. 매년 춘경 개시 전에 관할 경찰에 가서 경찰에서 신식 소작계약서에 기입하여 교부한다. 위반하는 자는 처벌한다.

제3조 종래 화민 지주와 맺은 계약으로서 이미 만기가 되어 계속 맺으려고 하는 자도 역시 자유로이 계약을 맺을 수 없다. 따라서 본 규칙 시행 후 6개월 이내에 관할 경찰에 보고하여 경찰이 기입한 신식 소작계약서를 받아야 한다. 위반한 자는 처벌한다.

제4조 종전 화민 지주로서 선인과 맺은 계약 중에서 아직 기한이 만료되지 않은 것도 역시 다 같이 본 규칙 시행 후 6개월 이내에 관할 경찰에 보고하여 신식 소작계약서로 교체해야 한다.

제5조 화민 지주로서 제3조의 규정을 위반한 자는 현서(縣署)에서 해당 계약을 취소하는 외에 지주를 50원(元) 이하의 벌금에 처한다.

제6조 신식 소작계약서는 3연식(聯式)으로 만들어 현서에서 인쇄하여 각 경찰에 교부하

고, 각 경찰에서는 지주의 신고 후 3일 이내에 기입하고 아울러 경관서명(警官署名)을 날인하여 제1연(聯)을 소작인에게 교부하고 제2연을 지주에게 교부하고 제3연은 경찰에 보존하여 매월 말에 한데 묶어서 현서에 송부한다.

제7조 본 소작계약서는 1매에 대해 지주로 하여금 소양(小洋) 1각(角)을 납부하도록 하여서 실비와 각 경찰의 사무비에 충당한다.

제8조 각 경찰에서 새 계약서의 실비를 거두어들인 때에는 매월 말에 모아서 현서에 송부하고, 현서에서 안배하여 나눈다.

제9조 본 소작계약서의 제1연에는 소작인이 인화세표(印花稅票) 8전(錢), 제2연에는 지주가 인화세표 8전을 첨부(貼付)해야 한다.

제10조 무릇 화민 지주로서 선인을 불러서 황지를 개간하려고 하는 개간의 연한은 토지의 관습에 비추어 결정해야 한다. 단 5년을 초과할 수 없다.

숙전(熟田)의 소작은 3년을 한계로 하고 쌍방이 계속할 것을 희망할 때에는 별도의 소작 계약서로 교체해야 한다.

제11조 무릇 화민 지주로서 선인을 불러서 황지를 개간하고 숙전을 소작시켜서 계약 연한이 만료한 뒤에는 지주가 임의로 처치하고 소작인과는 관계가 없다.

제12조 소작인 계약 연한이 만료하지 않고 경작을 그만두려고 할 때에는 입체(立替) 식량을 지주에게 반제(返濟)하는 외에 그 황지 개간과 숙전 소작을 맺은 계약은 무효로 한다.

제13조 황지를 개간하는 소작인은 계약 연한 내에 자유로이 다른 소작인을 불러서 인계할 수 없다.

만약에 사고가 생겨 중지하지 않을 수 없는 경우에는 모름지기 지주와 협의하여 전조에서 정한 변법에 의해 처리해야 한다. 개간을 인계할 소작인은 지주가 직접 불러 별도로 소작 계약을 맺어야 한다.

제14조 화민 지주로서 선인을 불러서 소작시키려고 하는 경우에는 압록강 서안에 6개월 이상 거주하고 보증인이 있는 자에 한한다. 새로 입경(入境)한 선인으로 망명, 도주에 가까운 자는 일률로 소작시킬 수 없다. 위반한 자는 현서에서 강제로 소작 계약을 취소시키는 외에, 황지에 관계한 경우에는 현서에서 대하(貸下)를 취소하

고, 숙전에 관계한 경우는 100원(元) 이하의 벌금에 처하고 보증인에게도 역시 상당한 처벌을 한다.

제15조 제5조, 제14조에 의해 거두어 들인 벌금은 모두 지방 경비에 충당하고 지방 잡수입으로 편입하여 현서에서 모아 보고한다.

제16조 무릇 황지 개간과 숙전 소작을 논하지 않고, 그 토지소유권은 지주에 속하며 국가 지방의 부과(賦課)는 지주가 부담해야 한다.

제17조 본 규칙은 공포일로부터 시행한다.

○ 조차(租借) 기한이 만료된 자는 귀국시켜야 한다. 1928년 10월.

동삼성 지역은 넓이가 광활하고 토지가 비옥하여 출산물이 풍부하여 원래 부원(富源)의 땅으로 불린다.

'일한 병합' 이래 선인(鮮人)으로 우리나라에 이주하는 자가 자못 많아서, 장사가 아니면 농사를 하며, 혹은 성진(城津)에 교거(僑居)하고 혹은 향촌에 거처하며 지금까지 10여 년을 보냈다.

종래 이 교민들이 전지를 경작하고 만기가 되면 연기를 허용하지 않고 귀국시키며, 이로써 제한을 가해야 한다는 뜻을 누차 통령(通令)하였다. 그런데 근래 살펴보면 각 현 교민 거주자가 의연히 옛날처럼 경작을 업으로 삼는 자가 역시 많고, 토지 조차 기한이 만료된 자인지 아닌지를 전혀 알 수가 없게 되었다. 본 통령 후에 무릇 선인의 향촌에서 토지를 경작하는 자에 대해서는 상세히 조사하여 만약 토지의 조차 기한이 만료된 자는 귀국시키고 다시 연기할 수 없다. 이로써 국토를 중히 하면 분쟁을 면할 것이다.

○ 소작 계약 기간의 만료와 퇴거 요구. 1929년 2월.

요령성정부(遼寧省政府)는 각 현정부(縣政府) 앞으로 다음과 같이 훈령한 바가 있었다.

이주 선인의 소작권은 그 계약 기간 만료와 동시에 해소하고, 장래 소작권을 주지 않도록 작년 일반에게 엄훈(嚴訓)하였는데도 불구하고, 각 현의 책임자가 느슨하기 때문에 이주 선인은 경작 기간이 만료해도 퇴거하지 않고 교묘히 지나인 지주를 농락하여 소작권을 계속

이어가고 있다. 본직(本職)은 이러한 사실이 있음을 듣고 실로 통한을 견딜 수 없는 바이다.

따라서 본령 도달 후에는 세밀한 조사를 행하고, 위반자에 대해서는 이유 여하를 불문하고 즉시 해약한 뒤에 퇴거를 명해야 한다. 만약에 본건을 실시하지 않는 자가 있을 때에는 상당한 처분을 행할 것이다.

○ 수전(水田) 회수에 힘써야 한다. 1929년 2월.

봉천성장은 각 현지사(縣知事)에게 다음의 훈령을 발하였다.

종래 각 현하(縣下)에서 우리 농민들은 왕왕 자기의 양전(良田)을 선인(鮮人)에게 조대(租貸)하여 수전(水田)으로 경종(耕種)시켜서 일시의 소리(小利)를 탐해 오랜 화환(禍患)을 후세에 물려준다. 원래 조선인들은 일본의 식민 정책에 따르고 일본 국민으로서 생활해 나가기 위해서 우리의 양전을 경영하면서 장기적인 발전사업을 영위하려고 목적한다. 그런데 현재 남북이 통일되는 속에서 전국이 일치하여 배일(排日)·배화(排貨)를 단행하여, 당 정부는 남경정부(南京政府)의 지령에 따라 금후 각 현하의 수전을 모두 회수할 예정이다. 그 방법은 2월부터 3개월간을 기한으로 하여, 2월 이전에 이미 선인에게 조여(租與)한 수전은 전부 해약시키려 한다. 그 손해배상은 각 관할 현에서 부담하고 봉천 전성(全省) 60개 현 가운데 수전이 있는 현은 37개 현이다. 현마다 손실배상비로서 당 정부에서 봉천양(奉天洋) 500만 원을 준다. 그러므로 훈령을 받는 동시에 수전 회수에 힘써야 한다.

○ 벼농사를 제창(提唱)하는 목적은 화민(華民)으로 하여금 스스로 경작하도록 하는 데 있다. 1929년 6월.

요령성(遼寧省) 실업청장 유학령(劉鶴齡)은 이번 성하(省下) 각 현 수리국(水利局)에 대해 다음의 통령(通令)을 발하였다.

동삼성민(東三省民)은 원래 한경작(旱耕作)을 업으로 삼고, 벼농사에 관해서는 대개 그 요령을 알지 못한다. 그래서 근래 각지의 벼농사자는 재류 선인(鮮人)을 고용하고, 이 때문에 여러 가지 사단이 빈출하여 실로 벼농사를 제창하는 본의에 반하고 있다. 본청이 벼농사를 제창하는 유일한 목적은 바로 국민으로 하여금 스스로 이를 경작하도록 하는 데 있다. 만일 관습상 일시적으로 선인을 고용할 필요가 있는 경우일지라도 완전히 지나의 법률 및 관리한 교장정변법(管理韓僑章程辨法)에 따라야 하고, 결코 선인을 고용하여 벼농사를 하여서 분요(紛擾)를 야기하는 일이 있어서는 안 된다. 각 국장이 이후에는 본 취지에 따라 처리하여 결코 불법 선인으로 하여금 망령되이 사단을 빚어내어 지나인을 어지러이 해치게 해서는 안 된다.

○ 상조(商租) 계약 및 기타 조사. 1929년 9월.

국민정부는 최근 동지(東支)의 외국인 관계 사항을 조사하는 동시에 이권(利權) 회수(回收)의 주창을 고조시키고 있는데, 다시 이달 11일 동북변방사령장관 장학량(張學良)에게 일본인 관계의 상조 계약 등에 대해 아래에 기술한 사항을 조사하도록 전명(電命)하였다. 장학량은 곧바로 적(翟) 요령성정부(遼寧省政府) 주석에게 전령(轉令)하였는데, 최근 요령성의 개원현(開原縣) 후시가보(後施家堡)에 거주하는 선인(鮮人)의 이야기에 따르면, "개원현 경운보(慶雲堡) 제5구 관소(官所)에서는 후시가보 지주 22명의 대표로서 동지 둔촌장(屯村長)을 호출하여 남경(南京) 중앙정부의 훈령에 기초한 요령성 정부의 명령이라고 하며, 이듬해부터 관내 선농에게 토지 대여를 절대로 금지하고, 만약 위반했을 때에는 엄벌에 처한다는 뜻을 극비리에 엄중히 하달하였다. 이 때문에 이곳에는 선농이 40호, 200여 명이 거주하고 있지만 생활 기반을 빼앗는 것이어서 불안에 내몰리고 있다"라고 한다. 이제 지나 관민 사이에 점차 대두하고 있는 배일열(排日熱)과 이권회수열(利權回收熱)로 재만 선농에게 경지 문제를 중심으로 다가오는 압박은 상당히 심각한 것이 될 것이다.

1. 현명(縣名), 촌명(村名).

1. 성성(省城)의 장소.

1. 조약(租約)한 전지(田地)의 보수(步數).

1. 조약한 가옥의 수.

1. 지주의 성명, 원적(原籍), 직업.

1. 가주(家主)의 성명, 원적, 직업.

1. 조약한 일본인 성명, 원적, 직업.

1. 조약한 연월일.

1. 조약한 종류[연조(年租), 월조(月租)의 구분], 가임(家賃), 지대액(地代額).

1. 조약하기 전에 관서에 신고했는지의 여부.

1. 조약하는 일선인(日鮮人)이 우리나라 인민을 방해한 사건이 없는지의 여부, 소송사건의
   유무.

1. 조차한 일선인의 영업 종별.

1. 토지를 조차한 일선인의 주된 경작물.

1. 일선인이 가옥에 눌러 있거나 또는 토지 강제점유의 유무 및 매수의 유무.

1. 최장 조차 연한과 최단 조차 연한.

1. 일선인의 차가(借家) 후의 개조 상황.

1. 조약할 때의 소개자.

○ 수전(水田) 회수. 1930년 2월 27일.

요령성정부(遼寧省政府)에서 예하 각 현에 대해 이주선인취체훈령(移住鮮人取締訓令)을 발하여 이들 선인(鮮人)의 관외 방축을 명하였는데, 이어서 1월 21일 성정부(省政府) 수석 장식의(臧式毅)는 다시 각 현에 대하여,

이주 선인 경영의 수전 회수에 관해서는 종래 누차 훈달(訓達)하였지만, 지나는 목하 은값이 폭락함에 따라 모두 경제 곤란의 위기에 임박하였다. 이것의 구제는 먼저 산업의 개발에 기대했던 적이 많았고, 이제야 우리 중국의 수전 경영 열기는 점차 치열해지고 있다. 조선인의 손에 기대지 않아도 단독으로 경영하는 데 아무런 지장이 없고, 각 현에서는 무릇 구체적 방책을 강구하고, 현재 이주 선농의 손에 있는 수전을 전부 회수하는 동시에 올해부터는 절대로 대여하지 않도록 각 지주에게 엄중히 하달해야 한다.

라는 내용으로 이주 선인이 경영하는 수전을 회수하라는 밀령을 발하자, 지나 관헌의 불법 압박이 점점 격렬해지고 있는 경향이다.

○ 이미 도종(稻種)의 지식을 알게 되어 선인(鮮人) 고용이 필요 없게 되었다. 1930년 4월 25일.

요령성(遼寧省) 민정청(民政廳)에서는 영구현정부(營口縣政府) 앞으로 다음의 훈령을 발하였다.

선인(鮮人)으로 본성 내로 유입하는 자가 증가하여 우리 국권과 민생에 미치는 영향이 크다. 선인이 이주한 목적은 수전(水田) 경영(經營)에 있을지라도 농광청(農礦廳)에서는 도종(稻種)의 지식을 알게 되어 조선인 고용이 필요 없게 되었을 뿐만 아니라, 조선인 사이에 비적(匪賊)이 잠복했다는 의혹도 있다. 이를 두절하기 위해서는 이 기회에 선인 거주자를 모두 구축(驅逐), 출경(出境)시켜서 청향(淸鄕)의 실적을 거두고 분쟁사건을 미연에 방지하는 데 있다고 생각한다. 따라서 선인을 출경할 것을 훈령한다.

○ 수전(水田) 개간 장려. 1930년 6월 10일.

통화현(通化縣) 수리국장(水利局長) 유금(儒琴)은 미리부터 수전 개간을 장려하였기 때문에, 현내 각 향촌 민들도 점차 수전의 이익을 알게 되어 한때 수전 개간이 곳곳마다 행해졌나. 그런데 최근에는 지나 즉 지방관헌, 아울러 현(縣) 교육국(敎育局) 국장, 기타 일부 배외적 사상을 품은 자들이 온갖 말을 다해서 "수전 개간은 조선인의 이주 증가를 유인한다. 이는 일본의 경제적 만몽침략의 근본 정책으로서 조선인을 제1선에 나서도록 하고 있고, 머지않아 기회가 오기를 바라는 속셈일 것으로 예상해도 틀리지 않다. 따라서 장래를 생각했을 때에는 더욱더 한심하지 않을 수 없는 바이다. 이뿐만 아니라 불령선인(不逞鮮人)의 발호(跋扈)와 도량(跳梁)은 여러 가지 복잡한 외교 문제 등을 야기해서 오히려 이 기회에 선인(鮮人) 구축책(驅逐策)을 강구하는 것이 상책이다"라는 선전을 하고 있다. 이 때문에 각 향촌 지주들은 이 선전에 어쩔 수 없이 소위 '배[腹]를 등[背]과 바꿀 수는 없다'라는 계약을 파기하는 자가 적지 않은 상황이다.

한편 재정청(財政廳) 및 농광청(農礦廳) 측은 국가적 경제 정책의 입장에서 수전 개발은 재원을 얻은 뒤에서도 장차 산업 발달 정책상으로도 심대한 영향을 미친다고 본다. 힘을 다해 이를 보호, 장려하는 것은 백년의 대계를 수립하는 방법이라고 생각한 것 같다. 그것이 참일지 거짓일지는 예단하기 어렵다. 현정부(縣政府) 공안국(公安局)에서는 상사로부터 밀령을 받아서 이주 선인을 구축할 방침이다. 그럼에도 불구하고 다른 한편 수리국에서는 항상 지나측 지주와 소작 선인의 관계를 알선하고 장려에 힘썼고, 특히 농광청장은 수도(水道) 개설 공사에 즈음하여 지방의 지나인 대 선농 간의 분쟁사건이 있었지만 수리국장의 알선에 의해서 원만한 해결을 보고한 실례가 있다.

○ 토지상조권(土地商租權) 회수에 관한 변법(辨法). 1930년 6월 20일.

동북정무위원회(東北政務委員會)에서는 토지상조권 회수에 관한 변법을 다음과 같이 정하였다.

제1. 각 현에서 선농에게 토지를 상조하는 자는 그 연한이 만기했는지의 여부를 불문하고 일률적으로 반환받고, 각 지주는 영원히 그 소유 전지를 선농에게 대여·경작시켜서는 안 된다. 만약 위반한 때에는 매국토범(賣國土犯)으로 엄중히 처벌한다.

제2. 각 현 선농에게 대여한 토지이면서 만약 선인에게 저당금(抵當金)을 제출시킨 경우에는, 지주가 1개월 이내에 그 상황을 각 해당 촌장을 경유하여 현농회(縣農會)에 보고하여 상당한 금액을 선농에게 돌려주고 토지는 반환시켜서 농무회(農務會)에서 다시 우리 국민에게 전조(轉租)하고, 농무회가 대신 갚은 돈을 지주가 도로 갚은 뒤에 해당 땅을 지주에게 돌려줌으로써 절차를 완료하고 업권(業權)을 유지시킨다.

제3. 상술한 제1항의 토지를 조차(租借)한 선농이 만약 이 규정에 따르지 않을 때에는 지주 혹은 농회는 저당금을 돌려주어 토지를 돌려받을 수 있다. 만약 연한 미만이나 배상 요구를 구실로 고의로 거부하는 때에는 종전에 선인이 제출한 저당금을 은행에서 보관하고, 이 뜻을 선인에게 통지하여 강제적으로 토지를 회수한다.

제4. 만약 지주이면서 제2항의 규정에 따라 본 촌장에게 보고하지 않았을 때에는 제1항의 규정에 의해 당해 토지를 직접 선인으로부터 농무회로 반환시켜서 달리 경작시키는 것은 물론, 영원히 지주의 토지소유권은 소멸한다. 고의로 위배한 자는 3년 이상 7년 이하의 유기도형(有期徒刑)에 처하여 징계로 삼는다.

제5. 귀화입적의 증서를 가진 선인은 토지 조차의 제한을 받지 않는다. 단 귀화 선인은 우리나라 일체의 법령을 준수하고 납세의 의무를 부담해야 함은 물론이고, 귀화 선인의 자녀는 일률적(一律的)으로 우리나라의 교육을 받고, 또 우리나라 의복을 착용해야 한다. 그렇게 하지 않으면 미귀화 선인으로 간주하고 절대로 국토 조차의 이익을 누릴 수 없다. 이리하여 그 구별 제한을 분명히 한다.

제6. 상술한 것처럼 귀화입적의 증서를 가진 선인에게는 토지의 조매(租買), 전질(典質) 및 각종 부동산업의 특권, 아울러 선거권을 부여하고, 구장(區長), 촌장(村長) 및 각종 관공위원회의 위원에 선거될 수 있는 자격을 가지도록 함으로써 보통 일률적으로 대우한다.

제7. 귀화입적을 한 선인은, 올해 8월 1일 이전에 종전 등기한 각 현 정부에 대하여 지원서 약서를 제출하여 관헌의 일체 법령을 준수하고 납세의 의무를 부담하고, 그리고 불령선인 적화(赤化) 난당(亂黨)과 기맥을 통하는 일이 없을 것이라는 취지를 성명함으로써 순박함과 성실함을 보여야 한다.

제8. 제6항의 귀화 선인이면서 만약 구장, 촌장부(村長副) 및 기타 관공위원에 선거되었을 때에는 아편을 피우지 않고 또는 사종사운(私種私運)을 하지 않는다는 보증서를 제출하고, 만약 위배한 때에는 법률 및 금연조례 제10조, 제14조 제1항에 의해 처분하여 선서 규성에 합치시키고 또 법령 위반을 방지한다.

제9. 선인을 구축하고 불온을 방지하는 건에 대해서는 각 현(縣), 각 본촌장부(本村長副)는 이를 검거하는 책임을 가지고, 검거 후 관할 공안(公安)경찰 분국(分局)과 분소(分所)에 보고하여 이를 집행하도록 한다.

제10. 해당 공안 분국소 등은 완전히 국적을 취득한 귀화 선인에게는 책임을 갖고 보호해야 하며 결코 차별해서는 안 된다. 만약 선량한 귀화 선인에게 본촌장부가 사사로운 원한으로 무고한 때에는 귀화 선인이 지명(指名)하여 고발할 수 있다. 한번 조사하여 드러났을 때는 엄중 처분함으로써 귀화인 보호의 참뜻을 보여야 한다. 공안경찰이 귀화 선인을 보호하는 데 타당하지 못한 경우에도 또한 같다. 이로써 관헌 보호에 성의가 있음을 증명한다.

제11. 만약 귀화 선인으로서 게을러 생업에 힘쓰지 않고 멋대로 불량분자와 결탁하고, 혹은 적화(赤化) 등의 힘을 빌려 순량한 귀화 선인을 방해하고 혹은 이 항목의 제한 규정을 위반한 때에는 해당 경찰관은 이를 체포함으로써 난맹(亂萌)을 방지한다.

제12. 만약 귀화 선인으로서 일본 관민에 대해 불법한 거동 음모를 하는 자가 있는 때에는 즉시 이를 검거하고, 미입적 선인의 불온한 행동을 발각했을 때에는 즉시 관외로 구축함으로써 불행한 외교 문제의 발생을 방지한다.

길림성

○ 유조지소작규칙(有租地小作規則). 1924년 5월.
화룡현정부(和龍縣政府)는 다음의 훈령을 내렸다.

1. 무릇 인민의 토지 소작에 대해서는 본 규칙에 의해 관계(官契, 관에서 발행한 소작 문서)를 받아, 대차 쌍방의 권리 관계를 분명히 하지 않으면 본법 위반자로 처벌해야 한다.

2. 본 규칙에 의한 관계(官契)는 3연(聯) 1매(枚)로서 현공서(縣公署)가 발행한 것으로 각 사(社) 사장(社長)에게 이를 교부해 두고, 지주 및 소작인에게 1엽(葉)을 교부하고, 1엽을 각사에, 또 1엽을 각 사장이 도장을 찍은 뒤에 현공서에 납부히는 것으로 한다.

3. 관계(官契)를 청구할 때, 지주는 해당 사장에게 와서 사장의 도장을 찍은 증명서를 받을 것.[증명료는 길대양(吉大洋) 1각(角)]
   또한 규정대로 인지를 붙여 사용할 것.

4. 본 규칙에 의한 관계(官契)는 그 지대(紙代) 및 인쇄비로서 길대양 5각으로 한다.

5. 지주가 소유 토지를 소작에 부치는 경우는 마땅히 소작인 이외 1명 내지 2명의 보증인을 세울 것을 필요로 한다. 또한 보증인은 그 계약 내용의 의무를 지는 것으로 한다.

6. 지주는 소작 지대를 대부할 때 그 계약면에 소작지 과세의 부담자를 명기해 둘 것.

7. 소작인은 소작 기한 내에 지주의 동의를 얻지 않고 이를 남에게 전대(轉貸) 또는 질권(質權), 저당권(抵當權)을 설정할 수 없다.

8. 지주와 소작인 사이에 대차(貸借)가 있더라도 소작지로 이를 담보로 충당할 수 없다.

9. 소작지에 있는 지주의 가옥, 혹은 소작 계약 후 소작인이 건축한 가옥은 권리 관계를 계약면에 분명히 할 것.

10. 본 규칙은 발포한 날로부터 시행한다.

○ 선인(鮮人)의 소작 및 고용 문제에 대한 건의. 1929년 11월.

길림성성(吉林省城) 거주 지나인 이(李) 모는, 종래 성정부가 수많은 변법(辨法)을 만들어 선인의 성내 이주를 막으려고 시도했음에도 불구하고 효과를 거두지 못한 것이 지방 지나인 가운데 수전사업의 유리함에 착목하여 몰래 선인을 고용하거나 혹은 토지를 대여하여 경작시켜서 이익을 얻으려는 자가 많은 데 기인한 것이라고 한다. 그래서 선인의 내주(來住)를 막기 위해서는 위 지방 지나인의 취체를 선결 문제로 삼아야 한다는 견해 아래 이번 성정부에 대해 다음과 같이 취체변법을 내밀하게 건의하였다. 성정부에서는 이 건의를 타당하다고 인정하고, 노지(露支) 분쟁을 해결한 후에 이를 수정한 다음 실시 방안을 각 현정부에 밀령(密令)할 생각이라고 한다.

1. 지나인으로서 수전의 불하를 받고 논농사를 경작하려는 자는 불하를 받은 후 스스로 경작을 맡아야 하고 고용자는 지나인에 국한한다.

2. 수전의 불하를 받은 후에는 선인과 공동으로 혹은 선인을 고용하여 경작시킬 수 없다.

3. 각 현정부는 관내 농민에게 수전 불하를 허가한 때에는 경단(警團)으로 하여금 그 개간·경작 방법을 주의시키고, 만약 선인에게 전대(轉貸)하거나 선인에게 소작시키고 혹은 선인을 고용한 때에는 계약의 해제를 권고하도록 하고, 따르지 않을 때에는 그 불하를 취소해야 한다.

4. 이상의 변법(辨法)은 금후 대책이고, 이미 계약에 의해 선인에게 소작시키고 또는 선인을 고용한 자는 그 계약의 만기를 지나 계속 정정할 수 없다.

5. 전술한 변법은 미입적 선인에 대한 것이고, 귀화 선인은 지나인으로 취급한다.

6. 본 변법을 실행할 때, 각 지방관은 경단으로 하여금 수전 불하를 받은 농민에 대하여 내밀하게 구두로 본 변법 준수를 권고하도록 해야 하고, 신속히 이를 행하여 사태를 발생시키지 않도록 신중한 주의를 필요로 한다.

○ 선인(鮮人) 소유의 수전(水田) 회수책. 1930년 5월.

길림성 농광청(農鑛廳)에서는 관하 각 현장에게, 성내 산업의 발전을 기약하기 위해 모름지기 수전 경영에 기대하는 자가 많다고 하며 선인 경영의 수전을 점차 회수하여 대규모의 경작을 장려해야 한다고 훈령하였다.

성정부 농광청 훈령을 받으니, 근시 본성 각 현에 한인 이주자가 점차 증가하는 데 수반하여 일본의 자산가들은 이들 한인을 선구로 삼아서, 거액의 자금을 투자하여 수전사업을 경영하려고 하는 자가 적지 않다. 조사해 보면 연변 각 현에서 선농의 경작에 속한 수전이 무려 1만 정보(町步)에 달하는 현상이고, 우리나라 사람은 수전에 대한 관념이 조금도 없어 종래 거의 경영과 경작을 등한시했음은 지방산업 발전상 유감을 참을 수 없다. 본성 각 현에서는 하천이 종횡하고 수리의 편리가 풍부하기 때문에 수전 경영에 가장 적당하다. 그래서 본성 산물의 대종(大宗)인 것은 미곡이기 때문에 이를 외인의 경작에 방임하는 경우에는 지방산업이 날마다 시들고 쓰러지게 될 것은 필연의 이치이다. 따라서 각 관(官)은 관하 각 향장 및 농회장에게 전칙(轉飭)하여 선인의 경작에 속한 수전을 점차 회수하고, 우리나라 사람에게 대규모로 경작하도록 상려하기 바라므로 본 훈령을 명심하고 이에 전령(轉令)한다.

제4. 토지·가옥에 관한 문제

요령성(遼寧省)

○ 토지·가옥의 조차(租借)는 현관(縣官)의 증명을 필요로 한다. 1924년 6월.

임강현공서(臨江縣公署)에서는 다음과 같이 훈령을 발하였다.

본성 공서의 전명(電命)을 받고 이에 대리하여 포달(布達)을 한다. 무릇 외국인으로서 논밭과 가옥의 조차(租借)를 하는 경우에는 현관의 증명을 경유하여 이를 처리해야 하고, 인민들이 멋대로 계약하여 실행하는 것을 삼가도록 함으로써 분규를 방지할 것은 이미 각 지주 및 가옥주에게 통달해 두었다. 그렇지만 수개월이 지난 금일 아직도 누구도 그 수속을 마치지 않아 자못 형편이 좋지 못한 상황이므로, 이에 다시 본월 15일을 기한으로 계약서를 본서로 송부하여 사증(査證)을 받아야 한다는 것을 고시한다.

　다시 위반하는 경우에는 엄벌에 처해야 한다. 일반 인민의 사태를 관망하고, 스스로 착오에 빠지지 않도록 이에 고시한다.

○ 무허가 가옥대여자를 처벌한다. 1924년 10월.

홍경현지사(興京縣知事)는 거주 선인에게 가옥을 대여한 지나인 가주(家主)에 대하여, 현공서의 허가를 받지 않고 대가(貸家)했다는 이유 하에 주가(住家)의 대소에 따라 최저 대양(大洋) 10원(元), 최고 100원의 벌금을 부과하고, 바로 지금 각 백가장(百家長)으로 하여금 징수하도록 하고 있다. 현재 홍경보통학교의 가주에게 대양 60원, 홍경 영신상점(永信商店) 가주에게는 대양 80원, 기타 가주의 대소에 따라 각각 벌금을 부과하고 해당 납금을 독촉하는 중인데, 지나인 가주들이 차가인(借家人)인 조선인에게 그 벌금액의 지출을 요구하고 만약 응하지 않으면 퇴거를 다그치는 상황이어서 재주 선인들에게 공황(恐慌)을 초래하고 있다.

○ 방인(邦人)의 토지구매금지령을 발하다. 1925년 2월.

심(沈) 외교부장은 동삼성 교섭원에 대하여 "일본은 근래 만주에서 비싼 값으로 토지를 구입하고 조선인을 이 땅에 이식하여서 영구히 이를 식민지로 만들려고 계획하고 있다. 인민이 무지하여 비싼 값을 탐하여서 주권을 상실하게 될 것을 걱정한다. 모름지기 일반에게 이것의 금지를 통칙(通飭)하여서 분규의 발생을 면하도록 해야 한다"라고 하여, 본방인의 토지구매금지령을 발하였다.

○ 토지, 건물 등의 매각을 금지하다. 1925년 8월.

봉천성(奉天省)에서는 각 현 농민이 폭리를 탐하기 때문에 자기 소유의 밭, 화전, 가옥 등을 선인(鮮人)에게 매각하는 경향이다. 이는 법률에 위반하는 것이기 때문에 각 현 지사는 엄중히 이를 금지하고 위반자는 가차 없이 처분해야 한다고 훈령하였다.

○ 지나인 지주가 관헌의 강요에 의해 선인(鮮人) 추방을 서약하다. 1927년 2월 27일.

관전현(寬甸縣) 서구(西溝)의 이주 선인은, 부근의 수전 개간에 의해 생활했는데, 최근 지나 지주가 관헌의 강요에 의해 동지 이주 선인을 음력 10월 1일까지 전부 추방할 것이라고 서약서를 제출하였다. 이 때문에 동지 이주자는 올해 수확 후에는 토지의 대차는 물론 소작 계약도 성립하지 않으므로 다른 데 직업을 구하고 있다. 또 이주자 추방이 동현의 각지에서 대두하는 정세여서 진퇴유곡에 빠지고 있다.

○ 외국인에게 토지를 매각해서는 안 된다. 1927년 9월.

봉천성장(奉天省長)은 다음의 훈령을 각 현지사(縣知事)에게 발했으므로 장백현지사(長白縣知事)는 이를 다시 각 도구(道溝) 순경국(巡警局)에 전령(轉令)하였다.

외국인에게 토지를 매도하는 것에 관해 이를 금지하는 방안을 두세 번 훈령으로 발했음에도 불구하고, 의연히 토지 매도를 하는 자가 있다. 이제부터 각 현지사는 소속기관을 독려하여 위반자가 없도록 취체를 함과 동시에 서민으로 하여금 그 취지를 숙지시켜서 또 이를 위반한 자에 대해서는 국토도매죄(國土盜賣罪)로 물어 엄벌에 처해야 한다.

○ 국민정부 국토 도매를 엄금하다. 1929년 2월 12일.

봉천성 정부는 국민정부에서, 국토 도매(盜賣)를 엄금하는 방안에 대해 다음의 밀령을 접수했으므로 2월 6일 다시 이를 관하 각 관서에 전령하였다.

근래 동성(東省) 각지의 이권은 거의 일본 때문에 침략당하게 되었고, 만철회사(滿鐵會社)는 언제나 철도 용지를 확장하거나 혹은 공장 건축의 명의를 우리나라 불법 인민과 몰래 통해서 상민(商民)의 토지를 매수하려고 한다. 이는 실로 토지 침략의 정책이어서 본 정부는 일본 측의 해당 음모를 방지하고 또한 목하 만철로권(滿鐵路權)을 회수하려는 제의까지 한 형편이므로, 이때 그들(일본 측)이 임의로 토지 매수를 엄금하지 않는 경우에는 장래 만철로권의 회수 교섭을 맞이하여 일대 곤란을 발생할 염려가 있다. 그러므로 본 정부는 이의 대책으로서 다음과 같이 토지도매엄금조례(土地盜賣嚴禁條例)를 규정했으므로, 귀 정부는 관하 상민(商

民)에게 해당 조례를 엄밀하게 준수시켜야 한다.

1. 일본 측의 토지 침략은 장래 동성을 병탄하려는 음모와 야심이 있는 것이다. 관하 각 상민에게 엄밀하게 고지하여 깨우쳐 주어야 한다.
1. 동성 각지의 상민은 관헌의 인가를 받지 않으면 멋대로 토지를 외인에게 매각할 수 없다.
1. 동성 각지 상민은 관헌의 인가를 받지 않고 멋대로 외인과 몰래 통하여 토지매매운동을 해서는 안 된다.
1. 이상 2항을 위반한 자는 사형에 처해야 한다.
1. 각 지방관헌은 인민들이 외인과 몰래 통하고, 토지를 도매하려는 행위에 대하여 감찰, 엄금해야 할 책임을 진다.
1. 각 성(省) 구(區) 당국은 인민들의 토지 도매 감찰을 위해 특파 감찰원을 두어야 한다.
1. 각지 상민으로서 만약 토지 도매의 불법 행위를 발견하면 해당 지방 당국에 엄중히 처분하도록 신고해야 한다.
1. 각지 관헌은 이상의 여러 항목에 대하여 엄밀하게 준수하여 취체해야 한다.

○ **토지와 가옥의 대여를 저지하다. 1929년 5월.**
요령성정부(遼寧省政府)는 안동현정부(安東縣政府)에 대하여 일본인에게 토지, 가옥의 대여를 저지하는 방안에 대해 다음과 같이 훈령하였다.

일본인이 유력(遊歷)을 핑계대고 향촌에서 토지와 건물을 조차하는 것에 관해서는, 이전에 엄중한 저지 방안을 통령(通令)해 두었다. 그런데 근래 듣자 하니, 각 현에서 여전히 이런 종류의 사건이 발생한다고 한다. 만약 엄히 저지하지 않는다면 후환이 두려울 것이다. 해당 현지사는 소속에 명령하여 엄중한 사찰을 가하고 또한 그 정황을 수시로 보고해야 한다.

○ **징치도매국토잠행조령(懲治盜賣國土暫行條令). 1929년 8월 14일.**
요령성 정부에서는 근래 중국인이 일본인에게 국토를 도매(盜賣) 혹은 임대(賃貸)하거나 혹은 저당권을 설정하는 자들이 속출해서 점차 소유권이 침식당하고 있음을 유감으로 생각하고, 이의 방지책으로서 다음과 같이 잠행조례(暫行條例)를 발포하였다.

제1조 무릇 타인 소유, 사유, 공유, 관유의 토지·가옥·삼림·광산을 외국인에게 매각하거나 또는 임대하거나 혹은 저당 잡힌 자는 누구라도 국토 도매로 논죄하여 본 조례에 의해 징치(懲治)한다.

제2조 어느 외국인인지 불문하고 중국인에게 전조에 열거한 국토를 접수한 자는 본 정부에서 이를 무효로 인정한다.

제3조 무릇 국토를 도매한 자는 다음에 의거하여 이를 징치한다.

　　1. 관유, 타인 소유, 공유에 속하는 자는 사형 또는 무기도형(無期徒刑)에 처한다.

　　2. 전항의 죄를 범한 자에 대해서는 형에 처하는 외에 그 매매 소득, 그리고 소유재산의 전부 혹은 일부를 몰수한다.

제4조 외국인이 출자하여 제1조에 정한 국토를 매수할 때에 중국인이 그 명의를 빌려준 경우는 국토 도매로 논죄하여, 제3조 제1항의 규정에 의해 작량(酌量)하여 처형한다.

제5조 무릇 국토 도매의 소개 또는 연서(連署)한 자는 모두 공범으로 논죄하여 주범에 비추어 1등 또는 2등을 감형한다.

제6조 무릇 국토 도매를 입회, 대서 또는 보증한 자는 2등 내지 4등의 유기도형에 처하고, 100원 이상 1,000원 이하의 벌금을 함께 부과한다. 단 앞의 2조에 열거한 자로서 방조 또는 공모의 행위가 있을 때에는 제3조 제2항의 규정에 의해 작량하여 처형한다.

제7조 무릇 국토를 도매한 곳의 촌장 및 해당 국토에 인접한 토지 소유자로서 사정을 알고 이를 묵인하거나 또는 결탁한 자는 누구든지 2등 유기도형에 처하고, 100원 이상 1,000원 이하의 벌금을 함께 부과한다.

제8조 지방관리가 국토의 도매에 대하여 사전에 이를 살펴서 알지 못하거나 또는 이를 금지하지 않은 자는 성정부에서 그 상황을 심사하고, 면직 또는 벌봉(罰俸)에 처한다. 단 본조에서 지방관리라는 것은 시장, 현장 및 공안국장 각 분국의 관리, 경사(警士)로 한다.

제9조 전조에 열거한 지방관리가 도매의 정황을 알고도 이를 묵인하거나 또는 도매자로부터 뇌물을 받은 경우에는 누구든지 공범으로 논죄한다.

제10조 지방관리는 국토도매사건이 발생한 경우에는 곧바로 관계 범인을 체포·구금하고 제3조의 규정에 의해 이를 징치하는 동시에, 해당 도매 대금을 반환하여 계약의 해제를 명하거나 또는 그 가산을 처분하여 다시 사들이는 데 보태어 해당 계약을 취소해야 한다.

제11조 본 조례 시행 후, 국토를 도매한 자가 관에 자수하고 대금을 갖추어 다시 사들이고 완전히 계약을 해제한 경우에는 그 정상을 참작하여 그 형을 면제 또는 감형한다.

제12조 무릇 인민 가운데 국토도매사건을 발견하고 관에 신고한 자가 있을 때에는 지방관이 500원 이상 1,000원 이하의 상금을 준다. 단 무고(誣告)·망동(妄動)한 자는 법률에 비추어 논죄한다.

제13조 지방관리 가운데 국토도매사건에 대하여, 명확히 조사하고 제대로 처리한 자에 대해서는 성정부에서 상을 준다.

제14조 본 조례에 불비한 점이 있을 때에는 성정부위원회에서 이의 수정안을 제출한다.

제15조 본 조례는 공포일로부터 이를 실시한다.

○ 국토도매징벌령(國土盜賣懲罰令) 공포 청원. 1929년 10월 28일.

요령성 외교협회는 종래 일본 측이 불량 지나인을 유혹하여 국토를 침략하는 일이 많다고 하고, 10월 22일 성정부에 대하여 다음과 같이 국토도매징벌령 공포를 청원하였다.

일본의 대지(對支) 침략은 동성(東省)에서 가장 적극적이다. 근래 우리 혁명이 성공하고 수약(修約) 시기가 다가오자 끝내 최후의 수단으로 저열한 수단을 취하여, 멋대로 압박을 가하고 심지어 교묘하게 강탈하려고 무뢰한 유민들을 유혹하여 중국의 토지를 강제로 사들여서 상조권(商租權)의 실리를 다지려고 한다. 북녕철로(北寧鐵路)사건의 기원은 무엇일까. 이것은 일본인이 유민을 유인하여 국토를 도매하려고 하는 수순과 다르지 않은 것이다. 생각하건대 외인에게 국토 매도를 금지하는 것은 법률에 명문으로 있고, 국제공법이 승인하는 바이다. 저런 야심을 가진 일본제국주의자는 사나워서 이를 생각하지 않고 유혹하여 강제로 사들이고, 우민(愚民)은 이를 살피지 않고 이익에 눈이 멀어 마침내 국가를 생각하지 않는다. 이리하여 이를 방임하고 제한을 가하지 않으면 '1자를 얻으면 또 1치를 나아가서' 화를 끝없이 끼치게 될 것이다. 사안이 중요하여 소홀히 대할 수 없다. 정부에 간청한다. 신속하게 「도매국토징치조례(盜賣國土懲治條例)」를 공포하여 간민(奸民)을 제거하는 동시에 견습하는 자의 경계로 삼음으로써, 우리 영토를 보전하고 제국주의의 야심을 근절시켜야 한다. 또 간청한다. 조례 공포 전에 신속히 각 현에 공포하여 관서의 증명이 없는 것은 외인과 토지 계약을 할 수 없도록 함으로써 방지하시기 바란다. 삼가 진정(陳情)한다.

○ 가옥의 매매를 제한하다. 1930년 2월.

장백현지사(長白縣知事)는 이주 선인 면장 외 수 명을 현정부에 불러들여 다음과 같은 명령을 시달하였다.

1. 지나 땅에 거주하는 이주 선인의 가옥은 선인 사이에 매매를 할 수 없는 것은 물론이고, 사정에 의해 매각할 때에는 반드시 지나인에게 매도할 것.
2. 올해부터 향후 3개년은 부지(敷地)를 무료로 임대하고, 3개년 후 그 가옥은 현정부의 관유가옥으로 귀속시키는 것으로 한다.
3. 만 3개년 후는 관 소유 가옥으로 귀속시키는 동시에 방수(房數)를 조사하여 1방에 대해 집세로서 당시 집세 비율을 참작하여 10분의 2 정도를 징수한다.

○ 일선인(日鮮人)에 대해 토지저당권 설정 금지. 1930년 3월.

요령성 정부는 토지의 저당에 관하여 다음의 훈령을 발하였다.

각종 부동산권을 멋대로 외국인에게 저당 잡히고, 차관을 하는 자에 대해서는 매국토범(賣國土犯)으로 처단하고, 결코 용서하지 않는다는 뜻을 두세 번 통령하였다. 그런데 근래 남만연선(南滿沿線) 및 봉선(奉線) 부근의 불량민이 일선인의 자본가 단체와 결탁하여 엽랑(葉莨), 첨채(甜菜) 재배를 명분으로 공공연히 부동산을 저당 잡히고 차관하고, 또는 소유 토지를 몰래 저당 잡혀서 차관 용도로 제공하여, 영토주권 등을 생각하지 않는 자가 있다. 일본인이 남만을 침략하려고 하는 것은 이미 하루이틀 일이 아니다. 그런데 일본인은 틈탈 아무런 기회가 없어 백방으로 수단을 강구했지만 하나도 성공하지 못하고 초초해할 때, 교활한 우리

간민(奸民)은 그 중간에서 일본인과 결탁하여 공공연히 일본인에게 틈탈 기회를 주는 자가 있다고 하니 실로 통한을 억누를 수 없다. 그러므로 각 현정부는 부동산을 일선인에게 제공하여 몰래 차관하거나 또는 그 중간에서 이를 매개하는 간민을 엄중히 취체하고, 만약 그 사실이 있는 때에는 신속히 이를 체포하여 엄벌에 처하고 외국인에게 저당 잡힌 부동산은 기한을 붙여 회수하도록 하는 것은 물론이고 최저한도에서 각 주범은 3등 이상 1등 이하의 유기도형(有期徒刑)에 처함으로써 국권을 유지해야 하고, 만일 정실에 따라 이를 비호한 자는 주범과 똑같이 처분하여 결코 용서하지 않는다.

각 해당 현장(縣長)은 소속원을 독려하여 엄중히 취체를 하도록 이에 명령한다.

길림성(吉林省)

○ **일본의 시설에서 복무하면 토지소유권을 박탈할 것이다. 1921년 6월.**
왕청현지사(汪淸縣知事)는 대왕청(大汪淸) 방면을 순시 중에 다음과 같이 말하였다.

지나 영토 내에서 거주하고 국적을 중간에 두고 더구나 토지소유권을 부여받고 있다. 너희들이 만일 일본의 시설에 복종한다면 우리 국정(國政)을 어지럽히는 것이 심할 것이다. 이제 만약 우리가 엄달(嚴達)하는 것에 역행한다면 곧바로 토지소유권을 박탈하고 토지를 몰수하여 국외로 추방할 것이다.

○ **선인(鮮人) 소유의 토지를 회수하기 위해 조사를 명하다. 1924년 3월 13일.**
길림성 외교부에서 함북 경흥 대안의 지나 관아에 통달(通達)한 서면의 내용은 다음과 같다.

종래 국경 두만강 연안 지나 영토 내에는 선내에 거주하는 선인 혹은 일본인의 경작지가 다수이다. 그런데 이는 조약 위반이므로 이 기회에 전부를 지나 정부로 회수할 계획이다. 이에 의해 위 선내에 거주자 소유의 경작지는 평수와 위치, 가격 등을 내사(內査)하여 지급으로 보고해야 한다. 또 종래의 조선인 민회(民會)도 머지않아 폐지시킬 계획이고, 비귀화자에 대해서는 절대로 토지소유권을 인정하지 않을 방침이므로 위 비귀화자의 토지 소유도 동시에 내사, 보고해야 한다.

○ 토지·가옥의 매매와 대차는 증명을 받아야 한다. 1925년 11월.

혼춘현지사(琿春縣知事)는 관내에서 토지·가옥의 매매증명규칙을 다음과 같이 제정하고 공포하였다.

1. 토지·가옥의 매매에 대해 계약을 체결했을 때는 관청의 증명을 받는 것이 필요하다. 그렇게 하지 않으면 그 효력을 발생시키지 않는다.

2. 증명은 매매와 임대차 2종으로 한다. 종마다 2통을 만들고 1통은 당사자에게, 1통은 관청에 보관한다.

3. 증명을 받으려는 자는 그 의무자로부터 본 규칙 제4조, 제5조에 의해 관할 경찰서를 경유하여 본현에 제출해야 한다.

4. 증명을 받으려는 자는 신청서에 소재지, 사표(四標), 평수, 칸수, 대금(代金) 및 당사자 증인, 대서인의 주소와 씨명을 녕기하고, 만약 그 당사자가 귀화자인 경우에는 그 입적증명도 첨부할 것을 요한다.

5. 증명을 받으려는 자는 당사자 쌍방이 관청에 출두하여 증명관리의 조사를 받고, 인위(人違)·타인 명의(名義)의 모용(冒用)·가격의 은닉이 없도록 하고, 아울러 해당 면장의 증명을 휴대할 것을 요한다.

6. 토지·가옥의 매매, 저당 그리고 토지의 임대차 계약에는 무릇 본 현이 정한 용지를 사용하고, 아울러 본 현 경찰관 및 본 면장의 서명과 날인을 받아 소정의 수수료를 납부할 것을 요한다.

7. 해당 경찰관 및 면장은 당사자가 명의 모용자이거나, 기타 부정행위가 있는 경우에는 날인을 거절하고 그 증명을 억류한 뒤에 고발할 수 있다.

8. 해당 경찰관 또는 면장의 당사자가 분명히 타인의 명의를 모용하고 기타 부정행위가 있는 것을 알았음에도 불구하고 이를 은폐한 경우에는, 발각하는 대로 독직죄(瀆職罪)로 논죄한다.

9. 현에서 발매하는 계약용지는 1매에 대양(大洋) 1원(圓)으로 한다. 면장, 경찰관은 증명 경유마다 1매에 대해 수수료 10전(錢)을 납부시킬 것을 요한다. 단 그 비용은 당사자 쌍방이 평균하여 부담하는 것으로 한다.

10. 본 규칙은 발포한 날로부터 시행하고 옛 규칙은 폐지한다.

○ 부동산등기법을 시행하다. 1925년 11월.

화룡현(和龍縣)에서는 일찍이 부동산등기법의 초안을 길림고등심판청(吉林高等審判廳)을 경유하여 사법부(司法部)에서 검토 중인바 그 허가를 얻고, 동현 지사 양배조(楊培祖)는 각 사장(社長) 앞으로 다음과 같이 포고하였다.

부동산 등기라는 것은 원래 인민의 권리를 확정함으로써 분규를 피하려고 하는 것이다. 본 현을 제외하고 길림성 각 현에서는 10여 년 전부터 이를 실행하였다. 그렇지만 본 현은 산간벽지인 관계상 이후 도적의 소굴이 되어 6년간 거의 도적 때문에 괴롭힘을 받았고 더구나 민도가 낮기 때문에 이를 실행할 수 없었다. 근래 인구가 점차 조밀해지고, 중선인(中鮮人)이 잡거하는 관계상 신속히 이를 실행하지 않으면 장래 어떤 분요(紛擾)를 일으킬지 헤아리기 어렵다. 또한 관청은 인민과 함께 고민하지 않을 수 없게 됨에 따라서 이번 사법부의 허가를 얻어 부동산등기법을 제정했으므로, 이제부터 부동산의 소유권·영구소작권·전당권·저당권·임대권에 대해 득실의 변경이 있는 경우에는 모두 본 규정에 의해 등기해야 하고, 종전 미등기인 것은 1926년(民國 15) 6월 말일까지 등기 수속을 완료해야 한다. 만약 은닉하는 자가 있다면 발각하는 대로 본 등기법에 의해 등기료를 징수하는 외에 벌금에 처할 것이고, 본 서는 이를 위해 부동산등기소라는 것을 설치하여 집무해 오고 있으므로 각 계급의 인민은 위 내용을 양해해 주기 바란다.

○ 이주 선인의 조사와 토지 매매 취체. 1926년 8월.

혼춘현지사는, 해마다 이주 선인이 증가하며 모두 경쟁적으로 토지를 소유하고 또는 경작에 종사하려고 함으로써 이에 수반한 폐해를 제거할 필요가 있기도 하여, 관하 각 향장(鄉長)에게 다음의 훈령을 발하였다.

1. 각 향장은 관내 선인 이주자의 증감 상황을 상세히 조사하고 매년 4월 및 11월 말에 2회 보고할 것.

2. 새로운 이주자에 대해서는 이주 전의 거주지 및 생활 상황 등을, 또 현 내에서 다른 곳으로 이주하려는 자에 대해서는 그 이주지를 조사해서 보고할 것.

3. 간지(墾地)의 생활상태, 교육, 직업, 사상 등의 상황에 관해서는 항상 경찰관과 연락, 시찰을 완수하고, 매년 12월까지 보고할 것.

4. 비귀화자의 토지 매수 상황을 올해 10월 말까지 조사해서 보고할 것.

5. 일반 간민에게 토지 매매와 전지(典地) 규칙을 주지시켜서 이를 엄수하게 할 것.

6. 비귀화자 가운데 토지를 구입하려고 하는 자에 대해서는 각 향장이 먼저 본인의 귀화 의사 유무를 확인하고, 이를 가진 자에 대해서는 향장 스스로 보증인이 되고 현서(縣署)가 발급한 임시 귀화장을 부여하고 토지 구입 후 정식 수속을 하게 할 것. 단 유자산자일지라도 귀화의 의지가 없는 자는 타인의 명의를 빌려 토지를 구입할 수 없다.

○ 권업공사(勸業公司)의 토지 매수를 방지하다. 1928년 8월 28일.

산도의 재주민은 일본인 2,000명, 조선인 40만 명, 지나인 9만 명, 계 49만 2,000명이고, 경작지 22만 정보(町步) 가운데 조선인 소유 12만 정보, 지나인은 10만 정보를 가졌다. 이를 전부 조선인의 소유로 옮기기 위해 권업공사가 토지 매수에 착수하고 선인(鮮人)으로 하여금 지나인 지주와 교섭시켜 32건의 매매계약서를 작성하여 18건의 명의를 변경하였을 때, 지나 관헌이 알게 되어 지나인 지주 5명, 조선인 3명이 지나 관헌에 의해 구금되었다. 한편 동 공사가 본 매수는 국가적 사명이라고 칭한 일도 있어서 지나 관헌은 다음과 같이 훈령을 발하였다.

일본인이 종래 조선인을 이용하여 국토 매수를 하는 것은 국토침략주의에서 나온 것이어서 지나는 이를 방지하는 일이 최대의 급무이어야 함은 말할 것도 없다. 그러면 일본의 주구가 되어 국토를 매매하는 조선인을 먼저 국적(國賊)으로 처벌하지 않으면 안 된다. 이번 연길에서 체포된 ○○○도 국적으로 인정하는 동시에 엄중히 처벌해야 할 것이고, 그 관련자의 검거를 신속히 해야 한다. 또 현재 수감 중인 ○○○에 대해서는 벌금을 납부하지 않을 때에는 총살하는 동시에 ○○○에 대한 토지, 가옥, 일체의 소유물을 몰수하고 전말을 보고해야 한다. 또한 단지 이에 그치지 않고 다시 또 이와 같은 사건이 발행한 때에는 시기를 놓치지 말고 곧바로 검거하여 국적을 소탕해서 일본인의 침략 책동을 방지해야 한다. 운운.

○ 귀화 선인의 토지 매수 취체. 1929년 1월 16일.

장작상(張作相) 사령은 일본 측이 비밀리에 귀화 선인을 매수하여 남만주 각 현에서 지나인으로부터 토지를 매수시켜서 침략 정책의 무보(武步)를 진척시키려 하고 있다는 뜻의 보고를 받고, 국토의 옹호 그리고 외교 문제의 발생을 방지하기 위해 엄중한 취체를 요한다고 하고 다음의 훈령을 시달하였다.

1. 무릇 귀화 선인이 토지를 구입하려고 할 때에는 먼저 관할 경단(警團)에 그 취지를 보고해야 한다. 관할 경단은 경관을 파견하여 계약에 입회시키는 동시에, 구입 토지는 확실히 자기 경작용으로 삼고 장래 외인 또는 미입적(未入籍) 선인에게 전매하지 않는다는 서약서를 제출시킨 뒤에 보증인을 세우도록 할 것을 요한다.
1. 또 귀화 선인 가운데 이미 토지를 소유한 자에 대해서는 각 현에서 이를 조사하여 밝히고 수시로 경단으로 하여금 외인 또는 미입적 선인에게 전매하지 않았는지 여부를 사찰시켜야 한다.
1. 무릇 지나인이 토지를 귀화 선인에게 저당(抵當)으로 차입(差入)하고(저당 잡히고) 또는 매도하려는 때에는 매주(買主)로 하여금 전기(前記) 보증서를 제출시키는 동시에 경구(警區)에게 보고해야 한다. 이에 위반한 때에는 계약을 맺고 금전 수수를 완료한 뒤라도 이를 무효로 한다.
1. 무릇 귀화 선인이 거액의 일본 돈으로 토지를 구입하려고 할 때에는 경단이 그 금전의 출처를 심문할 수 있다.
   그 출처를 상세히 명시할 수 없을 때에는 상사에게 보고하여 처치를 따라야 한다.
1. 해당 지방관 및 경단이 본건을 처리하는 경우에는 신중하게 일을 맡고, 만약 지방면(일본 측을 가리킴)의 주의를 야기하여 분요를 발생시키는 일이 없기를 요한다.

○ 비귀화 선인의 토지소유권을 인정하지 않다. 1929년 1월.

화룡현(和龍縣) 경찰 제5구 분소장이 동현 석건평(石建坪)에서 공문을 제시하고 연설하였는데, 그 요지는 다음과 같다.

종래 일본은 선인(鮮人)의 이름을 사용해서 지나 지역에 상당히 광대한 논밭을 매입하고 있는 것은 분명한 사실이다. 이와 같이 일본이 권리 획득에 급급한 상태에 있는 것에 비추어, 이번에 상사(上司)는 공문을 발하여 비귀화 선인에 대해서는 절대로 토지소유권을 인정하지 않는다는 방침을 시달하였다. 또한 봉천, 북평(北平)의 각 도시에서는 목하 일화(日貨) 배척의 소리를 크게 지르고 있으므로 이 기회에 예의 일본 배척에 힘써야 할 것이다.

○ 무뢰 선인이 다액의 자금으로 국토를 매수하면 엄중히 조사해야 한다. 1929년 3월 1일.

길림성 연길 공안국 제1서에서는 선인(鮮人)의 토지 매수를 취체하는 방법에 관해 각 분서에 다음과 같이 훈령하였다.

길림전성(吉林全省) 공안관리처 시찰원의 보고에 의하면, "근래 무뢰한 선인이 어디로부터 다액의 금전을 받아 몰래 우리나라의 토지를 매수하고 있는데, 그 매입가격이 고가이기 때문에 우리나라 농민은 서로 경쟁하여 매각하는 자가 속출하는 상태이다. 이는 주권에 영향을 미칠 뿐만 아니라 중대한 교섭 문제를 야기할 우려가 있다. 운운"이라고 하였다. 이 보고가 사실이라면 장래에 화근을 전하게 되어 실로 한심하지 않을 수 없다. 따라서 관하 일대에 엄중히 조사한 뒤에 확증이 있는 것은 즉시 보고하여 교섭을 편하게 하고 아울러 주권 유지, 영토 보전에 유감이 없도록 해야 한다.

○ 국토도매자(國土盜賣者) 발견에 힘써야 한다. 1929년 5월 23일.

길림성정부(吉林省政府)는 선인(鮮人) 토지매매자의 취체에 관하여 혼춘(琿春) 각 현장(縣長) 앞으로 5월 13일 다음의 훈전(訓電)을 발하였다.

방금 각 방면에서 얻은 소식에 의하면, 연변 일대의 한인이 일본인의 앞잡이가 되어 다액의 자금을 가지고 국토 매점을 하고 있다. 그런데 귀 관할 내는 한토(韓土)와 접양하여 군정(軍政) 남방면(南方面)으로 보아 실로 중요한 지점이므로, 부하를 독려하여 이러한 종류의 국토도매자의 동정을 정밀히 조사하여 발견한 뒤에는 곧바로 체포하여 성정부로 송치하여 처벌하도록 조치해야 한다.

○ 외국인의 토지·가옥 매매, 대차 및 숙박을 취체. 1929년 6월 15일.

돈화현장(敦化縣長) 곽은파(郭恩波)는 길림성정부의 내훈에 기초해 토지·가옥의 매매를 금지하는 방법에 관해 5월 25일 지방향(地方鄕), 사장(社長) 및 유력자 800여 명을 현정부에 소집하고 이것의 취지 및 처벌 사항 등을 엄히 진달하였는데, 이번에도 다음과 같이 외국인취체규칙을 발포하였다.

제1조 본 규칙은 본 현 내에 거주하거나 또는 여행 중인 외국인에게 이를 적용한다.

제2조 본 현 내에 거주하는 중국인이 외국인에게 토지를 매매한 자는 국토(國土) 잠절(潛竊)의 죄에 준하여 처벌한다.

제3조 본 현 내에 거주하는 중국인이 외국인에게 가옥을 대차한 자는 6개월 이하의 징역에 처한다.

제4조 본 현 내에 거주하는 자는 내외인을 불문하고 외국인이 숙박하는 경우가 있을 때에는 사장을 거쳐 경찰기관에 이를 신고해야 한다. 만약 그 의무를 게을리한 때에는 과료 또는 구류에 처한다.

제5조 본 규칙 발포 전 제3조에 해당하는 행위를 한 자는 본 규칙 실시일로부터 3개월 이내에 해약해야 한다.

제6조 중국에 귀화한 외국인은 중국인과 동일하게 간주한다.

제7조 본 규칙은 발포일로부터 효력을 가진다.

○ 토지·가옥의 매매 금지와 입적비(入籍費) 경감 폐지. 1929년 8월 27일.

길림성정부는 귀화 선인의 손을 거쳐 토지·가옥 등이 일반 외국인의 손으로 건너가는 것을 극도로 경계하고 만일 발견했을 때에는 국토도매죄로 엄벌을 과해 왔는데, 7월 하순 동

북정무위원(東北政務委員)의 훈령에 기초해 다시 관하(管下) 각 현장(縣長)에 대하여

　　외국인에게 토지·가옥을 매각하거나 또는 저당 잡히는 것을 엄금했음에도 불구하고, 일반 농민들이 의연히 이 금령을 범하여 몰래 이를 반복하고 있는 것 같다. 이래서는 국토 보전에 지장이 있을 뿐만 아니라 왕왕 국제간의 분요(紛擾)를 배양할 우려가 있으므로, 이후 이들 간사한 무리를 발견한 경우에는 곧바로 사형에 처하고 이를 방조한 탐관오리는 엄중히 처형하여 매국(賣國)의 악풍을 일소해야 한다.

라고 하는 훈령을 발하였다. 그런데 성정부에서는 단순히 본령만으로는 아직 취체의 완벽을 기하기 어렵다고 하고 일면 선인(鮮人) 입적비의 감액을 취소하는 동시에, 다수의 선인이 거주하고 더구나 그들의 손을 거쳐서 토지 및 가옥이 일본인에게 전매될 우려가 가장 농후한 연길(延吉), 혼춘(琿春), 화룡(和龍), 왕청(汪淸), 동녕(東寧), 요하(饒河), 호림(虎林), 밀산(密山), 액목(額穆), 돈화(敦化) 등 10개 현 수뇌자에게 대강 다음과 같이 비밀 훈령을 발하였다.

　　본 싱징부는 변경의 횡무지를 개간하고 원인(遠人)을 회유하는 동시에, 조선인의 다수가 빈곤자인 사실에 비추어 종래 입적비 1명에 대해 길림대양(吉林大洋) 30원(元)의 규정을 특히 3원 4각(角)으로 경감하였다. 그런데 이 감액 우대는 도리어 소기의 목적과 반대로, 선인의 다수는 귀화를 이용하여 토지를 매수하여 이를 일본인에게 전매하고, 또는 겉으로 입적을 가장하고, 의연히 일본 영사관의 보호를 받고, 일본 자본가의 출자로 토지 매수를 꾀하는 자가 적지 않은 것은 각 현장이 종래 누차 보고해 온 바이다. 오늘로서 이를 엄중히 취체하지 않으면, 장래에 후회와 국권의 상실을 초래할 염려가 없다고 할 수 없다. 그러므로 종래 선인 입적 우대 변법은 즉일로 취소하고 오늘로부터 선인의 입적 출원은 일반 외국인과 똑같이 규정에 명시한 대로 30원을 징수하고, 또한 중국의 법률을 준수하고 일본인과 결탁하여 불법 행위를 하지 않겠다는 뜻을 서약시키고 확실한 보증인을 세우도록 해야 한다.

이 외에 간도 용정촌 거주 차두균(車斗均)은 일찍이 동아권업공사의 앞잡이가 되어 토지 매수에 종사하고 있다는 혐의로 체포되어 국자가 지나 심판청에서 심리하여 사형선고를 받

았다는 항설(巷說)이 있다.

○ **거주, 토지 소유 및 각종 영업에 대한 제한 취체. 1929년 10월 5일.**

돈화현장(敦化縣長) 곽은파(郭恩波)는 길돈철도(吉敦鐵道) 개통 이래 동현에 내선인(內鮮人) 기업가의 이주가 점차 증가하고 있음에 비추어, 장래 동 지방 경제계를 지배하게 될 것을 염려하여 8월 20일부로 다음의 취체령(取締令)을 소속 각 기관에 발포(發布)하였다.

제1조 본현 내에서 일본인의 거주는 극력 제한하고 어떠한 방법이든지 불문하고 토지·가옥을 구입할 수 없다.

제2조 본현 내에서 일선인(日鮮人)의 각종 영업 상황 및 유력(遊歷)을 구실로 삼아 우리 경제 상황을 시찰하러 온 일본인 자본가의 행동을 상세히 조사하고 그때마다 보고해야 한다.

제3조 본현 내에 거주하는 선인(鮮人)으로 우리 국적을 취득하고 있지 않은 자는 토지를 구입할 수 없음을 원칙으로 한다.

제4조 본현 내에 거주하는 비귀화 선인으로 토지를 구입하려고 하는 경우에는 미리 현정부(縣政府)의 허가를 받을 것을 요하고, 그 구입하려는 토지의 면적은 제한되어야 한다.

제5조 화인(華人) 또는 선인으로 일본인 자본가로부터 자금을 대출받아 자기의 명의로 토지를 구입하거나 또는 자기 소유의 토지를 일본에게 매도하거나 혹은 저당 잡힌 자는 100원 이상의 벌금형에 처한다.

제6조 화인(華人)으로 철도, 삼림, 광산업 등의 사업을 운영함에 있어서 현정부의 허가 없이 일본인으로부터 자금을 차입하거나 또는 일본인 기술원(技術員)을 사용할 수 없다.

제7조 일본인과 합판(合辦)하여 각종 영업을 하려고 하는 경우에는 미리 현정부의 허가를 받을 것을 요한다. 단 다음 각항에 해당하는 사업은 이를 공동 경영할 수 없다.

1. 광업, 철도업, 어업.

2. 토지·가옥 등의 매매를 목적으로 하는 사업.

3. 일본 상품의 판로를 돕는 사업.

4. 법령에 의해 외인에게 허용되지 않는 사업.

5. 우리 국산품 사용 장려에 불이익을 초래하는 사업.

제8조 본 규칙은 10월 1일부터 시행한다.

제5. 거주에 관한 문제

요령성(遼寧省)

○ 마적(馬賊) 절멸(絶滅)을 기약하기 위해 선인(鮮人)에게 퇴거를 명하다. 1924년 6월.

집안현지사(輯安縣知事)로부터 관하 양모전자(養毛甸子) 보갑(保甲) 제4구(區) 공서(公署)에 대하여 다음과 같이 훈령하였다.

이주 선인은 이 기회에 선내로 철수시켜야 한다. 선인(鮮人) 마적의 횡행은 이주 선인이 있기 때문이고, 근래 선지인(鮮支人) 마적은 시로 연락을 취하여 정예의 무기를 소지하게 되었다. 이는 위험하고 간단치 않은 일이어서 이것의 절멸을 기약하는 데에는 이주 선인을 퇴거시키는 것이 상책이다.

○ 한교(韓僑)의 거주는 국교(國交) 문제를 야기하여 국권을 침해한다. 1927년 2월 27일.

봉천성장(奉天省長)은 각 현에 명하여 종래 지나 땅에는 한교의 이주자가 많기 때문에, 일지(日支) 간의 국교 문제가 빈출했을 뿐만 아니라 국권을 침해하는 일이 심하였다. 이로써 이 기회에 중국 지역에 이주하고 있는 한교를 전부 국외로 추방하도록 다음의 명령을 발하였다.

1. 각 관(官)은 이주 선인을 추방할 특별한 조건이 없으므로 중국에 입적하지 않은 자의 추방책은 각 지주인 지나인로부터 올해 음력 10월 1일로 전부 대차(貸借) 농작지를 취소하고 다른 곳으로 추방할 것이라는 서약서를 징수하고, 기일 내에 실행시키는 것이 상책이다.

2. 위에 위반하여 한교를 은닉하고 농작시키는 자는 엄벌에 처할 것이다.

3. 이 기회에 한교 무적자(無籍者)를 엄밀히 조사하고 수수료 25원[元, 현 대양(大洋)]씩을 징수하고, 중국에 입적·귀화시켜야 한다.

○ 선인(鮮人)의 거주를 제한하려고 하다. 1927년 5월.

지나 관헌의 이주 선인에 대한 제한은 1925년 8월 봉천(奉天)에서의 한교취체협정 이후 심해졌는데, 최근 봉천성 당국에서 동변도(東邊道) 각 현지사(縣知事)에 대하여 어떠한 내훈이 있었던 것 같아 근래 갑자기 이주 선인의 제한이 매우 혹독해졌다. 현재 통화현(通化縣) 및 환인현(桓仁縣)에서도 종래 현(縣) 내의 이주는 자유로웠는데, 최근에는 현 내에서 갑지에서 을지로 이주하는 자에 대해서도 이를 제한하고, 사전에 신고하지 않은 것을 이유로 삼아서 가주(家主) 또는 지주(地主)에 대하여 다액의 벌금을 처할 것이라고 예고하여 그 이주를 저지시키려고 하였다. 이 때문에 가주는 일단 이주하여 안정한 선농에 대해서 퇴거를 다그치고, 선인은 진퇴에 쫓겨서 구조를 원하는 자가 적지 않다. 따라서 현지사에게 그 이유를 질의한바, 지사는 "현 내의 이주는 별도로 제한하지 않지만, 중국인이 외인에게 대가(貸家) 또는 대지(貸地)하는 경우에는 규칙에 의해 미리 신고하여 허가를 받아야 하는데, 이를 하지 않기 때문에 자국인을 처벌하는 형편이고 조선인에게 제한을 가하는 상황이 아니다"라고 밝혔다. 이와 같이 지나인 가주 또는 지주를 압박한 결과는 갑자기 선인의 거주에 위협을 초래하고, 간접적으로 선인의 거주를 제한하게 되었다. 이 때문에 인도적인 입장에서 그 부조리한 점을 간담하며 일단 결말을 보았지만, 원격의 지방에서는 선인으로부터 청원도 없고, 또한 그 결과로 도리어 더욱 관헌의 압박이 가해지는 것을 두려워하여 불이익을 참고 현주지에 머무는 자도 적지 않아서 재주 선인이 극히 불안한 생각에 내몰리고 있다. 특히 최근 임강현(臨江縣)에서 잇달아 귀환해 온 선인의 말에 의하면, 동현에서는 절대로 조선인의 거주를 허락하지 않아서 다년간 거주한 선농도 지나 가주로부터 강제적으로 퇴거를 당하고 다대한 손해를 받아도 호소할 곳이 없어서 어쩔 수 없이 귀환하는 자가 많다고 한다.

이것의 원인을 탐구하자면, 원인(遠因)으로서는 근래 발흥한 국권회복열 때문에 다수 선인의 재주는 장래 화근이 된다고 하고 이를 저지하고 배척하는 데 힘쓰게 된 것이다. 근인(近因)으로는 작년 산동성(山東省) 지방의 기근 때문에 올봄부터 끊이지 않고 계속해서 하층 농민이 이 지방 그리고 더욱이 멀리 무송(撫松), 돈화(敦化) 지방으로 이주하는 자가 많았고, 따라서 선농의 영역에 침입하게 되었던 것이라고 인정된다. 임강현에서의 극단적인 배척은, 최근 동지에 영사분관이 설치되는 것을 기회로 이를 저지하는 수단으로 먼저 선인의 배척을 꾀하는 것이 아닐까라고 생각된다.

○ 거주 및 이거(移居)에 관한 수수료 증징(增徵). 1927년 8월 24일.

함남(咸南) 대안의 지나 땅에서 관헌은 일지협약(日支協約)에 기초하여 이주 선인에게 거주 및 이거 증명서를 배부하고 그때마다 수수료를 징수했는데, 남북전쟁(南北戰爭)으로 봉표(奉票)가 폭락하여 여러 세금과 요금을 증징하게 되자 이들과 균형을 맞추기 위해 거주 및 이거 요금을 증징하기로 하였다.

증서별	구 요금[121]	신 요금
거주증서	1,000	5,000
이거증서	3,000	500

○ 토지·가옥의 대여 금지. 1927년 8월.

봉천성장(奉天省長)이 집안현지사(輯安縣知事) 앞으로 다음의 통첩을 발하였다.

우리나라 안에는 이주 선인 즉 외국인이 다수 거주하기 때문에, 우리나라 내정의 비밀을 누설하고 또한 이들 외인 중에는 일본 관헌과 연락하는 자도 있어서 자주 문제를 야기한다. 그렇지만 이들에게 아무런 이유 없이 퇴거를 명하는 것은 일지(日支) 간에 문제를 야기할지도 모르므로 현지사는 각 촌장으로 하여금 지주에게 이주 선인에게는 토지·가옥 등을 절대로 대여하지 않도록 명하고, 올해 12월까지 모두 정리해야 하고, 만약 지주가 이와 같은 명을 실지하지 않고, 다시 이주 선인에게 토지·가옥을 대여하는 자에 대해서는 엄벌에 처할 것이다.

---

121 자료에 요금의 단위가 적시되지 않았기에 원문대로 실었다.

○ 선인(鮮人)의 이주 저지 방법을 강구해야 한다. 1927년 12월 1일.

봉천성장이 관하 각 현지사에게 다음의 밀훈(密訓)을 발하였다.

이웃나라 선인으로서 성내로 들어온 자가 해마다 격증하고 이 때문에 자국민의 생계를 위협하고 항상 선인과 지인(支人) 사이에 분규가 끊이지 않음에 비추어, 이후 가급적 선인의 이주 저지 방법을 취하여 후환이 없도록 충분한 취체를 철저히 기해야 한다. 또한 현재 이주 선인의 생활 상태를 상세히 조사하여 보고해야 한다.

○ 이주 자격을 한정하다. 1929년 1월.

최근 돈화현지사(敦化縣知事)의 관하 각 구관(區官) 및 상무회장 앞으로 발한 훈령은 다음과 같다.

근래 이주 한민(韓民)이 현저히 증가해서 지금 각처에서 방황하여 생계를 구하고 있다. 본지사는 각종의 방법을 강구하여 그들을 구제하고 있지만 도저히 만족을 기약할 수 없는 상태이다.

그들 피난민은 경지 구입이 불가능하기 때문에 농작할 방법이 없어서 점점 생계 곤란에 빠지고, 이 때문에 각지에서 강도, 절도 등 범죄를 범하게 되어 자연히 현(縣) 내의 치안을 어지럽히고 내정(內政)상에 미치는 영향이 적지 않다. 따라서 본 지사는 한민의 이주를 제한하는 방법에 관해 길림성장에게 청훈(請訓)하였는데, 그 지령에 말하기를 "지금 일본은 남·북만주에서 철도부설권을 획득하려는 시기를 맞이하여, 한민을 무제한으로 거주시키는 것은 우리 민국인(民國人)의 이익을 침해하고 장차 또한 국권을 침략하게 될 것이 분명하기 때문에 이의 거주를 제한해야 한다."라고 하였다. 본 지사는 이에 의하여 다음과 같은 조건 아래에서 한민의 거주를 제한하려고 한다. 여러분은 서로 연락을 긴밀히 하여, 한민의 이주에 대해서는 심심한 주의를 기울이고 충분한 취체 방법을 힘써 행하기를 바란다.

  1. 한민으로 정식의 수속을 거쳐서 민국에 입적한 자는 거주를 허락할 것.
  2. 민국에 5개년 이상 재주하고 자산 3,000원(元) 이상을 가진 자는 지역을 정하여 이주를 허가할 것.

3. 민국인 자산가의 소작인으로 지주가 보증하는 자는 지방에서 정한 보증금을 징수하고
    이주를 허락할 것.

○ 일화(日貨)를 배척하여 자발적 퇴거를 꾀해야 한다. 1929년 1월.

왕청현(汪清縣) 알아하(嘎呀河) 유순대장(游巡隊長) 오양정(吳陽亭)은 유력 지나인들에게 다음과 같이 말하였다.

일본 정부는 해마다 증가하는 인민을 수용하는 데 토지가 좁아서 이의 완화책으로 이민을 장려 중인데, 최근에 이르러 우리 동삼성(東三省)을 매수하려고 계획 중이므로 우리 동포는 이를 크게 배척하지 않으면 안 된다. 이를 위해서는 먼저 일본의 물화를 배척하여 재주 일본인으로 하여금 자발적으로 우리 영토에서 퇴거하도록 하지 않으면 안 된다. 또 일본 관헌의 행동은 엄밀히 감시하는 동시에 외교상의 사항은 대등하게 교섭하여 해결하도록 노력하지 않으면 안 된다.

○ 잡거지(雜居地) 한정 및 차가(借家) 금지. 1929년 2월.

통화현공서(通化縣公署)는 봉천교섭서(奉天交涉署)로부터 다음의 훈령을 받았다.

남북이 통일함으로써 일지조약(日支條約)도 개정되어야 하고, 그 결과 장래 동삼성 중에 철도가 통하지 않는 지방과 상부지(商埠地)가 아닌 지방의 일본 인민은 모두 잡거를 금하고, 종래부터 거주한 일본 상민은 그 차가(借家) 계약 기간의 만료와 동시에 일률적으로 구축하고, 새로 들어온 일본 상민에게는 차가와 잡거를 허가하지 않는다. 또한 일본의 밀접기관(특무기관 등을 가리키는 것 같음)도 법을 만들어 이를 취체해야 한다.

○ 내지 잡거는 영사재판권의 철폐를 전제로 한다. 1929년 5월.

길림전성(吉林全省) 공안관리처에서 다음과 같은 훈령을 발하였다.

외국인이 상부지와 특별히 규정한 지역 외에 함부로 재류하거나 또는 본국인(지나인)이 사

사로이 외국인을 숙박 또는 동거시키는 것은, 내지 잡거와 영사재판권의 관계에서 국제 관례에 용납하지 않는 바이다. 그러므로 내지 잡거를 실행하려면 반드시 먼저 영사재판권을 취소하는 것은 선진국에서 모두 선례가 있다. 대개 영사재판권이 아직 철폐되지 않고 함부로 외국인의 내지 잡거를 허용하는 경우에는 국내의 사법권은 이를 지배할 수 없다. 한편 외국인은 사법권의 구속을 받지 않기 때문에, 하고 싶다고 원했던 바를 하지 않을 수 없게 된다는 것을 피할 수 없다. 게다가 내국인과 외국인이 다투는 사건에 관하여 또한 자주 공평하지 않은 것이 없다고 할 수 없다. 우리나라에는 오늘날 영사재판권이 있어서 아직 철폐되지 않았다. 즉 국내의 상부지와 특별 규정으로 말미암아 외국인의 거주를 윤허한 지역 외에는 모두 내지에 속해서 당연히 외국인의 거주를 허용하지 않는다. 만약 외국인이 사사로이 내지에 거주하면 곧 국제 관례 위반이어서 당연히 취체를 하여 즉시 퇴거시켜야 할 것이다. 그러므로 경찰에서 내지 잡거자를 발견한 경우에는 즉시 상사에 보고하는 동시에 국제 관례와 조약이 규정하는 바에 의해 취급해야 한다.

길림성(吉林省)

○ 외인에게 가옥을 대여해서는 안 된다. 1929년 7월.

길림성 민정청장(民政廳長)은 성 내 각 현지사 앞으로 다음과 같이 비훈(秘訓)한 바가 있고, 다시 혼춘현장(琿春縣長)은 현하 각 경찰기관 및 향사장(鄉社長)에게 이를 전령(轉令)하였다.

연길(延吉) 교섭서장(交涉署長)의 보고에 의하면, 연변 지방에서의 화인(華人) 중에 각 상부지 내에 토지를 소유한 자로서 외국인, 특히 일본인의 이주자가 날마다 불어나려는 모습을 보여서, 눈앞의 작은 이익을 탐해서 외국인에게 대여할 목적으로 가옥을 신축하거나 또는 이를 증개축하는 자가 많다고 한다. 이제 중국이 국가 통일의 대사업이 완성되고, 거국일치로 여러 열강에 대해 이권 회수에 전력을 경주하고 있는 오늘날, 외인의 국내 이주에 편의를 주는 것은 마치 밤에 문호를 열고 도적을 유치하는 것과 마찬가지로 즉 자국의 주권을 유린하는 것이어서, 이를 방임하는 경우에는 외인의 국내로 이주하는 자가 격증하게 될 것이고, 따라서 이들 외인의 우월한 각종 기업적 시설로 인해서 우리 국민의 경제생활 발전을 저해할 것은 논할 것도 없을 것이다. 따라서 각 현 특히 연길, 혼춘, 화룡, 왕청의 각 현장(縣長)은 이후 아래에 기술한 바에 의해서 화인(華人)의 주택 대여 행위에 대한 취체를 엄중히 하고, 이로써 외인의 국내 이주를 방지하는 동시에 지방 주민의 경제 발전을 옹호하도록 배려하기를 바란다.

1. 새로 이주하는 외국인에게는 상부지 내외를 불문하고 주민으로 하여금 절대로 그 주택을 대여하지 않도록 할 것.

2. 화인이 현재 상부지 내 또는 상부지 외에 거주하는 외국인에게 주택을 대여한 것에 대해서는 그 대여 계약 기간의 만료와 동시에 그 주택을 회수하도록 할 것.

3. 화인이 외국인에게 대여할 목적으로 신축 또는 증개축한 가옥은 각 그 현상무회(縣商務會)로 하여금 이를 매수하도록 할 것.

4. 전항의 경우, 가옥 소유자가 매수에 응하지 않을 때에는 강제수단으로써 이를 관철할 것.

5. 각 현장(縣長)은 비밀의 방법에 의해서 그 소속 경찰기관, 향장(鄕長) 등을 통해서 앞의 제1항, 제2항의 취지를 주민 일반에게 철저하게 하도록 할 것.

6. 주민으로 전 제1항, 제2항의 취지를 위반하고, 외국인에게 주택을 대여한 자가 있을 때에는 해당 현장(縣長)은 그 자에 대해 그 대여한 가옥의 시가에 2배 이상에 상당하는 액수의 벌금을 부과할 것.

7. 전항의 경우에 징수한 벌금은 현장이 이를 성정부에 바치는 것으로 한다.

○ 이주 선인의 거주를 제한하다. 1930년 2월 27일.

관전현장(寬甸縣長)은 1월 4일 현내(縣內) 각 공안 분국장 앞으로 현내 이주 선인을 구축하는 방법에 대해 다음과 같이 밀령(密令)을 발하였다. 그런데 2월 10일 평북(平北) 창성군(昌城郡) 청산면(靑山面) 청룡동(靑龍洞) 이학천(李學天)이 가족 3명을 동반하여 홍경현(興京縣) 방면에 이주하려고 관전현 배추밭을 통과하는 중에 동지 촌공소원(村公所員)에게 발견되어 검문을 받았다. 이 때문에 여행의 목적을 답하였는데, 곧바로 촌공소(村公所)에 인치하고 이제 선인의 이주를 허용하지 않으니 빨리 조선 땅으로 돌아가라고 엄히 명령하고 석방한 사실이 있다.

1. 이주 선인에 대해서는 거주 및 생활의 자유를 제한하기 때문에, 종래부터 거주하게 한 구역 외에는 절대로 거주를 허가하지 않을 것.

2. 이주 선인의 출생·사망·혼인·이거의 사건은 신속히 해당 관청에 신고하도록 할 것.

3. 이주 선인으로 선내인과 연락 관계를 유지한 자는 그 이유 여하를 불문하고 경외(境外) 로 방축할 것.

4. 이주 선인이 그 소작지를 지주에게 반환했을 때에는 이를 다시 선인에게 대여하지 않 고, 반드시 중국인에게 소작을 하도록 할 것.

5. 소작인이 다른 곳으로 전거(轉居)하기 위해 그 소작지를 지주에게 반환한 때에는 이를 선인에게 대여하지 않도록 할 것.

○ 새로운 이주자를 거주시킨 면장 및 지주를 처벌하다. 1930년 2월 27일.

환인현(桓仁縣) 이도구하(二道溝河)에 온 지나 관헌들이 최근 지방 유력자 및 백가장(百家 長) 등과 회합하여 선인(鮮人)의 이주 저지에 관해 다음의 결의를 하였다.

1. 새로 이주하는 선인을 거주시킨 백가장 및 지주는 벌금 대양(大洋) 150원(元)에 처한다.

2. 현재 거주하는 이주 선인은 가급적 귀환시킬 것.

○ 거주료(居住料)를 강제로 징수하다. 1930년 2월 27일.

임강현지사(臨江縣知事)는 1월 중순 관하 각 공안 분국장에게 이주 선인 전부를 경외(境外) 로 방축하라는 밀령을 발했기 때문에, 이주 선인은 물론 지나 지주에게도 극도로 공포를 초 래하여 수시로 대책을 강구하는 중이다. 그런데 1월 23일 현공안국(縣公安局) 순장(巡長) 박 도화(朴桃花)는 경사 7명을 데리고 육도구(六道溝), 칠도구(七道溝) 이주 선인 82호(戶)를 방문 하여 "너희들은 2월 5일까지 거주료로 1호마다 봉표(奉票) 36원(元)을 납부하지 않으면 경외 로 방축할 것이다"라고 하여 이를 강제로 징수하였고, 미납자 3호는 1월 26일 장백현(長白 縣) 팔도구(八道溝) 오지로 이전하였다. 한편 지나 관헌은 귀화를 종용하여 지나복 착용을 장 려하고, 귀화요건으로 상당한 자산을 가지고 독립적 생계를 하는 자가 아니면 허가하지 않 는다는 소문이 나고 있다. 그런데 최근에 이르러서는 재차 거주료라고 칭하여 1호마다 대양

(大洋) 120원의 납입 명령을 내리고, 지나 지주도 이것의 납입증서가 없는 자에 대해서는 소작시킬 수 없다고 하여 납입을 독려 중이다. 그래서 동현(同縣) 육도구 거주 선인은 2월 8일 모여서 협의한 결과, 이 기회에 관헌에게 금품을 제공하여 계속해서 거주할 수 있는 허가를 받는 것 외에는 방도가 없으니 1호 평균 대양 100원을 갹출(醵出)하기로 결의하고, 지금 그 돈의 대책을 마련하는 데 부심하는 중이다. 그런데 아직 공안 분국에서는 퇴거의 이유와 그 범위 등을 명시하지 않고 있기 때문에 선인들이 더욱 불안한 상태에 있다.

○ 이주 선인의 구축에 철저를 기하다. 1930년 2월 27일.

임강현장(臨江縣長) 동민서(董敏舒)는 관내를 순시하는 길에 2월 9일 동현 육도구에 도착한 뒤에 곧바로 동지 관민 70여 명을 집합시키고, "이주 선인의 방축에 관해서는 일찍이 공안 분국장을 거쳐 일반에게 그 취지를 주지시켰는데, 그중에는 자기의 이해관계에 따라 불량 선인(鮮人)을 비호하는 자가 있어서 영달(令達)이 철저하지 않은 것이 유감이다. 선인의 방축은 현치(縣治)에서 어쩔 수 없는 것이어서 이에 반하는 자는 엄벌에 처할 것이다."라고 훈시를 하며 일반 관민의 이주 선인 방축에 철저를 기하고 있다.

제6. 압박 사례

교육기관에 대한 압박

연월	지명	사례 개요
1925.3	개원현 (開原縣)	개원현 팔나수(八裸樹) 청하(淸河)서당은 생도 약 40명이 있었는데, 3월 지나 관헌의 선인(鮮人) 교육기관 폐지 명령에 의해 폐교하고, 그 후 철령(鐵嶺) 영사가 교섭한 결과 7월 1일부터 개교하였다. 동현 양목림자(楊木林子)의 보명학교(普明學校)도 마찬가지로 폐교 중인데 같은 시기에 개교하게 되었다.
1925.8	회덕현 (懷德縣)	회덕현 오가자(五家子)에는 이주 선인 500여 명이 있어서 소학교를 설립하여 선인 교사 3명, 생도 60명이 있었다. 그런데 지나 관헌은 지나의 학제에 기초해 중국 교사를 초빙하고, 중국 교과서를 사용하지 않으면 그 존속을 허락하지 않는다고 통첩하여, 일시 부득이 폐교하고 절충한 뒤에 점차 개교하였다. 그러자 다시 지나 관헌이 수업을 금지함에 따라서 종교학교로서 관헌의 간섭을 피하는 것이 상책이라고 논의하고 있다. 위 압박 간섭의 이유로서 불령단(不逞團)의 경영과 관계한 것이기 때문에 폐교를 명한 것이라고 알려지고 있다.

1925.8	유하현 (柳河縣)	지나 관헌이 무장한 채 명신학교(明新學校)에 들어와서 교원을 향해 "본교는 불령선인(不逞鮮人)을 양성하는 학교이고 아동의 부형이 불령선인, 독립단원 등 다수를 차지하고 있으므로 오늘부터 폐교를 명하고 엄중히 취체할 것이다"라고 고지하고, 수업을 중지시키고 아동을 각각 귀가시켰다.
1925.9	흥경현 (興京縣)	선인이 경영하는 소학교에 대해 강제적으로 지나인 교사 1명을 월봉 30원으로 고용하게 했는데, 이번에는 교장도 지나인으로 하고 월급 40원을 지급하도록 명하였다. 그렇지만 이로 인해 비용이 많아져 경비를 염출할 길이 없어 유지가 곤란해졌기 때문에 끝내 해당 지방의 선인 소학교 7곳을 폐지하였다.
1927.6	흥경현	흥경현 교육공소에서 현내 선인 학교에 대해, 이후 교과서는 지나 교과서를 사용할 것, 지나인 교원 2명을 3명으로 증원할 것, 학교의 회계 사무를 지나 측에서 할 것을 통고하였다.
1927.11	간도 (間島)	간도의 지나 관헌은 길림교육연합회 앞으로 '귀화 선인에 대해 특별 교육을 가르치고, 일본 측 경영의 학교를 금지하며, 선인으로 하여금 학교 설립을 금지하도록 할 것' 등을 신청하였다.
1927.11	이통현 (伊通縣)	이통현 쌍유수(雙楡樹)에서는 현리(縣吏)가 출장을 와서 선인으로 지나에 입적한 자의 수, 사립 선인 학교의 상태를 조사하고, 대부분 입적자로써 경영하는 경우에는 각별히 하고 그렇지 않은 경우에는 퇴거시키며, 또 학교도 폐쇄시키려고 10일 간의 유예 기간을 두어 퇴거를 명하였다.
1928.6	화룡현 (和龍縣)	화룡현 삼도구(三道溝)의 선인 경영 사립 진일학교(震一學校)를 화룡현 교육 당국에서 공립학교로 변경하고, 주민에게 부당한 부담금을 할당하여 학생을 통학시키지 않는 경우에는 1인당 40원(圓)씩의 벌금을 부과하며, 그 지방에서 방축하겠다고 협박하고 반대하는 주민 대표 1명을 경찰서에 구금하였다.
1929.2	동녕현 (東寧縣)	중동선(中東線) 팔도하자(八道河子)에서는 선인 자제를 모아서 동흥학교(東興學校)를 경영하고 있는데, 동녕현 한총하(寒葱河) 제4구 경찰분서는 지나 영토 내에서 귀화 선인 자제에게 외국어(일본어)를 가르치는 것은 잘못되었다는 이유로 교장 및 교사를 분서로 호출하여, 이후 일본어 수업을 금하는 뜻을 엄명하였다. 그런데 동교에서는 계속해서 총독부 편찬 교과서에 의해 수업하고 있었기 때문에 한총하 분서는 마침내 교장 허우삼(許禹三), 학감 김인호(金仁浩)를 구금하고 사실상 수업이 불가능한 상태에 빠지게 하였다.
1929.5	유하현	지나 지방관헌은 유하(柳河) 협창학교(協昌學校, 총독부 보조학교로 생도 약 40명)에 대해 폐쇄를 명하고, 만약 준수하지 않는 경우에는 강력하게 폐쇄하겠다는 뜻을 알려 주었다.
1929.5	통화현 (通化縣)	통화현정부는 현내 선인 학교의 폐쇄를 명령했는데, 영사분관 소재지 외의 선인 학교 폐쇄는 용이하지만 통화보통학교는 동지 영사분관의 감독을 받고 있기 때문에 폐쇄가 곤란하여 국민정부의 재명령을 기다리기로 하였다.
1929.5	통화현	나(羅) 통화현지사는 관내 순시 도중에 두도강(頭道江) 및 연자(悁子)에서 선인 서당 정의부 계열의 동명학교(東明學校) 폐쇄를 명령하였다.

1929.6	동녕현	동녕현에서는 재주 선인은 서당[寺小屋]식 학교를 설립하여 보통학교 교과서와 유사한 서적으로 수업을 하였는데, 6월 1일 동녕현지사는 갑자기 각 학교의 폐쇄를 명하고 위 교과서의 사용을 금지했다. 대개 위 교과서를 사용하는 것은 조선 고유의 사상을 배양하는 것이어서 지나의 선인 귀화 정책을 저해하는 것이라고 하여, 장래 지나인 교원으로 하여금 삼민주의 교과서를 배우게 하였다.
1929.6	연길현 (延吉縣)	연길교육국 시찰위원 유길홍(柳吉鴻) 외 1명은 연길현 구수하(九水河) 홍덕자(興德子) 소재 선인 경영의 사립 창흥학교(昌興學校)에 대해 아무런 이유도 제시하지 않고 2주 이내에 폐교하라고 명했다. 그렇지만 동교에서는 이유 없이 폐교 명령에 응하지 않겠다고 하고 의연히 수업을 계속하는 중인데, 6월 22일 갑자기 교장 외 1명이 국자가로 소환되어 그대로 구금되었다. 이 때문에 주도자를 잃은 동교는 자연 어쩔 수 없이 폐쇄하게 되었다.
1929.6	왕청현 (汪淸縣)	왕청현 양수천자(凉水泉子) 소재의 선인 경영 신성학교(新成學校, 보조서당)에 대해 지나 관헌이 삼민주의 교과서 사용을 강요해 온 것을 동교에서 일축하였는데, 승복하지 않으면 강제적으로 실시하겠다고 호언장담하고 돌아갔다.
1929.6	화룡현	화룡현 삼개사(三開社) 호천가(湖泉街) 소재 사립 동호학교(東湖學校)는 현재 생도 약 50명을 가진 총독부 보조서당이다. 6월 상순 동지 역장 모(某) 지나인은 부근 유력자 십수 명을 불러들여 동호학교처럼 일본계 학교를 당지에 두는 것은 일본제국주의의 침략을 더욱더 조장하는 결과가 될 것이므로 신속히 철폐시켜야 한다고 결의하고, 이 뜻을 동교 관리자인 선인 김덕록(金德錄)에게 통지하였다. 그렇지만 본래 응해야 할 이유도 없어 의연 수업을 속행하는 중이었는데, 6월 27일 오후 11시 교원실에서 화재가 발생하여 전소하였다. 사람도 없고 화기(火氣)도 없는 교원실에서 더구나 심야에 발화했다는 것은 상술한 경위도 있어서 이면에 지나 측의 손이 움직이지 않았는가라고 의문시된다.
1929.8	연길현	현길현장 손상건(孫象乾)은 길림성정부(吉林省政府)의 내훈에 기초해 8월 26일 국가자에 있는 간민교육회(墾民敎育會)에 대해 해산을 명하는 동시에 한편으로 동회의 기구와 모든 서류를 압류하였다(간민교육연구회는 종래 지나 측의 의도를 승인하여 행동하고 있던 단체이다).
1930.6	회덕현	회덕현 오가자(五家子) 선인 학교에서는 종래 누차 지나 관헌의 압박을 받아 힘들게 수업을 속행해 왔다. 그런데 작년 봉천교육국에서 선인 학교는 이유 여하를 막론하고 단연코 해산시켜야 한다고 엄명하여, 선농들이 또다시 유지운동을 벌여 지나인 교원 1명을 고용하여 표면으로 지나 학교처럼 꾸미고, 선인 100여 명의 아동을 가르쳐 왔다. 그런데 1930년 봄이 되자 동지 지나인 측에서 "우리들은 자제를 교육할 기관이 없기 때문에 학교를 설립하려고 해도 경비 관계상 실현이 곤란하므로, 귀교에서 공동 수업을 하고 교사, 비품 등은 귀교의 건을 사용하도록 하고, 우리들은 교원 1명을 고용하여 그 비용을 부담하기로 하고 30명의 아동을 등교시킬 수 있기를 바란다"라고 신청하였다. 그런데 선인 측에서 이를 완곡히 거절한 것을 분히 여기고, 선인이 현장(縣長)과 내통하여 의연 학교를 경영하고 있다고 밀고하였다. 이 때문에 현장은 견책당하고 학교는 철폐의 엄명을 받아 백방으로 운동해도 효과가 없어 어쩔 수 없이 폐쇄하게 되었다.

| 1930.6 | 부여현
(扶餘縣) | 길림성 부여현 삼가자(三家子) 소재의 삼흥학교(三興學校)는 창립 이후 이미 10년을 경과했는데, 작년 7월 이후 교직원에게 부정행위가 있어서 지나 관헌에게 고소하는 등의 분쟁을 야기하였다. 그렇지만 현 당국에서는 지나 측 학교에 병합하려고 소속 관리 및 군경을 동교에 파견하여 폭력을 가하고 강제적으로 학교 물품을 마차에 실어서 운반해 갔다. |

귀화 문제에 대한 압박

연월	지명	사례 개요
1925.7	봉성현 (鳳城縣)	봉성현 대보(大堡) 거주 선인 600호, 6,000명에 대해 귀화를 요구하고, 귀화 조건으로 1호당 봉천표(奉天票) 35원(元) 그리고 호주의 사진을 첨부하여 청원하라고 명하였다.
1925.7	봉성현	봉성현 지나 관헌은 거주 선인에 대한 압박 태도가 현저하게 노골적이었는데, 이 원인은 여러 가지가 있지만 불령선인의 취체 협정이 성립했기 때문에 중국 하급 관리는 이를 곡해하여 이 같은 행동을 하고 있는 것 같다. 7월 8일 봉성현 석두성(石頭城) 주재 순사에게 퇴거를 강요하고, 또한 거주 선인 400호, 2,500명에게 귀화를 요구하고 만약 동의하지 않으면 퇴거해야 한다고 명하였다.
1925.7	봉성현	봉성현 행정공서 요원이 석두성 부근에 출장하여 이주 선인을 소집하여, 이번 동삼성에 거주하는 조선인에 대해서는 지나 관헌에서 보호·취체를 하게 되었기 때문에 이주 선인은 이 기회에 지나에 귀화하는 것이 득책이라고 하였다. 귀화 수수료는 봉천표 35원을 요구할 뿐이고 다른 어떤 조건도 없다. 만약 귀화를 좋아하지 않는 자는 급히 퇴거하라고 고지하였다. 위는 미쓰야협약(三矢協約)에 기초한 것 같고, 지나 측에서는 최근 이주 선인의 구축에 애먹고 있는 때에 마침 이 협약을 호기로 삼아서 여러 방법에 의해 거수를 압박하려고 한다.
1925.7	*122	동삼성 관헌은 이주 조선인에 대해 귀화를 강요하고 또한 공공손(公共損)이라고 칭하고 선인(鮮人)에게만 특종의 공과금을 부과하였다.
1925.8	무순현 (撫順縣)	무순현 거주 선인 약 3,000명은 소작농 노동 등에 종사하고 있는데, 최근 지나 관헌이 귀화를 요구하고 아동에게는 지나 학교에 입학을 강제하는 등 강한 압박을 하고 있기 때문에 봉천총영사 앞으로 진정서를 제출하였다.
1925.9	동풍현 (東豐縣)	동풍현 고려묘자(高麗墓子)에서는 귀화를 권하고 토지의 반환, 가옥의 명도 등을 요구하는 관헌의 압박에 견딜 수 없어, 선농 유력자 40명이 집합하여 관계 당국에 향하여 운동을 하려고 계획하였다.
1925.11	심양현 (瀋陽縣)	사령보구(砂嶺保區) 지방은 선인이 다수 거주하고 수전 경작에 종사하는데, 동지 지나 관헌은 "이달 30일까지 거주를 인정하지만 그 후는 퇴거해야 한다. 단 귀화하는 자는 거주를 인정하는데 내년 2월까지 정식 절차를 이루어야 할 것"을 명하고 귀화를 종용하고 있다.

---

122 자료에 공란으로 되어 있어서 원문대로 하였다.

1927.10	동녕현 (東寧縣)	중동선(中東線) 소수분(小綏芬) 관헌은 이주 선인에게 귀화를 요구하고, 이주 선인은 임시 귀화증을 소지하고 있으므로 탄원했지만 들어주지 않았고, 40원(元)을 미리 납입하여 귀화를 신청하지 않으면 추방하겠다고 강요하였다.
1927.11	본계현 (本溪縣)	본계현 안의 선농 약 40호(1,500명)는 지나인과 똑같은 군비를 부담받고 또한 조선어, 조선복을 엄금당하고 귀화를 강요받았다.
1927.11	집안현 (輯安縣)	집안현에서는 11월 10일부터 13일까지 구관(區官)회의를 열고 "선인의 귀화를 권유하고 곡물의 경외 반출을 엄금할 것" 등을 합의하였다.
1927.11	통화현 (通化縣)	통화현 안의 2대 묘구(廟溝) 지나 측 해당 관헌은 동지 거주선인 일동을 소환하고, 올해 안에 귀화·입적하고 의복 그리고 가구류에 이르기까지 지나식으로 고치고 또한 되도록 지나어를 사용하지 않으면 다음해 차가(借家) 갱정 시기인 '음력 2월'에 방축해야 하기 때문에 당장 대답하라고 강요하였다.
1927.11	관전현 (寬甸縣)	관전현의 관헌이 귀화를 장려하고 지나복 착용을 권유하고 있다.
1927.11	길림현 (吉林縣)	길장도(吉長道) 길림현 대둔(大屯) 거주 20호의 귀화를 강요하고 응하지 않는 자에게 폭행을 가하였다.
1927.11	길림현	길림성장은 최근 각 현지사에게 입국 미입적자는 모두 방축하겠다는 밀령을 발하고 각 현에서도 이의 실시에 착수하려고 하고 있기 때문에 이의 대책에 관해 길림 재주 선인은 주민대회를 열고 또한 지나 관헌에게 진정하는 등 크게 힘쓰는 바였다.
1928.5	동녕현	동녕현 지사는 현에 거주하는 비귀화 선인에 대해 올해 6월 17일까지 귀화 절차를 밟지 않는 자는 경지의 대여를 금하고 현 밖으로 방축하겠다는 뜻을 발표하여 그 귀화를 강요하였다.

퇴거 요구의 압박

연월	지명	사례 개요
1921.2	간도 (間島)	지나 관헌은 이번에 일본 관헌에 귀의한 선인(鮮人)이 소유하는 토지 그리고 가옥을 몰수하여 조선 내지(內地)로 구축하고, 또한 지나 학교에 재학 중인 아동을 퇴교시키겠다고 계속해서 공공연히 말하고 있다.
1925.4	집안현 (輯安縣)	집안현 융화보(融和堡) 보갑장(保甲長)의 이주 선인 퇴거 명령에 관한 품의에 대하여, 지사는 "퇴거 명령을 발표한 것은 중대 문제가 되므로 경찰 관헌은 이주 선인 가운데 불량배를 점차 방축하고, 또 한편 일반 이주 선인에 대해 점진적 압박을 가함으로써 저절로 귀선(歸鮮)시키는 방법을 취하는 것이 옳다"라고 하는 뜻을 회시하였다.
1925.4	임강현 (臨江縣)	임강현 지사 유영경(兪榮慶)은 4월 27일부 제88호로 다음의 포고를 발하였다. "임강현 안의 이주 선인은 특별히 지사의 허가를 얻은 자를 제외하고 오늘부터 1개월 이내에 현 내에서 퇴거해야 한다. 만약 본령을 지키지 않는 자는 엄벌에 처할 것이다."

1925.5	심양현 (瀋陽縣)	봉천 서쪽, 사령(沙嶺)의 북쪽 약 2,000미터 지점에 거주하는 선인 부락에 지나 순경 1명이 와서, "3일 이내로 이 땅에서 퇴거해야 한다. 만약 퇴거하지 않으면 우리 관헌이 가옥을 파괴할 것이다"라고 하고 물러갔다. 같은 달 20일 다시 와서, 거주 선인 각 호에 퇴거를 명하고 더욱이 동지의 선인 영신학교(永信學校)의 폐쇄를 명하였다.
1925.5	관전현 (寬甸縣)	관전현 소포석하(小蒲石河)에서 순경국(巡警局) 순관(巡官)이 매일 거주 선인 김경환(金景煥)의 집에 와서 지사의 엄명이라며 하루라도 일찍 귀국하라고 다그쳤다.
1925.6	심양현	심양현 경봉(京奉) 연선의 소작 선농에 대한 지나 관헌의 압박이 날로 심해서, 순경이 거의 매일 선농 가옥에 와서 퇴거를 요구하고, 또 지나 지주는 아직 토지의 반환을 요구하고 있다.
1925.8	본계현 (本溪縣)	본계현 경찰서장은 이달 23일 순경 약 40명을 인솔하고 본계현 상달패구(上達貝溝)로 출장을 가서, 동지에 거주하는 선인 농민 14명을 포박한 뒤에 장기채(張其寨)로 납치하고 기한 안에 퇴거할 것을 명하였다. 그 이유로는 봉천성장 공사의 훈령에 기초한 명령을 전달한 것에 불과하다.
1925.9	본계현	봉천 송도정(松島町) 거주 선인 명제태(明濟泰)가 상조(商租)한 안봉선(安奉線) 석교자(石橋子)의 농장 상조 계약이 분쟁 중이다. 그런데 삼릉위문(三陵衛門) 폐지와 함께 사건이 재정청(財政廳)의 관할이 되었기 때문에, 지나 관헌이 그곳의 거주 선인 약 100호에 대하여 올해 수확 후에는 퇴거하라고 명하였다. 이 때문에 이후 생활난을 격정하여 대표자를 봉천에 파견하여 총영사관에 출두하여 전후 대책을 탄원하였다.
1925.12	임강현	일본 관헌이 월경할 때에는 반드시 국어를 이해하는 이주 선인을 방문하여 교제를 하고, 또한 이들을 이용하여 지나 측의 상황을 정찰하는 것이 보통이다. 이러한 선인을 거주시키는 경우에는 지나 측에 도리어 불이익이므로 이들을 방축하기 위해 조사 중이다.
1926.5	관전현	관전현에서는 선지인(鮮支人) 공동 사업에 관해 선인을 배제했기 때문에 선인 측 자본주 및 노동자에게 폭행 등 분요 사건이 야기되었다. 위 사업이 완성되었을 때에는 소작권(小作權)과 수리권(水利權)이 선인의 손으로 돌아가게 되어서, 이를 기쁘게 여기지 않는 지나 측 관계 지주의 일부는 본 공사를 지나인의 손으로만 하도록 하고 실업청에 반대운동을 하였다. 그 결과 선인 노동자에게 갑자기 공사를 중지하고 즉시 퇴거하도록 하여, 총 혹은 곤봉 등으로 구타·협박했을 뿐만 아니라 각 숙소에 이르러 부녀자들에 대해서도 이와 똑같이 퇴거를 다그치며 구타하였다.
1926.6	신민현 (新民縣)	신민현 동공태보자(東公太堡子)에서는 봉곽전(奉郭戰) 당시에 전비 부담을 거절한 것을 원망하여, 지나 순경 등이 상관의 명이라고 칭하고 거주 선인으로서 교거증서(僑居證書)를 소지하지 않은 자 모두를 지방 지주에 명하여 옥외로 내쫓고 옥내의 기구를 파괴하고 또는 경작을 방해하는 등 불법적 박해를 가하여 퇴거를 강요하여, 어쩔 수 없이 야외에서 수수 줄기 등으로 덮을 것을 급조하여 비와 이슬을 견뎌 내고 있다.
1927.1	본계현, 흥경현 (興京縣)	본계현, 흥경현 계태구(界太溝) 이주 선인 16명은 지나 관헌으로부터 지사의 명이라고 하며 퇴거의 명령을 받았기 때문에, ■의 매각시기까지 연기해 주기를 바란다고 탄원했지만 받아들여지지 않았고, 폭력으로 어쩔 수 없이 퇴거당하여 무순(撫順) 방면으로 향하였다.

1927.1	무순현 (撫順縣)	부순현 전전자(前甸子) 보갑(保甲)대원 및 지나 측 촌장은 거주선인 33명에 대해 봉소양(奉小洋) 430원(元)의 납입을 명하고, 응하지 않으면 퇴거를 명한다고 언도하였다.
1927.1	본계현	본계현 상사붕(上寺棚) 거주 선인 집에 순경 3명이 와서 1박 한 뒤에 동지 선인 12호에 퇴거를 강요하기에 소양(小洋) 40원을 차출하고 묵인해 주기를 요구하였는데 이를 수령하고 물러갔다.
1927.2	통화현 (通化縣)	통화현 육도구(六道溝) 거주 최락(崔洛)은 아내 황씨(黃氏)가 남아를 분만했지만 신고를 태만히 하였기 때문에, 동지 촌장은 호구조사 시에 이 사실을 발견하고 촌공소(村公所)에 소환하여 한교취체변법(韓僑取締辨法)을 위반했다고 해서 방축 명령을 발하였는데, 본인이 거주 용인을 재삼 애원했는데도 몹시 구타당하여 끝내 죽고 말았다.
1927.2	관전현	의주군(義州郡) 백규명(白圭明) 외 5명은 대안 관전현 화수전자(樺樹甸子)에 도항하여 토지 약 40정보의 개간 계약을 지나인 지주와 체결하여 이에 착수하고 순조롭게 진척하고 있었다. 동계가 되어 사업을 중지하고 선내(鮮內)로 철수하고 올봄에 다시 사업 계속을 위해 입국하려고 했는데, 지나 관헌은 이의 입국을 허가하지 않고 또한 선인의 이주 그리고 수전사업은 이제부터 허가하지 않는다고 말하였다.
1927.3	본계현	본계현 달구구(達具溝)에서는 1921년 이후 토지 분쟁 문제가 해결되지 않고, 올해 파종기에 또다시 문제가 야기되어 지나 측은 선인취체규정에 의해 퇴거를 명했지만, 이를 수긍하지 않았기 때문에 지나 관경이 위협적으로 발포하여 선인 1명이 중상을 입게 되었다.
1927.3	요양현 (遼陽縣)	봉천성 요양현에서는 안산(鞍山) 동립리(東立里) 첨수참(甛水站)에서 1925년 이후 수전 18정보를 경작 중인 조선인 60, 70명에 대해 퇴거를 명하였다.
1927.4	개평현 (蓋平縣)	대석교(大石橋) 권업공사(勸業公司)에서 선농의 주택을 건축 중인데, 동지 지나 관헌이 지나인 부민(部民)을 선동하여 이를 파괴하고, 순경 4명이 대석교에 와서 퇴거를 명하고 소작인을 난타하고 발포하였다.
1927.4	청원현 (淸源縣)	청원현 지나 관헌은 이주 선인 100여 호에 대해 매일같이 퇴거를 명했기 때문에 각 호에서 돈을 추렴하여 1,000여 원(元)을 지사에게 주었다.
1927.5	통화현 (通化縣) 환인현 (桓仁縣)	통화현과 환인현 당국은 새로운 선인 이주자는 물론이고 전거(轉居)하는 경우에 전거하는 곳의 가주 등에게 벌금을 부과하기 때문에, 지나인은 퇴거를 요구하고 선인들은 매우 곤란하여 통화 분관(分館)에 보호를 신청한 자가 많다.
1927.5	임강현 (臨江縣)	임강현 지나 관헌은 모아산(帽兒山) 분관 설립 문제 이후 선인을 심하게 압박하고, 퇴거하지 않는 자에 대해서는 폭행 등을 하여 어쩔 수 없이 전거(轉居)한 자가 500, 600명이 되어 보통 곤란한 것이 아니다.
1927.6	임강현	임강현 팔도구(八道溝) 선인 약 60호에 대해 교거증서(僑居證書)의 유무에 상관없이 무장 보갑(保甲) 병사를 파견하여 폭행을 가하고 퇴거를 다그쳤기 때문에 피해 선인이 대표자를 통화 분관에 보내 사정을 진술하였다.

1927.9	신민현	신민현 관헌이 지나인 가주에 대하여 선인을 추방하지 않으면 엄벌에 처한다고 명령하였다.
1927.9	신민현	신민현 공태보(公太堡)에서 지나 순경이 조선인에게 주택을 대여한 지나인을 조사하여 음력 9월 1일 기한으로 조선인을 퇴거시키도록 하고, 이를 위반한 자는 상당한 처벌을 할 것이라고 전달(傳達)하였다.
1927.9	관전현	관전현 추과벽(秋果碧) 분주소에서는 조선인 8명에 대해 아무런 이유도 없이 퇴거를 명했기 때문에 동인들은 수확 완료 시까지 연기해 줄 것을 요구하여 간신히 허락을 받았다.
1927.10	임강현	임강현 경찰에서는 각구(各區) 보갑(保甲) 사무소에 명하여 도만(渡滿) 연월일, 소작 천지수(天地數), 수확고, 가족 전부에 대한 지나복 착용 승낙서의 제출을 강요하게 하고, 이에 응하지 않는 자는 추방하고, 응하는 자는 1년간 유력 지나인의 보증을 얻어 머물 것을 허락하도록 하였다.
1927.10	신민현	신민현에서 선인 유력자 2명을 소환하여 봉천성장의 명이라고 하며, 조선인은 10월 26일 기한으로 퇴거해야 하고, 만약 이를 위반한 때에는 처벌하겠다는 뜻을 선언하였다.
1927.10	관전현	동변도(東邊道) 관전현 관헌은 나권전자(羅圈甸子) 지방의 거주 선인 11호에 대해 소위 교거증명이 없음을 이유로 퇴거를 압박하였다.
1927.10	안동현 (安東縣)	동변도 안동현 삼도랑두(三道浪頭) 구관(區官)은 각 선인 가옥에 순경을 보내, 급히 서둘러 소작 기간을 만료하였다. 따라서 곧바로 퇴거해야 한다고 엄명하였다.
1927.11	액목현 (額穆縣)	액목현의 거주 선인 200호에 대해 12월 20일 기한으로 거주 금지를 명하였다.
1927.11	신민현	신민현의 평안보(平安堡) 경찰서 순포(巡捕) 1명이 거주 선인에게 가옥을 대부한 왕(王) 모 외 5명의 지나인을 인치하고, 선인에게 가옥을 대여한 것이 괘씸하다면서 봉표(奉票) 30원(元)의 벌금을 매겼다. 그런데 다시 15일 저녁 홍릉보(興隆堡) 보갑단원 상(尙)과 왕(王) 두 사람이 선인 이(李) 모 집에 와서, 동인이 부재 중이자 장남(17세)에게 경찰이 두세 번 퇴거를 명했는데 듣지 않으니 괘씸하다면서 즉시 퇴거하라고 압박하였다. 두 사람은 이(李)가 반항하자 폭행을 가하고 납치하려고 했으며, 이 때문에 이를 제지한 모친에게도 똑같이 폭행을 가하고 중상을 입히고 돌아갔다.
1927.11	쌍양현 (雙陽縣)	쌍양현에서는 지사의 명이 그치지 않고, 동지에 거주하는 선인 농가 15호에 대해 지주가 스스로 마차를 사들여 가족 및 가재도구 전부를 실어서 장춘으로 보냈다.
1927.11	길림현 (吉林縣)	길림 당국의 관리가 성성(省城)에서 약 1리(里) 밖의 소백산(小白山) 기슭에 거주하는 선인 부락에 와서, 당국의 명이라며 입적증서의 유무를 조사하였다. 거주 선인 2호 중에 1호는 입적증서를 소지하지 않았기 때문에 15일 이내로 퇴거하라고 엄명하였다.
1927.11	신민현	신민현 평안보 경찰서원이 거주 선인에게 가옥을 대부한 지나인을 강박하여, 선인에게 가옥을 대여하지 말라고 엄명한 뒤에 차가(借家) 선인 남녀 2명에게 폭행을 가하고 중상을 입혔다.

1927.11	무순현 (撫順縣)	지나 관헌은 무순 천금채(千金寨)의 거주 선인에게 퇴거를 명하고, 이에 불복하면 1원(圓)의 벌금을 내야 한다고 엄달하였다.
1927.11	법고현 (法庫縣)	법고현 법고문(法庫門) 순경은 11월 16일 동지 선인 8호 34명에 대해, 1주간 이내로 현 밖으로 퇴거하라고 엄명하였다.
1927.11	창도현 (昌圖縣)	창도현 팔면성(八面城) 순경국은 11월 24일 거주 선인에게 퇴거를 압박하였다.
1927.11	관전현	관전현 나권전자(羅圈甸子) 선인은 지나 관헌의 압박이 심하고 퇴거를 명받았기 때문에 거주할 집도 없이 혹한을 맞이하게 되어 지나 관헌에게 탄원해도 효험이 없으므로, 진정서를 작성해서 안동(安東) 영사에 제출하였다.
1927.12	장춘현 (長春縣)	길림성 장춘현의 장춘 근방 여러 부락[쌍유수(雙楡樹), 범구자(凡溝子), 신개하(新開河) 및 장가둔(張家屯)]의 수전 선농 9호 47명은, 지나 관헌에게 갑자기 추방당했기 때문에 이 달 7일 장춘 조선인 민회를 통해서 장춘 영사관에 구제방법을 청원하였다.
1929.2	관전현	관전현 영전하구(永甸河口) 경찰분주소 순경은 이주 선인에 대하여 퇴거를 요구하며 다음과 같이 말하였다. "종래 이주 선인은 피압박 민족으로서 보호를 가해 왔다. 그런데 이들 선인이 선지(鮮地)에 출입할 때 지나 관헌의 동정을 일본 관헌에게 내통하는 자가 증가하였다. 우리 관헌의 비밀을 누설하는 자는 당연 추방하지 않으면 안 된다." "조선인도 일본인이다. 지금처럼 일지(日支) 국교가 극도로 분리되어 있을 때 재지(在支) 선인을 보호할 필요가 없다. 일본은 영토는 협소한데 인구가 많기 때문에 어쩔 수 없이 우리 지나로 건너와서 소작에 종사하는 자가 해마다 증가해 왔다. 우리 정부에서 장래 일본처럼 토지 협소를 고할 우려가 있으므로 이주 선인은 방축되지 않으면 안 된다."
1929.5	임강현	임강현 정부에서는 5월 중순 이주 선인 일반에 대해 퇴거를 압박했는데, 동지 선인들이 이미 파종을 마친 때라서 매우 낭패하여 대표자를 보내 훈(薰) 현장과 면회하여 완화운동을 시도한바, (1) 지나복을 입을 것. (2) 가옥을 지나식으로 개조할 것. (3) 점차 귀화할 것 등을 조건으로 삼고 거주를 허용하였다.
1929.6	집안현	평안북도 위원군(渭原郡) 김흥선(金興鮮) 외 3명은 6월 18일 집안현 상화보(祥和堡) 추피구(楸皮溝)로 이주하여 지나인의 소작에 종사 중이다. 이에 공안 제5분소장 해건장(解建章)은 본인의 거주 허락 여부에 관해 현정부에서 검토했는데, 현정부는 9월 28일 거주를 거주를 불허하고 퇴거를 명해야 한다는 뜻을 지령하였다.

차지(借地) 및 소작 계약에 관한 것

연월	지명	사례 개요
1925.4	임강현 (臨江縣)	임강현지사가 일찍이 자주 및 소작인 간에 초전(招佃)계약서를 교환하게 하고, 소작 연한을 5개년 1기로 정했는데, 4월 20일 포고를 발하여 이전 계약을 철폐하고 6개월을 1기로 변경하고, 소작인(이주 선인)에게 수속비로 은화 20전을 곁들여 지사공서에 청원하라고 훈령하고, 위 수속의 이행을 게을리한 자는 신속히 퇴거를 명할 것이라고 덧붙였다. 그리하여 이후 해당 포고를 이행하지 않고 수속을 게을리한 이주 선인 김진하(金鎭河) 외 6명을 4월 27일 임강현지사공서에 인치하여 벌금 각 300원(圓)에 처하고, 만약 완납할 수 없을 때에는 체형(體刑)에 처한 뒤에 퇴거시키겠다고 선언하였다.
1925.8	회덕현 (懷德縣)	지나 관헌의 선농 압박은 나날이 농후해지고, 심지어는 수년간 고심한 결과 점점 기초를 쌓고 있는 양민을 불령선인이라고 칭하고, 수전을 몰수하고 거주를 거부하여 매우 생활을 위협하였다.
1925.9	개원현 (開原縣)	개원현 중고역(中固驛) 서북쪽에 있는 수전은 올해도 평년작으로 350지석(支石) 이상의 수확을 보였다고 하는데, 이번 동지 지나인 지주는 선인이 수전사업에 유리한 것에 착목하여 계약 기간이 아직 종료하지 않았는데 토지 반환을 압박하였다. 그 이유는 수전 경영을 위해 개설한 수로가 인근의 전작(畑作)을 해친다는 것이다.
1926.5	흥경현 (興京縣)	지나 관민은 거주선인에게 토지의 대여를 거부하고 퇴거를 다그치며 혹은 폭행을 하는 등 압박이 심하기 때문에, 북만 지방으로 이주하는 자가 속출하는 상황이다. 그런데 잔류 선인들은 단결해서 소작권을 방기(放棄)하기로 하고 최후 결심을 하여 지나 측 관민에게 맞서 반항적 태도를 보였는데, 그들 지나관민도 수전사업은 선인이 필요가 없다고 하여 점차 완화되었다.
1927.3	해룡현 (海龍縣)	해룡현 지사는 제7구장에 대하여, "선인에 대한 소작 계약을 고용 계약으로 고쳐서 분규를 미연에 방지하고, 장차 소작 계약의 사실이 발각된 경우에는 엄벌한다"라는 뜻을 비밀리에 훈령하였다.
1927.4	복현 (復縣)	복현지사가 조선인이 연초(煙草)를 제작하고 있는 차지(借地)를 회수하기 위해 지나인 지주를 압박하여 해당 계약을 해제시켰다. 또 와방점(瓦房店) 동쪽 3리 지점에서 선인 2명이 황무지 15정보를 300원(圓)에 빌려서 수전을 경작 중인데, 지사가 선인을 구류 8일에 처하고 그 계약을 해제시킨 뒤에 방축하였다.
1927.7	안동현 (安東縣)	안동현 삼도랑두(三道浪頭) 선인 소유 수전 약 40정보를 지나인에게 매수시켜서 선인 소작인에게 무법의 소작료를 요구하여 이들을 구축하려고 계획하고 있다.
1927.9	관전현 (寬甸縣)	관전현에서는 선인이 경작 중인 지나인 소유지를 올해 수확 완료기까지 전부 회수하도록 명하였다.
1927.10	휘남현 (輝南縣)	휘남현 지나 관헌은 봉천성장의 명에 의해 음력 올해 안으로 토지 대차 계약을 파기해야 한다고 엄달함에 따라서, 선인 농민이 힘들고 고되게 개간한 전지도 전부 조건 없이 지나인에게 반환해야만 하는 어려운 상황에 빠졌다.

1927.11	영구현 (營口縣)	영구현 전장대(田庄臺) 부근에서는 최근 또다시 지나 관헌은 지주 및 가주를 협박하여 만일 선인에게 토지·가옥을 대여하는 자가 있다면 엄벌에 처하겠다고 강요하였기 때문에, 지나 농민이 어쩔 수 없이 선인에게 퇴거를 다그치고 있다.
1927.11	신민현 (新民縣)	봉천 부속지에 사무소를 가진 민천공사(民天公司, 조선인 경영회사)는 신민현 제3구에서 5개년간의 소작 계약을 하고 3개년 동안 무사히 경영해 왔고, 이번에 이듬해 소작료를 지주에게 지급하려고 했는데, 지주들이 "선인은 머지않아 추방할 것이다"라고 하며 소작료의 수취를 거절하였다.
1928.5	환인현 (桓仁縣)	환인현에서는 지난번 봉천성장의 명이라며 현(縣) 내 각 구(區)에 통령(通令)하여 재주 선농 전부의 소작 계약을 고용 계약으로 고치라는 뜻을 명하고, 따르지 않는 자는 곧바로 퇴거시키라고 위협하였다.
1928.7	집안현 (輯安縣)	지나 지주 대 선인 소작인 간의 소작 계약은 이미 일정한 기간을 계약한 것인데, 기한 내에 사고를 만들어서 소작료를 증액하고 또는 불법으로 전거(轉居)를 강요하고 학대한다.
1929.5	통화현 (通化縣)	통화 지방에서는 선인에 대한 차지 계약을 한창 파기하기 때문에, 어쩔 수 없이 경지를 구하러 다른 곳으로 이전하려면 관헌이 인근 마을로의 이전을 인정하지 않고 모두 연선(沿線)으로 방축하고 있다.
1930.3	통화현	통화현 제4구 재주 선인의 선농 30호는 경지 계약 기간의 만료를 이유로 토지를 회수 당하고, 대개 어쩔 수 없이 타 지방으로 이주하게 되었다.
1930.4	봉성현 (鳳城縣)	봉성현 대보(大堡)에서는 선농 50여 호가 재주하고 200천지(天地)의 토지를 소작해 왔는데, 올해는 갑자기 현정부의 명령이라면서 소작 계약을 거절하고 퇴거를 강요하기에 이르렀다.

차옥(借屋)에 관한 압박

연월	지명	사례 개요
1928.7	심양현 (瀋陽縣)	봉천 서탑(西塔)에서는 시기를 엿보아 선인에 대해 가임(家賃)을 인상하려 하고, 관헌과 함께 상무총회(商務總會)를 움직여 일본인 소유의 가옥을 매수하여 선인에게 대여하지 않도록 해야 한다고 운동하고 있다.
1928.8	심양현	거주 선인이 다른 곳에 이전하여 빈집이 되었으므로 다시 선인이 대여 방안을 교섭했지만, 지나인 가주가 이후 가옥을 선인에게 대여하지 않는다며 말을 듣지 않고 가령 빈집이 되었다고 해도 선인에게는 절대로 대여하기 어렵다고 하였다.
1929.5	통화현	통화현 성 내에서 주재하는 무관 나카시마(中島) 소좌를 비롯해, 이미 십수 년간 동지에 거주하고 지나 측 유력자와 각별한 교분을 가진 재봉천 광제당(廣濟堂) 통화지점 주인과 같은 자에 대해서도 가주를 부추겨서 가옥의 명도를 요구하도록 하였다.

연월	지명	사례 개요
1929.9	집안현	집안현 고자동(蒿子洞) 이주 선인 이(李) 모는 가옥을 건축했는데, 동지 지나 촌장이 "너희들 이주 선인은 중국 영토에서 생활의 근거지를 구축하는 것은 국법이 금하는 바이기 때문에 곧바로 철퇴해야 한다"라고 엄명하고, 끝내 신축 중인 가옥을 어쩔 수 없이 그대로 방치하게 되었다.

공과(公課), 기타에 관한 압박

연월	지명	사례 개요
1921.1	간도 (間島)	합수평(合水坪)에서 순사 3명, 민병(民兵) 2명이 안산(安山)에 와서 동민을 모으고, "작년에 한국독립단이라는 것이 간도에 근거한 이래로, 일지(日支) 양국 간에 국제 문제를 야기하고 요즘 점차 양자 교섭이 빈번해졌기 때문에 왕청현처럼 막대한 비용이 필요하여 재정이 매우 곤란에 빠지게 되었다. 따라서 세금 등은 종래의 액수를 유지할 수 없으므로 전세(畑稅) 1일 요금[日料]이 반년에 3원(圓)이던 것을 6원으로, 호세(戶稅) 1호에 대해 반년에 2원이던 것을 4원으로 증액하고, 기타 우거세(牛車稅)로서 1대에 대해 1개월에 6원을 징수하기로 하고, 또한 순라(巡邏)할 때에는 청결검사를 시행하고 불합격한 자에게는 10원씩의 벌금을 징수하기로 했다"라고 고하였다. 또한 당일 안산동 거주 선인 최(崔) 모에게 청결하지 못했다는 이유로 10원의 제공을 압박하여 5원을 강취하여 어디론가 물러갔다.
1921.2	장백현 (長白縣)	장백현 십삼도구(十三道溝) 순경국(巡警局)에서 각 리(里)의 구장(區長)을 소집하여 회의를 했는데 상황은 다음과 같다. 십삼도구에 상근하는 순경은 인원이 소수이기 때문에 선지(鮮地)에서 침입하는 자에 대한 취체가 충분하지 못하다. 그러므로 이제 10명을 증원하고 증원 순경의 봉급[1개월 18원(圓)씩]은 전부 이주 선인이 부담한다. 지나 땅 서주 선인은 물품 구입을 위해 선지로 왕복할 수 없고 선지에서 물품의 수입을 금한다. 이를 위반하는 자는 원가의 10배의 벌금을 문다.
1925.8	임강현 (臨江縣)	임강현 모자산(帽子山) 시가지에 거주를 거부한 이후 잔류자가 겨우 100여 명에 불과하였다. 그렇지만 관헌의 간섭이 뜸해짐에 따라서 점차 돌아오는 자가 증가하고 당국의 무법(無法)한 취체를 피하기 위해서 끊임없이 관헌의 기색을 살피고 있다. 이를 기회로 삼아 가옥세, 도로세 등 여러 가지 명목 아래 가세(苛稅)를 부과하고 있고, 또 관공서의 청소 인부는 지나인 노동자의 반액 25전을 지급하는 데 불과하다.
1927.1	무순현 (撫順縣)	무순부(撫順府) 전전자(前甸子) 보갑대원 및 지나 측 촌장은 거주 선인 33명에 대해, 봉소양(奉小洋) 430원(元)의 납입을 명하고, 따르지 않으면 퇴거를 명한다고 선언하였다.
1927.3	환인현 통화현	봉표(奉票)의 폭락으로 인해 재정이 궁핍해진 통화, 환인의 지나 관헌은 이에 대한 보충비로서 선농에게 과중한 벌금을 강요하기로 하였다.
1927.4	개원현 (開原縣)	개원현 입과자(入棵子) 지나 관헌이 새로 이주한 선인에 대해 100원(元)의 벌금을 징수하는 규칙을 만들어 시행하려고 했지만 선농이 따르지 않자, 해당 명령에 복종하지 않는 자는 퇴거하겠다고 하며 신이주자에게 80원, 종래의 거주자에게 40원을 징수하였다.

1927.9	*123	봉천성 오가임(吳家荏)에서는 아래의 명목에 의해 징세를 강요하였다. 거주세(居住稅) 1호에 대해 대양(大洋) 1원(元) 2각(角) 전거세(轉居稅) 1호에 대해 봉표(奉票) 3원(元)
1927.11	집안현 (輯安縣)	집안현의 선인은 구관(區官)회의 시에 전부 방축할 것이라고 했지만, 반발이 컸기 때문에 다액의 과세를 부담시키고 거주를 허가하기로 하였다.
1927.11	길림현 (吉林縣)	길림현 대람둔(大攬屯) 선인 10호에 대해 1인 20원(元)씩의 귀화 수수료 납부를 강요하였다.
1927.11	봉천성장	봉천성장(奉天省長)이 이제 새로 이주하는 선인에게 과중한 세금을 징수하고 경제적 압박을 실시하기 위해 논의 중이다.
1929.1	관전현 (寬甸縣)	관전현(寬甸縣)의 선인호(鮮人戶) 연표금(捐票金)은 예년 평균 1호(戶) 1원(圓) 20전(錢)을 납부했는데, 지사는 갑자기 대양은(大洋銀) 갑 4원, 을 3원, 병 4원의 증액을 명하고, 추과벽(秋果碧) 이주 선인 68명은 관헌에게 공문 제시를 구했지만 이를 허용하지 않고, 명에 따르지 않을 때에는 국외로 방축하겠다고 협박하였다.
1929.1	집안현	집안현 외분구(外岔溝) 세손징수국(稅損徵收局)에서는 신임 국장의 착임 이후 세무(稅務)를 정확히 실시하겠다면서, 오지에서 외분구로 반출하는 곡물과 기타에 대해 빠짐없이 세금을 부과·징수하고 또 우마(牛馬) 1두(頭)에 대해 최하 양전(洋錢) 35원(圓) 이상의 세금을 징수하고 있다. 하지만 관헌이 선지인(鮮支人)을 차별하여 지나인에게는 이를 묵인하여 불공평한 조치를 취하고 있다.
1929.2	통화현 (通化縣)	통화현 오도구(五道溝)에서는 마적의 출몰이 횡행하고 빈번하기 때문에 이를 토벌하러 출동했는데, 식량과 기타 모든 비용을 일반 주민에게 할당하여 이주 선인 17호에 2, 3회에 걸쳐서 봉표(奉票) 2만 원을 징수하였다. 이 때문에 농작물의 식부(植付)에 어려움을 초래하여 이대로 재류하는 것은 생계가 더욱 궁박해지므로 영사분관에 진정하려고 했는데, 지나인 지주가 해당 징수를 수긍하지 않는 경우에는 다른 곳으로 이주해야 한다고 압박하는 태도로 나와서 어쩔 수 없이 선내 귀환을 결행하고 있다.
1929.2	관전현	관전현 소황구(小荒溝) 촌공소(村公所)에서 대평초(大平哨) 구관(區官)이라는 자가 와서 이주 선인을 소집하고 관비(官費)가 부족하여 관리의 급료를 지급할 수 없기에 의연금으로 소양(小洋) 갑 4원(圓) 20전(錢), 을 3원 7전, 병 2원 5전의 비율로 급히 납부하라고 명하였다. 이 때문에 생활이 곤란하다는 이유로 애원하니 평균 2원 50전씩 납부하기로 하였다.
1929.11	집안현	집안현 고자동(藁子洞) 지방에서는 종래 이주 선인 1호에 대해 문패세(門牌稅) 13전씩을 징수하였다. 1921년부터 2원 90전을 징수했는데 또 11월부터는 1호에 7원 70전으로 증세할 것이라고 일반 이주자에게 예고하였다.

---

123 자료에 공란으로 되어 있어서 원문대로 하였다.

1925.1	집안현	집안현 충화보(沖和堡) 제3구 보갑소(保甲所)에서는 지사의 명에 의해 이주 선인 천가장(千家長), 백가장(百家長)을 소집하여 군비금(軍備金) 및 봉직전(奉直戰) 사상자의 유족에 하사할 구휼금(救恤金)의 징수에 대해 협의했는데, 이주 선인 농가 1,300여 호에 대해 1등 4원, 2등 3원, 3등 2원의 비율로 4,400여 원을 5일 이내로 납부하라고 명하였다.
1925.11	심양현 (瀋陽縣)	심양현 오가황(吳家荒) 대양가자(大洋家子) 거주 선농 11호에 대해 전시세(戰時稅)로서 소양(小洋) 70원(元)을 납부해야 하고, 그렇지 않으면 퇴거해야 한다고 강박하였다.
1927.1	무순현	무순현 선인의 소작 계약은 지주와 절반으로 해 왔다. 그런데 작년 이래로 지주는 전비(戰費) 부담도 둘로 나누도록 요구하며 누차 문제를 야기했는데, 이번에는 지주가 5푼 5리로 하고 선인이 4푼 5리로 하며 제 비용은 지주의 부담으로 하였다.

영업에 관한 것

연월	지명	사례 개요
1929.8	장백현 (長白縣)	장백현 팔도구(八道溝) 거리는 조선 측과 상거래가 상당히 폭주하고, 선인 잡화행상 20여 명이 동지 장날에 월경하여 노점을 열어 종래 상당한 수익을 거두고 있는데, 공안분국장이 8월 28일 갑자기 "팔도구 거리는 점점 인가가 조밀해지고 마차의 왕래가 빈번해져서 교통에 지방이 많기 때문에 이제 노점을 열어서는 안 된다. 범하는 자는 엄벌에 처할 것이다"라고 포고하였다.
1930.1	관전현 (寬甸縣)	이주 선인 한봉윤(韓鳳允)은 관전현 소포석하(小蒲石河)에서 숙박 영업을 하는 김이순(金利淳)이라는 자와 여행하며 구민부원(國民府員) 때문에 도둑을 맞았는데, 동지 공안분국장은 두 사람이 집조(執照)를 소지하면서 관헌의 보호를 구하지 않으면서 제멋대로 여행하여 관헌에게 폐를 끼치는 것이 괘씸하다면서 영업 허가를 취소하였다.

폭행

연월	지명	사례 개요
1927.11	무순현 (撫順縣)	무순현 소류자(小柳子) 조선인 기독교회에서 이달 15일 예배를 위해 다수의 선인이 집합했는데, 지나인 모씨가 부근의 지나인을 선동하여 흉기를 휴대하고 교회 안으로 뛰어 들어와서 창문 및 양등(洋燈)을 파괴하고, 회중의 1인 홍(洪) 모에 대해 약 2주간의 치료를 요하는 중상을 입히고, 게다가 교회의 장로 모씨는 관헌에게 포박, 유치당하였다. 모두 선인 배척에서 이런 행동에 나선 것이다.
1928.7	신민현 (新民縣)	신민현 거주 선인 5명은 그 부락에서 밤 1석(石)을 구하여 귀가하는 도중에 평소 왕복하는 나루터의 뗏목에 오르려고 하자, 지나인 곡사유(谷士裕)가 통행을 막아서고 뗏목에 진흙을 투하하고 밤을 물속에 던져 버리고 선인을 구타하고 게다가 촌장 ■기상(■記祥)은 다수 부락민을 지휘하여 선인을 노끈으로 포박하였다.

잡건

연월일	지명	사례 개요
1925.9	영안현 (寧安縣)	영안현 지나 관헌은 취체를 빙자하여 일반 농민에게 압박을 가하여, 수확기를 앞두고 일반 농민이 매우 우려하고 있다.
1927.1	봉성현 (鳳城縣)	봉왕성(鳳王城) 지나 관헌은 곡물의 관외 반출을 금지시켜서 재류 선인이 매우 곤란해한다.
1928.7	심양현 (瀋陽縣)	봉천 서탑(西塔) 큰길 거주 선인은 종래 부근의 야생 뽕나무를 지나인에게 매수하여 누에를 사육해 와서 올해도 누에씨 37매(枚)를 소립(掃立)하려는데, 촌장이 삼면잠(三眠) 이후에 관내 30지리(支里) 이내의 뽕잎 채취를 금지하고 다시 일반 지나인에게 뽕의 채취와 판매를 금지하였다.
1928.7	집안현 (輯安縣)	지나 빈곤민은 이주 선인에게 금전의 차용을 신청하고 만약 이에 응하지 않을 때에는 불령자라고 칭하고 불법적으로 구타한다. 더구나 차입한 뒤에 지급한 예는 없다.

지나 관헌의 불법 행위

연월	지명	사례 개요
1921.1	관전현 (寬甸縣)	관전현 요령자(腰嶺子) 보갑장(保甲長)은 동 지방 이주 선인을 소집하여 불령자(不逞者) 취체(取締)에 관해 지사의 명이라며 다음과 같은 의미를 말하였다. "이제부터 불령선인 취체 상황과 기타에 의해 지사공서에 출두를 명받은 경우에는 그 여비 1회 7원(元)은 전부 선인에게 부담시킬 것이다."
1921.1	집안현 (輯安縣)	집안현 융화보(融和堡) 보갑장은, 상당한 자산이 있는 이주 선인에게 배일자(排日者)이기 때문에 일본 관헌에게 인도해야 한다며 협박하고 금품을 제공하게 하였다.
1921.1	집안현	집안현 유수촌자(楡樹村子) 보갑장 왕자원(王子元)은 일찍이 체포된 불령선인 8명의 식비를 빙자하여, 동지의 이주 선인 가운데 비교적 자산을 가진 10여 명으로부터 지나 화폐 80원(元)을 징수하였다.
1921.1	관전현	관전현 석교자(石橋子) 순경국원은 이주 선인 정성준(鄭成俊) 외 3명이 불령단(不逞團)에 가담하고 있다고 무고하여, 인치(引致)·유치(留置)한 뒤에 상당한 뇌물을 주면 풀어 주겠다며 이들로부터 100원(圓)을 받고 풀어 주었다.
1921.3	장백현 (長白縣)	최근 대안 장백현에 주둔한 지나 관병(官兵)의 행동에 관해 알아낸 것이 다음과 같다. 십사도구(十四道溝) 주둔 중인 순라병(巡邏兵)은 금전을 강탈하는 일이 있다. 선인 중에 4, 5명의 피해자가 있다. 그들은 약간의 아편을 소지하고 신체검사 때 몰래 상대방의 주머니 등에 넣어서 아편을 소지하고 있다고 칭하고 소지금을 탈취하는 것을 보통으로 한다. 기타 혹은 일본 관헌의 밀정이라고 하며 신체검사를 행하고 금전을 강탈하기 때문에 지나 관병에 대한 비난의 소리가 높다.

1925.1	흥경현 (興京縣)	최근 흥경현 왕청문(旺淸門)에서는 대한독립단 토벌을 위해 군대를 출동하고, 곡물을 매각하는 선농을 붙잡아 신체검사를 하여 소지금이 있으면 독립단에 공급할 군자금이라고 칭하고 강탈하고, 혹은 가택 수색을 하여 의류의 3, 4점도 발견하면 독립단에 공급할 의복이라고 하여 소각하고, 심지어는 가옥에 방화한 일도 있다. 왕청문 부근에서는 이러한 폭행에 반항했기 때문에 선인 남녀 각 1명이 지나 군인에 의해 총살되었다.
1925.1	장백현	장백현 십사도구 분주소(分駐所) 경사(警士) 외 1명은 호구조사 때 재목을 운반하는 인부 7명을 체포하여 불령선인의 혐의가 있다고 협박해서 돈 5원(圓)과 닭 5마리를 제공하게 하고 석방하였다.
1925.1	장백현	장백현의 지나 관헌이 경계를 위해 십팔도구(十八道溝) 약수동(藥水洞)에 경사 6명을 파견했는데, 백가장 선인 집에서 누웠다 일어났다 하며 술과 닭 등을 징발하고, 도박판을 열도록 하여 800여 원을 강취한 뒤에 한푼의 음식비도 지급하지 않고 돌아갔다.
1925.1	통화현 (通化縣)	불령단의 취체를 의뢰받은 지나 군경은 무한 권한을 받은 것을 기화로 삼아, 불령선인을 체포해도 보증금 명의로 봉표(奉票) 70원(元)을 제공하면 즉시 풀어 준다. 또한 양민도 터무니없이 체포하고 70원을 뜯어낸다.
1925.2	환인현 (桓仁縣)	근래 오지에서 지나 관헌의 주구를 참을 수 없어 연선(沿線)으로 철수해 온 자가 많이 있다. 이들이 말하는 바는 다음과 같다. 1. 환인 지방에서는 불령선인 조사를 위한 것이라며 매월 1회 호구조사(선인에게만)를 행하고 조사 비용으로 1회 1호에 1원(圓)을 징수한다. 비귀화 이주민은 거주 권리가 없다면서, 이들을 소작인으로 삼은 지주에 대해서는 벌금으로 소작인 1호에 대해 1년에 현재 대양(大洋) 20원을 부과하겠다고 명령했기에 지주는 이를 소작인에게 전가하였다. 2. 흥경(興京) 방면에서는 거주세로 1년에 1호당 20원을 징수하고, 응하지 않는 자는 퇴거를 다그쳤다. 봉직전비(奉直戰費)를 징수(1등 6원, 2등 4원, 3등 3원)하고, 이에 응하지 않는 자는 독립단으로 간주하여 포박하고 협박해서, 즉일 1호도 남기지 않고 강제로 징수하였다.
1925.2	흥경, 통화, 환인, 집안	근래 흥경(興京), 통화(通化), 환인(桓仁), 집안(輯安) 지방에서 무순(撫順)으로 철수해 온 자가 날마다 30, 40명이어서 길거리에서 헤매고 있다. 그들의 말에 따르면 군자금, 군량의 징발이 그칠 사이가 없어서 농민은 거의 모든 수확을 제공하여 남은 것이 없고, 더욱이 근래 불령자(不逞者) 조사가 더욱 엄중해져서 월 1회, 때로는 2회의 호구조사를 행하여, 그때마다 여비와 음식물을 제공하라는 명령을 받았다. 이제 누구라도 다른 지방으로 철수하기를 원하고 있지만 혹은 불령배의 협박에 의해 혹은 철수의 여비가 없기 때문에 움직이지 않고 있다.
1925.2	흥경, 통화, 유하	근래 흥경, 통화 및 유하현(柳河縣) 지방으로부터 철령(鐵嶺) 지방으로 철수해 온 선농이 매우 증가하는 경향이 있다. 이는 근래 군경이 불령선인 취체라는 명목으로 무고한 선농에게 압박을 가하고 혹은 불령선인 수색을 명분으로 가택에 침입하여 금품을 약탈하고 혹은 통행하는 선농을 붙잡아 신체검사를 명분으로 휴대금품을 강탈하는 등, 폭행이 빈번히 행해져서 거주할 수 없게 되었기 때문이다.

1925.9	유하현 (柳河縣)	유하현 경찰이 최근 두드러지게 선인을 압박하고, 선인 잡화상이나 방물장사 등에게 번번히 출입하여 물품의 강요와 금전 대여를 강제하고 있다. 그리하여 이들을 경찰 간부에게 고지하면 도리어 구타하는 상황이다. 기타 귀화를 권유하여 받아들이지 않는 자는 퇴거를 명할 것이며 일본 경찰에 교섭할 것이라고 하는 등 위협하고 있다.
1928.6	신민현 (新民縣)	신민현 제3구 흥륭교(興隆橋)에 거주하는 선인의 가옥에 군복을 입은 채로 권총을 휴대한 봉군(奉軍)의 패병이 나타나서 약탈을 했는데, 1명은 권총으로 문밖에서 망을 보고, 5명은 집안에 들어와 가구를 탐색하는 동시에 심하게 구타하고 금전을 약탈하고 종적을 감추었다.
1928.7	집안현	지나 관헌은 선비(鮮匪)에게 매년 약 8,000원의 뇌물을 받고 있다. 이는 모두 이주자로부터 강제로 징수한 것으로, 이 같은 관계를 가진 지나 관헌은 선비 토벌에 전혀 성의가 없고, 양자(兩者)가 모두 이주 선인을 학대하는 상황이다.
1928.7	집안현	지나 관헌이 비적(匪賊) 토벌 등을 위해 출동할 때에는 이주 선인 가옥에 들러서 식사를 강요하고 만약 이에 응하지 않으면 아주 심하게 구타하였다.
1928.7	관전현	7월 31일 선인 2명이 땔나무를 매각하기 위해 지나 관전현 백채지(白菜地)에 도강했는데 돌아가는 도중에 지나인에 의해 구타당하였고, 동지 관헌은 도리어 선인 2명을 상해죄라고 하며 구금하였다.
1928.7	집안현	체험집사국(製驗緝私局)에서는 소금 조사를 구실로 이주 선인 가옥을 누차 가택 수색하고, 진품을 발견한 때에는 무상으로 이를 징발함을 예사로 한다.
1928.7	집안현	지나 관헌은 1922년경부터 매년 선인 1호로부터 평균 땔나무 25파(把, 1파에 10전)씩을 무상으로 강요하고, 만약 응하지 않을 때에는 곧바로 구타해 왔다. 또한 지나 관공리가 요구하는 땔나무는 시가 10전의 물건인데 이주 선인으로부터 2전으로 매수하고, 이를 지나 관민에게 고가로 매각함으로써 불법적 이익을 얻고 있다. 기타 가축, 야채 등도 제공을 강요하고 대가를 지불하지 않는 것이 보통이다.
1928.7	집안현	선지인(鮮支人) 사이에 소송 문제 등이 야기된 때에는 이주 선인에 대해 선악을 구별하지 않고 학대하고 불법적 판결을 하고 있다.
1928.7	집안현	지나 관헌은 이주 선인을 인부로서 자주 무상으로 징발하고, 변소 청소 등 힘든 일에 종사시켜서 인권을 무시하는 일을 심하게 자행하고 있다. 또 여행 시에 인부가 필요로 할 때에는 이주 선인을 동행시켜 무상으로 사역시키는 것이 보통이고, 만약 이에 응하지 않을 때에는 구타하였다.

〈자료 24〉 지나(支那) 관헌의 조선인에 대한 태도와 보안 능력[124]

제1절 지나 관헌의 조선인 압박 상황

종래 지나 관헌이 재만(在滿) 조선인(朝鮮人)에 대해 여러 가지 압박과 학대로 임하는 태도를 보이고 있는 것은 조선인의 이주가 일본 침략 정책의 선구가 된다는 위험한 선입관 관념에서 촉발한 것이다. 그런데 특히 간도에서는 1915년 만몽조약(滿蒙條約) 성립 후 제국정부가 동 조약에 의해서 간도협약(間島協約)의 일부가 효력을 잃게 되었다고 주장하고 스스로 조선인에 대하여 법권을 행사하는 태도로 나와서 지나 측의 여러 번 항의에 대해서도 조금도 양보하는 모습을 보이지 않았을 뿐 아니라, 그 후 점차 경찰기관을 확장하고 필요에 따라 상부지(商埠地) 밖의 행동도 꺼리지 않았다. 게다가 조선인 보호 조장에 관한 각종의 시설이 나아졌기 때문에 지나 관헌은 이론상 항쟁으로 일본 측에 대항하는 것이 무익함을 알고, 이면(裏面)에서 실질상 일본의 세력 진출을 저지하는 수단을 선택하게 되었던 것이다. 이를 위해서 한편으로 간도협약에 의해 인정되었던 조선인의 토지소유권도 귀화자가 아니면 허용하지 않는다는 빙침을 정하고, 기타 귀화자와 비귀화자 사이에 여러 차별 대우를 두어서 간접적으로 조선인의 귀화를 강요하였다. 이와 동시에 다른 한편에서 재판상 조선인 취급에 적당한 조취를 취하여 조선인을 흡인하는 데 주의하는 등 압박과 회유를 병행하는 방책으로 나아갔다.

그럼에도 이주 선인의 수가 해마다 증가하고 이에 수반하여 일본의 세력도 차츰 번져 나간다는 생각을 하게 되었다. 그러자 지나 관헌은 이를 일본 정부가 조선인의 만주 이주를 장려하고 이주자를 이용하여 군사, 경제, 산업 등 각 방면에서 점점 침략을 시도하려는 야망을 드러내는 것이라고 억단하여 더욱 경계를 더하게 되었다. 특히 1928년(昭和 3) 가을 연길도윤(延吉道尹) 도빈(陶彬)의 사거 후 장계괴(章啓槐)가 신임 도윤으로서 간도에 와서 실정(實情)

---

124 자료 출전: 「支那官憲ノ對朝鮮人態度竝其保安能力」, 『間島問題調書』, 日本外務省 亞細亞局 第二課, 1931년 4월, 211~350쪽. アジア歷史資料センター Ref. B04013459300.

을 시찰하자, 지금 조선인의 이주를 방지하지 않으면 장래에 큰 화근이 될 것이라는 감상을 깊이 하게 되었다. 얼마 안 되어 성정부(省政府) 민정청장(民政廳長)에게 전하게 되었고, 동 성정부의 대(對) 조선인 방침이 갑자기 준열(峻烈)하게 되어 각종의 구실을 만들어 정책적으로 조선인을 구축하려고 하는 태도로 전화되었다. 그리하여 최근 지나 관헌의 조선인 압박책은 각종의 수단과 어우러져 나타났는데, 그 가장 현저한 것은 토지소유권의 제한, 조선인 사립학교에 대한 간섭, 그리고 귀화 강요 등 3가지인 것이다.(귀화 문제에 대해서는 별도로 설명함.)

조선인 토지소유권의 제한은 간도협약 실시 이후 귀화 조선인이 아니면 토지소유권을 허용하지 않는다는 일관된 방침에 의해 행해져 왔기에, 이런 점에서 지나 관헌이 중대한 조약 위반을 하고 있는 것이다. 그렇지만 이에 대해 조선인 사이에는 귀화 조선인을 명의인으로 삼아 토지를 획득하는 소위 전민제도(佃民制度)라는 편법을 일찍부터 고안해 냈고, 지나 관헌도 결국 거의 공공연히 전민의 권리를 인정하는 관행이 생기게 되었기 때문에, 실제로는 심한 불편을 당하지 않는 것 같다. 그런데 근래 조선인의 이주가 점점 증가하자 지나 관헌은 조선인에 대한 토지소유권의 부여를 다시 제한하고 그 소유 토지를 점차 회수하여, 생활상 불안을 느끼도록 만듦으로써 그 이주를 저지하려고 하는 방책을 사용해서, 1929년(昭和 4) 12월 길림성정부는 관하 전반에 대하여 이 같은 취지의 밀령을 발하였다.(별지 제1호) 또한 1928년 말부터 1929년 초에 걸쳐서 동아권업회사(東亞勸業會社)가 간도와 혼춘 각지에서 대규모 토지 매수를 기도하자 지나 관헌이 사찰하는 바가 되었고, 대단히 그 신경을 자극하였다. 이에 요령성정부(遼寧省政府)는 1929년 7월 국민정부의 인가를 받아「국토도매징치잠행조례(國土盜賣懲治暫行條例)」(별지 제2호)를 공포하고, 동북정무위원회(東北政務委員會)는 길림성정부(吉林省政府)에 대하여 그 실시 방안을 훈령했는데, 동 정부는 여기에 만족하지 않고 다시 국토도매자(國土盜賣者)에 대한 벌칙을 적용할 방법에 대해 밀령을 발하였다.(별지 제3호) 또한 1929년 9월 길림전성(吉林全省) 공안관리처장(公安管理處長)은 연변(延邊) 각 현장(縣長) 및 공안국장(公安局長)에게 지선인(支鮮人) 사이에 토지 매매가 있었을 때에는 그 내용을 정밀히 조사하고 국토를 도매(盜賣)하는 일이 없는지 엄중히 취체를 하도록 훈령을 발하였다(별지 제4호).

또한 지나 관헌의 조선인 압박 가운데 가장 적극적인 것은 조선인이 경영하는 사립학교에 대한 간섭과 압박이다. 즉 지나 관헌은 조선인이 간도 지방에서 사립학교를 만들어 조선식 교육을 시행하기 때문에 교육권을 침해한다고 하고, 이것의 강제폐쇄를 명하여 현(縣) 공립학교로 편입시켜서 삼민주의(三民主義)에 의한 당화교육(黨化教育)[125]을 실시하도록 하는 방침을 취하고 있다. 1930년(昭和 5) 3월 이후 5월 초까지 사이에 지나 측 학제에 편입한 것만으로도, 연길현(延吉縣) 지인향(志仁鄕) 의란구(依蘭溝) 동명학교(東明學校)(생도 45명), 동현 수신향(守信鄕) 사도구(四道溝) 원성학교(元成學校)(생도 36명), 화룡현(和龍縣) 지신사(智新社) 명동학교(明東學校)(생도 159명), 왕청현(汪淸縣) 춘명향(春明鄕) 대감자(大坎子) 명신학교(明新學校)(생도 22명), 동향 영춘동(迎春洞) 춘흥학교(春興學校)(생도 38명), 왕청현 춘화향(春華鄕) 동림동(東林洞) 양신학교(陽新學校)(생도 32명), 동향 진목동(榛木洞) 신흥학교(新興學校)(생도 24명), 동향 하동(河東) 선명학교(鮮明學校)(생도 11명), 동향 안산동(安山洞) 광성학교(廣成學校)(생도 17명), 동향 사수평(泗水坪) 동신학교(東信學校)(생도 23명), 혼춘현(琿春縣) 경신향(敬信鄕) 신광학교(信光學校)(생도 39명), 동현 순의향(純義鄕) 승정평(桝亭坪) 춘동학교(春東學校)(생도 70명), 동향 장성촌(長城村) 창명학교(昌明學校)(생도 23명), 동현 덕혜향(德惠鄕) 대황구(大荒溝) 삼일학교(三一學校)(생도 46명), 동현 용지향(勇智鄕) 신풍촌(新豐村) 신풍학교(新豐學校)(생도 32명), 동향 낙타하(駱駝河) 자양학교(子養學校)(생도 32명), 동향 차대인구(車大人溝) 신광학교(新光學校)(생도 25명), 동향 장성촌(長城村) 입신학교(立新學校)(생도 22명), 동현 경신향(敬信鄕) 상의사(尚義社) 다과학교(多科學校)(생도 17명), 동향 회은사(懷恩社) 안나학교(安拿學校)(생도 12명), 동 안나여학교(安拿女學校)(생도 14명)의 21개교(생도 총수 739명)에 달한다. 이를 볼 때에는 지나 측 관헌의 의기양양함이 얼마나 강렬한지를 미루어 알 수 있다. 그리고 1930년 2월 연길현 교육국이 조선인 자제의 교육방침에 대하여 관하에 훈령하였다고 하는 것을 보면, (1) 학령기 조선인 아동은 귀화인의 자제인지 아닌지를 불문하고 입학을 허가할 것, (2) 성정부(省政府) 교육청에 청원하여 재정이 허락하는 한도에서 호구 100호가 있는 필요한 곳에 소학교를 증설할 것, (3) 선인 아동이 정당한 사유 없이 퇴학하려는 경우에는 그 정상의

---

125 당화교육(黨化教育): 1926년 중국에서 허숭청(許崇清)이 발표한 「교육방침초안」에서 비롯된 말로서, 중국 국민 정부 초기의 교육방침이다. 이는 자연과학과 사회과학을 교육의 기초로 삼고 사회와 학교의 협동을 통하여 이 상사회(理想社會)를 건설하며, 모든 사람의 행복을 위해 공평하게 기회를 제공하는 교육을 말한다. 이 명칭은 1928년 5월 남경(南京)에서 열린 제1차 전국교육회의에서 공산주의적 색채가 짙다 하여 폐지되고, 대신 민족·민주주의적 색채가 농후한 '삼민주의(三民主義)'가 교육의 근본 방침으로 확립되었다. 네이버 지식백과.

경중에 따라 소정의 벌금을 부과함으로써 일본인 경영 학교로의 전교를 방지할 것, (4) 초등교육은 국어교육을 주된 목표로 하고 삼민주의를 기초로 삼은 당화 교육을 실시할 것, (5) 각 향(鄕), 갑(甲), 촌(村)의 불완전한 사립학교 및 서당은 강제적으로 가장 가까운 공립소학교에 편입할 것 등의 각항이 있다. 이로써 지나 관헌의 조선인 교육방침의 대체가 어떠한 것인지를 예상하기에 충분할 것이다. 마침 1930년 5월 말 이래 공산당운동이 몹시 자주 창궐하여 치안 상태가 비상하게 혼란스러웠기 때문에 위와 같은 밀령도 곧바로 실시되지 못한 것 같다. 그렇지만 지나 측의 근본적 방책이 지니고 있는 바가 얼마 지나지 않아 분명한 사실로 나타날 것임은 짐작하기에 어렵지 않다.

혼춘 지방에서 우리의 대(對)조선인 시설 중 민회(民會), 금융부, 보조서당과 같이 출장 관헌의 보호가 비교적 철저한 것에 대해서는 지나 측에서 아직 적극적으로 방해를 가한 실례가 많지 않다. 그렇지만 조선인 민회와 같이 자치기관의 형식을 갖춘 것에 대해 지나 관헌이 즐거워하지 않는 것은 원래부터 당연하고, 기회를 보아서 이것의 배제를 시도하려는 기운이 농후함은 따질 만한 것이 없다. 지나 측의 이와 같은 태도는 최근에 계획한 간도 지방의 새 행정조직에서 가장 명료하게 간취할 수 있다. 그 행정조직은 현재 현(縣) 아래에 향(鄕), 사(社) 제도를 고쳐서 자치구획(自治區劃)인 구제(區制)로 만들어[구(區) 아래에 향(鄕), 진(鎭), 여(閭), 인(隣)을 둔다.] 구장(區長)을 민선으로 하고 용정촌 및 국자가를 특별시로 만들고, 그리하여 각 구 내의 인민에게 어느 정도의 참정권을 부여하는 것을 주된 목표로 하는 것으로 1929년에 제정되었던 것이다(별지 제5호). 그리고 이것이 제정되자 재주 조선인은 그 다수임을 믿고 직접 구장(區長) 또는 부구장(副區長)이 될 수 있을 것으로 기대하고 일시에 크게 환영하였다. 그렇지만 지나 측은 이것의 실시 결과로 조선인에게 비상한 세력을 주게 될 것을 걱정하여 결국 그 실시를 미루어 오늘에 이르렀다. 그동안 지나 측에서는 민선법(民選法)이 실시되기까지는 구장은 관선에 의할 것을 밝혔기 때문에, 조선인은 그 인구의 다중임을 이유로 삼아서 따졌지만 이루지 못하였다. 따라서 일보를 양보하여 부구장에는 반드시 조선인을 임명할 것을 주장하였지만, 이것 또한 지나 측이 인정하지 않았다. 결국 지나 측에서는 구장을 선출하는 방법에 관한 조선인의 불만을 완화하기 위해서 구조리원(區助理員)의 지위를 주기로 결정하였던 것 같다. 그렇지만 조리원(助理員)은 하나의 사무원에 지나지 않아서 행정상 발언권을 갖지 못하므로 조선인의 참정 열기를 만족시키기에 충분하지 않았다. 1930년 10월 길림전성(吉林全省) 행정회의에서 해당 행정조직을 급속히 실시하기로 결의를 보았기 때문에 머지않아 실시할 운명인 것으로 생각한다. 그런데 새 제도가 정신으로 삼은 것은 조선인의 자치 열망을 이용하여 이를 회유하여 일본 측과 얽매이는 것을 단절함으로써 외환을 없애려고 하는 데 있음이 분명하다. 그리하여 이에 더욱 주목을 요하는 것은, 위의 새로운 행정조직의 제정에 수반하여 친밀한 지나인과 조선인 사이에 기획된 자치촉진회(自治促進會)의 설립인 것이다. 간도에서의 제국 시설을 즐거워하지 않는 일부 조선인 혹은 지나의 행정권 아래에서 점차 뛰어난 재능을 펼치려고 하는 귀화 조선인의 일파는, 전술한 새 제도의 제정과 동시에 자치권의 획득 및 자치의 훈련을 목적으로 삼은 자치촉진회(별지 제6호)라는 것을 만들어 열심히 운동하고 있다. 지나 당국도 1930년 10월 정식으로 이를 인가하고 지나인을 회장으로 삼고 구장의 지도하에 구자치(區自治) 행정상 일종의 보조기관인 기능을 주게 되었다. 이는 사실상 지나 관헌의 기만적 회유책에 불과한 것 같다. 그렇더라도 이상과 같이 새 행정조직의 제정 및 자치촉진회의 조종(操縱) 등은 간접적으로 우리 쪽이 경영하는 민회의 장래에 일대 위협을 주는 것으로, 우리의 대(對)조선인 시설의 경영상 가장 주목을 요하는 바이다.

제2절 지나 관헌의 보안 능력

종래 민족주의적 불령선인(不逞鮮人)은 결코 지나 관민에게 위해를 가하지 않고, 오히려 지나 관헌의 동정 또는 환심을 사기 위해 힘쓰거나 이들을 매수하여 간접적으로 이들의 비호를 구하는 데 부심하고 있는 상황이다. 지나 관헌으로서도 당초 일한 합병에 불만을 품고 민족주의운동에 투신한 분자에 대해서는 오히려 동정을 갖고 임하는 형편이다. 또 실제로 불령선인의 도량(跳梁)으로 인한 실제의 피해를 느끼지 않으므로 취체를 열심히 하지 않는다. 특히 배일사상을 가진 지방 관헌 중에는 우리의 조선인에 대한 시설을 저지하기 위해 오히려 불령선인의 존재를 환영하는 풍조가 있다. 이 때문에 간혼(間琿) 지방은 일찍부터 불령선인의 소굴이 되어 버리는 실정을 보였고, 우리 출장 관헌의 취체도 항상 지장을 받고 있어 불령단의 도량이 쉽게 종식되지 않는 원인이 되었다. 지난날 독립만세 소요사건, 혼춘(琿春) 사건, 두도구(頭道溝) 사건 등도 모두 지나 관헌의 취체의 불성실 또는 무능력을 드러낸 것과 다르지 않다. 최근 공산파 선비(鮮匪)의 활동이 급격히 진전하여 1930년(昭和 5) 5월 30일 용정촌 및 두도구를 중심으로 폭동사건이 발발하여 보안상 지방군경의 무능력을 드러냈지만, 그 행동은 민족주의자와 의도를 달리하여 지나 관민 역시 마찬가지로 피해를 면할 수 없게 되어 취체의 모양이 조금 긴장을 보이게 되었다. 그렇지만 군경의 소질은 저열하고 훈련이 충분하지 않기 때문에 공산주의운동이 무엇인가를 알지 못한다. 또한 첩보하는 능력도 매우 부족하기 때문에 계통적 조사 같은 것은 제대로 할 수 있는 것이 아니었다. 따라서 자칫하면 적절한 수배를 놓치는 동시에 검거 또는 토벌에 나서서도 많은 경우에 이를 격퇴하여 해산시키는 것을 주로 하여, 우두머리나 주요 분자의 체포를 소홀히 하여 늘 커다란 물고기는 놓아주고 한낱 작은 물고기를 잡는 꼴이다.

이와 동시에 간혼 지방의 치안유지상 가장 유감스런 것은 지나 관헌의 대일(對日) 태도로 인해서 생길 수 있는 취체상의 간극이 늘 불령단 또는 마적에게 이용당할 좋은 기회를 제공할 염려가 있다는 것이다. 종래 민족파 선비가 지나 관헌의 미온적 태도 또는 그 동정적 묵과를 기회로 삼아 계속 함부로 행동한 사실은 이미 말한 바와 같다. 그렇지만 1930년 5·30폭동사건 후 공비(共匪) 취체에 나서기 시작한 지나 관헌이 6월 하순 길림성 민정청장 주재하에 국자가(局子街)에서 군경(軍警) 행정연석회의를 열고 공비 취체를 주로 하는 보안문제를 논의하였다. 이때에도 회의의 주요 제목으로 일본 경찰의 행동을 억제하고, 이 기회에 조선인 시설을 배제할 것을 목적으로 하는 각종의 결의를 하였다. 이는 그들이 당면한 최대의 급무인 치안의 회복에 전념해야 하는 제일의 책무를 소홀히 하고 한낱 선입관으로 배일(排日) 관념에 사로잡혀서 시급한 이때에 쓸데없는 논의에 몰두한 어리석음을 표명한 것과 같다. 만일 이와 같은 태도를 시종 바꾸지 않는다면 일본 측에서 아무리 성의를 피력하여 협조로써 치안 유지를 맡게끔 창도(昌圖)해도 결국 아무것도 얻을 수 없을 것이다.

1930년(昭和 5) 4월 말 조사에 따르면 간혼 지방에 배치된 지나 육군 병력은 1여(旅)[동북 육군 제13여(旅), 보병 3단(團), 7영(營), 28연(連) 인원 약 3,160명, 기병 1연 인원 12명, 기관총대 1연 인원 90명, 포병 1연 인원 약 70명, 박격포대 1연 인원 약 40명]이다. 인원 총계 약 3,370명, 병기 장총 약 5,430자루, 권총 180자루, 기관총 4자루, 산포 및 박격포 각 4문을 가지고 두도구, 혼춘에 각 단(團) 본부를 두고[다른 1단의 본부는 돈화(敦化)에 있다], 두도구, 국자가(局子街), 동불사(銅佛寺), 용정촌(龍井村), 혼춘(琿春), 토문자(土門子), 백초구(百草溝)에 각 영(營) 본부를 설치하여 각 영은 다시 3배(排)로 나누어 부근 요소에 배치해서 경비를 맡기고, 또한 길림 헌병대에서 1연(連) 40명을 파견하고 국자가에 연본부(連本部)를 두고 연길, 화룡, 혼춘 3현에 걸쳐 10곳의 배(排), 분대(分隊) 또는 분주소(分駐所)를 배치하였다.(별지 제7호) 또한 경찰기관으로는 연길 공안국(公安局) 아래에 국자가, 혼춘 및 백초구 3곳에 분국(分局)을 두고 다시 6개의 분소 또는 파출소를 설치하여 합계 약 200명의 순경을 배치하였다. 이 외에 연길, 화룡, 왕청, 혼춘 4현에 별도로 현(縣) 공안국을 두어 각 현을 4구(區) 내지 6구로 나누어 구분국(區分局)을 설치하여 그 밑에 다시 5개소 내지 17개소의 분주소 또는 파출소를 두어 이에 배치된 인원 약 620명에 달한다. 기타 용정촌 및 두도구의 두 상부지(商埠地)에는 별도로 상부(商埠) 공안국을 두어 대개 80명 및 40명을 배치하고 천보산(天寶山) 및 노두구(老頭溝)에는 대개 광구(鑛區) 공안국을 두어서 각각 여러 명의 순경을 배치하였다. 또한 천도(天圖) 철도를 경비하기 위해 동 철로 보호경찰대라는 것을 두어 각 정거장 소재지에 합계 18명의 순경을 배치하였다. 다시 연길, 혼춘 2현에는 각 현보위단(縣保衛團)이라는 것이 있는데, 대체로 3대(隊)(연길 현에는 별도로 현보위대가 있다.)로 나누어 각 14개소 내지 7개소의 분대 또는 분주소를 두어 이에 배속하는 인원 약 680명이 된다. 또한 왕청현에는 길림보위단에서 2대, 약 260명을 파견하고 본 분대 및 배(排)로 나누어 11개소에 배치하였다. 이 외에 연길, 화룡, 왕청 3현에는 보안대라는 것을 누어 본 분대를 아울러 9개소에 합계 약 260명을 배치하고, 또한 길림성 경찰대에서 2분대 약 180명을 보내 화룡, 혼춘 2현을 통하여 7개소에 주둔시켰다. 또한 경찰기관의 일종으로서 경찰 유순대(游巡隊) 및 집사대(緝私隊)라는 것이 있는데, 경찰 유순대는 혼춘에 두어 인원이 겨우 십수 명이나 집사대는 길흑각운총국(吉黑椎運總局)(염전매국, 장춘)의 관할에 속하여 간혼 4현 20개소에 걸쳐서 약 200명을 배치하였다. 이상 간혼 지방에서의 지나 측 경찰력은 인원이 총계 약 2,580명, 무기 장총 약 2,500자루, 권총 약 215자루에 달한다(별지 제8호).

이제 간혼 지방 중국 경찰관의 경비 부담률을 잠정적으로 일본 내지 및 조선 내지의 것과 비교하면 지나 경찰관 1인당 인구 250명인데, 일본 내지 및 조선 내지에서는 대체로 1,350명 및 1,110명이다. 지나 경찰관의 1방리(方里)당 주재자 수는 1.6명인데 일본 내지 및 조선 내지에서는 대체로 1.4명 및 1.2명이다. 이에 의해 개관하면 지나 경찰관 1명의 관할 구역은 일본 내지 및 조선 내지에서와 큰 차이가 없지만 그 담당 인구는 일본 내지 및 조선 내지에 비하여 대체로 5분의 1 및 4분의 1에도 미치지 않는다. 바꿔 말하면 지나 경찰관의 경비 부담력은 상당히 여유가 있다는 것을 알 수 있다. 게다가 동 지방에는 전술한 것처럼 그 위에 약 3,400명의 군대가 주둔한 외에 우리 경찰관 450명이 배치되어 있다. 이를 우리 내지 또는 조선 내지와 비교하면 치안 유지상 그 경찰력은 결코 매우 부족하다고 할 수 없을 것이다. 그런데 동 지방이 해마다 비적이 횡행하고 치안이 예전부터 완전하지 못했던 것은 근본적으로 지나 측 경찰기관의 불비, 경찰관 소질의 불량, 그리고 경찰 기능의 불충분 등으로 인해서 치안 유지의 능력이 부족해졌기 때문이다. 이와 동시에 군대 측과의 협조가 불충분해서 군경 협동의 보안 조치를 취하는 데 유감스러운 점이 적지 않은 것도 그 원인을 조성했다고 볼 수 있다. 특히 지나 관헌의 우리 경찰관에 대한 질시와 반감 그리고 하급 군경의 무지나 무절제 때문에 근래 자칫하면 우리 경찰과의 사이에 사고를 빚어내어 그 결과 쌍방의 감정상 필연적으로 생기게 된 간극이 비적에게 이용할 기회를 주었던 사실은 지나 군경의 본질적 무능력과 아울러서 간과할 수 없는 것이다.

제3절 지나 군경의 조선인에 대한 비행

지나 군경의 소질에 기인하는 불법 행위가 단지 간도에만 국한된 것이 아니지만 특히 동 지방에서 현저하다. 군경의 소질이 불량한 것은 무교육자가 많은 것, 마적이 귀순하여 개편한 것이 적지 않은 것, 교련과 훈육이 부족한 것 등이 그 근본적 원인이다. 그렇지만 군경 일반을 부정하고 불법한 행위에 빠지게 만드는 특수한 원인으로는 급여가 불충분한 것을 들지 않을 수 없다. 군경의 급여가 일반적으로 극히 저액인 데다가, 군대의 장 또는 공안국장 중에는 부하 군경의 봉급을 부정하게 처분한 것을 자기의 부수입으로 만드는 풍조가 있다. 특히 최근 은값의 폭락 때문에 급여가 실질적으로 더욱 낮아지는 결과를 초래했고 또한 성정부 및 지방정부 등에서 재정이 궁핍했기 때문에, 급료의 지불 지체 또는 감액 지급이 행해지는 일이 드물지 않았다. 이와 같은 상태에서 하급 군경이 그 공무 집행상 또는 기타 경우에서 자기의 권한을 남용하여 민중에게 여러 가지 부정하고 불법한 행위를 감행하게 된 것은 극히 자연적인 추세라고 말할 수 있다.

이와 같이 부정·불법 행위의 사례로서 가장 보통으로 행해진 것을 보면,

(1) 지방에 출장한 군경이 선인(鮮人) 여관에 무료로 숙박하거나 민가에 강제로 숙박하고 닭 및 백반 제공을 강요하고, 이에 응하지 않는 자에게는 폭행을 가하는 것을 거의 상습적으로 행하고 있다.

(2) 이도구(二道溝), 삼도구(三道溝) 오지 등 선지인(鮮支人)이 조[粟]를 재배하는 자가 많은 지방에서는 매년 아편 수확기에 군경이 마적 토벌을 명분으로 출동하여 수확한 아편을 탈취하거나 또는 수확자로부터 뇌물을 받아 묵인한다. 그리고 아편 은닉자의 수사에 출동한 군경이 가택 수색을 하여 발견하지 못한 경우에, 미리 소지한 아편을 꺼내서 이를 집에서 발견했다고 하면서 생트집을 잡으며 금품을 다그치는 것과 같은 일이 드물지 않다.

(3) 소금 밀수입 취체에 출동한 순경이 선인 가옥을 조사하여 소금의 소유 수량이 조금 과다한 경우에는 밀수입품이라고 공갈하여 금품을 강요하는 일이 왕왕 있다. 심지어는 지나 군경이 공모하여 조선 측에서 소금을 밀수입하고 억지로 청하여 재주 조선인에게 매도하여 거부하는 자에게는 이전에 밀수입한 잘못을 파헤치는 등 공갈 수단을 제멋대로 부리는 일조차 드물지 않다.

(4) 범죄 수사 등에 출동한 군경의 사택 수색, 심문 등은 극히 난폭하여 물품을 약탈하거나 부녀를 폭행하고 철수하는 등의 일도 적지 않다.

(5) 도문강(圖們江)을 건너 입경하는 조선인에 대한 지나 군경의 소지품 검사 등도 역시 늘 자못 난폭하여 특히 검사를 맡은 순경 때문에 소지품을 약탈당하는 일이 드물지 않지만 그럼에도 후환이 무서워서 어쩔 수 없는 경우가 많은 상태이다.

지금 일례로 1930년 중에 우리 경찰기관이 조사할 수 있었던 지나 군경[세손국원(稅損局員) 및 재판관 등을 포함]의 조선인에 대한 비행이 가장 현저한 것에 대해서 그 건수와 피해 상황을 표시하면 다음과 같다(과거 4개년에 걸친 비행 조사에 대해서는 별지 제9호 참조).

무상 징발   218건   1,509원
무상 취식   119건   234원
불법 벌금   102건   8,294원

불법 징수	44건	1,130원
수뢰	37건	1,447원
상해	14건	17명
불법 감금	12건	41명
횡령 및 강탈	9건	592원
강도 절도	9건	477원
폭행 구타	9건	108명
살해	7건	13명

[또한 이상 외에 흑정자(黑頂子) 분서 관내에서 보위단의 무상 취식 및 무상 징발 3,234원, 천보산(天寶山) 분서 관내에서 군경의 무상 취식 4,943원, 팔도구(八道溝) 분서 관내에서 군경의 무상 취식 190원 등이 있는데, 모두 건수가 많기 때문에 정확히 계산할 수가 없었다. 그리고 위의 표도 우리 경찰기관에서 조사할 수 있는 것뿐이므로 그 실수는 훨씬 이보다 많을 것임은 상상하기 어렵지 않다.]

최근 공비의 횡행이 매우 창궐하자 지나 군경에서도 취체상에서 종래에 비해 훨씬 진지한 태도로 보이고 검거·토벌에 상당한 성적을 거둔 모양이다. 그렇지만 비적과 양민을 식별하는 능력이 부족하고, 하급 군경의 소질도 의연히 저열하기 때문에 의식적으로도 또한 무의식으로도 무고한 살상을 저지른 사례가 적지 않다. 더욱이 지방에 출동할 때에는 왕왕 공비 수색을 빙자하여 민가에 금전과 주식을 강요하거나, 여관·음식점에서 무료 숙박 또는 음식을 하거나, 아무런 혐의도 없는 양민에게 공산당이라고 하여 압송하겠다고 협박하여 벌금을 강제로 징수하거나, 공비(共匪) 검거 성적을 거두지 못했기 때문에 상사에 대한 책임상 양민을 공산당원으로 칭하여 불법으로 제재하여 속박하거나, 일단 체포한 공비에게 뇌물을 받고 석방하거나, 공비를 무서워하여 피난한 부락민이 남긴 가구·가축·농작물 등을 몰수하는 등 불법을 저지르는 횡포함이 왕왕 마적보다 적지 않았다. 지방에 따라서는 공비 그 자체보다도 도리어 군대의 출동을 무서워하는 것이 실정(實情)이었다. 지난해 9월 13일 연길 보위단 총대장이 관하 일반에게 내린 훈령이라고 칭해지는 것을 보면, 지금부터 공비는 그 국적에 관계없이 군법에 따라 처단할 것이고, 조선인인 경우에는 모두 현장에서 죽인다는 방침을 갖고 임하고, 지나인인 경우에는 공산당원인지 아닌지를 논하지 말고 모두 비적으로 처분할 것이라는 취지를 기재하였다. 그 후 지나 측의 취체 태도를 보면 지선(支鮮) 두 민족에 대해 차별적 취급을 하고 있는 정서가 농후하였다. 예컨대 5·30폭동사건 이래 간도 방면에 출몰한 공비는 지선 두 민족이 혼합되었음에도 불구하고 지나 측에서는 지나인을 1명도 사살하지 않은 것에 반해서 선인은 60명을 사살했는데, 이 사실은 단지 출몰 인원 중 선인이 지나인에 비해 훨씬 다수였기 때문만은 아니라고 생각된다. 또한 피검거자의 수용, 조사, 행형의 방면에서도 설비가 매우 불완전하였기 때문에 재판의 공평을 기하고 징치(懲治)의 목적을 달성하는 데에 유감스러운 점이 적지 않았다. 그동안 검거한 자를 신구(新舊) 교환하여 석방하는 등의 불법은 물론이고 이면에서는 속죄(贖罪)하는 폐단도 상당히 성행하고 있는 것 같다.

그리하여 공비 취체에 수반하여 지나 군경의 불법 행위로 인한 선인의 피해는 1930년 5월말부터 같은 해 말에 이르기까지 살해 13명, 부상 9명, 재산 피해 335건, 이의 손해액이 약 1만 3,000원에 달하였다. 우리 출장 관헌은 이런 종류의 피해가 발생할 때마다 지나 측에 통보하여 그 주의를 환기하고 다시 날을 잡아 손해배상 요구를 보류하고 엄중한 항의를 계속해 왔기 때문에 최근에는 점차 그 폐단도 고쳐지고 있다.

〈별지 제1호〉

조선인 이주 방지 방안에 관한 길림성정부(吉林省政府) 비훈령(秘訓令) 각 현장(縣長), 공안 국장(公安局長)

국민정부의 훈령을 받들건대 말하기를,

조선인의 이주 방지 방안에 관해서는 여러 번 훈령을 발해 두었지만 아직 저지(底止)하는 곳이 없어 장차 점점 증가하는 경향이 있다. 이들 이주자가 해마다 증가하는 이면에는 일본 정부의 침략적 야심이 있다는 것을 알지 못할 수가 없다. 곧 일본 정부가 이들 선인의 만주 이주를 장려하고 이주자를 이용하여 군사, 경제 및 공업 등 모든 방면에 침략을 시도하고 있는 것은 종래의 예에 비추어 보아도 분명하다. 바로 재류민 보호를 빙자해서 경찰력의 보충하고 사건 발생 시에는 생명과 재산 등 이권을 옹호하러 출병을 행하는 등의 미명(美名) 아래에 군사적 침략을 감행하고, 또한 경제 방면에서는 선인의 토지 소유 등에 의해서 생산과 원료의 침략을 기도하고 있다. 한편 이주 선인 중에는 불량분자가 적지 않고 이들로 인해서 중국 양민이 불량화하는 일도 얼마나 있는지 알 수 없다. 항상 외교와 내치의 여러 문제는 이들 재류 선인에서 발단하기 때문에, 이제 방지하지 않으면 장래 각종의 지장을 초래할 뿐만 아니라 국민의 경제 생활이 점점 위협당하여 저 일본에 흡수되고 말 것이다. 그리하여 이들의 장해를 배제하려고 한다면 먼저 선인의 이주를 방지함으로써 배후의 침략을 저지해야만 한다. 따라서 각 관리는 본령을 받들어 다음의 각항에 의해서 방지 방안에 대해 노력해야 할 것이다.

1. 선인의 귀화는 허락해 주지 않을 것.
2. 선인에게 토지소유권을 절대로 주지 않을 것.
3. 선인으로서 토지소유권을 가지고 있는 자는 시기를 보아서 회수할 것.
4. 생산기관에게 선인의 고용을 금지할 것.
5. 치안을 교란하는 자는 엄중히 취체를 하여 엄벌에 처하고 불온행동을 하는 자는 국외로 추방할 것.

1929년(民國 18) 12월 4일

길림성정부(吉林省政府) 주석 장작상(張作相)

〈별지 제2호〉

징치도매국토잠행조례(懲治盜賣國土暫行條例)

1929년(昭和 4) 7월 23일 봉천성정부위원회 회의 통과

제1조 관유(官有), 공유(公有) 및 자기 또는 타인이 소유하는 토지, 가옥, 황무지, 산림, 광산을 사사로이 외국인에게 매각하고 저당하고 임대하는 자로서 아직 관청의 허가를 받지 않은 자는 모두 국토를 도매(盜賣)하는 자로 간주하여 본 조례에 의해 처단한다.

제2조 외국인으로서 전조에 게시한 권리를 취득한 것은 본성정부(本省政府)의 인정에 의해서 무효로 될 것이다.

제3조 국토도매자(國土盜賣者)를 처벌하는 것은 다음과 같다.

관유, 공유 및 타인 소유에 속하는 것을 외국인에게 도매한 자는 사형.

자기 소유에 속하는 것을 외국인에게 도매한 자는 사형 또는 무기징역.

전항의 처벌 외에 소득·매매가를 추징하고 또한 전부 또는 일부의 재산을 몰수한다.

제4조 외국인 출자(出資)의 명의인(名義人)이 되어서 제1조에 게시한 죄를 범한 자는 제3조 제2항에 준해 처단한다.

제5조 국토 도매의 소개인 또는 연서인(連署人)[광업조례의 합판인(合辦人)과 같다.]은 공범으로 삼고 주범에 준하여 1등 혹은 2등을 감할 수 있다.

제6조 국토 도매의 중개 보증인 및 대선인 혹은 연대 보증인인 자는 2등 내지 4등의 유기징역에 처하고 100원(元) 내지 1,000원의 벌금을 함께 부과한다.

단, 전 2조에 게시한 위반자로서 사정을 알고도 범죄를 방조한 자는 제3조 제2항에 준하여 처벌한다.

제7조 본 조례의 위반 행위가 행해진 지방을 관할하는 촌장, 조역(助役), 인좌(隣左, 부락의 장)으로서 위반자를 발견한 경우에 검거하지 않거나 범행을 용인한 자는 2등 내지 4등의 유기징역에 처하고 100원 내지 1,000원의 벌금을 함께 부과한다.

제8조 지방 관리로서 사전에 본 조례 위반자를 알아채고도 금지하지 못한 자는 성정부의 재량에 의해 면직 혹은 감봉 처분에 처한다.

본 조례의 지방 관리란 각 시장, 현장(縣長) 및 각 공안국장, 동 분국(分局)의 관리 및 경찰 관리를 말한다.

제9조 전조의 지방 관리로서 사정을 알고도 범죄를 방임하고 또는 뇌물을 받은 자는 증거가 확실한 경우 공범으로 하여 주범에 준하여 제3조 각항에 비추어 처단한다.

제10조 지방 관리가 국토를 도매한 범인을 검거한 때에는 곧바로 권리를 무효로 하는 동

시에 원래의 계약도 취소시키고 범인은 제3조에 의해 천단해야 한다.

제11조 본 조례 시행 후 국토도매자로서 스스로 계약을 해제하고 완전히 권리를 회복시킨 자는 형(刑)을 면제하거나 경감한다.

제12조 국토의 도매가 이루어진 것을 알고 고발한 자는 그 범죄가 확실한 것에 한하여 지방관이 500원 이상 3,000원 이하의 장려금을 지급해야 한다.

　　　단 무고(誣告)한 자는 해당 법률에 비추어 처단한다.

제13조 지방 관리로서 국토 도매 검거에 공로가 있는 자는 성정부에서 표창한다.

제14조 본 조례는 성정부위원회에서 개정할 수 있다.

제15조 본 조례는 성정부위원회의 결의를 거쳐 시행한다.

〈별지 제3호〉

조선인의 귀화 취체와 국토 도매의 벌칙 적용에 관한 길림성정부의 비밀훈령

1929년(昭和 4) 8월

멀리 후미진 황무지를 개간하고 원인(遠人)을 회유한다는 취지로 선인의 다수가 빈곤한 점에 비추어 입적비(入籍費)를 1명에 대해 길림 대양(大洋) 30원(元)인 것을 특히 2원(元) 4각(角)으로 감액하였다. 그런데 부담의 감액은 도리어 폐해를 낳아 근래 각 현의 보고에 따르면 귀화 선인 가운데 특히 귀화의 이름을 이용하여 국토를 매수하고 이를 일본인에게 전매하는 자가 있다. 또한 겉으로는 입적했지만 그 실제는 의연히 일본 영사관의 관할을 받고 일본 자본가로부터 출자를 받아 국토를 매수하는 자가 적지 않기 때문에, 엄중히 취체를 하지 않으면 여러 가지 분규를 야기하고 국권의 상실을 초래할 우려가 있으므로 선인 입적우대판법(入籍優待辦法)은 즉일 취소하고 지금 이후는 규정대로 30원을 징수한다. 또 중국의 법률을 준수하고 일본인과 결탁하여 불법 행위를 하지 않는 뜻을 보증하는 보증인을 붙이도록 해야 하고, 만일 이를 위반하는 선인이 있으면 가차 없이 적발하여 국토 도매에 관한 벌칙을 적용해야 한다. 운운.

〈별지 제4호〉

국토도매자(國土盜賣者) 취체(取締)에 관한
길림전성((吉林全省) 공안관리처장(公安管理處長)의 훈령(訓令)
1929년(昭和 4) 9월 훈령 제958호

　연길현(延吉縣) 육도구(六道溝) 상부분국장(商埠分局長) 고립원(高立垣)의 보고에 따르면 대련(大連) 동아권업회사(東亞勸業會社, 일본인 경영)에서는 일본 정부 사명(使命) 아래에 연길, 화룡, 왕청, 혼춘 4현에 걸쳐서 100만 정보의 토지를 구입할 계획으로 사원 가토 시로(加藤四郞), 다나카 마쓰히로(田中滿大) 2명을 연길현 육도구에 파견시켰던 것이다. 그런데 그들 파견원은 재주(在住) 선인(鮮人) 신태현(申泰鉉) 외 수명과 비밀리에 연락하여 우리 국토 도매에 착수하고, 이미 무산(茂山) 전가(前街) 지나인 서화육(徐化育)의 토지 70여 일경(日耕)의 땅값 1만 7,000원과 본부(本埠) 동쪽 유복원(劉福源)의 토지 60여 일경의 땅값 약 1만 원을 도매(盜賣)한 사실이 밝혀져, 당 상부분국장이 서(徐), 유(劉) 2명을 체포·구금·취조하였고 모두 사실을 자백하였다. 이런 상황이라면 연길, 화룡, 왕청, 혼춘 4현 방면에도 저 파견원이 도매 방안에 대해 같은 식의 방법을 망라(網羅)하고 있는지도 모르므로, 각 현 공안국장이 부하를 독려하여 지선인(支鮮人) 사이에 토지 매매가 있는 경우 정밀하게 내용을 조사해야 한다. 또한 국토 도매자 발견 시에는 용서 없이 취체를 함으로써 결코 유감이 없기를 기해야 한다. 운운.

〈별지 제5호의 1〉

수정 현조직법(縣組織法)[1930년(民國 19) 7월 7일 공포]

제1장 총칙
제1조 현(縣)의 구역은 현재의 구역에 의한다.
제2조 현의 폐지, 신설 및 현 구역의 변경은 성정부(省政府)에서 내정부(內政部) 및 행정원

(行政院)을 거쳐서 국민정부에 상신(上申)하여 인가를 얻어 공포한다.

제3조 현에 현정부(縣政府)를 설치하여 성정부의 지휘·감독하에 모든 현(縣) 행정 사무를 처리하고 지방 자치 사무를 감독한다.

제4조 각 현의 현정부는 구역의 대소(大小), 사무의 번간(繁簡), 호구 및 부세(賦稅)의 다과 (多寡)에 따라서 3등으로 나누어 성정부에서 제정하여 내정부, 행정원을 거쳐 국민 정부에 상신하여 인가를 얻어 공포한다.

제5조 현정부는 중앙 및 성(省)의 법령에 저촉하지 않는 범위 내에서 현령(縣令)을 발포하 고 현단행규칙(縣單行規則)을 제정할 수 있다.

제6조 각 현은 호구 및 지방의 상황에 따라 약간의 구(區)로 분획(分割)하여 지방의 관습 또는 지세(地勢)의 제한 및 기타 특수 사정이 있는 것을 제외하고 각 구는 10 내지 50개의 향(鄕) 및 진(鎭)으로 조성(組成)한다.

제7조 대개 현(縣) 내 100호 이상의 촌락을 향(鄕)으로 만들고, 100호 미만의 것은 각 촌락 을 연합하여 1향을 만들 수 있다. 100호 이상의 시가를 진(鎭)이라 하고, 100호 미 만의 것은 향에 편입한다. 단 지방의 관습에 따라 또는 지세의 제한을 받거나 기타 특수 사정이 있는 지방은 100호 미만일지라도 향 또는 진으로 만들 수 있다.

향 또는 진은 1,000호를 초과할 수 없다.

제8조 구(區) 및 향(鄕), 진(鎭)의 구역 획정 및 변경은 현정부에서 성정부로 상신하여 인가 를 얻어 시행하고 성정부에서 내정부에 통보하여 기록으로 남길 것을 요한다.

제9조 구, 향, 진은 중앙 및 성현(省縣)의 법령과 규칙에 저촉하지 않는 범위 내에서 자치 공약을 제정할 수 있다.

제10조 향, 진의 거주민 25호를 여(閭)로 만들고 5호를 인(隣)으로 만든다. 단 지세 또는 기 타 사정에 따라 호수가 부족한 지방이 있는 때에는 현정부의 획정에 의해 여, 인 으로 만들 수 있다.

제2장 현정부(縣政府)

제11조 현정부에 현장(縣長) 1인을 두고, 민정청(民政廳)에서 자격을 가진 자 2인 또는 3인 을 선정하여 성정부의 결의로써 임용한다. 현장은 현정부를 종리(綜理)하여 소속

기관 및 직원을 감독한다. 현장의 자격은 별도로 정한다. 현장의 임기를 3년으로 하고 성적이 우량한 자는 중임할 수 있다.

제12조 무릇 자치 준비 중인 현으로서 이미 건국대강(建國大綱) 제8조 규정의 정도에 달하고 중앙의 검사를 거쳐서 합격한 곳은 현장을 민선으로 한다.

제13조 현정부에 비서 1인을 두고, 사무의 번간에 따라 1과(科) 또는 2과를 설치하여 각 과에 과장 1인, 과원 2인 또는 4인을 두고, 과의 수와 과원의 수는 성정부에서 정하여 내정부에 통보하여 기록으로 남긴다. 과원은 현장이 임명하여 위임하고 민정청에 통보하여 기록에 남긴다.

제14조 현정부는 사무원 및 고원(雇員)을 고용할 수 있다.

제15조 현정부에서 경찰관을 두어 독촉, 징수, 송달(送達), 탐정, 조사 등의 사항을 처리하도록 할 수 있다. 그 정원은 민정청에서 조사해서 결정한다.

제16조 현정부 아래에 다음의 각 국(局)을 둔다.

    1. 공안국: 호적, 경찰, 소방, 방역, 위생, 구재 및 삼림 또는 어렵의 보호 등의 사항을 관장한다.

    2. 재정국: 징세, 모채(募債), 공유재산의 관리 및 기타 지방 재정 등의 사항을 관장한다.

    3. 건설국: 토지, 농광(農鑛), 삼림, 수리, 도로·교량 공사, 노동공영사업 등의 사항 및 기타 공공사업을 관장한다.

    4. 교육국: 학교, 도서관, 박물관, 공공체육장, 공원 등의 사항 및 기타 문화사회사업을 관장한다.

    위의 각 국이 범위를 축소할 필요가 있을 때에는 성정부에 상신하여 국을 고쳐서 과(科)로 만들고 현정부 내에 부설할 수 있다. 현정부는 필요한 때에는 성정부에 상신하여 위생국, 토지국, 사회국, 식량관리국을 설치하여 각각 위생, 토지, 사회 및 식량 조절을 관리하도록 할 수 있다.

제17조 현정부 각국에 각각 국장 1인을 두고, 현장이 시험 합격자 중에서 선출하여 성정부에 상신하여 인가를 얻어 임명하여 위임한다.

제18조 현의 경찰 사항은 각 구(區)에 공안분국을 설치하여 처리할 수 있다. 공안분국에

국장 1인을 두고, 현장이 시험 합격자 중에서 선출하여 성정부에 상신하여 인가를 얻어 임명하여 위임한다.

제19조 현정부 소속 국장, 분국장, 과장, 과원 및 기타 보조직원의 자격 임용 및 대우 보장은 별도의 법률로써 정한다.

제20조 각 현정부 소속 각 국의 조직 및 권한은 법령에 별도로 규정한 것을 제하고 각각을 성정부에서 정하여 내정부에 통보하여 기록으로 남긴다.

제21조 현정부에서 현정회의(縣政會議)를 만들어 다음의 인원으로써 조직한다.

　　　1. 현장(縣長)

　　　2. 비서 및 과장(科長)

　　　3. 각 국장(局長)

　　　현정회의 개회 시에는 현장을 주석으로 한다.

제22조 다음 사항은 현정회의의 심의를 거칠 것을 요한다.

　　　현의 예산, 결산의 사항

　　　현의 공채(公債) 사항

　　　현의 공유재산 처분의 사항

　　　현의 공공사업의 경영·관리의 사항

　　　현장이 필요하다고 인정한 때에는 기타 사항을 현정회의에 제출하여 심의하도록 할 수 있다.

제23조 현정회의규칙(縣政會議規則)은 동 회의에서 의정(議定)한다.

제24조 현정부집무통칙(縣政府執務通則)은 내정부(內政部)에서 정한다.

제3장 현참의회(縣參議會)

제25조 현에 현참의회를 만들어 현민(縣民)이 선거한 참의원(參議員)으로서 조직하고 임기를 3년으로 하여 매년 3분의 1을 새로 뽑는다.

　　　현참의회 조직법 및 선거법은 별도로 정한다.

제26조 현참의회의 직권은 다음과 같다.

　　　현의 예산, 결산 및 모채(募債) 사항의 의결

현단행규칙(縣單行規則)의 의결

현정(縣政) 개혁 사항의 건의

현장의 제안 사항의 심의

제27조 현참의회는 구장(區長) 민선 후에 설치한다.

제4장 구공소(區公所)

제28조 구(區)에 구공소를 만들어 구장(區長) 1인을 두어 자치 사무를 관리하게 한다.

제29조 구장은 구민(區民)이 선임(選任)하고 동시에 현정부가 민정청(民政廳)에 보고하여 기록에 남긴다.

제30조 구민은 구의 규약 및 자치 사항에 대해 창제(創制) 및 복결(覆決) 권리를 가진다.

구장에게 위법·과실이 있을 때에는 구민이 이를 파면하고 새로 뽑을 수 있다.

전항의 창제, 복결 및 파면의 절차는 별도의 법률로 정한다.

제31조 각 구(區) 구민은 구장을 선거하는 동시에 감찰위원 5인 또는 7인을 선거하여 구감찰위원회(區監察委員會)를 조직하게 하고, 직무는 다음과 같다.

1. 구 재정의 감찰

2. 구민에 대한 구장의 위법, 과실 등을 찾아낸다.

제32조 구장 민선(民選)은 본법 시행 1년 후에 성정부에서 각 현(縣)의 상황을 참작하여 시기를 정하여 내정부에 통보하여 승인을 얻어 시행한다.

제33조 구장 민선 실행 이전에 구장은 민정청에서 훈련·시험에 합격한 자 가운데에서 임명하여 위임한다.

제34조 전조에 의해 임명된 구장에게 위법, 과실이 있을 때에는 현장이 성정부에 상신하여 파면할 수 있다.

제35조 구공소는 조리원(助理員)을 고용하여 구장을 보조하고 구무(區務)를 처리하게 할 수 있다.

전항의 조리원은 구공소에서 선출하여 현장이 임명하여 위임한다.

제36조 구공소 구무의 집행을 위해서 구정(區丁)을 둘 수 있다. 인원수는 현장이 정한다.

제37조 구공소에 구무회의(區務會議)를 만들어 다음의 인원으로써 조직한다.

1. 구장(區長)

2. 구조리원(區助理員)

3. 구(區) 소속 향장(鄕長) 및 진장(鎭長)

구무회의는 구장을 주석으로 하고, 적어도 매월 1회 개회하여 구장이 소집한다.

제38조 다음 각 사항은 구무회의의 심의를 거칠 것을 요한다.

1. 구공소 경비의 사항

2. 구(區) 공유재산 처분의 사항

3. 구(區) 규약 및 기타 단행규칙(單行規則)의 제정 및 수정의 사항

제39조 구자치시행법(區自治施行法)은 별도로 정한다.

제5장 향진공소(鄕鎭公所)

제40조 향(鄕)에 향공소(鄕公所)를 만들어 향장(鄕長) 1인을 두고, 진(鎭)에 진공소(鎭公所)를 만들어 진장(鎭長) 1인을 둔다. 향장, 진장은 각기 향진의 자치 사무를 관리한다. 향진에 각각 부향장, 부진장 1인을 두어 향장, 진방을 도와 사무를 처리하게 한다. 단 향진의 호구 500호 이상의 것은 부향장 또는 부진장 1인을 더 둘 수 있다.

제41조 향공소 또는 진공소의 사무는 향장, 진장이 여장(閭長)을 지정하여 보조하여 처리하도록 할 수 있다.

제42조 향장, 부향장, 진장, 부진장은 향민대회(鄕民大會) 또는 진민대회(鎭民大會)에서 선임하는 동시에 구공소를 거쳐 현정부에 보고하여 기록으로 남긴다.

제43조 향장, 부향장, 진장, 부진장에게 위법·과실이 있을 때에는 향민대회 또는 진민대회에서 이를 파편하고 새로 뽑을 수 있다.

제44조 향민대회 또는 진민대회는 향장, 진장을 선거하는 동시에 감찰위원 3인 또는 5인을 선거하여 감찰위원회를 조직하게 한다. 그 직무는 다음과 같다.

1. 각 향, 진의 재정을 감독

2. 향민, 진민에 대하여 향장, 부향장 또는 진장, 부진장의 위법·과실 등을 찾아낸다.

제45조 구장 민선 실행 전에 향민대회 또는 진민대회에서 향장, 부향장 또는 진장, 부진장을 선거할 때에는 정원의 배수를 선출하여 구공소를 거쳐 현장에게 보고하고, 현

장이 이를 선임하는 동시에 현장이 민정청에 보고하여 기록으로 남겨야 한다.

제46조 전조의 규정에 의해 임명된 향장, 부향장, 진장, 부진장에게 위법·과실이 있을 때에는 향민대회 또는 진민대회에서 구공소를 거쳐 현장에게 상신하여 이를 파면할 수 있다. 단 현장 스스로 이를 파면할 수 있다.

제47조 향진자치시행법(鄕鎭自治施行法)은 별도로 정한다.

제6장 여장(閭長), 인장(隣長)

제48조 여(閭)에 여장(閭長) 1인, 인(隣)에 인장(隣長) 1인을 두어 여 및 인의 자치 사무를 분장하게 한다.

제49조 여장, 인장은 각각 그 여와 인의 거민회의(居民會議)에서 선거한다. 선정 후 향장, 인장이 구공소를 거쳐 현정부에 보고하여 기록으로 남긴다.

제50조 여·인 거민회의는 여장, 인장을 파면하고 새로 뽑을 권리를 가진다.

향(鄕)·진(鎭) 공소에서 여장, 인장에게 위법·과실이 있다고 인정한 때에는 여·인 거민회의에 통고하여 새로 뽑도록 할 수 있다.

제51조 전조의 규정에 의해서 여장, 인장이 파면된 때에는 주관 향공소·진공소에서 구공소를 거쳐 현정부에 보고하여 기록으로 남겨야 한다.

제52조 여장, 인장의 선거 방법 및 임기는 향, 진 자치시행법으로써 규정한다.

제7장 부칙

제53조 본법의 시행 기일은 명령으로써 정한다.

<별지 제5호의 2>

간혼(間琿) 4현 신행정구획표

[1930년(昭和 5) 12월 현재]

현별 (縣別)	구호 (區號)	구공소 소재지	구역	구내 향(鄕)·진(鎭) 조직
연길 (延吉)	제1구	국자가 (局子街)	옛 지인향(志仁鄕) 구역 전부	반안향(盤安鄕), 옥란향(玉蘭鄕), 보곡향(寶穀鄕), 장산향(長山鄕), 협위향(莢葦鄕), 조양향(朝陽鄕), 장전향(長田鄕), 오합진(五合鎭), 구영진(久榮鎭)
	제2구	동불사 (銅佛寺)	옛 상의향(尙義鄕) 구역 전부	영양향(迎陽鄕), 귀평향(貴平鄕), 석린향(錫麟鄕), 유서향(裕庶鄕), 동불진(銅佛鎭), 영산진(榮山鎭), 통보진(通寶鎭)
	제3구	옹성랍자 (甕聲磖子)	옛 숭례향(崇禮鄕) 구역 전부	옹성진(甕聲鎭)
	제4구	두도구 (頭道溝)	옛 수신향(守信鄕) 구역 전부	동성향(東城鄕), 해란향(海蘭鄕), 서고향(西古鄕), 치화향(致和鄕), 용산향(龍山鄕), 이도구진(二道溝鎭), 독암진(禿岩鎭)
	제5구	동성용 (東盛湧)	옛 용지향(勇智鄕) 구역 전부	경안향(慶安鄕), 동진향(同鎭鄕), 신화향(新和鄕), 덕화향(德化鄕), 동성진(東盛鎭)
	제6구	합마당 (蛤蟆塘)	옛 춘양향(春陽鄕) 구역 전부	미정
화룡 (和龍)	제1구	대랍자 (大拉子)	옛 덕신사(德新社), 용신사(勇新社), 지신사(智新社) 구역 전부	미정(11향 2진)
	제2구	계사처 (稽査處)	옛 사백사(四白社), 사대사(四對社), 사무사(四茂社)의 구역 전부 및 합화사(合化社)의 일부	경영향(慶英鄕), 동명향(東明鄕), 평금향(平金鄕), 천양향(川陽鄕), 안유향(安裕鄕), 연송향(淵松鄕), 평송진(平松鎭) 및 옛 사대사(四對社), 옛 사무사(四茂社), 옛 사백사(四白社), 옛 합화사(合化社)(일부)를 6향으로 나눈다.(미정)
	제3구	삼도구 (三道溝)	옛 명신사(明新社) 구역 전부	미정
	제4구	남평 (南坪)	옛 덕화사(德化社), 숭선사(崇善社), 선화사(宣化社)의 전부 및 동화사(同化社)의 일부	친향(親鄕), 애향(愛鄕), 복향(福鄕), 성향(誠鄕), 지향(智鄕), 인향(仁鄕), 용향(勇鄕), 신향(信鄕), 의향(義鄕), 화향(和鄕), 평향(平鄕),

	제5구	석건평 (石建坪)	옛 월신사(月新社), 청하사 (晴霞社), 사광사(四光社), 삼 개사(三開社) 구역 전부	월신향(月新鄉), 청하향(晴霞鄉), 남양향(南陽 鄉), ■청향(■晴鄉)
왕청 (汪淸)	제1구	왕청 (汪淸)	옛 춘융향(春融鄉) 구역 전부 및 춘명향(春明鄉) 일부	미정(1향 4진)
	제2구	석현 (石峴)	옛 춘화향(春華鄉) 구역 전부 및 춘방향(春芳鄉) 일부	미정(3향)
	제3구	양수천자 (凉水泉子)	옛 춘방향(春芳鄉) 구역 일 부	미정(4향 1진)
	제4구	대두천 (大肚川)	옛 춘명향(春明鄉) 구역 대 부분	미정(4향 1진)
	제5구	나자구 (羅子溝)	옛 춘경향(春耕鄉) 구역 전부	미정(4향 1진)
	제6구	전각루 (轉角樓)	옛 춘화향(春和鄉) 구역 전부	미정(4향)
혼춘 (琿春)	제1구	혼춘 (琿春)	옛 수선향(首善鄉), 덕혜향 (德惠鄉), 흥인향(興仁鄉) 구 역 전부	미정(15향 2진)
	제2구	화수저하 (樺樹底下)	옛 숭례향(崇禮鄉), 용지향 (勇智鄉) 구역 전부	미정(16향 2진)
	제3구	사타자 (沙沱子)	옛 순의향(純義鄉), 경신향 (敬信鄉)의 구역 전부	미정(16향)
	제4구	마적달 (馬滴達)	옛 춘화향(春化鄉) 구역 전부	미정(16향 1진)

비고

1. 용정촌 및 국자가는 특별시로 한다.

1. 향·진 조직의 미정 부분은 인구의 희박, 기타 이유에 의해 목하 준비 중에 있다.

1. 구장은 1930년 11월 19일 전부 취임한다.

〈별지 제5호의 3〉

간혼(間琿) 지방에서 자치조직 변통(變通) 방법을 실시하는 방안에 관한

장(章) 길림성 민정청장(民政廳長) 상신서(上申書)

연길(延吉), 화룡(和龍), 혼춘(琿春), 왕청(汪淸) 4현에서 지방자치의 시행 방법에 관해서는 귀 정부 내정부(內政部)로부터 "연변 각 현 거주 선인(鮮人)을 현정부(縣政府)가 추천하여 구장(區長) 훈련소에 응시·입학을 해야 할지의 여부에 관하여 내정부 회답의 뜻을 준수하고 또 실상을 고려하여 그 시행 방법을 계획해서 상신(上申)해야 한다."라는 자복(咨覆)을 받았고, 또한 귀 정부로부터 본청에게 위의 밀령도 있었으므로 본청은 곧바로 촌정(村政)연구위원회에 의논하여 보고하도록 명하였다. 동 위원회로부터는 "연길, 혼춘, 화룡, 왕청 4현의 지방자치는 지체해서는 안 된다. 먼저 구획(區劃) 제정, 향제(鄕制) 편제 및 구공소(區公所) 조직을 점차 실행해야 한다"라고 보고를 접하였다.

당시 귀 정부가 소집한 전성(全省)행정회의 석상에서 연길현장 손상건(孫象乾)은 구촌자치(區村自治)에 변통 방법을 채용함으로써 폐해를 방지하려 한다는 제안을 하였다. 또 한편 본청이 연변 4현의 지방자치 시행 방법에 관해 촌정연구위원회에 자문하였을 때 동회의 보고와 아울러서 본청이 동회 전체위원 및 연(延)·혼(琿)·화(和)·왕(汪) 4현 현장(縣長) 및 연변 4현의 사정에 밝은 동강(同江), 몽강(濛江)의 두 현장(縣長)을 소집하여 토론을 행하게 하였다. 그 결과 동 지방의 자치는 신속하게 착수하여 시행해야 하고, 각급의 자치직원의 선임에 관해서는 변통 방법에 따라야 한다는 결의를 얻었는데, 이런 것들은 모두 기록으로 남겼다.

이상과 같이 본청이 회답, 상신한 것은 다음과 같다.

연·혼·화·왕 4현은 종래 남황위장(南荒圍場)의 땅으로서 현치(縣治) 시행 이전은 인적이 드물었다. 화룡현 남쪽 경계 도문강(圖們江)은 조선의 경계와 일의대수(一衣帶水)이고 선인이 연이어 입경(入境)하여 몰래 개간에 종사하였는데, 이를 알고 구축하려고 해도 할 수가 없었다. 광서(光緖)[126] 초년에 마침내 화룡욕(和龍峪)에 월간국(越墾局)을 설치하여 선인으로 하여금 황지(荒地)를 방령(放領)시키기로 하고, 이어서 연길강(延吉崗)에 초간국(招墾局)을 설치하여 규칙을 제정하여 선인의 황지방령(荒地放領)을 허가하였다. 이에 입경자가 날이 갈수록 더욱 많아져서 드디어 20만 명에 달하였다. 1902년(광서 28)에 연길청 및 화룡욕 분방(分防)을 설치하여 관리에 도움이 되게 하였다. 간도 문제의 교섭 해결 시에 도문강 중일경무조약

---

[126] 광서 연간은 1875~1908년이다.

(中日境務條約)이 체결되자, 연길청에 화룡, 왕청 2현을 설치하고 혼춘에도 신청(新廳)을 두었다. 혼춘청은 서쪽으로 도문강을 사이에 두고 조선과 상대하는 관계상 선인이 국경을 넘어 입국하여 개간에 종하는 자가 적지 않았고, 점차 그 수가 증가하게 되었다. 이상은 연·혼·화·왕 4현에서의 선민 이주의 유래이다.

그리고 상술한 중일경무조약 제4조에는 분명히 도문강 지방의 간지(墾地) 거주 선인은 중국법권에 복속하고 중국 지방관의 관할 재판에 귀속해야 하고, 중국 관리는 이들 선인에 대해서 중국인과 동등하게 대우해야 한다고 기재되어 있다. '도문강 지방'이란 연·화·왕 3현을 지칭하는 것이어서 혼춘은 이 범위에 포함되지 않는다. 원래 본 조약과 관계가 없지만 오로지 선인 관할의 편리와 종래의 선인 원조의 사실에 따라서 역사와 아울러 조약 관계상에서 중국인과 일시동인(一視同仁)으로 취급해 왔던 것이다.

일본은 21개조 조약[127]을 빙자하여 연변 4현을 남만(南滿)의 잡거(雜居) 구역 범위로 포함시켜서 경계조약을 폐기하려고 하여, 일찍이 선인을 권유, 입적시켜서 중국을 견제하려고 하였다. 그렇지만 우리 쪽 항의의 결과, 종전대로 앞의 조약을 유효로 하였기 때문에 선인의 일본 입적자의 수는 자못 적게 되었다. 현재 연변 4현에서 선인 인구는 45만 명이고, 이미 입적자가 아닌 자로서 가옥과 토지를 소유한 자가 다수이고, 일찍부터 귀속하여 이심(二心)을 품고 있지 않다. 법률상으로 한다면 중국 인민으로 인정할 수 없지만 사실상 및 외교상으로는 중국 인민으로서 인정하지 않을 수 없다.

일본은 연변 4현을 외부(外府)로 만들고 여러 가지 시설을 행하지 않는 것이 없다. 선인에게 이익으로써 유인하거나 위협하는 등 거의 극도로 이를 실행하고 있다. 그럼에도 다행히 선인은 중국에 귀속하는 마음이 견고하여 아직 그 유인에 탑승하지 않았다. 게다가 선인은 자치의 희망이 강하여 중국인에 비해 치열하다. 적절하게 힘을 다해 회유하여 자치를 시행하여 외환(外患)을 소멸함으로써 주권을 유지하게 하기 위해, 해당 각 현장(縣長)에게 명하여 먼저 구역 제정, 향제 편성 그리고 구공소(區公所)의 조직을 행하게 하고, 향공소(鄉公所) 혹은 진공소(鎮公所) 주비처(籌備處)를 설립하여 급히 비밀리에 향진(鄉鎮) 내의 화선인(華鮮人) 인구와 선인 입적자 수를 상세히 조사시켰다. 또다시 입향(入鄉)한 지 만 10년 이상이어서

---

127 1915년 1월 18일 제1차 세계대전 중 일본 제국이 중국에 대해 요구한 21가지 특혜 조건을 말한다.

내정부(內政部)의 국적 취득 제한을 해제하는 규정에 따라 심의를 받을 수 있는 자는 신속히 보고하도록 하여, 정식 허가에 대비하여 인민선서와 공민등기를 행하고 향진(鄕鎭) 선거 사항에 의해서 향장(鄕長), 부향장(副鄕長) 혹은 진장(鎭長), 부진장(副鎭長)을 선거하도록 위임하였다. 이후 각각 향진공소를 조직시키고 또한 획정한 여(閭), 인(隣)에서는 여장(閭長), 인장(隣長)을 선거하게 하고 현(縣)의 조직을 완성하여 자치 시행의 주비를 하도록 하였다. 단 각각의 현에 특종 사정이 있다면 향진의 편성을 적당히 취소하고 또한 중국인과 입적 선인이 없는 지방은 선서와 등기를 연기해도 지장이 없도록 하였다.

향진 자치직원은 모름지기 향진여인선거잠행규정(鄕鎭閭隣選擧暫行規程)에 따라 시행함을 원칙으로 한다. 단 향진장(鄕鎭長), 부향장은 현장이 당선 중국인 또는 이미 국적법 제9조 제10항에 의해 입적 제한 해제를 받은 선인 중에서 참작해서 선정하여 위임해야 하고, 향진 공민 중에 실제 합법한 자가 없는 경우에는 현장이 향진 공민 중의 중국인 혹은 이미 입적 제한 해제를 받은 선인 중에서 선정하여 대용(代用)으로 향장, 부향장 또는 진장, 부진장에 위임해야 한다. 중국인 그리고 입적 해제의 선인이 없는 지방은 현장이 동 향진 내에 이미 입적을 신청한 자 혹은 수년간 거주하여 토지·가옥을 소유하고 나아가 중국의 언어·문자에 통달하여 일찍이 지방 공익에 종사한 일이 있는 선인 중에서 선정하여 대용으로 향장 부향장, 혹은 진장, 부진장을 위임한다.

향장, 진장 등으로 대용한 경우에는 향(鄕)감찰위원회 혹은 진(鎭)감찰위원회를 설치하는 것을 잠시 인정해야 한다. 또한 여장(閭長), 인장(隣長)으로서 중국인 그리고 입적 선인 혹은 입적 신청 중의 선인 혹은 거주 다년의 선인 중에서 1인을 추천하여 향공소 또는 진공소에 보고하여 대용 여장으로 삼는다. 또한 인장은 본인(本隣) 거주민에서 입적 선인 혹은 입적 신청 중인 선인 혹은 거주 다년의 선인 중에서 1인을 추천하여 여장이 향공소, 진공소에 보고하여 대용 인장으로 삼는다. 이상의 경우에는 향공소 또는 진공소가 구공소에 보고해야 하고, 구공소장이 다시 현정부에 신고할 것을 요한다.

이상의 변통 방법이 법령에 저촉하는 바 없고 각종의 사실에 비추어 실행하기에 곤란하지 않으면, 이러한 자치 시행의 기회를 틈타서 선인을 권유, 입적시키는 일이 자못 긴요하다고 생각하고 각 현장에게 명하여 신중하고 엄밀하게 진행하도록 하여서 제도를 확립하여 변경을 보전하고자 한다.

이에 해당 회의록을 부수하여 비견(卑見)을 상신하니 가부(可否)에 대해 아무쪼록 지령을 받기를 바랍니다.

1930년(民國 19) 10월 31일

길림성 민정청장 장계괴(章啓槐)

길림성정부(吉林省政府) 주석 장작상(張作相) 전(殿)

〈별첨〉

길림성(吉林省) 각 현(縣)·향(鄕)·진(鎭) 공소(公所) 변사통칙(辨事通則)

제1조 본 통칙은 향진(鄕鎭)자치시행법 제46조에 의해 제정한다.

제2조 향진공소(鄕鎭公所)의 사무 처리는 법령에 별도로 규정한 것을 제외하고 본 통칙을 적용한다.

제3조 향장(鄕長) 혹은 진장(鎭長)은 현장(縣長)·구장(區長)의 감독과 지휘를 받아 각 해당 향진(鄕鎭)의 자치 사무를 관리하고, 부향장·부진장은 향장 또는 진장을 보조하여 사무를 변리(辨理)한다.

제4조 향공소(鄕公所) 혹은 진공소(鎭公所)는 사무의 번한(繁閑)에 따라 사무원, 향정(鄕丁), 진정(鎭丁)을 두어 사무를 집행할 수 있다. 그 인원과 대우는 향진대회(鄕鎭大會)의 결의를 거친 뒤에 구공소(區公所)에 청원을 올려 결정하고 구공소는 이를 현정부(縣政府)에 신고하는 것으로 한다.

제5조 구공소의 근무시간은 각 구공소에서 정한 시간에 따른다.

제6조 향장 혹은 진장이 사고로 인해 직무를 집행할 수 없을 때에는 구공소에 보고하고, 구공소가 부향장 또는 부진장을 지정하여 임시 대리하도록 한다. 그 기간이 1개월 이상에 달한 자는 현정부에 청원을 올려 그 지령을 받아야 한다.

제7조 사무원, 향정, 진정으로서 사고로 인해 휴가를 신청할 때에는 향장 혹은 진장의 허가를 받아 그 대리를 내세울 것을 요한다.

제8조 향공소 혹은 진공소는 필요시에 소속의 여장(閭長) 1인 혹은 2인을 지정하여 사무를 보조하도록 할 수 있다. 이 경우는 구공소의 허가를 받은 뒤에 실행해야 한다.

제9조 향무회의(鄕務會議) 혹은 진무회의(鎭務會議)는 사무의 번한에 따라 매월 1회 혹은 2회 개최해야 하고, 향장 혹은 진장은 개회 하루 전에 회의를 소집해야 한다.

제10조 법에 의해 향무회의 혹은 진무회의의 의결을 요하는 사항은 향무회의 혹은 진무회의의 의결을 거치지 않으면 향장 또는 진장이 이를 집행할 수 없다.

제11조 향공소 혹은 진공소는 처리해야 할 사무를 방치해서는 안 된다.

제12조 향공소 혹은 진공소에서 사무상에 시행이 곤란한 것이 있는 경우에는 그 이유를 상세히 구공소에 보고하여 그 지시를 기다려야 하고, 이를 방치해서는 안 된다.

제13조 향공소 혹은 진공소의 각종 장부는 구공소에서 발급하여 사용에 충당해야 하고, 그 표지 봉목(縫目)에는 구공소의 인감을 압날해야 한다.

　　그 종류의 다소는 구공소에서 정한다.

제14조 향공소 혹은 진공소의 수부(受附) 발송 문서, 수지(收支) 금액 및 보존 공용물품은 모두 분별(分別) 장부에 등기하고 비치해야 한다.

제15조 향공소 또는 진공소는 인감문서, 공약문서 및 모든 물품을 완전하게 보관하고 산일(散逸)하지 않도록 해야 한다.

제16조 향진공소의 경비는 예산, 결산을 제정하여 향민대회(鄕民大會) 혹은 진민대회(鎭民大會)를 통과한 뒤에 구공소의 사정(査定)을 받아야 하고, 구공소는 이를 현정부에 신고함을 요한다.

제17조 향진의 재정수지 상황은 3개월마다 공포해야 하고, 늦어도 다음달 5일을 넘겨서는 안 된다.

제18조 본 통칙은 향진자치시행법이 적용되는 기간을 유효 기간으로 한다.

제19조 본 통칙은 허가일로부터 시행한다. 만일 준비가 되지 않았을 때에는 민정청(民政廳)에 수시로 청원을 올려서 방정(傍正)한다.

〈별지 제6호〉

연변4현자치촉진회(延邊四縣自治促進會)의 성립 사정[128]

〈별지 제7호〉

간도 혼춘 지방의 지나 군대 배치표(1930년 4월 말 조사)

제1표: 간도 혼춘 지방의 지나 군대 배치 인원 총계표

여수(旅數)	병과(兵科)	단수(團數)	영수(營數)	연수(連數)	인원	병기수(兵器數)
1	보병	3	7	28	3,159	장총(長銃) 5,423, 권총 168, 기관총 1
	기병대			1	12	기총(騎銃) 10
	기관총연(連)			1	90	기관총 3, 권총 5
	포병연(連)			1	66	산포(山砲) 4, 권총 4
	박격포연(連)			1	42	박격포 4, 권총 3
	계	3	7	32	3,369	장총 5,423, 권총 180
	헌병		11		40	장총 10, 권총 34
합계					3,409	장총 3,433, 권총 214, 기총 10, 기관총 4, 산포 4, 박격포 4

제2표: 간혼(間琿) 지방의 지나 군대 배치표

동북육군 제13여(旅) 여장(旅長) 길흥(吉興)

　본부 진수사공서(鎮守使公署)[소재지 국자가(局子街)]

---

[128] '연변4현자치촉진회(延邊四縣自治促進會)의 성립 사정'에 관한 자료는 『'만주사변(9·18)'시기 재만 조선인 정책 자료집』(가칭)에 수록될 예정이므로 여기에서는 제외하였다.

장교 이하 인원 25, 장총 2,060, 권총 50

보병 제63단(團) 단장(團長) 보병 상교(上敎) 양양(梁洋)

　　단본부[소재지 국자가 하남(河南)] 별칭 남영(南營)

보병 제7단 단장 왕수당(王樹棠)

　　단본부[소재지 돈화현성(敦化縣城)]

보병 제70단 단장 주용(朱榕)

　　단본부(소재지 혼춘)

(1) 제63단

단본부 장교 이하 인원 40, 장총 30, 권총 5

(이하 표 생략 - 편역자)

제3표: 간혼 지방의 지나 헌병 배치표

동북헌병 제5대(본부 길림)

제19연(連, 중대)[소재지 연길현 국자가 하남(河南)]

연장(連長) 지성전(遲成田)

배호(排號)	배(排) 소재지	인원	장총	권총
제2분대 제2분주소	혼춘현(琿春縣) 경신향(敬信鄕) 회룡봉(回龍峯)	3	-	3
대소동(大蘇洞) 분견소(分遣所)	화룡현(和龍縣) 사백사(四白社) 대소동(大蘇洞)	2	-	2
신장리(新場里) 분견소	화룡현 사대사(四對社) 신장리(新場里)	2	-	2
제1배(排)	연길현(延吉縣) 국자가(局子街)	12	-	11
고려외(高麗嵬) 분견소	화룡현 합화사(合化社) 부암평(富岩坪)	2	-	3
혼춘(琿春) 분주소(分駐所)	혼춘현 혼춘 성내(城內)	4	3	3
고력성(高力城) 분주소	혼춘현 흥인향(興仁鄕) 고력성(高力城)	2	2	2

밀강(密江) 분주소	혼춘현 덕혜향(德惠鄉) 밀강	2	2	2
맹호별(萌芦別) 분주소	혼춘현 춘화향(春化鄉) 맹호별	4	3	1
마패(馬牌) 분주소	화룡현 월신사(月新社) 마패	3	-	2
개산둔(開山屯) 분대(分隊)	화룡현 삼개사(三開社) 개산둔	4	-	3
계	대(隊), 배(排), 분주소 11	40	10	34

〈별지 제8호〉

간도 혼춘 지방의 지나 경찰기관 배치표(1930년 4월 말 조사)

제1표: 간도 혼춘 지방의 지나 경찰기관 배치 인원 총계표

구분		인원	병기수
연길공안국 (延吉公安局)	공안국 1, 분국 3, 분소(파출소) 6, 소방대 1, 정집대(偵緝隊) 1	206	장총 157 권총 15
현(縣) 공안국	공안국 4, 구(區) 분국 21, 분주소·파출소 47, 상부(商埠) 공안국 2 광구(鑛區) 공안국 2 천도(天圖)철로 호로(護路)경찰대(본대 분주소) 8	774	장총 770 권총 111
보위단(保衛團)	본분대(本分隊), 배(排) 38	944	장총 967 권총 40 화승총(火繩銃) 2
보안대(保安隊)	본분대 9	258	장총 251 권총 17
경찰대	분대반(分隊班) 6	181	장총 171 권총 4
유순대(游巡隊)	대(隊) 1	16	장총 15
집사대(緝私隊)	대(隊), 분대(分隊) 20	201	장총 118 권총 28
합계		2,580	장총 2,449 권총 215 화승총 2

1920년대 재만 조선인 문제와 조선인의 대응

해제

　제IV장에서는 제1절에 일본 정부 측이 '재만 조선인 문제'에 관해 작성한 문건들, 제2절에 재만 조선인 문제에 대한 조선인의 인식을 보여 주는 자료들을 수록하였다.

　일본 정부 측에서 생산한 '재만 조선인 문제'라는 제하(題下)의 자료들은 '재만 조선인 문제'에 대한 정책방침이라고 할 수 있다. 이 가운데 「만주에서의 조선인 문제」(자료 25)는 1913년 아베(阿部) 정부국장이 작성한 「지나에 관한 외교 정책의 강령」 중 하나이다. 조선인의 만주 이주는 일본인의 조선 이주와 함께 증가할 것이고, 수전(水田) 등의 만주 개발과 일본의 쌀값 조정에도 이익이라고 하였다. 또 영사재판권 아래에 있는 조선인이 만주로 많이 이주하는 것을 싫어하는 중국 관헌이 장차 조선인을 퇴거시킬 것이라고 하였다. 이에 대한 방침으로 중국과 교섭하여 조선인의 만주 내지에서의 간토(墾土), 거주 및 영업을 공인하는 것이 득책이라고 하였다. 이 외에도 영사재판권의 보장, 귀화 강요의 방지도 언급하고 있다. 1913년에 작성된 것이지만, 항후 새만 조선인 문제의 원인들이 모두 언급되고 있는 것은 주목된다.

　「재외 선인에 관한 여러 문제」(자료 26)는 1921년 4월 30일 조선총독부 괘지에 펜으로 작성된 문건으로, 『제등실문서(齋藤實文書)』 9권(고려서림 간행)에 수록된 자료이다. 재외 조선인은 일본인인가 조선인인가, 재외 조선인의 사상과 보호·지도의 정도, 재외 조선인 주관 관청과 영사관 확장, 관동청과의 연락, 만철회사 및 적십자사와의 연락, 영사관 경찰의 쇄신과 확장, 지나 관헌의 회유 및 교환(交歡), 보민회 및 조선인 단체의 보호, 선교사와 회유, 일지합판사업(日支合辦事業)의 진흥, 총독부의 재외 조선인에 관한 예산, 육군 군인 및 낭인배의 망동 등에 대해 기술하고 있다.

　「재만 선인 문제」(자료 27)는 1921년 5월 7일에 일본 봉천총영사(奉天總領事) 아카쓰카(赤塚)가 기안한 문건이다. 재만 조선인 문제에 대한 취체와 보호상의 가치, 재만 조선인의 지위, 국적 문제, 간도협약과 남만동몽조약의 관계, '불령선인'의 취체 문제, 재만 조선인의 보호 문제, 보호·취체 담당자와 연락하는 방법, 경비 및 자금 문제 등을 기술하고 있다.

「재만 조선인 문제에 대하여」(자료 28)는《매일신보》의 1923년 10월 21일 자 사설이다. 일본이 대륙에서 발전하는 기초는 만몽에 이주한 조선인을 활용하는 데 있다고 하면서, 이들에게 경제적 원조를 하여 만몽 개척의 선구자로 삼기 위해서는 남만동몽조약에 의한 토지상조권을 해결하는 것이 필요하다고 역설하고 있다.《동아일보》와《조선일보》등이 재만 조선인 문제를 해결하는 제일의 방법으로 이중국적 문제의 해결을 주장하는 것과 극명하게 대조되는 논조이다.

「조선인 문제」(자료 29)는 1927년 12월 일본 외무성 아세아국 제2과에서 제54회 제국의회용으로 작성한 『최근지나관계제문제적요(最近支那關係諸問題摘要)』 제7권에 수록된 것이다. 재만 조선인 보호시설, 보호시설에 대한 지나 관헌의 태도, 재만 조선인의 귀화 문제, '불량선인단'의 동정과 취체 상황, 지나 관헌의 조선인 압박 원인과 상황, 압박에 관한 지나 관헌의 훈령, 조선인 압박에 대한 조선 국내·도쿄·오사카·봉천·안동 등에서의 반향, 일본 정부의 조치 등에 관해서 기술하고 있다.

「조선인 문제」(자료 30)는 1928년 12월 일본 외무성 아세아국 제2과에서 제56회 제국의회용으로 작성한 『최근지나관계제문제적요(最近支那關係諸問題摘要)』 제5권에 수록된 것이다. 재만 조선인 보호시설, 조선인의 이주 및 귀환 상황, 재만 조선인의 귀화운동, 만주·상해·광동의 '불량선인' 상황, 전민족유일당조직회의, 삼부(三府)통일운동, 재만조선인문제조사위원회 등에 관해 기술하고 있다.

그리고 한편 '재만 조선인 문제'에 대한 조선인의 인식을 보여 주는 자료들로는 1925~1929년 사이의《동아일보》와《조선일보》의 사설을 중심으로 실었으며, 『동북지역 조선인 항일력사사료집』에서도 2편의 자료를 수록하였다. 전자가 재만 조선인 문제에 대한 민족주의 계열의 인식이라고 한다면, 후자는 공산주의 계열의 인식이라고 할 수 있다.

먼저 〈재만 조선인 문제 – 교거증서(僑居證書)과 상조(商租) 문제〉(자료 31, 1925년 11월 25일 자 《조선일보》 사설)는, 미쓰야협정으로 인해 새로이 교거증서 문제가 대두하여 상조 문제로 신음하던 재만 조선인의 처지가 더욱 곤궁해졌다면서 이를 극복하는 길은 일본으로부터 탈적하고 중국으로 귀화하는 것이라고 역설하고 있다.

〈참을 수 없는 만주 조선인 문제 – 일중(日中) 협력의 조선인 압박〉(자료 32, 1926년 7월 24일 자 《조선일보》 사설)은, 미쓰야협정 이후 중국 관헌의 재만 조선인 압박이 더욱 격심해졌다면서, 상조권을 빙자하여 경작지를 박탈하고 과세를 무겁게 하며 교육기관을 불허하고 거주를 제한하고 이전의 자유를 구속하는 것은 일본 당국이 중국 관헌과 협력하여 조선인을 잔학하게 대우하도록 장려한 것이라고 하였다.

〈봉천(奉天) 관헌의 반성을 촉구함〉(자료 33, 1927년 1월 30일 자 《동아일보》 사설)은, 봉천성 당국의 박해가 심하다면서 자성을 촉구하였다. 이는, 당시 재만 조선인에 대한 박해 건수를 보면 봉천성이 길림성에 비해 압도적으로 많았던 사실에서 나온 것으로 보인다.

〈만주와 조선인〉(자료 34, 1927년 7월 9일 자 《동아일보》 사설)은 만주의 조선인 지도자들에게 부족한 점을 지적하였는데, 오랫동안 정주하려는 계획의 부족, 중국 정부 및 토착 중국인과 절충하여 중국 시민화하는 데 주력하지 못한 점 등을 들면서, 재만 조선인의 중국 시민권 획득이 백년지대계라고 하였다.

같은 제목의 〈만주와 조선인〉(자료 35, 1927년 11월 28일 자 《조선일보》 사설)에서는 일본의 만몽 정책이 구체화될수록 조선인에 대한 압박이 심해진다고 하면서 재만 동포의 결속적 항쟁을 주장하였다. 하지만 구체적인 대응책을 제시하지는 않았다.

〈재만 조선인 문제〉(자료 36, 1927년 11월 30일 자 《동아일보》 사설)에서는, 재만 조선인 문제를 인도(人道)상의 문제로 보면서 조선인의 희생을 많이 초래하는 일본의 대륙 정책이 일본 민족의 대계를 위해서 결코 좋은 결과를 가져다주지 않을 것이라고 내다보았다.

〈재만 동포의 구축(驅逐)에 대한 항의〉(자료 37, 1927년 12월 4일 자《조선일보》사설)에서는 중국 관헌의 압박이 격심해진 요인을 열거하였는데, 중국의 국민운동의 고조와 이에 대한 중국 군벌의 반동적 공포정치, 일본 세력과 결탁하는 중국 군벌, 일본의 적극적인 중국정책과 만몽 정책을 들고 있다. 또한 재만 동포를 구원하는 방도로는 재만 동포 자신들의 결속적 항쟁, 국내 동포의 적극적 성원, 중국 국민 여론의 지원, 신간회의 경성지회와 도쿄지회의 활동 등을 들고 있다.

〈재만 조선인 문제에 관한 대책 – 각파(各派) 총연결운동의 필요〉(자료 38, 1927년 12월 6일 자《조선일보》사설)는 재만 조선인 문제를 풀기 위해서 신간회를 비롯하여 각 사회적 단체와 민간의 언론기관 등이 총 연결하여 예컨대 재만조선인옹호동맹 같은 임시 기관을 만들 것을 주문하고 있다. 각 방면의 총 역량을 결집하여 합법적인 요구를 제기하면 조선 통치의 당국자나 장작림 등 만주의 당국자도 그 해결에 응할 것으로 내다보고 있다.

〈재만 동포의 운명〉(자료 39, 1927년 12월 7일 자《동아일보》사설)은 지금 재만 조선인 문제에 대해서 연구의 시기가 아니라 행동이 필요한 시기라고 하였다. 행동할 방법으로는 조선총독부와 장작림에게 전민족적으로 항의를 제출할 것, 재만 동포 위문단을 파견하고 사정을 조사할 것, 재만 동포의 후원운동을 전 조선에서 대대적으로 일으킬 것을 제시하였다.

〈만주 중인(中人)의 '배한(排韓)' 문제와 대책 (1)~(3)〉(자료 40, 1927년 12월 7일, 11일, 13일 자《동아일보》르포 기사)은 기자 나공민(羅公民)[129]의 르포 기사이다. 만주의 배한운동(排韓運動)은

---

129 나공민(羅公民)은 나경석(羅景錫, 1890. 9. 27.~1959. 12. 31.)의 필명이다. 수원 출신으로, 1914년 도쿄고등공업학교를 졸업하고 1915년 9월 귀국하였다. 1918년 6월 비밀리에 독립운동을 모의한 일로 1919년에 징역 3개월을 언도받았다. 1923년 1월 조선물산장려회 이사로 선임되었다. 1920년대 초 연해주로 건너가서 동아일보사 객원기자로 활동하였고, 1923년 9월부터 봉천에서 회사원으로 근무하였다. 1934년 7월에는 봉천의 조선인들과 함께 조선인의 단결과 친목을 표방하고 공영회를 조직하여 회장으로 활동하였다.

중국인이 일본의 의욕을 겁내고 의심하여 조선 사람을 못살게 하는 것이라고 보고, 그 대책으로 중국 입적자(入籍者)의 조선탈적(朝鮮脫籍), 중국 관민의 오해를 풀 일, 결속자위(結束自衛)로써 영주책(永住策)을 삼을 것, 백의와 갓을 벗어 버릴 것 등을 제안하였다.

〈재만 동포의 중국 귀화 문제〉(자료 41, 1927년 12월 18일 자《동아일보》사설)는 재만 조선인 문제의 해결책으로 재만 조선인의 중국 귀화를 주장하고 이를 위해서 일본의 국적법을 조선에 시행할 것을 요구하면서, 이것이 일본인의 상조권 문제보다 더 먼저 시급히 해결해야 할 과제라고 하였다.

〈재만 동포와 여러 대책 – 입적(入籍) 문제를 중심으로 (1)~(3)〉(자료 42, 1928년 1월 10일, 11일, 12일 자《조선일보》사설)는 재만 조선인 문제의 원인 7가지를 제시하고 있다. 그 가운데 조선인은 제국주의국가인 일본의 인민으로서 배척·구축당하는 것임을 강조하면서 중국에 귀화힐 것을 주장하며 귀화반대론에 대해서도 논파하고 있다. 중국에 입적함으로써 중국의 법령 밑에서 민족동권(民族同權)의 원칙에 의하여 한 명의 시민으로서 정치적, 경제적, 기타 일반적 법익을 확보할 것을 주문하고 있다.

〈재만 동포의 귀화 문제를 재론함〉(자료 43, 1928년 1월 15일 자《동아일보》사설)은, 재만 조선인 문제의 해결은 귀화가 가장 유력한 수단인 것이 거의 일치된 의견이라면서, 1월 10일 봉천의 만주조선인대회에서 일부가 제기한 귀화불가론에 대해 이는 재만 조선인의 이익을 존중하는 것이 아니라고 비판하고 있다.

〈다나카(田中) 내각의 재만 조선인 대책〉(자료 44, 1928년 1월 28일 자《동아일보》사설)은, 다나카 내각이 재만 조선인의 이중국적 문제를 해결하지 않고 조선인 보호를 명분으로 군사적 대책을 고려하거나 또 상조권의 해결을 기다리는 방식으로 문제를 해결하려는 정책에 대해서 부당하다고 비판하고 있다.

「만주의 조선 농민 문제」(자료 45, 『동북지역 조선인 항일력사사료집』 제1권 수록)는 1928년 4월

15일에 작성된 문건으로 말미에《만주통신》1928년 제7호에 실렸던 것임을 알리고 있다. 만주의 조선 농민 문제는 중국의 노농 군중과 조선 민족이 직접 나서서 해결하는 수밖에 없다는 점을 앞세우고 있다. 일본 정부와 중국 군벌 모두 조선 농민 문제를 해결함에 있어서 손을 댈수록 모순이 더 커지고 분쟁이 더욱 심해지고 있음을 강조하였다.

「만주에 거주하는 한국 교민들의 정세」(자료 46,『동북지역 조선인 항일력사사료집』제1권 수록)는 1929년 7월 25일에 강우(江宇)라는 중국 공산당원이 작성한 문건이다. 내용을 보면, 먼저 조선인 만주 이주의 연혁 개황을 기술하고, 이어서 만주에서 조선인의 민족운동, 무산계급운동, 청년운동동맹, 농민운동의 상황을 보고하고 있다. 결론 부분에 제시한 11개의 '한국 교민의 현황'은 당시 만주에 거주하는 조선 농민의 경제적 조건과 사상적 성향을 분명하게 보여 준다.

〈다시 재만 동포 문제에 대하여〉(자료 47, 1929년 3월 11일 자《조선일보》사설)는 재만 조선인의 압박과 구축이 여전히 수그러들지 않았음을 지적하면서 소작 조건도 더 열악해졌음을 강조하고 있다. 그러한 가운데 한족동향회와 같은 단체가 중국민과 동포 사이를 융화시켜 입적을 촉진하여 권리를 획득하게 해서 재만 조선인 문제를 해결하기를 기대하고 있다.

〈'재만 조선인 보호책'〉(자료 48, 1929년 12월 27일 자《동아일보》사설)은 일본 정부가 중국 정부에 대한 강압적 간섭 또는 영사관 설치, 경찰·군대 파견의 방법으로 재만 조선인 보호의 목적을 달성할 것이라고 생각하는 것은 인식 착오라고 비판하고 있다. 재만 동포는 그 자체로 목적이어야 한다면서 중국의 시민권을 누리면서 번창하는 것이 정당한 진로이므로, 재만 조선인에 대한 근본책은 그들의 일본 국적 이탈과 중국 귀화를 허용하는 것이라고 주장하고 있다.

I. 일본 정부의 재만 조선인 문제 방책

〈자료 25〉 만주에서의 조선인 문제[130]

압록강(鴨綠江) 우안(右岸) 일대의 만주(滿洲) 지방에는 종전 월간(越墾)[131] 거주의 선인(鮮人)이 적지 않다. 특히 근래 선만(鮮滿) 땅값의 고저와 생활의 난이(難易)를 비교하여 선인 중 이주하는 자가 자못 많은 것은 주의할 사실이다. 이런 추세는 조선에 이주하는 방인(邦人)의 증가함에 따라서 점점 현저하게 될 것이 틀림없다. 필경 경제적 이유와 사회적 경쟁에 기인한 자연의 현상, 즉 생활 문제의 결과에 다름이 아니어서 억지로 인위적으로 방지할 수 있는 것이 아닌 것이다. 이를 제국의 이해에서 고찰하면 해마다 증가하는 우리 인구의 과잉에 대하여, 조선은 원래부터 하나의 바람직한 수용지(收容地)로서 특히 미 대륙 등에서 방인의 이주가 점점 곤란을 맞이하려고 하는 오늘날에 선인이 한창 만주로 가서 본국에서 여지(餘地)를 방인에게 남기는 것 같은 것은 오히려 기뻐해야 할 일에 속한다. 더욱이 선인의 만주 이주는 수진 등 농업 경영의 발전을 가져오고, 만주 개발과 쌀값 조절에 일부분 공헌을 하는 데 틀림없이 이익이 될 것이다.

그런데 선인 이주의 증가는 마침내 지나 관헌이 주의할 바이다. 제국영사의 재판권 아래에 있는 많은 이민이 만주 내지에서 잡거하는 일은 좋아하지 않는 바이므로, 점점 이들에게 압박을 가하여 왕왕 퇴거를 강박하는 자도 있는 것 같다.

따라서 본 안건에 관해서는 금후의 필요에 응하여, 대체로 다음의 방침에 의해서 지나와 교섭을 완수하여 선인의 만주 내지에서의 간토(墾土)[132] 거주 및 영업을 공인시키는 것을 득책으로 준비한다.

---

130 자료 출전:「滿洲ニ於ケル朝鮮人問題」[1913年(大正 2) 阿部政務局長 稿 對支那(滿蒙)政策概要],『日本外交年表竝主要文書』(上), 日本外務省, 374~375쪽.

131『日本外交年表竝主要文書』(上)에는 '越懇'으로 되어 있지만 '越墾'의 잘못으로 보인다.

132『日本外交年表竝主要文書』(上)에는 '懇土'로 되어 있지만, '墾土'의 잘못으로 보인다.

1. 선인은 개방지 이외에서도 거주, 간토 및 영업을 할 수 있도록 할 것.

1. 개방지 외에서 잡거하는 선인은 지나의 법권에 복종하고, 지나 관리의 재판관할에 속할 것. 단 지나 인민에 비하여 어떠한 불이익이 있는 대우를 받는 일이 없고, 특히 재판은 가장 공평하지 않으면 안 된다. 일본국 관리는 자유로이 법정에 입회할 수 있어야 하고, 다만 인명범에 대해서는 당연히 먼저 일본 영사관에 알려 조회할 것.

이상은 간도에 잡거하는 선인에 관한 일지협약의 규정을 기준으로 삼고 따른 것이다. 그렇지만 선인의 잡거 구역은 교섭의 결과, 봉천(奉天)·길림(吉林) 2성(省) 또는 장춘(長春)에서 관동조차지(關東租借地)에 이르는 남만주철도(南滿洲鐵道) 선로의 이동(以東) 또는 새로 적당한 범위로 국한하는 것도 가능하다.

선인 귀화의 문제에 관해서는 원래 이를 장려해야 할 것이 아닐지라도 임의로 지나에 귀화하려는 자에 대해서는 이를 방해할 필요는 없다. 그렇지만 무엇보다 제일로 지나 관헌의 강제를 방지하는 데 주의하지 않으면 안 된다.

〈자료 26〉 재외 선인에 관한 여러 문제[133]

1. 재외 선인은 순전히 일본인인가 또는 소위 조선인인가

순전히 일본인으로서 끝까지 그 이익을 보호하고 권리를 주장할 때에는 지나는 반드시 조선인에게 지나로 귀화(歸化)할 것을 강요하든가 또는 국외로 방축(放逐)할 것을 기도할 것이다. 즉 국적 문제를 야기한다.

우리 관헌의 보호가 다행히 선인(鮮人)을 수희(隨喜)시키는 때에는 가령 지나로 귀화해도 여전히 우리 국적을 이탈하고 싶어 하지 않는 소위 이중국적자를 만들어야 한다.

종전 선인에 대하여는 지나치게 방임주의를 채용하고 또 무관심해서 선인은 거의 일본 신민(臣民)으로서의 은혜와 보호를 받지 못하였다. 따라서 우리를 신뢰하지 않고 지나의 기세를 엿보아 불령자(不逞者)에게 동정하여 가담하였다.

근시 간도 및 철도연선의 선인이 점차 우리 관헌에게 접근하여 보호를 구하는 경향이 있다. 시국을 수습하기 위해, 장래 대륙 경영을 꾀하기 위해, 선인을 보호하고 지도하는 것은 매우 중요하다. 선인의 대우 및 보호는 지방과 시기에 따라서 차이가 있다. 또한 차이가 없다고 할 수 없는 현재의 상태에서는 순전히 일본인으로서 대우하는 것보다는, 소위 조선인으로서 대우하고 상당한 보호를 가하여 알맞은 시설을 만드는 것이 현명하지 않을까.

2. 재외 선인의 사상과 보호·지도의 정도

재외 선인이 제국 관헌을 신뢰하는 정도는 지방에 따라 크게 차이가 있다. 즉 만주에서는 철도연선, 국경 지방 및 오지(奧地)에서 비상한 차이가 있다. 간도, 혼춘은 특별한 상태에 있고, 시베리아에서는 블라디보스토크[浦潮]의 점령 지대와 다른 지방의 사이에 구름과 진흙처럼 큰 상위(相違)가 있다. 자세히 구별하면,

---

[133] 자료 출전: 「在外鮮人ニ關スル諸問題」(1921. 4. 30.), 『齋藤實文書』 9, 高麗書林, 1993, 385~406쪽.

1) 철도연선은 장춘(長春) 이남은 대동소이하여, 우리 국력을 이해하고 관헌의 보호를 구하는 경향이 있다. 따라서 교육, 구료(救療), 금융의 방도를 강구하여 그들의 이익을 늘리고 그 손해를 없앰으로써 적극적 보호를 가할 필요가 있다.

2) 국경 지방에서는 불령선인(不逞鮮人)이 점차 우리 위력에 눌리고, 양민이 우리에게 접근하는 기운에 달하였다. 상당한 시설을 요한다.

3) 오지에 있어서는 우리 국력을 아직 이해하지 못한다. 우리 은혜를 입지 않았다. 따라서 신뢰하는 일이 적어서 이들에 대하여 먼저 우리 위력을 보일 필요가 있다. 계몽의 방법을 강구하는 일이 급무이다. 보민회(保民會)에 대해서는 상당한 원조를 줄 필요가 있다.

4) 블라디보스토크는 군대가 주둔 중인 때에는 우리 위풍이 늠름하더라도 철수 후에는 근심하지 않을 수 없으므로 전후의 구별 없이 그저 대금을 출자하여 회유에 종사해도 그 효과에 의심이 없을 수 없다. 적당한 방법을 강구하기 위해서는 충분한 사려를 잘하지 않을 수 없다. 기타 시베리아 지방은 거의 우리나라의 국정을 이해하지 못한다. 이에 대한 처치는 별도의 연구를 요한다.

5) 간도, 혼춘 지방은 타 지방과 다르게 별개의 천지이다. 조선적(朝鮮的)으로 경영하는 것[134]을 연구할 필요가 있다.

3. 재외 선인에 관한 주관 관청 및 영사관 확장

재외 선인에 관한 주관(主管) 관헌은 영사관(領事官) 및 관동청(關東廳)이다. 특종의 의미에서 만철회사(滿鐵會社)도 주관청과 같다. 그리고 영사관은 안동현(安東縣) 및 봉천(奉天)을 제외하고 종래 선인을 잘 알지 못하였다. 이 문제에 대해서는 일반적으로 냉담하게 무관심했기 때문에 그 시설 보호의 방법에서 거의 볼만한 것이 없었다. 이에 반하여 육군 관헌은 헌병특무기관 등 여러 기관을 설치하여 정보를 수집할 뿐 아니라, 실제 문제에 대해서 여러 번 착수하고 또 다른 조치에 대해 간섭하여 참견하는 일이 많았다. 세인으로 하여금 선인 문제

---

134 간도와 혼춘에 대해서 조선인 거주자가 중국인보다 더 많은 지역이라는 특성을 염두에 두고 제2의 조선을 대하는 것처럼 정책을 펼치는 것을 의미한다.

가 육군의 주관인 것처럼 오해시켰던 적도 두세 번이 아니었다. 군인이 분별없이 민정에 간섭하는 것은 직분의 범위를 벗어난 것이어서 내치·외교상으로 보아 불이익한 점이 많았다.

영사관을 독려하고 쇄신하여 확장함으로써 선인 문제를 처리하도록 하는 것은 당연하면서도 또한 초미의 급무이다.

총독부는 더욱더 영사관과 접촉을 지켜 나가고 연계를 밀접히 하여 차츰 시설 경영을 진전시킬 필요가 있다. 영사, 총영사를 총독부 사무관으로 하고, 필요한 경우에는 총영사를 추천하며, 또한 그 관원을 증가하고 경비를 증가해서 새로이 영사관 경찰을 확장하여 확실히 그 책임을 중히 함으로써, 조선인 문제에 열심히 종사하도록 해야 할 것이라고 생각한다.

4. 관동청과의 연락

관동청과의 연락은 종래 불충분하였다. 관동청이 선인 문제를 이해하지 못하는 일이 적지 않았다. 또 책임을 느끼는 것도 두텁지 않았던 것 같다. 통신 연락이 긴밀하지 않았기 때문에 취체(取締)상 유감이 적지 않았다. 금후 상호 감정을 따뜻하게 갖고 문제를 이해하고 협력·제휴하는 데 힘쓰고, 이를 위해서 양자의 관리를 상호 겸무시키고 또한 유형무형의 편의를 도모힐 필요가 있다고 본나.

5. 만철회사 및 적십자사와의 연락

재만 선인의 보호·구제에 대해서는 만철의 원조를 필요로 하는 것이 자못 크다. 따라서 만철로 하여금 조선을 잘 이해하도록 하여서 특히 구료(救療), 금융 등에 대해 신경을 쓰도록 하는 일이 매우 중요하다. 구료에 대해서는 적십자사를 이용함은 세간의 오해를 초래하는 일이 없을 것이고, 또한 제국의 문화를 널리 알려서 선인을 열복(悅服)시킬 수 있을 것이다. 지나, 시베리아의 땅일지라도 적십자사를 이용하는 것이 득책일 것으로 생각한다.

6. 영사관 경찰의 쇄신과 확장

영사관 경찰관 중에는 무능노후(無能老朽)한 자가 적다고 할 수 없다. 또 총기를 사용할 줄 모르는 자도 매우 많다. 끝내 쇄신을 따르지 않으면 활동을 기하기 어렵고, 또 대대적 증원을 감행하지 않으면 오늘날 위급한 상태에 제대로 대응할 수가 없다.

본부 경찰관을 영사관 경찰관으로 삼아서 겸무를 명해야 하고, 또 본부가 필요한 인원도 공급해야 한다. 또 필요한 곳에 겸무로서 주둔시켜야 한다. 어쨌든 이를 쇄신하고 확장함으로써 조사를 행하고 정보를 모아서 시의에 맞는 행동을 하는 데 유감이 없도록 기약해야 한다. 영사관 경찰의 확장은 지나가 매우 좋아하지 않는 바이어서 외교상 다소의 난관이 있겠지만, 자위상 반드시 수행하지 않으면 안 된다. 외무 당국자는 조선의 상황, 지나의 상황을 충분하게 잘 알아서 이것의 확장을 그만둘 수 없는 이유를 요해하여 열심히 지나에게 요구해야 한다. 만일 이를 주저하여 이를 제대로 주장하지 못하면 혼춘사건과 같은 것을 되풀이할 각오를 해야 할 것이다. 그렇지 않으면 재외 양민은 실로 방축되는 일을 예기하지 않을 수 없다.

7. 지나 관헌의 회유 및 교환(交歡)

지나 영토에 들어간 불령선인을 취체하는 것은 자위(自衛)상 그만둘 수 없는 바이다. 그렇지만 아마도 지나의 주권을 침해하는 일이 적다고 할 수 없다. 지나의 불평과 항의가 있는 것은 그 까닭이 없지 않다. 단 장작림(張作霖) 이하 대소 관리가 지위 관계상 친밀하게 우리 청탁을 수용하여 상당한 호의를 나타내고 있지만 정말로 좋은 일이다. 원래 정도(正道)가 아닌 소행인 것이기에 늘 주의하여 환심을 사서 호의를 구하여 양해를 얻을 필요가 있다.

근래 일지(日支) 관리의 교환(交歡)이 자주 행해져서, 처음은 기계적이었지만 차츰 정의(情誼)가 생기고 성실로써 접응(接應)하게 된 것을 경하해 마지않는다. 이런 교환과 향연 외에 금품, 훈장 등을 보내 그들의 명예심과 이익욕을 만족시킬 필요가 있다.

8. 보민회 및 조선인 단체의 보호

친일단체를 보호하는 것은 필요하다. 다만 선인은 질투(嫉妬)·배제(排擠)의 생각이 성하기 때문에 큰 단체를 제대로 만들 수 없다. 또 큰 단체를 조직하는 인물이 없다. 그러므로 각지 각소에 적당한 단체를 만들어 사정에 알맞은 시설을 만들고 활동하는 것이 부득이하다.

보민회는 불령단(不逞團)과 양립하지 못하는 지위에 있다. 절대 반대의 조건에 있기 때문에 점점 이를 조세(助勢)하여 상당히 유력한 것으로 만들 필요가 있다.

9. 선교사와 회유

지나에서 우리 활약을 가로막는 것은 선교사(宣教師)의 언동이다. 선교사에 대해 종래 영사관은 이를 중요시하지 않아서 거의 선교사와 회견하거나 담화한 일이 없다. 그렇기 때문에 그들은 하등 원려(遠慮)하는 바 없이 제국을 과감하게 공격하였다. 그렇지만 선내의 경험에 비추어 선교사와 왕래하여 교환(交歡)할 때에는 자연히 정의가 생겨서 우리의 진의를 양해함과 동시에 그 칼끝을 조심하게 된다. 특히 만주 문제에서 선교사는 그 품격이 반드시 고결(高潔)하지 않으며, 학문적 소양도 반드시 깊다고 할 수 없다. 게다가 생활난도 겪고 있어서 이를 회유하는 것이 꼭 곤란하지 않을 것 같다. 그들로 하여금 헛되이 질호대성(疾呼大聲)하지 않도록 하려면, 지나의 관헌이 사단을 일으켜서 자기의 실태(失態)를 두려워하여 함부로 우리 행위를 비난하는 일이 없도록 해야 한다.

[지나 영토로 들어가 경찰권을 행사하는 데에는 이미 관례를 만들었다. 오늘날 이것의 성례(成例)를 근본부터 파괴하는 것과 같은 일은 도저히 저들의 미력(微力)으로 가능하지 않다. 이 때문에 지나 관헌은 우리 경찰권을 인용하고 그 국내외의 시청(視聽)을 야기하지 않는 데에 고심할 뿐이다. 따라서 외인 혹은 불령자의 이런 사실을 폭로함을 걱정하고, 이 점에 대해서는 지나도 우리와 동일하다.][135]

---

135 괄호 안 내용은 자료 원문대로이다.

10. 일지합판사업의 진흥

지나 관헌을 기쁘게 만드는 것은 그에게 이익을 주는 데 있다. 나라에 재력이 없고 또한 금융이 경색(梗塞)한 오늘날은 즉시 일지합판사업(日支合辦事業)을 일으켜서 우리 자본으로 써 사업을 경영하여 지나에 그 이익을 나누어 주고, 다시 그 사업에 선인을 사용하여 그 생활을 안고(安固)히 해서 우리 은택을 느끼도록 하는 데 가장 좋은 시기이다. 수전(水田)의 경영, 용수(用水)의 개통, 철도 개통 등도 모두 적당한 사업이다.

11. 총독부의 재외 선인에 관한 예산은 그 실행에 즈음하여 고려할 필요가 있다

총독부의 재외 선인에 관한 비용은 매우 바쁜 가운데 편성되었던 것이어서, 빠진 곳이 많은 동시에 한쪽으로 치우쳐 경중을 잃는 감이 있다. 지방의 상황에 비추어보고 다른 관청의 연락을 살펴보아 적당히 이사자(理事者)를 골라 뽑아서 시설을 만드는 일은 매우 중요하다고 생각한다.

12. 육군 군인 및 낭인배의 망동을 제지하고 금지할 것

육군 군인에는 영준(英俊)이 적지 않은 동시에 평범하고 좁고 완고하여, 헛되이 명리를 쫓아서 단지 자기와 육군만을 알고 다른 것에 무지한 밑바닥의 사람이 없다고 할 수 없다. 근래 자리바꿈이 심한 결과 상관의 감식(鑑識)을 얻으려고 단지 일을 기도하는 자가 있다. 특히 만선(滿鮮)에서는 일종 특별한 사명을 띠게 된 것처럼 관념함으로써 함부로 잔꾀를 부리는 자가 적다고 할 수 없다. 그 대국(大局)을 알지 못함과 그 동기가 적절하지 않기 때문에 자주 비상식적이고 무례한 소행을 저지르는 일이 있다. 또 때때로 민정(民政) 사무에 참견하는 일이 있다. 그렇지만 소위 문외한의 간섭이어서 요점에 적중하지 못함은 원래 논할 필요가 없다. 하물며 직접 이를 집행하는 데 있어서이랴. 육군 군인은 마땅히 본래의 직분을 지켜야 하고, 분별없이 민정 외교에 간여하는 것은 해로움은 많고 이익은 적다. 특히 헌병의 망동에 이르러서는 단연 이를 금제하는 것이 옳다고 본다.

낭인(浪人) 중에는 옛날 기골(氣骨)의 무사가 적지 않지만, 근시 비열한 헛소문을 우국원도(憂國遠圖)에 맡겨서 의식(衣食)의 재물을 구하는 것 같다. 그들은 대체로 대국을 보지 않고 장래를 고찰하지 않으며, 주위를 알지 못한다. 때때로 무모하고 무법한 행동을 펼치고 제국에 폐를 끼치며 인민을 미혹시키는 일이 적지 않다. 현금의 상황은 낭인을 요하는 일이 드물고 적으며, 소위 지나 낭인, 조선 낭인을 필요로 하는 일이 많지 않다. 그들을 이용하는 것은 물론 아니고, 그들을 망동(妄動)하도록 만드는 것도 또한 제지해야 한다.

1921년(大正 10) 4월 30일 기록

〈자료 27〉 재만 선인 문제[136]

목차

제1. 재만(在滿) 선인(鮮人) 문제의 가치

　갑. 취체(取締)상에서 본 가치

　　1. 만주는 불령(不逞) 행동의 근거지

　　2. 불령 행동의 방지

　　3. 군자금의 출처를 없앰

　을. 보호(保護)상에서 본 가치

　　1. 선인의 대부분은 무지하고 선량한 민

　　2. 불령자의 압박으로부터 탈출시킬 필요

　　3. 수전(水田) 경영은 최량의 방책

제2. 재만 선인의 지위

　1. 무고(無辜)·무기(無寄)의 궁민

　2. 이주민의 증가와 지나 관헌의 경계

제3. 국적(國籍) 문제

　1. 지나 국적법의 적용

　2. 국적 문제 쟁의의 가부

　3. 정책상 국적 문제에는 저촉되지 않도록 해야 한다

제4. 간도협약(間島協約)과 일지신조약(日支新條約)

　1. 정책상 당분간 협약 실효 문제에 저촉되지 않도록 해야 한다

---

136 자료 출전: 「在滿鮮人問題」(1921년 5월, 봉천 赤塚 총영사 案), 『朝鮮人ニ對スル施政關係雜件/與論ノ部』, 日本外務省 外交史料館. アジア歷史資料センター Ref. B03041609700. 이 자료는 『朝鮮統治史料』 제10권, 한국사료연구소, 225~260쪽에도 실려 있다.

제5. 불령선인(不逞鮮人) 취체(取締) 문제

　　1. 불령선인의 취체는 원칙적으로 지나 관헌에게 의뢰하고 방법을 만들어 우리가 독려
　　　할 것

　　2. 선인으로 하여금 선인을 제어하는 방책을 취할 것

　　3. 대신판법(對訊辦法)에 의해 국경에서 취체할 것

제6. 선인 보호 문제

　　1. 경작 자금의 대여

　　2. 부업 장려와 그 원조

　　3. 교육기관의 시설

　　4. 의사 배치와 시료

제7. 통일 문제

　　1. 재만 선인의 보호·취체 담당자

　　2. 연락 방법

제8. 경비 및 자금 문제

　　1. 정부의 보조

　　2. 특수 회사를 이용하여 활동하게 한다

부표

　　1. 봉천성 각 현별 재주(在住) 선인 호구 개수(槪數)

　　2. 선인 농민의 생활 상태

　　3. 만주에서의 수전

　　4. 부업 장려에 대한 경비 개산(槪算)

　　5. 교육 상황 그리고 금후 시설에 요하는 경비 견적

　　6. 선인의 위생 상태와 의사 배치 경비 개산

제1. 재만 선인 문제의 가치

갑. 취체상에서 본 가치

불령선인(不逞鮮人)은 압록강 및 도문강의 대안 지나 영토에서 지나 관헌의 취체(取締)가 미치지 않는 동시에 일본의 권력이 지나 영토에 미치지 않음을 이용하여, 만주를 불령 행동의 근거지로 삼고 암살대와 결사대를 결성하거나 혹은 불온문서 등을 간행하여 늘 선내(鮮內) 치안을 교란시키려 꾀하고 있음은 사실이 증명하는 것이다. 한편 이들은 재만(在滿) 선인(鮮人) 각 부락에 출몰하여 양민을 선동하고 협갈(脅喝)하며, 이에 응하지 않으면 살해하여서 운동 자금을 획득하는 데 힘쓰고 있다. 이들 불령선인을 취체할 때에는 (1) 불령 행동을 미연에 방지하고, (2) 군자금의 출처를 없애고, (3) 선량한 선인을 안도시켜서 일본의 은혜를 느끼는 효과가 있게 한다.

을. 보호상에서 본 가치

1. 만주에서 선인의 대부분은 선량하고 무지한 가족 농민으로, 1919년(大正 9) 3월 조선 독립운동 발발 당시에는 불령선인의 선동에 응하여 독립의 가능을 믿고 불령선인단에 가입하여 운동 자금을 냈던 자가 많았을지라도, 그 후 조선 독립은 실현되는 모양이 없어 점차 불령자에게 속았다는 것을 감지하는 동시에 출금을 거부하게 된 결과 불령선인은 협갈 혹은 폭력으로써 양민으로부터 금전과 양식을 강탈하게 됨으로써 양민이 점점 불령선인을 혐기(嫌忌)하고 그들을 주목하여 강도와 살인을 하게 되었다. 이에 불령선인과 양민 간에 일대 간격이 생겨서 독립운동의 선전은 거의 어떤 반향이 없게 되었다. 이때 선량한 선인을 보호하고 불령선인의 압박과 주구로부터 벗어나게 하는 것은 재만 선인을 우리에게 귀의시키는 최량의 수단이자 동시에 또한 불령자를 취체하는 효과가 있는 것이다.

2. 재만 선인 농가의 대부분은 수전(水田) 경작자이고 현재의 상황은 몹시 번창하지 못했을지라도, 그들에게 확실한 토지의 권리를 주어 농업 자금을 대여하는 등 적당한 보호를 줄 때에는 생활의 안정을 얻어 점차 향상·발전하여 만주에 토착하게 될 이주민의 수도 차츰 증가하고, 그 결과 아국은 선인에 의하여 만주에 토지의 권리와 농업상 근거를 구축하여 아(我) 경제적 세력을 부식(扶植)하는 일이 될 것이고 또한 아 자본가도 조선인 소작인을 이용

하여 수전 경작에 종사하는 편리를 얻어 마침내 만일 유사시에 혹은 모국에서 쌀 부족이 발생한 경우에 이를 모국으로 공급할 수 있을 것이다(지나는 쌀 해외 수출을 방침으로 금지하고 있지만, 동삼성 산출의 쌀은 해외에 수출할 수 있는 편법을 좇았다).

제2. 재만 선인의 지위

1. 만주에서 선인의 대부분은 박자빈궁(薄資貧窮)한 데다가 또 무교육이어서 늘 지나 관민의 압박과 경멸을 받고 있다. 동시에 일본 관헌의 힘이 멀리 떨어진 지방에 있는 선인 부락에 미치지 못하기 때문에 그들은 마치 초상집의 개처럼 기탁할 데 없는 민(民)이 되기도 한다. 이러한 상태는 '일한 병합' 이래 오늘날까지 계속되어서 아 정부에서는 외무성과 말하지 않고 조선총독부와 말하지 않고 관동청과 말하지 않는다. 일찍이 이 문제에 향하여 손을 대지 않았던 것이어서 현재 1915년(大正 4) 일지교섭이 장차 파열하려고 하자 정부에서 재만 내지인에 향하여 철수 준비를 명하였다. 이때 재만 선인을 내버려두어 지나 관민이 너희들도 일본인이라며 욕하고 헐뜯고 구타한 사실이 있었다고 한다.

2. 근년 조선인 이주민의 수가 점차 증가하는 경향이 있는 동시에 우리로부터 지나 측으로 향하여 불녕선인의 취체를 요구한 결과, 지금까지 지나 관헌이 거의 등한히 하고 있었던 선인의 사정이 점차 밝혀지고 특히 간도 방면의 선인 상태를 보아 그 수가 자못 커서 놀랐고, 종래 선인 문제는 각 지방마다의 지방적 문제에 지나지 않았던 것을 현재에는 동삼성 중앙 당국이 고려하는 문제가 되었다. 이 때문에 (1) 이처럼 다수의 선인이 만주로 잠입하여 그 근저를 꾸며서 일본 세력으로 변화하는 것이 중대한 일이라고 보고, 따라서 선인에 대하여 토지의 대부를 취체하고 제한하여서 간접적으로 선인의 이주를 방지하는 방침을 채택하고, (2) 현재의 이주민에 대해서는 귀화를 권유하고 지나의 권력 밑에 두려고 한다. 선인의 국적 문제는 지나 측에서 보면 중대한 문제인 것이다.

요컨대 일본은 만주에 많은 조선인을 이주시켜서 그 발전을 돕고 이를 일본의 세력으로 끌어당기려고 하고, 지나 측은 될수록 조선의 이민을 제한하고 현재 이주자는 귀화를 권유하여 지나의 세력 밑에 두려고 하는 방침을 가지며, 그 사이에 선 조선인은 어느 쪽이라도 편리와 보호가 많은 쪽으로 향해 가려는 두마음을 가진 부류와 비슷한 지위에 있다.

제3. 국적 문제

민국 원년에 지나 정부는 국적법이라는 것을 발포하였고 이에 의해 대만적민 및 조선인도 모두 지나에 귀화할 수 있게 되었기에, 당시 우리 정부는 이에 대하여 지나 정부에 항의를 제출하고 이후 미해결된 채로 있었다. 동시에 조선에서는 이토 통감 시대에 조선인이 외국에 귀화하는 것을 금하는 명령이 나왔다고 알고 있다. 그렇다면 지나에 귀화한 조선인은 지나 측에서 보면 지나인이고 일본 측에서 보면 일본이어서, 결국 이중국적을 가지는 상태이다. 만주에서 선인에 대하여 일지(日支) 양국 관헌 사이에 재판관할권의 분쟁 혹은 인도(引渡) 문제에 관한 쟁의가 발생하는 것은 이 때문이다. 이 문제의 해결은 결국 일지 간에 이를 해결해야 할 조약을 맺는 것밖에는 없지만, 이 조약 체결을 제의할 시기는 아니라고 인정한다.

이를 지나 측에서 보면 만주에 있는 선인은 사실상 지나인 혹은 조선인으로 간주하며 일본의 국적을 가진 자라는 관념이 부족하고, 따라서 지나 관민이 조선인에 대한 태도와 일본인에 대한 태도에 다대한 차이가 있다. 특히 간도 방면에서는 조선인의 수가 지나인보다 훨씬 많고 그래서 그들은 간도협약에 의해 지나의 법권에 복종하는 자이므로, 지나 측은 이들 선인을 지나인이라고 간주하고 있는 것 같다. 재만 선인에 대하여 이 같은 관념을 가진 지나 관헌을 향하여 조선인의 국적을 다투어 만일 우리 주장을 관철한다고 가정하면, 지나 측이 조선인에 대한 종래의 태도를 일변하여 그 입국과 거주 및 농업에 대하여 직간접으로 방해를 가할 것은 상상하기 어렵지 않고, 특히 간도 방면처럼 전 주민의 약 4분의 3 이상 조선인 인구를 가진 지방에서 이를 모두 일본인으로 삼을 때에는 간도가 사실 일본인에 의해 점령되는 형세이기 때문에 동 방면에서 지나 측이 선인에게 귀화를 권유하여 명실공히 지나인으로 삼는 방침을 채택하고 있는 것은 생각건대 지나 측의 입장으로서 당연하다고 말하지 않을 수 없다.

이를 일본 측에서 보면 매년 10만 명 이상의 증가율을 보이고 있는 선민이 접양지인 만주로 이주하는 것은 오히려 좋은 일에 속하고, 그리고 이들 이주민이 지나에 귀화했기 때문에 토지의 소유, 임차 등의 편의가 있다고 한다면 그 귀화에 반대할 이유도 없을 것 같고, 지금 미국에서는 일본인의 귀화권을 반대하는 분쟁이 있는 사실에 비추어 우리 과잉 인구의 해외 이주 내지 귀화에 대하여 편의를 주는 것을 현명한 정책이라고 인정한다.

생각건대 조선인이 일본에 대하여 충량한 신민으로 되는 시대는 전도가 아직 요원하다할 것이고, 이와 동시에 지나에 귀화했다고 해서 지나의 선량한 국민인 것은 이 또한 더욱더 이상으로 전도가 요원하다고 본다[이를 역사상 사실에 비추어 도요토미 히데요시(豊臣秀吉)가 조선 원정 당시에 시마즈 요시히로(島津義弘)가 조선을 철수하며 한 부락을 거느리고 가고시마(鹿兒島)에 함께 와서 이들을 동지에 토착시켰는데, 점점 일본인으로 동화하기까지는 실로 300여 년의 세월을 요하였다고 한다].

따라서 선인의 지나 입적 문제는 결국 실제로 지나에 귀화하는 것을 묵인하고, 선인으로 하여금 토지 소유 등의 편리를 얻게 하여 그 발전을 자유롭게 하는 것이 상책이라 믿는다. 조선인은 고래로 사대주의의 인간이어서 일본의 세력이 증가함은 자연히 일본 측에 따라붙도록 할 것이다. 하물며 그들이 조선 내지에 친척과 고구(故舊)를 가지고 있음에서이랴.

이상 정책상의 이유에 의해서 국적 문제는 당분간 저촉되지 않는 것이 좋다고 할 것이다. 그렇지만 만주에서 이들 귀화 선인이 지나 관민의 울타리에 숨어서 독립운동 등의 불령 행동을 할 때에는, 만일 지나인으로 귀화했다고 가정하면 당연 우리가 지나에 항의하여 취체를 힘써 행하도록 할 수 있어야 하고, 만인 귀화인이 아니라고 해석하면 지나의 국적을 인정하지 않고 인도 혹은 처벌을 우리가 실행할 수 있어야 한다. 귀화인지 아닌지에 따라서 취체에 시장뇌는 상해가 없어야 하고, 또 불령선인 취체의 문제는 후자의 방법에 의한 것으로 하여서 선인 귀화의 정책은 독립 문제를 떠나서 고려하는 것이 적당하다고 인정한다.

제4. 간도협약과 일지신조약

간도협약(間島協約) 제4조에서 간도에서의 조선인은 지나의 법권에 복종하는 것으로 되어 있다. 이 규정은 만몽조약(일지신조약) 제5조의 규정으로 효력을 잃은 것이기 때문에 또 조선인은 병합 후 일본 신민으로 되어 한민(韓民)인 자는 법률상 존재하지 않기 때문에 간도에 있는 조선인은 당연히 지나의 법권(法權)을 벗어나 일본의 법권에 복종해야 한다고 주장하는 자가 있다. 그렇더라도 그 설의 옳고 그름은 별문제로 하고 제3에서 기술한 이유에 의해 당분간 이 문제에 손을 대지 않는 것이 정책상 좋다고 믿는다.

제5. 불령선인 취체 문제

1. 불령선인의 취체는 원칙적으로 지나 관헌에게 의뢰하고 방법을 만들어 우리가 독려할 것

지나 측으로 하여금 불령선인을 취체하도록 하는 경우에, 종래 불령선인들은 자기의 범행을 정치범이라고 하여 일본에서 취체할 뿐이고 지나 관헌에게는 하등 관계가 없는 것이라고 생각하고 있었다. 그런데 지나 관헌이 취체를 하게 된 결과 그들로 하여금 만주를 음모의 근거지로 삼는 것이 불가능한 것을 감지시키는 효과가 있어서 주의(主義)상 취체를 항상 지나 측에게 교섭, 의뢰하는 바이었다. 하지만 혼춘사건 발발 때문에 북간도 방면에서 우리 군대를 파견하여 봉천성 내 동부 각 현 지방에서 우리 군대가 시위적 행동을 하고 사실상 불령선인을 토벌한 결과로, 지나 측에 의해서 주권 침해 혹은 영토 침해 등의 대문제가 일어나서 위 토벌 혹은 행군에 동의한 장작림은 일시 자못 궁지에 빠졌다. 이 때문에 북경정부 및 길림독군 등이 우리에 대하여 철병을 요구하고, 동시에 지나 스스로의 책임으로 불령선인의 취체를 힘써 행할 것을 약속하였다. 그 결과로 동삼성 지방관헌에 의해서도 일본 군병의 월경·진격을 방지하는 목적으로 이후 불령선인에 대한 취체가 자못 진면목을 보이고, 장(張) 순열사(巡閲使) 등은 몇 번 훈령을 빌하여 지방의 문무 관헌을 독려하고 있다. 물론 교육을 받지 못해 규율이 없는 지나 군경이 정말로 상관의 의사에 따라 행동을 취할지 아닐지는 조금 의문이지만, 장 순열사 겸 봉천독군 겸 성장 및 길림독군 겸 성장 등의 책임으로 정말 취체를 힘써 행할 의사가 있음은 의심할 바 없으므로 그 부하의 취체가 불철저한 경우에는 우리가 이를 지적하고 최고 당국의 반성을 충분히 촉구하는 동시에 그 부하를 독려하게 한다. 동시에 부하 군경의 취체가 철저하지 않음은 지나 측에서 주는 급여 부족으로 인해 불령선인 등으로부터 뇌물을 탐하는 등의 폐단에서 나온 것이라는 사실을 반성하여 관계 각지 우리 당국에서 현상금 기타 명의에 의해 상당한 금전을 주어 지방적으로 지나 군경을 독려하는 방법을 채택하는 것이 가장 유효하다고 생각한다.

2. 선인으로 하여금 선인을 제어하는 방책을 취할 것

제2의 1에서 말한 바와 같이 먼 벽지에 있는 선인 부락의 대다수는 불령선인 혹은 불령선인을 표방하는 강도단의 협박으로 괴로워하고 우리 관헌의 보호에 의해 자위책을 강구하지 않을 수 없게 되었다. 이에 작년 4월 홍경(興京)에서 보민회(保民會) 본부의 설치를 보기에 이르렀다. 보민회의 제일의(第一義)는 회원이 상호 의지하고 도와서 단체의 힘으로 공동의 적인 불량선인의 횡포를 방어하는 데 있어서 회원 상호 간에는 만일 불령자가 나타났을 때에는 반드시 은밀하게 회의 간부에게 내보할 의무를 지고, 간부가 이 통지를 받았을 때에는 바로 이를 지나 경찰에게 보고하여 동행을 요구하여 불령자를 체포하기로 되어 있다. 홍경현에서 보민회가 설립된 이후 동지에 거주하는 약 7, 8만의 선인이 대부분 이 회원이 되었다. 이후 이 방면에는 거의 불령자의 족적이 끊어지게 되었다. 이를 믿고 나가서 대안 각지에 그 지부를 설치하는 계획이 목하 입안 중에 있다. 그리고 보민회에서 일본인의 감독을 요함은 물론이고 현재 실행하고 있다.

3. 대신판법(對訊辦法)에 의해 국경에서 취체할 것

다만 판법안(辦法案)은 먼저 봉천회의(奉天會議)에서 협의한 대로인데, 본 판법의 집행에는 상당한 경비를 지출하여 지나의 해당 관리를 각지 각지에서 잘 회유하여서 우리 목적을 달성하는 것이 긴요하다고 믿는다. 규정의 내용을 특별히 막연한 문자로 표현한 것 중 하나는 지나 측의 동의를 얻는 데 편리하고, 하나는 지나계 관리의 회유에 의해 사실상 목적을 달성한다는 취시에서 나온 것이다.

제6. 선인 보호 문제

1. 경작 자금의 대여

재만 선인 농민의 대부분은 자본이 적어서 다수는 1년 내지 5년의 임조료(賃租料)를 지나 지주에게 지불하고서 농경기부터 수확기까지 약 반년간 지주로부터 식료, 기타 생활품의 대여를 받아서(볍씨를 포함) 보통 수확하고서 이를 갚아 준다. 지나인 지주는 위 대부(貸付)에 고리의 이자를 붙여 수확기부터 찾아가기 때문에 선인의 소득이 매우 적고, 다음해의 파종기까지 이를 저축하는 여유가 있는 경우도 극히 적다. 하물며 이를 남겨서 점차 독립의 기초를 만드는 여력이 있는 자는 거의 없다고 해도 틀리지 않는다. 즉 선인의 경작은 1년 중 생활을 지탱하기에 충분하지 않은 것이 사실이고, 갑자기 한발이 닥치면 기민이 속출함은 어쩔 수 없는 현상인 것이다. 이의 구체책은 토지의 임조료를 대여하고 동시에 경작기부터 수확기에 이르기까지 6개월간의 생활비를 저리로 대부하여 지나 지주의 폭리로부터 벗어나도록 하는 데 있다. 이에 필요한 개략적인 계산은 별지와 같다(부표 제3호).

2. 부업의 장려와 그 원조

선인은 겨울철 6개월 동안 부업이 없기 때문에 생활이 궁핍한 경우가 적지 않다. 확실한 일본인 감독 아래에 적당한 옥내 작업을 주어, 예컨대 버드나무로 고리짝 바스켓류를 만들게 하고, 또 가마니[繩叭] 등을 제조하도록 하여 이를 적당한 가격으로 사들이는 방법을 강구하는 것이 구제의 하나임을 놓치지 말아야 한다. 계산은 별지와 같다(부표 제4호).

3. 교육기관의 시설

선인이 일본인인 이상 교육을 소홀히 할 수 없음은 물론이고, 특히 원격지에 있는 선인 부락에는 더욱 그 필요성을 인정한다. 선인의 부형도 학교의 설비를 일반적으로 희망하고 있다. 교육 내용을 조선 내지의 학교 혹은 일본의 소학교와 동일하게 할지 않을지는, 재만 선인의 현상 그리고 경비의 관계에 따라 연구를 할 문제다. 적어도 부락에서는 독서, 산술, 습자, 일본어를 가르치고 더욱이 보습과를 두어 졸업생에게 농업 일반 경제 등의 지식을 줄 정도의 시설이 필요하다. 착수로써 조선류의 서당을 세우고 일본인 교사 1명 및 그곳에 있는 선인 교사를 고용하여 실행하는 데에는 경비도 적게 들어서 그 성적을 보아 점차 보급과에 미치게 하며, 또한 개량의 궁리를 뜻밖의 순서로 나아가는 것이 옳다고 한다면 철도연선 및 그 부근에 있는 소위 도회지에는 일본 소학교와 동일하게 완전한 학교를 설치할 필요가 있다.

개략적으로 계산한 경비는 별지와 같다(부표 제5호).

4. 의사의 배치와 시료

멀리 후미진 부락에는 일본 의사는 물론 지나 의사조차 없고, 도회 부근에는 의사가 있더라도 빈궁의 선인은 그 혜택을 받지 못한다. 재만 선인의 생명은 오로지 천운을 기다릴 수밖에 없는 상태이다. 이렇게 불쌍한 상태로부터 그들을 구출하는 것은 인도의 문제로도 간과할 수 없는 것이므로, 이때 조선 대안 선인의 대집단이 있는 장소마다에 조선 의학교 출신의 선인 졸업생을 파견하여 상당한 보조를 주어 관할 구역을 정하여 1년에 여러 번 관할 내 선인 부락을 순회시켜서 진찰, 투약, 시료(施療) 등을 하도록 하는 제도를 만드는 것도 매우 필요하다고 본다. 개략적으로 계산한 경비는 별지와 같다(부표 제6호).

제7. 통일 문제

재만 선인의 보호 및 취체는 지역의 관계상 지나 관민과 절충을 요하는 경우가 많으므로, 원칙적으로 외무성의 담임으로 하고 척식국(拓殖局), 조선총독부 및 관동청으로써 방계 기관으로 하고 더욱 밀접한 연락을 취할 방법으로서,

1. 조선총독부 및 관동청에서 적당한 인물을 봉천총영사관, 안동영사관, 길림·간도·하얼빈(哈爾賓)·블라디보스토크[浦潮] 각 총영사관에 배치하여 외무성의 겸임으로 하여 해당 총영사 혹은 영사의 감독과 지휘 아래 두고 연락기관으로 만들 것.
2. 매년 1회 혹은 2회 경성 혹은 봉천, 길림, 간도, 하얼빈 등에서 외무성·척식국·조선총독부·관동청의 타합회를 열 것.

제8. 경비 및 자금 문제

정부는 저리 자금의 융통 혹은 보급, 이자의 급부 등 적당한 원조와 편리를 동척·만철·선은(鮮銀) 및 지금 계획 중인 동삼(東三)권업회사 등에 주어, 이들 각 회사로 하여금 필요한 자금을 지출 혹은 융통하도록 하는 방법을 강구할 것.

권업회사와 같이 만주 수전의 경영을 목적으로 삼은 회사는 자연 조선인 소작인을 사용하게 될 것이고, 조선인에게 확실한 소작지를 공급하는 것 자체가 이미 조선인을 크게 보호하는 것이 된다. 이에 벼[籾], 농기구, 6개월간 생활비를 대여하는 방법을 취하도록 하는 경우에는 도회 부근에 있는 선인을 보호하는 문제가 일부 해결될 것이다. 소작인의 교육은 이 회사로 하여금 담임시키는 것도 좋을 것이고, 원격지에는 선인 농회를 두어 일본인으로 하여금 감독시켜서 토지 혹은 수확을 담보하여서 연대 책임으로써 융통을 받은 자금을 상환

하도록 하는 방법도 있을 것이다.

부표

1. 봉천성 각 현별 재주(在住) 선인(鮮人)호구 개수(概數)

현별(縣別)	호수	인구	적요
봉천시(奉天市)	245	1,336	1920년(大正 9) 12월 조사
심양현(瀋陽縣)	5,326	26,977	동
신민현(新民縣)	4,289	22,764	동
무순현(撫順縣)	3,156	15,431	동
본계현(本溪縣)	2,330	12,335	동
흥경현(興京縣)	약 13,326	65,231	동
금현(錦縣)	9	50	1918년(大正 7) 말 조사
개평현(蓋平縣)	2	5	동
해성현(海城縣)	1	10	동
영구현(營口縣)	24	128	동
요양현(遼陽縣)	33	328	동
요중현(遼中縣)	9	41	동
철령현(鐵嶺縣)	114	599	동
개원현(開原縣)	125	613	동
창도현(昌圖縣)	1	1	동
법고현(法庫縣)	25	118	동
서풍현(西豐縣)	242	1,210	동
서안현(西安縣)	58	302	동
동풍현(東豐縣)	167	819	동
해룡현(海龍縣)	350	1,469	동

휘남현(輝南縣)	38	171	동
유하현(柳河縣)	1,502	6,786	동
통화현(通化縣)	1,426	7,605	동
환인현(桓仁縣)	2,924	14,609	동
임강현(臨江縣)	1,563	6,122	동
집안현(輯安縣)	5,248	26,240	동
안동현(安東縣)	315	1,480	동
관전현(寬甸縣)	3,520	33,600	동
장백현(長白縣)	3,258	21,627	동
봉황현(鳳凰縣)	871	5,283	동
계	50,497	273,290	

비고
- 본 표는 대부분 1918년(大正 7) 말경 조사하였는데, 1919년(大正 8)에 들어 조선 내지로부터 이주하는 자가 격증하였으므로 현재 수는 총계 30만을 넘을 것이다.
- 창무(彰武)·흑산(黑山)·안도(安圖)·무송(撫松) 각 현은 자세히 알지 못하여 게기하지 않았다.
- 간도는 특별 지역이므로 본 표에서 제외한다.

2. 선인 농민의 생활 상태

재만 선인의 9푼 이상은 농민, 특히 수전 도작에 종사하는 무지하고 빈궁한 민(民)이다. 이들의 생활 상태는 평균 1호당 4인으로, 수수로 만든 3평 내외의 가옥 혹은 지나인 가옥의 1실을 임차하여 가족이 섞여 살고 있다. 먹을거리는 수확한 쌀을 매각하고 값이 싼 조, 옥수수, 수수 등을 구해 주식으로 삼고, 건어·파·배추·무 등의 야채 및 고추, 청물(淸物)을 부식물로 삼아 생활하고, 1개월의 식비는 1가구 4인에 은 7, 8원(元) 내지 12, 13원으로 생활하는 것은 참으로 상당한 쪽이고, 더욱더 빈궁한 자는 조와 수수 소량과 야채에 다량의 물을 부은 죽으로 겨우 굶주림을 견뎌 내고, 1가구 4인이 근근히 월 4, 5원으로 생활하는 경우도 적지 않다.

수전 경작은 선인 농민의 선천적 기능이지만 그 방법이래야 천연 그대로 매우 거친 대농(大農) 방식이어서, 1인이 약 1정보를 경작하는 것을 보아도 얼마나 조잡한지 잘 볼 수 있다. 그래도 그들이 이주하는 곳은 풀이 끝없이 펼쳐진 황무지도 언젠가는 수전으로 변하여 종래 버려져 돌보지 않던 황무지에서 뜻밖의 수익을 올리므로, 지나인 지주는 일반적으로 선인의 내왕을 환영하고 있다. 그렇지만 이들 선농민은 1호 평균 3천지(天地)(1町 8反步) 내외의 경작을 하고 차지료는 지주와 대개는 절반 또는 4푼·6푼으로 계약하기 때문에, 소작 선인 1년의 소득이 150원 내외이고 경작비 전부에 사불(仕拂)하고 겨우 1가구 4인의 1개년 생계를 지탱하고 있는 상태이므로, 만일 한번 가뭄을 만나면 금방 기아에 빠지는 것이 보통이다. 그들 농민은 1년 내내 한결같이 곤고(困苦)하고 단지 욕심 많은 지나인 지주의 희생이 되었다. 영구히 지주로서 생활의 안고(安固)를 얻을 희망이 없고, 나아가 선인의 불온사상도 종식하는 일이 없음이야 물론이다. 이런 지주의 폭리와 주구로부터 벗어나게 하는 것은 선인 통치상 긴급한 일일 것이다. 이에 이의 구제로서 요하는 경비의 개략적인 계산은 다음과 같다.

(가) 현재의 소작 선인의 수지(收支) 상황(봉천 부근)

○ 수입(1천지, 6반보(半步)의 수지)
108.00원
벼[籾] 10석(石) 100.00원
볏짚[藁] 200관(貫) 8.00원

○ 지출
103.10원
차지료 50.00원(수확을 절반으로 나누어 지주에게 바치므로 벼 10석 분의 반분)
볍씨료 2.60원
수리세 8.00원
세금 2.50원
경작비 4.00원
농구비 2.00원
비료 2.00원
경작 잡비 3.00원
생활비 4.00원(1가구 4인 3천지 경작, 1년 12원)

거주비 5.00원(3천지 경작, 1년 15원)

이자 20.00원(생활비 및 농경비의 빌린 돈에 대한 월 5푼의 이자)

○ 차인(差引)

4.90원 이득

즉 1가구(3천지 경작) 1년의 수익은 겨우 15원을 넘지 않는다.

(나) 현재 오지에서의 소작 선인의 수지 상황

○ 수입

96.00원

벼 10석 90.00원

볏짚 200관 6.00원

○ 지출

69.10원

차지료 36.00원 (지주와 4푼 대 6푼의 비율)

볍씨료 2.60원

개관비(漑灌費) 1.00원

세금 1.50원

농기구비 2.00원

경작비 4.00원

비료 1.00원

잡비 3.00원

생활비 3.00원(1가구 4인 경작력 3천지, 1년 9원)

거주비 5.00원(1가구 4인 3천지 경작, 1년 15원)

이자 15.00원(생활비 및 농경비의 빌린 돈 이자 월 3푼)

○ 차인(差引)

수익 21.90원

즉 1가구(3천지 경작) 1년의 수익은 65.70원

위와 같이 오지와 봉천 부근을 비교하면, 그 실수익에 큰 차이가 있지만 65원의 소득이 있더라도 겨우 6개월의 생계를 지탱할 수 있을 뿐이어서, 이의 구제책으로

1. 자본주의 투자를 얻어 토지를 매수하고 방인이 지주가 되어 소작시킬 것.

2. 경작비 및 생활비를 대여하여 지주의 고리로부터 벗어나게 할 것.

1의 방법에 의할 경우에는 동척회사 등으로 하여금 자본을 대출하게 하여서 중계 회사 또는 확실한 방인 지주로 하여금 경영에 맡길 것.

2의 방법에 의할 경우에는 1호 3천지(1정 8반)를 경작하는 데 필요한 경작비 및 생활비를 약 50원으로 하고 이를 저리로 대여하여 약 1만 호라고 견적하면 필요한 자금은 50만 원.

그렇지만 2의 방법은 고식적인 일시적 구제책이기 때문에 오히려 1의 방법에 의해 미간지 또는 기간지를 매수하는 것이 득책임은 물론이다.

3. 만주에서의 수전

만주에서의 수전은 별표와 같이 기간지 대략 2만 5,000 정보, 미간지 약 60만 정보에 달할 것으로 예상되고, 미간지의 송화강, 요하, 혼하(琿河) 및 요하의 각 동류(東流) 유역 부근 일대에서 황무지 및 화전지는 모두 수전에 알맞다. 이들 선인의 이주가 격증하고 수전 경작에 종사하여 상당한 수익이 있기 때문에, 방인(邦人) 간에도 수전 열기가 발흥하고 따라서 지가가 등귀하여 봉천 부근에서는 당시 1천지(6반보) 100원 내외의 지가가 지금 5, 600원으로 폭등한 상황이고 봉천 부근 및 철도연선 부근에서는 방인 지주 및 소작 선민 모두 겨우 수지를 맞추고 있는 상태이지만, 기타 오지에 있는 수전 기간지는 1천지에 약 200원 내외, 미간지는 100원 이내로 수백 정보를 모은 토지를 각지에서 쉽게 매수할 수 있으므로 동척회사처럼 특수 회사로 하여금 투자시킨 경우에는 1인 1천지를 경작하기로 하고 60만 정보(100만 천지), 즉 100만 인의 농민을 불러올 수 있다. 무릇 만주에서의 수전사업은 조선인의 보호통치책과 분리할 수 없는 관계에 있기 때문에 수전사업을 일으키는 것은 한편 바로 선인을 통치하는

것이 되고, 또 다른 한편 만주를 쌀 산지로 만든 결과는 유사시에 국가에 위대한 공헌을 가져다줄 것은 말할 것도 없고, 그리하여 자본주 및 지주 그리고 소작 선인 모두 함께 상당한 수익을 차지하는 영원히 유리한 국가적 사업이 되는 것이다. 아래에 이것의 수지를 계산하여서 그 유리한 이유를 게시한다.

(가) 방인을 지주로 하여 계산(1천지, 6반보의 계산)

○ 지주의 소득
 - 수입
   36.00원. 수확의 4푼[分]
   8.20원. 대부(貸付). 생활비 및 농경비 대부금에 대한 연 2할의 이자
   계 44.20원
 - 지출
   19.00원. 지가 100원 개간비 대부금 40원에 대한 연 1할의 이자
 - 차인
   25.20원 이득
   100천지, 즉 60정보의 지주는 1년 2,500원의 이익을 거둘 수 있어서 연 1할 3푼[步]
     의 이율이 된다.

○ 소작인의 소득
 - 수입
   54.00원. 수확의 8푼[分](6푼의 오기로 보임)
   6.00원. 볏짚 200관대(貫代)
   계 60.00원
 - 지출
   23.00원. 농경비 및 생활비
   8.20원. 지주로부터 위 차금(借金)에 대한 연 2할의 이자

계 31.20원

- 차인 28.80원 이득

1호 3천지로 하여 86.40원

(나) 자작농의 계산[기간지 6반보(1천지)당의 계산]

○ 수입

96원

내역

벼[籾] 10석 90.00원. 6반보(反步)의 수확 1석 9원(최소한 수확 예산)

볏짚[藁] 200관 6.00원(10관에 대해 30전)

○ 지출

27원 20전

내역

볍씨료[種籾料] 2.60원, 벼 2두

개관비 1.00원

세금 1.50원

농구비 2.00원

경작비 4.00원

비료 1.00원

경작 잡비 3.00원

생활비 3.00원. 1가구 4인의 경작력 3천지로서 1개년 9원

거주비 5.00원. 1호의 경작력 3천지의 비율로 1개년의 집세[家賃] 15원

이자 4.10원. 경작 제 비용 및 생활비 5월부터 11월까지 7개월분 전대(前貸)에 대한
   연 1할의 이자

○차인 68.80원. 이 가운데 6반보(1천지)의 지가 200원에 대한 연 1할 2푼의 이자 24원
을 공제함.
순익 44.80원. 즉 6반보에 대한 이익.

만일 미간지라고 하면 1천지의 지가는 100원으로 하는 대신에 개간비로 약 50원이 필요
하므로, 기간지에 비해 1천지에 대해 다시 50원 내외의 증수(增收)를 볼 수 있다.

4. 부업 장려에 대한 경비 개산(槪算)

현재 조선인의 부업은 볏짚을 재료로 만든 새끼줄, 가마니 종류로서, 노력에 비해 수익
이 적고 또 이것의 판로도 아직 열리지 않았기 때문에 자연 부업을 권장하지 않는다. 겨울철
6개월간 놀고먹은 결과로써 특수 회사 또는 조합에서 이를 매수하고 판로를 확장하면 상당
한 수요가 있을 것을 의심치 않는다. 이 외에 이미 신민부(新民府) 및 철령(鐵嶺) 지방에서 버
드나무[杞柳]로 행리(行李), 바스켓, 기타 세공품(細工品)을 제작해서 점차 일반이 환영하는
수요가 있으므로, 이를 널리 조선인에게 전해 주어 제작하면 큰 수익을 올릴 수 있다. 경비
의 견적은 다음과 같다.

(1) 볏짚을 재료로 만드는 부업

제품 매수비 200,000원. 1호 20원 약 1만 호분
저장장(貯藏場) 설비 5,000원. 봉천, 안동, 무순, 개원, 철령의 5개소[137]에 만들고 1개소에
약 1,000원을 예상
취급종사원 봉급 4,800원. 1개소 2인 80원, 5개소 400원
잡비 1,800원. 1개소 월 30원, 5개소 150원
계 211,600원
제품 매각 수입 20,000원
차인 191,600원. 초년도 결손

---

137 자료에는 '4개소'로 되어 있으나 '5개소'의 오기로 보인다.

(2) 버드나무[杞柳]를 재료로 만드는 부업

버드나무 재배 비용 4,000원. 먼저 봉천, 철령 2개소에서 시험 재배

제작 제 비용 2,000원. 먼저 공수(工手) 1,000인과 이에 대한 교육 및 보속 재료비 등

제품 매수 비용 5,000원

잡비 500원

계 11,500원

제작품 매각 수입 8,000원

차인 3,500원. 초년도 결손, 2차년도 이후는 상당 수익을 예상

계 223,100원. 경비 소요액

또 철령에서 버드나무 재배 및 바스켓 제작에 대한 실험 계획을 별지에 첨부한다.

(가) 버드나무 재배에 대한 방안

제1. 초년도 예정

1. 버드나무를 삽식(揷植)할 토지

   어떤 토지라도 좋지만 최적의 토질은 비옥한 토양으로 배수가 잘되는 곳으로 한다. 앞에서 말한 입장하에서 철령 부속지에 있는 만철회사 소유의 땅 혹은 군용지를 장기간 빌려서 이곳에 삽식할 예정이다.

2. 삽식의 반별(反別)

   2정보로 하여 1개년 1평 2리 내외의 지료(地料)로써 매년 약 12원을 지불하기로 한다.

3. 품종

   일본산은 도사(土佐)의 버드나무를 제일로 치고, 다지마산(但馬産)이 버금가지만 만주는 풍토 관계상 이들을 직접 또는 만주화하여 삽식해도 장래 과연 잘될 수 있을지 의문스럽다. 따라서 재래종[신대자(新臺子)[138]산]의 중엽(中葉)을 사용하기로 한다.

4. 정지(整地)

   4월 중순 황무지를 개간하고 잡초 뿌리를 제거하여 흙덩이를 부수어 잘 정지하기로 한다.

---

[138] 현 심양시의 북쪽.

5. 재배법

삽조수(挿條數) 평당 22본(本) 반할(半割)로 휴폭(畦幅) 2척, 주간(株間) 8촌에 길이 9촌 내외의 묘(苗)를 약간 비스듬하게 삽입하고 상부 2, 3아(芽)를 지상에 노출한다.

6. 비료

반당(反當) 토분(土糞) 600관의 비율[割]로 하는 것으로 한다.

7. 경비

① 1반보(反步)에 대해 삽식 비용(육영학교생도 실습 노력은 생략)

일금 4원 80전: 경서(耕鋤)[황지(荒地)], 남 12인(1인 1일 40전씩)

일금 1원 20전: 삽수(挿穗) 절취(切取), 남 3인

일금 1원 20전: 종수(種穗) 농작, 남 3인

일금 3원 20전: 중경(中耕) 제초, 남 8인

일금 1원 20전: 시비(施肥), 남 3인

일금 80전: 해충 구제, 여 4인(1인 이일 20전씩)

일금 2원 50전: 비료 대금, 토분 2회

일금 45전: 구제액 대금

일금 60선: 1반보 비료(평 2리)

계 15원 95전

2정보에 대해 금 319원

② 농기구

일금 10원: 당초(唐鍬) 5정(挺), 1정 2원

일금 6원: 지나식 당초 5정, 1정 1원 20전

일금 7원 50전: 전정협(剪定鋏) 3정, 1정 2원 50전

일금 2원 40전: 쇠갈퀴(rake) 2정, 1정 2원 40전

계 28원 90전

합계 347원 90전

제2. 장래의 계획

올해 삽식한 버드나무는 내년 9월 하순에 베어들이고 정제(精製)한 것을 재료로 바스켓 수공을 보통과 3년 이상의 아동에게 부과하기로 한다.

그 방안은 여기에서는 생략한다.

바스켓 수공 교사의 고용, 준비비 등의 사정에 따라 만일 성립하지 않는 때에는 재료로서 매각하기로 한다.

백제(白製) 버드나무[杞柳]의 예산

(가) 기류의 생산 연한은 2년째부터 10년까지로 한다.

(나) 생산액(1반보에 대해)

　　2년째 백아(白芽) 35관(貫)

　　3년째 백아 40관

　　4년째 백아 60관

　　5년째 백아 80관

　　6년째 백아 100관

　　7년째 백아 100관

　　8년째 백아 100관

　　9년째 백아 90관

　　10년째 백아 80관

　　평균 75관

(다) 작부(作附) 1반보에서의 수입과 지출

　　○ 수입

　　백제 버드나무 60관(평균 산액에서 약 1할 5푼 감소할 것으로 견적)

　　이것의 대금은 21원 33전

　　(주) 백아 1근[150문(匁)]의 대금은 소양(小洋) 8전으로 하고, 금에 대한 소양의 관계를 150원으로 환산하면 1근 금 5전 3리여가 된다.

　　○ 지출

　　일금 3원 20전: 중경 제초, 남 8인

일금 1원 60전: 시비, 남 4인

일금 40전: 아소(芽搔), 여 2인

일금 80전: 추아(秋芽) 예취(刈取), 남 2인

일금 3원 20전: 피박(皮剝) 건조 등, 남 5인, 여 6인

일금 80전: 해충 구제, 여 4인

일금 2원 50전: 비료 대금(토분)

일금 45전: 구제액 대금

일금 60전: 지료

합계 13원 55전

○ 차인 수익금 7원 78전

(마) 바스켓 수공 준비(종사 인원을 10명으로 한다.)

품목	수량	단가	소계
바스켓 틀	대중소 3조(組)	7.50원	22.50원
호인전(戶引栓)	3개	3.00원	9.00원
폭전(幅栓)	1기	1.50원	1.50원
사본할(四本割)	2개	0.20원	0.40원
소도(小刀) 6푼	7개	0.40원	2.80원
탄기부협(彈機付鋏)	5정(挺)	0.60원	3.00원
전정협(剪定鋏)	1정	1.00원	1.00원
철(綴)	10본(本)	0.20원	2.00원
지석(砥石) 황(荒)	1개	0.50원	0.50원
지석 밀(密)	1개	1.00원	1.00원
대관(大鑵)(아연판제)	2개	3.00원	6.00원
금추(金鎚)	2개	0.50원	1.00원
사목추(四目錐)	2개	0.15원	0.30원
계			51.00원

바스켓 1개 제작 원료비 및 품삯[手間賃]

품명	대(약 1척 7촌)	중(약 1척 5촌)	소(약 1척 2~3촌)
만주산 백아기류	380문(匁) 0.13원	280문 0.09원	235문 0.08원
일본산 백아기류	20문 0.11원	20문 11원	15문 0.09원
이피(裏皮)	0.03원	0.03원	0.03원
정(錠)	0.30원	0.30원	0.30원
헤쓰친정(ヘッチン錠)	0.30원	0.30원	0.30원
쇠갈퀴(ヤマレーキ)	0.10원	0.10원	0.10원
파수(把手)	0.03원	0.03원	0.03원
징[鋲]	0.04원	0.03원	0.03원
명함 지갑(名刺入)	0.03원	0.03원	0.03원
소계	1.07원	1.02원	0.99원
품삯			
상편(箱編)	0.45원	0.40원	35소양(小洋)
호인(戶引)	0.10원	0.10원	10소양
개(蓋)	0.15원	0.13원	10소양
소계(小計)	0.70원	0.63원	55소양
합계	1.54원	1.44원	1.35원
도매 가격	3.00원	2.50원	2.00원
원료 및 품삯	1.54원	1.44원	1.36원
이익	1.46원	1.06원	0.64원

버들고리[柳行李] 수공 준비(종사 인원을 10명으로 한다.)

품목	수량	단가	소계
반판(盤板)	10개	3.00원	30.00원
답판(踏板)	10개	1.00원	10.00원
목추(木鎚)	10개	0.40원	4.00원
산(サン)	10개	1.00원	10.00원
궁장(弓張)	10개	0.30원	3.00원
궁죽(弓竹)	10개	0.40원	4.00원
행리포정(行李庖丁)	10개	1.10원	11.00원
행리용 소도(小刀)	4개	0.50원	2.00원
소계			74.00원

버들고리 1개 제작 원료비 및 품삯

품목	대마(大馬)(대)	영척(永尺)(중)	대하(大荷)(소)
만주산 백아기류	1관 500 / 0.5원	1관 200 / 0.45원	1관 100 / 0.44원
등(藤)	0.10원	0.10원	0.10원
파부(波附) 즈크[144]	0.50원	0.45원	-
실	0.25원	0.20원	0.18원
소엽(小葉) 즈크	0.38원	0.35원	0.33원
적연죽(赤緣竹)	0.38원	0.35원	0.30원
소계	2.11원	1.90원	1.35원
품삯			
1개조 품삯	0.52원	0.47원	0.42원 소양(小洋)
우(隅) 즈크부(附)	0.25원	0.20원	-
소엽(小葉) 즈크부	0.08원	0.07원	0.06원

139 즈크(ズック) : 네덜란드어 'doek'에서 유래한 말. 굵은 베실 또는 무명실로 두껍게 짠 직물.

연현임(緣懸ヶ賃)	0.16원	0.10원	0.08원
소계	1.01원	0.84원	0.56원
합계	2.78원	2.46원	1.72원
도매 가격	5.50원	5.00원	3.50원
원료비 및 품삯	2.78원	2.46원	1.72원
이익	2.72원	2.54원	1.78원

적요

1. 바스켓 그리고 버들고리 수송은 선인에게 부업으로 부과할 목적이다.
2. 바스켓은 보통 4개월간 연습하여 어엿한 한 사람의 직공이 된다.
3. 버들고리는 대체로 간이하지만 연부(緣付)에는 숙련을 요하므로 6개월의 연습을 한 자로 한다.
4. 버들고리와 바스켓 수공은 연령 13, 4세 이상은 제한이 없지만, 가장 적당한 연령은 14, 5세 이상 34, 5세로 한다.

5. 교육 상황 그리고 금후 시설에 요하는 경비 견적

선인의 교육은 아래와 같이 철도연선에서 봉천, 안동, 철령의 3개소에 조금 완비한 선인보통교육학교를 설립하고, 기타 오지에 밀집한 부락은 곳곳에 불완전한 소학교 또는 서당식 학교를 설립하여 초등교육을 실시하고 있지만, 취학 아동은 약 10분의 2, 3에 지나지 않은 상태에 있다. 각 현 인구 1,000명 이상을 가진 지방에는 현재의 학교에 다소의 개량을 보태어 아래와 같이 봉천, 안동, 철령 등의 소학교와 대략 동등한 정도의 학교를, 기타 지방에는 서당식 학교를 증설하여 교육의 보급을 꾀하고 있다. 소학교 및 서당의 설치 개수는 아래와 같다.

소학교 5개소. 1개소의 경비 연액은 5,000원, 계 25,000원

서당식 62개소. 1개소의 경비 연액은 500원, 계 31,000원

계 56,000원

○ 내역

소학교 설치 개소: 봉천, 철령, 안동, 무순, 흥경

서당 설치 개소: 심양현 5, 신민현 4, 무순현 3, 본계현 3, 흥경현 10, 서풍현 1, 동풍현 1, 해룡현 2, 유하현 2, 서안현 1, 법고현 1, 철령현 1, 개원현 1, 요양현 1, 영구현 1, 회남현 1, 통화현 2, 환인현 3, 임강현 2, 집안현 5, 안동현 1, 관전현 6, 장백현 3, 봉황현 2, 안관현 1, 무송현 1

학교별	학급수	생도수	직원수	경상비	적요
봉천 육영학교	1~3학급	104인	4인	약 8,000여 원	봉급 등은 만철의 보조 및 일반의 기부에 의함
안동현 보통학교	1~4학급	219인	5인	1,500원	임시비를 포함
철령 육영학교	1~2학급	45인	5인	7,477원	봉급 등은 만철의 보조금에 의함

6. 선인의 위생 상태와 의사 배치 경비 개산

만주 오지에 산재한 다수 선인 농민의 위생사상은 거의 전무하다고 할 만하고, 그 불결하고 비위생적인 것은 지나 하층 사회의 자보다 열등하다. 실내는 이상한 냄새와 먼지가 앞을 가로막는다. 더구나 의료기관이 없기 때문에 질병에 걸려도 단지 천운에 맡기기 때문에 반드시 치료할 수 있는 병환도 마침내 평생 불치로 괴로워하는 불쌍한 상태에 있다. 그러므로 인도상 및 선인 통치상의 견지에서 보면 현재 상태를 간과해서는 안 되므로 1,000명 이상 거주하는 선인 집단 부락의 각 현에 선인 의사 1명을 배치하여 순회진료를 맡도록 한다. 그 경비의 개략적 계산은 아래와 같다.

의사 배치 개소 18개소 18인

심양현, 신민현, 무순현, 본계현, 홍경현(2개소), 해룡현, 유하현, 통화현, 환인현, 임강현, 관전현, 장백현, 봉황현, 철령현, 서풍현, 집안현, 안동현

봉급 월 200원(여비 수당 등 일체를 포함), 43,200원

의료 재료 1개소 월 60원, 12,960원

계 56,160원

〈자료 28〉 재만 조선인 문제에 대하여[140]

정부에서 만몽(滿蒙)에 대한 정책 개선을 도모한다는 보도에 대해서는 저번 본란(本欄)에서 약간 논의한 바가 있거니와 요(要)하건대, 제국(帝國)의 대륙에 대한 정책은 이를 약언(約言)하면 평화적 시설에 의하여 경제적 발전을 이루어 피차(彼此)의 공존동창(共存同昌)을 기약함과 다르지 않다는 것은 다언(多言)을 요하지 않는다. 그리고 아국(我國)의 대륙 내 발전은 그 기초와 근거를 조선에 두지 아니하면 불가하며, 특히 만몽에 이주한 다수 조선인을 활동하게 하는 데 있음도 또한 식자의 의견이 일치한 바이다. 그러면 이것의 제1보(步)로는 먼저 조선과 만몽 두 곳의 경제적 관계를 밀접하게 하고 나아가 두 곳의 경제적 통일을 도모함은 매우 긴요한 일이다. 그러나 오늘의 현상은 우리의 기대에 반(反)하여 각각 특수한 경제적 기관을 가져서 그 보조(步調)가 번번이 일치하지 않을 뿐 아니라, 특히 다수의 조선인 이주자는 아무런 경제적 보호가 없으며 따라서 그들은 광막한 황야에 동표서박(東漂西泊)하여 그 생활의 안정을 얻지 못하며 이로써 사상(思想)이 악화되는 것도 또한 면치 못할 바이라. 여러 해 전부터 정부는 재만(在滿) 선인(鮮人) 문제에 대하여 구제보호(救濟保護)와 취체진압(取締鎭壓)에 상당히 노력을 경주하여 볼만한 결과가 없지 않다. 그러지만 이것은 그 근본 문제가 되는 경제적 향상으로써 생활의 안정을 확보하며 이어서 교육을 시행하여 그 문화와 지견(智見)의 정도를 향상케 함이 아니면 도저히 완전한 효과를 이루지 못할 것이다. 이에 반하여 전술한 것처럼 선만(鮮滿)의 경제적 연락 내지(乃至) 통일이 행해져서 일치한 행동과 보조로 재만 선인을 이용하며 활용하여 그 경제적 원조를 아끼지 않음으로써 그들을 탐포무렴(貪暴無廉)하며 강욕무쌍(强慾無雙)한 지나인(支那人)의 고리대업자(高利貸業者)와 지주 등의 압박으로부터 구출하여 만몽 개척의 선구자로 삼게 할 것은, 단지 목하(目下)의 사정(事情)에서 필요할 뿐 아니라 국가 장래의 만년대계를 위하여 수긍해야 하지 않을까.

경제적 세력을 대륙에 부식(扶植)함에는 무엇보다도 그 토지에 대한 권리를 확보할 것을 해결하지 않으면 안 되므로 1915년(大正 4)의 일지협약(日支協約)에 의하여 만주에서 갖게 된

---

140 자료 출전: 〈在滿朝鮮人問題에 對하야〉,《每日申報》1923년 10월 21일자, 1면.

상조권(商租權)을 해결하는 것도 극히 필요하다. 더욱이 당분간은 각종의 사정으로 그 현안(懸案)의 해결이 극히 곤란하게 된 금일에, 우선 다년간 그 땅에 이주하여 그 개척에 종사한 조선인을 원조하여 그 차지(借地)의 편의를 갖게 된 것을 잘 이용하여 상조권 해결과 똑같은 효익(效益)이 있기를 기약하지 않을 수 없을 것이다. 요하건대 제국의 재만 경제적 세력은 그 견실(堅實)을 기약하며 점진(漸進)을 주로 해서 광대한 토지에 세력의 근간을 부식할 것이고 헛되이 투기적 사업으로 종시(終始)할 것이 아니다. 그리고 조선인 활용에 대해 말하면, 조선인에게 그 원조를 준다고 하는 것보다는, 만주에서 더욱 많은 필요와 편의를 가진 것을 각성하고 그들에게 그 경제적 원조를 주면 이에 선만(鮮滿)의 경제적 관계는 밀접하게 되어 그 연락과 통일을 지키는 것이 결코 난사가 아니게 될 것이다. 그러므로 우리는 정부가 만몽에서의 정책을 일변하여 오로지 경제적 발전을 기약한다 함에 만공(滿空)의 찬의(贊意)를 표(表)한다. 동시에 그 경제적 발전은 반드시 조선에 근간을 두며, 재만 조선인으로도 선구자가 되어 대륙에서 제국의 사명을 수행하여 동창공영(同昌共榮)의 열매를 거두지 않으면 불가하다고 할 것이다.

〈자료 29〉 조선인 문제[141]

목차

제1장 재만 조선인 일반 문제

　제1절 일반 상황

　　(1) 보호조장(保護助長)시설

　　(2) 지나 관헌의 태도

　　(3) 선인의 외국 귀화 문제

　제2절 불량선인(不良鮮人) 상황

　　(1) 불량선인단(不良鮮人團)의 동정

　　(2) 불량선인단의 취체 상황

　　(3) 미쓰야협정(三矢協定)의 득실

　　　제1호표 재만 선인 분포표

　　　제2호표 재만 선인 민회(民會) 일람표

　　　제3호표 재만 선인에 대한 금융기관

　　　제4호표 재만 선인에 대한 위생시설표

　　　제5호표 불령선인 단체표

제2장 재만 조선인에 대한 지나 관헌의 압박 문제

　제1절 조선인 압박의 원인

　제2절 지나 관헌의 선인 압박 상황

　　제1표 지나 관헌의 선인 압박 사례표

　　제2표 최근 재만 선인의 압박 건수표

---

141 자료 출전:「朝鮮人問題」(1927년 12월 조사),『最近支那關係諸問題摘要』第七卷(第五十四議會用), 日本外務省 亞細亞局 第二課, 日本外務省 外交史料館. アジア歴史資料センター Ref. B13081158800.

제1장 재만 조선인 일반 문제

제1절 일반 상황

(1) 보호조장(保護助長) 시설

만주에서의 조선인은 해마다 증가하는 추세를 보여서 1925년(昭和 원년) 12월 말 현재로 인구 54만여 명을 헤아린다(제1호표 참조). 이들의 향배 여하는 제국의 대륙 정책상 등한히 대하기 어려운 것이므로 이들을 선도하고 유액하기 위해서 우리 공관 소재지에 민회(民會)를 만들도록 하고, 정부는 이에 보조를 주어 그 발달을 조성하고 지방 선인의 공공적 사업에 도움이 되도록 하고 있다. 민회의 수는 35, 보조 연액은 6만 4,000여 원에 달한다(제2호표 참조). 또한 정부는 남·북만주를 통해 재류 조선인의 집단지에 조선에 있는 보통학교 정도의 학교를 세워서 직접 경영하고, 또한 임의로 설립한 서당[본방 옛날의 데라코야(寺小屋)[142]식 교육 기관으로 주로 오지에 산재한다]에 대해서 경비 보조, 교과서 배급 및 교원 특파 등 선인 교육열의 발흥에 순응하고 있다. 그리고 이에 요하는 경비는 재원, 기타 관계상 조선총독부의 경제로써 처리하고 있고, 연액이 18만여 원에 이른다.

위 선인 학교 중 정부에서 경비를 보조하고 있는 학교의 수는 다음과 같다.

직접 경영의 보통학교	8
경비 보조의 서당	75
계	83

이 밖에 아직 경비를 보조하지 못하는 곳도 상당히 많은 수에 달하고 점점 증가하는 경향이 있다. 이 가운데 장래가 기대되는 곳에 대해서는 예산이 허락하는 한 보조하고 장려할 필요가 있다고 판단한다.

재만 이주 선인의 대부분은 농사[특히 수도작(水稻作)]를 업으로 삼는 자인데 거의 자금력이 없으므로, 이에 대해 금융의 편리를 줄 필요에서 금융기관으로 하여금 간도에서 금융부, 봉천에서 협제공사(協濟公司) 등을 설치하고 있지만 이용의 범위가 협소하다. 다른 곳을 보면 거주지의 대개가 오지여서 채권 확보상 다대한 위험이 있기 때문에 충분한 경제적 원조를 할 수 없는 상태이다(제3호표 참조).

또한 정부는 만주의 중요지에 의사를 보내어 의약의 혜택을 베풀고 있는데 이미 좋은 성적을 거두고 있다(제4호표 참조).

---

142 데라코야(寺小屋): 일본 에도(江戸)시대 서민의 교육시설. 승려, 무사, 신관(神官) 등이 읽기, 쓰기, 주판셈을 가르쳤다.

(2) 지나 관헌의 태도

그런데 이들 이주 선인의 증가에 대하여 지나 관헌은 근래 비상한 주의를 기울이며, 특히 새로운 이주자의 유입을 기피하는 경향이 있다. 한편 선인이 황무지를 훌륭하게 개척하여 미전(美田)으로 만들어 성적이 양호해진 것을 보고 점차 이를 회수하려고 벼르는 저의가 있는 것 같고, 또한 우리 쪽의 조선인 보호·지도시설에 대하여는 지나 측이 항상 시의하고 방해하는 행동에 나서는 경우가 많다. 오지에서의 조선인 교육에 관해 서당의 폐쇄, 일본 교과서의 사용 금지, 지나인 교원의 강제고용 명령 등은 대표적인 예로 볼 수 있다. 각별히 최근 모아산(帽兒山) 영사분관 설치 문제에 기인한 봉천성 내의 배일 풍조는 재류 조선인에게도 그 영향을 미치고, 특히 동변도(東邊道) 일대의 각 현에서는 현지사가 상사의 명령이라면서 선농의 구축을 지주 측에게 다그치고 사용하는 토지를 회수하려고 한 곳이 적지 않다(별항 제2장 선인 압박 문제 참조). 다만 오지에서 우리 의료시설에 대해서는 자국의 관민도 역시 그 혜택을 받기 때문에 오히려 환영하고 우리 쪽 파견 의사를 현공서의 공의(公醫)로 위촉한 일도 없지 않다.

(3) 선인의 외국 귀화 문제

조선인의 외국 귀화에 의한 제국 국적의 이탈은 현행 법제가 인정하지 않는다. 본 문제는 지난 1923년(大正 12) 가을 경성에서의 재만영사회의(在滿領事會議)에서도 상당히 연구되었는데, 국적 이탈이 옳다고 하는 것은 주로 재외 선인의 생활안정책에 입각하였고, 옳지 않다고 하는 것은 취체상의 견지에서 논거를 가지는 것 같다. 본 문제는 장래 조선인에 대한 제국의 통치상 신중히 고려할 필요가 있는 것으로 판단된다.

제2절 불량선인(不良鮮人) 상황

(1) 불량선인단(不良鮮人團)의 동정

만주에서의 불량선인의 도량은 여전히 의연하여 그치지 않고, 각종 불량단체가 족출(簇出)하여(별표 제5호 참조) 독립을 명분으로 양민의 생활을 위협하거나 친일단체에 압박을 시도하고, 나아가 일지(日支) 국교에 폐를 끼칠 염려가 있다. 이 때문에 우리 문화시설도 효과가 크게 줄어든 일도 있다. 예를 들면 수렵기에서 양민에게 군자금 조달을 강요하거나 또는 정부의 보호시설을 일부러 파괴하려고 기도하는 것이다. 최근에는 해림(海林) 권농회(勸農會)나 하얼빈 민회(民會)를 습격한 것을 시작으로 북만주 지방, 특히 동지철도(東支鐵道) 연선의 각지 민회에 해산을 다그치는 등의 사실이 있다.

그리고 근래 노농(勞農) 공산주의의 감화가 점차 농후해지고 있다. 블라디보스토크[浦鹽]를 중심으로 한 노령 시베리아 동지철도 연선 지방과 남만주의 일부에는 공산주의적 색채를 가진 각종의 단체가 조직되어 노농 정부에 접근하여 원조를 받아 혁명적 수단으로 소기의 목적을 달성하려는 모양이다. 더 나아가서는 그 운동의 결속으로 공산주의와 민족주의 두 사상의 각 단체를 통일하는 합동 유일당의 조직을 획책하거나, 또는 상호 이용의 관계를 지키기 위해 점차 조직적으로 나아가고 있다. 실제로 올해 8월 이래 불령단(不逞團) 정의부(正義府), 신민부(新民府), 참의부(參議府) 및 한족노동당(韓族勞動黨) 등이 길림(吉林)과 영안현(寧安縣) 방면에서 수차례 회합을 거듭하여 이러한 적극적인 운동방침을 결의한 것 같고, 기타 북경, 상해 방면에서도 누차 같은 종류의 계획이 행해진 형적이 있다.

그런데 한편 불량단(不良團)의 일부에서 근래 폭력적 운동이 도리어 일반 선인의 반감을 부르고 동정을 잃고 마는 것을 걱정하여, 양민에 대한 종래의 폭압적 수단에서 문화적 수단으로 옮아가고 있다. 예를 들면 길림성 내에서 불량단이 토지를 구하여 농장 경영을 기도하거나 또는 종래의 학교를 폐하여 소위 모범학교라고 칭하는 길림학교라는 것을 세우고 이를 중심으로 각지에 초등학교의 설립을 도모하고 교과서를 제정하여 청소년의 지도 및 교양 교육을 꾀하는 등 일반 산업 교육의 여러 시설에 신경을 쓰게 된 것은 주목해야 할 점이라고 본다.

(2) 불량선인단의 취체 상황

장래에 이들 조선인 불량단체의 소장(消長)에는 세심한 주의를 요하고 우리의 재만 각 공관에서도 단단히 취체(取締)를 힘써 행하여, 한편 재류 조선인의 회유·지도에 애를 쓰고 있지만 실제로 우리 경찰력이 미치지 않는 오지에서의 취체는 오로지 지나 측의 호의에 기댈 수밖에 없다. 그런데 지나 측은 적화운동 방면의 취체에는 우리 쪽과 협력하고 있지만 독립사상을 품은 자의 행동에 대해서는 무관심한 태도를 보이고 있다. 이뿐만 아니라 도리어 동정하여 원조를 주어 우리 경찰의 취체에 대하여 방해를 시도하는 것도 없다고 할 수 없다.

올해 2월 고려혁명당 당원이 다수 길림에서 회합할 즈음에 조선총독부에서 구니토모(國友) 사무관이 봉천에 도착하여 이들의 체포·인도를 지나 측에 요구하였는데, 봉천 지나 측 당국은 이를 쾌낙하여 두목 안창호, 오동진 등 42명을 체포하였지만, 길림 지나 당국은 그들을 귀화 선인이라고 하여 쉽게 인도를 이행하지 않고 말로 이리저리 핑계를 대어 마침내 이들 불량선인 전부를 석방한 사실이 있다.

이와 같이 지금의 상황에서는 우리 경찰기관이 충실하지 않은 오지에서 불량선인을 취체하는 것은 거의 불가능하다고 생각한다.

(3) 미쓰야협정(三失協定)의 득실

조선 대안 국경 지방의 치안 유지에 관해서는 이전 1925년(大正 14) 6월 중 조선총독부 미쓰야(三矢) 경무국장이 봉천에서 지나 측 경찰 주뇌자(主腦者)와 회견하고 피아의 경찰 연락을 위해 협의를 하고 일종의 각서(覺書)를 교환하였다. 같은 해 7월에 다시 이것의 실시에 관한 세목을 협정하여 국경 방면의 안정을 꾀하도록 하여 상당한 효과를 거두었다. 그렇지만 한편 지나 측은 해당 협정을 역용(逆用)하여 오지의 재주(在住) 선인(鮮人)에 대한 압박 수단으로 삼으려고 하는 경향을 보이게 되었다. 그러므로 관계 공관에서는 이들의 사건이 발생할 때마다 지니 측에 대하여 이 각서는 단시 피아 국경 경찰의 취체상 지방적 연락에 지나지 않으며 양국 간 현존 조약의 해석 문제와 전연 별개의 것인 까닭을 해명하여 선인에 대한 보호·취체상의 오해가 없도록 하게끔 기하고 있다.

제1호표 재만 선인 분포표[1926년(昭和 원년) 12월 말 현재]

	남	여	계		남	여	계
우장(牛莊)	373	413	786	해룡(海龍)	5,687	4,852	10,539
요양(遼陽)	168	154	322	정가둔(鄭家屯)	1,091	823	1,914
봉천(奉天)	4,825	4,128	8,953	장춘(長春)	2,954	2,732	5,686
신민부(新民府)	876	774	1,650	농안(農安)	7	9	16
통화(通化)	27,304	18,940	46,244	길림(吉林)	18,582	9,965	28,547
안동(安東)	34,290	28,306	62,596	하얼빈(哈爾賓)	3,869	2,975	6,844

간도(間島)	69,386	61,577	131,163	제제합이(齊齊哈爾)	277	239	516
혼춘(琿春)	22,669	20,935	43,604	만주리(滿洲里)	44	18	62
국자가(局子街)	34,118	30,394	64,512	적봉(赤峯)	1,250	600	1,850
두도구(頭道溝)	50,162	41,729	91,891	계	297,691	243,518	541,209
백초구(百草溝)	14,824	10,022	24,846	관동주(關東州)	419	557	976
철령(鐵嶺)	3,291	2,743	6,034	총계	298,110	244,075	542,185
도록(掏鹿)	1,444	1,190	2,634				

제2호표 재만 선인 민회 일람표

관할 공관	민회 수	1927년(昭和 2) 정부 보조 금액(원)
간도(間島)	5	5,900
두도구(頭道溝)	3	1,800
국자가(局子街)	6	3,900
혼춘(琿春)	3	1,957
백초구(百草溝)	1	600
안동(安東)	1	7,927
봉천(奉天)	2	11,680
통화(通化)	3	4,764
철령(鐵嶺)	1	3,700
도록(掏鹿)	1	625
해룡(海龍)	1	4,043
정가둔(鄭家屯)	1	1,700
장춘(長春)	2	5,105
길림(吉林)	1	1,200
하얼빈(哈爾賓)	4	9,830
합계	35	64,731

비고: 민회가 경영하는 사업은 주로 교육·위생·수산장(授産場)의
설치(봉천), 농장 경영(간도) 등이다.

제3호표 재만 선인에 대한 금융기관

	금융기관의 명칭	자본금(원)	비고
봉천	주식회사 협제공사(協濟公司)	1,000,000.00	
	봉천 조선인 식산계(殖産禊)	18,246.00	
	무순 조선인 금융조합	5,000.00	정부 보조 2,500원
신민부	공태보(公太堡) 금융조합	소양(小洋) 1,093.00	동아권업회사에서 보조
통화	통화 농상(農商)조합	소양 5,132.00	정부 보조 2,000원
	홍경 농무조합	소양 15,355.00	정부 보조 2,500원
	홍경 저축조합	소양 4,230.00	
	홍경현 영능(永陵) 저축조합	소양 500.00	
하얼빈	해림 권농회	4,180.00	정부 보조 5,056원. 1916년 4월 불령선인의 습격을 받아 544원(圓)과 대양(大洋) 5,390원(元)을 탈취당함.
장춘	장춘우(長春友)식산저축회	4,704.11	1916년 9월 회장이 저축회 소유의 정미기(精米機) 등을 매각하여 3,000원을 가지고 도주함.
철령	철령 금융조합	소양 1,572.00	1926년 설립. 아직 볼만한 업적이 없음.
	개원 금산(金山)조합	4,000.00	상동
	개원 삼일농우(三一農友)조합	소양 11,540.00	상동
해룡	해룡 농상무조합	소양 3,735.00	상동
안동	안동 금융회	67,634.58	
간도	간도 선인 민회 금융부	221,734.28	정부 보조 155,500원. 금융기관 중 가장 오래되고, 업무 성적이 우수함.

제4호표 재만 선인에 대한 위생시설표

공관	의사수	경비 연액	비고
안동	1	5,810.00	안동
봉천	2	6,844.00	봉천 및 무순
통화	2	5,480.00	통화, 홍경
철령	1	2,790.00	철령
해룡	3	8,920.00	유하(柳河), 북산성자(北山城子), 양자초(樣子哨)
정가둔	1	3,000.00	정가둔
길림	1	2,790.00	길림
하얼빈	4	13,200.00	하얼빈, 일면파(一面坡), 해림, 수분하(綏芬河)
간도		63,540.00	진료소 비용 및 순회치료 비용. 용정촌에 병원을 개설하였음.
합계	15	112,374.00	

제5호표(1) 불령선인 단체표(사상단체)

계통	단체 명칭	대표자명	소재지	관할 공관
	(1) 북만노력(北滿勞力)청년총동맹	위원: 김동식(金東植), 이한산(李漢山), 박석홍(朴錫弘), 강화인(姜化仁)	본부: 동지선(東支線) 철령하(鐵嶺河)	하얼빈
	1) 중동선(中東線)청년연맹	집행위원장 강화인 외 위원 5명	영고탑(寧古塔)	상동
	① 고령자(高嶺子)청년회	회장 1명	영고탑 빈현(賓縣)	상동
	석두하(石頭河)청년회	상동	상동	상동
	칠도하(七道河)청년회	상동	상동	상동
	조양령(朝陽嶺)청년회	상동	상동	상동
	외 3개 청년회	상동	상동	상동
	② 삼차구(三岔口)청년회	상동	동녕현(東寧縣)	상동
	이도하자(二道河子)청년회	상동	상동	상동
	소수분(小綏芬)청년회	상동	상동	상동
	외 5개 청년회	상동	상동	상동

고려 공산파	③ 액목색(額穆索)청년회	상동	액목현(額穆縣)	길림
	마록구(馬鹿溝)청년회	상동	상동	상동
	장광방(張廣方)청년회	상동	상동	상동
	외 2개 청년회	상동	상동	상동
	④ 팔면둔(八面屯)청년회	상동	상동	상동
	칠참(七站)청년회	상동	상동	상동
	조양천(朝陽川)청년회	상동	상동	상동
	외 3개 청년회	상동	상동	상동
	⑤ 영고탑(寧古塔)청년회	상동	영안현(寧安縣)	하얼빈
	동경성(東京城)청년회	상동	상동	상동
	동녕촌(東寧村)청년회	상동	상동	상동
	강고자(江古子)청년회	상동	상동	상동
	해림(海林)청년회	상동	상동	상동
	목단강(牧丹江)청년회	상동	상동	상동
	마도하(磨刀河)청년회	상동	상동	상동
	외 1개 청년회	상동	상동	상동
	계 34개 청년회			
고려 공산파	2) 중서(中西)청년회연맹	위원장 최종혁(崔宗赫) 이하 5명	중동선 지방	하얼빈
	후두하자(後頭河子) 서쪽 중동선 지방의 각 청년회		중동선 지방	상동
	계 약 10개 청년회			
	3) 동일(東一)청년회	위원 김천수(金千洙) 이하 20명	중동선 오참	하얼빈
	오참(五站)청년회			상동
	입참(立站)청년회			상동
	계 2개 청년회			
	(2) 남만청년총동맹	박병희(朴秉熙), 김■(金■), 이종림(李鐘林)	반석현(盤石縣) 호란집창자(呼蘭集廠子)	길림

고려 공산파	신오(新汚)청년회	한운(韓雲), 박정현(朴禎賢)	유하현(柳河縣) 삼 원포(三源浦)	해룡
	진흥(進興)청년회	손경호(孫景浩), 이광국(李光國), 유세우(柳世祐)	반석현 호란집창자	길림
	괴자항(拐子杭)청년회	김양훈(金陽薰)	박석현 괴자항	상동
	복호(復浩)청년회	김원제(金元濟)	반석현 하남(河南)	상동
	부태하(富太河)노동청년회	김한종(金漢宗), 이석(李石)	반석현 부태하	상동
	율자구(栗子溝)노농청년회	최종면(崔宗勉), 박성취호(朴成就虎)	화전현(樺甸縣)	상동
	석저(石咀)청년회	이성택(李成澤), 최원준(崔元俊), 임정실(林正實)	반석현 석저	상동
	하신흥(河新興)청년회	김두만(金斗萬), 윤덕조(尹德祚)	반석현 합탄하(哈嘆河)	상동
	배신(培新)청년회	이량(李良), 이정식(李正植)	화전현 사방전자(四房甸子)	상동
	동맹사(同盟社)청년회	박병희(朴秉熙), 김강(金剛)	반석현	상동
	대차(大岔)노동청년회	양호(楊虎)	길림현 대차	길림
	계 11개 청년회 총 회원 197명			
고려 공산파	(3) 동만청년총동맹	정중섭(鄭重燮), 진계준(秦季俊) 외 10명	간도 용정촌	간도
	왕청(汪淸)청년회	회장 1, 부회장1	상동	상동
	간흥(間興)청년회	상동		
	두도구(頭道溝)청년회			
	광신(光新)청년회			
	조광(朝光)청년회			
	독서회			
	신우(新友)청년회			
	명신(明信)운동부교우회			
	명신(明新)청년회			
	일요회			
	공교(孔敎)청년회			

무명(無名)청년회				
명성(明成)청년회				
동화(東和)구락부				
동농(東農)청년회	상동		상동	상동

계 15개 단체

합계 72개 단체

공산당파	혁신단(革新團)	총관(總管) 최동지(崔東知) 단원 약 50명	영안현	하얼빈
	한족노동간친회(韓族勞動懇親會)	이주열(李周烈) 회원 약 30명	액목현 오림둔(五林屯)	길림
	중한(中韓)실업협회	정리부장(正理部長) 지태영(池太泳) 회원 약 50명	몽강현(濛江縣)	길림
신파	신우회(新友會)	이승세(李昇世), 전대일(田大日), 황철우(黃徹宇), 박곤(朴琨)	중동선 아성현(阿城縣)	하얼빈
고려공산파	고려여성연구회	블라디보스토크[浦潮] 고려여성연구회 지부 이정숙(李貞淑), 김계산(金桂山)	돈화현성(敦化縣城)	길림

총계 77단(團)

제5호표(2) 무력 불령단체표

단체명	대표	단원 수	소재지	사상 및 행동 개요	관할 공관
고려혁명당	현정경(玄正卿) 외 3명	약 50	길림가	과격한 사상을 가지고 일부 무력 행동을 취함.	길림
정의부	김택(金澤), 고영신(高齡信),[143] 양기탁(梁起鐸)	약 100	화전현(樺甸縣)	근래 공산파와 연락하여 사상 악화에 힘쓰고 있는데, 대부분은 무력을 가짐.	길림
참의부	심용준(沈龍俊)	약 80	환인현(桓仁縣)	독립사상을 가지고 무력 단체를 조직함.	통화

---

143 당시 정의부에서 양기탁, 김택 등과 함께 활동한 인물로 고활신(高豁信)이 있었으나, 자료 원문에 있는 그대로 '高齡信'으로 옮겼다.

			동지선(東支線) 오길밀하(烏吉密河)	일부 무력 부대를 가짐.	하얼빈
신민부					
한족노동당	김응섭(金應燮)	약 70	반석현 내	일부 무력 부대를 가짐. 공산주의.	길림
고려혁명군	오상서(吳相瑞)	약 20	왕청현 나자구(羅子溝)	무력 단체임.	간도

계 6

제2장 재만 조선인에 대한 지나 관헌의 압박 문제

제1절 조선인 압박의 원인

앞 장에서 기술한 것처럼 만주에서 조선인 이주자가 해마다 증가하는 추세이다. 지나 측은 이에 대해 근래 비상한 주의를 기울이고 있다. 우리 쪽의 보호·무육시설에 대해 늘 시기와 의심의 눈초리를 매우 심하게 보낸 데에는 선인의 이주는 우리 쪽의 침략 정책에 의한 것이라는 말을 하는 자까지 있다. 일부 지방에서는 고의로 우리 쪽의 시설에 방해를 하고 선인의 진입을 막는 태도를 보이고 있는데, 그 결과로써 1924년(大正 13) 중에는 만주에서의 교권(敎權) 회수 열기에 수반하여 오지에 거주하는 선인이 경영하는 서당을 폐쇄할 것을 명한 것이 다수에 달한다. 더욱이 1925년 중 봉천에서 조선총독부 및 봉천성 경찰청장 사이에 체결된 국경경비협정의 결과로 동변도(東邊道) 국경 지방의 지나 관헌 중에는 불량선인 취체를 명분으로 선농 양민에 대하여 부당한 과금(課金)을 징수하는 자가 있다. 이들에 대해서는 사건 발생마다 관할 영사로부터 지나 측에게 항의해 왔다. 근래 지나 국내는 전란이 계속되었기 때문에 직례, 산동 방면의 지나 농민들이 비교적 안전한 만주 지방으로 이주해 온 자가 많았는데, 지나 측은 이들 자국민에 대한 조치상 선농을 점차 구축하여 자국 이주민으로 대체하려는 의도를 가지고 이미 이에 관해 획책을 하고 있다. 한편 이주 선인이 종래 황무지를 훌륭하게 개척하여 미전(美田)으로 만들고 비교적 우량한 성과를 거두고 있음을 보고, 이를 자국민의 손으로 거두려 하여 봉천성장이 1926년(大正 15) 중 이들 선인의 토지 회수에 관한 밀령을 발한 듯하다. 봉천성 내의 한두 지방에서는 지방관헌이 지나인 지주에게 선인에 대한 소작 계약을 취소하고 이를 단순한 고용 계약으로 바꾸도록 하려는 명령을 발한 곳이 있는데, 이에 대해서도 우리 쪽에서 사전에 엄중하게 항의함에 따라서 지나 측이 강하게 실행하기에는 이르지 않았다.

그런데 올해 이르러 모아산(帽兒山) 영사분관의 설치 문제가 일어나자 지나 관헌이 이에 완강하게 반대하는 동시에, 지나 민중에 대하여 여러 가지 악선전을 하고 있다. 일본이 영사관을 설치한 것은 조선인이 다수 거주하기 때문이므로 이를 방임하면 지나 영토를 침략하는 것으로 이어진다고 모함하고 이를 선인 구축의 이유로 삼고 있다. 굳이 지나 영토 내에 머물려면 지나에 귀화해야 한다고 명하거나 조선 의복의 착용, 조선어의 사용을 금지하거나 부당한 과세를 매기는 등 여러 가지 압박을 가하고 있다. 한편 제국정부의 만몽에 대한 정책을 악선전에 이용하여 동삼성 내에 배일 풍조를 일으키도록 시키고, 그 여파로서 조선인에 대한 태도도 또한 점점 악화하는 경향을 보이게 되었다.

제2절 지나 관헌의 선인 압박 상황

앞에 기술했듯이 만주의 지나 관헌의 조선인에 대한 압박이 종래 누누이 각지에서 행해져 왔지만, 최근에는 앞 설에서 기술한 대로 사정에 따라 일층 노골화되었다. 그래서 우리 쪽에서 탐사한 바에 따르면 봉천, 길림 두 성장(省長) 및 봉천성 전역의 경찰서장이 관하 각 지방관헌에게 밀령을 발한 것 같고, 이에 의해 지방관헌이 상사의 명을 방패로 삼아 명령의 범위를 넘어서 멋대로 포학을 부리는 모습이다.

이제 이들 압박 사례의 주된 것을 지방별로 열거하면 다음과 같다.

제1표 지나 관헌의 선인 압박 사례표

관할 영사관	지명	압박 사실
봉천(奉天)	심양현	11월 중순 이래 교거증서(僑居證書)를 소지하지 않은 자는 퇴거를 명한다면서 증서를 강제적으로 매부(賣付)하였다.
	무순현	종래 지주와 절반씩 납부하던 제방세(堤防稅)를 선인(鮮人) 소작인에게 전액을 부담시켰다.

	통화현	올해 안으로 귀화·입적하고, 언어·복장을 지나식으로 고치지 않을 때에는 방축할 것이라고 명하였다.
	홍경현	상동
	환인현	1. 상동 2. 환인현 성(城) 소재 선인 학교에 폐쇄를 명하였다.
신민부(新民府)	신민현	1. 11월 13일 평안보(平安堡) 구관(區官)은 노습우록(老什牛彔) 거주 선인에게 가옥을 임대했기 때문에 가주 중국인 왕전원(王殿元) 외 5명을 인치하여 벌금을 물리고 간접적으로 선인 거주를 방해하였다. 2. 10월 14일 동이구(東二區) 구관은 노습록(老什彔) 거주 선인의 대표 2명을 초치하여 음력10월 일정한 날을 정하여 퇴거를 명하였다. 3. 11월 15일 홍릉현(興隆縣) 보갑원(保甲員) 당리정(當利正) 외 1명이 노습우록 거주 선인 이술이(李述伊)에게 퇴거를 명하고 가족에게 폭행을 가하였다. 4. 11월 하순 공태보(公太堡) 경찰관은 동구영(東口營) 거주 선인 원태후(元泰後) 외 3명에게 퇴거를 명하였다. 5. 11월 11일 공태보 거주 서중근(徐重根) 명의로 6년간 계약(이미 4년 경작)을 한 수전(水田) 30천지(天地)(古家套 소재)에 대하여 1928년분 지대를 지불하려는데, 지주 대리인이 관헌의 명이라 칭하며 지료를 수령할 수 없다는 뜻을 제기하였다. 6. 12월 초순 손가두(孫家頭) 정포(井浦)농장에서는 수리국(水利局) 수로 사이의 토지를 인수(引水) 목적으로 지나인으로부터 빌려 쓰고 있었는데, 동 지주 지나인은 관헌의 명에 의해 무단으로 해당 토지를 빼앗아 수로를 매립하고 농장의 물길을 끊었다. 7. 법합우록(法哈牛彔) 거주 선인 박노경(朴魯敬)은 동지 공회(公會)로부터 6년 계약(4년간 경작)으로 빌려 쓰고 있었는데, 공회가 관헌의 명이라 칭하고 내년도분 지료 수령을 거절하였다. 8. 손가두(孫家頭) 선인 김득보(金得甫)의 경작지 3천지도 위와 같다. 9. 손가두 선인 김필증(金弼增)의 수전 12천지 경작계약서는 봉천실업청 파견원에게 몰수되었다. 10. 12월 초순 양가황(揚家荒) 거주 선인이 지나인 토지에 건축한 가옥을 관헌의 명이라고 지주에게 철거되었고, 또 퇴거도 강요당하였다. 11. 음력 10월 13일 노습우록에서는 보갑단원이 와서 직접 거주 선인에 대하여 퇴거를 다그쳤고, 선인 1명은 구타당하고 약 1리 이상 연행당하였다. 12. 고가투(古家套) 순경은 거주 선인 3호(戶)에 퇴거를 선고하고 또 집주인에 대하여 선인 방축을 명하였다. 13. 파도로영자(巴圖魯營子)에서는 11월 상순과 12월 9일 두 번 순경이 와서 거주 선인에게 퇴거를 강요하였다.
우장(牛莊)	영구현	전장대(田莊臺) 거주 선인은 자주 퇴거를 요구당하는 한편, 지나인 지주도 압박하여 간접적으로 선인을 구축하려고 한다.

철령(鐵嶺)	해룡현	12월 1일 해룡현 제3구 구관 소(蘇) 모 순경은 구내에 거주하는 선인 8호에 대하여 퇴거를 선고하였다.
	법고현	11월 16일 박가구(拍家溝) 경찰 순경 6명은 동지 선인 8호 34명에게 현외로 퇴거하라고 명하였다.
	휘남현	지나 관헌은 거주 선인에 대하여 올해(음력) 안으로 토지 대차 계약을 전부 파기한 데다가 퇴거도 명하였다.
	개원현	11월 25일 시하구(柴河溝) 일대의 재주 선농에 대하여 봉천성장의 명이라고 하여 각호에 순경을 보내 이듬해 2월까지 현외 퇴거를 명하였다.
	서안현	12월 2일 해당 구(區)에 구관 순경 3명을 보내 거주 선농에 대하여 지나 보증인을 붙여 귀화할 것을 명하고, 귀화하지 않는 자는 즉시 퇴거하도록 선고하였다.
	개원현	지주 왕(王) 모는 현공서에 근무하는 실형(實兄)과 결탁하여 시가보자(施家堡子) 거주 선인 30호에 대하여 예년의 약 4배 반의 비용 징수를 유고하였기에, 이들 선인은 목하 비상히 곤란해졌다는 뜻을 호소하였다.
	안동현	11월 중 삼도랑두(三道浪頭) 구관이 동 지방 선인에게 퇴거를 명하였다.
안동(安東)	임강현	올해 7월경부터 거주 선인을 압박하며 퇴거를 명한 것이 여러 건이다.
	집안현	위와 같음.
	관전현	제4구관은 교거증서가 없는 선인에 대하여 퇴거증서에 날인시키고, 또 거주 선인은 모두 지나옷을 착용하도록 명하고, 따르지 않는 자는 12월 말일에 추방할 것이라고 협박하였다.
장춘(長春)	장춘현	장춘 부근의 부락 선농 9호 47명에게 퇴거를 강요하여 선인들이 12월 7일 장춘으로 피난하고 구제 방안을 신청하였다.
	이통현	1. 고유수(孤楡樹) 지방으로 지방관이 출장하여 선인 입적자의 유무를 조사하고 입적자 이외는 퇴거를 요구하였다. 2. 입적자의 수가 적은 학교는 폐쇄를 명하였다.
	쌍양현	올해 여름 무렵부터 입적자의 유무를 조사 중이었는데, 최근 선농 15명을 강제로 추방하였기에 부근 선인 30호도 자발적으로 장춘으로 퇴거하였다.
	길림현	11월 25일 길림현공서의 출장원은 소백산(小白山) 거주 선인 백가장(百家長)에 대하여 입적자 이외 선인은 15일 이내로 퇴거하도록 명령하였다.

제2표 최근 재만 선인의 압박 건수표

관할 영사관	지명	건수			
		퇴거 명령	귀화 강요	기타 압박	계
봉천(奉天)	심양현(瀋陽縣)	1			1
	무순현(無順縣)			1	1
계		1		1	2
통화(通化)	통화현(通化縣)		1		1
	환인현(桓仁縣)		1	1	2
	흥경현(興京縣)		1		1
계			3	1	4
신민부(新民府)	신민현(新民縣)	10		4	14
계		10		4	14
우장(牛莊)	영구현(營口縣)	1			1
계		1			1
안동(安東)	안동현(安東縣)	1			1
	임강현(臨江縣)	1			1
	집안현(輯安縣)	1			1
	관전현(寬甸縣)	1			1
계		4			4
장춘(長春)	장춘현(長春縣)	1			1
	이통현(伊通縣)			1	1
계		1		1	2
길림(吉林)	쌍양현(雙陽縣)	1			1
	길림현(吉林縣)	1			1
계		2			2

철령(鐵嶺)	해룡현(海龍縣)	1			1
	법고현(法庫縣)	1			1
	휘남현(輝南縣)	1			1
	서안현(西安縣)	1			1
	개원현(開原縣)	1		1	2
계		5		1	6
총계		24[144]	3	8[145]	35[146]

비고: 기타의 압박은 학교 폐쇄, 불법 과세, 수로 폐쇄, 지권(地券) 몰수 등이다.

제3절 조선인 압박에 관한 지나 관헌의 훈령

최근 재만 조선인에 대한 지나 지방관헌의 압박이 현저해진 것의 배후에는 성장(省長)들이 성 당국의 지방관헌에 대한 훈령이 있었다는 것을 미루어 알기가 어렵지 않다. 그 증거도 역시 적지 않지만, 또 거슬러 올라가면 중앙 당국으로부터 어떠한 훈령이 나오지 않았을까 하고 생각되는 적이 없지 않다. 그리하여 후술하듯이 새지(在支) 공사가 항의를 하자 이에 대해 외교 총장 등은 중앙 정부의 훈령은 내려진 것이 없다고 변명하였다. 성 당국에서도 우리 영사 측의 항의에 대하여 봉천성장은 소위 성장의 훈령을 부인하고, 길림성장은 단지 불령선인의 취체를 훈령한데 지나지 않는다고 변명하고 있다. 그렇지만 적어도 봉천성장 및 길림성장이 내린 훈령으로서 각 방면에서 분명한 증거가 드러나고 있음에 비추어, 이들 성 당국의 변명은 모두 사실을 ■하는 것이라고 생각된다.

위에서 말한 여러 훈령 중 오늘날까지 찾아볼 수 있는 것을 보이면 아래와 같다.

---

144 자료의 원문은 '19'이나 '24'로 수정하였다.
145 자료의 원문은 '7'이나 '8'로 수정하였다.
146 자료의 원문은 '29'이나 '35'로 수정하였다.

(1) 각 현지사(縣知事)에 대한 봉천성장의 밀령(7월 7일부)

우리나라 안에 이주 선인, 즉 외국인이 다수 이주하고 있다. 그런데 우리나라 내정의 비밀을 누설하고 더욱이 일본 관헌과 연락하고 있는 자가 있어서 종종 문제를 야기하기 때문에, 이를 쫓아내는 데에 달리 어떤 이유 없이 퇴거를 명하는 것은 일지(日支) 간에 문제를 야기할지도 모른다. 그렇기 때문에 현지사는 각 촌장(村長)으로 하여금 각 지주에 대하여 이주 선인에게 토지·가옥 등을 절대로 대여하지 않도록 엄명하고, 이들의 정리는 올해 12월 말일까지 종료하도록 해야 한다. 이와 같이 토지·가옥 등을 대여하지 않으면 필연적으로 귀국하게 될 것이므로 각 지주에게 그 뜻을 엄명해야 한다. 만일 지주로서 이상의 명을 실시하지 않고 다시 이주 선인에게 토지·가옥 등을 대여하는 자에 대해서는 엄벌에 처할 것이다.

(2) 동변도윤(東邊道尹)에 대한 봉천성장 훈령 요지(9월 25일부)

1. 중국에 거주하는 한인은 중국 관부(官府)의 청향장정(淸鄕章程)에 의해 호구를 엄히 조사하고 적패(籍牌)를 보유하도록 힘써야 한다.
1. 중국 관헌은 각 현에 훈령을 내려 되도록 한인 거주를 금하고, 총기를 휴대하고 선내로 침입을 기도한 범인은 항상 수사를 끝까지 하고, 체포한 경우에는 일본 관헌에게 교섭하여 처리해야 한다.
1. 중국 관헌은 한당(韓黨)의 해산을 감행하고 끊임없이 총기의 발견에 힘써서 몰수해야 한다.
1. 한인(韓人) 소유의 총기와 탄약(단 농부가 새를 쫓기 위해 사용하는 총기는 이 범위에 있지 않음)은 수시로 검사하고, 발견한 때에는 몰수해야 한다.
1. 중국 관부는 일본 관헌으로부터 체포하도록 통지를 받은 한당 수령을 체포한 때에는 즉시 일본 관헌에 인도해야 한다.

(3) 각 현지사에 대한 봉천성장 훈령(10월 중순 포령)

살펴보면 동변(東邊) 일대는 조선에 접양해서 선인(鮮人)이 농기구를 들고 가족을 이끌고 국경에 들어와 농경에 종사하는 자가 매우 많다. 최근 통계에 따르면 그 수가 실로 10여 만에 달했다. 그리고 일본은 그 이민 정책을 관철시키기 위해서 이를 조장한다. 반드시 그 장래의 결과는 예측할 수 없는 것이다.

일찍이 균서(鈞署)에서 전종변법(佃種辨法)을 발포하여 제한을 가하였다. 그렇지만 생각건 대 우리나라에 건너와서 수년간 거주하는 선인은 항상 우리나라에 입적하여 저(일본) 강위 (强威)한 굴레로부터 벗어나기를 희망해서 선량한 무리는 우리 국법을 지키고 안분(安分)하 여 생업에 종사하는 자도 적지 않다. 그러나 불령(不逞)의 무리도 그 사이에서 혼거하여 음모 를 일삼는 자도 또한 매우 많다. 하물며 일본은 언제나 말로는 이주 선인의 보호를 핑계대고 영사관 경찰출장소 등을 설치하여 야심을 드러내며 평소의 의도를 실행하려고 기도하여 우 리 내정에 간섭하여 우리 주권을 침해하고 있다. 만일 지금 제한을 만들어 엄중한 취체를 가 하지 않으면 후환한심(後患寒心)을 감내할 수 없을 것이다. 우리 국적법은 이미 반포되었지 만 이들 조례를 봉천성 거주 선인에게 시행하는 일은 관대하게 통과해서 실적을 거두기 어 렵고, 도윤(道尹)의 견해로써 한다면 앞에서 기술한 귀화 선인에 대해서는 모름지기 국제법 의 수속에 의해야 한다고 할 것이다. 대체로 귀화자에게는 자기가 국적을 포기한[出籍] 나라 의 출적(出籍) 증명서를 제출시켜서 검사를 해야 한다. 그렇지 않으면 지나인과 동성(同姓)인 자로 그 가족인 것을 인정하게 한 뒤에 일가인 것을 인정한 지나인과 함께 이런 사실의 인증 을 청원하고, 다시 해당 거주촌의 촌장에게 오서(奧書)[147]로 증명을 하여 상당한 보증을 하도 록 해야 한다. 그런 뒤에 귀화자는 꼭 귀화자 현수지의 예속(禮俗)에 따라 처자와 함께 지나 언어와 문자를 사용하고 지나 의복을 입고 조선 의복을 착용하지 말며 오로지 지나 법률에 복종해야 한다. 만일 전항에 반하는 것을 발견한 경우에는 곧바로 귀화를 취소하고 국경 밖 으로 구축하고 또 일가임을 증명한 지나인을 처벌해야 한다. 이와 같은 것은 회유 속에 제한 을 두는 것이다. 운운.

원래 원문은 동변도(東邊道)에서 원안을 봉천성장에게 바친 것에 대하여 이를 인가하여 다시 성장이 위 원안을 각 현지사에게 훈시한 것이다.

---

147 오서(奧書): 관공서에서, 서류에 기재한 사항이 사실임을 증명하기 위해 말미에 쓰는 글.

(4) 봉천성장의 안동현공서에 대한 훈령(12월 10일부)

살펴보면 일러전쟁의 강화 성립 이후 오늘날에 이르기까지 각 현 내에 거주하는 선인들은 가족을 불러모아 농업으로써 생활을 하는 자가 십중팔구이다. 그런데 해당 선인들은 가는 곳마다 금전의 힘으로 우리나라의 무뢰배와 결탁하여 무성무지(無誠無知)의 ■민(■民)에게 소개하여, 멋대로 선인에게 토지를 상조하게 하고 심지어 장기에 걸쳐 상조하거나 혹은 토지를 선인에게 매각하기에 이른다. 실로 국토 국권을 무시하는 자라고 말할 만하다. 그런데 해당 선인들은 우리나라의 국토를 조차하면서 납세기에 이르면 납세를 거부한다. 이에 이치에 의거하여 두세 번 인도하여 알려 주어도 일본 국적으로 있음을 무기로 삼아서 무리하게 항쟁을 하였다. 이러한 형편이므로 이미 각 속(屬)에 영을 내려 소속 농민에게 엄히 경계하고 조금(租金)을 준비하여 선인에게 조차한 토지를 회수시키도록 하였다. 이에 관해서는 금후 만일 다시 토지를 선인에게 조차(租借)하는 자가 있을 때에는 매주(賣主) 및 담당자[經手人]는 국토사매죄(國土私賣罪)로 물을 것이다. 이번 법령을 시행하게 됨에 따라서 선인들은 우리나라에 귀화하여 그 조차한 토지를 유지하려고 꾀하고, 일단 귀화가 받아들여졌더라도 귀화 후 자기에게 불리한 경우에는 일본 관서로 달려가 보호를 청구한다. 여기저기에 그렇지 않은 곳이 없다. 그러므로 금후 귀화를 출원하는 선인이 있는 경우는,

1. 반드시 우리나라의 의복을 착용할 것.

2. 소개인으로 하여금 보증하도록 할 것.

3. 자녀는 우리나라의 학교에 들어가 교육할 것.

4. 입적·귀화의 증명을 요할 것.

이상의 조건을 구비한 자가 아니면 귀화를 허가하지 말아야 한다. 또 선인의 낭인(浪人) 중에는 적의 간첩으로 활동하는 자가 있다. 이러한 종류의 자에 대해서는 ■진■보(■眞■補)로써 교섭 문제의 발생을 방지해야 한다.

(5) 길림성장공서 밀령 요역(10월 중순 발포)

이후 선인의 새로운 이주자로서 수도(手稻)를 종식하는 자에 대해서는 일률적으로 용류(容留)함을 허용하지 않는다. 그 원주자에 대해서는 응응(應應) 취체 방법을 만들어 출경(出境)을 명하고 그리하여 주권을 보지함과 동시에 일지(日支)의 분규를 면하도록 해야 한다. 그

렇더라도 연변 및 남부 일대에는 비교적 수가 많아서 이를 실행하는 데 곤란하므로 단지 금후 결코 이식(移植)을 허용하지 않는 한편 원래 있는 거주호에 대한 취체를 힘써 행한다면 그들은 자연 감소하게 될 것이고, 또 조선독립당 및 혁명당의 활동도 이에 따라서 제거되고 이리하여 일본 관헌의 불만도 일소하고 또한 우리 주권을 보호하고 지킬 수 있어서, 실로 이는 일거다득의 변법이라고 말할 수 있을 것이다.

하지만 이에 만철 부근에 거주하는 선인에 대해서는 조약 관계로 인해 잠시 방임주의를 취할 방침이다.

(6) 길림성장에 대한 장(張) 대원수 전훈 개요(12월 4일부)

노농(勞農) 러시아가 남·북만주에 거주하는 불령선인을 사주하여 동성(東省)의 요란(擾亂)을 기도하고 있다는 내용의 밀정 보고에 따라 탐지함으로써, 관할 군정(軍政) 각 장관은 소속에 신칙하여 조선인에 대한 취체를 엄중히 하여 치안 유지에 힘써야 한다.

(7) 길림성장의 각 도윤, 현지사에 대한 통령(通令)(12월 초순)

근래 조선인이 길림성 각 현에 이주하여 도전(稻田) 경작에 종사하는 자가 자못 많고 이들 중에는 불량분자가 있어서 치인의 요란을 면하시 못한다. 또한 국토 농업의 소장(消長)에 관해서도 불리한 바가 적지 않으므로 대체로 경내에 거주하는 조선인에 대해서는 크게 주의를 요한다. 이에 조선인 토지 규정을 새로 제정하고 이를 취체에 도움이 되게 하는 외에 제한을 엄중히 행해야 한다.

○ 조선인 토지 조차 규정

1. 조선인이 토지를 조차할 때에는 지주가 관할 현지사에게 입안하여 보고하고, 집조(執照)를 발급하도록 한 뒤에 경작을 허가한다.

2. 토지의 조차는 1년을 한도로 하고 다음해에 계속해서 조차할 때에는 지주·반조주(反租主)와 함께 새로운 집조를 청원하도록 한다. 상기의 수속을 거치지 않은 것은 무효로 한다.

3. 조지집조(租地執照)는 재정청에 청원하고 집조 1매에 대해 길림 대양(大洋) 6원(元)을 조주(租主)가 납부하도록 하고 6할을 재정청에서 거두고 4할을 관할 현공서에서 거둔다.

4. 지조(地租)는 양조(糧租)·전조(錢租)로 하고 지주·반조주가 조사·결정하여 보고함으로

써 집조 안에 명기함을 요한다.

5. 조주는 반드시 중국인 상점 혹은 지방의 주민 또는 중국에 입적해서 3년 이상 경과한 조선인을 보증으로 삼아 조지(租地) 계약을 체결한다.

6. 조주에 대한 일체의 세손(稅損)은 중국의 조종(租種) 관계에 비추어 보아 납세 의무를 부담시킨다.

7. 도전 경작은 임의로 방수(放水)하는 것을 허용하지 않는다. 반드시 지주가 관할 경찰에 보고하고 검사를 거쳐서 교통과 육전(陸田)에 방해되지 않을 때에는 방수하는 것을 허용한다. 경찰서로부터 멀리 떨어진 지방은 보위단(保衛團) 혹은 백가장(百家長), 십가장(十家長)에 보고하여 허가를 얻어야 한다.

8. 조선인 조주는 자위를 구실로 총기와 탄약을 비치하는 것을 허용하지 않는다. 또한 보위단병이 될 수 없다.

9. 조선인이 수확한 농산물은 자유로이 매각할 수 있지만, 몰래 경계 바깥으로 반출하는 것을 허용하지 않는다. 만일 밀수출하는 자를 발견한 때에는 그 양석(糧石)을 몰수한다.

10. 중국인 지주가 만일 멋대로 토지를 조선인에게 조차(租借)하고 혹은 몰래 조선인에게 탐보 혹은 매각한 것을 발견하거나 아울러 다른 사람의 고발을 통해 탐지한 경우에는 국토도매죄(國土盜賣罪)로 논하여 처벌한다.

11. 지주가 토지를 조선인에게 조대(租貸)한 뒤에는 그 사이 감사의 책임을 지도록 한다. 조주가 부정당한 행위가 있었을 때에는 수시로 관서 혹은 경찰, 보위(保衛)에 보고해야 한다. 만일 보고를 게을리한 자는 토지의 1상(坰)에 견주어 10원(元) 이상 100원 이하의 벌금에 처한다.

12. 이 규칙은 대원수의 허가를 기다려 시행한다.

제4절 조선인 압박에 대한 반향

(1) 조선 내에서의 반향

만주에서 선인 압박의 정보가 신문통신 등에 의해 자주 보도되자, 조선 내 선인에게 비상한 충동을 주어 선내 각지에서 재만 동포에 대한 동정 연설회 및 집회가 개최되어 모두 지나 관헌의 횡포를 널리 알리고 당국의 엄중한 교섭 방안을 고창(高唱)하였다. 일부 매우 흥분한 선인은 이미 재선 지나인이 상농(商農), 그리고 각종 노동자 등 각 계급을 통하여 능히 선인의 지위를 능가하고 있는 것을 질시하고 있는 관계도 있어서, 반감이 일시에 올라와서 재류 지나인에 대한 시위운동으로 나아가서는 지나인에 대한 폭행이 빈발하고 마침내는 유혈의 참상을 보기에 이르렀다. 그 때문에 조선총독부에서는 이들 선인의 망동을 극력 취체하고 지나인의 보호에 힘쓴 결과 다행히 전반적으로 파급되는 일이 없는 모양이다. 그렇지만 금후 만주에서 지나 측의 태도 여하에 따라서는 어떠한 사정을 야기할는지 예측하기 어려우므로 조선 당국은 본성(本省)(외무성)에 대해 지급으로 지나 측의 압박을 정지하는 방안을 교섭하기 바라는 내용을 전조(電照)하기에 이르렀다.

앞에서 말한 선내에서 행해진 대(對)지나인 폭행사건을 표시하면 다음과 같다.

조선 내 선인의 대(對)지나인 폭행표

도별	지명	폭행 또는 대책에 관한 행위	지나인 피해
전북	이리(裡里)	12월 4일 밤 선인 200명이 지나인 주택에 강제로 몰려가 폭행함.	유리창 3매 파괴
	익산군(益山郡) 황등면(黃登面) 성열(成悅) 오산면(五山面) 김제군(金堤郡) 금주군(錦州郡) 삼례(參禮)	4, 500명씩 군집, 시위운동을 행하고 지나 숙사 등에 폭행을 가함.	기물 파괴. 삼례에서 사망 1, 부상자 5. 기타 부상자 11.
충남	천안(天安)	유지 약 500명 집합 협의(協議).	
	공주(公州) 대전(大田) 강경(江景)	지나인 주택에 투석하고 상점에 들어가 상품을 투기하며, 폐점을 다그치고 불온한 첩지(貼紙)를 붙이고 협박적 언사로 희롱하며 퇴거를 강요함.	집문과 유리창 파괴
황해	재령(載寧)	20명의 선인이 지나인 상점 2호를 습격하고, 그 밖에 시민대회를 계획한 것이 있음.	유리창 파괴
평남	안주(安州)	10일, 6개 사상단체 주최하에 폭압 문제에 관한 연설회를 개최함.	
	평양(平壤)	13일 그리스도교청년회관에서 재만동포옹호동맹 발기협의회 개최. 출석자 68명.	

경기	경성(京城)	신간회 등 사상단체 관계자가 한데 모여 재만동포옹호동맹회를 조직하여 압박저지운동 중.	
	인천(仁川)	15일 오후 4시 반경 조선 아동 2명이 지나 빵집을 심하게 욕하는 것을 발단으로, 선인 100명이 모여 지나인에게 폭행을 가했음.	부상 22명(그중 7명 중상)
		상인천 방면 지나인 20명이 피난 도중에 부근의 청년들에게 폭행을 당하고, 또 선인 군중은 약 500명에 달하여 시내 여러 곳에서 재류 지나인에게 폭행을 가했음.	가옥과 집문 등의 피해 61호. 손해 약 4,370원. 군 지역의 지나인 가옥에 방화 1건이 있음.

(2) 조선 외 각지에서의 반향

① 도쿄

재도쿄(在東京) 조선인상애회(朝鮮人相愛會) 본부에서는 본 문제에 관해 간부 간에 대책을 협의하던 중 12월 19일 성명서를 관계 각 방면에 우송함과 함께, 회원 약 500명이 재경 지나 공사관으로 가서 대표자인 박춘금(朴春琴), 이기동(李起東) 등 5명은 강(江) 일등서기관을 면회하고 왕(汪) 공사 앞으로 진정서를 직접 전해 주고 돌아왔다. 위 5명의 대표자는 이어서 본성(외무성) 및 총리대신 관저, 내무·육군 각 성, 척식국, 참모본부, 도쿄헌병대본부 등을 차례로 방문하여 각각 진정서를 제출하여 본건 해결 방안을 원조해 주기 바란다는 내용을 진정하였다. 또한 12월 23일 조선신화회(朝鮮新和會) 대표자 이희성(李熙成)은 똑같이 재경 지나 공사 앞으로 결의서를 제출함과 함께 동 26일 외무성으로 와서 선후책 강구 방안에 관한 진정서를 제출하였다.

② 오사카

오사카(大阪)조선노동조합에서는 12월 17일 사무소에서 집행위원회를 개최하고 석상에서 본건에 관하여,

지나 국민에 대하여는 다 같이 제국주의 때문에 압박을 받고 있는 국민으로서 서로 제휴할 것.

조선 민중에 대해서는 같은 이유로 의해서 지나 국민에 대해 비도덕적 행위에 나서지 말 것.

지나 및 일본 당국에 대해서는 그 정책이 도리에 어긋난 것임을 경고할 것.

등의 결의를 하였다.

③ 봉천

봉천(奉天) 재주 조선인 유지는 12월 6일 동지 조선인청년회관에 모여서 (1) 사실 조사, (2) 일지(日支) 관헌에 대한 진정, (3) 재만 각지 선인 민회와의 공동 행동 등에 관해 협의하고, 각지 민회에 통고를 발하였는데, 다시 동 13일 회합에서 여러 가지를 협의한 결과,

(1) 중국 관청에 대해 압박의 이유를 질문하고 또 조선인이 불쌍히 여겨야 할 경우에 처한 것을 표명하여 동정을 구할 것.

(2) 중국 당국에 대해 입적운동을 하는 동시에 일본 당국에 대해 국적이탈운동을 할 것.

이라는 두 문제를 채택하였다. 이어서 동 18일 동 지역 그리스도교회에서 재봉선인대회(在奉鮮人大會)를 일었는데, 모인 자가 약 500명으로 철령, 무순, 장춘 등에서도 대표자가 열석하고 지나 관헌의 태도를 공격하는 연설을 한 후에 다음의 결의를 하였다.

1. 지나 각 단체의 여론을 환기할 것.

2. 지나 관민의 구축 수단이 얼마나 가혹하더라도 결코 퇴거하지 말고 결사적으로 대항할 것.

또한 동 지역 재만일본인대회와 기타 1, 2명의 방인은 본 문제에 대해 가지각색 분주한 중인데, 봉천거류민회에서는 평의원회의 결의에 기초하여 요시다(吉田) 총영사에게 진정서를 제출하였다.

④ 안동

안동선인청년회(安東鮮人靑年會)에서는 12월 18일 협의회를 열어 대회 개최를 결의하였

다. 조선인회에서도 동일 간부 모임에서 봉천 대회의 개최 및 조선 내의 재만동포옹호회에 대하여 재선(在鮮) 지나인의 옹호 방안을 의뢰할 것 등을 결의하였다. 이어서 12월 20일 안동선인청년회가 주최하여 선인신민대회를 개최하였는데, 모인 사람이 약 200명에 달하여 석상에서 장래 재만동포구축문제대책안동강구회(講究會)를 설치하기로 하고 또한 다음과 같은 결의를 하였다.

(1) 압박 상황을 조사하고 재만 및 선내의 옹호단체에 통고할 것.
(2) 구축령(驅逐令)을 시행하는 중국 각 관계 관청에 급히 철회 방안을 교섭하고 해결되지 않으면 북경 중앙정부와 교섭하여 해결을 기하는 동시에 외무성과도 교섭할 것.
(3) 미쓰야협정의 해제 방안을 일본 당국에게 요망할 것.
(4) 중국인에 대해 우의적 태도를 취하는 동시에 봉천에서 전만조선인대회(全滿朝鮮人大會)를 개최할 것.

제5절 제국정부의 조치

(1) 본성(외무성)의 훈령

지나 관헌의 재만 선인 압박 문제는 종래 각 관할 영사에서 그때마다 지나 측 책임자에 대하여 엄중히 항의하고 적당한 조치를 강구해 온 것은 전술한 바와 같다. 최근 각지의 신문, 전보 등에서 한창 내외에 선전되고 있으므로 본성에서는 12월 13일 재만 각 영사에 훈전을 발하여 사실의 진상을 조사시키고 그 보고를 구하는 동시에, 한편 재지(在支) 공사에게 훈령하여 북경 당국에 엄중히 항의하고 즉시 압박을 정지하는 방안을 신청하도록 하였다.

(2) 북경에서의 교섭

요시자와(芳澤) 공사는 위 본성의 훈령을 접하자 12월 17일 왕(王) 외교총장을 왕방하여 별기(別記) 같은 각서(覺書)와 각 영사 보고 및 기타 정보에 의해 작성된 선인 압박 사례표를 손수 건네주고, 만주에서의 선인의 농업 경영, 상황, 지나인 지주의 횡포, 지나 지방관헌의 선인 학대 등을 상세히 설명하였다. 더욱이 조선 내에서 선인의 반감 등을 지적하여 급히 동삼성 각 성장에게 전훈(電訓)하여 불법적 압박 행동을 즉시 정지시키고, 특히 선인 다수가 거주하는 지방에 대하여 신속한 조치를 취하기 바란다는 내용을 엄중히 신청하였다. 이에 동 총장은 다수 선인 중에는 불령의 무리도 적지 않고 최근 지나 양민의 선인 불량분자에 대한 반감이 높아진 결과로, 지방관헌이 취체를 조금 엄히 한 모양이라고 답하였다. 그러므로 동 공사는 불령선인들은 정치상 관계에 기초한 것이지만 본건은 근소한 연■(年■)의 계약이고 토지를 조차하여 소작에 종사하는 선인 양민에 대해 이유 없이 압박하는 사건으로서 피해자에 대해서는 실로 동정해야 할 것이 있으므로 급히 위와 같은 불법 행위를 정지하는 방안을 조처하기 바란다고 거듭 요구함에, 동 총장은 급히 조사한 뒤에 훈령하겠다는 내용을 승낙했다. 위에서 말한 각서의 전문은 다음과 같다.

각서

근래 만주의 지나 지방관헌이 재만 선인에 대하여 퇴거를 명거나 혹은 경작지를 몰수하거나 혹은 학교를 폐쇄하는 등 여러 가지 압박을 가하는 사실이 빈발하였다. 그러므로 그때마다 관할 제국 영사가 관계 지나 지방관헌의 주의를 환기하였지만 의연히 고쳐지지 않았을 뿐만 아니라 점점 악화하는 경향이 있다. 이 때문에 일반 조선인은 적지 않게 불안에 쫓겨서 조선 내외의 조선인에 대하여 나대한 충동을 준 것은 물론이고, 나아가 우리의 대지(對支) 감정을 현저히 자극하고 만일 이대로 방임하면 일지(日支) 양국 간의 교문에도 중대한 영향을 줄 우려가 없다고 할 수 없다. 따라서 이때 지나 정부에서 관계 지방 제 관헌에 대하여 사태의 중대성에 대해 엄중한 주의를 환기하고 앞에서 말한 불법적인 압박 행위를 즉시 정지시키도록 신속한 조치에 나서서, 일지 양국 간의 두터운 교문을 유지할 것을 요망한다.

한편 요시자와 공사는 이면(裏面)에서 장작림(張作霖)과 양우진(楊宇霆)을 움직일 필요가 있음을 알고, 마쓰이(松井) 고문에게 뜻을 품고 양우진에게 운동을 하도록 하였다. 그 결과, 양우진은 봉천성에서는 불령선인 취체령 이외에 선인 압박의 훈령을 낸 일이 없고, 금후는 지방관헌이 선인을 압박하는 것과 같은 일은 없을 것이라고 언명한 상태이다. 19일 왕 외교 총장도 요시자와 공사에게 북경 체류 중인 유(劉) 봉천성장 및 길림성장(上京電命中)과도 협의할 것이지만 이미 필요한 훈령은 만주 관헌에 대해서 발하였다고 인사하였다. 피차 조회하여 확인하니 중앙에서 지방관헌에 대하여 어떤 훈령을 발하게 된 것 같다고 생각한다.

(3) 각지 영사의 조치

① 봉천

요시다 총영사는 12월 15일 우치다(內田) 영사를 교섭서(交涉署)에 보내서 선인 압박의 구체적 사례를 일일이 지적하고 엄중히 취체 방안을 요구하도록 하였다. 그런데 고(高) 교섭원은 성장(省長)으로부터의 선인 압박 명령이라는 것을 알지 못하고, 또 토지·가옥의 대차는 지선인(支鮮人) 당사자 간의 사적 관계여서 그 시비곡직은 차주(借主)인 선인 측에 없음을 보증하지 않는다. 또 퇴거 명령에 관해서는 아마 국경경비협정의 비말(飛沫)일 것이라고 변해(辯解)한다. 그래도 우치다 영사는 오히려 조선 내에서의 반동운동, 봉천에서의 강경파 선인의 책동 및 본방 일반의 여론 등에 대하여 경고를 주었기에 교섭원도 관계 각 현지사에 대해 본건의 원인 및 실정의 조사를 명함과 동시에 이런 종류의 불법 행위의 취체 방안을 급속히 통령(通令)해야 한다고 답하였다.

② 통화

아베(阿部) 분관 주임은 관내 대묘구(大廟溝) 지나 관헌이 거주 선인의 귀화를 강요한 사건에 관해 11월 18일 현지사를 방문하여 항의하였다. 지사는 동변도윤이 귀화 선인에 대해서 언어, 풍습 등을 모두 지나식으로 해야 한다는 훈령이 있었기 때문에 이를 관하에 전달하였는데, 하급 관리가 이를 오해하여 일반 선인에게 강요한 것이라고 답하고 속히 취체를 하였다고 언명하였다.

동 주임은 다시 환인현(桓仁縣)에서 지나 관헌이 선인에게 귀화를 강요하고 압박을 점점 심하게 했기에 12월 12일부 공문으로 환인현지사에 대하여 급속히 이를 정지할 것을 요구하였다.

③ 신민부

다키야마(瀧山) 분관 주임은 관내 신민현(新民縣) 흥륭교(興隆橋) 외 1곳에서 지나 구관(區

官) 거주 선농의 퇴거 명령에 관하여 9월 29일부 및 10월 25일부 공문으로 신민현지사에 대하여 이 명령을 철거할 것을 신청하였다. 현지사는 이 명령이 봉천 전성(全省) 경무처장의 명령에 기초한 것이어서 현지사로서 해당 명령을 철거하기 어렵다는 것을 관원(館員)에게 답하였으므로, 다키야마 주임은 다시 봉천 요시다 총영사에게 대해 봉천 관헌에 항의할 방법을 의뢰하였다.

④ 우장

기시다(岸田) 영사는 관내 영구현(營口縣)에서 지나 관헌이 선인을 압박한 사실을 지적하고 영구현지사에 대해 엄중히 항의함과 동시에, 금후 아무런 이유도 없이 선인을 퇴거시키는 일이 없을 것은 물론 적절한 보호를 가하도록 동 지사로 하여금 관하 각 관헌에게 훈달(訓達)하도록 하였다.

⑤ 안동

올해 7월경부터 안동, 임강(臨江), 집안(輯安), 관전(寬甸) 각 현에서 지나 구관(區官), 기타 지방관헌이 이주 선인에 대해 퇴거 명령, 불법 징세, 지나옷 강제 착용 등 압박 사실의 발생과 동시에, 오카다(岡田) 영사는 그때마다 동변도윤에게 직접 면회하며 엄중히 항의하고 곧바로 명령 철회, 압박 저지, 구관의 징벌 등을 신청하였기에 이미 즉시 해결을 보았다. 그렇지만 조선 내에서 반동 등도 고려하여 다시 적당한 수단을 강구해 줄 필요가 있음을 알고 다시 도윤에 대하여 조선 내에서의 상세(狀勢)를 극진히 설명한 뒤에 도윤으로 하여금 각 현지사에 대하여 향후 관내 이주 조선 양민은 보호하고 함부로 압박을 가하면 안 된다는 취지의 훈령을 발하도록 하였다.

⑥ 장춘

나가이(永井) 영사는 장춘현 내 수전 경영의 선인 9호가 퇴거를 강요당하여 피난해 온 사건에 관해, 장춘 교섭원에 대해 수차 왕복 교섭을 거듭하고 구축의 이유를 따지는 동시에 피난자의 빠른 복귀와 장래의 보호에 대해 조치할 방법을 구하였다. 교섭원은 위의 일이 길림성장으로부터 불령선인 취체를 장려하는 훈령에 기초한 것이어서 이번의 퇴거 강제도 전적으로 경찰 취체의 견지에서 불량선인을 소탕하려고 한 것이라고 변명하고, 그 이상 선인을 구축하지 않도록 장춘현지사와도 담합한 취지를 성명하였다. 우리 쪽에서는 다시 피난 선인의 복귀와 명령 철거를 다그쳤는데, 12월 16일에 이르러 교섭원이 길림성장에게 청훈(請訓)한 결과를 가져왔다. 이에 성정부에서 발포한 불량선인취체령(不良鮮人取締令)은 철회할 수 없는 사정이지만, 이번 장춘 영사의 조치는 지나치게 가혹하여 싫고, 피난 선인은 원지로 복귀시켜도 지장이 없다는 뜻의 말을 전했으므로 동 영사는 금후 선농 양민에 대하여 부당한 압박을 가하는 일이 없도록 요구해 두었다.

⑦ 길림

12월 20일 가와고에(川越) 총영사는 ■■서기생으로 하여금 독판대리(督辦代理) 계(季) 참모장을 왕방하여 엄중한 경고를 하도록 하였다. 참모장은 "본건은 원래 불령선인 취체를 위해 발한 훈령을 현지사가 너무 가혹하게 취체를 했기에 물의를 빚게 된 것이며, 성 당국으로서는 선량한 선인을 구축하려고 하는 취지가 아니고, 이미 채(蔡) 성장대리(省長代理)로부터 길장도윤(吉長道尹) 및 쌍양현지사(雙陽縣知事)에 대해 취체를 완화하도록 훈령하였는데, 다시 장춘현 내의 상황을 조사한 뒤에 엄중히 훈령할 것이다"라고 석명(釋明)하였다.

〈자료 30〉 조선인 문제[148]

목차

---

148 자료 출전: 「朝鮮人問題」(1928년 12월 조사), 『最近支那關係諸問題摘要(第五十六議會用)』第五卷, 日本外務省 亞細亞局 第二課. 日本外務省 外交史料館. アジア歴史資料センター Ref. B13081179000.

제1장 재만 조선인 일반 문제

제1절 일반 상황

(1) 보호조장(保護助長) 시설

만주에서 조선인은 해마다 증가하고 1927년(昭和 2) 12월 말 현재로 인구 55만 8,000여 명을 헤아리게 되었다(제1호표 참조). 이것의 지도 여하는 제국의 대륙 정책상 등한히 대하기 어려운 것이므로 그들로 하여금 우리 공관 소재지에 민회(民會)를 만들도록 하고, 정부는 이에 보조를 주어 그 발달을 조성하여 지방 선인(鮮人)의 공공적 사업에 도움이 되도록 하고 있다. 민회의 수는 35, 보조 연액은 6만 4,000여 원에 달한다(제2호표 참조). 또한 정부는 남·북 만주를 통해 재류 조선인의 집단지에 조선에 있는 보통학교 정도의 학교를 세워서 직접 경영하고, 또한 임의로 설립한 서당[본방 옛날의 데라코야(寺小屋)식 교육기관]에 대해서 경비 보조, 교과서 배급 및 교원 특파 등 선인 교육열의 발흥에 순응하고 있다. 그리고 이들 선인 교육에 필요한 경비는 재원, 기타 관계상 조선총독부의 경제로써 처리하고 있고, 연액이 21만 5,000여 원에 이른다.

위 선인 학교 중 정부에서 경비를 보조하고 있는 학교의 수는 다음과 같다.

직접 경영의 보통학교 7곳

조선총독부: 용정(龍井), 국자가(局子街), 백초구(百草溝), 두도구(頭道溝), 혼춘(琿春)

만철(滿鐵) 측: 안동(安東), 철령(鐵嶺)

경비 보조의 보통학교 및 서당 77곳

간도 34, 함남(咸南) 대안 1, 평북(平北) 대안 12, 만주 29, 블라디보스토크[浦潮] 1

계 84곳

이 밖에 아직 경비를 보조하지 못하는 곳도 상당히 많은 수에 달하고 점점 증가하는 경향이 있다. 이 가운데 장래가 기대되는 곳에 대해서는 예산이 허락하는 한 보조하고 장려할 필요가 있다고 판단한다.

재만 이주 선인의 대부분은 농사[특히 수도작(水稻作)]를 업으로 삼는 자인데 거의 자금력이 없으므로 이에 대해 금융의 편리를 줄 필요에서 금융기관으로 하여금 간도에서 금융부, 봉천에서 협제공사(協濟公司) 등을 설치하고 있지만 자금액의 관계상 일반 농민이 이용하는 범위는 극히 협소하다. 무순, 봉천 등에서는 정미업 또는 특산 상업자에 대해서는 만주은행 등에서 상업 자금의 융통을 받는 자가 있지만, 다른 곳에 대해서는 거주지 대다수가 오지여서 채권 확보상 다대한 위험이 있기 때문에 충분한 경제적 원조를 할 수 없는 상태이다.(제

3호표 참조) 또한 정부는 만주의 중요지에 의사를 보내어 때때로 지방 순회진료를 행하여 의약의 혜택을 베풀고 있는데 이미 좋은 성적을 거두고 있다(제4호표 참조).

(2) 조선인의 이주 및 귀환

조선인이 조선 내지에서 만주로 이주하는 원인으로는 여러 가지 사정을 들 수 있다. 그렇지만 최근의 현상으로서는 먼저 이주한 지인의 권유 또는 만주 여행자의 유망담(有望談)에 자극받아 막연히 이주하는 자가 대부분을 차지하는 것 같다. 이주의 계절로는 매년 음력 정월 후 2, 3, 4의 3개월이 전성기이고, 대개는 고향 사람끼리 이야기해서 100명, 200명의 단체로 이주하는 상태이다. 그런데 이들 이주자의 다수는 상당한 사업 자금을 휴대하지 못하고, 겨우 봉천 등의 목적지에 도달할 수 있는 여비를 소지할 뿐이었다. 그러므로 목적지에 도착한 후에도 수리(水利)가 편하거나 또는 비옥한 토지를 차입할 수 없던 자는 곧바로 일상생활이 궁하여 어쩔 수 없이 구제를 구하려고 해도 그 수단이 없어서, 가까스로 우리 공관에 의뢰하여 귀환 여비의 원조를 받아 조선 내지로 귀환하는 상황이다. 그래서 매년 귀환자가 새로운 이주자의 약 3할을 보이고 있다(제7호표 내지 제11호표 참조).

(3) 지나 관헌의 태도

만주에서 이주 선인의 증가에 대하여 지나(支那) 관헌은 근래 비상한 주의를 기울이며 새로운 이주자의 유입을 힘써 기피하는 경향이 있다. 한편 선인이 황무지를 훌륭하게 개척하여 미전(美田)으로 만들어 성적이 양호해진 것을 보고 점차 이를 회수하려고 벼르는 저의가 있는 것 같고, 선농 압박의 소리를 듣는 일도 근래 드물다고 할 수 없다. 또한 우리 쪽의 조선인 보호·지도시설에 대하여는 지나 측이 항상 시의하고 방해하는 행동에 나서는 경우가 많다. 오지에서의 조선인 교육에 관해 서당의 폐쇄, 일본 교과서의 사용 금지, 지나인 교원의 강제고용 명령 등은 대표적인 예로 볼 수 있다. 그리고 지난해 여름부터 올해 봄에 이르기까지 봉천성 내의 배일 풍조가 재류 조선인에게도 그 영향을 미쳐서 한동안 각종의 압박이 각 방면에서 선전되어, 조선 통치상으로도 걱정할 만한 것이 있도록 만들었다. 그렇지만 조사 결과 구체적으로는 현저한 압박이 그다지 많지 않았던 것 같고, 또한 우리 쪽에서 두세 번의 항의도 있어서 그 후 사태가 진정된 이래 두드러진 선농 압박 문제는 들리지 않게 되었다.

(4) 재만 선인의 귀화운동

지난해 12월 재만 선인의 구축 문제에 자극받은 선인 귀화 문제에 하나의 전기(轉機)를 긋고 각 방면에 해결의 운동이 일어났다. 봉천 등 만철 연선을 중심으로 삼는 지방에 거주하는 조선인은 지나에 귀화해도 어떤 좋은 편리를 가져오는 일이 없다면서 지나 측에 대한 귀화운동이 자연 휴지 상태가 되었다. 그렇지만 길림에서는 김시중(金時中) 일파가 조직한 동성한족문제연합강구회(東省韓族問題聯合講究會)는 각지에서 대표자를 소집하거나 또는 간도, 홍경 등 각지의 조선인에 대하여 귀화 권유의 권고문 등을 우송하고, 한편 지나 관헌에 대해서는 귀화·입적 청원 기일의 연장 또는 귀화 수수료의 경감 등을 운동하는 등 모든 수단을 강구하고 노력하여 9월에 들어서는 동 강구회의 명칭을 '귀화한족동향회(歸化韓族同鄕會)'로 개칭하였다. 그런데 길림성장공서에서는 이전에 각 현 재주(在住) 선인에 대하여 올해 7월부터 12월까지 6개월 동안에 입적하도록 명령하였는데, 한교(韓僑) 대표 윤각(尹覺) 등의 청원에 의해 7월부터 12월까지를 제1기로 하고 1929년[149] 1월부터 6월까지를 제2기로 하여 이 동안에 입적을 완료시키기로 하고, 각 현에서의 입적 상황 조사 그리고 미입적 선인에 대한 입적 권유 방안을 각 현에 통령했던 바이다(제12호표 참조).

제2질 불량선인 상황

(1) 만주 방면

재만 불량선인 단체로서 현재 판명된 것은 대체로 별표 제5호표와 같다. 그 가운데 주된 것은 정의부(正義府), 참의부(參議府), 신민부(新民府), 그리고 간도 방면 두셋의 사상단체인데, 최근 참의부에서는 간부 사이에 내홍이 있다. 게다가 이번 가을 이래 봉천총영사관 및 통화분관에서 전후(前後) 수회에 걸쳐 검거를 행했기 때문에 그 내부에서 적지 않은 동요가 오고 있는 것 같다. 신민부에서도 목하 군정파(軍政派) 및 민정파(民政派)로 나뉘어 서로 알력(軋轢)이 생겨 반목하고 있는 모양이다.

그 외에는 어느 것이나 단체로 인정할 정도의 가치가 없는 것이 많고 이합집산이 무상(無

---

149 자료에는 '十八年'으로 되어 있는데, 이는 '민국(民國) 18년', 즉 1929년도를 말한다.

常)한 상태로서 간부와 근거지 등도 전전하며 이동하고 있다. 그리고 이들 단체의 대부분은 원래 모두 단지 조선의 독립, 민족 해방을 표방하고 나섰지만, 근래 그 실현이 지난함을 깨달은 결과 적로(赤露) 공산당 및 지나 국민정부(國民政府)에 접근하여 상호 이용의 관계에서 소기의 목적을 달성하려고 힘쓰는 경향이 있고, 점차 공산주의적 색채를 띠게 되었다. 그 운동방침도 종래의 폭력 행동이 도리어 일반 선인의 반감을 초래해서 동정을 잃었던 것을 깨달았기 때문에 최근에는 문화적 방침을 갖추려고 하고, 그 주요 단체의 대부분은 목하 선인 민중을 지도하는 일종의 자치 단체와 같은 형식을 취하기에 이르렀다.

(2) 상해 방면

현재 상해(上海)에서 불령선인 단체의 주된 것은 별표 제6호표와 같이 8개 단체이고, 그 가운데 두세 단체를 제외하면 모두 유명무실한 상태이다. 그리고 종래 독립운동의 중심 기관인 임시정부 같은 것은 현재에는 세력이 거의 없어져서 역사적 잔해로 그치고만 상태이다. 이에 반하여 공산계 청년파가 조직한 청년회, 촉성회(促成會) 두 단체는 신흥의 기세를 보이고, 그 주의와 사상이 점차 다른 단체로 침윤하여 재호(在滬) 선인의 사상에 큰 변동을 주고 있다. 특히 작년 말 광동(廣東)폭동사건 후 상해에 잠입한 의열단(義烈團), 병인의용대 (丙寅義勇隊) 중 과격파 선인의 다수가 공산계 청년파 단체에 따라다니며 활동하려는 경향이 있음은 장래 주시할 필요가 있다고 판단된다.

(3) 광동 방면

작년 12월 공산당 폭동 이래 관헌의 취체가 엄중해졌기 때문에 불량선인들은 한동안 모두 홍콩, 상해 기타 방면으로 모습을 감추고 겨우 십수 명으로 격감하였다. 그런데 최근 다시 증가 경향을 보이게 되어 요즈음 제3인터내셔널의 지나 적화 지도원으로 알려진 자와 연락하고 있는 자가 있는 것 같다. 그리고 이들 불량선인은 모두 공산당, 의열단 또는 청년동맹 등에 속하여 조선의 독립을 몽상하고 있다.

그리고 목하 동지 불량선인의 지배자인 김양(金陽)[황포(黃埔)혁명군군관학교 교관 겸 군의로 임용되어 있는 이제율(李濟琛)을 배경으로 삼고, 지나인과 불량선인 사이에 존중받는 자이다] 등은 독립운동의 중요성을 역설하고 있다. 그런데 이번 상해에서 재중국 한인청년동맹 제1구 조직 책임자 이관수(李寬洙)라는 자가 당지 불량선인 김규선(金圭善)에 대하여 제1구 광주지부 조직을 위임해 왔음을 호기로 삼아 9월 11일 동 지부를 조직하기에 이르렀다. 이 광주지부는 이들 불량 단체를 복구한 최초의 단체로 출현한 것이어서 금후 동정에 대해서는 상당한 주의를 요하는 것이다.

(4) 불량선인단의 합동운동

앞에서 기술한 불량선인 제 단체는 해방, 독립 등의 목적을 달성하려고 함에 있어서 각파가 분립하여 서로 반목하는 상태에 있는 것이 불리하다는 것을 깨달았다. 그 결과로 총역량을 집중하여 단결하려는 합동운동을 기회가 있을 때마다 계획하였지만 각각 이해의 충돌, 주의의 차이 등에 의해 실제 운동에서는 아직 아무것도 성립되지 않았다. 그럼에도 해당 운동이 차츰차츰 구체화되려는 경향이 있어 최근에 그 주된 것을 들면 다음과 같다.

1) 전민족유일당(全民族唯一黨) 조직회의

㉮ 회의 경과

1927년 4월 길림현 신안둔(新安屯)에서 개최된 재만불량단(在滿不良團)의 통일회의의 결의 후 조직된 시사연구회에서는 선민속유일당조직회의를 개최하기 위해 책임비서 김상덕(金相德) 명의로 올해 3월 25일 재만 선인 각 단체에 대하여 초대장을 보냈다. 그런데 준비 등의 사정으로 연기되어 5월 12일에 이르러서야 재만 18개 단체 대표 39명과 북경, 상해 등으로부터의 방청자 30여 명이 열석(출석 단체 별기한 대로)한 뒤에 길림성 화전현성(樺甸縣城) 화흥학교(華興學校), 반석현(盤石縣) 호란집창자(呼蘭集廠子), 동 현성(懸城) 남문 밖 대동(大同) 농장으로 전전하면서 동 26일까지 15일간 회의를 속행하고 여러 가지를 토의하였다. 그런데 본 회의 명칭 문제로 이론이 생기고 이어서 집행위원 선거 결과에 불만을 품은 자가 생겼다. 더욱이 이면에서 공산주의계와 민족주의계의 사이에 암투가 있었던 모양이어서 마침내 (1) 전민족유일당조직촉성회 및 (2) 전민족유일당협의회 두 당파로 분열하게 되었고 5월 25일 폐회하였다.

㉯ 참가 단체

㉠ 전민족유일당조직촉성회 측

북만청년총동맹[중동선(中東線)], 남만청년총동맹[반석현(盤石縣)], 동만청년총동맹(간도), 송강(淞江)청년총동맹(흑룡강성), 여족공의회(麗族公議會)(흑룡강성), 합장(哈長)청년회[합장선(哈長線)], 재만농민동맹(반석현), 그리고 상해·북경 방청자

ⓛ 전민족유일당협의회 측

낙산(樂山)일꾼조합[이통현(伊通縣) 고유수(孤楡樹)], 납거(拉去)청년회[[액목현(額穆縣)], 다물단[홍경현(興京縣)], 정의부(正義府)(반석현), 신광(新光)청년회(홍경현), 세이비프(セイビフ)청년회[유하(柳河) 지방], 남만청년연맹(홍경현), 농우회[회덕현(懷德縣)], 무본(撫本)청년회[무순현(撫順縣)], 북만조선인청총(靑總)(중동선), 동만조선인청총(간도)

2) 신민, 정의, 참의 3부 통일운동

지난해 4월 길림현(吉林縣) 신안둔(新安屯)에서 전만통일회의(全滿統一會議) 결렬 후에 대책으로서 정의부(正義府)는 다시 선인 단체 통일의 제1보로서 먼저 3부(府)의 통일을 획책하고, 신민부(新民府)와 참의부(參議府) 2부에 대표 파견 방법을 권유하고 있었다. 참의부가 동의하지 않고 신민부 측의 태도가 결정되지 않는 등 여러 요인에 의해 한동안 정지 상태에 있었는데, 정의부 측 간부들 및 기타 알선의 결과 의논이 합쳐져 가 대표를 선정하고 10월 14일부터 길림성 성에서 몰래 비공식 준비회의를 개최하였다. 3부 대표 사이의 의견이 쉽게 일치하지 않았는데, 참의부 및 신민부에서는 각기 근거지에서도 민정파, 군정파 등으로 나뉘어 내홍이 일어나 나아가서 각기 대표자 사이에 서로 알력, 반목하기에 이르렀다. 회의의 성립도 곤란하게 되었기 때문에 정의부에서 신민부와 참의부의 내홍 상황을 조사하였는데, 참의부에서는 동지 차천리(車千里) 살해 문제와 기타 분요(紛擾)를 거듭하고 있었다. 신민부에서도 군정파와 민정파가 서로 체포, 살해 등의 폭행을 반복하고 있는 모양이었다. 이리하여 참의부와 신민부는 모두 도저히 함께 일을 할 가망이 없는 실정이라는 것이 판명되었다. 따라서 정의부는 단독으로 재만 선인의 통일을 계획하고 또한 참의부·신민부의 내홍에 대해서는 성토하기로 내정하였다. 이를 탐지(探知)하는 아래의 4파 수령, 즉

신민부 측: 군정파 김좌진(金佐鎭), 황호(黃湖), 김동진(金東鎭)

참의부 측: 김희산(金希山), 김소하(金筱夏)

유일당촉성회 측: 이청천(李靑天), 김원■(金元■), 김만선(金萬善), 김상덕(金相德)

중립파 측: 김동삼(金東三), 전성호(田盛鎬)

등은 이것의 대책을 강구하기 위해 11월 17일부터 3일간 협의를 거듭하였다. 그 결과 주비회(籌備會) 성격의 '독립유일당재만책진회(獨立喻一黨在滿策進會)'라는 것을 조직하기로 결정하였다.

그런데 위의 내정을 간취한 정의부 간부들은 크게 낭패하여, 11월 20일 그 완화책을 강구하기 위해 성내 김응섭(金應燮) 집에 정의부 간부들과 인연이 있는

신민부 측: 민정파 송상하(宋尙夏), 군정파 김동진(金東鎭)

참의부 측: 김희산(金希山)

촉성회 측: 김만선(金萬善)

중립파 측: 김동삼(金東三), 전성호(田盛鎬), 김응섭(金應燮), 신일용(辛日鎔)

등을 부르고, 정의부에서는 현익철(玄益哲), 김이대(金履大)가 출석하여 종종 온화한 변명을 하여 협의한 결과 '혁명사축소회(革命者縮小會)'(유일당 조직에 관한 주비회)라는 것을 조직하고 수차 협의를 거듭한 모양이다. 그렇지만 의견이 구구하여 쉽게 결정하지 못하고 바로 신민부, 참의부 측에서는 이때 오히려 해체하여 새로 유일당을 조직할 것을 주장하는 자가 많은 것 같다. 또한 비교적 근거가 견고한 정의부 측에서는 해체하지 말고 이를 그대로 존속시키고 따로 유일당을 조직하여 결국 이를 그의 세력 지배하에 두려고 하는 속셈이 있는 것으로 관측된다.

(5) 지나의 시국과 불량선인

지난해 이후 지나 남북의 관계가 차츰 절박해지고 형세가 점차 남방에 유리하게 되었다. 봉천 측의 운명이 날로 기울어지는 것을 보자, 만주 등 지나 각지의 불량선인단이 곳곳에서 비밀 집합을 열고 남군(南軍) 속에 있는 일당을 통하여 남방 측에 기쁨[歡]을 통하고 혹은 동삼성의 교란(攪亂)을 획책하고 혹은 지나 측의 대일 감정 악화에 편승해서 관민을 선동하여

배일(排日)을 선전하고 있다. 이로써 그 지위를 유리하게 이끌고 그 원조하에 민족 혁명의 달성을 기약하려는 모양이다. 이런 종류의 정보가 각 방면에서 빈번하게 계속 접수되므로 우리의 출장 관헌에게 이들 무리의 동정에 대해 극력 주의와 경계에 힘쓰게 하였다. 그런데 남방 측에서는 대체로 그들을 신용하지 않았던 것 같고 운동 자금의 조달도 탐탁하지 않았다. 어떤 구체적인 행동에 나섰다는 것을 들은 적이 없었는데, 올해 6월 초 장작림(張作霖)의 조난(遭難)으로 인하여 동삼성의 형세가 일변하여 남방과 타협하는 분위기가 농후하게 되었기 때문에 어느새 동삼성을 교란할 필요가 소멸하게 되었다. 최근에는 오로지 배일 지나인과 제휴하여 만주에서 일본 세력을 구축(驅逐)하려는 새로운 방책으로 나아가려 하는 자가 많은 것 같다.

(6) 불량선인단에 대한 일반 양선인(良鮮人)의 대항운동

1) 유하(柳河) 지방[해룡(海龍) 관내]

유하현 선인구(仙人溝) 외 25개촌 재주 선인은 불량단(不良團) 정의부(正義府)의 가렴주구(苛斂誅求)가 심하고 수확기에 들어 그 피해가 다시 심대해질 것을 우려하여, 올해 8월 이후 해당 지방에 재주하는 선인 전창식(田昌植) 등의 주창으로 양생계(養生契)라고 칭하는 자위단을 조직하였다. 정의부의 반감을 사서 그들의 습격을 받아 촌민 2명이 살해당한 일이 있어서 마침내 우리 출장 관헌에게 보호를 구하였다. 따라서 해룡 분관에서는 이동 경찰을 조직하고 또는 유하 주재 경찰서에 권총을 준비해 놓는 등 각기 보호를 강구하고 있다.

2) 청원현(淸源縣) 및 개원현(開原縣) 동부 지방[철령(鐵嶺) 관내]

청원현 및 개원현의 동부 일대는 우리 관헌의 보호·취체가 미치지 않을 만큼 멀리 후미진 곳이다. 그래서 정의부의 도량(跳梁)이 심하고 또는 양민을 살해하거나 의무금(義務金)을 강탈하는 등 그들의 독아(毒牙)에 괴로워한 결과, 개원 및 청원 두 현에 재주하는 선인을 하나로 모아 개청선인제민회(開淸鮮人濟民會)라는 것을 조직하여 자위 수단을 강구하게 되었다.

3) 화전현(樺甸縣) 지방[길림(吉林) 관내]

화전현 대포재하(大浦財河) 지방은 신민부의 관할 구역에 속하고 그들의 숙박 대금 또는 의무금의 부담을 지고 있지만 어떠한 시설 또는 혜택이 없기 때문에, 재주 선인이 최근에 자못 반감을 품고 신민부를 탈퇴하는 동시에 선지인(鮮支人) 합동 자위단을 조직하였다. 그리고 이제부터 신민부원이 들어올 때에는 바로 체포하여 사형(私刑)을 가한 뒤에 관헌에게 인도할 것을 결의하고, 선지인 유력자 3명은 지나 당국에 무기를 대여하는 방법을 청원 중이라고 한다.

4) 빈현(賓縣) 지방(하얼빈 관내)

동지선(東支線) 빈현 거주 선인은 동현 이도하자(二道河子)에 근거를 가진 고려혁명군(高麗革命軍) 결사단 일파가 포악함을 보이고 있음을 분히 여기고, 이에 대항하기 위해 빈주(賓州) 주민대회를 열고 선언서, 선포문 등을 남만주와 북만주 각지에 우송하고 선후 대책을 강구하고 있다.

(7) 어대례(御大禮)[150]에 즈음하여 재로지(在露支) 조선인의 불온행동

이빈 가을에 거행한 즉위 행사에 즈음하여 민족운동 및 공산주의 운동자인 재로지(在露支) 조선인의 반역 음모에 관한 정보가 각 방면에서 다수 접수되었다. 그렇지만 과연 반역을 목적으로 실제 계획을 수행하는 데 착수했는지의 여부는 그 진상이 꼭 분명하지 않다. 그 가운데에는 운동 자금을 모집하는 수단으로 기획되거나 또는 허위의 유언비어를 만들어 민심의 동요를 꾀하는 것도 상당히 많은 것 같다. 그리고 정보에 나타난 그들의 기획은 결사대 또는 모험대라고 칭하는 여러 명에게 폭탄 또는 권총을 휴대케 하고 일본 또는 조선에 잠입시켜서, 동 방면의 선인 학생 단체 또는 노동 단체 등과 연락하여 대관 암살 또는 관아 폭파 등 과격 행동을 감행하려 하고 있다. 그 운동자의 계통 및 잠입 경로 등을 기술하면 다음과 같다.

---

150 일왕의 즉위를 기념하는 행사.

① 남·북만주에 산재한 조선 독립운동기관인 의열단, 정의부, 신민부 및 참의부에서 각 대원을 선발해 조선 국경 지방으로부터 잠입시키려 하고 있다.

② 상해 참칭가정부(僭稱假政府), 병인의용대, 의열단, 고려공산당청년회 등에서는 실행자를 선발해 바닷길을 거쳐서 모지(門司) 또는 나가사키(長崎) 방면에서부터 잠입시키려 하고 있다.

③ 블라디보스토크 고려공산당, 동 청년회, 삼륙연맹(三陸聯盟), 영고탑(寧古塔) 부근의 적기단(赤旗團) 등의 좌경단은 러시아 공산당과 연락을 취하고 실행 요원을 선발해서 북조선, 쓰루가(敦賀) 및 북사할린[北樺太] 알렉산드롭스크 방면에서부터 잠입시키려 하고 있다.

이상의 정황에 비추어 본성(외무성)에서는 해당 관청과 연락하여 이 방면의 경계에 힘써서 출장 관헌으로 하여금 하얼빈 지방, 특히 러시아·지나 국경 방면의 경계를 엄격히 함과 동시에 만철 열차에 경찰관을 탑승시켜 사찰 검색을 하게 하였다. 또한 조선 국경 방면에서는 관계 영사관과 조선 국경의 경비기관과 연락하게 하고, 사할린 및 쓰루가 방면에서는 동시방의 경찰 관헌이, 상해·천진·청도 방면에서는 각 영사관 경찰기관이 경계에 힘쓰도록 하였다. 이와 함께 11월 10일부터 내지로 가는 선박에 경찰관을 탑승시켜 선박의 사찰 검색을 맡도록 하여 내지 경찰기관에 연락을 취하는 등 주도면밀한 경계 조치를 취하여 만의 하나 실수가 없기를 기약하였다. 그 결과 어떤 불상사도 발생하지 않고 무사히 즉위 행사를 마칠 수 있었다.

제2장 재만 조선인 문제에 관한 회의

제1절 재만조선인문제조사위원회

(1) 타합회 및 성내위원회

1927년(昭和 2) 12월 발생한 지나 관헌의 재만 조선인에 대한 불법 압박 문제에 관련하여 종래의 대(對)조선인 시설 및 방침에 무언가의 변혁을 가할 필요의 유무를 연구하고 재만 선인의 생활 안정 그리고 취체에 관한 방침을 일정하게 만들어 둘 필요를 인정하였기 때문에, 올해 4월 본성(외무성) 외에 척식국, 조선총독부, 관동청, 육군성, 참모본부 등 관계 당국을 망라하여 하나의 비공식 조사위원회를 설치하게 되었다. 따라서 여기에서 토의에 부치기 위한 기초안 작성을 위해 아세아국장 이하 관계 각과의 담당관이 전후 4회의 타합회(打合會)를 행하고 여러 가지를 토의하였다. 그 결과 귀착한 결론을 작성하고 4월 9일 미나미(南) 차관, 참여관, 아세아국장, 조약국장, 통상국장, 아세아국 1, 2과장 및 담당관으로 구성된 성내위원회(省內委員會)[마침 귀국 중인 스즈키(鈴木) 간도총영사도 출석]을 열고 여러 숙의를 마치고 가결한 뒤에 조사위원회에 제의하기로 하였다. 위의 기초안은 다음과 같다.

재만 조선인 문제에 관한 건

지난번 발생한 지나 관헌의 재만 선인에 대한 압박 문제는 조금 과대하게 선전되고 있는 면이 없지 않다. 그렇지만 종래에 비해 점점 노골화되었다는 것은 숨길 수 없다. 이는 만몽(滿蒙) 현안 교섭의 개시 및 모아산(帽兒山) 분관 문제 등에 의해 격발되었던 것이라고 할 수 있다. 그럼에도 원래 지나 관헌이 조선인을 압박·배척하려고 하는 경향은

① 이주 선인의 격증에 수반하여 지나 관헌이 일본의 만몽 침략을 염려하고 두려워하는 생각이 보태진 것.
② 재만 선인에 대한 우리 보호·무육시설에 대하여 지나 관헌의 시의(猜疑)가 보태진 것.
③ 불령선인 취체를 위해서 하는 일본 경찰관의 활동이 지나 관헌의 혐기(嫌忌)와 경계를 야기한 것.
④ 선인 문제에 관한 교섭 안건이 자주 나타나는 것에 대한 지나 관헌의 혐기(嫌忌).
⑤ 산동(山東) 방면으로부터의 지나인 이민 격증에 수반한 선지인(鮮支人)의 경제적 충돌.
⑥ 선인에 대한 지나 관민의 동정심이 사라져 없어짐.

등의 정치적 그리고 경제적 사정에 원인하는 것이어서, 지나 측에서는 미쓰야협정(三矢協定)의 실행을 핑계로 삼고, 또는 선인은 일본인이어서 지나 내지에 거주할 권리가 없다는 이유

에 의해 그 퇴거를 다그치고 귀화를 강요하여 차지(借地)를 빼앗는 등의 압박 수단으로 나오는 것이다. 사정이 상술한 바와 같으므로 장래일지라도 똑같은 불상사가 지주 일어날 것은 상상하기 어렵지 않다. 그러므로 위와 같은 원인을 가능한 한 제거 또는 완화하여 재만 선인의 생활을 안정시키는 길을 강구하는 것이 필요하다.

그리고 본 문제를 해결하는 방법으로서 생각할 수 있는 것은 대체로 다음과 같다.

① 1915년(大正 4) 만몽조약에 의한 상조권(商租權) 문제의 해결을 꾀할 것.

② 만주에서의 조선인에 대한 토지 이용권[지상권(地上權), 임차권(賃借權), 소작권, 영조권(永租權) 등]을 인정하도록 만들고, 지나 측에 대해서는 조선인에 대한 경찰권, 과세권 및 토지에 관한 소송의 재판관할권을 인정할 것.

③ 국적법을 조선에 시행하고 조선인에 대하여 외국으로의 귀화를 인정할 것.

④ 만주에서의 조선인에 대한 치외법권을 철폐하고 만주 내지를 조선인에게 개방할 것.

⑤ 만주에서의 제국신민의 치외법권을 철폐하고 만주 내지를 내지인(일본인) 및 조선인에 대하여 개방할 것.

위 각 안건의 이해득실 그리고 그 실행의 가능성 여부를 대해 연구한 결과는 다음과 같다.

① 제1안

상조권 문제의 해결을 꾀하는 것은 단지 조선인 문제만 아니라 내지인의 만몽 발전상 유효한 방책임이 틀림없다. 본 문제 교섭의 경과에 비추어 보면, 오늘날에서는 일대 압력으로써 정면에서 만몽조약의 관철을 기약하지 않는 한 그 해결이 불가능하다.

② 제2안

본안은 만몽조약의 상조권과 거의 동일한 내용을 가지는 강력한 권리를 조선인에게만 인정하도록 하려는 것이므로 교섭이 곤란할 것이다. 제1안과 큰 차이가 없다. 또한 본안에 의해 선인에 관해 별도의 협정을 하는 것은 만주에서의 조선인을 내지인과 동일하게 취급하려는 우리 쪽 종래의 주장에 반한다는 결점이 있다.

③ 제3안

원래 국적법을 조선에 시행하지 않고 만주에서의 귀화 조선인을 이중국적자로 만들어 방임하고 있는 것에 대해서 또 이들 이중국적자가 가장 불쌍히 여겨야 할 사정에 있다고 하면서, 국적법을 조선에 시행하여 선인의 귀화의 자유를 인정할 것을 주장하는 자 적지 않다. 조선인에게 귀화를 승인하지 않는 것은 자국민의 외국 귀화 그리고 외국인의 자국 귀화를 허용하지 않았던 한국 정부의 전통적 방침과 관습을 병합 후에 계속 이어지게 한 것이라고 말한다. 그렇지만 실제상의 이유는 조선인 취체의 필요에서 나온 것이 의심할 바 없다. 따라서 취체의 필요를 없애는 시기에 이르게 되면 귀화를 허용하는 것이 결코 불가결한 것이 아니다. 그렇더라도 이로써 조선인의 만주에서의 생활 안정 문제가 해결되었다고 말하는 것은 꼭 맞다고 할 수 없다.

이제 본안의 효과를 간도 및 기타 지역에 대하여 고찰하면

제1. 간도에서는 이주 조선인의 수가 지나인에 비해 극히 많은 사실로 보아, 지나 관헌으로서는 이들 조선인의 대부분을 지나에 귀화시켜서 간도를 지나 측의 행정 밑에 통일하려는 희망을 가졌으므로, 조선인의 일본 국적 이탈을 승인하게 되면 지나 측의 귀화 강요는 그 정도가 더욱 심해지고 따라서 사실상 간도에서의 선인은 일부를 제하고 모두 지나인이 되는 결과가 될 것이다. 사정이 이렇게 되면 종래 간도에서 우리 쪽이 행하여 온 보호·무육상 백반의 시설은 어쩔 수 없이 철폐하게 되고, 국경 지방에 귀화 불량선인이 집단을 이루는 사태를 야기할 것이 없다고 할 수 없다. 요컨대 본 안의 실시 결과는 이중국적을 기초로 하여 20년 동안 쌓아온 간도 통치를 근저에서 파괴하는 것이 될 것이다.

제2. 간도 이외의 만주 각지에 대해 고찰하면 종래 조선인은 지나에 입적하더라도 일본 국적을 이탈할 수 없었기 때문에 지나 관헌이 이들 선인에 대하여 각종의 압박을 가했지만, 오히려 또한 다소의 적당한 편의로써 이들을 대우해 온 형편이다. 그런데 국적 이탈이 자유롭게 되면 지나 측의 입적 선인에 대한 대우는 자연히 일변하여 선인에 대하여 가혹하게 될 것이다. 또한 국적의 이탈이 자유롭게 되면 무자산 부랑(浮浪) 선인을 자국에 귀화시켜서 이로부터 생기는 여러 가지 책임을 지나 측에서 인수하는 어리석음을 저지르지 않으려 하고, 따라서 귀화의 조건을 엄중히 하게 되어 귀화에 의해 지나에 입적하는 자가 뜻밖에 적어서 결국 본안의 실시는 귀화를 바라는 자에게나 이를 바라지 않는 자에게도 예상한 것처럼 생활 안정을 얻도록 하는 효과는 없

을 것이다. 이번 사정은 지난번 제국정부에서 조선인 문제의 해결책으로서 선인에게 귀화를 승인하는 응급 조치를 채택할 것이라는 보도가 잘못 전해졌을 때 재만 선인의 동요를 보았던 사실에 의해서도 쉽게 짐작할 수 있을 것이다.

④ 제4안

본안은 본 문제 해결에 극히 유효한 안일 수 있지만 특히 조선인에게만 치외법권을 철폐하는 것은 내선인에 대해 중대한 차별 대우를 하는 것이므로, 실제로 실익이 있는 조치로서 재만 선인은 각별히 반대를 주창하지 않아도 어쨌든 체면에 매우 얽매이는 조선인에게 불쾌감을 주어 적어도 일부 조선인이 반목의 선전 재료로 삼아서 선내 통치에서 분열을 가져오는 하나의 요인일 뿐만 아니라, 오늘날의 상황에서 본다면 지나 측에서도 선인에 대해 법권을 얻었다고 해서 선인의 내지 거주 그리고 토지 이용권을 허여할 것인지 자못 의심스럽다.

⑤ 제5안

본안은 조선인 문제에 대한 근본책으로서 가장 좋은 방안일 수 있고, 앞에서 기술한 각 안이 해결할 수 없는 여러 가지 난점도 이에 의하여 많이 해결될 수 있을 것이다. 그렇지만 원래 치외법권 철폐 문제에는 즉시 단행론, 조건부 단행론 및 시기상조론 등이 있어서 조선인 문제 해결책을 위한 방면만으로 경솔하게 이를 단행하는 것은 할 수 없을 뿐 아니라, 오늘날에 있어서 가령 일선인(日鮮人)에 대한 치외법권을 철폐하더라도 이것과 교환하여 동삼성을 개방하게 만드는 일은 매우 곤란한 것이 실상이다.

이상 열기한 각 안이 모두 실행하기 어렵지만 또한 급속한 실행을 곤란하게 만드는 사정이 있는 것은 상술한 바와 같으므로, 조선인 문제에 대해서는 적더라도 앞에 기술한 제5안의 실시가 가능하게 될 때까지는 대체로 종래의 방침에 의해서 우리 출장 관헌으로 하여금 선처하도록 하는 것 외에는 길이 없을 것이다.

그리고 재만 조선인에 대한 종래의 방침은 대체로 사이온지(西園寺) 내각[151]이 결정했던 바를 답습한 것이어서, 바로 만주에서의 조선인의 보호·무육 및 취체 때문에 지나 측과의 사이에 달갑지 않은 안건이 발생하기 쉬운 사태를 고려하여 될수록 적극적 조치를 피하는

---

151 일본의 제2차 사이온지 내각을 말하는 것으로, 1911년 8월 30일부터 1912년 12월 21일까지 존재하였다. 제1차 사이온지 내각은 1906년 1월 7일부터 1908년 7월 14일까지 존재하였다.

방침을 취해 온 것이다.

재만 선인에 대한 일반적 보호·취체에 관하여 이들 선인을 내지인과 동일한 기초에서 완전히 보호·취체하려고 하면 도리어 지나 측과의 항쟁을 가져오고 그 목적을 달성하지 못하는 경우가 많을 뿐 아니라, 사실 오지에서는 우리 관헌이라도 충분한 보호를 가하는 것이 불가능한 것은 종래 경험한 바이다. 그러므로 지나 측이 선인의 생활에 중대하게 위협할 수 있는 압박을 가하거나 또는 조선 통치에서 중대한 영향이 있을 수 있는 사건 등에 관계하지 않는 한 될수록 우리의 보호·취체 권리를 주장하지 않고, 선인이 지나에 귀화하고 그 보호를 받고자 하는 자가 있는 경에도 이를 묵인하는 방침을 취한 것은 앞에서 말한 제5안처럼 해결 방법이 실행되지 않는 한 어쩔 수 없는 심정일 것이다. 보호·취체에 대하여 위와 같은 방침을 취하는 동안은 이주 선인의 안정 및 그 경제적 발전을 돕는 데 필요한 민회의 증설과 교육시설의 확장에 대해서도 제국 관헌이 정면으로 이것에 간여한다는 체재(體裁)를 피하는 것이 옳다고 생각한다. 그렇지만 오지에서 우리 의료시설과 같이 지나 측에서 오히려 환영하는 것에 대해서는 이때에 다소 적극적으로 확장해도 좋을 것이다.

(2) 재만조선인문제조사위원회

이상으로써 외무성 측의 의향이 일단 결정되었기 때문에 미리 협의한 바에 따라서 각 관계 관청 측 위원을 소집하고 4월 19일부터 본 성에서 조사위원회를 개회하였다. 개회 당일의 출석자 씨명은 다음과 같다.

외무성 측

모리(森) 정무차관

데부치(出淵) 차관

우에하라(植原) 참여관

마쓰나가(松永) 조약국장

아리타(有田) 아세아국장

다케토미(武富) 통상국장

하야시(林) 봉천총영사

스즈키(鈴木) 간도총영사

나카야마(中山) 아세아국 제1과장

미우라(三浦) 아세아국 제2과장

스에마쓰(末松) 이사관

스기우라(杉浦) 번역관

척식국

나루게(成毛) 국장

기타지마(北島) 제1과장

조선총독부

이쿠타(生田) 내무국장

아사리(淺利) 경무국장

시미즈(淸水) 봉천파견원

관동청

간다(神田) 내무국장

미우라(三浦) 외사과장

다케나미(武波) 경부

육군성

아베(阿部) 군무국장

참모본부

다시로(田代) 제2부 제6과장

[마쓰이(松井) 제2부장 대리]

의장 모리 정무차관이 용무로 지각하였기 때문에 데부치 차관이 대신하여 개회 인사를 하고 협의 방침으로서 미리 외무성 측에서 연구한 결과를 작성하여 앞에서 기술한 제안을 기초로 하여 의견을 교환하기 바란다는 취지를 말하고, 아세아국장으로 하여금 동 안건에 대해 상세한 설명을 하도록 하였다.

따라서 아리타 아세아국장은

지난번 발생한 재만 조선인 압박 문제는 상당히 떠들썩하게 선전되었다. 그렇지만 외무성에서 조사한 바에 의하면 이는 조금 과장되게 전해진 모양이다. 그럼에도 본 문제는 장래 모두에게 중대한 문제이기 때문에 이의 대책을 연구하는 것이 필요하다. 일찍이 조선총독부 측에서 본건 해결에 관한 내무국장의 안이 송부되었는데, 상경 중인 총독부 정무총감에 대하여 이 제안에 관한 의향을 들었었다. 그런데 이는 아직 총독부의 통일적 의견이라고 하기 어려울 뿐 아니라, 본 문제가 급속한 해결을 요하는 것으로도 생각하지 않고 시기를 기다려 적당한 조치를 강구하는 것이 마땅하다는 것이었다. 그러므로 본 성에서는 동 안건에 대하여 곧바로 의견을 회부하지 않고 멀리 일반적으로 본 문제에 대한 대책을 연구하였다. 그 결과 만주에서 장래에도 종래대로 조선인의 이주가 계속할 것이라는 예상 아래 하나의 대안을 얻고 있던 형편이었다.

라고 말하고, 앞에서 기술한 외무성안의 요점에 대하여 설명을 보태고, 동안 중에 열거한 각 해결안이 모두 실행 곤란하거나 또는 불가능하다고 하면 당면의 대책으로서는 현상 유지의 빙침을 채택할 수밖에 없고, 이는 매우 불철저한 것 같지만 실제로는 적당한 기회를 보아 제5안을 실행하는 방향으로 나아가려 한다는 취지를 말하고 각 위원의 의견을 구하였다.

이에 대하여 본성 외의 위원 측이 개진한 의견 그리고 제안의 요령은 다음과 같다.

① 조선총독부 측

외무성 안은 결국 현상 유지를 취지로 하는 것 같다. 이렇게 해서는 본 문제에 대해 정부 당국의 근본적 해결을 간절히 바라고 있는 조선인 일반이 실망하는 바가 매우 클 것이다. 그뿐만 아니라 만주에서의 선인 압박 문제는 의연 분규를 계속하여 그 결과 지난번 조선 내지에서 보복운동을 반복하지 않을 것이라고 보장하기 어렵다. 이 보복운동 같은 것은 일보라도 실수하면 곧바로 배일운동으로 전화하는 위험성이 많아서, 더 나아가면 조선 통치에 악영향을 미칠 위험이 있기 때문에 이때 본 문제에 대해 무언가의 해결 방법을 강구함이 필요하다고 인정한다. 총독부 측으로서는 외무성 안 가운데 열기한 각 안 중 제1안, 즉 상조권 문제의 해결을 최량의 근본적 해결 방법으로 인정하고 있다. 하지만 그 달성이 불가능한 경우에는 제5안, 즉 치외법권 철폐 문제의 해결로 향해 나아가는 것을 희망하는 것이다. 이 두 개의 안 모두 실행 불가능하다고 한다면, 당분간 편법으로서는 만주 지방에 전통적 특수 관계를 가진 조선인의 지위에 비추어 이에 토지 이용권을 획득하게 하는 잠정적인 협정을 맺는 것이 필요하다고 인정한다. 단 이전에 송부한 「재만 선인에 관한 대지(對支) 협정 요령」(별지 갑호)은 총독부 내무국장의 사사로운 안이어서 동안(同案) 중 국적법을 조선에 시행하는 건은 총독부 내부에서도 좌우간 논의가 있었고, 아직 통일적 방침으로 인정할 수 없으므로 여기에서는 동 항목을 삭제하고자 한다. 또한 동안 제1항 지상권(地上權), 임차권(賃借權) 및 소작 계약의 기간은 30년 이내로 하고 있지만 교섭상 필요하다면 이를 5년 또는 10년의 단기간으로 변경함도 무방하다. 요컨대 총독부로서는 종래 조선인이 만주에서 사실상 인정받고 있던 지위와 권리를 정식으로 협정의 형태로 확인하여 지나 관헌의 압박을 배제하는 근거로 만들고 싶어 하는 것이다. 그래서 이 때문에 선인에 대한 차별 대우의 비난이 일더라도 선인의 생활 안정을 얻게 되려면 유별나게 큰 악영향은 없어야 할 것으로 판단한다.

② 관동청(關東廳) 측

재만 선인 문제의 해결은 상조권 문제의 해결을 근본으로 삼는다. 하지만 현재 상태에서 급속한 해결은 곤란하다면, 그 달성에 이르기까지는 대체로 현상 유지로 나아갈 수밖에 없을 것이다. 이와 같은 범위 내에서는 대체로 외무성 안에 동의하지만 이에 관해서 별안(별지 을호)에 보인 바와 같이 두세 가지의 조건이 있다. 즉 (1) 현상을 유지한다고 하지만 조선인의 일반적 보호·취체에 대해서는 소극적 방침에 빠져서 지나 관헌의 부당한 간섭에 맡겨서 조선인의 우리 통치에 대한 원망과 한탄, 반감을 조성하는 것이 없도록 주의를 요하고, (2) 당면한 대책으로서는 만주 내지에서 자본적 농업 경영의 발전을 조성하고 이들 기업으로 하여금 알맞은 선농을 수용하여 안정시키고 또 관동주, 철도부속지 그리고 영사관의 직접 보호·감독을 할 수 있는 지역에 선인의 이주를 유도하여 오지(奧地) 발전의 기초를 만들도록 하는 등 문제의 완화에 힘쓰는 것이 필요하다고 판단한다. 더욱이 치외법권 철폐 문제는, 실제 문제로 보아도 남방에 비해 훨씬 문화적 정치의 수준이 낮은 만주 관헌에게 급작스레 재판권을 위임하는 것은 극히 위험하므로 부득이한 경우를 제외하고 실행에 나서지 않기를 바란다. 즉 이것의 철폐와 상조권 해결을 교섭 조건으로 삼는 일이 없이 양자는 별개의 문제로서 취급할 필요가 있다고 판단한다. 만일 치외법권 철폐를 필요로 하는 경우에도 철도부속지는 물론 ■■(예를 들면 봉천, 안동, 무순 등)와 같은 곳은 제외되기를 바란다.

③ 척식국 측

본 문제의 근본적 해결 방법으로서는 상조 문제의 해결, 공동 자본에 의한 사업의 경영, 귀화 선인 명의로 선인의 토지 소유 또는 소작을 획득하는 것, 그리고 상조권 등의 해결을 조건으로 치외법권을 철폐하는 등의 여러 안이 있을 수 있다. 하지만 대지(對支) 관계상 또는 경제적 관계상 급속히 이를 실현하는 것은 지난하다. 이뿐만 아니라 조선총독부의 안처럼 조선인에 대해 상당한 장기간의 토지 이용권을 주는 잠정적 협정을 체결하는 것도 그 실현이 쉽지 않은 동시에 과연 예기의 효과를 거둘 수 있을지 자못 의문이다. 따라서 응급적인 대책으로서 (1) 만주에서의 외무성 경찰관의 정비 충실을 꾀하고 조선인의 보호·취체의 철저를 기약할 것, 그리고 (2) 각지에 산재하는 조선인을 되도록 집단 부락에 수용하고 보호·취체를 충분하게 하도록 할 것 등의 방법을 강구하면 본 문제의 해결에서 상당한 효과가 있을 것으로 판단한다[별지 병호(丙號)].

④ 육군 측

상조 문제의 해결이 불가능하다고 하면 치외법권의 철폐를 행하여 만주 내지를 개방시키는 수밖에 없지만, 두 개의 안 모두 실행이 곤란하다. 그런데 또한 실행에 수반하는 불이익이 많다고 하면 현상 유지로 나아가는 것도 어쩔 수 없을 것이다. 단 종래 노력해 온 점은 끝까지 계속 행하는 것이 필요함은 물론이고, 장래 근본적 불이익을 남기지 않도록 주의해야 할 필요가 있다.

이후 16일 오후 및 18일 오후 두 번에 걸쳐서 회의를 계속하고, 관계된 여러 문제를 주제로 삼아 아세아국장을 중심으로 간담하면서 의견을 교환하였다. 그런데 조선총독부 측에서는 제안한 잠정적 협정안의 실시를 보지 않는 한 자본적 농업 경영의 조성은 오히려 지엽적 문제에 속할 뿐 아니라 실행이 곤란하다는 태도를 취하였다. 이에 대하여 관동청 측에서는 이익을 보는 데 민첩한 지나인의 심리를 잘 이용하여 알맞은 투자 방법을 얻으면 자본적 농업 경영안은 실행이 가능할 것이며, 그뿐만 아니라 선인을 수용하여 안정시켜서 정면에서 해결이 곤란한 상조 문제를 실제 방면에서 점차 해결하는 효과가 있을 것이며, 또한 동안(同案)은 다른 면에서 인구·식량 문제의 완화 그리고 마필(馬匹) 개량 등 국방의 필요를 충족시키는 데에도 상당한 효과가 있다는 사정을 변론하였다. 또 척식국이 제안한 외무성 경찰관 증원의 건에 대해서는 간도 이외의 재만 각 영사관에 배속한 외무성 경찰관의 총수가 89명이고 이를 동 지방 재주(在住) 선인 약 12만 명에 대비하면 선인 약 1,300명에 경찰관 1명의 비율이어서 그 보호·취체가 철저하지 못함은 당연하다. 돌이켜서 각 영사관에서의 선인 사무기관을 보면 이 역시 매우 불비(不備)하고 불철저한 상태이므로, 이 기회에 근본적으로 재만 선인의 보호·감독에 관한 기관의 정비 충실을 계획할 필요가 있다는 논의가 나와서 각 위원들 모두가 화합하여 동의하였다. 더욱이 관동청안 중에서 관동주(關東州), 철도부속지 및 영사관의 직접 보호의 손길이 미치고 있는 지역에 선인을 유도한다는 안건은 사태 완화에 이렇다 할 효과가 있다고도 생각되지 않는다는 의문을 품는 경향도 있다. 관동청 측으로서도 이는 도리어 동청(同廳)의 번거로움을 보태는 일이 될 것이므로 각 방면에 환영받지 못하면 굳이 주장할 의사가 없어 이를 철회해도 좋다는 뜻을 표명하였다.

여러 가지 논의를 거듭한 결과 다음과 같이 결론에 도달함으로써 이를 제2회 본회의에 보고하기로 하였다.

1. 재만 조선인 문제의 해결책으로는 외무성 기초안 중의 제1안 혹은 제5안이 적당하다고 판단하므로, 정부에서 가능한 빨리 이의 실현을 계획하기 바란다.

   이 두 개의 안 모두 실현이 가까운 시기에 이루어지지 않으면, 조선총독부로서는 잠정적 협정의 협의가 시도되기 바라는 희망을 가진다.

2. 이것이 실현되기까지는 대체로 종래의 방침을 답습하는 수밖에 없지만, 재만 선인의 보호·감독에 관한 기관의 정비 충실을 계획할 필요가 있다.

3. 자본적 농업 경영의 조성은 그 수단 여하에 따라서는 선인 압박 문제의 완화에 유효하다고 판단한다.

따라서 4월 19일 외무대신 관저에서 정무차관 주최의 오찬회 이후에 계속해서 동 관저에서 제2회 본회의를 개최하고 모리 정무차관이 앞에서 말한 최종안을 피력하고 다시 각 위원의 의견을 물었다. 이에 모든 위원이 이의 없이 동의하여 본 위원회의 성안으로 결정을 보게 되었다.

더욱이 그때 (1) 조선총독부 측에서는 성안 제1항의 달성에 대해 정부에 대하여 상당히 강하게 요망한다는 것, (2) 척식국 측에서는 현상 유지의 방침이 소극적인 것으로 빠지지 않도록 주의하기 바란다는 것, (3) 관동청 측에서는 치외법권 철폐는 만일 어쩔 수 없는 한에서이고 함부로 실행하지 않을 것, 그리고 본 문제에 관한 동청(同廳) 측 의견을 존중하기 바란다는 것 등의 희망을 제기하고 전원이 이를 양해하였다. 최후로 본 조사위원회의 업적에 관하여 어떤 신문지 등에 발표를 요하는 경우에는 특별의회(特別議會)를 위해 관계 각 관청 당국자가 상경한 기회를 이용하여 정보 및 의견 교환을 끝내기로 한다는 정도로 가볍게 취급하기로 합의하고, 특별 회의에서 선인 문제에 대해 질문이 있는 경우에 답변하는 방침 그리고 담당하는 방법에 관해 두세 번 협의를 한 뒤에 철회하였다.

별지 갑호

재만 선인에 관한 대지(對支) 협정 요항

1. 남·북만주에서 조선인은 농업에 종사하기 위해 자유로이 거주, 왕래하고 또 지상권(地上權), 임차권(賃借權)을 향유하고 소작 계약을 체결할 수 있다. 이런 경우에 조선인은 중화민국 사람과 동등한 조세를 부담해야 한다.

   지상권, 임차권 및 소작 계약의 기간은 30년 이내로 하고 갱신할 수 있다. 단 이것의 민사소송에 관해서는 중화민국의 법률에 의해서 중화민국 사법 관리가 심판한다.

2. 조선에서 중화민국 사람은 농업에 종사하기 위해 자유로이 거주, 왕래할 수 있다. 이 경우 종래 제국국법이 조선에서 중화민국 사람에게 인정하는 토지소유권, 지상권, 임차권 등의 권리를 향유하고 소작 계약을 체결할 수 있음은 물론이다.

3. 일본제국정부는 조선인으로서 중화민국에 귀화한 자로 하여금 일본의 국적을 상실하도록 하여서 소위 이중국적으로 인한 분쟁의 발생을 방지한다. 단 중화민국은 귀화자를 중화민국 사람과 동등하게 대우하여 차별을 베풀지 않는다.

4. 중화민국에 귀화한 조선인으로서 일본제국의 조선 통치에 반격을 가하려고 하는 자가 있을 때에는 중화민국 정부가 성의로써 이를 취체하기로 한다. 취체해야 할 여러 가지 소행은 따로 협정한다.

5. 남·북만주에 거주하는 조선인으로서 사유재산제도를 부인하고 또는 협정국 어느 한 쪽의 국체의 변혁을 도모하기 위해 선동, 음모, 결사 등의 범죄를 하는 자가 있을 때에는 중화민국 관헌이 이를 체포할 수 있다. 단 긴급함이 필요한 때를 제외하고는 되도록 미리 일본제국 관리의 동의를 거치고, 또 체포 후에는 빨리 일본제국 관헌에게 인도한다.

6. 전항에 게시한 경우 외에 중화민국 관헌은 일본제국 관헌의 동의를 얻어서 범죄인인 조선인을 체포할 수 있다. 단 빨리 일본 관헌에게 인도한다.

7. 중화민국 관헌이 일본제국 관헌으로부터 범죄인인 재만 선인의 체포와 인도의 의뢰를 받았을 때에는 성의로써 이에 응한다.

8. 중화민국 관헌이 지방의 치안 유지를 위해 특정한 조선인에 대하여 일정한 지역 내의 거주를 금지 또는 제한할 필요가 있다고 인정한 경우에는, 그 사유를 갖추어 일본제국 관헌에게 그 자의 처분을 요구할 수 있다.

비고

(1) 본 협정은 제3항을 제외하고 간도, 만철부속지 및 상부지(商埠地)를 제외하기로 한다.
(1915년 5월 25일 남만주 및 동부내몽고에 관한 조약이 완전하게 시행되지 않는 이상 간도에 관한 협약을 주장하는 것이 필요한 것은 물론이다.)

(2) 제2항에 의해서 중화민국 사람이 조선에서 향유하는 권리의 존속 기간은, 지상권은 당사자의 자유에 따르며 정해진 것이 없을 때에는 50년으로 하고, 임차권은 20년 이내로 한다.

(3) 제3항에 의해서 일본제국정부는 국적법을 조선에 시행할 필요가 있다.

(4) 본 협약이 성립한 뒤에는 소위 미쓰야협정은 효력을 상실한다.

별지 을호

재만 선인 문제에 관한 건(관동청안)

외무성안은 임시적 방편의 의견으로 알고 있지만 다음과 같이 여러 점에 대한 걱정을 고려해 주기를 바란다.

1. 외무성안 ⑤에 관하여 상조권 문제와 만주에서의 치외법권 철폐 문제는 별개의 문제로서 취급하기 바란다는 것.

   상조 문제의 해결에는 조약상 지나 측에 경찰권 및 과세권을 용인하면 충분한 사정이다. 본 문제의 해결과 만주에서의 치외법권 철폐 문제를 교환 조건으로 삼는 것은 단지 이미 맺어진 조약의 권위를 실추시키는 원인이 될 것이다. 그뿐만 아니라 이를 실제 문제로서 보아도 남방에 비해 훨씬 문화적 정치에 익숙하지 않는 만주 관헌에게 솔선하여 재판권을 위임하는 것은 극히 위험하다. 제국민(帝國民)의 만주에서의 활동은 주로 상공업 방면에 있기 때문에 이런 위험이 더한층 중대하다고 말할 수 있을 것이다. 지나 전토에 대하여 치외법권을 철거하지 않을 수 없을 것 같은 경우에는 각별히 단지 상조권 획득을 위해서 솔선하여 만주에서 치외법권을 철거하는 것이 득실을 쉽게 단정하기 어렵다고 판단한다.

2. 일반 보호·취체에 관해서는 적어도 현재 상태보다 소극적이지 않을 것.

   근래 오지의 선인은 이미 재만 제국 관헌의 보호에 신뢰하는 바가 두터운 경향이 있다. 그런데 만일 금후 이 보호를 소극적으로 하여 지나 관헌의 부당한 간섭에 맡기는 것처럼 된다면 무고한 민으로서 마침내 제국의 조선 통치를 원망하고 한탄하게 될 것이고, 조선 통치상 악영향이 없기를 보장하기 어렵다. 더욱이 오지 재주 방인에 대한 지나 관헌의 부당한 간섭을 조장하기 쉬울 것이다. 게다가 우리 식량 및 원료 정책상 만주 내지에서 특수 작물의 장려, 종자의 개선, 가축의 개량 등은 이들 재만 선인에게 의지하지 않으면 쉽게 그 목적을 달성하기 어렵기 때문에 보호를 일부러 소극적으로 하는 것은 일고가 필요할 것으로 판단한다.

당면한 대책으로서는

3. 정부는 만주 내지에서 우리 자본적 농업 경영의 발전을 조성하고 도처에 우리 경제적 지위를 확립하는 동시에, 이런 업종의 기업에게 적당한 선농을 수용하도록 할 것.

우리 식량 및 원료 정책의 달성상 만주 내지에서의 우리 자본적 농업 경영의 발전을 기약하는 것은 극히 필요한 일이어서, 이런 업종의 기업가에 의한 상조권의 획득은 반드시 불가능하지 않기 때문에 금후 정부에서 이런 업종의 기업을 조성하는 한편 선농의 수용을 담당하도록 하게 한다면, 또한 이로써 문제의 완화책의 하나인 것을 놓치지 않게 될 것이다.

4. 당분간 관동주, 철도부속지 및 영사관이 직접 보호·감독을 할 수 있는 지역에 선인의 이주를 유도하기로 하고 되도록 보호를 주도면밀히 하여 오지 발전의 기초를 만들도록 하는 동시에 한편 당면의 문제에 완화에 힘쓸 것.

관동주 및 철도부속지 그리고 그 접양 지역 내에서 선인의 이주가 최근 격증하였지만 아직 1만 5,000명 내외에 지나지 않는다. 최근 만철에서는 선인을 사용하여 관동주 내에서 농사 경영을 하려고 하는 계획이 있을 뿐만 아니라, 근래 관내 제 공장에서의 지나 노동자 사이의 공산운동 등은 결코 등한히 대하기 어려운 문제이므로 선인의 일부로 하여금 이에 대신하도록 하는 것은 금일에 필요한 준비라고 판단된다. 관내의 선인은 대개 우리 관헌을 신뢰하여 스스로 실업 방면에서 재산을 이루는 자도 적지 않은 현상이므로, 관내로 선인의 이주를 유도하는 것은 장래 오지 발전의 기초를 만들게 하는 의미에서도 상당한 효과가 있다고 판단한다.

별지 병호
재만 선인 압박에 대한 방책(내각 척식국안)

재만 선인에 대한 지나 관민이 압박은 그 유래하는 바 상당한 근본 토대가 깊기 때문에, 이에 대해 곧바로 적당한 방책을 수립하여 그 원인을 일소하는 것은 참으로 지난한 일에 속한다. 그렇지만 조속히 대체로 다음과 같이 기술한 대로 실행하는 것은 본 문제의 해결에 상당한 효과가 있을 것으로 믿는다.

기(記)

1. 만주에서의 외무성 경찰관의 정비 충실을 도모할 것.

설명. 지나 관민의 선인 압박에 대해서는 정의와 인도를 강조해도 무익해서 도저히 실효를 거둘 수 없다. 이 때문에 이에 대해서는 어느 정도까지 실력으로써 대항할 수밖에 없을 것이다. 그런데 현재 만주에서의 외무성 경찰관은 그 수가 극히 적고 도저히 충분하게 재류 방인의 보호·취체를 할 수 없으므로 조속히 외무성 경찰관의 충실을 도모하여 동 지방에서 재류 방인을 보호·취체하는 것을 철저하게 기약할 필요가 있다(별표 참조).

더욱이 현재 만주에서의 외무성 경찰관은 각 영사관에 분속하고, 이를 연락하고 통일해야 할 기관을 결여하였기 때문에 충분하게 그 기능을 발휘시키는 데 유감스로운 점이 적지 않다. 이것을 종합하고 통일해야 할 기관을 설치하는 것이 필요하다고 판단한다(예를 들면 봉천총영사로 하여금 재만주 경찰관을 지휘·감독하게 하여, 그 아래에 보조로서 상당한 직원을 두는 것이다).

2. 재만 선인의 집중을 도모하기 위한 적당한 방법을 강구할 것.

설명. 현재 만주 재류 조선인은 간도를 제외하고 대부분 각지에 산재하였기 때문에 이의 보호·취체를 하는 데 불편이 적지 않다. 조속히 적당한 방법을 강구하여 되도록 집단 부락의 형성을 촉진하는 것이 필요하다고 판단한다.

이 밖에 재만 선인에 대하여 금융 소통의 방도를 강구하고 또는 꼭 필요한 땅에 농업 기술원을 주재시켜서 농업 경영을 지도, 조장하도록 하여 기타 교육, 위생 등 제반 시설을 강구하여 재만 선인의 생활 향상을 도모하는 것은 간접적으로 그들에 대한 지나 관민의 박해를 완화하는 네 상당한 효가 있을 것이다. 그렇지만 이는 이번 선인 압박에 대한 응급적 대책으로서는 그 효과가 현저하지 않을 것이다. 국적법을 조선에 시행하고 조선인의 국적 이탈을 인정하는 것의 가부에 대해서는 자못 신중히 고려해야 한다. 생각건대 국적법을 조선에 시행하고 조선인의 국적 이탈을 인정할 때에는 지나에 귀화한 조선인은 이론상 만주에서 지나인과 똑같고 자유로이 토지를 소유하고 또는 소작할 수 있겠지만, 실제상 지나 관민이 전연 지나인으로 동등하게 그들을 대우할지의 여부는 자못 의문에 속한다. 특히 불령선인에 대하여 국적의 이탈을 인정할 때에는 취체상 비상한 불편을 느낄 것이고 나아가서는 조선 통치상 즐겁지 않는 사태를 낳을 염려가 없지 않다. 더욱이 간도 재류 조선인에 있어서는 국적의 이탈을 인정하면 도리어 해당 지방에서의 치안을 어지럽게 하여 조선인의 생활을 동요시킬 염려가 없다고 할 수 없다. 그러므로 국적법을 조선에 시행하고 조선인의 국적 이탈 방법을 인정하는 것은 적당하지 않다. 만일 강하게 그것이 필요하다고 한다면 이 경우에는 특히 정부의 허가를 받도록 하는 것이 필요하다고 판단한다. 또한 상조 문제의 해결, 일지

(日支) 합판(合辦)에 의한 사업의 경영, 귀화 선인 명의로 조선인으로 하여금 토지를 소유 또는 소작하도록 하는 것 등은 재만 선인에 관한 근본적 해결의 방법일 수 있지만, 대지(對支) 관계상 또는 경제적 관계상 지금 바로 실현하기를 기대하기 어렵다. 그 밖에 새로이 지나와 협정하여 상당히 장기에 걸쳐서 토지에 관한 지상권, 임차권 및 소작권 등을 획득하는 것은 마찬가지로 재만 선인의 생활 안정을 위해 상당한 효과가 있을 것이다. 그래도 이 또한 실현이 용이하지 않을 뿐 아니라 과연 예상한 결과를 거둘 수 있을지는 의문이다. 또 만주에서 치외법권의 철폐에 이르러서는 지나 관민의 조선인 압박 문제 해결상 실제로 얼마나 효과가 있을지 극히 의문일 뿐만 아니라, 그 결과 제국은 재만 선인에 대해 직접 보호·취체를 할 수 없게 되어서 도리어 조선인의 생활을 위협하고 나아가서는 조선 통치상 유쾌하지 못한 사태를 낳을 염려가 없지 않다. 그렇지만 치외법권을 철폐함에 의해서 상조 문제 등 재만 선인의 생활 안정을 위해 중요한 관계를 가진 문제를 해결할 수 있다면 옳지만, 만일 그렇게 해서 단순히 만주에서의 치외법권 철폐를 도모한 것뿐이어서는 도리어 점점 재만 선인 문제의 해결을 곤란하게 만들게 될 것이다.

(3) 재만조선인문제조사위원회 보고

재만조선인문제조사위원회는 전항과 같이 성안(成案)을 얻고 4월 25일 외무대신에게 종래 의사 경과에 덧붙여 아래의 보고를 제출하고 이로써 동 위원회의 사업을 완료하였다.

1. 재만 조선인 문제의 해결안으로는 1915년(大正 4) 일지조약(日支條約)에 의한 상조권 문제의 해결을 계획하든가 또는 만주에서 우리의 치외법권을 철폐하여 만주 내지를 내선인에게 개방하도록 하는 것이 가장 적당하다고 판단한다.
2. 정부에서 되도록 조속히 위 두 개의 안 가운데 어느 하나를 실현하도록 계획하는 것이 필요하지만 그 실현에 이르기까지는 재만 조선인 문제에 대한 방침은 대체로 종래의 방침을 답습할 수밖에 없다고 판단한다.
    단, 조선총독부로서는 위의 실현이 가까운 시기에 이루어지지 않으면 재만 조선인에 대하여 지상권, 임차권, 소작권 등 상당 장기간의 토지 이용권을 인정한 대지잠정협정 (對支暫定協定)의 협상을 시도하기 바라는 희망을 가지고 있다.

3. 재만 조선인 문제에 대한 당면의 대책으로서 대체로 종래의 방침을 답습하는 경우에도 만주에서의 선인의 보호·감독에 관한 기관의 정비 충실을 계획할 필요가 있다고 판단한다.

4. 만주에서 방인의 자본적 농업 경영을 조성하고 조선인의 수용 보호를 계획하는 일은 그 수단이 적절함을 얻을 수 있다면 재만 조선인 압박 문제의 완화에 상당히 유효하다고 판단한다.

제2절 재만영사회의(在滿領事會議)

(1) 조선인 문제에 관한 영사회의 결의 품청(稟請)

1928년(昭和 3) 8월 20일부터 3일간 봉천에서 개최된 재만영사회의는 주로 동 방면에서 공산운동을 수사하는 데 협의를 행하도록 할 필요에서 본성의 지령에 의해 열렸던 것이다. 재만 각 영사도 이 기회에 사무를 위해 협의를 행하는 외에 제반의 안건을 가지고 모여서 회의하였는데, 안건 중에 가장 중요한 의제의 하나였던 것은 재만 조선인 문제로서 동 문제에 대해 협의, 결정하고 본성에 품신(稟申)한 결의 사항은 다음과 같다.

결의 제3. 조선인 문제에 관한 결의

다음의 사항에 대해 본성에 품청(稟請)할 것.

(1) 재만 선인 사무는 이제부터 그 전부를 외무성에서 행할지, 그렇지 않으면 현상 유지의 방침으로 나갈지에 관해 협의한 결과, 이는 원칙으로서 외무성에서 통할하기로 일치하였다.

즉 위의 방침 아래 외무성에서 근본적으로 계획을 ■하여 고칠 것. 단 부속지 내의 관계는 당분간 현상 유지로 한다.

(2) 위의 입장에 기초하여 본성 내부에 조선관계과(朝鮮關係課)의 충실을 계획하고, 한편 재만주 그리고 연해주 및 극동 러시아령의 각 주요 영사관에 선인 사무 취급의 전임관 이하 담당관을 증파 또는 설치하여 위의 각 기관으로 하여금 재만 선인 사무에 관하여 한층 유효하고 적절한 대책을 강구하도록 할 것.

(3) 재만 선인 정황의 근본적 조사는 전술한 기관의 정비를 기다려 행하기로 하고(결의 제5 참조), 당장의 방법으로는 각 영사관에서 필요에 따라서 현재 하얼빈영사관과 기타에서 행하고 있는 방법에 의해 각 조사를 할 것.

(4) 재만 선인의 생활 조장과 보호의 구체안을 예로 들면, 사상 선도를 위한 여러 시설, 기타 이주 조합, 저리 자금, 민회 보조금 증액, 구빈소, 부업 장려 방법 등이 있는데, 여러 사항에 대해서는 다시 구체적으로 성안을 작성한 뒤에 관계 영사에서 협의하여 이를 본 영사회의의 결의로 본성에 제출할 것.

결의 제5. 임시 선인 조사기관 설치에 관한 결의

다음의 사항에 대해 조속히 실시 방법을 본성에 품청할 것.

재만 선인 정황의 기본적 조사를 본성 계획안 정비를 기다려 행하는 것은 시의적절하지 않으므로, 비교적 단시간에 위의 목적을 실현하기 위한 입장에서 봉천에 임시 기관을 설치하고 급속히 실행에 착수할 것을 바란다(구체안은 봉천에서 작성할 것.).

(2) 조선인 문제에 관한 봉천영사회의 결의에 대한 본성 회훈(回訓)

전항 결의 품신에 대해 본성에서 연구한 결과 다음과 같이 결정을 봄으로써 그 취지에 의해 회훈하게 되었다.

1. 재만 선인 사무를 원칙적으로 외무성에서 통일하는 건

재만 선인에 대한 무육(撫育)·조장(助長)과 보호·취체는 밀접히 서로 관련되어 칼로 자른 듯이 구별할 수 있는 것이 아니다. 양쪽 모두 서로에 의지하여 효과를 거둘 수 있는 것이므로 전자를 조선총독부에서, 후자를 외무성에서 각각 분리하여 분담하는 현재의 구조는 이상적으로 유쾌하지 못한 제도인 것은 말할 것이 없다. 그렇다고 해서 영사회의 결의처럼 이때 조장·무육 방면의 사무도 본성에서 통일하기 위해서는 근본적으로 1922년(大正 11) 본성과 총독부 간의 협정을 뒤집어서 재외 선인 사무 일체를 본성 주관으로 하는 것에 대해 총독부 측의 동의를 얻지 못해서는 안 된다. 그런데 본건 협정에는 상당히 근거가 깊은 인연이 있는 것도 있어서 오늘날 과연 총독부 측이 수긍하는 바라고 할 수 있는지 극히 의문스럽다. 임시로

동의를 얻었다고 해도 그 실현에는 총독부가 안고 있는 조장무육 사무에 관한 예산 전부를 이양받는 것이 필요하다. 최근에 총독부 측의 의향을 미루어 헤아리면 궁극의 경우 사무 그 것의 이관에는 응낙하지만 예산의 이양에는 도저히 응낙할 수 없음은 분명하다. 과연 그렇다면 본성으로서는 새로운 사무를 위해서 총독부가 종래 써 왔던 예산액 혹은 그 이상을 신규 예산으로 요구하지 않으면 안 되는 것이다. 하지만 예산을 긴축하는 오늘날 이런 요구의 달성이 거의 당장에 기대할 수 없는 것은 예상하기 어렵지 않다.

더욱이 현재의 제도에는 상응의 묘미가 없지 않다. 즉 재만 선인 문제는 선내 행정과 극히 밀접한 관계를 가진 것이다. 그리고 선인 관계 사무에는 총독부 내에서 우수한 전문가를 많이 구할 수 있다는 점에서 본 제도는 유력한 존재 이유를 가졌다. 이뿐만 아니라 총독부 예산은 본성 예산에 비해 융통성이 많아서 임시적 시설 및 보조적 지출 등에서 도저히 본성 예산이 쫓아갈 수 없는 것이다. 그러므로 임시로 본성에서 새로이 조장·무육 방면에 대해 총독부와 동액의 예산을 얻으려고 해도 그 활용은 종래처럼 원활하지 못한 감이 있을 것을 염려한다.

요컨대 본건에 관한 영사회의 결의는 이상적이어서 사의(事宜)에 맞지 않는 형편이다. 이 때문에 이제부터 이것의 실현을 향하여 연구를 진척시켜 총독부 측과도 기회를 보아 절충하는 것이 당연하다. 그렇지만 지금 갑자기 실현을 계획하는 것은 아직 기회가 아니라고 생각한다. 단 새만 선인을 조장·부육하는 시설에 대해서 이제 조금이나마 힘을 쏟을 필요가 있음은 봉천총영사가 품신한 대로 인정된다. 따라서 제도는 잠시 현재대로 하더라도 총독부측에 대해서 영사회의 결의 및 총영사 품청이 뜻하는 바에 따라서 위와 같은 조장·무육 방면에 더 한층 주의하기 바라는 취지를 협의하는 것이 당연하다.

2. 재만 선인 사무에 관한 기관 충실 방법에 관한 건

영사회의 결의 및 봉천총영사 품신에서 말하고 있는 재만 선인 사무에 관해 더욱 유효하고 적절한 대책 또는 실례로 적합한 근본책은, 필경 어떻게 하여 이들 선인을 무육·조장하여 그 생활의 안정을 얻게 하는가에 귀착할 것이다. 교육, 산업, 금융 등 각 방면으로 보아서 이러한 근본책은 만주에서 토지 문제의 해결을 보지 않는 한, 수립될 수 없고 또 수립하더라도 유효하게 실시될 수 있는 것이 아님은 분명하다. 이는 곧 올봄 본성에서 재만조선인문제 협의회에서 "재만 선인 문제의 해결책으로서는 … 만주 내지를 내선인에게 개방시키는 것이

가장 적당한 것이라고 판단한다. 하지만 그 실현에 이르기까지는 대체로 종래의 방침을 답습할 수밖에 없다고 판단한다"라는 취지의 결의가 있었던 까닭이다. 또 현재 그대로 조장·무육 방면의 시설에 대해 다시 적극적 방책으로 나오려고 해도 위 관계 사무가 전항처럼 조선총독부가 주관하는 바인 이상 본성에서 헛되이 기관의 정비 충실을 행해도 무익으로 끝날 형편이다. 따라서 영사회의 결의 및 봉천총영사 품신과 같이 본성에 조선관계과(朝鮮關係課)의 충실을 계획하고 재만주 각 주요 영사관에 전임 기관을 배치하는 것은, 전술한 토지 문제의 해결 내지 재만 선인 사무를 본성에서 통일한 뒤로 양보하는 것이 적당할 것이다.

단 본성은 보호·취체 방면에서 스스로 중대 책무를 분담한다. 그리고 이 방면에 대해서도 전술한 선인문제협의회에서 "당면의 대책으로서 대체로 종래의 방침을 답습하는 경우에도 선인의 보호·감독에 관한 기관의 정비 충실을 계획할 필요가 있다고 판단한다."라는 취지의 의결이 있었던 대로 그 방책 및 시설에 관해 더욱더 연구가 필요한 여지가 적지 않은 것이다. 또 조장·무육 사무의 실행은 직접 본성이 상관하지 않는 바이더라도 선인 문제 전체로 보아이 방면에서도 본성 측에서 연구하고 또 총독부 측과 협조해야 할 점이 결코 적지 않은 형편이다. 따라서 위와 같은 의미와 정도에서 본성 및 출장 관계 기관을 이제 좀 정비하는 데 충실할 필요가 있다고 해야 할 것이다. 위 기관의 정비 충실의 범위를 고찰하면 본성 관계는 잠시 두고 만주 전반에 대해서는 봉천총영사관 외 간도, 하얼빈, 길림 각 총영사관에 대해서도 상당한 충실을 행할 필요가 있을 것이다. 그리고 충실의 내용으로서 봉천총영사의 품신처럼 근본적 계획은 이때 조금 지나친 것으로 인정되었기 때문에 이에 대해 적당한 사정(査定)을 가하고, 그 외의 총영사관에 대해서는 그 필요의 유무 및 충실에 관한 의견 그리고 요구를 구한 뒤에 위에 준하여 전의(詮議)하는 것이 당연하다. 또한 이와 같은 정비 및 충실은 그 정도 순서에 의하여 단순히 재외 공관의 인원 배치[人繰] 가감에 의해 실현할 수 있을 것이지만 그렇지 않은 경우에는 신규 사업으로서 예산에 계상하는 것을 필요로 할 것이고, 어차피 본건은 일단 전술한 각 공관에 조회하여 그 회보를 기다려 결정하는 것이 필요한 형편이다.

3. 재만 선인의 상황 조사에 관한 건

재만 선인의 상황 조사에 대해 종래 철저하지 못한 점이 있음은 이의가 없는 바이다. 이 때문에 본성에서도 최근 실행 가능한 방면에서부터 점차 통일적 조사의 걸음으로 나아가기로 하였다. 이미 하얼빈, 안동, 봉천, 간도, 요양, 백초구의 각 공관에서 조사에 착수하고 길림, 장춘에서도 머지않아 개시를 준비하여 기타 각 공관에서도 필요하다고 인정한 것은 뒤이어 조사시킬 방침이다. 그리고 위 조사의 완료 뒤에는 재만 선인의 상황을 아는 것에 관해서 상당한 계몽의 열매를 거둘 것을 본성이 기대하는 바이다. 그래서 만주 방면에서 지나 관민의 대일(對日) 분위기 및 치안 상황에 비추어 금일의 경우 위 이상으로 철저한 근본적 조사를 행하고 그 효과를 거두는 것은 기대할 수 없는 바이다. 그러므로 지금 처소에서 이 정도 조사에 만족하고 조사 결과에 불만족한 점이 있으면 다시 조사하는 등 점차 보충하여 상대적 완전을 기약하는 수밖에 없다고 판단한다. 따라서 영사회의 결의와 같이 비교적 단기간에 기본적 조사를 행하기 위해 봉천에 임시적 조사기관을 설치하는 것은 당장 필요가 없을 것이다.

부표

제1호표 재만 선인 분포표[1927년(昭和 2) 12월 말 현재]

	남	여	계		남	여	계
우장(牛莊)	527	502	1,029	해룡(海龍)	5,040	4,325	9,365
요양(遼陽)	139	134	273	정가둔(鄭家屯)	611	499	1,110
봉천(奉天)	5,055	4,447	9,502	장춘(長春)	1,511	1,232	2,743
신민부(新民府)	930	823	1,753	농안(農安)	120	–	120
통화(通化)	24,749	19,687	44,436	길림(吉林)	19,209	10,532	29,741
안동(安東)	34,651	30,484	65,135	하얼빈(哈爾賓)	7,109	4,461	11,570
간도(間島)	72,556	64,741	137,297	제제합이(齊齊哈爾)	142	135	277
혼춘(琿春)	24,310	21,915	46,225	만주리(滿洲里)	36	25	61
국자가(局子街)	35,245	31,975	67,220	적봉(赤峯)	841	684	1,525
두도구(頭道溝)	50,935	40,696	91,631	계	304,070	253,041	557,111
백초구(百草溝)	15,108	11,346	26,454	관동주(關東州)	512	657	1,169
철령(鐵嶺)	3,729	3,149	6,876	총계	304,582	253,698	558,280
도록(掏鹿)	1,519	1,249	2,768	1926년 말 총계	298,110	244,075	542,185

제2호표 재만 선인 민회 일람표

관할 공관	민회 수	1928년도(昭和 2) 정부 보조 금액(원)
간도(間島)	5	6,500
두도구(頭道溝)	3	1,800
국자가(局子街)	6	3,750
혼춘(琿春)	3	1,828
백초구(百草溝)	1	1,279
안동(安東)	1	7,927
봉천(奉天)	2	11,680
통화(通化)	3	4,764
철령(鐵嶺)	1	3,700
도록(掏鹿)	1	625
해룡(海龍)	1	4,043
정가둔(鄭家屯)	1	1,700
장춘(長春)	2	5,105
길림(吉林)	1	1,200
하얼빈(哈爾賓)	4	8,830
합계	35	64,731

적요: 본 보조금 중에 해림(海林) 민회 보조금 1,574원은 동지 부근 불량단 발호 때문에 재흥(再興)이 곤란한 사정으로 인해 본 성에서 보류한다.

비고: 민회 경영의 사업은 주로 교육, 위생, 수산장(授産場)의 설치 및 공설 주택 건설(봉천), 농장 경영(간도) 등으로 한다.

제3호표 재만 선인 금융기관 조사표

금융기관의 명칭	자본금 (원)	보조금 (원)	창립 연월	경영 상황
간도 용정촌 민회 금융부	55,000	-	1922.2	간도에서 민회 금융부는 용정촌 외 4개소에 각각 사무소를 설치하여 창립 당초에 구제금에서 37,310원, 동척에서 50,000원을 차입하고 농업 자본과 기타에 대해 대부했는데 해마다 회수 성적이 양호함. 용정촌 금융부(1928.5): 적립금 25,559원. 차입금 36,760원. 예금 59,014원. 대부고(貸付高) 166,232원.
간도 두도구 조선 민회 금융부	34,500	3,000	1922.2	보조금 3,000원은 1927년도에 조선에서 보조함. 적립금 2,562원. 차입금 11,000원. 예금 28,326원. 대부고 70,630원.
간도 혼춘 조선인 민회 금융부	28,000	3,000	1922.4	보조금은 상동. 적립금 5,497원. 차입금 19,250원. 예금 46,636원. 대부고 95,901원.
간도 국자가 조선인 민회 금융부	38,500	8,000	1922.2	보조금 상동. 적립금 11,386원. 차입금 20,300원. 예금 44,595원. 대부고 85,356원.
백초구 금융부 출장소	6,000	-	1927.4	적립금 2,275원. 국자가에서 차입금 21,922원. 예금 14,061원. 대부고 38,858원.
간도 농민계	50,000	-	1928.12	농업 자금 융통, 농징 설치, 농산품 위탁 판매, 농우 대부 등 농촌의 복리를 목적으로 함. 1주(株) 35원. 2,000주.
동아권업 주식회사	2,000만	35만	1921.12	불입금 500만 원. 1927년 총이익 63만 3,094원 24전. 1927년 총 손실 37만 5,227원 85전.
봉천 협제공사	100만	-	1922.5	주식 조직으로 총 주식 수 2만 주 중 동아권업회사 부담 13,960주. 가입자 수 233명.
무순 금융조합	14,275	1,672	1923	동아권업주식회사로부터 차입금 15,000원. 선인 출자자 163명.
통화 농상조합	소양(小洋) 5,110	소양 23,732	1924.12	동아권업주식회사로부터 15,000원 차입. 선인 출자자 165명.
안동 금융회	25,452	-	1922.3	출자자 758명. 동아권업주식회사로부터 차입금 41,660원. 1928년 3월 말 대부고 89,591원 9전. 총 이익금 18,182원 54전. 총 손실 13,968원 70전. 자산액 21만 7,102원 30전.

철령 금융조합	소양 1,572	금표(金票) 500	1926.3	조합원 106명. 출자 총구 649구. 출자 불입 총액 778원 80전. 순이익 443원 36전. 동아권업주식회사로부터 차입금 3,000원.
철령현 사■자 (沙子)공제조합	2,000	-	1928.9	조합원 97명. 1구 출자액 3원. 출자 총구 667구. 동아권업주식회사로부터 차입금 2,000원.
개원(開原) 금산(金山)조합	400	-	1926.6	조합원 90명.
개원 삼일농우 (三一農友)조합	소양 11,340	-	1925.8	조합원 156명. 1926년도 대부고 3,500원.
해룡 농상무(農商務) 조합	소양 7,470	금표 5,000	1926.2	조합원 60명. 1926년도 대부고 소양 1,990원. 순이익 소양 235원.

제4호표 재만 선인에 대한 의료기관표

공관	의사 수	정부 보조금(원)	비고
안동	2	5,260	안동, 장백(長白)
봉천	3	8,650	봉천, 무순, 공태보(公太堡)
통화	2	5,440	통화, 흥경
철령	1	2,865	철령
도록	1	2,530	도록
해룡	4	8,397	해룡, 유하(柳河), 삼원포(三源浦), 북산성자(北山城子)
정가둔	1	2,820	백음태래(白音太來)
장춘	1	2,790	장춘
길림	2	5,320	길림, 돈화
하얼빈	5	15,430	하얼빈, 해림, 일면파(一面坡), 영고탑, 수분하(綏芬河)
간도	4	9,450	두도구, 국자가, 백초구, 혼춘
합계	26	68,972	

제5호표 재만 불량선인 단체표

명칭	소재	주요 목적	주요 인물
정의부 (正義府)	길림성(吉林省) 반석현(盤石縣) 호란집창자(呼蘭集廠子)	처음에는 독립을 표방하고 세운 것이지만 목하 좌경화하고 있음.	중앙집행위원장, 총무부위원장 현익철(玄益喆). 지방부위원장 김이대(金履大). 군사부위원장 이웅(李雄). 재무부위원장 고이■(高而■). 교양부위원장 이동림(李東林). 외무부위원 황기룡(黃起龍), 김석하(金錫夏), 김학선(金學善), 이진탁(李辰卓), 김경달(金慶達), 윤상전(尹相典)
참의부 (參議府)	집안현(輯安縣) 장백산(長白山) 아래	처음에는 독립주의였지만 최근에 좌경화하고 있음.	참의장 김희산(金希山). 민사위원장 김소하(金筱夏). 군사위원장 마덕창(馬德昌)(피체포). 군사위원 김강(金剛). 재무부위원장 한의제(韓義濟). 법무부위원장 이영희(李永熙)
신민부 (新民府)	동지(東支)철도 동부 연선 제5참(站)에서부터 하얼빈 사이, 북간도 일대를 근거리로 삼음.	민족독립주의였지만 최근 공산주의로 변화하고 있음.	중앙집행위원장 김소안(金素安). 군사부위원장 김좌진(金佐鎭). 민정부위원장 최호(崔浩). 교육부위원장 오일산(吳一山). 실업부위원장 방인호(方寅浩). 재정부위원장 임윤(林潤). 목하 민정파와 군정파로 나뉘어 반목하고 있음.
다물 청년당	국경 및 선내에 기관을 두고 활동함.	정의부 내 일종의 결사로서 순민족독립주의	김이대(金履大), 김진호(金鎭浩), 현정향(玄正鄕), 현묵관(玄默觀), 이청우(李靑雨), 이동림(李東林) 등
노동당	길림성 화전현(樺甸縣)	다물청년당에 대항하여 조직된 것으로 민족주의	김동삼(金東三), 이담룡(李擔龍), 이일심(李一心)
고려 혁명당	길림성 영안현(寧安縣)	사회주의 무산 혁명	이동휘(李東輝), 이영선(李永善), 주계훈(朱啓勳), 김하석(金夏錫), 양기택(梁起澤), 유동설(柳東說), 이일심, 주진수(朱鎭洙) 등
신인(新人) 동맹회	길림성	사회주의	이헌(李憲), 백관(白觀), 남군성(南君成) 등
재동만 조선청년 총동맹	간도 용정촌	공산 혁명	중앙집행위원장 강현철(姜賢哲) 이하 22명
근북회 (槿北會)	상동	공산 혁명, 여성 해방	서무·재무부 김순림(金順林) 외 1명. 조직연락부 조숙정(曹淑貞) 외 3명. 문화선전부 장명수(張明洙) 외 2명. 조사연구부 박영석(朴永錫) 외 3명
조선청총(靑總) 동맹 용정청년동맹	상동 상동	민족 혁명	집행위원장 강상원(姜相元). 조직연락부상무 여남수(呂南壽). 교양부상무 오산세(吳祏世). 조사부상무 주채희(朱採熙). 체육부상무 장세권(張世權). 여자부상무 이신애(李信愛). 소년부상무 임표(林杓)

근우회 지회	상동	민족 혁명, 여성 해방	서무부 장태화(張泰華) 외 3명. 선전부 김희정(金熙貞) 외 3명. 교양부 진규(陳奎) 외 2명. 조사부 장혜향(張惠鄕) 외 2명. 학생부 김경숙(金敬淑) 외 3명
동학(東學) 소년당	간도	민족 독립	중앙집행위원장 이명식(李明植)
동학(東學) 청년당	상동	상동	불명
남만(南滿) 청년총동맹	길림성 반석현	공산주위 남만청년단의 통일을 목적으로 삼음.	이철(李鐵), 김만선(金萬善), 이종림(李鐘林), 손경호(孫京鎬), 한진(韓震), 박원현(朴員賢), 양호(楊虎)
북만(北滿) 청년총동맹	길림성 동빈현(同賓縣)	공산주의	강순(姜順), 이성(李星), 황기찬(黃基贊), 이명도(李明道) 등
한인회 (韓人會)	서간도	참의부 내의 정당	
대농(大農) 청년회	길림성 영안현	공산주의	불상
농민동맹 (구 한족노동당)	길림성 반석현 호란집창자	공산주의, 조선독립운동 단체	이경천(李慶天), 강길련(姜吉連), 박성춘(朴成春), 김응섭(金應燮), 김원식(金元植), 김상덕(金尙德) 등
근합(近哈) 청년연맹	길림성 하성현(河城縣)	농민으로 조직한 청년단체로서 공산주의를 이상으로 삼음.	이정식(李正植), 황철환(黃喆煥), 이승진(李昇振), 황병목(黃炳穆), 유재영(兪在詠)
정통단 (正統團)	길림성 이하 불상	독립을 표방하고 현 조선 시설의 파괴를 목적으로 삼음.	박범조(朴凡祚), 김종범(金鐘範)
대동(大同) 청년연맹	길림성 화전현 유수하(楡樹河)	공산주의	홍일해(洪一海), 권일성(權一成), 남상요(南相堯)
협동청년회	길림성 액목현(額穆縣) 흑석둔(黑石屯)	조국을 부흥시켜 새로운 이상 아래에 신국가 건설을 목적으로 삼음.	강해범(姜海範), 이용수(李龍洙), 허근식(許根植), 허일(許一) 등
신우회 (新友會)	길림성 하성현	공산주의를 기초로 삼는 신국가 건설.	이승세(李承世) 외 10명
고려 혁명후원회	길림성 반석현	혁명의 성립을 적극적으로 원조함.	
선인노력(鮮人勞力)청년회	길림성 오주현(烏珠縣)		

대한임시정부	길림성 영안현	독립운동	이상룡(李相龍), 강구만(姜九萬), 김규식(金奎植), 현요묵(玄夭默) 등.
귀일당 (歸一黨)	상동	대종교 교도로 조직한 것으로 종교적 색채를 가진 사회운동결사임.	수령 윤세복(尹世復), 정일우(鄭一雨), 최효추(崔曉秋), 장종원(章種園), 김좌진(金佐鎭), 권화선(權華仙), 박남파(朴南坡)
고려혁명군	노령(露領) 자바이칼스크주[後貝加爾州]		선전부장 김원강(金元康), 선전부원 왕수림(王樹林)
송강(淞江) 청년총동맹	흑룡강성(黑龍江省)		손혜호(孫惠鎬)
여족공의회 (麗族公議會)	상동		이광민(李光民)
합장(哈長) 청년회	합장선(哈長線)		윤정우(尹丁雨), 김문(金文)
낙산(樂山) 일꾼조합	길림성 이통현(伊通縣) 고유수(孤楡樹)		이종락(李宗洛), 박광(朴光)
납거(拉去) 청년회	액목현		한상선(韓相善)
신광(新光) 청년회	봉천성(奉天省) 흥경(興京) 지방		오천신(吳天信), 김산일(金山一)
남만(南滿) 청년연맹	상동		윤평(尹平), 최봉(崔鳳)
농우회 (農友會)	봉천성 회덕현(懷德縣)		김광세(金光世)
무본(撫本) 청년회	봉천성 무순(撫順) 지방		김홍해(金洪海), 박영세(朴永世)
한민회 (韓民會)	길림성 의란도(依蘭道) 요하현(饒河縣)	민족 혁명	회장 장민섭(張敏燮), 부회장 이학만(李學萬)
돈액(敦額) 청년연맹	길림성 돈화현(敦化縣)	공산주의적 민족해방운동	총무 김학헌(金學憲), 고문 전승재(田承再), 간사 윤철수(尹澈秀), 길주덕(吉周德), 서무부장 이동길(李東吉), 교양부장 김희(金熙), 노동부장 이승택(李昇澤), 조직부장 이중용(李仲用), 재무부장 김덕삼(金德三), 소년부장 윤승룡(尹承龍), 여성부장 장선이(張先頤), 비서부장 임호(林虎)
적기단 (赤旗團)	길림성 액목현	공산주의적 민족운동	단장 박관해(朴觀海), 양호(楊虎), 최동욱(崔東旭), 이창운(李昌運)
혁신단 (革新團)	길림성 오상현(五常縣) 부근	공산주의적 민족운동을 표방했지만 일종의 강도 단임.	

제6호표 재남지(在南支) 불량선인 단체표

명칭	소재	주의 목적	주요 인물
상해임시정부	상해 프랑스 조계 백니 몽마량로(白尼蒙馬糧路) 보경리(普慶里) 제4호	독립운동	주석 이동녕(李東寧). 재정부장 김갑(金甲). 내무부장 김구(金九). 군무부장 오영선(吳永善). 법무부장 김철(金澈)
중국본부 한인청년동맹	상해 프랑스 조계 백래니 몽마량로 44호 이관수(李寬洙) 집	공산주의	중앙집행위원장 변동화(邊東華)(피체포). 동 후보 정태희(鄭泰熙). 위원 김기진(金基鎭), 엄항섭(嚴恒燮), 진갑수(陳甲秀), 정학빈(鄭學彬), 김규선(金奎善)
한인청년동맹 상해 지부		상동	서무부위원 조철(曹哲). 재무부위원 남광일(南光一). 정치문화부위원 김창수(金昌洙), 최호(崔浩). 선전부위원 허의순(許義淳)[결(缺)]. 조사부위원 최봉관(崔鳳官)
동 남경 지부		상동	서무부위원 김일주(金一柱)
동 북경 지부		상동	서무부위원 김영식(金英軾)
동 광동 지부		상동	서무부위원 정학빈(鄭學彬)
동 무한(武漢) 지부		상동	서무부위원 진갑수(陳甲秀)
한국유일독립당 상해촉성회	상해	민족 독립을 목표로 삼았지만 근래 공산주의적 색채가 농후해짐.	집행위원 이동녕(李東寧), 홍진(洪震), 홍남표(洪南杓), 곽헌(郭憲), 정태희(鄭泰熙), 이유필(李裕弼), 한봉근(韓奉根), 김명■(金明■)
병인의용대	주로 상해 프랑스 조계에 있음.	암살, 파괴 등 폭력 행위를 모토로 하여 독립하려는 것.	나창헌(羅昌憲), 이유필(李裕弼), 강창제(康昌濟), 강파(姜坡), 기타 7~8명
의열단	상해	폭력 행위에 의한 독립운동	단장 김원봉(金元鳳). 단원 왕자명(王子明), 이동우(李東友), 한봉근(韓奉根), 강창제(姜昌濟), 박준섭(朴俊燮), 유광세(柳光世), 정인교(鄭寅教), 최웅림(崔雄林)
한국흥사단	상해 프랑스 조계 미인리(美仁里) 10호	독립운동	안창호(安昌浩), 조남섭(趙南燮), 이유필(李裕弼), 안인권(安仁權)
한국 노병회(勞兵會)	상해 이후 불상	상동	이유필(李裕弼), 조남섭(趙南燮), 최석순(崔錫淳)
한국애국부인회	상동	공산주의	김희원(金喜元)

제7호표 1928년(昭和 3) 간도 방면 이주 선인 조사표(10월 말 현재)

경유지	이주처	호수	인구		
			남	여	계
무산군(茂山郡)	화룡(和龍)	29	88	78	166
회령군(會寧郡)	화룡, 연길(延吉)	389	1,170	920	2,090
종성군(鍾城郡) 삼봉(三峯)	화룡, 연길, 왕청(汪淸)	1,184	3,151	2,574	5,725
종성군	상동	115	331	302	633
온성군(穩城郡)	왕청, 혼춘(琿春)	41	96	59	155
경원(慶源)	혼춘	384	955	790	745
경흥(慶興)	상동	68	148	128	276
계		2,210	5,939	4,851	10,790

제8호표 1928년 간도 방면 이주 선인의 귀환 상황 조사표(10월 말 현재)

전 거주지	호수	인구			귀환처
		남	여	계	
연길현	92	162	177	339	
화룡현	101	285	261	546	주로 함경남북도로 귀환함.
왕청현	6	12	13	25	
혼춘현	67	148	86	234	
계	266	607	537	1,144	

제9호표 1928년 봉천 방면 원적별 이주 선인 조사표(10월 말 현재)

이주자 원적지	이주처	호수	인구			이주의 주 목적
			남	여	계	
경기도	봉천, 신민, 무순, 장춘, 홍경	15	53	43	96	주로 농업. 상업을 목적으로 삼는 자는 소수임.
충청북도	본계(本溪), 철령, 홍경, 청원(淸原)	7	18	11	29	농업
충청남도	봉천, 홍경	7	18	16	34	농업
전라남도	봉천	-	1	-	1	농업
전라북도	봉천	7	18	24	42	농업
경상북도	봉천, 통화, 무순, 심양, 홍경, 본계, 길림, 통강(通江), 청원, 유하, 장춘, 봉성	46	157	108	255	농업
경상남도	홍경, 통강, 개원, 무순, 청원, 길림	93	264	242	506	농업
황해도	철령, 무순, 홍경, 유하, 해룡, 영안	16	46	39	85	농업
평안북도	봉천, 통화, 홍경, 무순, 본계 환인, 개원, 유하, 청원, 해룡, 장춘, 길림, 호림(虎林)	303	913	757	1,670	농업
평안남도	봉천, 무순, 본계, 홍경, 통화, 해룡, 유하, 장춘, 길림, 호림, 부금(富錦)	51	172	134	306	농업
함경북도	유하	2	3	5	8	농업
함경남도	유하, 홍경, 무순	3	10	7	17	농업
강원도	통강	1	8	8	16	농업
계		551	1,671	1,394	3,065	

제10호표 1928 봉천 방면 이주 선인의 귀환 상황 조사표(10월 말 현재)

원적	귀환처	전 거주지	호수	인구			귀환의 주 원인
				남	여	계	
경기도	원적지	봉천, 무순, 유하, 흥경	10	36	27	63	실업
충청남도	〃	통화	1	2	-	2	대도회비 때문임.
경상북도	〃	통화, 청원, 흥경	9	22	14	36	〃
경상남도	〃	본계, 무순, 통화, 흥경	13	37	38	75	상동 및 가사 형편
황해도	〃	봉천, 무순, 해룡	2	7	4	11	〃
평안북도	〃	봉천, 요양, 본계, 무순, 통화, 유하, 흥경, 해룡	57	153	136	289	〃
평안남도	〃	봉천, 해룡, 무순, 통화, 흥경, 청원	23	62	49	111	〃
함경북도	〃	해룡	1	2	1	3	불상
전라남도	〃	무순	1	2	4	6	불상
계			119	323	273	596	

제11호표 1918년(大正 7)부터 1927년(昭和 2)까지 10년간 재만 조선인 인구 비교표

연도	남	여	계	증감	비고
1918년 말	194,532	143,929	338,461	-	
1919년 말	199,298	162,474	361,772	23,311	
1920년 말	240,839	190,193	431,032	69,260	'3·1운동' 발생으로 증가
1921년 말	271,150	217,506	488,656	57,624	상동
1922년 말	285,494	230,371	515,865	27,209	
1923년 말	289,750	238,277	528,027	12,162	
1924년 말	292,769	139,088	531,857	3,830	만주 각지에 한해·수해가 있었기에 감소
1925년 말	289,381	242,592	531,973	116	상동
1926년 말	298,110	244,075	542,185	10,212	
1927년 말	304,582	253,698	558,280	16,095	

제12호표 길림성 각 현에서의 귀화 조선인 호수표(1927년 12월 말 현재)

현별	인구	현별	인구
길림현(吉林縣)	748	동녕현(東寧縣)	446
화전현(樺甸縣)	425	연길현(延吉縣)	632
액목현(額穆縣)	474	왕청현(汪淸縣)	484
돈화현(敦化縣)	937	요하현(饒河縣)	413
영안현(寧安縣)	598	부여현(扶餘縣)	92
빈강현(濱江縣)	137	장령현(長嶺縣)	274
서란현(舒蘭縣)	241	덕혜현(德惠縣)	486
몽강현(濛江縣)	87	액목현(額穆縣)	124
발리현(勃利縣)	48	동강현(同江縣)	84
장춘현(長春縣)	108	반석현(磐石縣)	72
호림현(虎林縣)	423	계	7,458
쌍양현(雙陽縣)	125		

비고
1. 본 표는 길림성장공서 제3과에서 각 현공시의 보고에 의해 조사한 것이다.
1. 본 표의 숫자는 여자 및 17세 미만의 남자를 기록하지 않았기 때문에 예를 들어 길림현의 748인이란 748호로 간주할 수 있다.
1. 거주 선인의 10 중 9까지는 수전 경작에 종사하는 자여서 1호에 대한 평균 인구는 5명으로 간주할 수 있을 것이다.

2. 재만 조선인 문제에 대한 조선인의 대응

〈자료 31〉 재만 조선인 문제[152]
- 교거증서(僑居證書)와 상조(商租) 문제

1

2,300만의 조선인 대중의 전도(前途) 여하는 다만 조선인으로서의 절대(絶大)한 문제일 뿐 아니라 동양적으로 하나의 중대한 문제이다. 그는 일본인에게 또 중국인에게 아울러 중대한 하나의 현안이다 그러나 조선인의 문제를 평면적으로 구분할 때에 우선 3단(段)으로 대별(大別)할 수 있다. 2,000만을 헤아리는 국내의 조선인은 이곳 조선인 문제의 본원적(本源的)인 자(者)어니와, 전후(前後) 도항자(渡航者) 20여 만에 달한 일본에 있는 조선인의 장래가 하나의 문제이고, 만주의 전 구역으로부터 시베리아 각지에 널리 펴져 있는 300만 조선인의 장래는 또한 매우 중대한 하나의 현안이다.

2

조선인의 청년들은 무산자(無産者)의 단결을 부르짖고 현 사회제도를 운위하는데, 조선의 통치자들은 적화의 방지를 획책(劃策)하고 '치안의 유지'를 위한다. 그러나 국내 2,000만의 조선인이 날로 다만 무산자화(無産者化)할 뿐 아니라 일본에 있는 수십만의 조선인은 이미 궁극(窮極)한 무산 군중을 지은 자들이고, 만주 시베리아에 분포된 300만의 조선인이 또한 모두 무산자이고 무산자화하고 또는 무산자의 조국(祖國)의 일부 시민을 짓고 있는 것은 누구나 이 조선인의 장래를 논하는 자가 재견(再見) 또 삼탄(三嘆)하지 아니할 수 없을 현대가 맡겨 준 일대 현안이다.

---

152 자료 출전: 〈在滿朝鮮人問題-僑居證書와 商租問題〉,《朝鮮日報》1925년 11월 25일자, 1면 사설.

3

지난번 대련(大連)에서 만선기자대회(滿鮮記者大會)라는 것이 개최되어 재만(在滿) 조선인 문제가 일본인에 의하여 제의(提議)됨에 그는 도리어 냉소 중에 매장(埋葬)되고 말았다. 이를 조소하는 모 중국인 기자가 말하기를, "일본인은 조선에 있는 조선인을 문제로 하지 않고 만주에 있는 조선인을 운위(云爲)하고 있으니 매우 뱃속 편한 짓이라."라고 하였다. 이는 자못 정문일침(頂門一鍼)인 감(感)이 있었다. 그러나 우리로 하여금 말하게 한다면, 일본인은 조선에 있는 조선인에 대하여 가능한 최대 한도의 구속과 억압을 일삼을 뿐 아니라 일본에 있는 조선인으로부터 만주에 있는 조선인에까지 오직 불급(不及)을 저어하면서 그 구속과 억압을 획책하여 거의 여온(餘蘊)이 없도록 하는 바 있다. 지난번 일중(日中) 양 관계 요로(要路)의 인물에 의하여 작성된 만주 조선인 취체(取締)를 위한 일중협정변법(日中協定辨法) 같은 것이 그 대표적인 일례이다. 이리하여 재만 백여 만의 조선인이 그의 상조(商租) 금지로 인한 경제적 압박과 함께 바야흐로 이중의 큰 고통을 받게 되는 것이니, 이는 세간의 천정입지(頂天立地)한 조선인이 골고루 사유(思惟)하지 않을 수 없는 문제이다.

4

만주 조선인의 취체를 위한 소위 교거증서(僑居證書) 문제는 그의 일대(一代)의 명안(名案)?[153]인 산미증식정책(産米增殖政策)과 함께 아마 고(故) 시모오카(下岡)[154] 씨의 2대(大) 유적(遺績)이겠지! 이 사람 이제 이미 타계하여 그 골육이 아직 식지 않았으니 우리는 잠깐 그에 대한 비평을 보류한다. 그러나 누가 발안(發案)하고 알선(斡旋)했는지는 별도의 문제로 하고, 이 교거증서의 제도는 바로 조선 내에서 행사하는 나직(羅織)과 겸속(箝束)의 나쁜 예를 조선인의 이주지인 만주에까지 연장하려는 심사에서 나옴은 이제 첩첩(喋喋) 해설함을 요하지 않는 문제이다. 매년(每年) 매호(每戶)에 교거증서 1매를 요하되 그를 결(缺)한 자에게 위법죄(違法罪)로 처벌하며, 이와 관련하여 다시 천이증(遷移證), 여행증서 및 상호 보증과 연좌

---

153 물음표는 자료의 원문 그대로이다.

154 1924년 7월에 조선총독부 정무총감으로 취임한 시모오카 주지(下岡忠治, 1870~1925)를 가리키는 것으로 보인다. 시모오카는 1925년 11월 22일 위암으로 사망하였다.

법 등의 번가(煩苛)한 법정(法定)으로써 하여 그들 일거수일투족을 모두 감시, 구속하고 있을 뿐 아니라, 이로 인하여 중국의 하급 이원(吏員)으로 하여금 더욱더 조선인의 침릉(侵凌) 압박을 멋대로 행하게 한다. 그러니 이는 바로 일본의 국적에 속한 이유로써 상조 금지의 경제적 배척에 신음하는 조선인이 다시 그의 악법의 연장 또는 교환(交換)으로 인(因)한 철저한 구속 때문에 이내 자못 국척(跼蹐)하여 자안(自安)치 못하게 되는 바이다.

5

상조 금지로 인하여 조선인이 받는 고통은 이제 거듭 말하지 않겠다. 이에 관하여 우리는 일찍이 조선인이 일본을 탈적(脫籍)하고 중국에 개적(改籍)할 필요가 있다고 말했었다. 세간의 독자 중에는 자못 그 견해를 달리하는 바 있거니와, 이 상조 금지 및 교거증서의 문제는 곧 재만 백여 만의 조선인이 오직 일본의 국적에 속하기 때문에 양극(兩極)의 해악(害惡)만 편벽되이 받는 가장 노골적(露骨的)인 현상이다. 우리는 만주 백여 만 조선인의 생활 안정의 장래를 위해서는 단연히 일본에 탈적하고 중국에 개적함으로서 이 양극의 해악에서 이탈하기를 제언하는 바이다. 그리고 이것이 일본 국적법의 변개(變改)에 관련되는 바 있음은 물론이다. 지난번 길림의 내신(來信)이 있어 개적한 조선인의 자치(自治) 및 공권(公權) 분여(分與)의 실현을 선(傳)하니, 우리는 아직 그 상세를 접하지 못하였으나 재만 조선인 문제를 해결하는 방안의 하나인 것을 확신한다.

〈자료 32〉 참을 수 없는 만주 조선인 문제[155]
- 일중(日中) 협력의 조선인 압박

1

만주 조선인 문제가 조선(朝鮮) 내국(內國)의 여러 문제를 제(除)하고 제1위의 중대 문제인 것은 일반 식자가 모두 동감하는 바이다. 200만을 헤아리는 동포가 국경 밖에 전주(轉住)함에 평온하게 생활한다 할지라도 오히려 대소의 문제가 있을 것인데 하물며 처우(處遇)에 신음하는 소리가 우리의 귀를 찔러서 끊일 새가 없음에랴. 조선인의 사활(死活) 문제는 불가분의 것이라 국내와 국외를 구별할 바 아니지만, 활로의 개척을 위하여 꺼지지 않는 열혈(熱血)의 불을 켜는 사람들은 이 '범'을 피하여 '이리'를 만난 200만 동포의 운명을 하루라도 잊기 어려울 것이다.

2

화룡현(和龍縣)의 중국 관헌들은 토지 이동(移動) 수속을 무기로 삼아 조선인의 귀화를 강제하고 그를 또 기회로 삼아 모든 수속비로 수만 원의 거금을 착취하였다고 한다. 철령현(鐵嶺縣)에 있는 수백 호의 동포는 금춘 이래의 한재(旱災)로 인하여 농작이 절망(絶望)이 되어 생계가 이미 궁하므로 고향으로 돌아오고자 하되 여비가 없고, 일본의 영사관에 진정하나 아무 양책이 없으며, 중국인의 지주에게는 밀려오는 부채도 청산할 길 없는 사정인즉 다시 융통을 의뢰할 수도 없어서, 오직 모두 사방으로 이산(離散)하는 형편이라고 한다. 전기(前記)한 각종의 고난은 만주에 있는 조선인으로 하여금 다시 이전(移轉)하게 하여 시베리아로 향하는 자가 3,000명에 달하는 현상이라고 한다. 표랑(漂浪)하고 또 표랑하여 안주(安住)할 곳을 얻지 못하는 정황이 눈에 보이는 듯하다.

---

155 자료 출전: 〈참을 수 업는 滿洲朝鮮人問題-日中協力의 朝鮮人壓迫〉, 《朝鮮日報》 1926년 7월 24일자, 조간 1면, 논설.

3

만주의 조선인의 곤경(困境)은 처음부터 전혀 없었던 것은 아니다. 그러나 조선총독부와 동삼성(東三省)의 당국들 사이에 조선인취체협정(朝鮮人取締協定)이 성립한 뒤로 저들 중국 관헌과 그를 빙자하는 자들이 조선인을 압박함이 일층 격심하게 되었다. 만주 광막한 평야에 황무지가 개척되어 고유(膏腴)한 땅이 되고 근소한 수입밖에 없는 육전(陸田)은 변하여 우량한 수전(水田)으로 되었으니, 이는 모두 조선인의 피와 땀의 결정이고 만주의 번영과 동삼성의 부력(富力)을 위하여 기뻐하고 축하할 일이다. 그러나 저들 중국인은 모두 그 이익의 큰 것을 탐내어 조선인의 방축(放逐)을 꾀할새, 상조권(商租權)이 확정되지 않았음을 빙자하여 경지를 빼앗고, 각종의 과세(課稅)를 과중(過重)하게 하며, 교육기관의 설치를 허가치 아니하며, 까다로운 수속으로써 거주(居住)를 거절하고 혹은 이전(移轉)의 자유를 구속하며, 저들 무뢰배가 ■■의 원(怨)으로써 침포(侵暴)를 마음대로 하고 오직 '독립단(獨立團)'이라는 명목으로써 그 죄과를 회피하는 방책을 삼으니, 이는 중국의 관헌이 조선인을 잔학하게 대우하는 것일 뿐 아니라 일본 통치 당로(當路)들이 중국의 관헌과 협력하여 조선인을 잔학하게 대우하도록 장려하는 것이라고 할 것이다.

4

중국의 관헌들이 인민을 억압하고 주구(誅求)하는 것이 거의 상습(常習)을 지어서 별로 기이(奇異)타 할 바 아니니, 관비(官匪)의 명칭이 가장 잘 저■(這■)의 소식을 ■함이다. 그리고 저들의 이(吏), 병(兵), 토호(土豪), 파락호(破落戶) 등이 항상 강포(强暴)함으로써 세민(細民)을 유린하는 것은 고금에 변한 바가 없어서, 다만 조선인에게만 그러한 것이 아니었다. 이제 저들이 일중(日中) 협력의 성세(聲勢)를 빌어서 조선인에게 포학(暴虐)을 가(加)함을 전력(專力)하는 바 있으니 이 지방의 동포들이 인생으로서 사는 보람 없이 다만 원망과 탄식과 분노를 거듭할 뿐이다. 약자의 원망과 탄식이 저들 강포(强暴)를 자랑하는 자의 통쾌한 일로서 받아들여질지는 알 수 없으나, 이는 결코 평이하게 간과할 수 없는 역사적 화인(禍因)의 하나이다. 망국(亡國)의 유민(遺民)으로 사방에 표랑(漂浪)하는 자가 저들 군국적(軍國的) 제국주의(帝國主義) 국가의 지배군(支配群)들의 눈에는 아무 고려함을 요치 않는 침능(侵凌)의 대상이 될는지도 모른다. 그러나 2,000만의 인민으로 하여금 그 내국(內國)에서 곤고(困苦)함이 있고 수백만 이주(移住)한 인민으로 하여금 다시 표랑하여 안주(安住)함을 얻지 못하고 한갓 원망, 탄식과 분노의 정을 돋우어서 인(因)하여는 절망의 상태에 빠지게 하는 것은 또한 저들의 화인(禍因)이 아닐 수 없다. 그리고 조선인이 이에 대해 진지(眞摯)한 대책의 강구(講究) 및 단행(斷行)의 용기를 요함은 물론이다.

〈자료 33〉 봉천(奉天) 관헌의 반성을 촉구함[156]

1

본지에 연일 보도되는 바에 의하면 봉천성(奉天省) 안에 있는 우리 이주 동포가 봉천성 당국자로부터 무쌍(無雙)한 압박과 모욕을 받는다 한다. 그 전에 한푼도 징수해 온 일이 없는 호세(戶稅)를 돌연히 강징(强徵)하는 한편으로 미납자에게는 퇴거 명령을 하였다 하며, 또다시 우리 동포의 동정(動靜)에 대하여 실업총장 장(張) 모가 각 현지사(縣知事)에게 명령하여 엄밀히 탐사를 계속하는 중이라고 한다. 구실은 중국인과의 충돌을 예방하는 정책이라 하며, 이로 인하여 만주에서 정치적 색채를 띠고 활동하는 동포가 종종 화를 입는 실례가 많고 동포의 차지(借地) 계약을 강제로 해제시키는 등 온갖 박해(迫害)를 다한다는바, 이와 같은 돌연(突然)한 취체(取締)는 모두 소위 미쓰야협약(三矢協約)이 중요한 원인이라 한다.

2

편편(片片)의 보도로써 그것을 곧 진실한 사실이라고 추정하기는 난안(難安)한 일이나 전부터 봉천성 당국과 조선총독부가 교섭해 왔고 일본 정부와도 연락이 되어 온 점으로 미루어보건대 있음 직한 사실이라고 믿는 터이다. 원래 재만주 조선인의 실정(實情)은 세상이 다 아는 바와 같이 본국에 있는 물질적 사정과 정치적 세력이 각각 자기의 뜻과 상반됨에 따라 전도(前途)의 영욕을 고견(顧見)할 여가도 없이 남부여대(男負女戴)하고 사랑하는 향토를 떠난 동포들이다. 그러므로 그들의 소망은 물질적으로 우선 구복(口腹)이라도 채워 가자는 것이고 정신적으로 타민족의 압박을 피하여 잠깐 동안이라도 자유로운 공기를 흡수(吸收)하여 위안을 얻어 볼까 하는 생각을 가진 사람들인 것은 다언(多言)을 요(要)할 여지도 없다. 그와 같은 궁경(窮境)에 처해 있는 동포들에게 봉천 관헌이 박해를 가한다는 것은 백여만 명 이주 동포로 하여금 진퇴유곡(進退維谷)에 빠지게 하는 것인 동시에 실로 중대 문제라고 할 것이다.

---

156 자료 출전: 〈奉天官憲의 反省을 促함〉,《東亞日報》1927년 1월 30일 자, 1면 사설.

3

물론 국가의 주권이 다르고 법률이 다르면 대등한 국가 간에 있어서도 속인주의(屬人主義)라든가 속지주의(屬地主義) 등의 법리상 해석은 그만두고라도 그 나라의 질서 유지와 납세의 의무 등을 이행하여야 할 것이고, 제반 이주지의 법률에 복종하는 것이 정당한 사례라고 할 것이다. 이러한 의미에서 봉천성 당국이 조선인에게 호세를 징수하고 조선인의 동정을 탐사하는 것이 하등의 괴이하게 여길 것이 없다고 볼 수 있다. 그러나 봉천성 당국이 근일에 이르러 돌연 그와 같이 취체를 준엄히 하고 심함에는 박해를 가하는 그 동기를 보면 부정당한 바가 많으니, 어찌 지리상으로 인접한 국민의 합당한 정책이라고 할 수 있으랴. 아무리 법치국(法治國)으로서 완비(完備)가 없는 봉천 당국의 행정이라고는 할지라도, 소위 국가의 체면을 가진 중국에 있어서 봉천 당국의 이 행동은 실로 유감이 많다고 할 것이다.

4

우리는 이와 같은 무리한 대우 밑에서 신음하는 동포의 소식을 듣되 공적(公的)으로 어떠한 항의를 할 만한 지위도 갖지 못하였으니, 안으로 밖으로 구제책이 딱 끊어진 금일 조선인의 현상이다. 이에 있어 우리는 다만 중국 관헌에게 자성(自省)하기를 재촉할 따름이니, 금일의 중국 풍운(風雲)은 장래에 중국으로 하여금 신중국(新中國)을 건설할 서광(曙光)인 것이 명약관화(明若觀火)함에도 불구하고 사리사욕(私利私慾)의 충족으로써 능사(能事)를 삼는다면 중국인으로서의 봉천 관헌의 전도(前途)는 과연 어떠할 것인가. 우리는 결코 우리 동포를 편중(偏重)하는 이론을 세우고자 하는 것이 아니다. 오직 정당(正當)한 견지(見地)에서 두 민족의 장래 친선을 위하여 그네들의 반성을 구할 뿐이다.

〈자료 34〉 만주와 조선인[157]

1

지난 동춘(冬春) 양절(兩節)에 압록(鴨綠)과 두만(豆滿)을 넘어 남·북만주에 흩어진 조선인이 대략 4만이라고 한다. 짐작건대 이것은 관청의 조사이므로 관청의 감시가 미치는 곳을 통과한 수효요, 관청의 눈이 미치지 못하는 곳으로 서북 국경을 넘은 수를 합하면 더욱 많은 숫자를 보일 것이다. 소위 서북간도(西北間島)라 칭하는 압록·두만의 직월편(直越便)에서 시작된 조선인의 이주는 최근 20년간에 이르러서는 점차로 만주 평원 고대(高臺)의 심지(深地)로 산포(散布)되어 현금(現今)에 있어서는 남단으로는 관동주(關東州)로부터 북으로는 흑룡강(黑龍江), 서로는 내외몽고(內外蒙古)에까지 백의인(白衣人)의 발자취가 가지 않은 곳이 없게 되었다. 그 수가 혹왈 100만이라 하고 혹왈 40만이라 하여 불일(不一)하나 해마다 증가하는 것만은 적확(的確)한 사실이라 할 수 있다. 또 이것이 중국 정부에게는 두통거리요, 일본 정부에게는 모종의 구실(口實)감이 되며, 조선인 자체에 대하여도 중대한 문제가 되어 있는 것도 사실이다.

2

만주 평야의 유혹은 생활고에 쫓기는 사람만 느끼는 것이 아니라, 정치상 불만을 가진 조선인에게 더욱 심절(深切)한 바가 있었다. 그리하여 병합(倂合) 전후에 허다(許多)한 망명객이 그리로 향(向)하였고 기미(己未) 이후에 역시 그러하였다. 그리하여 그들이 은연중에 지도자급이 되어 비단 정치운동만 아니라 교육에, 산업에, 지방자치적(地方自治的) 단결에, 인도(引導)의 지위와 책임을 가지게 되었다. 그들의 지도에 의하여 유랑민의 생활은 비로소 조직을 가지게 되었고 문화적 향상의 기초를 박약하나마 세우게 되며, 정치적 의식의 훈련이 계속되어 온 것은 다대한 공적(功績)이라고 아니할 수 없는 것이다. 그러나 일변(一邊)으로 볼 때에 초기적 운동에 면(免)키는 어려우나 실책(失策)이 없지 않았으니, 그것은 무엇보다도 그들

---

157 자료 출전: 〈滿洲와 朝鮮人〉,《東亞日報》1927년 7월 9일자, 1면 사설.

이 너무도 단기(短氣)하였다는 것이다. 첫째로 이주 농민의 생활적 기초를 축성(築成)하는 데 등한(等閑)하였다. 일반적으로 이주 동포의 생각이 이주지에 영주(永住)하여 거기에 뼈를 묻고자 함이 적고 일시적 피난지로 생각하여 일확천금을 몽상하고 망향(望鄉)의 비애를 잊지 않는 것이 초기 이민(移民)의 상례(常例)라 할지라도, 선견(先見)이 있는 지도자는 마땅히 이를 억제하고 영주적(永住的) 기풍을 고취하며 영구적(永久的) 설계를 시험할 것이거늘 이를 등한히 하였음은 확실히 단견(短見)이라 아니할 수 없다. 그러므로 정주적(定住的) 성질을 가진 농민 생활이 토리(土利)만 따라 이리저리 방황하여 유목민을 방불케 된 것이다. 둘째로는 주권을 가진 중국 정부와 토착민인 중국인에 대한 절충(折衝)이 마땅하지 못하였다 할 수 있다. 현대 이민의 대세는 이주지(移住地)의 정치와 사회에 귀화(歸化)하는 것을 원칙으로 할 뿐아니라 조선인의 특수한 지위가 그로 하여금 중국에 있어서 특권과 우월적 지위를 유지하는 외국인의 흉내를 내지 못하게 됨에도 불구하고, 이주 동포를 정치적으로 중국 시민화하는 데 주력(注力)하지 못하였음은 금일에 와서 볼 때에 단견이었음을 면하기 어렵다. 과거에 있어서 중국의 주권자(主權者) 자체의 부패를 핑계할 수도 있을 것이고 또는 민족적 감정의 호상 반발(反撥)함이 불가피한 일이었다고 할는지도 모르나, 인구가 비교적 희소(稀少)하고 토지가 비옥한 만주 평야에서 우리로서 우월감과 민족적 편견을 버리고 그들과 합작하기를 노력하였다면 거기에 이상적(理想的) 신융합(新融合) 사회를 건설할 수 없는 것도 아니다. 과거 만주의 우리 지도자는 이러한 원대한 계획이 있었는가. 일본 식민정책의 추구와 중국 관리의 부패, 중국민(中國民)과의 반감(反感) 등으로 인하여 금일의 백의인을 이중삼중의 압박 밑에 신음케 한 책임을 누가 질 것인가.

3

만주 동포의 일부가 수원(水源)이 부족하여 농작이 전멸되고 관경(官警)의 무리(無理)한 핍박(逼迫)과 축출(逐出) 명령을 받아 무쌍(無雙)의 참황(慘況)에 빠졌다는 보도를 받고 앉아 있을 때, 우리의 가슴은 아픔을 금치 못하는 동시에 상기(上記)와 같은 과거의 실패를 새삼스레 느끼게 되며 장래의 계획에 대해 논급하지 않을 수 없는 것이다. 호소할 곳 없는 백성, 그는 만주의 조선인이다. 호소할 곳이 있다 하여도 호소하기를 즐기지 않는 백성, 그들의 구원(救援)은 오직 그들 자신에 있을 뿐이다. 요사이 모모(某某)의 지도기관이 재만 조선인의 산업적 기초 확립에 전보다 많은 주력(注力)을 하는 것은 환희(歡喜)할 만한 일의 한 가지라 하려니와, 일보를 더 나아가 중국인과의 협동, 중국 시민권의 획득 또는 중국화(中國化)까지도 어느 부분에서는 장려·지도함이 백년지대계(百年之大計)가 아니 될까. 그것이 이주 동포 자체의 만전지계(萬全之計)가 될 것이고 조선 전체를 위해서도 유리한 일이 아닐까 한다.

〈자료 35〉 만주와 조선인[158]

1

　조선인의 생활은 자빠져도 코가 깨지는 현상이다. 금년에는 풍년이라 하니 농업을 주요 산업으로 지켜 온 조선인의 생활이야 전보다 좀 나을 것 같으나, 그 실(實)은 곡가(穀價)의 폭락으로 도리어 더 곤궁한 상태에 빠지게 된 것은 누누(屢屢)히 여러 방면으로 토구(討究)하여 온 바이다. 몰락의 길로 달음질하는 농촌의 소농(小農)들은 해마다 적체(積滯)하여 가는 무거운 부채(負債)를 견디지 못하여 유리파산(流離破散)하는 자가 나날이 격증(激增)하여 간다. 더욱이 금년과 같이 곡가가 저락(低落)한 해에 있어서는 비록 풍년이나 그 경향이 더욱 조성(助成)되어 있다. 그러면 그러한 유리군(流離群)이 향하는 곳은 어디이냐. 도시로 모여들어 노동을 찾는 외에는 일본(日本)이 아니면 만주(滿洲)로 몰려간다. 강원도(江原道) 내 울진(蔚珍), 평강(平康), 철원(鐵原), 통천(通川), 회양(淮陽) 5군(郡)의 예만 들어 볼지라도 금년 1월 이후 6월까지 만주로 이민한 자가 실로 1,600명이라 하며, 더욱이 요사이 수확기에 임하여 다소 노자(路資)가 융통되는 형편이므로 만주에 이주하려고 김화가도(金化街道)를 거치어 원산행(元山行) 열차를 타러 가는 자가 매일 70, 80명이 넘으리라고 한다. 이것은 강원도 중에도 그 일부분의 예에 지나지 못한다. 만일 전 조선을 통하여 보면 그 얼마나 놀라운 다수(多數)의 백의군(白衣群)이 움직여 갈 것인가?

2

　그러면 만주에 이주하고 보면 그네의 생활이 조선 안에서보다 안정함을 누리게 되는가? 요사이 정보에 의하면 남·북만주의 중국 관헌은 조선 이주자에 대하여 적극적으로 압박과 구축(驅逐)을 자행(恣行)하여, 견디지 못하고 쫓겨 나오는 자가 떼를 이루게 된다고 한다. 만주라는 곳은 본래 문화의 보급이 부족한 만큼 미간(未墾)의 옥토(沃土)가 널려 있으나 국제적 요충의 지대로 열강의 각축이 또한 끊일 때가 없는 곳이다. 그 생활고를 완화하기 위하

---

158 자료 출전: 〈滿洲와 朝鮮人〉, 《朝鮮日報》 1927년 11월 28일자, 1면 사설.

여, 또 한편으로는 그 정치적 활동을 획책하기 위하여 만주로 만주로 모여듦이 많아졌다. 그러므로 만주의 옥답(沃畓)을 개척한 것도, 만주의 풍운을 일으킨 것도 조선인의 관여(關與)함이 많았음이 사실이었다. 오늘의 조선인에 대한 여러 가지 압박·유린(蹂躪)이 많게 된 이유도 이 두 가지 사실에서 기인함이라고 볼 수 있다. 그러나 이것을 세분(細分)해 보면, 하나는 조선인의 만주의 개간(開墾)이 진척되어 갈수록 중국인 지주와의 계쟁(係爭)이 점점 많게 된 것이며, 또 하나는 일본이 만주에 대해 적극적(積極的)으로 진출(進出)함에 따라 중국 관헌의 조선인에 대한 정책도 변화해 온 것이다. 혹은 일본에 대한 감정을 조선인에게 옮기는 점도 있겠으나, 일본 관헌에게 ■사(■使)되어 소위 불령선인(不逞鮮人)에 대해 가혹하게 취체(取締)하는 방침이 일반 조선인의 생활을 위협하게 된 것이다. 일본의 만몽(滿蒙) 정책이 착착 구체화함에 따라 조선인에 대한 압박은 날로 심해진다. 중국인 지주와 조선인 사이의 소작(小作) 쟁의가 천여 건에 달했다는 것이며, 동변도윤(東邊道尹)이 자기 관내에 있는 조선인에게 토지와 건물을 내놓고 가라는 포고(布告)는 다 무엇을 가리킴인가? 영구(營口), 금주(錦州) 등 방면으로 점점 이러한 무리(無理)한 고압(高壓)이 만연(蔓延)되어 간다 하며, 안동(安東)에 거주하는 약 5,000명의 조선인은 그중의 4,800여 명이 벌써 절망하고 귀환할 준비를 한다고 한다. 그뿐 아니다. 혹은 일반으로 고율의 세금을 징수하기도 하며, 조선인의 교육기관을 간섭히여 소위 불령선인의 소굴(巢窟)이라고 박멸(撲滅)하려고까지 한다.

3

만주에 있는 조선인은 이와 같이 미묘한 관계로 어느 곳에도 보호를 받을 길이 없이 그저 유린을 당하고 있다. 조선 안에서 살 수 없어 옮겨간 그곳이 이러하다. 그러나 근래에 격심해진 중국 관헌의 압박에 대해서는 어디까지든지 그 이면(裡面)을 소구(溯究)하여, 만주 이주 100만 동포의 결속적(結束的) 항쟁을 도모하지 않으면 안 될 것이며, 조선 안에서도 적극적으로 성원하지 않으면 안 될 것이다. 일이 국제간(國際間)에 미치는 것이며 또는 다른 미묘한 정치적 관계가 있음에 그 앞에는 많은 난관(難關)이 있을 것도 넉넉히 짐작되나, 100만 동포의 생명을 위해서는 이러한 난관일지라도 어느 정도까지 물리치고 나아가지 않을 수 없는 것이다.

〈자료 36〉 재만 조선인 문제[159]

1

근래에 이르러서 중국 관헌이 만주(滿洲)에 있는 조선 사람에게 가하는 압박은 더욱 가혹(苛酷)하다. 그리하여 학교 문제에나 또 농민 문제에나 어느 점으로 보면 국제상 상례(常例)는 그만둘지라도 거의 그네들의 상식을 의심할 만한 바까지도 없지 않았었다. 그러므로 우리가 본란에서 그 비리(非理)를 지적하고 반성(反省)을 구한 적이 한두 번에 그치지 않았었다. 그러나 만주의 관헌은 갈수록 배척(排斥)과 압박을 더할 뿐이고 조금도 그 태도가 완화될 장래성이 보이지 않는다. 이에 조선인의 생명과 재산을 보호한다는 총독부(總督府)의 태도를 보면 또한 그렇게 의심하는 것이 오히려 어리석을는지 알 수 없으나 상식으로는 판단할 수 없을 만큼 냉담한 바가 보인다. 최근 만주에서 조선인이 받는 학대(虐待)와 배척과 압박을 일본인이 받았을 것 같으면 이미 만주 출병(出兵)이 있었을 것이고 봉천(奉天)의 점령설이 있었으리라. 그러나 조선인이 당하는 일인 고(故)로 그렇게 큰 문젯거리가 없는 것도 잘 안다. 학대하고 압박하는 중국인도 조선인은 이만큼 해서는 큰 문제가 없다는 계산하에서 한 줄도 잘 안다. 그러나 조선인도 사람이다. 조선총독부는 열국(列國)에 대한 체면으로라도 또는 문명인이 가질 인도적(人道的) 양심의 발아(發芽)로라도 이에 대하여 가부(可否)의 의사 표시가 있어야 할 것이다.

2

아무리 조선인이라서 이렇게도 아무렇게나 해서 별로 관계될 것이 없으리라는 계산하에 중국인이 조선인에게 대하고 또 일본 위정자(爲政者)가 조선인에게 대한다면, 이는 정치 문제를 떠나서 인도(人道) 문제로 또는 조선인도 사람된 도리에서 크게 반성하는 것이 필요한 줄 믿는다. 어제 일본지(日本紙)에 보도된 장춘(長春) 특신(特信)에 의하면, 조선인의 이민(移民)이 늘어감에 따라 일본의 간섭이 여러 가지로 심하여 가니, 차라리 조선인의 이민을 들이

---

[159] 자료 출전: 〈在滿朝鮮人問題〉,《東亞日報》1927년 11월 30일자, 1면 사설.

지를 아니하고 있는 조선인을 구축(驅逐)해 버리면 그러한 일본의 간섭을 받지 않게 되겠다는 단순한 생각에서 그 방침을 정하고 실행하는 듯하다. 금일의 만주 중국 관헌으로는 무리(無理)가 아닌 생각인 줄 믿는다. 그렇지 않아도 실력이 부족하므로 여러 가지 구실에 의하여 이권을 주고 간섭을 당하여 오는 터인데, 자기네 측에서 보면 산업상 큰 의미도 없는 조선인의 이민으로 인하여 정치상 여러 가지 문제까지 일으키는 것은 고맙지 않은 일이라 하여, 조선인의 구축을 도모하는 것은 그네들로는 당연한 일이라 할 것이다. 그 수단·방법이나 시기 여하에 이르러서는 비난할 점이 많을지라도, 조선인을 가지고 마음대로 한다는 일본 위정자들을 보고 그렇게 간섭할 터이면 우리는 고려우니[160] 가져가거라 하고 내던지는 것이 사위(四圍) 형편으로 보아서 금일의 만주 관헌으로는 당연히 취할 방침이라고도 할 수 있을 것이다.

<h2 style="text-align:center">3</h2>

요컨대 문제는 인도상(人道上)으로 보아서, 조선에 있어 대부분 의식(衣食)에 궁(窮)하여 몰려나간 조선인이 만주에서 저와 같은 학대와 압박과 배척을 받아야 가(可)할는지 불가(不可)할는지에 있다. 일본의 대륙 정책이 일본 민족으로서의 대계(大計)인 줄도 우리는 잘 안다. 그러나 이와 같이 조선인을 무참(無慘)하게도 희생하지 않으면 안 될 것이라고도 생각되지 않는 동시에, 이렇게 조선인의 희생을 많이 들이는 대륙 정책이 일본 민족의 대계를 위하여 결코 좋은 결과를 가져다주리라고 보이지 않는다. 조선에서 살지 못하고 몰려간 조선인이 죄 없이 또 만주에서 구축을 당하게 되는 것은 크게 우려할 현상이라고 하지 않을 수 없다. 이것이 어찌 조선 당국자들이 크게 유의해야 할 바 아니랴?

---

160 '고려우니'는 자료의 원문 그대로 옮긴 것이다.

〈자료 37〉 재만 동포의 구축(驅逐)에 대한 항의[161]

1

중국 관헌의 재만(在滿) 동포에 대한 압박, 구축(驅逐)! 우리는 이에 대하여 끊임없이 주목하며 또 항의·경고를 거듭하여 왔다. 봉천성(奉天省) 내에서 처처(處處)에 만연(蔓延)되어 가는 조선인(朝鮮人)에 대한 무리(無理)한 압박은 처음에 가세(苛稅)의 주구(誅求), 학교의 간섭에서 시작하여 마침내는 토지·건물의 강탈·축출을 정부의 고압적(高壓的) 명령으로 자행(恣行)하여 왔다. 그리하여 이산(離散)하는 조선인은 다시 북으로 북(北)으로 압박이 덜한 곳으로 몰리어가게 되었다. 그러나 백의군(白衣群)의 몰리는 곳에는 또다시 새로운 압박이 닥쳐오게 되는 것이다. 길림성장(吉林省長)은 지난달 19일에 이르러 관내 경찰관에게 대하여 중국에 입적(入籍)하지 않은 조선인에 대해서는 앞으로 15일 이내에 한 사람도 빼놓지 말고 구축하라는 엄명을 내렸다고 한다. 그리하여 지방경찰관의 아래에는 또 천가장(千家長), 백가장(百家長)이 있어 조선인 구축을 철저히 할 것을 서약하였다고 하며, 그 후로 조선인 구축의 수단은 실로 언어도단(言語道斷)인 바가 있다고 한다. 저 길림성 쌍양현(雙陽縣) 부근에서는 중국 지주가 경찰의 강압적 명령에 못 이겨 조선 농민 9호(戶) 40여 명을 마차에 묶어 실어 장춘 가두에다가 부려 놓는 일까지 있어, 갈 길을 모르고 방황하는 조선 동포의 참담(慘憺)한 정형(情形)은 차마 볼 수 없다고 한다.

2

이렇듯 중국 관헌의 압박이 근일(近日)에 이르러 격심(激甚)하게 된 이유에 대해서는 이미 언급한 바가 있었거니와 다시 한 번 요약해 보면 아래와 같다. 중국의 국민운동(國民運動)이 치성(熾盛)해짐에 따라 불안한 지위에 떨어져 가는 구군벌(舊軍閥)이 국민운동에 대한 극단의 반동적(反動的) 공포정치(恐怖政治)를 행하게 되었다. 더욱이 대요황제설(大遼皇帝說)까지 전(傳)하던 만주(滿洲)의 노회(老獪) 장작림(張作霖)은 남방국민군(南方國民軍)에 대한 방어에

---

161 자료 출전: 〈在滿同胞驅逐에 對한 抗議〉, 《朝鮮日報》 1927년 12월 4일자, 1면 사설.

부심(腐心)할 뿐 아니라, 실로 자기 관내에서 일어나는 국민운동을 극도로 강압하기에 더욱 겨를이 없다. 여기에 한옆으로 만몽(滿蒙)에 절대의 이해관계를 가진 일본의 세력과 결탁함으로써 현상을 유지하고자 함은 실로 순치(脣齒)의 관계에서 나온 것이다. 중국의 국민운동이 진전(進展)됨에 따라 일본의 대중(對中) 적극 정책, 만몽 정책이 급속히 진보(進排)되어 가며, 일본의 대중 진출이 급(急)함에 따라 만주 관헌의 민중에 대한 압박, 더욱이 조선인에 대한 비인도적(非人道的) 유린(蹂躪)이 심해지는 것은 저간(這間)의 소식이 명료하게 가르쳐 준다. 더욱이 조선인에게는 이중(二重)의 압박이 겹쳐 있다. 하나는 중국 관헌이 보아 조선인에 대한 의■(疑■)며, 또 하나는 종래에 경험한 바와 같이 일본 관헌이 보아 재만 조선인에 대한 편견(偏見)이 곧 그것이다. 그러므로 우리는 근일에 재중(在中) 조선인에 관한 모종(某種)의 관계조약(關係條約)까지 체결되었다는 바를 듣게 된 것이다.

3

우리는 이미 조선인의 생활을 가리켜 자빠져도 코가 깨지는 현상이라고 하였다. 조선 안에서 생활의 파멸을 당하고 밀려가는 조선인에게는 만주가 유일한 피난처(避難處)인 것 같이 바라고 왔었다. 그리하여 오늘에 이르러서는 그 이주민이 100만을 넘기게까지 되었으며, 만주 개발에 관한 공헌(貢獻)도 참으로 놀라운 바가 있었다. 그러나 오늘의 조선인의 지위는 어떠하냐? 어디를 가도 보호를 받을 곳이 없이 도리어 구축과 박해(迫害)를 한없이 당하고 있지 아니한가? 이즈음에 당하여 재만 동포가 구원될 길은 오직 그들의 결속적(結束的) 항쟁과 내지 동포의 적극적 성원에 있음은 다시 말할 것 없다. 이렇거니와 우리는 이즈음에 한걸음 더 나아가 그 구축, 박해를 감행하게 된 정치적 이면(裏面)을 폭로해서 중국의 국민에게까지 이것을 밝힘으로써 그들 가운데서 여론을 일으키게 함도 또한 필요한 일이겠다. 우리는 이 사건에 대하여 신간회(新幹會) 경성지회(京城支會)에서 항의한 바가 있었고, 신간회 도쿄지회(東京支會)와 도쿄노동총동맹(東京勞動總同盟)에서는 공동위원회까지 조직하고 대책을 강구(講究)하는 중이며 길림성성재류한교시민대회(吉林省城在留韓僑市民大會)가 열리어 적극적으로 획책하는 바가 있다고 한다. 이로부터 얼마나 이 문제가 내외(內外)의 여론을 야기(惹起)할는지 주목하고 있는 바이다.

〈자료 38〉 재만 조선인 문제에 관한 대책[162]
– 각파(各派) 총연결운동의 필요

1

오늘날 조선인(朝鮮人)은 만주 재류(在留) 동포의 핍박(逼迫)받는 사건을 당면한 일대 문제로서 맡아 가지고 있다. 이 문제는 결코 등한하게 넘길 것이 못 된다. 보아라.

1. 마적단(馬賊團)이 불의맹■(不意猛■)하여 인명을 상해(傷害)하고 재산을 뺏는다.
2. 많은 지주, 채주(債主) 등 자본주들은 조선인 이주민을 온갖 형식으로 핍박한다.

그러나 이 두어 가지는 오히려 불우(不虞)의 변(變)이오, 또 대동(大同)의 폐(弊)라 하겠다. 그보다도,

1. 조선인의 학교를 폐쇄한다.
2. 취체법(取締法)에 빙자하여 많은 세금, 요금을 주구(誅求)한다. 이리하여 일시 4, 5만 원의 피땀의 결정인 금액이 착취된다.

이런 것도 이미 중대한 사태여서 간과할 수 없는 바였다. 이 모든 일이 있을 때에 조선인은 크게 충동된 바 있음에도 불계(不計)하고 아무 대책을 강구 및 실행함이 없었고, 선구자(先驅者) 및 전위대(前衛隊)의 책동이 있었으나 대부분은 특수한 현상 밑에 질식(窒息)되고 말아서 잘 성장·발전되지 못하였다. 이는 물론 심대한 유감이었다.

---

162 자료 출전: 〈在滿朝鮮人問題에 關한 對策-各派總聯結의 運動의 必要〉, 《朝鮮日報》 1927년 12월 6일자, 1면 사설.

2

그러나 지금 우리는 더욱 절박한 문제에 당면하였다.

1. 길림성장(吉林省長)이 관내 각 경찰서에게 중국에 입적하지 않은 조선인은 금후 15일 이내로 일률(一律)로 방축(放逐)할 것을 명하여 결국 금년 말까지는 모두 단행하기로 한 것.
2. 조선인으로 조선옷 착용하는 것을 엄금하고 그를 착용한 자에게는 한결 더 박해를 가하는 것.
3. 이러한 모든 조항에 의하여 경찰관의 수하에 있는 천가장(千家長), 백가장(百家長)은 모두 조선인 방축(放逐)을 철저히 할 것을 서약한 것.
4. 길림성(吉林省) 쌍양현(雙陽縣)에서는 중국 지주가 경찰의 강압에 못 이겨서 조선 농민 9호(戶) 40여 명을 마차에 묶어 실어다가 장춘(長春) 가두에 부려 놓은 것.

등이다. 이것은 수백만 적수공권(赤手空拳)의 동포로 전혀 만리 사막에 방랑하여 맹수의 발톱과 이빨 밑에 유린되게 함과 같다. 인간이 된 자, 더욱이 조선인 된 자, 누가 이것을 남의 일 보듯 할 사이냐?

3

조선인 핍박은 만주의 문제요, 전(全) 중국의 문제는 아니다. 그러나 만주의 당국자로서 조선인을 핍박하는 것이 자기들의 국가적 견지로 보아서 '합리(合理)'하다는 일도 있으려니와, 대체는 그들이 국제 관계에 대한 편견과 오해에 인(因)함이다. 그러나 우리는 지금 만주 조선인 문제에 관하여 무엇보다도 먼저 그들 동포를 위하여 당면한 곤액(困厄)을 풀고서 안전한 길을 여는 데에 우선 응급의 처치를 하여야 하겠다. 동포의 참액(慘厄)을 보고 무관심인 것도 죄악이요, 동포의 참액을 옆에 놓고 장황설(長遑說)을 하는 것도 정치적 냉혹(冷酷)이다. 무관심과 냉혹이 아울러 불가(不可)하니, 그들의 당면의 곤액을 풀게 하는 데 전력을 집중하는 것이 제일단(第一段)의 대책이 된다. 조선인은 궐기(蹶起)하라!

4

이 문제를 위해서는 민족 단일당(單一黨)을 준비하는 과정에 있는 신간회(新幹會)가 응분(應分)의 노력을 함이 가(可)하다. 그러나 반드시 이 신간회의 독력(獨力)으로써 함을 한(限)치 않고 각 사회적 단체와 중요한 민간 측의 언론기관이 총연결하여서 재만조선인옹호동맹(在滿朝鮮人擁護同盟)이나 혹은 그와 유사한 임시 기관을 만듦이 더욱 가(可)타 한다. 각 방면의 총역량을 결합하고 보조를 일치하게 하여서 이 문제의 해결에 힘써야 할 것이다. 조선 통치의 당국자는 이에 관하여 솔선해서 노력함도 있을 일이거든 아무 저해(沮害)할 이유가 없을 것이요, 장작림(張作霖)을 중심으로 한 만주의 당국자들도 이순언정(理順言正)한 합법적인 조선인의 요구에는 성의(誠意)로써 그 해결에 응하지 않을 수 없을 것이다. 문제가 촉박하고 매우 급하니 다만 평정(評定) ■의(■議)에 시일을 보내고 있을 바가 아니다. 각 방면의 사녀(士女)가 어찌 한때의 구안(苟安)을 탐(貪)낼 바이랴? 궐기의 보(報)를 고대(苦待)한다.

〈자료 39〉재만 동포의 운명[163]

1

요사이에 북방으로부터 전하여 오는 소식은 재만(在滿) 동포(同胞)의 참상(慘狀)을 눈물 없이는 도저히 읽을 수 없게 말하고 있다. 우리도 누차 그 점에 대하여 논급한 바 있었고 또 최근의 조선 일반 사회의 주의(注意)도 이 점에 집중되어 있는 줄을 안다. 그러나 이 재만 동포의 문제는 아무리 많이 주의한다 하더라도 지나치다고 할 수 없을 만큼 중대한 문제이고 절박한 문제이다. 조선 내에 의식(衣食) 할 길이 없어서 '이친척(離親戚) 기분묘(棄墳墓)' 하고 천리 타향에 가서 삭풍한천(朔風寒天)에 모든 부자유(不自由)를 다 겪어 가며 하루의 생명을 구연(苟延)하던 그들이 지금에 와서는 그곳으로부터서도 또한 구축(驅逐)을 당하게 되니 그 참상은 참으로 어떻다고 말할 수 없을 것이다.

2

봉천성(奉天省)에서 벌써 구축 명령을 당하고 지금은 또 길림성장(吉林省長)의 명령으로 내년 1월까지 입적(入籍)히지 않은 조신인 전부에 대하여 가혹(苛酷)한 조건으로서 퇴거(退去)를 강요한 바 있으니, 재만 동포의 운명은 지금 참으로 풍전등화(風前燈火)와 같다고 하지 않을 수 없다. 혹 어떤 지주(地主)는 경찰의 강요에 이기지 못하여 조선인 농가(農家) 수십 인을 마차에 실어다가 길가에 방기(放棄)하여 버린 일까지 있다고 하니, 우리가 이러한 정보를 들을 때에 벌써 연구·조사의 시기를 지나서 어느 행동을 필요로 할 시기에 도달하였다는 것을 생각하지 않을 수 없는 것이다. 그러면 우리는 지금 여하(如何)한 방법으로써 행동을 취하여야 할 것인가가 문제될 뿐일 것이다.

3

첫째는 우리는 조선총독부(朝鮮總督府) 당국에 향하여 재만 조선인 문제에 대하여 너무 냉

---

163 자료 출전: 〈在滿同胞의 運命〉,《東亞日報》1927년 12월 7일자, 사설.

담(冷淡)하다는 것을 힐책(詰責)하는 항의(抗議)를 제출하고 또 봉천(奉天) 당국, 길림(吉林) 당국 및 동삼성(東三省)의 총주인공 되는 장작림(張作霖)에 대하여 조선 전민족적으로 항의를 제출하여야 할 것이다. 그리고 한편으로는 인원을 특파하여 재만 동포를 위문(慰問)하고 또 사정을 조사하여야 할 것이다. 이와 같은 여러 가지 일을 재만 동포를 후원한다는 하나의 목적하에 집중하여 전 조선에서 대대적으로 운동을 일으킬 필요를 절실히 생각하지 않을 수 없는 것이다. 본사에서는 왕년(往年)에 재외 동포 전체를 위문하기 위하여 재외 동포 위문 계획을 실행한 일도 있었지만 지금 우리가 당면하고 있는 재만 조선인 문제와 같은 것은 그저 평상시에 있어서 재외 동포를 위문한다는 것보다 그 의미가 더욱 중대하고 그 필요가 더욱 박두(迫頭)하여 온 것인즉, 이때에는 전조선적으로 형제자매의 뜨거운 눈물이 거기에 쏟아지지 않으면 안 될 것이고 또 쏟아질 것을 확실히 믿는 바이다.

4

그러므로 우리는 조선에 있어서 지도적(指導的) 지위에 있는 단체고 개인이고 할 것 없이 민족적으로 대동단결(大同團結)하여 이 당면의 문제를 해결하는 데 최선의 노력을 하지 않으면 안 될 것을 믿는 바이다. 우리 조선 민족의 그러한 열렬한 운동은 반드시 이웃 여러 나라의 인간성(人間性)에 눈뜬 동지(同志)들에게 다대한 충동(衝動)을 줄 수 있고, 또 집권자(執權者)들에게도 적지 않은 반성(反省)의 기회를 줄 수 있는 것이니, 우리는 지금 와서는 너무 생각하지 말고 속히 이러한 동작을 하여야 할 것을 말하는 바이다.

〈자료 40〉 만주 중인(中人)의 '배한(排韓)' 문제와 대책[164]

(1)

조선 사람의 곤궁이 국내에 끊이지 않고 멀리 북만에 이주한 동포에게까지 파급되어 만주 각지의 동포가 그 거주 가옥에서 방축(放逐)을 당하고 경작 토지를 강탈(强奪)케 됨은 자못 우려할 바이다. 만주인의 배한의식(排韓意識)이 지금 발생된 것이 아니요, 연래로 각지에서 왕왕 충돌된 일도 있었고 빈척(擯斥)을 당한 일이 없지 않았다. 그러나 구역이 남만연선(南滿沿線)[165]과 국경 지계에 국한되었고, 그 사건의 내용은 민간 경작지의 대차(貸借) 관계로 생긴 이해 문제로 기인(基因)되는 것이 대부분이었고, 국경 지대에서 간혹 정치적 의미를 포함한 것이 없지 않았으나 대개는 사소한 일이었다.

근자에 이르러서 그 배척하는 구역이 점차 확대되어 길림(吉林)·흑룡강주(黑龍江洲)에 미치고, 그 배척하는 태도는 정치적 색채가 농후하여 가며, 그 배척하는 방법이 음휼(陰譎)하고 급격(急激)하고 또 잔학(殘虐)하니, 우리는 반드시 재내(在內)·재외(在外)의 제현(諸賢)이 협력하여 그 방어할 대책을 토구(討究)할 것으로 믿거니와 우선 배한운동(排韓運動)의 연유(緣由)를 탐구하여 해당한 대항책을 적용함이 순서일 것이다.

만주의 배한운동의 진상(眞相)을 간단히 표현하자면 일본의 역세진취(逆勢進取)의 의욕(意欲)에 대한 중국의 공포(恐怖)·의혹(疑惑)의 격정(激情)이 조선인의 무능무력(無能無力)의 잔상(殘相)을 향하여 침습(侵襲)하는 현상(現狀)이라 하겠다. 경동(京童)의 곁말처럼 동자기[166]에서 뺨 맞고 서빙고(西氷庫)에 와서 눈 비빈다고, 중국인이 일본의 의욕을 겁내고 의심하여 조선 사람을 못살게 하는 것은 실로 우스운 일 같으나 얼른 말하면 조선 사람이 분풀이하기에 만만한 까닭이다.

---

164 자료 출전: 〈滿洲中人의 '排韓'問題와 對策 (1)~(3)〉(羅公民), 《東亞日報》 1927년 12월 7일, 11일, 13일 자, 1면 르포 기사.
165 자료의 원문에는 '紹線'으로 되어 있으나 '沿線'의 잘못으로 보인다.
166 동자기 나루. 지금의 동작동.

현재 중국인이 우리를 지칭하는바 대명사가 3개가 있으니, 곧 고려인(高麗人), 조선인(朝鮮人), 한국인(韓國人)이라 하여 그 칭호가 각기 의미를 달리하는 듯하다. '고려인'은 당군(唐軍)에게 패배되었다는 의의가 금일까지 연장되었는지 '고려팡스'라 하니, '팡스'는 곧 옥수수 속대라는 말로 아무데에도 쓸데없다는 모멸하는 뜻이다. 보통 '고려(인)'라 함에도 그것들은 경멸감이 함유된 것이고, 대우하고 존경하여 말할 때에는 반드시 '한국인'이라 하며, 이와 구별하여 '조선인'이라 함은 최근의 조선 사람으로 곧 일본의 세력과 재력을 배경으로 한 또는 그런 듯하다는 것을 가리킴이다.

근자에 중국인은 국토 보전과 이권(利權) 회수의 의식이 대단히 맹렬하여 조금 침해될 듯만 해도 필요 이상의 소동(騷動)을 하게 되었다. 외국인에게 토지를 장기(長期) 차여(借與)하거나 또는 상조(商租)하는 자 있으면 '투매국토(偸賣國土)'라 하여 관청에서 엄벌을 부과할 뿐 아니라 민간에서도 용인치 않으며, 백방(百方)으로 그러한 위기를 미연에 방지하려하므로 조선 사람의 입적(入籍)이 용이(容易)치 못하게 되었다. 입적하는 의사(意思)가 토지를 매수하여 일본인에게 전매(轉賣)하지 않을까 하여 입적도 잘 허가치 않고, 입적한 사람에게 토지를 매매하는 정상(情狀)도 엄밀히 감시하다가 다소 의혹되는 점이 있으면 입적집조(入籍執照)를 빼앗아 간다. 진의(眞意)로써 입적하여 중국에 완전히 귀화(歸化)할 줄만 알면 배척할 이유가 없겠으나, 그것을 확신치 못함은 입적 당사자의 의지를 알 수 없을 뿐 아니라 입적 수속이 불완전하므로 안심치 못하는 것이다. 하나의 국민이 타국에 입적하려면 자국에서 탈적(脫籍) 증명서를 휴대함이 당연하거늘, 조선에서 탈적해 주지 않으므로 부득이 이중국적이 되어 일본 영사는 필요한 경우에 중국 입적자도 조선 사람으로 간주할 수 있게 되었다. 그러니 중국인의 견지(見地)로써 보건대, 100만에 넘치는 조선 이민(移民)이 입적을 한다 하여도 그같이 위험하고 또 비입적자(非入籍者)대로 두자 하여도 국제상으로 번잡한 사건이 끊이지 않으니 도무지 귀찮은 사람들이다. 그렇다고 정면 방축을 하려한즉 오히려 평지에 파란(波瀾)을 야기하는 것이 되어 복잡한 간섭이 생기는 고로, 이에 묘법을 안출(案出)하여 지주로 하여금 그 차지(借地)를 금하고 가주(家主)로 하여금 그 방축을 명하는 것이다.

배한운동의 유래와 현상이 상기한 바와 같은즉 그 대책이 역시 그 정곡(正鵠)을 잃지 말 것이니 몇 개의 항목을 들어 선진(先進)의 수람(垂覽)에 바치려 한다.

(2)

1. 중국 입적자의 조선탈적(朝鮮脫籍)

조선에서 생활난(生活難)에 쫓겨서 만주에 자유로 이주한 사람의 전거주(前居住), 전씨명(前氏名)의 공허한 민적(民籍) 통계표를 조선 당국이 무엇을 위하여 잔뜩 가지고 있는지, 그 아사(餓死)하는 인수(人數)를 세어 보려는 것인지 알 수 없다. 두세 일본인으로써 미국에 입적(入籍)을 요망할 때에도 민법 개정을 의회에서 논의한 일이 있었는데, 100만 조선인의 이주로 하여금 중대한 지장이 되게 하는 이중국적의 문제로는 하등(何等)의 통양(痛痒)을 느끼지 않고 의연히 헛문서를 보존한다. 당장 이주하는 사람을 위하여서뿐만 아니라 앞으로 무수히 이주할 자를 위하여 반드시 이의 수정을 요하는 것이다. 중국의 산동(山東)·직례(直隷) 이민이 길림·흑룡강주에 매년 10만 이상씩 내도(來到)한즉 10년을 불출(不出)하여 만주의 인구 밀도가 다른 성(省)에 백중(伯仲)될 것이니, 그때를 당하여는 정치적 공포보다는 더욱 긴절(緊切)한 경제 문제로 이주민을 배척(排斥)할 터이다. 그때에는 조선에서 탈적(脫籍)하여 가지고 간다 하여도 배척을 면치 못할 것이니 국내에서는 조선탈적운동(朝鮮脫籍運動)을 힘써야 이주상(移住上) 제일(第一) 난관(難關)을 격파할 것이다. 인류의 생활이 일경(一境)에 고집될 바가 아니요, 민속의 발전이 일국(一國)에 연착(戀着)될 바가 아니요, 빈민의 활로가 일처(一處)에 국한될 수 없는 것이니, 사람이 스스로 살기 위해서는 만유(萬有)의 희생에 공(供)하여도 아까울 것이 없거든 국적(國籍) 같은 우연한 존재를 변천(變遷)케 하는 것은 조금도 주저할 바가 아니요, 다만 생활의 방편(方便)을 삼을 따름이다.

2. 중국 관민의 오해를 풀 일

중국 관민이 협력하여 조선 이민을 배척함이 별안간 혹독하여진 것은 다나카(田中) 내각이 강행하는바 만몽(滿蒙) 교섭의 반향(反響)이 아닐 수 없다. 그중 제일 중요한 조목인 '30년간 토지상조권(土地商租權)[167]'을 요구하는 대신으로 '치외법권(治外法權) 철퇴'의 교환 조건을 제의하는 중인 듯하나, 중국인이 보는 바는 열국(列國)의 치외법권 철퇴는 다만 시일(時

---

[167] 자료의 원문에는 '상조권'의 한자를 '相租權'로 표기하고 있으나 이는 '商租權'의 오기이다.

日) 문제로 조만간 무대상(無代償)으로 귀결될 것으로 자신하는 바인즉, 실권(失權) 회수에 열중한 중국인으로서 상조권을 그리 쉽게 부여(附與)할 의사가 없다. 설사 그 상조권이 해결된다 하면 조선 사람에게 얼마나 이익이 있겠는가. 나의 관견(管見)으로는 아무런 소득이 없다고 하겠다. 왜 그러냐 하면 남만 각지의 토지는 벌써 지가(地價)가 상당히 고등(高騰)하여 조선 내의 지가와 비등(比等)하기보다 고가(高價)가 되므로 현하(現下) 조선 사람의 재력으로 이를 상조(商租)할 수 없고, 북만주 지대에 들어서면 아직도 비교적 안가(安價)인 토지가 허다하여 돈만 있으면 입적자(入籍者)의 명의로 영매(永買)할 수 있으니 그 문제의 해결이 그리 반가울 것이 없기 때문이다. 그런데도 그것을 해결하려는 까닭에 악몽(惡夢)이 습파(襲破)된 중국인은 상상하기를 "일본의 대자본으로 만주 토지를 대규모로 상조하여 조선인의 소작(小作)으로 무수한 이민(移民)을 하여 전(全) 만주를 점유하리라" 하여, 장래의 소작인으로 추상(推想)된 조선인에게 분풀이를 개시한 것이다. 조선 사람은 일본이 설혹 그러한 계획이 있었다 하여도 그 모계(謀計)에 참여한 일도 없고 이주한 본의(本意)는 죽지 못하여 살려고 쫓겨간 것인데, 일본인의 앞잡이 된 것으로 오해하고 무지(無知)한 배척을 시작하니 우리의 무능(無能)도 딱하거니와 저들의 무식(無識)도 한심하다. 저 미쓰야협약(三矢協約)[168]의 정신과 구니토모(國友)[169] 밀행(密行)의 경위를 낱낱이 들어서 중국 관민의 오해를 풀고 동정(同情)을 구할 것이다. 우리는 아무것도 등댄 곳이 없고 아무데도 붙인 곳이 없는 것을 명확히 하여 최후까지 결속항변(結束抗辯)할 것이요, 애원이나 탄원 같은 것을 일절 중지하고 민족의 기세를 보이기 위하여 일대 시위운동을 시도할 것이다. 그리하여 과연 저들이 이주민(移住民)의 배척을 마지않는 경우에는 조선에 거주하는 중국인을 조선에서 대규모로 방축(放逐)할 여론을 일으켜 단행(斷行)함으로 저들의 각성(覺醒)을 구할 것이다.

---

168 자료의 원문에는 '三大協約'으로 되어 있으나, '三矢協約'의 잘못이다. '미쓰야협약(미쓰야협정)'은 1925년 6월 11일 조선총독부 경무국장 미쓰야 미야마쓰(三矢宮松)와 중국 봉천성 경무처장 우진(于珍) 사이에 체결된 재만 조선인 단속에 관한 협정이다. 공식 명칭이 일본에서는 「불령선인(不逞鮮人) 취체(取締) 방법에 관한 조선총독부·봉천성 간 협정」, 중국에서는 「중일쌍방상정(中日雙方商定) 취체한인판법(取締韓人辦法) 강요(綱要)」였다.

169 구니토모 나오노리(國友尚謙)는 조선총독부 경무국 경무과장으로서 1925년 7월 8일에 중국 봉천성 경무처장 우진과 '미쓰야협약'의 시행 세칙을 정하였다.

3. 결속자위(結束自衛)로써 영주책(永住策)

사람의 힘이 생기지 않고 피가 흐르지 않는 곳에 항상 궁박(窮迫)과 구걸(求乞)이 떠나지 않는다. 현대의 조선 사람은 개인 간에 낱낱이 시비가 있고 적은 범위의 단체가 각기 분립(分立)하여 협동되지 못한다. 만주에 가서도 개인으로 단체로 알력(軋轢)하여 그 감정으로써 공사(公私)를 불변(不辨)하게 되었다. 그 원인을 멱탐(覓探)하여 본즉 일에 대하여 서로 주의(主義)와 의견(意見)을 달리하여 싸우는 것이 아니라 거향(居鄕)이 달랐던 까닭에 소견(所見)을 달리하는 예가 적지 않으니 곧 거향적(居鄕的) 만감(蠻感)이다. 이로 인하여 동포가 서로 살벌(殺伐)한 죄악이 종종 있었으니 대외의 결속력이 말살되고 허약하여, 일조(一朝)에 민족적으로 받는 박해가 있을 때에 경상(慶尙)의 촌부자(村夫子)가 몇 개의 제 동향 사람을 데리고 또 평안(平安) 토산객(土産客)이 영성(零星)한 제 도군(道郡)끼리만 모아서 대항할 수 없는 일이다. 전(前) 노국(露國)의 곤다치(Л.Н.Гондатти)가 극동총독(極東總督)으로 있을 때에 이르쿠츠크에서 조선인이 부랴드인(人)을 살해(殺害)하였다는 보고를 접하고 일언(一言)으로써 이를 부인하여 말하기를 "조선 사람도 타민족을 죽일 수 있는가. 해삼(海蔘)에서 동족끼리 살해한 일은 많이 있으나…" 하였다 하니, 곧 '동포와 투쟁하기에 용맹스럽고 외인에게는 감히 항거(抗拒)치 못하는 비겁한 자'라는 말이다. 생명을 구걸하게 되고 존재를 애소(哀訴)하게 되는 것은 내부의 결속력이 부족한 소이(所以)가 아닐 수 없다. 포령폭력(暴令暴力)에 대립되는 것은 선(善)도 아니요 악(惡)도 아니요 애원(哀願)도 아니요 다만 정당(正當)한 힘으로써 항거할 뿐이니, 내부의 결속을 견실히 하여 떳떳이 태양을 향하여 입(立)할 것이다. 애소가 일시의 효과가 있다 하여도 영구한 방책이 아니요, 또 아무리 망(亡)하였다 하여도 민족적 위신(威信)을 손상함이 태심(太甚)하지 않은가. 당연히 피를 볼 자리에 피가 흐르지 않으면 구차(苟且)한 애원과 오만한 허용(許容)■■써 타협(妥協)이 미봉(彌縫)[170]될 뿐이니 언제 또 궁박(窮迫)이 올는지 그 불안을 감내할 수 없다. 지금 오히려 그 배척의 의의가 정치적이므로 민간 지주는 토지가 황폐해지는 손해를 입고 있다. 그렇지만 불원(不遠)한 장래에 농지 쟁탈로 경제적 배척을 민간으로부터 개시할 때에 여하한 대응책이 필요한지를 지금부터 강구해야 할 것이다. 성실한 단결로써 일촌(一村) 일부(一部)에 발생된 사건을 전만동족(全滿同族)이 생

---

170 자료 원문에는 '繝縫'으로 되어 있으나 '彌縫'의 잘못으로 보인다.

사를 같이할 작정으로 항거하여 설혹 수백 수천의 희생이 난다 해도 국내의 인사는 분기(奮起)하여 그만한 응전을 할 것이다. 백척간두(百尺竿頭)에 다시 일보를 나아가 생로(生路)를 구하는 우리는 그만한 배척이 그칠 새가 없을 것을 예상하고, 평상시에 외교 방책으로써, 위급시에 공동 협력으로써 백방(百方)으로 방어책을 강구할 것이니, 먼저 내부적 분산(分散)을 개조하여 은연히 강대한 세력을 작성(作成)하여 감히 빈척(擯斥)을 시험하지 못할 만치 위력(威力)을 배양할 것이다.

(3)

4. 백의(白衣)와 4층 모립(帽笠)을 탈기(脫棄)

조선 사람이 지상(地上)에 4층 집을 짓지 못하고 두상(頭上)에 4층 고루(高樓)를 대(戴)하였으니 망건(網巾), 탕건(宕巾), 갓, 갓모를 층층이 꾀어 올려놓은 것을 노국인(露國人)이 보고 조선인의 4층립(四層笠)이라 명명하였다. 그 괴악(怪惡)한 풍습을 고수하여 세계적으로 온갖 치욕을 다 당하고 오히려 여명(餘命)이 잔존함은 한갓 상투가 있는 까닭이다. 신체발부(身體髮膚)를 부모에게 받아 감히 훼상(毀傷)치 못한다는 ■이 상투 소유자의 궤변이니 완맹(頑盲)한 부유(腐儒)다. 정저(井底)의 개구리 같은 편견으로 한서(漢書)의 노예를 감작(甘作)하여 조선을 욕(辱)되게 한 것이다. 설령 그 한인(漢人)의 섬어(譫語)가 옳다 할지라도 두상의 4층 모탑(帽塔)은 어느 예기(禮記)에서 나는 것인지. 저의 투어(套語)로 말하면 이것이야말로 어선왕지도(於先王之道)이거늘 그 알뜰한 형상(形狀)으로 만주에 와서 다른 사람까지 못살게 한다. 두상고탑(頭上高塔)의 풍속은 남조선이 우심(尤甚)하여 경상도 쟁퉁이 양반이 그 탈을 쓰고 오는 이가 제일 많다. 그러나 그것이 저들의 죄뿐만 아니라 조선에서 대세가 기울어짐으로 인해서 생활의 파괴가 당두(當頭)하였으므로 생활의 개선을 ■삼게 정신을 차리지 못하여 사회적 제재(制裁)가 없이 방임한 까닭으로 금일에 이르러 민족적으로 불측(不測)한 모욕을 당하는 것이다. 그러나 조선 사람이 이상히 좋아하는 백의와 소복은 한서에 중독된 것도 아니고 고관(古慣)에 인습(因習)된 것도 아니다. 오히려 흉복과 상복으로 대기(大忌)할 바인데 심상(尋常)히 이를 전용(專用)하니 "동쪽은 오행(五行) 중 목기(木氣)라" 하여 청색(靑色)을 숭상함이 조선 고풍(古風)으로 항상 심의(深衣)를 착복하였는데, 을미년간(乙未年間) 국상(國喪)을 연복(連服)한 이후로 뜻하지 않게 성습(成習)되어 일종의 유행이 된 것이 그 후 그대로 굳어서 금일에 이르러 민족적으로 능욕(凌辱)을 받게 된 것이다. 중국인은 백의를 상복으로 장일(葬日) 외에는 입지 않으므로 길일(吉日)이나 평상시에는 크게 꺼리는 복색(服色)인데, 남의 눈치도 모르고 이를 상용(常用)■■ 길림성(吉林省)에서는 성령(省令)으로써 조선복(朝鮮服)을 입지 못하게 한다 하니, 그 원인은 옷의 형체를 금한다는 것보다 옷의 빛, 곧 백의로 된 옷을 미워하는 소이(所以)일 듯하다.

전신에 백의를 전(纏)하고 4층립을 대(戴)한 사람을 우리가 조선 사람 되어 저들을 대할 때에 아무리 보아도 어여쁘게 볼 수 없거든 중국인의 눈으로 볼 때에 그 얼마나 불법(不法)하며 괴상스럽겠는가. "옷도 마음대로 입지 못하게 되었다"라고 국내에서 탄식하는 사람이 있는 모양이나 그 옷을 마음대로 입을 것이 되지 못한다. 진작 스스로 개량할 것인데 그것으로 인하여 천시와 박대를 다 당한 끝에 외인의 강제로써 벗어 버리게 된 것으로 오직 통탄할 것이다(완).

〈자료 41〉 재만 동포의 중국 귀화 문제[171]

1

지금 만주에 있는 조선 사람의 중국 귀화(歸化) 문제, 즉 중국 국적을 취득하는 문제는 더욱 현실감을 가지고 토의하게 된다. 그리하여 백의(白衣)를 버리고 중국 국적을 취득해야 되겠다는, 얼마쯤 감상적(感傷的) 의미까지 포함된 기사를 우리들이 보게 되었다. 그와 같이 하여 재만 동포 문제의 해결책을 용이하게 해 보자는 것이다.

2

우리는 이때에 있어서 이 귀화 문제를 신중히 생각해 볼 필요가 있다. 한 사람 두 사람이 외국에 이주한다고 바로 그 본적(本籍)을 버리고 외국 국적을 취득한다는 것은 혹 그 애국심(愛國心) 또는 애족심(愛族心)이 허락하지 않을 수도 있을 것이다. 그러나 10만, 100만으로 헤아려지는 다수의 사람이 외국의 영토에 가 있으면서 의연히 외국인으로서 그 땅에 교거(僑居)하게 된다는 것을 여러 가지 점으로 보아서 불편한 일이 있겠고, 또 이와 같은 다수한 사람이 본국으로 돌아온다는 것은 본국에 있는 동포들을 위하여서도 생활상 막대한 위협이 될 것이니, 될 수 있으면 그 자리에 영주(永住)하여 거기 있어서 신천지(新天地)를 개척하여 활동의 무대를 넓히는 것이 적당할 것이니, 그와 같이 하는 것은 내국에 있는 동포들에게도 큰 힘이 될 것이다.

3

그러한 의미에 있어서 우리는 만주에 나가 100여 만의 동포가 그 소재지(所在地)의 국적을 얻어 가지고 그 땅의 국민으로 하여서 그 생(生)을 안온(安穩)히 하는 바 있기를 바라는 바이다. 우리가 이와 같은 말을 하는 것은 결코 밖으로 나간 동포를 방기(放棄)하려고 하는 것이 아니요, 그와 같이 하는 것이 참으로 우리 민족의 활동을 성대하게 하는 것임을 아는 것이기

---

171 자료 출전: 〈在滿同胞中國歸化問題〉,《東亞日報》1927년 12월 18일자, 1면 사설.

때문이다. 애란(愛蘭) 내에 있는 400만의 동포에게 대하여 참으로 성원(聲援)할 수 있는 것은 미국민(米國民)이 되어서 같이 미합중국 건설의 대사업에 참여하고 따라서 미국의 각 방면에 있어서 큰 세력을 가지고 있는 800만의 애란계(愛蘭係)[172]의 미국인인 것을 생각하면, 우리는 우리 조선 사람이 많이 나가서 중국인도 되고 노국인(露國人)도 되고 미국인도 되어서 조선 내에 있는 동근생(同根生)의 동포에 대하여 멀리 성원을 아끼지 않는 것이 어느 편으로 보든지 유리할 것을 믿기 때문이다.

4

이러한 점으로 보아서 우리는 재만 동포가 그 경제적 목적에 충실하여 그 애착(愛着)하던 백의를 아낌없이 속히 벗어 버리고 중국에 귀화하여 저들과 동화하여 크게 활동하기를 바라는 바이다. 그러면 법률상으로 보아서 이 귀화는 가능할 것인가? 일본의 국적법 제20조에 의하면 "자기의 지망(志望)에 의하여 외국의 국적을 취득한 자는 일본의 국적을 실(失)함"이라고 하였으니, 이 규정이 만주에 있는 조선인에 적용된다면 그 문제는 비교적 용이하게 해결될 것이다. 그러나 지금 조선에는 이 국적법이 시행되지 않고 구한국(舊韓國) 시대의 법령을 적용하게 되는 고(故)로 그 문제가 용이치 않은 모양이다. 그리하여 설혹 중국 국적을 취득하더라도 조선인인 신분(身分)을 그대로 가지고 있는 것 같다. 그러므로 이 점에 관하여는 법규 개정의 필요를 낳게 될 것이다.

5

법규 개정의 문제는 요컨대 당국자가 그것을 필요로 인정하느냐 않느냐 하는 문제에 귀착될 것이니, 지금 만주에 있는 조선 사람 문제에 한해서는 누구든지 그것을 고집할 필요가 없을 것이다. 중국 측에서도 그 귀화 용허(容許)의 조건을 관대하게 하고, 조선총독부에서도 재만 조선인의 문제를 해결하기 위하여 속히 결정하는 바 있어야 할 것이니, 사소한 경찰상(警察上)의 편의 문제를 고려하여 애매한 태도를 취한다 하면 만주에 있는 조선인을 난경(難境)에 빠지게 하였다는 책임은 필경 누구에게 떨어질 것인가? 더군다나 조선인 문제는 일본

---

172 자료 원문에는 '愛國係'로 되어 있으나 '애란계(愛蘭係)'로 옮겼다.

인의 상조권(商租權) 문제보다 더 먼저 해결을 요하는 긴급한 성질의 것이니 이 귀화에 대한 장해(障害)를 속히 철거하도록 하는 것이 목하(目下)의 필요한 방책의 하나가 될 줄을 믿는 바이다.

〈자료 42〉 재만 동포와 여러 대책[173]
-입적(入籍) 문제를 중심으로

(1)

1

재만(在滿) 동포(同胞)의 생활 안정 문제가 우리의 당면한 문제 중 가장 큰 것의 하나인 것은 일반이 승인(承認)하는 바이다. 그리고 지금 우리는 이에 관하여 어떠한 감상적(感傷的)인 수소(愁訴)를 하기보다는 확고한 구체적인 대책을 수립하여 실행함을 요(要)한다. 이미 다소의 대책을 말한 바 있지마는 아직도 결정적으로 되지 아니한 만큼 귀일적(歸一的)인 규정을 파악하지 못하였다. 우리는 이제 결정적인 대책을 검토하기 전에 먼저 다시 조선인 구축(驅逐)의 원유(原由)를 열거한다. 즉

1. 조선인 집단 이주에 대한 민족적 염증(厭症)
2. 산동(山東), 직례(直隷)의 이민(移民)과 조선인 이민의 경쟁
3. 조선인의 발전은 곧 일본 대륙 정책의 전위(前衛)로 보는 것
4. 조선인 무장단(武裝團)의 활동으로 인한 일본과의 국제 문제의 분규
5. 조선인으로서 '적화(赤化)'의 선봉(先鋒)이 되는 분자(分子)가 있다는 것
6. 이로써 일중(日中) 교섭에 이용하고자 하는 것
7. 조선인을 입적(入籍)하게 하거나 혹은 기타의 방법으로 재정(財政)의 군졸(窘拙)함을 보충하고자 하는 것

등이다.

---

173 자료 출전: 〈在滿同胞와 諸對策-入籍問題를 中心으로 (1)~(3)〉,《朝鮮日報》 1928년 1월 10일, 11일, 12일 자, 1면 사설.

2

"조선인은 적화의 선봉이 되는 것이다!" 이는 소위 '배일(排日) 조선인'을 구축(驅逐)하기 위한 선전으로 되는 때가 있다. "조선인은 일본 대륙 정책의 전위이다!" 이는 또 배일 정치가들에 의하여 혹은 또 배일을 하나의 방편으로 삼는 인간들에 의하여 선전되는 바이다. 이와 같이 이용 및 악용되는 조선인의 처지에 관하여 우리는 이제 또 감상적 수탄(愁嘆)을 하려 하지 않는다. 다만 이에 대한 현실적 비판을 지나서 조선인의 진정(眞正)한 입장을 석명(釋明)하고, 그 영구안정(永久安定)의 방책을 민중과 함께 수립하기를 기(期)한다. 그리고 이 문제에 관하여 가장 주의되는 것은 조선인의 입적(入籍)에 관한 가부(可否)의 문제이다. 조선인 이주에 관하여 중국인의 지주들은 도리어 환영하는 편이고 반듯이 염오(厭惡)함은 아니다. 그들이 배척하는 것은 국가적 견지에서 하는 것이고, 개인적인 견지에서는 오직 직례(直隷)·산동(山東) 방면에서 전란에 쫓겨 온 자들이 소작권(小作權), 노동권(勞動權) 등을 중심으로 다소의 충돌이 있을 수 있으나 그도 아직 중대화(重大化)하기에는 달(達)하지 아니 하였다. 요컨대 이민족인, 더구나 제국주의국가인 일본의 인민으로서의 조선인으로서 그의 국가적 견지에 의하여 배척 및 구축되는 것이다.

3

만몽(滿蒙)에 나아간 조선인이 어떠한 정치적 불평을 품은바 있는 것은 사실이다. 그러나 그는 극히 소수의 일이고, 대다수는 오직 경제적으로 생활 안정을 구함일 뿐이다. 하물며 정치적 불평이 있다 할지라도 그는 중국에 대하여는 아무 관련이 없는 바이고, 따라서 중국 위정자가 간섭할 성질의 것이 아니다. 그뿐만 아니라 중국 위정자가 그의 본의(本意)에 있어서 조선인의 특수한 정치적 불평을 적대시한다 함을 듣지 못하였다. 조선인 무장단의 활동이 다소의 국제적 분규를 일으키므로 그들로서 염기(厭忌)하고 또 그 배제를 기획하는 것은 당연하다 하려니와, 이 문제는 따로 해결될 길이 있을 것이고, 또 근본적 원인이 여기에 있지 않은 것은 명백하다. 조선인의 '적화' 선전의 설(說)이 만주 위정자의 신경을 자극함이 있다 하나, 이도 대체로 무실(無實)한 일이요 과장된 일이다. 만일 있다 하면 홀로 조선인에 한(限)한 일이 아니다. 재만 중국인과 또 각지로부터 진입한 중국인 중 '적화'의 노력자(努力者)는 반드시 조선인보다 못하지 않을 것이다. 이로써 일중 교섭에 이용하고자 하는 것은 외교상의 관례로 보아서 부인할 수 없을 것이다. 그러나 만일 일시의 이용책이라 하면 오히려 해결하기 어렵지 않지만, 만일 현대적인 민족 문제·인종 문제의 발단(發端)으로서라 하면, 그는 도리어 내외 인사의 심절(深切)한 고려(考慮)를 요(要)할 바이다.

(2)

1

우리는 작술(昨述)한 바에 의하여 조선인 구축의 원유를 열거하고 또 그에 대한 훈석(訓釋)을 가하였다. 그러나 동삼성(東三省) 관헌의 조선인에 대한 방책은 즉 그들로 중국에 일제히 입적하게 하여 완전히 그의 정치 아래에 두기로 하고 자국의 영토 내에 과다(夥多)한 외국 인민을 두고자 아니하는 데 있는 것이다. 이 점에 관하여는 현대적인 국가적 견지로서 애오라지 무리한 요구가 아닌 줄을 안다. 다만 여기에서 우리가 먼저 지적하고자 하는 것은 현재 조선에는 약 5만의 중국인이 교거(僑居)하고 안남(安南),[174] 섬라(暹羅),[175] 면전(緬甸),[176] 기타 마래반도(馬來半島)[177]와 네덜란드령(蘭領) 동인도제도(東印島諸島)에는 적으면 2, 300만, 많으면 수천만의 중국인 교거자(僑居者)가 있으니, 만몽 수백만을 ■하는 조선인 교류자(僑留者)에 대해서도 그들은 국제적 관계에 있어서 퍽 고려할 필요가 있는 것이다. 만일 만주의 조선인이 전기(前記) 각지에 있는 중국인 교거자에 비하여 그 사정(事情)을 달리하는 바 있다 하면 그는 별문제(別問題)인 것을 승인(承認)하려 한다.

2

우리는 만몽 동포의 안정 문제에 관하여 우선 중국 입적(入籍)의 필요를 생각한다. 이 문제에 관하여는 내외 인사의 사이에 주장이 자못 구구(區區)하니 이제 한참 평■(評■)을 요한다. 입적은 즉 소위 귀화를 의미하는 것이다. 귀화 문제에 관하여는 관념상으로 기분상(氣分

---

[174] 베트남.
[175] 태국.
[176] 미얀마.
[177] 말레이반도.

上)으로 반대하는 자가 있다. 계림(鷄林)의 개가 될지언정 네 나라의 신민(臣民)이 될 수 없다는 유(流)의 쇄국적·배타적 민족 감정에 끌리는 것은 매우 불가(不可)한 일이다. 오늘날에 있어서 그러한 자 없으려니와 만일 이러한 경향이 있다면 그는 먼저 타파(打破)할 봉건적인 사상이다. 조선인이 인간으로서 해외에 안주(安住) 및 발전할 땅을 찾으려면 이러한 고정한 관념을 게기(揭棄)하는 것이 퍽 필요하다. 북미와 호주 및 아프리카[阿弗利加]의 각지에서 동양인의 입국을 배척하는 것은 일반이 아는 바이거니와, 미국 캘리포니아주[加州]의 배일(排日)이 바야흐로 심할 때에 일본인들은 귀화권(歸化權)의 획득을 위하여 다년 초조(焦燥)하였으되 오히려 용이(容易)치 않던 바이다. 입적할지라도 생활의 안정을 보장할 수 없다면 그는 고려할 문제어니와 입적 그것을 기분상으로 반대하는 것은 이에 결연(決然)히 그 불가(不可)함을 말한다.

3

입적 문제를 중심으로 가불가(可不可)의 논(論)이 갈리니 입적 반대론자의 의견을 검토할 필요가 있다. 중국, 더욱이 동삼성(東三省)의 행정사법(行政司法)은 자못 불완전한 것이고 관권(官權)의 횡포란 상상을 넘는 일이다. 하물며 조선인으로서 그에 입적할진대 신귀화자(新歸化者)라는 모멸적 견해 아래에서 겹겹의 억압과 주구를 당하게 되어서 그의 생명과 재산을 보장할 수 없을 것이고, 일조유사(一朝有事)한 때에도 제일착(第一着)으로 곤액(困厄)을 당할 것이다. 이뿐만 아니라 오지(奧地)에 있는 조선인이 대거(大擧) 입적하게 되고, 만철연선(滿鐵沿線) 및 기타 상부(商埠) 지방에 있는 조선인은 입적하지 않게 되는 것이 필연한 사세(事勢)라 할진대, 전자는 배일(排日) 조선인, 후자는 친일(親日) 조선인으로서 재연(裁然)히 양분되는 낙인을 찍히게 되어서, 오지에 있는 자가 상부지(商埠地)에 간여하기 곤란하고 상부지에 있는 자가 오지에 간여하기 곤란하여서 전(全) 조선인으로서의 생활 및 생존에 막대한 손실이 된다 한다. 여기에는 상응한 진리가 있는 것을 승인하지마는 그러나 이로써 만몽 조선인의 안정 문제를 해결할 수는 없다.

4

현대에 있어서 민족 문제로서 분규를 일으키는 자 있으니 발칸 각지에서 가장 그 현저한 예를 보는 바이다. 무릇 수백만을 헤아리는 이주민은 관계가 이미 ■■치 아니하니 짧은 시일에 곧 간이(簡易)한 해결을 기하기는 자못 조계(早計)에 ■한 자(者)이다. 그러나 일정한 국가의 영토 내에 있으면서 그 이주국(移住國)의 요구가 있음에도 불계(不計)하고 영구한 입적을 반대하는 것은 현대까지에는 성공의 전례가 없는 일이다. 입적한 이후에 생명과 재산의 보장 문제는 물론 우려되는 바이지만 이에 관하여는 따로 그 대책을 수립할 바이요, 이제 입적부터를 거절할 바 아니다. 오지의 입적 조선인과 상부지의 비(非)입적 조선인의 생존상(生存上) 서로 용납하지 않는 사정도 양자 간의 노력 여하에 의하여서는 결코 해결되지 못할 바 아니다.

(3)

1

우리는 만주에서 영구한 생존·발전의 길을 열기 위하여 이주한 동포가 대거 입적할 필요를 주장한다. 그러나 입적이 문제의 전체를 해결함은 아니고 입적한 이후 자금상(資金上)으로 기술상(技術上)으로 그리고 노력 및 정의상(情意上)으로 구체적인 상호 부조의 유기적 결속을 기함이 무엇보다도 필요할 것이다. 그리고 입적함으로써 중국의 법령 밑에서 안정을 구하게 되는 이상 민족동권(民族同權)의 원칙에 의하여 하나의 시민(市民)으로서의 정치적, 경제적 및 기타 일반의 법익(法益)을 확보하기를 기하도록 노력하여야 할 것이다. 동성(東省)의 관헌일지라도 이에 관하여는 별(別)로 영구히 적대(敵對)할 의사 및 이유가 없을 줄 믿는다. 만(滿), 몽(蒙), 회(回), 장(藏)을 아울러 소위 5족공화(五族共和)를 주장하는 중국의 인사들로서는 여기에 반대할 아무 이유가 없을 것이다.

2

아프리카에서 동양인의 입국을 거절하고 호주에는 백호주의(白濠主義)라는 것이 있어서 중국인은 일반 동양인과 한가지로 비상(非常)한 배척(排斥)을 받고 있다. 북미 제 지방에서도 중국인은 이상한 배척을 받거니와, 19세기 상·하반기에 있어서 로키산의 서쪽 태평양 여러 주(州)의 황무한 땅과 교통 기관이 대부분 근로(勤勞)한 중국인 노동자의 힘으로 되었음에도 불계(不計)하고, 1894년 및 1904년의 중미조약(中米條約)은 중국인의 미국 도항(渡航)을 절대로 금지하게 됨으로써 오늘날에 미쳤다. 이것은 모두 소위 천애지각(天涯地角) 인종(人種)은 황백(黃白)을 달리하여 융합(融合)의 생물적(生物的) 불가능(不可能)을 인(因)함이거니와, 중국에 있어서 조선인을 배척하는 것은 물론 이에 비(比)할 것이 아니다. 조선인은 이주국(移住國)인 중국의 법령을 존중할 것이요, 중국인은 또한 합리(合理)한 고려(考慮) 및 처단(處斷)이 있어야 할 것이다.

3

입적 문제에 관련하여 가장 문제되는 것은 이중국적이다. 중국의 관민이 신경을 수고롭게 하는 것도 이 문제이고, 조선인 문제가 용이(容易)히 안정되지 못하는 원인도 이에 말미암음이다. 그리고 입적을 결정하는 이상 이중국적을 해제(解除)하는 것은 당연한 일이다. 일찍이 캘리포니아에서 배일이 극렬함에 임(臨)하여 일본의 위정자는 일본인의 귀화권(歸化權) 획득을 위하여 국적법을 개정한 바 있으니, 재만 조선인의 생활 안정을 위해서도 당연히 이와 같은 처치가 있어야 할 것이다. 이뿐만 아니라 미쓰야협약(三矢協約)이라는 것이 있어 처음에는 동변(東邊) 8현(縣)에만 적용하기로 되었던 것이 근자에는 전(全) 만주에 적용하기로 된다 하여서 일본 측에서도 그 철폐를 주장함을 보게 되었거니와, 이 협약의 철폐는 당연(當然) 이상의 당연이다. 그뿐만 아니라 일본의 통치자들이 조선인으로 만몽에 이주하게 하고 일본인으로 조선에 부식(扶植)하게 하려는 대륙 정책이라는 무리한 방침을 타파하고, 조선인에 관하여는 반드시 조선인 본위(本位)의 정책을 수립함으로써, 그들의 소위 백년대책(百年大策)이라는 것이 그 급속한 파탄(破綻)을 면하게 될 것이다. 다만 신랄(辛辣)한 불순(不純)한 정책으로써 밖으로 인방(隣邦) 인민의 시기(猜忌)를 돋우고 안으로 조선 2,300만 인의 분개를 깊게 하는 것은 교묘(巧妙)한 졸렬(拙劣)이고 ■명(■明)한 ■■이오 시국(時局) ■■에 미치는바 영향이 심상(尋常)치 아니한 것을 단언(斷言)한다.

4

우리는 지금 조선 내의 조선인 동포에 대하여 일언한다. 재만 동포의 문제는 전적으로 본 조선인 생존 문제의 중요한 한 부분이다. 이는 전(全) 민족의 일치적 노력으로써 그 최선의 해결을 도모해야 할 바이다. 이는 어떤 의협(義俠), 자선(慈善)을 의미함도 아니고 오직 조선인이 인간적 및 민족적인 부활로써 각자의 생존을 영구히 보장하고자 하는 운동의 일단으로서 되어야 할 것이다. 그러므로 우리는 일찍이 천박하고 무절제한 군중적(群衆的) 발작(發作)이 거류하는 중국민에 대하여 탈선적(脫線的)인 위해(危害)를 가함이 없기를 역설한 바이다. 이뿐만 아니라 재만 동포의 옹호 문제에 관하여 실로 금후 진지한 노력을 가하여야 할 것이다. 옹호운동이 일어난 지 1개월에 아직도 의위인순(依違因循)하는 중에 있지는 아니한가? 우리는 재만 동포의 안정을 보기까지 다대한 물질적 후원을 요하는 것이다(끝).

〈자료 43〉 재만 동포의 귀화 문제를 재론함[178]

1

만주에 있는 동포 문제를 그 땅의 주인 되는 중국 사람들과 친선 관계를 유지해 가면서 해결하는 것이 적당하다는 것을 우리가 믿어온 바이며, 이것이 또한 우리 동포 전체의 의사(意思)가 되는 것임은 여러 가지 사례로 인하여 다시 더 설명할 필요가 없을 만큼 벌써 명백해졌다.

2

그런데 그 실현 방법으로는 귀화가 가장 유력한 수단이 되겠다는 것도 거의 일치된 의견으로 볼 수 있는 것이다. 그러므로 그 귀화하는 방법을 어찌할 것인가가 큰 관심사가 되게 된 것을 볼 수 있었다. 귀화 문제의 해결은 재만 동포 자체의 의사에도 달렸지만 주로는 중국 측에서 받아 주겠느냐 안 받아 주겠느냐 하는 데 달려 있고, 또 일본 정부에서 그것을 승인하여 중국 국적을 취득한 사람이면 조선인으로서의 일본 국적 상실을 승인하겠느냐 하는 점에도 관련되는 것이라고 할 것이다. 그러나 우리의 생각하는 바로는 만주에 가 있는 100여만의 조선 사람이 중국에 귀화해서 그 땅에 안착하여 그 생(生)을 꾀하겠다고 하는데 대하여 일본 정부에서 반대할 하등의 이유를 가지지 못할 줄 안다. 그리고 또 중국 측으로 말하더라도 길림성(吉林省) 같은 곳에서는 벌써 호의로 그 문제를 취급하겠다는 것을 성장(省長)이 정식으로 명언한 바가 있으니, 이때에 있어서 재만 동포는 이 해결의 길을 취하기에 노력하는 것이 적당할 줄로 안다.

3

만주에 있는 동포 문제를 전반적으로 토론하기 위하여 지난 10일부터 봉천(奉天)에 개최되었던 만주조선인대회(滿洲朝鮮人大會)에 있어서도 "생활상 편의를 위하여 중국에 입적하는

---

178 자료 출전: 〈在滿同胞歸化問題를 再論함〉,《東亞日報》 1928년 1월 15일자, 사설.

동포에게 적극적으로 후원할 것"을 결의하였다. 그러니 이로써 만주에 있는 동포들의 의사도 명백히 발표되어서 대체(大體)의 추세상으로 보아서 귀화 문제를 시인하고 그에 향하여 노력하기로 한 것을 알 수 있다. 그러나 전하는 바에 의하면 동(同) 대회에 있어서의 의견이 세 파로 갈려서, 각지의 상황에 응하여 자유로 귀화하자는 의견과, 무조건으로 전부 귀화하자는 것과, 중국에 귀화하는 것이 불가하다는 의견들이 있었다고 한다. 그리하여 마침내 전술한 결의를 보게 되었다고 한다.

4

3개의 의견 중에서 제1, 제2의 의견은 서로 융화(融和)될 수 있는 것이니 다시 말할 것이 없다. 그렇지만 제3의 귀화불가론(歸化不可論)에 대하여는 그 이유를 알 수 없는 것이니, 그와 같은 의론(議論)은 재만 동포 문제의 해결을 정당한 길로 인도하는 것이라고 볼 수 없다는 점을 말하지 않을 수 없다. 그 주장의 동기가 어디 있는지 알 수 없지만, 그러한 주장은 재만 동포의 참된 이익을 존중하는 소이(所以)가 되지 못할 뿐 아니라, 또한 조선 내에 있는 동포의 의사에 위반되는 것이라고 명념(銘念)하지 않으면 안 될 것이라 한다. 우리는 그 해결의 원칙을 중국 사람과 평화적으로 친선 관계를 유지하면서 해결하는 데 두어야 할 것이고, 결코 어떠한 것을 빙자(憑藉)하여서는 안 되겠다는 것을 잊어버려서는 안 되기 때문이다.

〈자료 44〉 다나카(田中) 내각의 재만 조선인 대책[179]

1

만주에 있는 조선인 문제가 조선에 있어서 대충동(大衝動)을 일으켰을 뿐 아니라 일본의 위정 당국에 의해서도 신중히 고려되었고, 조선총독 야마나시(山梨) 씨의 도쿄정부((東京政府) 왕방(往訪)에 제(際)해서도 그것을 해결할 것을 자기의 중대한 임무의 하나로 알고 노력하려고 하였던 것도 추측할 수 있는 것이었으니, 우리는 그 문제가 일반의 주의를 끌게 되었다는 것만큼 그 문제의 해결을 얼마쯤 더 용이하게 할 수 있을 줄을 생각하고 다소간 기대하는 바도 없지 않았었다.

2

그리하여 혹 전하는 바에 의하면 야마나시 총독이 다나카(田中) 수상과 회견하고 제1차적으로 해결할 것이 만주에 있는 조선 사람의 이중국적에 관한 것이라고 하기에, 우리는 내심으로 그들이 조선 내외에 있는 조선 사람의 요구에 청종(聽從)하는 바 있는가 하는 것을 생각하고 그들이 여하튼 당면의 문제를 해결하기 위해서는 가지 않으면 안 될 방면으로 세부득이(勢不得已) 끌려가지 않으면 안 될 것이라는 것을 생각하게 되었었다. 물론 이 귀화 문제라는 것은 개인의 자유 의사에 맡길 것이니 결코 강제할 성질의 것은 되지 못하는 것이다. 그러므로 만주에 가서 생활하는 조선 사람들이 절대적으로 중국에 귀화하기를 불긍(不肯)한다면 어찌할 수 없을 것이다. 그러나 그와 같이 다수한 사람이 외국 국적을 가지고 자국의 영토 내에 있는 것을 중국 측으로 보면 불편하게 생각할 이유도 있으리라는 것을 우리가 인정할 수 있고, 또 우리의 아는 바로 하면 벌써 중국에 귀화하고 또 하려고 하는 조선 사람이 상당히 많이 있는 터인즉 그들에게 이중국적으로 인하여 발생하는 복잡한 관계를 제거하자는 것이다.

---

179 자료 출전: 〈田中內閣의 在滿朝鮮人 對策〉,《東亞日報》 1928년 1월 28일자, 사설.

3

그에 대하여는 우리가 이미 누차 언급한 바가 있음과 같이 일본의 국적법 제20조, 즉 "자기의 지망(志望)에 의하여 외국의 국적을 취득한 자는 일본의 국적을 상실함"이라는 것이 만주에 있는 조선 사람들에게 적용되기를 바라는 바였다. 그리하였는데 최근의 도쿄전(東京電)에 의하면 다나카 내각에서는 이 귀화 문제를 의연히 옛날의 상태에 두고 중국에 귀화한 조선 사람으로 하여금 이중국적을 유지하게 하고, 또 한편으로 전하는 바에 의하면 조선 사람을 보호한다는 의미에 있어서 군사적 대책을 고려하고 있다고 한다. 그리고 또 조선인 문제의 해결은 상조권(商租權)의 해결을 기다리지 않으면 안 되겠다는 것을 말하고 있는 것 같다. 우리는 다나카 내각의 이와 같은 재만 조선인 대책에 대하여는 부당하다는 것을 명백히 표명하여 두는 바이다. 상조권과 같은 문제는 일본이 연래 주장하여 오는 바이니 그 처지로서는 그것을 주장한다 하더라도, 거기에다가 조선인 문제를 관련시키는 것은 명백히 조선인 문제의 해결을 더욱 곤란하게 하는 것이라고 보지 않을 수 없다. 조선 사람 문제의 해결은 어디까지든지 강자의 입장을 떠나서 우의적(友誼的)으로 해결하여야 될 것인데, 거기에다가 상조권 문제를 관련시키며 조선 사람의 귀화를 곤란하게 하는 것은 우리의 이해할 수 없는 바이라 한다.

〈자료 45〉 만주의 조선 농민 문제[180]

(1928년 4월 15일)

지금 만주의 조선 농민 문제는 조선 민족과 중국, 일본 정부 각 측 모두에 해결하기 매우 어려운 심각한 문제로 나서고 있다. 중국 노농 군중과 조선 민족이 직접 나서서 해결하는 것 밖에는 그 어느 때에든 그 어떤 파벌이든 모두가 이 책임을 감당할 수 없는 것이다.

만주의 조선 농민을 350만 명으로 가정한다면 그 수는 전 만주 인구의 10분의 1을 차지하게 된다. 그들이 만주로 온 사유와 산동 피난민들이 만주로 온 사유는 대체로 같은데, 다만 조선 피난민은 조선에서 일본 제국주의자들의 가혹한 압박과 착취를 받을 대로 받으면서 땅을 잃거나 혁명을 하다가 쫓겨나 만주까지 온 것이 다르다. 이 때문에 조선 피난민들은 반일사상과 조국을 되찾으려는 민족적 혁명사상을 지니고 있다. 그래서 일본 제국주의자들의 미움을 사고 있고 일본에 아첨하는 봉계(奉係) 군벌들에게 눈에 든 가시로 보이고 있다. 그리하여 아래와 같은 문제들이 나타나고 있다.

첫째, 일본 제국주의자들은 이른바 위험한 군중에 대하여 안심할 수 없어 무릇 조선인들이 농사하며 사는 곳이면 산골 오지에라도 경찰, 관리, 파출소를 두어 그들을 감시하면서 중국의 주권을 유린하고 있다. 중국의 군벌로 말할진대 그 어떤 구실로써 일본에 아부하고 매국하기보다는 차라리 구실 없이 그들에게 아부하고 매국하는 것이 나으며 상도 더 많이 받을 것이라고 여기는 것이다. 그리하여 그들은 늘 조선 사람들을 핍박하여 입적(入籍)하게 하고 중국옷을 입게 함으로써 조선 농민을 더욱 심하게 착취하고 다른 한편으로는 일본에 아첨하고 매국하여 더 많은 상을 타 먹는다.

둘째, 조선 농민들도 일본 군경의 추적과 압박 속에서 고통 받기보다는 차라리 중국 국적에 드는 것이 더 낫다고 생각하고 있다. 그러나 약아빠진 일본 제국주의자들은 중국 군벌이 조선 농민을 관리하는 것에 시름을 놓지 못하면서 중국 관청에서 조선 사람을 수용하지 못

---

180 자료 출전: 「만주의 조선 농민 문제」(1928년 4월 15일), 『동북지역 조선인 항일력사사료집』 제1권, 흑룡강조선민족출판사, 2003, 38~42쪽.

하도록 항의하고 있다. 그리하여 여러 해째 늘 보아 오던 수치스러운 국제 교섭이 벌어지고 있다.

셋째, 조선의 농민들이 만주에 와서 고생을 많이 겪고 있다. 그들은 황무지를 개간하여 좋은 논을 만들고 봄과 여름이면 열심히 밭일을 하고 추수 후이면 심산 속에 집결하거나 비밀리에 강을 건너다니며 여러 가지 반일광복운동을 해 왔다. 중국의 지주들과 중국의 군벌들은 조선 농민들이 이처럼 진퇴양난의 처지에서 갈 곳 없이 가난에 허덕이고 있을 때 불난 틈을 타 도적질하는 격으로 조선 농민들의 땅과 집, 가장집물을 빼앗고 그들을 국경 밖으로 쫓아내거나 일본 제국주의자들에게 넘겨 임의로 도살하고 유린하게 하고 있다.

넷째, 중국의 군벌들은 자기들의 경내에 그 어떤 혁명이나 혁명사상이 존재하는 것을 원하지 않는다. 그들은 조선 가난뱅이들이 만주 땅에 들어왔기에 저들이 일본에 아첨하고 매국하는 데 이모저모로 불편하다고 여긴다. 또한 조선 농민들이 중국 백성들을 물들여 소동을 일으킬 가능성도 있다면서 몹시 미워하고 죽여도 마땅하다고 여긴다. 그래서 그들은 조선 농민들에게 불량배 등 여러 가지 죄명을 씌워서 일본 군경과 협동하여 제마음대로 체포, 살해하고 있다.

다섯째, 일본은 만주에 대하여 기회와 구실이 없었을 때에도 침략을 감행하려고 하였는데, 중국 관청에서 조신 농민을 축출하고 작취하는 사실을 발견한 후로는 더더욱 그것을 구실삼아 항의를 제기하고 침략을 감행하려고 하고 있다. 이 때문에 일본 제국주의 정부와 중국 군벌 양자는 조선 농민 문제를 해결함에 있어서 손을 댈수록 모순이 더 커지고 분쟁이 더욱 심해지고 있으며 그에 따라 서로 간 얻는 이득도 더 커지고 있다.

갈 곳 없고 가난하나 장한 뜻을 품고 있는 조선 농민들은 일본의 유린도 유린이지만 그보다도 중국 군벌과 지주들의 유린을 더 심하게 받고 있다. 최근에 있는 사실을 보자.

(1) 작년 겨울에 무순지사(撫順知事)는 여러 면으로 계책을 꾸미며 조선 농민이 소련과 밀모하여 적화를 한다고 날조하면서 조선 농민을 쫓아냈다.

(2) 작년 겨울에 길림의 관장(官長)은 조선인을 단속하는 명령을 이렇게 내렸다.

　① 조선인은 일률로 큰돈을 내야 거주허가증을 낼 수 있다.

　② 조선인이 한복을 입는 것을 엄금한다.

　③ 조선인은 일률로 중국인과 똑같이 모든 가렴잡세를 바쳐야 한다.

④ 각 경찰서에서는 입적하지 않은 조선인을 15일 내에 일률로 출경시켜야 한다.

(3) 작년 12월에 길림 쌍양현(雙陽縣)의 중국 지주와 경관 들이 조선 백성 9가구, 40여 명을 꽁꽁 묶어 마차에 싣고 장춘 거리로 가서 내버렸다.

(4) 안동(安東)의 삼도랑두(三道浪頭), 이도외자(二道外子), 창부동(昌富洞)의 40호, 200여 명이 이 지방 제2구 관청의 축출령을 받았는데, 그중에서 여비를 마련할 수 있는 사람은 3, 4명에 불과하였다.

(5) 조선인의 경작지는 무조건 몰수당하고 조선 사람이 경영하는 학교는 일률로 폐쇄되었다. 작년 12월 3일에 무순의 중국 관원은 무죄한 조선인 정황범(鄭黃範) 등 3명을 무조건 체포하고 그들이 갖고 있는 돈 30원을 빼앗았는데, 당지 조선인들은 이 정경을 보고 모두가 하늘을 바라보며 통곡하였다.

(6) 봉천성과 길림성의 두 성장은 작년 겨울 열흘 사이에 만주의 조선인들을 쫓아내라는 긴급 명령을 두 차례나 내렸다.

(7) 만주 조선인 약 30만 명이 대표를 선출하여 중국 관청에 입적을 신청하였는데, 중국 주재 일본 대사관에서 그 소식을 듣고 폭력으로 조선인의 중국 입적을 제지시키는 한편 북경정부에 항의를 제기하였다.

(8) 사절단의 소식에 의하면 봉천과 길림의 중국 관청에서 조선인들에게 귀화하고 중국 법률에 복종하라고 명령하지 말라고 단속하였다고 한다. 모 국(일본)이 이 일을 말하는 것은 이 기회에 교섭을 벌여 상조권(商租權)을 얻으려는 데 그 목적이 있다. 중, 일 관청에서 조선 농민을 두고 상호 간 그 어떤 분쟁이 발생한다 할지라도 그것은 모두 양자의 이익을 챙기기 위한 모략에 불과한 것이다. 그러니 남은 것이란 우리 조선 농민 벗들의 피땀과 생명이 여지없이 유린당하는 궁지뿐이고, 우리 만주의 노동자, 농민 들이 그에 무한한 비통과 원조뿐이며, 조선 경내에 피압박 민중들이 일떠나 보내오는 뜨거운 구호의 손길뿐이다. 그들은 아직 구호 방법을 찾아내지 못하고 있다. 그러나 조선의 일부분 민중은 조선 경내에서 화인을 배척하는 운동을 하고 있는데 그의도는 중국 민중의 동정과 주의를 일으키려는 데 있다. 그러나 그들은 얼마 안 되어 다음과 같은 결의를 지었다.

① 만주에 있는 조선 교포를 옹호하는 목적을 실현하기 위하여 반드시 중국 국민당과

의 우의를 존중하고 평화적인 수단을 취하여야 한다.

② 만주에 대표를 파견하여 조선 농민에 대한 중국인의 주의를 환기시키며 중국인들을 위문해야 한다.

③ 논산, 부여, 함흥, 함열(咸稅)(원문대로 임), 공주, 장성, 대전, 진천 등 8개 곳 청년회에 전보를 보내어 화인 배척 행위를 금지시키고 반드시 적극 보호하도록 하며 다시는 습격하는 등 불미한 일들이 없도록 하여야 한다(만주 동맹의 결의를 옹호함.).

만주에 있는 압박받는 조선 농민 군중은 작년에 중국 혁명에 대하여 결의를 표시하였다. 우선 중국 혁명이 성공하도록 원조하고 그런 다음 조선 혁명운동을 한다는 것이다.

우리는 이상의 허다한 사실과 이유에 좇아 조선 농민은 우리의 반일(反日) 우군(友軍)이며 우리 만주의 혁명적 농민의 일부분으로 간주한다. 우리는 다시는 중국의 군벌·지주와 일본 제국주의자들이 조선 농민을 유린하는 것을 방관할 수 없다. 우리는 마땅히 이 부분의 사랑스러운 혁명 군중을 연합하여 망치와 낫이 엇걸린 붉은 기 아래에서 공동으로 반일운동을 하며 토지혁명운동을 하고 정권 탈취 투쟁을 하여야 한다.

무릇 만주에 있는 조선 농민은 중국 농민과 함께 일률로 토지소유권과 거주권을 향유하고 일률로 혁명 정권을 향유하며 시주의 일체 토지를 몰수하고, 만주에서 경영하는 일본 자산계급의 모든 산업과 부속지, 예를 들면 철도, 광산, 공장, 은행, 상점 등을 몰수하여 일률로 혁명 정권에 귀속시킨다. 아울러 중국 군벌 통치를 훼멸시키고 일본 군대와 경찰 들을 국경 밖으로 쫓아내며 일본인이 경영하는 모든 학교를 봉쇄한다. … 이렇게 하여야 비로소 만주의 조선 농민 문제가 진정으로 해결될 수 있다. 이는 우리 만주의 모든 노동자, 농민과 만주의 조선 농민들이 함께 완수해야 할 필요한 임무이다.

《만주통신》1928년 제7호에 실렸음.

〈자료 46〉 만주에 거주하는 한국 교민들의 정세[181]

(1929년 7월 25일)

1. 한국 교민의 이주 연혁 개황

한국은 쇄국시대에 정부로부터 인민들의 출경을 엄금하였다. 이 때문에 인민들은 생활이 곤경에 이르렀지만 공공연하게 출국을 제기하지 못하였다. 그러나 압록강과 두만강 연안의 가난한 농민들이 남부여대(男負女戴)로 암암리에 강을 건너 대안의 지방들에 거주하면서 논밭을 일구어 생계를 이어가는 사람이 퍽 많아졌다. 불완전한 통계에 따르면 1905년 이전 만주에 이주한 한국 교민이 3만여 명에 달한다고 한다.

1905년 11월에 일본 제국주의는 강압적으로 이른바 5개 보호조약을 체결하고 한국의 외교권과 산림·하천·소택지의 권리를 박탈하였으며 한국을 관할하는 통감부를 설치하였다. 그들은 정치상에서 절대적 권리를 장악하였을 뿐만 아니라 동양척식회사(이민공사)와 식산은행(殖産銀行) 등 금융기관을 설치하여 조선의 금융을 완전히 지배하면서 한국 민중을 직접 착취하기 시작하였다. 그들은 또한 일본인들이 한국으로 이주하는 것을 장려하는 한편, 한국 농민들을 산골로 국외로 몰아내었다. 그리하여 땅을 빼앗긴 한국 농민들은 만주로 쫓겨와서 만주 각지에 거주하게 되었다. 동시에 수많은 애국 지사들이 조국이 멸망에 이르는 울분을 참지 못하여 조국 광복의 큰 뜻을 품고 만주로 건너왔다. 그들은 만주 땅을 조국 광복의 책원지로 삼고 학교를 설립하고 아동들에게 애국사상을 고취하였다. 1910년 일본이 한국을 합병하기 전에 만주에 거주하던 한국 교민의 정황은 대체로 아래와 같다.

    1) 이주민의 대략적인 숫자: 2만여 명

    2) 이주 지대

---

181 자료 출전: 「만주에 거주하는 한국 교민들의 정세에 관한 강우(江宇)의 보고-만주에 거주하는 한국 교민들의 혁명 정세, 조선공산당 조직 정황 등 문제」(1929년 7월 25일)」, 『동북지역 조선인 항일력사사료집』 제1권, 흑룡강 조선민족출판사, 2003, 118~129쪽.

(1) 이주민이 가장 밀집된 지대: 길림성의 연길, 화룡, 혼춘을 중심으로 한 일대이다(세칭으로는 북간도, 현칭으로는 동만이라고 부른다).

(2) 다음으로 이주민이 밀집된 지대: 봉천성의 유하(柳河), 통화(通化), 환인(桓仁)을 중심으로 한 일대이다(세칭으로는 서간도, 현칭으로는 남만이라고 부른다).

(3) 길림 이북 중동철도 일대에는 10여 명에 불과하다.

3) 당시 한국 교민의 단체

(1) 부민단(扶民團): 한국 교민의 자치기관이다(남만).

(2) 신민회(新民會): 조국 광복의 비밀기관이다(남만).

(3) 독립단(獨立團): 의병 여당과 망명자의 결사로서 파괴를 위주로 하는 폭력단체이다(남만 장백부).

(4) 대종교회(大宗教會): 애국정신을 고취하며 아울러 자국(自國) 설교를 위주로 하는 종교이다(동만).

(5) 기타 예수교회[耶蘇敎會] 등이다.

(6) 학교: 신흥학교(사관생 양성), 중학교 2개와 소학교 10여 개가 있다.

1910년 8월 29일에 이르기까지 일본 제국주의가 한국을 강제합병한 후 한국 인민은 정치 및 경제상에서 일본의 잔악한 착취와 박해를 받게 되었다. 강도보다 더한 일본 제국주의의 한국에 대한 식민지 정책은 한국 민중으로 하여금 그들의 착취에 더는 견딜 수 없어 늙은 부모와 어린 자식들을 데리고 유리걸식하며 만주로 건너오지 않으면 안 되게 하였다. 그리하여 만주로 이주하는 사람이 해마다 몇만, 심지어 몇십만으로 늘어났다. 애국지사들의 해외 망명자도 한 해에 몇천 명이 되었다.

1910년부터 1919년 3월 1일 한국 독립운동 대시위가 있기 전까지 이 10년간 만주에 거주한 한국 교민의 정황은 아래와 같다.

1) 이주민 총수: 130여 만 명.

2) 이주 지대: 남만, 동만에 가장 밀집하였고 중동철도 연선에도 없는 곳이 없다(북만). 안봉철도(安奉鐵道) 연선에도 많다(여기에는 친일파가 대다수임).

3) 직업: 전부 수전 농사를 함.

4) 단체와 교육 정황

(1) 부민단(扶民團)은 여전히 계속 확대됨.

(2) 신민회 해체됨.

(3) 독립단 갈수록 확대됨.

(4) 기타 교회 단체는 여전함.

(5) 학교는 신흥사관학교외에 중학 6개소, 소학 20개소가 있음.

이상은 3·1운동 이전 조선 교민의 정세이다. 3·1운동 이후의 재만 조선 교민들의 혁명 정세는 아래와 같다.

2. 만주에 거주하고 있는 조선 교민들의 혁명 정세

1919년 3월 1일 3·1혁명운동(즉 조선 민족이 독립을 선포하고 일본 제국주의에 반항한 제1차 대시위운동)이 폭발된 후, 한국의 해내외 민중들이 일치하여 민족 독립을 외쳤다. 만주에 거주하는 한국 교민들의 혁명 정세도 극도로 고조되었다. 1918~1928년 사이의 만주에 있는 한국 교민의 혁명운동 정세는 아래와 같다.

1) 민족운동 방면

(1) 한족회(韓族會): 부민단의 변체가 확장되어 그의 조직자로 되었는데 남만 지대의 조선 교민을 포함하여 조직된 표면기관으로서 주로 행정과 교육을 자치하였다.

(2) 서로군정서(西路軍政署): 남만한족회에서 관리함. 군사기관으로서 사관 및 병사 들을 훈련, 양성한다. 당시 무장군인, 사관 및 병사가 350여 명이 있었다.

(3) 독립단: 당시의 무장대로서 165명이 있었다.

(4) 광한단(光韓團): 주로 폭력 행동을 함. 당시에 무장대가 75명 있었다.

(5) 동로군정서(東路軍政署): 동만에 있으면서 서로군정서와 주의가 동일하다. 당시 군인 760명이 있었다.

(6) 의군부(義軍府)와 독립군영은 무장 군인이 각각 100명씩 있었다.

(7) 기타: 작은 단체가 헤아릴 수 없이 많았다.

이것은 1920년부터 지금까지의 정황이다. 1920년 10월에 일본 제국주의가 혼춘 마적을 진압한다는 구실로 일군 5,000명을 동만에 억지로 출병시켜 한국 교민을 잔인하게 살해하였다. 이것이 도화선이 되어 유명한 청산리전투가 일어났다. 일본군은 왕청·화룡현 청산리에서 동로군정서 군대와 마주쳐 한국군에 의해 2,856명이나 소멸당하였고, 나머지는 모두 경중상을 입고 볼꼴 없이 혼춘으로 돌아갔다. 연후 중국 군벌과 교섭하여 전 만주에 군대를 출병시켜 농민을 도살하였다.(당시 군대는 전부 러시아 경내에 들어갔음.) 이때는 만주에 거주한 한국 교민들이 공포에 사로잡힌 시기였다. 아래에 당시 한국 교민들이 받은 참상을 도표로 열거한다.

지명	살해당한 인수	붙잡혀 간 인수	불에 탄 곡물	불에 탄 가옥
혼춘	242명		9,825섬	458호
연길	1,114명	125명	1,580섬	1,097호
화룡	572명	3명	8,320섬	324호
왕청	347명	3명	5,070섬	642호
해룡	12명		123섬	8호
홍경(興京)	305명		130섬	3호
유하현(柳河縣)	12명	5명		
관전(寬甸)	480명	10명		

이 도표에 열거된 숫자는 당시 실지 조사 중 참상이 가장 심한 곳들일 뿐, 전부의 상세한 정황은 알지 못하고 있다.

이처럼 참혹한 화를 입은 후, 민족운동 지사들은 다시 떨쳐나서 진영을 정돈하였는데 최근의 진영을 아래와 같이 3대 기관으로 나누었다.

(1) 정의부(正義府): 남만, 길림성 반석을 중심으로 하고 군정(軍政), 민정(民政) 두 방면으로 나누어 아래와 같이 관할 구역을 나누었다.

중앙 — [군정·민정] — 관소(管所) — [민정관(民政官)·군중대(軍中隊)] — 구(區).

이는 3부(府) 중 가장 유력한 기관으로서 현재 무장 군인 480명이 있고 재향(在鄉) 군인 1,000여 명이 있다.

(2) 신민부(新民府): 북만의 영안을 중심으로 하며 조직은 정의부와 동일하다. 무장 군인 330명, 재향 군인 900여 명이 있다.[1928년에 본 부(府)가 해체되었음.]

(3) 참의부(參議府): 남만 환인(桓仁)을 중심으로 하고 조직은 이상의 두 부(府)와 일치하며 무장 군인 150명, 재향 군인 500여 명이 있다.[1928년에 본 부가 해체되었음.]

이 3개 부(府)는 마치 국가 통치와 마찬가지로 정립, 대치되었는데 몇 넌간 민중을 위하여 보장되었지만 서로 의심을 갖고 있어서 사이가 벌어졌다. 아울러 민중들로부터 돈을 걷어들인 데서 민중과 격리되고 민중 속에 뿌리를 박지 못하였다. 이 삼부는 군중의 전위가 될 수 없었는바 마치 봉건적 통치 국가와 같았다.

1928년에 이르러 신민부와 참의부는 각자가 해체되고 지금은 정의부만 남아서 일방의 패권을 부리고 있다.

1928년 2월부터 만주의 한국 교민의 혁명이론은 재래의 방법을 포기하고 독립당 결성 이론에로 나아가면서 2개의 주비단체를 산출시켜 각자가 활동 중에 있다.(현재)

(1) 유일독립당조직동맹(惟一獨立黨組織同盟)
(2) 독립당재만책진회(獨立黨在滿策進會)

2) 무산계급운동 방면

1925년 4월 조선공산당이 창립된 후, 공산국제의 승인하에 조공(朝共)은 대표를 파견하여 조공의 지부총국을 조직하고 한국 혁명 각 단체를 영도하였다. 이뿐만 아니라 200만 한국 교민 농민운동과 청년운동을 지도하는 데 커다란 공적을 이루었다. 그 조직 계통은 아래와 같다.

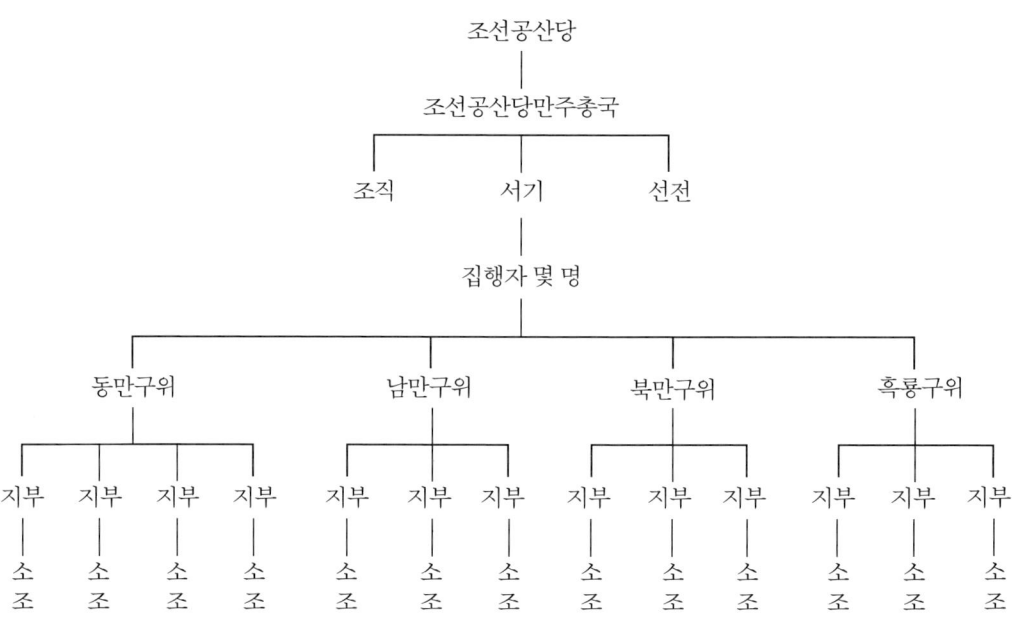

이 총국은 조직된 이래 공작이 매우 민활하고 활동이 매우 적극적이었다. 그리하여 1927년에는 이미 당적에 등록된 공산당 동지가 365명에 달하였다. 불행하게도 1927년 10월 3일 동만구역구 전체대회 때에 100여 명이 일본 제국주의의 간도 영사관 경찰에게 체포되어 서울[京城]로 호송되있다. 그중에는 지도자가 27명 있었는바 지금 투옥되어 복역 중에 있다(이것이 유명한 간도공산당 제1차 사건이다). 이듬해(1928년) 2월, 제2차로 25명이 총살되었다. 두 차례의 참사로 내부는 상처가 컸으나 동지들이 분투노력한 결과 지금은 전보다 견결한 상태이다.

3) 청년운동동맹

1925년 이래 만주 한국 교민의 청년운동은 매우 장관을 이룬 상태로서 우후죽순처럼 발랄하게 흥기되었다. 이는 조선공산당 만주총국의 동지들이 농촌청년운동을 강화한 결과이다. 청년운동단체중 가장 유력한 것을 일람표로 표시하면 다음과 같다.

명칭	소재지	지부 단체	인원
동만청년총동맹[東滿靑總]	화룡(和龍)	33개	1,835명
남만청년총동맹	반석(盤石)	9개	1,526명
북만청년총동맹	아성(阿城)	25개	1,793명
중일청년동맹[中一靑盟]	애하참(愛河站)	10개	357명
송강청년동맹	통하(通河)	15개	960명
무본청맹(務本靑盟)	액목(額穆)	없음	153명
왕청청년동맹	홍경(興京)	없음	105명
남만연맹	화전(樺甸)	53개	4,289명
유하청년동맹	유하(柳河)	없음	135명
신성청맹(晨星靑盟)	해룡(海龍)	없음	101명
신생청년동맹	이통(伊通)	없음	100명
영고청맹(寧古靑盟)	영안(寧安)	없음	315명
노력청년총동맹[勞力靑總]		5개	995명
고로청맹(高勞靑盟)	오운	없음	253명
중동철도연맹	아스[阿什]	6개	681명

위의 도표는 맹원이 100명 이상 되는 모든 청년단체들이다. 이 밖에 맹원이 100명 이내인 단체는 35개인데 도표에 열거하지 않았다.

4) 농민운동 방면

만주 한국 교민의 농민운동은 매우 미약하고 유치한데, 이는 대체로 두 가지 원인이 있다.

(1) 만주는 땅이 매우 비옥하고 황무지가 매우 많으므로 소작료가 매우 저렴하다.(초기)

(2) 한국 교민의 지도자가 민족 혁명에 전력을 다하고 농민의 계급의식을 촉진하는 데 치중하지 않았다.

그러나 1925년 이래 조선공산당 만주총국이 조직된 후 농민운동에 힘을 기울였다. 아울러 일본 제국주의와 중국 군벌은 서로 야합하여 직접 또는 간접적으로 한국 교민을 압박하고 가혹하게 대하였다. 토호, 지주 들의 착취는 더욱 심하였다. 그리하여 근래에 농민운동은 매우 자각적인 경향으로 나아가고 있다.

최초에는 토호, 지주 들이 자기의 황무지를 개척하는 데 치중하였으므로 착취가 심하지 않았으나, 1915년 이후부터는 착취 정도가 점차 가혹해졌으며, 현재는 참으로 잔인하고 악독하다. 아래에 1910~1928년 사이의 소작료 비교표를 열거한다.

연도	소작료
1910년	황무지 3년간 무료, 3년 후 20%
	숙지 20~25%
1915년	황무지 2년간 무료, 2년 후 25%
	숙지 25~30%
1920년	황무지 첫해 무료, 1년 후 30%
	숙지 45~50%
1925년	황무지 첫해 20%, 1년 후 45%
	숙지 55~60%
1928년	황무지 첫해 40%, 1년 후 60%
	숙지 65~75%

위의 도표를 통해 지주들의 착취 정도와 한국 교민들의 고통을 가히 알 수 있다. 따라서 최근 3~4년 이래 한국 교민들은 동만과 남만으로부터 점차 북만의 흑룡강성과 러시아 경내로 이주하여갔다. 현재 한국 교민들의 분포 상태는 남만, 동만, 북만 지역에 고르게 퍼져서 없는 곳이 없다. 1927년 일본 제국주의자들이 발표한 것에 의하면 "만주에 있는 한국 교민은 65만여 명"이라 한다. 이는 다만 일본 영사관의 경찰 세력이 미치는 동만 일대의 왕청, 화룡, 연길, 혼춘 및 남만의 안봉철도(安奉鐵道) 연선과 봉장철도(奉長鐵道) 연선 일대에 거주하는 한국 교민의 수일 뿐, 만주의 광대한 지역에 거주하는 총수는 아니다. 1928년 2월 현재

우리 만주총국과 정의부의 조사에 의하면 만주의 한국 교민 총수는 193만여 명에 달한다. 이것 역시 엄밀한 조사 숫자로 칠 수 없다. 상세하고 엄밀하게 조사한다면 만주 한국 교민의 총수는 실제상 200만 이상일 것으로 추측된다.

만주 한국 교민의 농민운동단체는 다음과 같다.

명칭	중심 지구	지맹(支盟) 수	인수
농민동맹	반석	35	4,500명
송강농우회(松江農友會)	통하	7	1,150명
간민호회(墾民戶會)	녕안	8	2,000명
농민회	화룡	10	1,031명

이것은 연합된 큰 단체를 열거한 것이다. 이 밖에 농민계(農民契), 농업계(農業契) 등 작은 조직이 대략 30여 개가 있다. 그러나 이러한 조직은 고대 봉건 형식으로 된 조직이어서 농민들의 당면 투쟁의 대표기관으로는 될 수 없다.

3. 결론

1) 만주의 한국 교민에 대한 우리 당의 임무

지금 만주에 거주하는 한국 교민의 정세를 개괄하여 논할 때 우리는 응당 우선적으로 당의 책략을 내놓아야 한다. 그리하여 우리들로 하여금 만주의 200만 한국 교민 농민 대중을 동원·조직하고 그들의 혁명적 의식을 제고시키며 만주의 중국인 농민운동과 연결시키고 중국 공산당의 대오를 공고히 하는 책략으로 그들을 혁명의 전열에로 동원하게 하는 것은 현재 중국 공산당이 만주의 혁명운동을 영도하는 주요 임무이다. 현재 중·러 관계에서 일이 많이 나타날 뿐만 아니라 200만 농민의 운동과 혁명 세력을 동원하는 데 있어서 매우 큰 관계가 있다는 것은 더 말할 여지가 없다. 이 문제에 대하여 우리는 응당 당의 책략과 노선을 조속히 확립하여야 하는바 이는 회피할 수도 늦추어서도 안 될 임무이다.

2) 만주 한국 교민의 문제에서 우선 고려할 중심적인 필요조건

첫째, 한국 교민의 현황

(1) 만주에 거주하는 한국 교민 200만의 85% 이상 인구는 소작농으로서, 그들의 경제 생활은 아직도 봉건적 관계의 기초상에 있다.

(2) 간접 또는 직접적으로 일본 제국주의의 압박에 눌려 있다.

(3) 중국 군벌이 일본에 아첨하기 위하여 정치상, 경제상으로 잔인무도하게 압박과 착취를 하고 있다.

(4) 지주들의 혹독한 압박과 착취를 받고 있다.

(5) 물가가 엄청나게 오르고 있다(예를 들면 식염 등).

(6) 경제 유통이 매우 곤란하다.

(7) 같은 계급인 중국 농민의 멸시를 받으며 이해를 얻지 못하고 있다.

(8) 반일의식이 공고하고 높다.

(9) 조국광복사상이 매우 강렬하다.

(10) 여러 가지 자본에 의한 착취를 받고 있다.

(11) 가렴잡세가 무제한하다.

둘째, 한국 혁명단체 문제

(1) 지도적 이론을 확립하여야 한다.

(2) 반일 공작을 원조해야 한다.

(3) 중국 혁명을 이해하도록 해야 한다.

(4) 중국 혁명 공작과 연결시켜야 한다.

셋째, 농민 문제

당의 책략을 확립하고 농민들이 당면한 이해관계와 고통에 주의하며 일상 투쟁을 틀어쥐고 계급의식을 높임과 아울러 조직을 공고히 해야 한다. 이뿐만 아니라 기성 단체에 대한 동원 공작을 강화하여 군중을 영도함에 있어서 당의 영향을 높이도록 해야 한다.

넷째, 훈련 문제

(1) 훈련을 조직해야 한다. 혁명의식을 제고시켜야 한다. 무장 훈련을 시켜야 한다.

(2) 조선공산당 만주총국 문제

상술한 조선공산당 만주총국이 1927년 10월에 재난당한 후, 내지와 한국 내지로부터 파견되어 온 동지들 그리고 1926년 '6·10'사건[182] 후 국내로부터 망명하여 온 주요한 동지들이 아직도 계속하여 열정적으로 활동하고 있다. 현재 당원 동지 수는 응당 1927년 재난 때보다 몇 배가 되어야 할 것이다. 1926년 '6·10'사건 때에 조선공산당 전위 121명이 투옥되고 35명이 망명한 후 반동분자가 조선당 내에 잠입하여 사사로이 당을 조직하고 당을 파괴하였으며(한인 특지의 보고를 참고하기 바람. 따라서 생략함.) 주요한 동지들이 하나하나 계속 구금되고 망명한 데서 조직이 구성되지 못하였다. 그 때문에 만주총국은 자연히 계열·소속이 없는 다른 한 기관으로 되고 말았다. 만약 조선공산당이 부흥된다 할지라도 일국 일당의 원칙에 따라 만주총국은 마땅히 중국 중앙에 소속되어야 할 것은 당연한 것이다. 이는 매우 중요한 문제로서 경솔하게 해결할 문제가 아니다. 이는 중국 중앙과 국제 대표 및 조선의 주요한 동지들이 한자리에 모여 장시간에 걸쳐 원만히 토의한 후 결정할 문제이다.

(후략)

---

182 '6·10만세운동'을 가리킨다.

〈자료 47〉 다시 재만 동포 문제에 대하여[183]

1

　재만 동포 문제에 관하여 세인(世人)의 주목을 끌기는 재작년 수확기 직후에 중국의 관헌과 지주가 재만 동포에 대하여 광범하게 압박·방축(放逐)을 행함으로부터 비롯하였던 것이다. 그러나 문제의 발생 원인은 재작년 그때에 처음으로 생긴 것이 아니라 재만 동포 자신에 부수(附隨)하는 정치적, 경제적 특수한 사정이 그 하나이고, 다음으로는 일청전쟁(日淸戰爭) 이후 만주 평원이 열강 세력이 각축하는 문제의 지대가 됨으로써 일어나는 복잡한 관계에 있는 것이다. 그러므로 재만 동포 문제는 그 원인의 착잡(錯雜)함과 그 성질의 난삽(難澁)함이 용이한 해결을 허(許)하지 아니함은 물론, 가장 심심(甚深)한 연구와 부단한 노력을 경주할 점이라 할 것이다. 재작년 재만 동포 문제가 확대할 당시 조선 내의 재만동포옹호동맹(在滿同胞擁護同盟)이 조직됨을 비롯하여 재만 동포 자체에서도 여러 기관이 뒤를 이어 성립된 것을 볼지라도 그 문제가 중대한 것임을 짐작하게 하는 것이다.

2

　그러면 오늘의 현상은 어떠하냐? 재만 동포에 대한 압박과 구축(驅逐)이 비록 표면으로는 진정된 것같이 보이지만, 그 근본에 있어서는 단기일에 해결될 성질의 문제가 아닌 것이다. 최근에 보도된 한 사건의 사실을 볼진대, 무순(撫順)의 오지(奧地)인 흥경(興京), 통화(通化), 유하(柳河), 해룡(海龍) 방면으로부터 수많은 성상(星霜)에 자수(自手)로 개간한 경지를 빼앗기고 무순을 통과하여 북만으로 유전(流轉)해 간 무리가 최근 1개월간에 820호(戶), 5,150인(人)의 다수에 달하였다니, 이는 실로 놀라운 일이 아니라 할 수 없다. 무순 오지의 수만 정보(町步)에 달하는 수전(水田)은 해마다 110만 석(石) 가량의 거액의 현미를 산출한다는데, 이는 모두 동포들의 개간에 의한 피땀의 결정이라 한다. 그러나 중국인 지주와 동포 농민들 사이에 체결된 소작 계약이 처음에 소작 6분(分), 지주 4분이었음에도 불구하고 올해에는 소

183 자료 출전: 〈다시 在滿同胞問題에 對하야〉,《朝鮮日報》 1929년 3월 11일 자, 1면 사설.

작 3분, 지주 7분의 소작 조건으로 고쳤다고 하니, 이것만 보더라도 동포들의 지위가 얼마나 불리한 것임을 알 것이다. 그럼에도 하물며 일용품, 비료대(肥料代) 등을 지주 혹은 지주 관계의 점포로부터 고가(高價)로 먼저 빌려서 수확기에 빚을 갚음에 있어서야 1년간의 노작(勞作)도 수포(水泡)로 돌아가고 말 것이 아닌가! 청명절(淸明節)을 앞에 두고 토지 계약을 다시 고칠 시기에 당하여 지주의 압박으로 쫓겨 나가는 동포들의 참상(慘狀)이야말로 말로 다 할 수 없다.

3

이것은 재만 동포의 경제상 불리한 점을 가리키는 것이거니와 다시 한걸음 나아가 정치상으로는 더욱 복잡한 난점(難點)이 있다. 어떤 때에는 자본주의 세력의 향도(嚮導)로서 또 어떤 때에는 적화운동(赤化運動)의 선봉으로서 시의(猜疑)와 압박이 심하여 생활의 안정을 얻지 못하는 형편이다. 이러한 상태에서 재만 동포는 어떠한 길로 자위자호(自衛自護)하여 갈 것인가? 지난해 9월에 동성한족문제연합연구회(東省韓族問題聯合研究會)의 발기(發起)로 47현(縣)의 이주 동포를 망라하여 한족동향회(韓族同鄕會)라는 단체를 조직하였다 함은 이미 논술한 바가 있었거니와,[184] 그 목적이 중국민과 동포 사이의 감정을 융화케 하며 입적(入籍) 실행을 촉진하여 입적민(入籍民)으로서 향수할 권리를 획득하는 한편으로 중국 관헌에 대한 단체 교섭으로써 발생하는 사건을 해결하자 함에 있다고 하였다. 오늘날 동회(同會)가 얼마나 많은 활동을 하고 있는지 자세히 알기 어려우나, 이와 같은 재만 동포의 조직적 훈련은 재만 동포 문제의 해결을 크게 기대하게 하는 바이다. 약한 자의 위력은 오직 단결에 있다. 단결이라고 반드시 이해를 달리하는 이분자(異分子)까지 망라할 필요는 없다. 그렇지만 적어도 재만 동포들의 공통한 이해는 그들로 하여금 견고한 통일적 조직을 요구해 마지아니한다. 끝으로 절실히 말해 둘 것은 지도분자(指導分子)들의 빠지기 쉬운 공리적(公利的) 타산(妥算)으로 인하여 대국(大局)의 향하는 바를 그르치지 않기를 바란다.

---

184 《조선일보》는 1928년 11월 18일 자 1면 사설로 〈재만한족동향회(在滿韓族同鄕會)의 조직(組織)〉을 게재하였다.

〈자료 48〉 재만 조선인 보호책[185]

1

도쿄전(東京電)을 거(據)하건댄 사이토(齋藤) 총독과 마쓰다(松田) 척상(拓相)의 사이에 의견이 일치된 대조선신정책(對朝鮮新政策) 3개조(조선지방자치제도확장안 및 조선인관리임용범위확장안과 아울러) 중에 '재만 조선인 보호에 관한 근본책'이라는 것이 있다. 우리는 그 내용이 무엇인지를 알지 못하거니와 80만 동포에 관한 실제 문제인 만큼 우리의 주의(注意)를 환기함이 다대하다.

2

재만 동포를 위하여 가장 원할 만한 길은, 첫째로는 소위 관허융화업자(官許融和業者)로 하여금 그들의 양심의 평화를 교란하게 말 것이고, 둘째는 중국에 대한 제(諸) 강압 수단, 기타 미쓰야협약(三矢協約) 같은 것으로 재만 조선인에 대한 중국 관민의 반감(反感)을 양성(釀成)케 말 것이고, 셋째는 그들에게 중국에 귀화하는 권리를 허여(許與)하는 것이다. 그렇게 하지 않고, 중국 정부에 대한 강압적 긴섭 또는 영사관의 설지, 경찰·군대의 입경(入境) 등으로 조선인 보호의 목적을 달(達)하거나 할 것같이 생각하는 것은 그야말로 인식 착오다. 만일 자유로 귀화하는 것을 허(許)하지 않을 바에는 모르는 체하고 방임하는 것이 재만 동포에게 행(幸)일 것이다. 중국 관민으로 하여금 재만 조선인이 만주에 재(在)하여 일본 제국주의적 세력 신장의 앞잡이와 같이 또는 방패막이와 같이 생각하게 하는 것은 현재 만주에 재주하는 조선인에게만 방해가 될 뿐 아니라 장차 이주할 조선인의 전도(前途)를 막는 것이 되는 것이다.

3

당국에서는 국경 보안의 견지(見地)에서 재만 동포를 불령시(不逞視)하는 감이 없지 않거

---

[185] 자료 출전: 〈在滿朝鮮人保護策〉,《東亞日報》1929년 12월 27일 자, 사설.

니와 그것은 편견이고 착각일 뿐 아니라, 만일 진실로 그러한 관념을 가진다 하면 그것은 비인도적(非人道的)이라 하겠다. 재만 조선인 문제를 생각할 때에는 재만 조선인의 복리(福利) 자체를 목표로 함이 정당할 것이고, 다른 무엇의 방편(方便)으로 하려는 곳에 무리(無理)가 있는 것이다.

4

재만 동포는 그 자신 목적이라야 한다. 누구의, 무슨 일의 방편을 삼아서도 정의(正義)에 어그러지는 것이다. 그들은 중국 내에서 중국의 법률에 복종하면서 또 중국의 시민권(市民權)을 향락하면서 번창하는 것이 그들의 정당한 진로요, 또 모족(母族)인 조선 민족 전체로 보아도 유익함이 될 것이다. 이에 우리는 당국의 재만 조선인에 대한 근본책이 그들의 국적 이탈, 중국 귀화를 허여(許與)하는 것을 근본으로 하는 것이기를 주장하는 바다.

| 자료 목록

자료 번호	자료명 및 출전	본문 쪽수
자료 1	「南滿洲及東部內蒙古に關する條約」(1915.6.8), 日本外務省, 『日本外交年表竝主要文書』(上), 原書房, 1965, 406~407쪽.	26
자료 2	「南滿洲及蒙古ニ關スル日支條約及付屬公文ノ解釋」(池邊 朝鮮總督祕書官, 1915.8), 『寺內正毅關係文書(首相以前)』, 京都女子大學, 1984, 386~405쪽.	35
자료 3	〈日支條約과 間島−朝鮮人이 問題의 中心〉, 《每日申報》, 1915.9.25, 1면 2단.	56
자료 4	「新條約實施後ニ於ケル間島ノ狀勢」(1915.11), 『寺內正毅關係文書(首相以前)』, 京都女子大學, 1984, 369~380쪽.	58
자료 5	「間島協約ト大正四年日支條約トノ關係ニ關スル係爭問題經緯」, 『間島問題調書』(日本外務省 亞細亞局 第二課, 1931.4), 日本外務省 外交史料館. アジア歷史資料センター Ref. B04013458900.	72
자료 6	〈滿洲移住鮮人〉, 《每日申報》, 1914.7.18, 1면 사설.	82
자료 7	〈滿蒙과 朝鮮人〉, 《每日申報》, 1915.6.17, 1면 사설.	84
자료 8	〈余의 北進論〉(金亨復), 《半島時論》 1권 5호, 1917.8.10, 48~50쪽.	86
자료 9	〈滿洲에 對하야〉(崔八鏞), 《學之光》 15호, 1918. 3, 14~21쪽.	90
자료 10	〈싸이베리와 만쥬에 잇는 한인의 쟝래: 우리는 인종등 우등의 민족, 리·김·최·안·뎡·박〉, 《新韓民報》, 1919.2.27, 1면 논설.	100
자료 11	「間島在住鮮人ニ對スル司法關係」(國分 司法長官, 1915.8.23), 『寺內正毅關係文書(首相以前)』, 京都女子大學, 1984, 406~410쪽.	109
자료 12	「間島在住鮮人ニ對スル司法關係ノ件」(秋山 參事官, 1915.9.22), 『寺內正毅關係文書(首相以前)』, 京都女子大學, 1984, 380~386쪽.	113
자료 13	〈間島に於ける領事館の裁判に關する法令の改正〉(1916.2.1), 《朝鮮彙報》 1916년 2월호, 朝鮮總督府, 212~213, 233쪽.	120
자료 14	「南滿洲ニ於ケル本邦人土地商租狀況」, 『在滿洲朝鮮關係領事館打合會報告』, 朝鮮總督府, 1923, 107~133쪽.	122
자료 15	「滿蒙土地商租問題」(田原 茂), 『滿洲와 朝鮮人』, 奉天 滿洲朝鮮人親愛義會本部, 1923.6, 194~198쪽.	135
자료 16	「不逞鮮人取締に關する件」(1919.10.9), 『朝鮮騷擾事件關係書類(密第102號情報共3內其1)』, 日本防衛省防衛研究所. アジア歷史資料センターRef. C06031114000.	146

자료 번호	자료명 및 출전	본문 쪽수
자료 17	「滿洲ニ於ケル不逞鮮人取締ニ關スル計劃」(연도 미상), 『齋藤實文書』 11, 高麗書林, 1999, 537~542쪽.	149
자료 18	「滿洲及沿海州移住鮮民保護取締案」(1921), 『朝鮮人ニ對スル施政關係雜件』, 日本外務省 外交史料館. アジア歷史資料センター Ref. B03041597500.	152
자료 19	「滿洲方面ノ鮮人取締」(1921), 『第四十五議會說明資料』, 日本外務省 外交史料館. アジア歷史資料センターRef. B13081105700.	159
자료 20	〈警察官間島派遣經過狀況〉(1922), 《朝鮮》 제89호, 조선총독부, 1922년 8월.	160
자료 21	「不逞鮮人の取締方に關する朝鮮總督府奉天省間の協定」(1925), 日本外務省, 『日本外交年表竝主要文書』(下), 原書房, 1965, 75쪽; 「取締韓人辦法施行細則」(1925), 『在滿鮮人壓迫事情』(南滿洲鐵道株式會社 社長室人事課, 1928.3), 102~105쪽.	164
자료 22	「第一章 壓迫狀況」, 『在滿鮮人壓迫事情』, 南滿洲鐵道株式會社 社長室 人事課, 1928년 3월, 1~14쪽.	169
자료 23	「在滿鮮人壓迫排斥」, 『極祕 高等警察資料 在滿鮮人卜支那官憲 附 滿洲ニ於ケル排日運動』, 朝鮮總督府 警務局, 1930년 7월, 195~328쪽.	182
자료 24	「支那官憲ノ對朝鮮人態度竝其保安能力」, 『間島問題調書』(日本外務省 亞細亞局 第二課, 1931.4), 日本外務省 外交史料館. アジア歷史資料センター Ref. B04013459300.	276
자료 25	「滿洲ニ於ケル朝鮮人問題」(1913), 日本外務省, 『日本外交年表竝主要文書』(上), 原書房, 1965, 374~375쪽.	314
자료 26	「在外鮮人ニ關スル諸問題」(1921.4.30), 『齋藤實文書』 9, 高麗書林, 1993, 385~406쪽.	316
자료 27	「在滿鮮人問題」(1921.5.7, 봉천 赤塚 총영사 案), 『朝鮮人ニ對スル施政關係雜件/輿論ノ部』, 日本外務省 外交史料館. アジア歷史資料センターRef. B03041609700.	323
자료 28	〈在滿朝鮮人問題에 對하야〉, 《每日申報》, 1923.10.21, 1면 1단.	349
자료 29	「朝鮮人問題」(1927.12), 『最近支那關係諸問題摘要(第五十四議會用)』 第七卷(日本外務省 亞細亞局 第二課), 日本外務省 外交史料館. アジア歷史資料センターRef. B13081158800.	351

자료 번호	자료명 및 출전	본문 쪽수
자료 30	「朝鮮人問題」(1928.12), 『最近支那關係諸問題摘要(第五十六議會用)』第五卷(日本外務省 亞細亞局 第二課), 日本外務省 外交史料館. アジア歴史資料センターRef. B13081179000.	382
자료 31	〈在滿朝鮮人問題 - 僑居證書와 商租問題〉,《朝鮮日報》, 1925.11.25, 1면 1단 사설.	426
자료 32	〈참을 수 없는 滿洲朝鮮人問題 - 日中協力의 朝鮮人壓迫〉,《朝鮮日報》, 1926.7.24, 조간 1면 1단 논설.	429
자료 33	〈奉天官憲의 反省을 促함〉,《東亞日報》, 1927.1.30, 1면 1단 사설.	432
자료 34	〈滿洲와 朝鮮人〉,《東亞日報》, 1927.7.9, 1면 1단 사설.	434
자료 35	〈滿洲와 朝鮮人〉,《朝鮮日報》, 1927.11.28, 1면 1단 사설.	437
자료 36	〈在滿朝鮮人問題〉,《東亞日報》, 1927.11.30, 1면 1단 사설.	439
자료 37	〈在滿同胞驅逐에 對한 抗議〉,《朝鮮日報》, 1927.12.4, 1면 1단 사설.	441
자료 38	〈在滿朝鮮人問題에 관한 對策 - 各派總聯結의 運動의 必要〉,《朝鮮日報》, 1927.12.6, 1면 1단 사설.	443
자료 39	〈在滿同胞의 運命〉,《東亞日報》, 1927.12.7, 1면 1단 사설.	446
자료 40	〈滿洲中人의 '排韓' 問題와 對策 (1)~(3)〉(羅公民),《東亞日報》, 1927.12.7, 1면 6단; 12.11., 1면 5단; 12.13., 1면 6단.	448
자료 41	〈在滿同胞中國歸化問題〉,《東亞日報》, 1927.12.18, 1면 1단 사설.	455
자료 42	〈在滿同胞와 諸對策 - 入籍問題를 中心으로〉(1)~(3),《朝鮮日報》, 1928.1.10, 1면 1단 사설; 1.11, 1면 1단 사설; 1.12, 1면 1단 사설.	458
자료 43	〈在滿同胞歸化問題를 再論함〉,《東亞日報》, 1928.1.15, 1면 1단 사설.	465
자료 44	〈田中內閣의 在滿朝鮮人 對策〉,《東亞日報》, 1928.1.28, 1면 1단 사설.	467
자료 45	「만주의 조선 농민 문제」(1928.4.15), 『동북지역 조선인 항일력사사료집』 제1권, 흑룡강조선민족출판사, 2003, 38~42쪽.	469
자료 46	「만주에 거주하는 한국 교민들의 정세에 관한 강우(江宇)의 보고」(1929.7.25), 『동북지역 조선인 항일력사사료집』 제1권, 흑룡강조선민족출판사, 2003, 118~129쪽.	473

자료 번호	자료명 및 출전	본문 쪽수
자료 47	〈다시 在滿同胞問題에 대하야〉, 《朝鮮日報》, 1929.3.11, 1면 1단 사설.	484
자료 48	〈在滿朝鮮人保護策〉, 《東亞日報》, 1929.12.27, 1면 1단 사설.	486

| 참고 문헌

1. 연구 저서

강동진, 1980, 『일제의 한국침략정책사』, 한길사.

김경일·윤휘탁·이동진·임성모, 2004, 『동아시아의 민족이산과 도시 - 20세기 전반 만주의 조선인』, 역사비평사.

김기봉·방영춘·권립, 1987, 『일본제국주의의 동북침략사』, 연변인민출판사.

김도형, 2009, 『식민지 시기 재만 조선인의 삶과 기억』, 선인.

김주용, 2008, 『일제의 간도 경제침략과 한인사회』, 선인.

김춘선, 2016, 『북간도 한인사회의 형성과 민족운동』, 고려대학교 민족문화연구원.

나카미 다사오 외 저, 박선영 역, 2013, 『만주란 무엇이었는가』, 소명출판.

박금해, 2012, 『중국 조선족 교육의 역사와 현실』, 경인문화사.

박영석, 1978, 『만보산사건연구』, 아세아문화사.

_____, 1982, 『한민족독립운동사연구 - 만주지역을 중심으로 - 』, 일조각.

서굉일·동암 공편, 1993, 『간도사신론』(상)·(하), 우리들의 편지사.

손춘일, 1999, 『만주국의 재만한인에 대한 토지정책연구』, 백산자료원.

신주백, 1999, 『만주지역 한인의 민족운동사(1920~45) - 민족주의운동 및 사회주의운동 계열의 대립과 연대를 중심
　　　으로』, 아세아문화사.

왕득신 편, 1984, 『연변조선족자치주개황』, 연변인민출판사.

유지원 외, 2011, 『이민과 개발 - 한·중·일 삼국인의 만주 이주의 역사』, 동북아역사재단.

윤병석, 2003, 『간도역사의 연구』, 국학자료원.

이명종, 2018, 『근대 한국인의 만주 인식』, 한양대학교출판부.

한석정·노기식 편, 2008, 『만주, 동아시아 융합의 공간』, 소명출판.

현규환, 1967, 『韓國流移民史』, 어문각.

황민호, 2005, 『일제하 만주지역 한인사회의 동향과 민족운동』, 신서원.

貴志俊彦·松重充浩·松村史紀 編, 2012, 『20世紀滿洲歷史事典』, 吉川弘文館.

金永哲, 2012, 『'滿洲國'期における朝鮮人滿洲移民政策』, 昭和堂.

鈴木隆史, 1992, 『日本帝國主義と滿州 1900～1945』(上)·(下), 塙書房.

滝沢秀樹, 2008, 『朝鮮民族の近代國家形成史序說－中國東北と南北朝鮮』, 御茶の水書房.

滿州移民史研究會, 1976, 『日本帝國主義下の滿州移民』, 龍溪書舍.

朴敬玉, 2015, 『近代中國東北地域の朝鮮人移民と農業』, 御茶の水書房.

朴昌昱, 1995, 『中國朝鮮族歷史研究』, 延邊大學出版社.

北野剛, 2012, 『明治·大正期の日本の滿蒙政策史研究』, 芙蓉書房出版.

田中隆一, 2007, 『滿洲國と日本の帝國支配』, 有志舍.

田中恒次郎, 1997, 『'滿洲'における反滿抗日運動の研究』, 綠陰書房.

2. 연구 논문

권립·김성호, 2002, 「연변지역 조선민족 항일혁명투쟁의 특수성 연구 1 - 연변지역사회의 특수성과 조선인문제를 중심으로」, 《국사관논총》 100, 국사편찬위원회.

김도형, 2008, 「한말·일제하 한국인의 만주 인식」, 《동방학지》 144, 연세대학교 국학연구원.

김철성, 1997, 「중화인민공화국 수립전 중국 조선족의 민족자치 운동」, 《지역과 역사》 4, 부경역사연구소.

김태국, 2002, 「만주지역 '조선인 민회' 연구」, 국민대학교대학원 박사학위논문.

박영석, 1995, 「일본제국주의하 재만한인의 법적 지위에 관한 제문제 - 1931년 만주사변 이전을 중심으로-」, 《한국민족운동사연구》 11, 한국민족운동사연구회.

손승회, 2004, 「만주사변 전야 만주한인의 국적문제와 중국·일본의 대응」, 《중국사연구》 31, 중국사학회.

손춘일, 2001, 「만주사변 전후 在滿朝鮮人 문제와 그들의 곤경」, 《정신문화연구》 83, 한국정신문화연구원.

신규섭, 2004, 「1920년대 후반 일제의 재만 조선인 정책 - '鮮滿一體化'의 좌절과 '三矢협정'」, 《한국근현대사연구》 29, 한국근현대사학회.

이명종, 2016, 「1910년대 조선 농민의 만주 이주와 《매일신보》 등에서의 '만주식민지'론」, 《한국근현대사연구》 제78집.

최병도, 2006, 「만주동포문제협의회의 결성 및 해체에 관한 연구 - 1930년대 초 국내 민족진영의 동향과 관련하여」, 《한국근현대사연구》 39, 한국근현대사학회.

추헌수, 1969, 「1920년대 재만한인에 대한 중·일의 정책」, 『三·一運動 50周年紀念論集』, 동아일보사.

황민호, 1995, 「1920년 후반 재만한인에 대한 중국당국의 정책과 한인사회의 대응」, 《한국사연구》 90, 한국사연구회.

_____, 2006, 「재만 한인의 합법적 자치운동의 전개와 '자치'에 대한 국내 언론의 인식」, 《한국민족운동사연구》 47, 한국민족운동사학회.

梶村秀樹, 1967,「1930年代滿洲における抗日鬪爭に對する日本帝國主義の諸策動 – '在滿朝鮮人問題'と關連して」,
　《日本史研究》94, 日本史研究會.

松村高夫, 1970,「日本帝國主義下における'滿洲'への朝鮮人移動について」,《三田學會雜誌》63‑6, 三田學會.

許春花, 2004,「滿洲事變以前の間島における朝鮮人の國籍問題」,《朝鮮史研究會論文集》42, 朝鮮史研究會.

| 찾아보기

동북아역사재단 일제침탈사 자료총서 76
국외편

재만 조선인 통제(2)
−1910~1920년대 재만 조선인 문제의 발생과 조선인의 대응

초판 1쇄 인쇄 2022년 12월 10일
초판 1쇄 발행 2022년 12월 20일

기획 | 동북아역사재단 일제침탈사 편찬위원회
편역 | 이명종
펴낸이 | 이영호
펴낸곳 | 동북아역사재단

등록 | 제312-2004-050호(2004년 10월 18일)
주소 | 서울시 서대문구 통일로 81 NH농협생명빌딩
전화 | 02-2012-6065
팩스 | 02-2012-6186
홈페이지 | www.nahf.or.kr
제작·인쇄 | (주)동국문화

ISBN 978-89-6187-753-4 94910
        978-89-6187-722-0 (세트)